▶2022年5月6日，2022年美国大学生数学建模竞赛和交叉学科建模竞赛成绩揭晓，学校学子获竞赛特等奖2项。

▶2022年11月10—13日，第八届中国国际"互联网+"大学生创新创业大赛总决赛举行。学校获金奖5项、银奖4项，金奖总数居广东省第一、全国并列第八。

▶2022年10月28日，2022年国际遗传基因工程机器大赛全球决赛闭幕。学校2022 SCUT-China代表队获银奖。

▶2022年4月12日，第十七届"挑战杯"全国大学生课外学术科技作品竞赛落下帷幕。学校以广东省高校总分第一的成绩再次捧得"优胜杯"并获"优秀组织奖"。

▶2022年6月30日,学校举行2022届学生毕业典礼暨学位授予仪式。学校党委书记章熙春作了题为《奔赴星辰大海,争做新时代英雄》的毕业致辞,勉励学生坚守初心,成为顶天立地的"家国英雄";执着奋斗,成为建功立业的"行业英雄";保持热爱,成为有情有趣的"生活英雄"。同时,为获得"笃行奖"的毕业生代表颁发奖项,并为毕业生出征授旗。

▶2022年9月13日,学校举行2022级新生开学典礼。会上,举行了华南理工大学广州国际校区全面建成仪式。学校党委书记章熙春为学生代表佩戴校徽并赠送入学礼。校长张立群发表题为《向新出发、不负韶华,做有志气、有骨气、有底气的强国追梦人》的致辞,希望学生志存高远,心系祖国,胸怀天下,长中华民族"志气",长华工人"志气";自立自强,不惧压力,不畏挑战,硬中华民族"骨气",硬华工人"骨气";仰望星空,脚踏实地,强基创新,蓄中华民族"底气",蓄华工人"底气"。

▶2022年6月28日，学校党委书记章熙春为青年学生作了题为《以史为鉴，开创未来，努力成为堪当民族复兴重任的时代新人》的"思政第一课"，勉励青年学生按照习近平总书记指引的方向，坚定不移听党话、跟党走，努力成长为堪当民族复兴重任的时代新人。

▶2022年2月9日，教育部公布第二批"全国高校黄大年式教师团队"认定结果，华南理工大学建筑理论与创作实践教师团队成功入选。

 曹镛　 陈俊龙　 成军虎　 扶雄　 黄飞　 李宁

 蒲洪彬　 唐传核　 万加富　 夏志国　 杨辰光　 杨成浩

 杨晓泉　 尹寿伟　 张磊　 朱敏

▶2022年，学校16名学者17人次入选全球高被引科学家（以姓氏拼音排序），排名中国内地高校第15位。

▶2022年4月15日，全省科技创新大会召开。学校22项成果获2021年度广东省科学技术奖，数量居全省前列；其中，一等奖11项，数量居全省首位。

 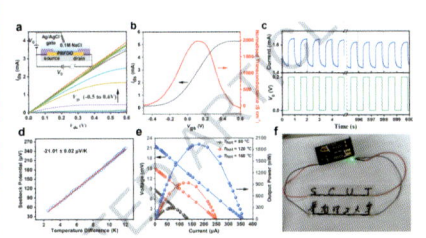

▶ 2022年9月7日，由学校黄飞教授、曹镛院士、马於光院士和南方科技大学张元竹教授、郭旭岗教授和北京大学裴坚教授等合作的学术论文"A solution-processed n-type conducting polymer with ultrahigh conductivity"发表在 *Nature* 上。学校为论文的通讯单位，学校发光材料与器件国家重点实验室唐浩然博士为第一作者，黄飞教授为通讯作者。

 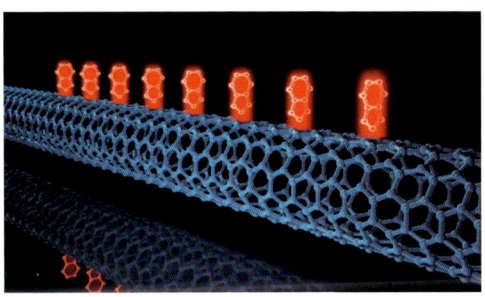 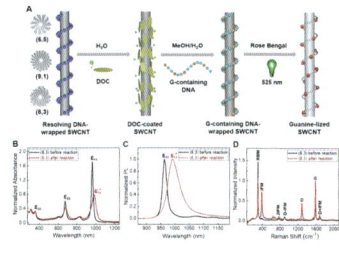

▶ 2022年7月28日，由学校前沿软物质学院林志伟教授和美国国家标准与技术研究院（NIST）Ming Zheng 研究员合作的学术论文"DNA-guided lattice remodeling of carbon nanotubes"发表在 *Science* 上。学校为论文的合作单位，林志伟教授为第一作者兼通讯作者。

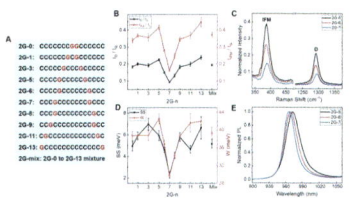

奖项	专利号	专利名称	专利权人	发明人	所在院校
中国专利银奖	ZL201410023920.5	一种可调谐窄线宽单频双偏振激光器	华南理工大学	徐善辉 杨中民 张勤远 扬昌盛 冯洲明 姜中宏	材料科学与工程学院
中国专利银奖	ZL201710383966.1	高异频隔离宽带双频基站天线阵列	华南理工大学、京信通信技术（广州）有限公司	章秀银 吴裕锋 薛成戴	电子与信息学院
中国专利优秀奖	ZL201710614643.9	一种基于双环预测控制的切换型控制方法	华南理工大学	杜贵平 柳志飞 黎嘉健	电力学院
中国专利优秀奖	ZL201010250482.8	一种耐内压的PET热灌装瓶瓶底结构	广东星联精密机械有限公司、华南理工大学	谢国基 胡青春 姜晓平	机械与汽车工程学院

▶ 2022年7月26日，国家知识产权局公布《关于第二十三届中国专利奖授奖的决定》（国知发运字〔2022〕31号），学校获中国专利优秀奖4项，其中银奖2项、优秀奖2项。自2009年以来，学校以第一专利权人获国家专利奖总数排名稳居全国高校首位。

▶2022年3月11日，学校获批与日本千叶大学在工业设计专业开展中外合作办学，成为学校首个本科层次中外合作办学项目。

▶2022年12月13日，学校和日本岩手大学举行"云签约"及"云会谈"活动。学校校长张立群和岩手大学校长小川智签署了校级合作协议及交换生项目备忘录。

▶2022年12月17日，全球大学校长论坛在学校举行，会上发布了《卓越大学联盟2022年广州宣言》。

▶2022年9月22日，学校启动"春晖感恩计划""初心润泽计划""珠峰攀登计划"系列捐赠项目。据统计，2022年共举办各类校级捐赠活动20余场，自2021年以来学校累计接受各类捐赠超8亿元，以及南非能源冶金经济特区750亩综合用地的70年无偿使用权。其中，袁金钰校友捐赠1亿元，李东生校友以TCL名义再次捐赠4000万元，刘金成、骆锦红校友伉俪捐赠2000万元，华南理工大学建筑设计研究院有限公司捐赠2000万元，陈丽娜、邢映彪伉俪捐赠1000万元，冼剑雄、何菁校友伉俪捐赠1000万元，赵谋明、万荣花校友伉俪捐赠1000万元。

▶2022年6月8日，学校举行逸夫科学馆改扩建竣工仪式。学校党委书记章熙春，改扩建项目全资捐建者、学校83级校友、澳门建信工程有限公司总经理刘毅翔，改扩建项目设计总负责人、中国工程院院士何镜堂，广州市教育基金会秘书长华同旭共同为纪念石揭幕。

▶2022年12月9日，学校研究生宿舍动工仪式在大学城校区举行。

编辑说明

一、《华南理工大学年鉴》是资料性综合性汇编。自1996年首次编纂，每年出版一卷，以出版年份作为卷号。2023卷为总第28卷，记述时限为2022年1月1日至12月31日。

二、《华南理工大学年鉴》以马克思列宁主义、毛泽东思想、邓小平理论、"三个代表"重要思想、科学发展观、习近平新时代中国特色社会主义思想为指导，坚持辩证唯物主义和历史唯物主义的立场、观点和方法，全面、系统地反映华南理工大学党建和思政、学科建设、教育教学、科学研究、师资队伍、对外交流、社会服务等方面的发展情况。

三、《华南理工大学年鉴（2023）》采取分类编辑法，设类目、分目、条目3个层次，文字部分以条目为表现内容的基本形式，条目标题以黑体字加【】表示。类目主要有学校概况，特载，学校工作总结和工作要点，重要讲话，学校机构及负责人，党建与思想政治工作，发展规划与学科建设，教代会、工会和共青团工作，教育教学工作，科研与科技产业工作，队伍建设与人事管理，对外交流与合作，条件建设与后勤保障，广州国际校区建设，党政综合管理，学院，表彰与奖励，毕业生名单，大事记，同时根据学校办学发展，适时予以调整。本卷年鉴卷首设有彩色图片专辑，生动展示学校年度重要事件和专项工作。卷末设有主题词索引，方便读者搜索。

四、《华南理工大学年鉴（2023）》所载录的内容和数据，由学校各二级单位负责提供，并经单位负责人审定，部分内容依据实际情况在时限上略有延伸。

五、《华南理工大学年鉴（2023）》由《华南理工大学年鉴》编委会组织编写，编写过程中，得到学校各单位大力支持，在此深表谢意。

目 录

学校概况

学校概况 …………………………………………………………………………（1）

特 载

七秩承梦想 初心向未来
　　——在华南理工大学组建70周年发展大会上的致辞 ……………… 张立群（5）
在华南理工大学组建70周年发展大会上的致辞 …………………………… 顾秀莲（10）
在华南理工大学组建70周年发展大会上的致辞 …………………………… 田学军（11）
在华南理工大学组建70周年发展大会上的致辞 …………………………… 陈建文（13）
在华南理工大学组建70周年发展大会上的致辞 …………………………… 杜新山（15）
在华南理工大学组建70周年发展大会上的致辞 …………………………… 高　松（17）
在华南理工大学组建70周年发展大会上的致辞 …………………………… 林忠钦（19）
Speech on the Development Conference of SCUT's 70th Anniversary
　　在华南理工大学组建70周年发展大会上的致辞 ………………… 国外高校代表（20）
在华南理工大学组建70周年发展大会上的致辞 …………………………… 李东生（25）
在华南理工大学组建70周年发展大会上的致辞 …………………………… 李元元（27）
在华南理工大学组建70周年发展大会上的致辞 …………………………… 侯一钊（28）
在华南理工大学组建70周年发展大会上的致辞 …………………………… 何镜堂（29）
在华南理工大学组建70周年发展大会上的致辞 …………………………… 殷盼超（31）
在华南理工大学组建70周年发展大会上的致辞 …………………………… 冷汶锋（33）

学校工作总结和工作要点

华南理工大学2022年工作总结 …………………………………………………（34）
华南理工大学2023年工作要点 …………………………………………………（46）

重要讲话

深刻认识"两个确立"的决定性意义 坚持不懈把全面从严治党向纵深推进
　　以实际行动和优异成绩迎接党的二十大胜利召开 ……………………… 章熙春（57）

奔赴星辰大海，争做新时代英雄 ………………………………… 章熙春（66）
向新出发、不负韶华 做有志气、有骨气、有底气的强国追梦人 ……… 张立群（70）
在庆祝华南理工大学组建70周年暨建校105年升旗仪式上的致辞 …… 章熙春（74）
处在世界危机中的一流大学的使命与担当 ………………………… 张立群（76）
附：2022年学校制定的重要文件和规章制度目录 ………………………（79）

学校机构及负责人

学校机构及负责人 …………………………………………………………（82）
2022年学校成立或调整的部分机构 ………………………………………（92）
2022年学校成立或调整的部分议事协调机构 ……………………………（92）

党建与思想政治工作

组织工作 ……………………………………………………………………（94）
教职工思想政治工作和宣传工作 …………………………………………（96）
党风廉政建设 ………………………………………………………………（97）
统战工作 ……………………………………………………………………（98）

发展规划与学科建设

发展规划与学科建设 ……………………………………………………（102）

教代会、工会和共青团工作

教代会与工会工作 ………………………………………………………（105）
共青团工作 ………………………………………………………………（106）

教育教学工作

学生思想教育与管理 ……………………………………………………（109）
本科生教育 ………………………………………………………………（111）
研究生教育 ………………………………………………………………（124）
继续教育 …………………………………………………………………（139）
国际教育 …………………………………………………………………（140）

招生与就业 …………………………………………………………… (141)

科研与科技产业工作

自然科学研究 …………………………………………………………… (144)
人文社会科学研究 ……………………………………………………… (156)
科技产业与成果转化 …………………………………………………… (161)

队伍建设与人事管理

队伍建设与人事管理 …………………………………………………… (164)
离退休工作 ……………………………………………………………… (166)

对外交流与合作

国际交流合作与港澳台工作 …………………………………………… (168)
校友工作与国内交流合作 ……………………………………………… (169)

条件建设与后勤保障

实验室建设与设备管理 ………………………………………………… (171)
财务工作 ………………………………………………………………… (176)
审计工作 ………………………………………………………………… (176)
资产管理 ………………………………………………………………… (177)
基建工作 ………………………………………………………………… (178)
安全保卫 ………………………………………………………………… (179)
图书馆建设 ……………………………………………………………… (180)
出版工作 ………………………………………………………………… (184)
档案与文博管理 ………………………………………………………… (185)
学报编辑出版 …………………………………………………………… (186)
后勤管理与服务工作 …………………………………………………… (187)
信息化建设 ……………………………………………………………… (188)
采购工作 ………………………………………………………………… (190)
公共服务平台工作 ……………………………………………………… (190)
医疗保健 ………………………………………………………………… (191)

中小幼教育 …………………………………………………………………（192）

广州国际校区建设

广州国际校区建设 …………………………………………………………（194）

党政综合管理

党政综合管理 ………………………………………………………………（197）

学　院

机械与汽车工程学院 ………………………………………………………（200）
建筑学院 ……………………………………………………………………（201）
土木与交通学院 ……………………………………………………………（202）
电子与信息学院 ……………………………………………………………（203）
材料科学与工程学院 ………………………………………………………（204）
化学与化工学院 ……………………………………………………………（205）
轻工科学与工程学院 ………………………………………………………（206）
食品科学与工程学院 ………………………………………………………（207）
数学学院 ……………………………………………………………………（208）
物理与光电学院 ……………………………………………………………（209）
经济与金融学院 ……………………………………………………………（210）
旅游管理系 …………………………………………………………………（211）
电子商务系 …………………………………………………………………（212）
自动化科学与工程学院 ……………………………………………………（213）
计算机科学与工程学院 ……………………………………………………（214）
电力学院 ……………………………………………………………………（215）
生物科学与工程学院 ………………………………………………………（216）
环境与能源学院 ……………………………………………………………（217）
软件学院 ……………………………………………………………………（218）
工商管理学院 ………………………………………………………………（219）
公共管理学院 ………………………………………………………………（221）
马克思主义学院 ……………………………………………………………（222）
外国语学院 …………………………………………………………………（223）

法学院 ……………………………………………………………………… (224)
新闻与传播学院 …………………………………………………………… (225)
艺术学院 …………………………………………………………………… (225)
体育学院 …………………………………………………………………… (226)
设计学院 …………………………………………………………………… (227)
医学院 ……………………………………………………………………… (228)
生物医学科学与工程学院 ………………………………………………… (229)
吴贤铭智能工程学院 ……………………………………………………… (230)
前沿软物质学院 …………………………………………………………… (231)
微电子学院 ………………………………………………………………… (232)
未来技术学院 ……………………………………………………………… (233)
海洋科学与工程学院 ……………………………………………………… (234)

表彰与奖励

2022 年获得市级以上表彰或奖励的部分单位和个人 …………………… (235)
2022 年获得学校表彰或奖励的部分单位和个人 ………………………… (237)
2022 年获得部省级以上奖励的部分教学科技成果 ……………………… (261)
2022 年学生课外学术科技创新竞赛成果（杰出贡献奖）……………… (268)

毕业生名单

2022 届博士学位获得者名单 ……………………………………………… (289)
2022 届硕士学位获得者名单 ……………………………………………… (294)
2022 届同等学力硕士学位获得者名单 …………………………………… (311)
2022 届全日制本科毕（结）业生名单 …………………………………… (312)
2022 届辅修学位毕业生名单 ……………………………………………… (326)
2022 届成人教育毕业生名单 ……………………………………………… (327)
2022 届网络教育毕业生名单 ……………………………………………… (337)

大事记

2022 年大事记 ……………………………………………………………… (372)
附录 ………………………………………………………………………… (381)
主题词索引 ………………………………………………………………… (386)

学校概况

学 校 概 况[*]

华南理工大学是直属教育部的全国重点大学，坐落在南方名城广州。校园分为三个校区，五山校区位于天河区石牌高校区，大学城校区位于番禺区大学城内，广州国际校区位于番禺区国际创新城。校园历史悠久、古树繁花，37处人文景观和历史建筑错落其间，形成国内高校中独特的民国时期岭南建筑群落，是首届"全国文明校园"。

学校办学源远流长。最早可追溯至1918年成立的广东省立第一甲种工业学校（前身为广东工艺局附设工业学校），该校是广东最早开展工程教育的学校，也是华南地区早期传播马克思主义的重要阵地。校友中涌现出杨匏安、阮啸仙、刘尔崧、周文雍等中华民族的优秀分子，他们是中共广东党、团组织的创建者，是中国早期马克思主义思想的启蒙者和践行者，为新中国成立作出突出贡献，红色基因自此融入学校血脉，生生不息。学校正式组建于1952年全国高等院校调整时期，是以中山大学工学院、华南联合大学理工学院、岭南大学理工学院工科系及专业、广东工业专科学校为基础，后陆续调入湖南大学、武昌中华大学、武汉交通学院、南昌大学、广西大学等7省18所院校部分工科系及专业组建而成，为新中国"四大工学院"之一，堪为新中国高等工程教育的探路者。

学校矢志不渝办中国特色、世界一流大学。1960年被列为全国重点大学，1981年经国务院批准为首批博士和硕士学位授予单位，1993年在全国高校开部省共建之先河，1995年、2001年先后进入国家"211工程""985工程"建设行列，2017年、2022年两次入选国家"双一流"建设高校。学校分别于1999年、2007年先后两次以优秀成绩通过教育部本科教学工作水平评估，2017年通过教育部本科教学工作审核评估。自2012年起进入软科"世界大学学术排名"500强，2020年跻身世界前200强。

学校坚持以学科建设为龙头，不断优化学科结构，加快提升学科水平，形成以工见长，理工医结合，管、经、文、法等多学科协调发展的综合性学科格局。学校设有36个学院（系），35个博士学位授权一级学科，40个硕士学位授权一级学科，5个博士专业学位授权类别，25个硕士专业学位授权类别，31个博士后科研流动站，88个本科专业。轻工技术与工程、机械工程、材料科学与工程、建筑学、城乡规划学、化学工程与技术、环境科学与工程、食品科学与工程、管理科学与工程、马克思主义理论等10个学科整体水平位居全国高校前列，化学、材料科学、工程学、农业科学、物理学、生物学与生物化学、计算机科学、环境科学与生态学、临床医学、社会科学总论、数学、药

---

[*] 文中数据统计至2022年12月31日。

理学与毒物学等12个学科进入ESI全球排名前1%，其中，工程学、材料科学、化学、农业科学、计算机科学等5个学科进入ESI全球排名前1‰。

学校全面落实立德树人根本任务，努力打造一流本科教育、卓越研究生教育和特色鲜明的来华留学生教育。2022年底有各类学生64 039人，其中，博士、硕士研究生22 834人，本科生27 277人，继续教育学生12 273人，来华留学生1655人。学校深入推动新时代学生思政工作，积极构建"三全育人"工作体系，围绕家国情怀和全球视野兼备，"三力"（学习力、思想力、行动力）卓越的"三创型"（创新、创造、创业）人才培养目标，以创新创业教育、产学研合作教育和国际化教育为重点，加强科教融汇、产教融合，实施"新工科F计划"；以"基因组科学创新班"为代表的人才培养模式，用"科学无起点"理念培养青少年科学家，学生连续在 Nature、Science、Cell 等国际顶尖学术刊物上发表文章，被誉为拔尖创新人才培养的"华工模式""华工现象"。建校以来，学校为国家培养了高等教育各类学生60余万人，一大批毕业校友成为我国科技骨干、著名企业家和领导干部，学校被社会誉为"工程师的摇篮""企业家的摇篮"和"新能源汽车界的黄埔军校"。

学校坚持以高层次人才队伍建设为重点，加强青年人才队伍建设，引进和培养并重，努力打造一流师资队伍。学校现有教职工4651人，其中，专任教师2655人，中国科学院院士3人、中国工程院院士6人、外国国家院士5人、双聘院士8人，国家教学名师7人，海外高层次引进人才75人，国家杰出青年科学基金获得者41人。研究生导师2710人，其中，博士生导师1193人。

学校瞄准世界科技前沿，聚焦国家和区域重大战略需求，筑高原，攀高峰，着力提升原始创新能力，大力推进高水平成果转化。学校拥有28个国家级、225个部省级科研平台，以及国家甲级建筑设计研究院、国家大学科技园等。依托高水平科研平台，学校承担了一大批国家重大重点项目，2022年学校实到科研经费21.81亿元；产出了一批高水平科研成果，2016年以来共获国家科技奖11项，其中，一等奖1项（第一完成单位）。沿粤港澳大湾区重点城市布局"五院一园一室"协同创新体系，高度契合大湾区创新发展。学校知识产权授权量和有效发明专利总量连续多年位居全国高校前7位，获国家专利金奖、优秀奖总数稳居全国高校首位。

学校不断拓展办学资源，为一流大学建设提供良好的条件和环境。校园占地面积313.76万平方米，校舍总建筑面积225.22万平方米。固定资产价值95.13亿元，其中，教学科研仪器设备总资产39.60亿元。学校建有一批国家级教学示范中心、基础教学实验中心和一批现代化实验中心。图书馆藏书385.51万册，电子图书530.69万册，基本建成数字化图书馆。学生文化体育设施齐全，建有高标准的田径、乒乓球、网球、羽毛球、室内恒温游泳池等各类场馆。学生课外科技学术活动和社会实践活动蓬勃发展，特色鲜明，成为提高学生综合素质的重要环节。

在新的历史发展阶段，学校将坚持以习近平新时代中国特色社会主义思想为指导，秉承"博学慎思 明辨笃行"校训，发扬"厚德尚学 自强不息 务实创新 追求卓越"的大学精神，深化"学术华工""开放华工""善治华工""幸福华工""大美华工"建设，坚持育人为本，突出高质量内涵式发展，着力推进"双一流"和广州国际校区建设，向着中国特色、世界一流大学建设目标奋勇前进。

资料　学校基本情况统计一览表

统计节点：2022 年 12 月 31 日

高层次人才		学生基本情况	
中国科学院院士	3	各类在册在校生数	64 039
中国工程院院士	6	一、本科生	27 277
外国国家院士	5	二、研究生	22 834
双聘院士	8	其中：博士生	4696
国家教学名师	7	硕士生	18 138
海外高层次引进人才	75	三、继续教育	12 273
国家杰出青年科学基金获得者	41	其中：成人教育学生	4690
国家优秀青年科学基金获得者	55	网络教育学生	7583
国家自然科学基金创新研究群体	2	四、来华留学生	1655
科技部重点领域创新团队	3	其中：学历留学生	1199
教育部创新团队（含滚动支持）	18	**学院及学科专业建设**	
教职工基本情况		二级学院（系）	36
教职工总数	4651	ESI 前 1‰ 学科数	5
一、专任教师	2655	ESI 前 1% 学科数	12
正高级	1065	第五轮学科评估 A 类学科（个）	10
副高级	1117	博士学位授权一级学科	35
研究生导师	2710	硕士学位授权一级学科	40
其中：博士生导师	1193	博士专业学位授权类别	5
硕士生导师（含博硕导）	2710	硕士专业学位授权类别	25
二、行政人员	1005	本科专业	88
三、教辅人员	453	博士后科研流动站	31
四、工勤人员	25	国家教学团队	6
五、专职科研人员	134	卓越工程师教育培养试点专业	9
六、其他附设机构人员	309	国家级一流本科专业	60
七、附属中小学、幼儿园	70	国家课程思政示范项目	2
离退休人员	3397	国家一流本科课程	33

续表

教学基地（国家级）		科研经费与成果		
国家级实验教学示范中心	6	年度实到科研项目经费（亿元）		21.81
国家级虚拟仿真实验教学中心/项目	7	其中：理工类纵向科研项目实到经费		10.01
国家级人才培养模式创新实验区	2	理工类横向科研项目实到经费		10.60
国家级大学生校外实践教育基地	8	人文社科类科研项目实到经费		1.20
国家双创示范基地	1	年度授权专利（项）		2769
国家级创新创业教育实践基地	1	其中：发明专利授权		2324
中美青年创客交流中心	1	论文收录情况（2021年）（篇）	三大索引论文	8267
国家级教师教学发展示范中心	1		SSCI	210
科研基地（部省级及以上）			CSSCI	256
国家重点实验室	3	资产资源		
国家工程研究中心	2	校园面积（万平方米）		313.76
国家工程技术研究中心	3	总建筑面积（万平方米）		225.22
国家（地方联合）工程实验室（工程研究中心）	10	其中：教学及辅助用房		111.42
国家国际科技合作基地	1	行政办公用房		9.86
国家高端智库	1	学生宿舍		51.50
高校思想政治工作创新发展中心	1	教工住宅及宿舍		22.31
教育部重点实验室	9			
教育部工程研究中心	6			
教育部部省共建协同创新中心	3			
省部级国际科技合作平台	11	办学经费（亿元）		61.11
广东省重点实验室	26	固定资产（亿元）		95.13
省级人文社科研究机构	51	其中：教学科研仪器设备（亿元）		39.60
国家大学科技园	1	馆藏图书（万册）		385.51
国家甲级建筑设计研究院	1	电子图书（万册）		530.69

特 载

七秩承梦想 初心向未来
——在华南理工大学组建70周年发展大会上的致辞

张立群[*]

（2022年12月17日）

尊敬的陈建文常委、尊敬的各位院士、各位领导、各位来宾，
亲爱的校友们、老师们、同学们、朋友们：

"繁花似锦妆南粤，高朋如云耀华园"。在全党、全国上下深入学习贯彻党的二十大精神之际，在广州抗击新冠疫情取得战略性成果之际，华南理工大学举行组建70周年发展大会。在这隆重而美好的时刻，我谨代表学校，向莅临今天大会的各位领导、各位嘉宾表示最热烈的欢迎！向海内外校友们、全校师生员工和离退休老同志们致以节日的问候！向长期以来关心支持学校发展的各级领导、各界朋友表示衷心的感谢！

云山珠水，煌煌上庠。1952年11月，在国家工业化建设急需工业院校支撑之际，华南工学院巍然崛起于南粤大地。她以原国立中山大学工学院、华南联合大学理工学院、岭南大学理工学院工科系及专业、广东工业专科学校等为基础，后调入7省18所院校部分工科系及专业组建而成，几乎集中了中南地区工科之精粹。百川入海，方成其大，学校甫一成立，便成为新中国"四大工学院"之一。

知所从来，方明所去。倘要追溯学校风雨传薪之始，其时间坐标的原点还要往前推移近半个世纪。1918年1月，发端于清末广东工艺局的广东省立第一甲种工业学校，于民族危难之际诞生，成为中国高等工程教育的探路者之一，更因其一众师生以甲工为阵地，传播马克思主义火种而世称"红色甲工"。"红色基因"就此镌刻进华工人的骨髓，在105年的峥嵘岁月中不断激励着全体华工人，汇聚起强大的向心合力和澎湃的复兴力量。

忆往昔，桃李不言，自有风雨话沧桑。看今朝，弦歌不辍，百年初心坚如磐。

我们始终铭记，在民族蒙难、救亡图存的年代，以华南地区系统传播马克思主义第一人的杨匏安、中国共产党第一任"审计长"阮啸仙、"刑场上的婚礼"主人公周文雍

---

[*] 张立群系华南理工大学校长、中国工程院院士。

等为代表的"甲工"师生，高擎理想信念的火炬，义无反顾踏上为实现民族独立、人民解放而奋斗的征途。他们创建中共广东党、团组织，领导工农运动和革命斗争，作出了无愧于党、无愧于人民、无愧于时代的无私奉献和伟大牺牲。

我们始终铭记，在旧中国风云激荡、求强思变的年代，华南理工大学多个办学源头的前辈先贤们，高举"教育报国""实业救国"之旗帜，探寻中华民族教育强国之路，虽辗转办学仍坚守教育理想，在颠沛流离中刻苦求学、传道授业，挺起民族脊梁，续传民族文脉，铸就了华工深厚的文化底蕴和家国情怀。

我们始终铭记，在新中国建设如火如荼的年代，"海陆空专家"罗明燏、"士子楷模"冯秉铨、"珠峰测高第一人"陈永龄、"中国微波之父"林为干等一大批名师大家，国有召、慷慨行，毅然挑起组建华南工学院的重任。他们筚路蓝缕、殚精竭虑、诲人不倦，为百废待兴的新中国培养了大批人才，树起了"中国南方工科大学的一面旗帜"，奠定了学校作为华南地区教育和学术重镇的地位。

我们始终铭记，在改革开放春潮涌动的年代，在广东这片热土上，敢闯会创的华工人，打破常规，革故鼎新，确立"融入发展促发展"的理念和战略，勇闯办学新路，收获累累硕果。学校1993年首开共建与联合办学之先河，开辟了改变传统计划经济模式办大学的新路。1999年率先系统提出"三创型"（创新、创造、创业）人才培养目标，时至今日仍然是人才培养"华工模式"的精神内核。还有大批"星期六工程师"、科技特派员从20世纪80年代起，先行先试、以点带面，不断推动产学研深度融合，走出了服务国家和区域创新发展的"华工路径"。

怀着教育强国的初心，传承创建一流的梦想，一代代华工人秉承"博学慎思 明辨笃行"的校训，发扬"厚德尚学 自强不息 务实创新 追求卓越"的精神，一步一个脚印、一棒接着一棒，笃行不息、步履铿锵，走出了一条扎根中国大地办世界一流大学的独特道路，在南粤大地上绘就了一幅恢弘壮阔的历史画卷。

——这是一条栉风沐雨、积厚成势之路。"办大学，就要创一流"，第一代华工人吹响的号角，犹然如昨。早在二十世纪五六十年代，华南工学院首任党委书记张进同志就提出要把华工建成"世界第一流的多科性工学院"。无论岁月更替、社会变迁，还是校名更迭、一门两校，学校始终坚守办一流大学的目标定位，砥砺奋进、不懈追求。从1960年跻身全国重点大学，到1995年、2001年先后进入"211工程""985工程"，再到2017年进入国家"双一流"建设A类高校行列；从2003年建设大学城校区，到2017年部省市校四方共建广州国际校区；从2012年首次入围"世界大学学术排名"500强，到2020年晋升200强；从建成多科性全国重点大学，到建成国内一流、世界知名的高水平大学，再到全面开启中国特色、世界一流大学建设新征程，学校不断迈上更高台阶，跨入更大舞台，终成今日办学之大气象、大格局。

目前，学校已形成"同城一校三区"高水平办学的发展格局，高分子科学、食品科学与技术两个学科在U. S. News 2023世界大学学科排名中位居全球第一，工程学、材料科学、化学、农业科学、计算机科学等5个学科进入ESI全球排名前1‰，工科排名居全球第22位；学校拥有28个国家级科研平台，225个省部级科研平台，2009年至2020年获中国专利奖总数排名全国高校第一，专利技术转让指标排名全国高校第一，2021年PCT申请量位居全球教育机构前七、中国高校前三，学校连续四年被路透社评为亚洲最具创新力大学榜单前十。

——这是一条作育栋梁、英彦蔚起之路。大学之大不仅在于汇聚大学者、研究大学问，更在于培养"大写的人"。"愿得英才三千数，高峰深处共研寻"。老一辈教育工作者的抱负和追求，激励着广大后来者，扛起为党育人、为国育才的光荣使命，甘为人梯、兴育贤才。学校共为国家培育了60余万名优秀学子，包括20多名院士，200多位校友在大湾区上市公司或大型企业担任创始人、实际控制人或董事长，以及一大批治学、兴业、安邦的卓越人才。他们共同成就了学校"工程师的摇篮""企业家的摇篮""新能源汽车界黄埔军校"的美誉。

涓滴入洪流，星辰入银河。在他们当中，有"两弹一星"功臣党鸿辛院士，"风云三号"卫星总设计师孟执中院士，华人数学家、美国加州理工学院教授侯一钊院士，被业界誉为"AIE之父"的唐本忠院士；有成思危、林树森、魏钢等党政军精英；有"彩电三剑客"李东生、黄宏生、陈伟荣等改革开放先锋；有福布斯中国30岁以下精英榜入选者陈第、黄冠、罗锐邦等创新创业新生代；有"全国道德模范"赵传宇、全国"最美大学生"李莎等大爱践行者；有奥运冠军陈定、刘虹、刘诗雯等体坛骄子；有响应党的号召，"到祖国和人民最需要的地方去"建功立业的徐航、杨曙方、叶飞燕、谢坚等一大批基层先锋。在《证券时报》A股董事长本科毕业高校"行星图"中，学校以拥有23位董事长校友排名中国高校第4位……一大批学子不忘初心、不负重托，投身经济建设主战场，强力支撑和引领经济社会高质量发展，展现华工人"硬核"力量和责任担当。百年办学，七秩辉煌；济济多士，乃成大业。学校取得的每一个办学成就，都深深镌刻着每一位华工人爱校荣校兴校的不朽印记。在此，我谨代表学校，向各个历史时期为学校发展竭诚奉献、增光添彩的一代代华工人，致以最崇高的敬意！谢谢你们！

——这是一条兴国报国、自立自强之路。建校伊始，学校师生只争朝夕、埋头苦干，很快就研制出我国第一台俄汉翻译电子计算机和华南第一台模拟电子计算机、第一台程控铣床、第一台电子显微镜，被《人民日报》称赞为"科学技术尖端的成就"。1978年，15项科研成果在首届全国科学大会上获奖，激励着更多的华工人坚定走在追寻真理、矢志创新、科技报国的道路上。

广大科技工作者坚持"顶天立地"，勇闯前沿基础研究"深水区"，敢啃关键核心技术"硬骨头"，赋能经济发展原动力。曹镛院士和马於光院士领衔的发光材料与器件国家重点实验室，研发出国内第一块彩色柔性AMOLED显示屏，多次刷新单结聚合物异质结太阳能电池能量转换效率的世界纪录，入选"中国科学十大进展"，多篇论文发表在 Nature、Science 上，并两获国家自然科学奖。陈克复院士领衔的制浆造纸工程国家重点实验室，突破多项关键技术，实现了制浆造纸清洁生产与水污染全过程控制，为造纸行业摘掉"排污大户"的帽子，为保护"绿水青山"作出了突出贡献，获国家科技进步奖一等奖。瞿金平院士领衔的聚合物新型成型装备国家工程研究中心，研发出国内首创、国际领先的"ERE"（基于拉伸流变的高分子材料塑化输运方法及设备）技术，研发出高性能环保高堡膜，打破了我国塑料装备长期依赖进口、跟踪仿制的局面，助力破解新疆地膜白色污染的重大难题，三度获得国家科技奖励。何镜堂院士和吴硕贤院士领衔的亚热带建筑科学国家重点实验室，创造性提出"两观三性"建筑理论，致力于城市可持续发展和绿色建筑科学技术，领衔完成世博会中国馆、青岛上合组织峰会会议中心等一大批具有重大政治和历史意义的标志性工程。王迎军院士领衔的国家人体组织功能重建工程技术研究中心，首次提出"生物适配"理论，将组织工程和再生医学材料领域的原创性成果转化应用，解决了大缺损骨再生修复国际难题，帮助大批患者重获行动自由。李立涅院士带领的电网技术团队，在特高压直流输电、交直流系统相互作用理论等方面取得了国际领先的创新成果，为中国电网技术发展作出了杰出贡献。

我们也骄傲地看到，在我国科技发展、社会进步的每一个历史轨迹中，华工一大批中青年教师开拓创新、攻坚克难，或进军尖端科学，耀眼于国际学术舞台，为人类知识高塔贡献华工智慧；或投身创新浪潮，把论文写在祖国的大地上，把成果应用在现代化建设伟大事业中，助力学校成为南中国经济腾飞的重要支柱。

——这是一条放眼全球、开放合作之路。学校坚持扎根中国大地，借力湾区优势，深化对外开放，将国际化作为世界一流大学建设的重要方略，以自信主动的姿态，与牛津大学、加州大学各分校、罗格斯大学、爱丁堡大学、慕尼黑工业大学、南洋理工大学等世界百余所著名大学建立了紧密伙伴关系。学校聚焦国家急需和国际科技前沿，大胆突破传统国际化办学模式在资源、空间等方面的限制，实行更加积极主动的开放战略，在广州国际校区开展粤港澳大湾区国际化教育改革试点，全面探索在地国际化办学新范式，大力延揽全球"高精尖缺"人才，努力构建与世界一流大学同质等效的教学环境和教学品质，形成全方位、多领域、高层次的对外开放新格局。

当今世界正在经历百年未有之大变局，新冠疫情反复延宕，世界经济脆弱性更加突出，地缘政治局势紧张，全球治理严重缺失，粮食、能源和全球变暖等多重危机叠加，人类发展面临重大挑战。可以说，人类社会正处在一个特殊的历史时期，面临的全球性危机前所未有。大学，特别是一流大学作为经济社会发展的重要引擎，作为推动人类文明进步的重要力量，要在这样的世界之变、时代之变、历史之变中，承担起更大的使命和责任。华南理工大学将铭记昨天的筚路蓝缕，扛起今天的使命担当，朝着明天的伟大梦想，自信自强、守正创新，踔厉奋发、勇毅前行，以新奋斗实现新跨越，用新发展创造新荣光，为推动建设一个更加和谐、更有活力、更可持续的大美世界作出积极贡献。

面向未来，我们将始终坚持教育强国的初心，勇挑科教兴国重任。强化育人为先的价值定位，积极营造海纳百川、兼容并包的学术氛围，实施更加积极、更加开放、更加有效的政策，吸引当代最优秀的学者，培养出下一代最优秀的人才，产出国家战略和区域发展最需要的成果，努力形成"万类霜天竞自由"的生动局面。

面向未来，我们将始终坚守创建一流的梦想，走好高质量发展之路。以"双一流"建设和广州国际校区建设为"双引擎"，不断深化办学综合改革，全面提高人才培养、科学研究和服务社会的质量和水平，把学校的改革发展与学生的健康成长、教师的幸福与成就相契合，形成有效激励师生的现代大学治理体系，努力打造中国特色、世界一流大学建设的"华工样板"。

面向未来，我们将始终坚定文化传承的力量，推动人类文明进步。实施更大范围、更高水平的对外开放，当好人类文明交流互鉴的使者，搭建起不同文明相通相融的桥梁和纽带，更多地参与国际重大合作，主动融入和服务构建人类命运共同体，让世界更好读懂中国。

"俱怀逸兴壮思飞,欲上青天揽明月"。党的二十大报告指出,教育、科技、人才是全面建设社会主义现代化国家的基础性、战略性支撑。作为科技第一生产力、人才第一资源、创新第一动力深度融合的"双一流"建设高校,作为引领时代和社会发展的先锋力量,华南理工大学将继续高举中国特色社会主义伟大旗帜,牢记"国之大者",坚守"学之大道",大力推进"学术华工""开放华工""善治华工""幸福华工""大美华工"建设,勇当粤港澳大湾区高等教育的排头兵,在以中国式现代化全面推进中华民族伟大复兴的新征程中,贡献更多、更强的智慧和力量,续写中国特色、世界一流大学建设更加美好的未来、更加恢弘的篇章!

在华南理工大学组建 70 周年发展大会上的致辞

顾秀莲[*]

（2022 年 12 月 17 日）

章熙春书记、张立群校长，老师们、同学们、校友们：

大家好！

在华南理工大学组建 70 周年校庆之际，我谨向学校的全体师生和海内外校友表示最热烈的祝贺和最诚挚的祝福！

我跟华南理工大学是很有缘分的，学校也留给了我非常美好的、非常深刻的记忆。橡胶工业是重工业，原属于化学工业部管理，华南理工大学诞生了中国第一个橡胶专业，为中国橡胶工业培养了大批人才。学校的化学学科是国家认定的一流学科，化工学科在国内外也享有盛誉。2015 年 9 月，我曾来过华南理工大学参加中国橡胶工业百年纪念大会；2016 年 11 月，我又来到这里参加院士回母校的活动。我对学校美丽的校园、创新的活力和人才培养的成果印象尤为深刻。

前段时期，我收到了华南理工大学发来的材料，知道近几年来，特别是部、省、市、校共建广州国际校区以来，你们抓住机遇、大胆创新，各项事业取得了长足的进步。看到你们的变化和发展，我感到非常高兴。

教育是一个面向未来的事业，教育兴则国家兴，教育强则国家强，全面建设社会主义现代化国家已开局起步，高等教育必将为中华民族伟大复兴发挥不可替代的作用。

在新的征程上，希望华南理工大学高举中国特色社会主义伟大旗帜，深刻领悟"两个确立"的决定性意义，坚持扎根中国大地办大学，传承和发扬百年办学的优良传统，推进更高质量的内涵发展，推动更高水平的对外开放，走好建设中国特色、世界一流大学的新路，当好粤港澳大湾区高等教育发展的排头兵。

育人的根本在于立德。希望华南理工大学把青年工作作为战略性工作来抓，全面总结经验，汇聚更多力量，特别是动员更多"五老"同志发光发热，将"现代书院制""全员导师制"打造得更好，激发每个学生的潜能、潜质，培养更多的堪当民族复兴大任的时代新人。

希望华南理工大学把打造国家战略科技力量、支撑国家高水平科技自立自强作为重要的责任，坚持"四个面向"，聚天下英才而用之，积极开展有组织科研，加强基础前沿探索和关键技术突破，助力国家打赢关键核心技术攻坚战，为国家和区域创新驱动发展作出更大的贡献。

衷心祝愿华南理工大学早日实现中国特色、世界一流的大学奋斗目标。祝华南理工大学明天更美好！祝广大师生、校友身体健康、生活愉快！

---

[*] 顾秀莲系第十届全国人大常委会副委员长，中国关心下一代工作委员会主任。

在华南理工大学组建 70 周年发展大会上的致辞

田学军*

（2022 年 12 月 17 日）

各位领导，各位来宾，老师们、同学们、同志们：

大家好！

在全国上下深入学习贯彻党的二十大精神之际，我们线上线下齐聚一堂，共同庆祝华南理工大学组建 70 周年。在此，我谨代表教育部党组，向学校全体师生员工和海内外校友，致以热烈的祝贺和诚挚的问候，向长期以来关心支持学校改革发展的广东省委、省政府和社会各界表示衷心的感谢！

华南理工大学有着光荣的办学历史，特色鲜明、声誉卓著。70 年来，学校始终秉持"博学慎思 明辨笃行"的校训，勇立时代潮头，争做时代先锋，培养了 60 多万各类优秀人才，涌现出一大批行业精英和兴业人才，产出了一批高水平科研成果，被誉为"工程师的摇篮""企业家的摇篮"，为新中国工业腾飞作出了重要贡献。

党的十八大以来，学校坚持以习近平新时代中国特色社会主义思想为指导，坚决贯彻落实习近平总书记重要讲话和重要指示批示精神，全面推进改革发展，主动服务国家急需，各项事业取得优异成绩。学校抢抓机遇、主动谋划，推动部、省、市、校四方共建广州国际校区，深入推进"新工科"建设，积极探索扎根中国大地办世界一流大学的新路。

老师们、同学们、同志们，党的二十大擘画了全面建设社会主义现代化国家、全面推进中华民族伟大复兴的宏伟蓝图，强调教育、科技、人才是全面建设社会主义现代化国家的基础性、战略性支撑，对新时代高等教育改革发展提出了新的更高要求。华南理工大学要坚决把思想和行动统一到党的二十大精神上来，以组建 70 周年为新起点，心怀"国之大者"，团结奋斗、勇毅前行，奋力推进中国特色、世界一流大学建设。借此机会，我代表教育部党组提出三点希望：

一是坚持党的全面领导，牢牢把握社会主义办学方向。把学习贯彻党的二十大精神作为当前和今后一个时期的首要政治任务，深刻领悟"两个确立"的决定性意义，更加自觉做到"两个维护"。认真学习贯彻习近平总书记关于教育的重要论述，全面贯彻党的教育方针，更加主动做到"四个服务"。坚持并不断完善党委领导下的校长负责制，健全组织体系、制度体系、工作机制，深入推进全面从严治党，切实把学校建设成坚持党的全面领导的坚强阵地。

二是坚持立德树人，全面提高人才自主培养质量。牢记为党育人、为国育才初心使

---

* 田学军系教育部党组成员、副部长。

命，把立德树人的成效作为检验学校一切工作的根本标准。坚持用习近平新时代中国特色社会主义思想铸魂育人，教育引导青年学生有理想、敢担当、能吃苦、肯奋斗，在面向国家战略的实战中磨砺意志、训练思维、锤炼能力。深入推进"四新"建设，把培养急需高层次人才、基础研究人才摆在突出位置，不断深化产教融合，加速培养卓越工程师，努力探索协同育人新范式。

三是坚持服务需求，加快建设国家战略科技力量。把发展科技第一生产力、培养人才第一资源、增强创新第一动力更好地结合起来，主动对接国家重大战略需求。以打赢当下和未来的科技战、人才战为目标谋篇布局，充分发挥学校工科特色优势，持续加强有组织科研，集聚力量进行原创性、引领性科技攻关，努力实现基础研究的重大突破。紧紧围绕粤港澳大湾区建设，加快实施具有战略性、全局性、前瞻性的重大科技项目，努力提高科技成果转化和产业化水平，在推动实现高水平科技自立自强上再创佳绩。

老师们、同学们、同志们，站在新的历史起点上，我们相信并衷心祝愿，迈上新征程的华南理工大学在建设教育强国、科技强国、人才强国的伟大实践中，展现更大作为，铸就新的辉煌。教育部将一如既往支持华南理工大学的建设和发展。衷心祝愿华南理工大学的明天更加美好！

特 载

在华南理工大学组建 70 周年发展大会上的致辞

陈建文*

（2022 年 12 月 17 日）

各位来宾，同志们、朋友们、老师们、同学们：

大家上午好！

在全国全省上下深入学习贯彻党的二十大精神之际，我们相聚在美丽的华园，隆重举行华南理工大学组建 70 周年发展大会，回顾峥嵘岁月，展望美好未来。

前不久，广东省委黄坤明书记高度肯定华工的办学成就，并对学校在新征程上作出新贡献寄予殷切期望。受黄坤明书记、王伟中省长的委托，我谨代表中共广东省委、广东省人民政府，向学校全体师生员工和海内外校友，致以热烈的祝贺和诚挚的问候！向长期以来关心支持学校建设和广东经济社会发展的各位领导、各位嘉宾表示衷心的感谢！

广东是中国近代民主革命策源地，是改革开放的排头兵、先行地、实验区。百余年来，华南理工大学始终扎根广东这片红色热土、创业沃土，敢闯敢干、敢为人先，务实创新、追求卓越，为广东的革命、建设和改革发展培育了一大批优秀人才，作出了突出贡献。我们永远铭记"红色甲工"的百年荣光，创立于 1918 年的广东省立第一甲种工业学校是华南理工大学的重要办学源头，也是广东革命史上的一座不朽丰碑。"红色甲工"诞生于民族危难之际，肩负着实业救国的梦想，孕育了杨匏安、刘尔崧、阮啸仙、周文雍、周其鉴、张善铭等革命先驱，为广东地方党组织的成立、工农运动的发展和大革命轰轰烈烈的开展作出了永载史册的贡献，刻下了华南理工大学百年传承、永不磨灭的红色基因。学校始终牢记初心使命，传承和发扬"红色甲工"的革命精神，组建之初就确立了办一流大学的目标，70 年来始终如一为之不懈奋斗，不断为党和人民争取更大光荣。

我们由衷点赞华南理工大学争创一流的办学业绩。作为部省共建的国家"双一流"大学，学校是国家高等教育体系的重要力量，也是广东高校的"排头兵"。党的十八大以来，广东率先在全国启动"双高"建设，深入推进高等教育"冲一流、补短板、强特色"工作，推动高等教育综合实力不断迈上新台阶。在这其中，华南理工大学担重任、挑大梁、当先锋，办学水平不断攀升，稳居"世界大学学术排名"前 200 强，2 个学科在 U. S. News 世界大学学科排名中位居全球第一。特别是广州国际校区，积极探索在地国际化办学新模式，面向全球引进"高精尖缺"人才，形成国际化高层次人才集聚高地，获批粤港澳大湾区国际化教育改革个案试点，闯出了一条扎根中国大地办世界

---

* 陈建文系广东省委常委、宣传部部长。

一流大学的新路子，为广东乃至中国高等教育改革发展作出了有益探索。

我们衷心感谢华南理工大学为广东创新发展所作的重要贡献。学校是广东的重要创新力量，拥有28个国家级科技创新平台、225个部省级平台，科技创新能力位居广东本科高校第一，获国家专利奖总数连续12年位居全国高校第一，可转化的专利70%在广东落地，凸显了强大的科技创新能力和蓬勃转化能力，为助力广东建设科技创新强省作出了突出贡献。华南理工大学还为广东培养了数以万计的优秀科创人才，全球60万余华工人中有41万余人服务广东，曾经珠三角有将近2/3的企业负责人或核心骨干是华工校友，他们为广东大力发展高端制造业、推进现代化产业体系建设作出了重要贡献。借此机会，我代表省委、省政府对华南理工大学多年来为广东经济社会发展作出的卓越贡献表示衷心的感谢！

奋进新征程，扬帆再出发。习近平总书记在党的二十大报告中科学擘画了全面建设社会主义现代化国家，以中国式现代化全面推进中华民族伟大复兴的宏伟蓝图，并对实施科教兴国战略，加快建设教育强国、科技强国、人才强国作出了全面部署。刚刚召开的省委十三届二次全会对广东深入贯彻落实党的二十大精神，以高质量发展为牵引，高水平推进现代化建设作出积极部署，提出高水平推进教育强省、科技强省和人才强省建设任务。党中央的决策部署和省委的部署安排赋予了广东高校在新征程上的新使命，也为华南理工大学进一步发展带来了新的机遇。广东省委、省政府将继续为华南理工大学提供更多支持、创造更好条件、搭建更大平台。

希望华南理工大学更加紧密地团结在以习近平同志为核心的党中央周围，忠诚拥护"两个确立"，坚决做到"两个维护"，全面贯彻落实党的二十大精神，在落实立德树人根本任务上做表率，在推动实现高水平科技自立自强上树标杆，在助力打造粤港澳大湾区高水平人才高地上当先锋，在支撑广东"制造业当家"上开辟新赛道，在推动广东高质量发展、探索中国式现代化的"广东路径"上展现新作为，为广东在新征程中走在全国前列、创造新的辉煌，贡献更多"华工智慧"和"华工力量"。希望学校广大青年学子坚定不移听党话、跟党走，立志做有理想、敢担当、能吃苦、肯奋斗的新时代好青年，踔厉奋发、不负韶华，让青春在国家和广东现代化建设的实践中绽放绚丽之花！

云山珠水，再谱华章！祝愿华南理工大学勇攀高峰、再立新功！祝愿华南理工大学全体师生和广大校友身体健康、工作顺利、生活幸福！

在华南理工大学组建70周年发展大会上的致辞

杜新山[*]

（2022年12月17日）

陈建文常委、章熙春书记、张立群校长，各位领导、各位嘉宾，各位校友、老师们、同学们：

大家上午好！

这是华南理工大学组建70周年的重要时刻。作为驻地城市的代表，我谨代表中共广州市委、市政府，向华工人表示崇高的敬意和热烈的祝贺！

华南理工大学秉承"博学慎思 明辨笃行"的校训，扎根羊城大地，从红色甲工，到华南工学院，再到211、985、"双一流"，不断厚植沃土育栋梁之材，耕耘不辍攀科研高峰，兼容并蓄创华南特色，涌现了一大批声誉远播的学界大师、兴业英才和治国栋梁，讲好了在广州创办一流大学的"华工故事"，赢得了国内外高度赞誉，为广州、广东，乃至全国发展作出了重要贡献！

大学因城市而兴，城市因大学而盛。华南理工大学组建70周年来，始终与广州相伴相随、共生共长。广州这座历史文化名城的精神滋养了学校，学校学科、人才、科研成果支持了广州的发展。广州是华南理工大学开展合作最紧密的城市，学校将一校三区都放在了广州，这种密切关系在"双一流"高校中为数不多。

华南理工大学多年位居在穗高校总体支撑指数榜首；学科布局涵盖广州的支柱产业、服务行业和高新技术领域；50%的科研项目落地广州，一大批专利在广州转化为成果；60余万名优秀学子中，近一半在广州创业、就业，堪称广州"企业家的摇篮"。广州也一直把华南理工大学视同己出，当作自己的学校，尤其是全力推进部、省、市、校四方共建广州国际校区，打造了广州高等教育的新标杆、城市与大学融合发展的新典范。如今的广州，在建设发展的各行各业都活跃着华工人勤奋忙碌的身影，众多重点建设工程和科技攻关项目都凝聚着华工人的智慧和汗水。海心桥、粤剧博物馆、中国国家版本馆广州分馆等诸多文化新地标均出自何镜堂院士等名家大师之手。今天，华南理工大学分别与广州工控集团、广州无线电集团签约，大湾区超级机器人研究院、第二临床学院等共建机构的揭牌更是开启了校地合作的新举措、新步伐。

一流城市需要一流人才，一流人才需要一流大学。当前，广州正全面深入学习贯彻党的二十大精神，认真落实广东省委的决策部署，以高质量发展为牵引，高水平推进现

---

[*] 杜新山系广州市委常委、宣传部部长。

代化建设，高质量实现老城市新活力、"四个出新出彩"。在全面建设社会主义现代化国家新征程中，广州要走在全国前列、创造新的辉煌，依然需要包括华南理工大学在内的科技和教育的有力支撑，我们将倍加珍惜华南理工大学这块金字招牌和这份智力资源，一如既往大力支持学校尤其是广州国际校区的建设与发展，努力为学校建设中国特色、世界一流大学创造更好的条件，提供更多的优质服务。我们相信，华南理工大学在勇于前进的道路上，必将更加积极融入广州城市发展，把高校的知识创新力转化为城市的核心竞争力，与广州继续携手同行，共创美好的明天。

最后，衷心祝愿华南理工大学以举行组建 70 周年发展大会为新的起点，开启新篇，再铸辉煌，早日实现建设中国特色、世界一流大学的奋斗目标！

在华南理工大学组建 70 周年发展大会上的致辞

高 松[*]

（2022 年 12 月 17 日）

陈建文常委、章熙春书记、张立群校长，各位领导、各位来宾，

华南理工大学的全体老师们、同学们、校友们：

大家上午好！

巍巍学府，群贤毕至。回到美丽的华园，在全面建成的广州国际校区，参加华南理工大学组建 70 周年发展大会，我感到非常亲切、非常开心。在此，我谨代表中山大学及各兄弟高校，向华南理工大学全体师生员工和全球校友，表示最热烈的祝贺和最诚挚的祝福！

校庆前夕，广东省委黄坤明书记高度肯定了华南理工大学为广东改革开放和现代化建设作出的积极贡献。对此，我也是深有体会。虽然在华南理工大学工作的时间不算很长，但学校的办学传统、办学理念和办学特色给我留下了非常深刻的印象。

华南理工大学是一所拥有光荣革命传统的大学，重要办学源头之一是成立于 1918 年的广东省立第一甲种工业学校，这所学校的青年师生，如杨匏安、刘尔崧、阮啸仙、周文雍、周其鉴、张善铭等，为民族独立和人民解放舍生忘死、英勇斗争，为新中国的成立作出了突出贡献。革命先辈用信念和生命铸就的"红色甲工"精神，成为华南理工大学百年办学最鲜亮的精神底色，深深地影响了每一代华工人。近年来，学校学生每年都会演出原创话剧《红色甲工 血色浪漫》，再现这一段历史。1938 年，"甲工"并入国立中山大学工学院，后于 1952 年与华南其他一些学校的工科院系一并调整到华南工学院。从某种意义上来说，华南理工大学和中山大学是血脉相连、精神相通、发展相融的，我们的历史血脉里都流淌着追求民族振兴和兴学强国的"红色基因"。

华南理工大学是一所具有强烈创新意识的大学，在拔尖创新人才培养和服务社会经济发展方面都形成了非常独特的模式。学校被社会誉为"工程师的摇篮"和"企业家的摇篮"，这是因为曾培养了珠三角近 70% 的企业家和高级工程师，目前在粤港澳大湾区的校友创立或领导的上市公司、大型企业超过 200 家。"星期六工程师""广东经济社会发展的发动机""新能源汽车界的黄埔军校"，这些社会在不同时期赋予华南理工大学的特有称号，从不同角度彰显了学校"融入发展促发展"的办学理念，以及"三创型"人才培养和产学研融合发展的特色优势。

我是北京大学的校友，也是华南理工大学的校友。我在北京大学时，大家经常用杜威的一句话来评价，"世界上很少有一所大学能像北大那样，与一个国家和民族的命运

---

[*] 高松系中山大学校长、中国科学院院士，2018 年 9 月至 2022 年 7 月任华南理工大学校长。

这样紧密相连"。我在华南理工大学担任校长期间，华工人敢为人先、勇立潮头，坚持服务社会，始终追求卓越的信念和实践，我也深有体会。我在广州国际校区的开学典礼上也用这样一句话来评价，"国内很难找到一所大学像华南理工大学一样，与地方的社会经济发展有这样紧密的联系"。华工人，用切切实实的担当和奋斗扛起了"中国南方工科大学的一面旗帜"。

华南理工大学和中山大学同处广东，有着深厚的历史渊源。长期以来，双方交流联系密切，比如，两个学校共同承担了一批国家级的科研项目，"十三五"以来，双方合作的科研项目经费超过1.3亿元；师生互动频繁，教师访学，学子深造，建立了深厚情谊。在今后的办学发展中，我相信两校的合作交流会更加深入密切，医工结合的力度也会加大，友谊之树会更加枝繁叶茂，结出更加丰硕的果实。

当前，全面建设社会主义现代化国家已经开局起步。华南理工大学和中山大学同为国家一流大学群体的重要一员、广东高等教育发展的排头兵，有着共同的使命担当。面向未来，我们希望与华南理工大学及兄弟高校一道，切实担负起国家民族和时代赋予的重任，努力培养更多堪当民族复兴大任、引领未来发展的领军人才，更好地发挥基础研究主力军和重大科技突破策源地的作用，推动更多科技成果服务大湾区、服务国家，贡献人类进步。

我们相信，风华正茂的华南理工大学，一定会在新征程上，自立自强、踔厉奋发、勇毅前行，在实施"新工科F计划"、培养拔尖创新人才上取得更大成就，在大湾区人才高地和科技创新中心建设上展现更大作为；一定会成功开展国际化教育改革的个案试点，打造出高等教育"在地国际化"的示范区，闯出一条扎根中国大地办世界一流大学的新路子；一定会在以中国式现代化全面推进中华民族伟大复兴的进程中铸就新的更大辉煌！

最后，祝华南理工大学越办越好、越办越强，祝大家身体健康、生活愉快！

在华南理工大学组建 70 周年发展大会上的致辞

林忠钦*

（2022 年 12 月 17 日）

各位领导、各位同仁、华南理工大学的全体师生和校友们：

大家好！

今天，我们怀着十分喜悦的心情相聚一堂，共同参加华南理工大学组建 70 周年发展大会。我谨代表上海交通大学，对华南理工大学表示最崇高的敬意！对华南理工大学全体师生员工和海内外校友，表示最热烈的祝贺！

百年初心，七秩芳华。深厚的家国情怀是华南理工大学最鲜亮的精神底色。学校的重要办学源头是广东省立第一甲种工业学校，甲工师生中涌现出一大批为人民解放和民族独立奉献青春与热血的革命志士和民族精英，他们的英雄事迹和革命精神始终激励着华工师生砥砺前行，矢志报国。

百余年来，华南理工大学秉承"博学慎思 明辨笃行"的校训，弘扬"厚德尚学 自强不息 务实创新 追求卓越"的精神，坚持"融入发展促发展"的办学理念，率先开展部省共建和联合办学，为国家和区域发展提供了强大的人才保障和科技支撑。可以说，华南理工大学的办学历程是我国高等工程教育发展史的一个生动缩影。

华南理工大学和上海交通大学精神相通，红色血脉源远流长，两校治学风格相近，以"实业救国"立学，工科立身，铸就了严谨务实、追求卓越的学术传统。近年来，两校保持着深厚的友谊和互动交流，值得一提的是，新能源界"宁德时代"曾毓群、光电行业"雷曼光电"的李漫铁，都是两校共同培养的优秀校友代表。面向未来，我相信两校友谊之花将更加枝繁叶茂，两校合作将结出更多丰硕成果。

衷心祝愿华南理工大学以组建 70 周年为契机，全力推进"双一流"建设，勇当粤港澳大湾区高等教育发展的排头兵，加快建成中国特色、世界一流大学，为中华民族伟大复兴贡献更大的智慧和力量！

祝福华南理工大学的明天更美好，再创辉煌！

---

* 林忠钦系上海交通大学校长、中国工程院院士。

Speech on the Development Conference of SCUT's 70th Anniversary
在华南理工大学组建 70 周年发展大会上的致辞

国外高校代表

(2022 年 12 月 17 日)

一、Rutgers University(罗格斯大学)

Rutgers and SCUT have a longstanding and robust relationship spanning several decades. We have collaborated successfully on research partnerships across a wide range of academic fields. We have also benefited from educational exchanges, including the very successful ROSE Program, in which SCUT hosted several hundred Rutgers students stuck in China during the pandemic. We are proud of our enduring relationship with you that we think has enriched both our institutions. Higher education engagement by both students and faculty are key in helping people and nations understand each other and promote peaceful coexistence. The collaborations between our institutions will enable crucial dialogue between students, helping them to broaden their knowledge base and to make an impact within their academic fields. Our goal is for these students, as well as the faculty researchers, to help solve some of the world's greatest challenges, such as global warming. Once again, Congratulations on this very special 70th anniversary to you all.

多年来,罗格斯大学与华南理工大学建立了长期、稳健的合作伙伴关系,在多个学科领域,两校都开展了成效卓著的科研合作。在教育交流方面,双方获益良多,特别是通过 ROSE 这一非常成功的项目,疫情之初,华南理工大学接收了几百名罗格斯大学中国籍大一新生在校学习。师生共同参与高等教育,有助增进人民、国家之间相互了解,促进和平共处。我们希望我们的学生、老师,可以协助解决诸如全球变暖等当下的全球性严峻挑战。最后,祝贺华南理工大学组建 70 周年!

二、Technische Hochschule Ingolstadt(英戈尔施塔特工业技术大学)

Nihao, Mein Name ist Professor Doktor Walter Schober, Ich bin Präsident der Technische Hochschule Ingolstadt. Ingolstadt ist ein deutsches Mobilitätszentrum in der Mitte von Bayern. Wir freuen uns, unserer Partneruniversität The South China University of Technology zum 70-jährigen Jubiläum unsere herzliche Glückwünsche zu überbringen. Wir verbinden damit auch die Glückwünsche zu fünfzigjährigen bestehenden deutsch-chinesischen Beziehungen. Die Hochschulkooperation zwischen der Technische Hochschule Ingolstadt und the South China University of Technology besteht seit dem Jahr 2013. Im zweiten Jahr meiner nun zehnjährigen Amtszeit als Präsident der THI war das Start der Zusammenarbeit, und es freut mich, seit dieser Zeit die Entwicklung unserer Partnerschaft mitzugestalten. Wir pflegen intensive kontakte, tauschen Studierende aus, vergeben Doppelabschlüsse und arbeiten an gemeinsamen Forschungsprojekten zusammen Besonders verbindet uns die Kooperation im Rahmen des Audi Konfuzius Instituts Ingolstadt, welches wir vor 6 jahren gemeinsam gründeten. Als eine Region, die mit dem Firmensitz von Audimobilitäts geprägt ist, Es freut mich besonders, dass wir im Rahmen der Feierlichkeit zum Jubiläum der SCUT den Nachbau des 1. Automobils der Welt präsentieren können ein dampfbetriebenes Fahrzeug, welches 1679 von Ferdinand Verbiest, einem Flemish Jesuit am Kaiserhof in China entwickelt wurde. Das Fahrzeug wurde vom Maschinenbau Studierenden im Maßstab 1 zu 10 (1:10) nachgebaut. Wir freuen uns auf die weitere Zusammenarbeit mit der South China University of Technology in einer engen Freundschaft

你好，我是 Walter Schober 教授，担任英戈尔施塔特工业技术大学的校长。英戈尔施塔特是德国汽车制造中心，位于巴伐利亚州中部。我们的合作学校华南理工大学迎来了组建 70 周年校庆。值此，我们向贵校送上最诚挚的祝福。借此契机，我们也为中德建交 50 周年送上祝福。英戈尔施塔特工业技术大学和华南理工大学的合作源于 2013 年。在我做英戈尔施塔特校长十年任期的第二年，两所学校开始合作。令人高兴的是，在此期间两校合作硕果累累，华南理工大学与英戈尔施塔特工业技术大学保持密切联系，互相交换学生，授予学生双学位，并开展合作研究项目，特别是奥迪孔子学院加深了我们的合作。6 年前，两校共同创办了奥迪孔子学院，我非常高兴能在华南理工大学组建 70 周年校庆之际，展出世界历史上的第一辆汽车的模型。这是一辆蒸汽汽车，由传教士 Ferdinand Verbiest（南怀仁）于 1679 年在中国皇宫里制造。这件仿制品由机械工程专业的学生按照 1:10 的比例制造，是我们送给华南理工大学的校庆礼物。我们期待与华南理工大学在紧密的友谊中开展进一步合作！

三、Politecnico di Torino（都灵理工大学）

Signor Presidente, Buon anniversario per la SCUT al vostro centocinquesimo compleanno, il settantesimo da quando vi siete riorganizzati. Sono ormai 15 anni passati da quando abbiamo fatto il primo corso di laurea insieme a voi, programma di doppia laurea E 8 anni fa, abbiamo creato il South China-Torino Laboratorio Anche grazie a questa struttura, abbiamo vinto la Solar Decathlon China, Abbiamo ristrutturato insieme la Pearl River Piano Factory, Abbiamo organizzato insieme la Biennale di Architettura Urbanistica a Shenzhen. E poi abbiamo fatto un corso di laurea co-progettato in Urban Design, di cui abbiamo laureato i primi studiventi poche settimane fa. Insieme abbiamo dato corpo a un modello di università che non rimangono nei propri confini, ma producono un impatto sociale con le proprie azioni formative, Con i concorsi a cui partecipano e così via, con le mostre che fanno. Bene. Con questo in mente, intendiamo proseguire con voi questo cammino per produrre sempre più impatto. , E vi auguro una buona giornata di celebrazione! Long life to South China University of Technology!

校长先生，祝福华南理工大学组建 70 周年。都灵理工大学为能够参与这段历史而感到无比自豪。都灵理工大学与华南理工大学合作第一个双学位本科课程以来，已经过去了 15 年。8 年前，我们共建了华南都灵联合实验室，也得益于此项合作，我们在中国国际太阳能十项全能竞赛中摘得了桂冠。我们共同改造了珠江钢琴旧厂区，共同担任了深港城市/建筑双城双年展的学术策展人。两校还创办了城市设计专业的中外合作办学项目，并且在几周前刚迎来了第一批毕业生。我们共同创造了一种新的教学模式，这种模式不再局限于校园内，而是通过自身的教育行为，通过参加竞赛、举办展览等，产生社会面的影响。基于此，我们希望与贵校继续将这种模式发展下去，产生更加深远的社会影响力。祝贵校生日快乐！愿华南理工大学永铸辉煌！

四、The Universitat Politècnica de Catalunya（加泰罗尼亚理工大学）

We are enormously glad to send our congratulations to SCUT, one of the leading universities in China, with strong expertise in engineering and outstanding achievements made over the years. We wish to see more success for SCUT and for our friendship in the future. In closing, On behalf UPC, I wish you all the best and happy anniversary.

非常高兴与各位共享这一欢庆时刻。加泰罗尼亚理工大学，作为一所欧洲领先的理工科高校，期待与贵校深化合作。华南理工大学是中国顶尖学府之一，以工见长，多年来发展成果卓著。我校非常高兴在贵校校庆之际，向各位致以热烈的祝贺。我谨代表加泰罗尼亚理工大学，祝贺华南理工大学校庆快乐！

五、Kyushu University（九州大学）

I would like to express my heartfelt congratulations to everyone at South China University of Technology on the university's 70th anniversary. Since 1985, your University and Kyushu University have co-organized a series of exchange activities. We are honored that South China University of Technology is one of the longest standing partners.

我谨向华南理工大学组建 70 周年表示衷心的祝贺！自两校 1985 年建立校级合作以来，我们合作举办了一系列交流活动，华南理工大学是九州大学合作最为悠久的伙伴高校之一，我们深感荣幸。

六、Lancaster University（兰卡斯特大学）

It is an honor for me to express my sincere and warm congratulations to SCUT on this special occasion of the 70th Anniversary. Since the establishment of Lancaster Confucius Institute on the 20th December 2011, Lancaster and SCUT have worked together for more than ten years. We wish to see more success for SCUT and for our friendship in the years ahead. We wish you all the very best and happy anniversary!

我非常荣幸向华南理工大学组建 70 周年校庆致以诚挚、热烈的祝贺。兰卡斯特大学在全球建立了广泛的合作伙伴关系，确保自身教学为学子提供前沿知识，培养在全球就业市场具备竞争力的毕业生。自兰卡斯特大学与贵校于 2011 年 12 月 20 日共建孔子学院以来，两校的合作已走过了十多个年头。我们非常高兴看到华南理工大学多年来取得的卓越成就。期待华南理工大学再创辉煌，祝愿两校合作取得更大进步。愿华南理工大学万事顺遂，校庆快乐！

七、Nanyang Technological University（南洋理工大学）

Distinguished guests, ladies, and gentlemen. On behalf of Nanyang Technological University, Singapore, I'd like to extend my warmest congratulations, on the 70th Anniversary of Readjustment and 105 years of the South China University of Technology. It's heartening to see the South China University of Technology's distinguished achievements over the years. As a pioneer in nurturing scientific talents and engineers, and a leader and technology transfer and commercialization for the enhancement of the technological competitiveness in the region. I'm glad we have a great partnership through the China Singapore International Joint Research Institute in Guangzhou Knowledge City. This will be further strengthened in the years ahead and I look forward to achieving greater success soon! Congratulations!

尊敬的各位来宾、女士们、先生们，我谨代表新加坡南洋理工大学，在华南理工大学组建70周年暨建校105年之际，向贵校致以最热烈的祝贺。华南理工大学在过去的发展中，取得了傲人的成就，不论是在科技人才培养，还是在技术转移转化方面都开拓创新，极大地促进了区域科技竞争力的提升。我非常高兴我们能通过位于广州知识城的中新国际联合研究院成为亲密的合作伙伴。我坚信我们一定能够进一步深化合作，取得更大的成功！热烈祝贺！

八、University of California（加利福尼亚大学）

As the Chief Academic Officer of the University of California, I am honored to be invited to join you in celebration of South China University of Technology's founding. The University of California is grateful for and celebrates almost three decades of partnership between South China University of Technology, and almost every UC campus in terms of teaching, research, and student mobility programs. Congratulations for 70 years of scholarly excellence. Thank you for 30 years of collaborations. We look forward to decades more the great challenges the world faces require more such partnerships.

作为加州大学首席学术官，受邀参加华南理工大学校庆活动，我深感荣幸。加州大学感谢华南理工大学与我校各分校都开展了合作。我们很高兴看到两校最早的合作始于30多年前，双方合作领域涵盖教学、科研与学生交流项目等。我谨代表加州大学，热烈祝贺华南理工大学70周年取得的卓越成就，感谢贵校与我校30年来开展的友好合作。愿两校友谊长青！

九、Université Claude Bernard Lyon 1（里昂第一大学）

chers collaborateurs et amis de l'université technologique de la Chine du sud le professeur frédéric fleury président de l'université Claude bernard lion. remercier chaleureusement le président Zhangliqun de cette invitation à célébrer ce double anniversaire à la fois le 70e anniversaire de la structuration. l'université Claude Bernard Lyon 1 et l'université technologique ont signé leur 1er accord le 26 juin 2013 qui a été renouvelé le 18 octobre 2018. c'est notamment dans le domaine du génie électrique et des proceeds, que des liens étroits ont pu être établis et qui ont permis la mobilité étudiante entre nos établissements. au nom du Président Frédéric Fleury. je vous souhaite une belle fête. d'anniversaire en présence des acteurs majeurs de votre établissement vos étudiants vos enseignants chercheurs mais aussi vos personnels technique et administrative, egalement vos partenaires institutionnels. académique mais aussi industriel et vos partenaires étrangers qui ont pu se joindre à vous. je souhaite que notre collaboration déjà inscrite dans la durée perdure et fructifie Avec Le Tempset je vous souhaite malgré la distance de profiter de cette belle journée. auquel nous aurions vraiment aimé participer mais malheureusement nous n'avons pas pu vous rejoindre. merci à tous.

亲爱的华南理工大学的同事和朋友们，里昂大学校长弗雷德里克·弗勒里教授热烈感谢张立群校长的邀请，庆祝贵校组建70周年校庆。里昂第一大学和华南理工大学于2013年6月26日签署了第一份合作协议，该协议于2018年10月18日续签，两校在电气工程领域建立了密切的合作联系，加强了两校之间的学生交流。在此，我谨代表我校校长 Frédéric Fleury 先生，向贵校组建70周年校庆表示热烈祝贺。在这个特殊的纪念日，贵校领导、学生、教师、研究人员和行政人员，同时还有贵校学术合作伙伴和企业伙伴共同奔赴，一起出席并庆祝这个纪念日，愿双方合作深远流长，并随着时间推移硕果累累。尽管距离遥远，但我祝愿你们能享受这美好的一天。谢谢大家。

十、The University of Edinburgh（爱丁堡大学）

Hello. I'm James Smith. I'm the Vice Principal. I have been there several times, and I'm really looking forward to the next opportunity I have to travel back again. I've taught many students who have been here and who have previously studied at SCUT, the excellent students in a fantastic partner, and I'm looking forward to continuing to work with SCUT in the future.

大家好，我是 James Smith，任爱丁堡大学国际事务副校长。我与华南理工大学交流密切，我曾多次访问华工，我非常期待有机会再次到访贵校。我曾教过贵校赴我校学习的多名优秀学子。贵校是我校的卓越合作伙伴，我们期待未来继续与华南理工大学深化合作。

在华南理工大学组建70周年发展大会上的致辞

李东生[*]

（2022年12月17日）

尊敬的章书记、张校长，各位老师、各位同学、各位校友：

大家好！

我是华南理工大学"50177级"无线电技术专业毕业生，很荣幸能代表校友，向母校组建70周年表示祝贺！

时光荏苒，岁月如梭。1982年我们毕业时恰逢母校组建30周年，今天再回到熟悉的校园，内心澎湃，百感交集，往日一幕幕重现眼帘。

1977年国家恢复高考，我们幸运地跨进华南理工大学校门。那是一个动荡年代的结束。国家刚刚经历了社会分裂，经济、文化崩塌，连续11年没有高考。我们这届学生大都来自农村、农场、工厂，大家怀揣着改变自己、改变国家命运的期待来到学校。那也是一个充满激情和理想时代的开始。中国开启了改革开放，社会进步、经济腾飞，学校为我们创造了最好的学习环境，老师们倾力教授、精心培育。当年的同学们都如饥似渴地追求学问，珍惜时光，课堂、图书馆、宿舍"三点一线"、争分夺秒。记得毕业时同学们一起唱着那首"年轻的朋友来相会，创造奇迹要靠谁？要靠我们八十年代的新一辈"，表达愿为中华崛起、民族复兴担责的情怀。40年过去了，我们在不同地方，以不同的方式追求自己的人生价值，贡献社会。今天相聚在母校，回忆求学时光和走过的人生道路，我们感恩这个时代，感恩母校和老师的培育之恩。

我在华南理工大学四年学会了怎样当好工程师，并以此为基础，在人生道路上抓住了很多发展机会。毕业后，我回到家乡，参与创立TCL。经过40年的努力，TCL已经从一个小小的录音磁带厂，发展为中国"世界500强"的跨国公司。经常有人问我做企业怎样才能成功？我的回答是，"认准目标，笃行不息"，这也是华南理工大学"博学慎思 明辨笃行"的校训精神。当然"笃行"不是企业成功的充分条件，但一定是必要条件。企业发展过程中一定会遇到无数的困难和挑战，甚至要经历几次生死考验，唯有坚持、坚毅、坚韧，才能穿越经济和行业周期波动，超越对手、超越自我。

学校是华南地区最有影响力的理工大学。70年来，华南理工大学为社会培养了无数人才，被誉为"工程师的摇篮""企业家的摇篮"。我们的校友活跃在全国各地和社会各领域，在海外也经常能遇到校友。华南理工大学是我们的精神家园。我们以母校为

---

[*] 李东生系华南理工大学校友。

傲，母校也以我们为荣。我们希望能以自己的努力成就更好未来，为母校增光添彩。

在学校组建 70 周年之际，再一次回到母校和老师、校友、同学们相聚，感到非常兴奋和感慨。我们期待母校能够百尺竿头更进一步，期待在下一个十年、三十年我们能有更多机会在母校相聚。

衷心祝愿各位老师、校友、同学们身体健康、事业进步！祝愿华南理工大学更加辉煌！

在华南理工大学组建 70 周年发展大会上的致辞

李元元[*]

（2022 年 12 月 17 日）

各位来宾，同志们、朋友们、老师们、同学们：

大家上午好！

在全国深入贯彻落实党的二十大精神，凝心聚力、团结奋进的重要时刻，我热烈祝贺母校华南理工大学 70 华诞。

木棉花红，华园情长。回忆过往，我在华园求学、任教、办学、治校，长达 27 年，这是我人生中一段难以忘怀的美好时光。"博学慎思 明辨笃行"的校训至今仍牢记在心，始终激励我不懈奋斗、勇毅前行。

衷心感谢母校给了我丰盈的精神世界、扎实的学科知识、突出的创新能力和广阔的事业平台，让我在与时代同行中，为党和人民做了一些应做的工作，延续了华工人自强不息、追求卓越的精神追求和勇担使命、振兴中华的责任担当。

云山苍苍，珠水泱泱，崛起南国、培育栋梁。自 1952 年组建以来，华南理工大学始终坚持立足南粤、赋能湾区，报效国家、贡献世界。从改革开放初期的"家电三巨头"到互联网时代的新能源造车新势力，从破解"钱学森之问"的科学创新班，到 1 个年级毕业研究生产生 4 名院士，60 余万华工人在学术、工程、国防产业等各个领域熠熠生辉，母校的育人成效和办学成果，让我倍感骄傲和自豪。

七秩峥嵘，书写高教华章；初心不改，共筑强国梦想。衷心祝愿母校在新的历史发展起点上，以党的二十大精神为指引，全面深入贯彻习近平新时代中国特色社会主义思想，努力办好让人民满意的教育，加快建设中国特色、世界一流大学，继往开来、再铸辉煌，为全面建成社会主义现代化国家、实现第二个百年奋斗目标、推进中华民族伟大复兴作出新的更大贡献！

---

[*] 李元元系华南理工大学校友。

在华南理工大学组建 70 周年发展大会上的致辞

侯一钊*

（2022 年 12 月 17 日）

尊敬的章书记、张校长，各位老师，各位同学，各位来宾，各位校友：

大家好！

我是侯一钊，是华南理工大学1977级数学师资班的校友，现在是加州理工学院应用数学的讲座教授。我十分荣幸，作为海外校友代表参加华南理工大学组建70周年的校庆。在此，我谨代表海外校友向母校致以最诚挚的和最热烈的祝贺。

过去70年，华南理工大学取得了举世瞩目的成就，培养了大批科技和工程人才，在科研创新和人才培养方面都取得了非凡的成果，对国家和整个社会的经济发展，尤其是对粤港澳大湾区的建设作出了重大的贡献。我相信在学校领导的带领下、在广大师生的共同努力下，今后还会取得更大的辉煌，更上一层楼。

饮水思源，我十分感谢母校对我的培养。我今天能够在数学研究上取得一些成绩，与当年母校为我打下的坚实基础分不开。我现在还清楚地记得邓韵秋和卢文教授对我的教导，他们讲了很多世界著名科学家的故事激励我。卢老师鼓励我，如果我好好努力，我也有可能成为他们中的一员，这句话在我心里埋下了一颗种子。这些年来，我不断挑战自我、超越自我，在科研上勇于创新，取得了一系列的突破，赢得了同行们的尊重。最近，我与我的学生陈嘉杰博士解决了一个百年数学难题，在数学界和工程界都引起很大的轰动。在这里，我要特别感谢蔡建中校友对这项研究给予的极大支持和鼓励，让我们可以全力以赴专注难题的科研攻关，还要感谢加州理工学院提供的得天独厚的科研环境，让我可以专注于难题的钻研，还要感谢我的父母、太太和家人，如果没有他们的支持和鼓励，就不会有我今天的成就。

作为华南理工大学应用数学系的一名普通毕业生，从来没想到有一天能够在国际的数学舞台上有所建树。希望我的故事能够激励到同学们，不要低估自己的潜能，立足华工，放眼世界，既要树立一个远大目标，又要脚踏实地、减少浮躁、积极进取、把握机遇，只要有 1% 的机会，就要尽 100% 的努力。

最后，祝愿母校的师生们在各自的领域大显身手，大放异彩！

---

* 侯一钊系华南理工大学校友。

在华南理工大学组建 70 周年发展大会上的致辞

何镜堂[*]

（2022 年 12 月 17 日）

陈建文常委、章书记、张校长，各位嘉宾、各位院士，各位老师、同学们：

大家好！

今天我站在这里，非常激动，万分感谢学校的培养。我既是教师代表，也是华南理工大学的校友。我与学校有着半个多世纪的缘分，华南理工大学是刻在我骨子里的基因，我人生的重要时刻，都跟学校息息相关。

1952 年华南工学院组建，建筑系成立，四年后我成为华南工学院建筑系的一名学生。接着我又成了学校第一批研究生，也是我们建筑系唯一一个"文化大革命"前毕业的研究生。在这里我认识了我的恩师——岭南建筑的奠基人夏昌世教授，得益于恩师的教导，我打下坚实的专业基础。

1983 年，我 45 岁的时候，随着国家改革开放的大好形势，时隔 16 年，我放弃了北京的工作，带着妻儿回到了母校。回来的第一个月，我就拿到了在广东的第一个项目——深圳科学馆，我至今都记得中标前夜通宵加班加点的时刻。从此下定决心，今后每做一个项目，都要出一个优秀作品、写一篇学术论文、争取获得一个奖项，把失去的时光抢回来。1997 年，华南理工大学成立建筑学院，由我担任院长，到后来，我们有了全国建筑领域第一个国家重点实验室，我们培养了一大批知名建筑师，我们在中国打出了"华工品牌"。一直到今天，66 年的时光让我和华南理工大学完全连结在一起，是母校孕育了我，是母校成就了我。

我的一生都在学习建筑、教育建筑、创造建筑。建筑除去最基本的功能外，最核心的是它的文化、它的灵魂、它的生命力，这就是底蕴。在我的教学团队中，我们坚守立德树人、以身作则的教育观，我的第一堂课总是要讲学建筑首先要学会做人的道理。我奉行以奋斗的人生打动人，以高尚的情操塑造人，以优异的人品感染人。我坚持产学研相结合，选择了一条设计与研究、创作与教育相结合的道路，一条辛苦但快乐的道路，既出人才，又出作品。今年开学我给新生的寄语是：心之所向，至善至美；信之所往，至诚至真。希望与同学们共勉。

走有中国特色的建筑创新道路，以建筑记录伟大的时代，为人民创造美好的工作和生活空间环境，这是建筑师光荣的历史使命，我们不辜负母校的培养和教导，主持设计了包括上海世博会中国馆、广州国家版本馆在内的一批代表时代精神的国家标志工程和 200 多所大学校园规划，对社会产生很好的影响。

---

[*] 何镜堂系华南理工大学教师代表。

今天，华南理工大学正在建设中国特色、世界一流大学的道路上奋勇前进。我想，大学的上升路径，跟建筑师是一样的，既要有高超的专业素养，又要有高尚的修养和精神境界，更要把自己融入社会中、融入国家发展进程中。华南理工大学全体师生只有朝着世界一流大学的目标前进，才能对中华民族的伟大复兴作出更大的贡献；华南理工大学的教学和研究也只有融入党和国家事业之中才会更好地发展成为一所世界一流大学。我相信，百年来积淀凝聚的华工精神会指引着我们全体华工人，不忘初心，在实现以中国式现代化全面推进中华民族伟大复兴的梦想路上，展现出华工风格、华工智慧和华工力量！

最后，祝最亲爱的母校组建70周年生日快乐、再创辉煌！

在华南理工大学组建 70 周年发展大会上的致辞

殷盼超[*]

（2022 年 12 月 17 日）

各位来宾、各位领导，老师们、同学们、校友们：

大家好！

今天，作为青年教师代表在校庆典礼上发言，我倍感荣幸。在我心中，华南理工大学是粤港澳大湾区高等教育发展排头兵，也是理工类学科建设的急先锋，吸引着一大批国内外学者加盟，在此挥洒青春、奉献才能。2017 年，我也追随着这颗"南国之星"，从美国橡树岭国家实验室辞职加入华南理工大学大家庭，从此与华园结下了不解之缘。

我想各位和我一样，我们对华园深刻的情感，不仅源于学校优美的环境与完善的设施，更缘于那些如炬火明星般照亮我们前进方向的引路人。回首往昔，罗明燏、冯秉铨、王宗和等新中国第一批理工科学者，胸怀赤诚的报国之心，投身"科学救国"和"工程报国"，慎终如始地将一腔热爱奉献给国家教育和科技事业，为今日的华园奠定了坚实基础。一批教学科研成就卓著的"大先生"紧随其后，在自己的岗位上躬耕不息，致力于传道授业解惑。

如今，站在先贤大儒的肩膀上，振兴中华、报效祖国的接力棒已交到如你我这样的新华工人手中。生逢伟大的时代，我感到既有无上的光荣，更有沉甸甸的责任。自从我加入华南理工大学这个大家庭，我学成报国的初心愈加坚定。五年来，学校的创新沃土让我们茁壮成长，我们的科研团队充分发挥本身在大科学装置材料表征上的优势，结合国民经济发展在新能源和特种力学材料方面的需求，形成了系统性的质子交换膜和防护装备设计理念，有力服务于国家新能源行业、汽车工业等多个领域。和许许多多的华工人一样，我们主动作为、攻坚克难，瞄准世界科技前沿，致力于解决国家"卡脖子"难题，力争抓住大趋势，下好"先手棋"，把论文写在祖国大地上，为国家科技进步贡献华工力量。

近年来，华南理工大学加快推进"双一流"建设，高质量科研成果不断产出，学术声望进一步提升，人才培养成绩喜人，属于我们的崭新篇章正在徐徐展开。在国家大力建设粤港澳大湾区的战略规划下，学校也迎来了新的发展机遇。党的二十大报告中首次将教育、科技、人才三大战略进行统筹安排、一体部署，这对学校办学和个人事业的发展都具有重大意义。我们要牢记党和国家的嘱托，坚持教育优先发展、科技自立自强、人才引领驱动，坚持为党育人、为国育才，坚守教育科研阵地，为"办好人民满

---

[*] 殷盼超系华南理工大学教师代表。

意的教育"添砖加瓦。

弦歌不辍，薪火相传。今天，我们一起庆祝华南理工大学组建70周年。站在这个新起点上，希望各位华工人以实现中华民族伟大复兴为己任，保持"追风赶月莫停留，平芜尽处是春山"的昂扬姿态，争做勇立时代潮头的"弄潮儿"，把累累硕果奉献给国家，回馈给学校。

七秩芳华正青春，奋楫笃行新征程。让我们一同祝福华南理工大学生日快乐，祝福华南理工大学的未来更加璀璨辉煌！

在华南理工大学组建 70 周年发展大会上的致辞

冷汶锋*

（2022 年 12 月 17 日）

各位领导、各位嘉宾，亲爱的老师们、同学们：

大家上午好！

我是机械与汽车工程学院 2019 级本科生冷汶锋。今天，我们怀着无比激动与喜悦的心情，共同庆祝华南理工大学 70 华诞。在此，请允许我代表全体学生，深情地说一声：生日快乐！

高中时，一次活动让我了解到华南理工大学车辆工程专业，这与我一直以来的车手梦不谋而合。2019 年 9 月，当我踏入华园时，我下决心要在专业领域闯出一片天地。

通过选拔考核，我顺利加入了学校搭建的科研创新平台——方程式赛车队。面对疫情的不确定性，我们努力寻求技术革新的确定性，在自制减速器、电池管理系统和车身轻量化等方面实现新突破。其间，我还见证了学校成功举办第六届中国国际"互联网+"大学生创新创业大赛。看着一场场"神仙打架"，我们也铆足干劲、攀登极限。身为底盘悬架组的负责人，57 张图纸、15 个部件、260 个零件，我们一遍遍打磨；身为赛车手，数十斤的车手服、300 余小时的跑动训练，我们一次次接受检验。如今，创新、创业、创造已经成为学校最耀眼的青春代名词！

华园的春夏秋冬见证过我们的奋斗，更体味过我们的成功，14 项全国第一、15 项全国第二、13 项全国第三，这是我们青春华园人交出的答卷。我们拼搏的每一步，都在不断打造心中赛车最理想的样子；我们创新的每一次，都在不断擦亮"新能源汽车界的黄埔军校"这一闪亮的名片！

新时代的我们生逢其时，施展才干的舞台无比广阔！在华园的岁月，我连续三年获得国家奖学金，同时也淬炼了创新能力。明年，我将带着师者的希冀继续攻读博士学位，在"顶天立地"中践行"务实创新、追求卓越"的品格！我们要乘着粤港澳大湾区腾飞的东风，与活跃在新能源智能汽车赛道上的前辈师兄携手努力，为 2035 年汽车强国建设目标贡献"华工智慧"。

最后，让我们共同感谢华园的辛勤栽培，共同祝愿华园的明天更加辉煌！共同期望在全面开启中国特色、世界一流大学建设新征程中的华园，成为奔腾的"后浪"！

---

* 冷汶锋系华南理工大学学生代表。

学校工作总结和工作要点

华南理工大学2022年工作总结

2022年，党的二十大胜利召开，学校组建70周年暨建校105年庆祝活动成功举办。一年来，在教育部、广东省的坚强领导下，在社会各界关心关爱下，在全球校友的给力支持下，在全校师生的团结奋斗下，学校坚持以习近平新时代中国特色社会主义思想为指导，紧紧围绕学习宣传贯彻党的二十大精神这一主线，牢牢抓住校庆这一契机，以"双一流"建设和广州国际校区建设为"双引擎"，不断深化高质量内涵式发展，办学发展取得重大突破，综合实力持续强势攀升，稳居"世界大学学术排名"前200强，广州国际校区全面建成，"同城一校三区"高水平办学格局更加完善，书写了加快建设中国特色、世界一流大学的新华章。

第一部分 抓实抓好三件大事，凝聚团结奋进新征程的强大力量

一、认真学习宣传贯彻党的二十大精神

坚决抓好学习宣传贯彻党的二十大精神这一首要政治任务。领导干部带头示范，做到三个"第一时间"：第一时间传达学习，第一时间研究部署，第一时间制订方案。校院两级党委理论学习中心组发挥"头雁"作用，开展多层级、全覆盖学习逾100场，679名基层党支部书记参加专题培训。成立师生巡讲团，党委书记、校长带队深入各战线各领域导学宣讲，各二级单位主要负责同志研学领悟，干部、专家、离退休教工、辅导员、青年学生等5支队伍集体备课，分众分类开展宣讲100余场，覆盖近10 000人次，1名学生入选教育部全国高校学习宣传党的二十大精神师生巡讲团。组织研究阐释，开辟专题网站，举办理论知识竞赛、微党（团）课、高层次人才座谈会、"青春献礼二十大，强国有我新征程"主题宣传教育、"喜迎二十大·我们这十年"作品征集等活动，形成学习宣传党的二十大精神的强大声势。学校将学习贯彻党的二十大精神与实地调查研究结合起来，与推动中心工作结合起来，出台《华南理工大学学习宣传贯彻党的二十大精神工作方案》，明确5项落实重点和110项具体行动，形成"学用干"贯通的良好局面。

二、高位推动谋划校庆系列活动

校庆前夕,全国人大常委会原委员长张德江,国务院副总理孙春兰,全国政协副主席、中国科学技术协会主席万钢等领导以特定方式勉励华工师生,对学校办学发展所取得的成就给予充分肯定并提出殷切期望;广东省委书记黄坤明作出专门批示,高度肯定华工为广东改革开放和现代化建设作出了积极贡献,希望学校加快建设中国特色、世界一流大学和优势学科,在教书育人、科研攻关中不断奋发作为、追求卓越,勇当粤港澳大湾区高等教育发展的排头兵,为广东在新征程中走在全国前列、创造新的辉煌提供坚实的人才和智力支撑。

学校加强校庆筹划,因时因势优化方案,着力克服疫情不利影响,成立以党委书记、校长为组长的工作领导小组及相关工作组,以"七秩春秋育桃李 百年初心创一流"为主题,以全面落实立德树人为根本,以弘扬大学精神为主线,以面向未来迈向一流为目标,系统推进学术校庆、人文校庆、发展校庆、共襄校庆等活动,圆满实现了预期目标。学校以校庆弘扬大学精神,举行华南理工大学组建70周年发展大会,开设全球大学校长论坛,举办卓越大学联盟校长联席会,组织校庆日升旗,出版"百年恰风华"校庆文丛,兴建新校史馆,发布第三版校徽,上演原创话剧《红色甲工 血色浪漫》,塑造"红色甲工"英雄群像,将大学城校区的两条道路命名为甲工路、文雍路,将图书馆广场命名为文雍广场,举行多场文化座谈会等,赓续百年大学文脉。学校发出"全球华工人、一起向未来"的号召,召开第二届全球校友代表大会,成立新一届校友会理事会和大学理事会,海内外校友用城市地标亮灯、灯光秀演绎、无人机表演等方式送上祝福,全校师生和全球校友爱校、兴校、荣校的热情空前激发。

三、坚决筑牢疫情防控防线

学校坚持在疫情防控中学习防控疫情,实施科学、精准、有效的防控,开展大规模核酸采样450余场次,共采样265万余人次,持续保持一校三区8万多人1048天本土零感染,形成了具有校本特色的疫情防控"华工模式"。学校主动应对复杂严峻形势,全力做好疫情防控新阶段各项任务。组建工作专班,干部带头冲锋,"党员突击队"再次集结,志愿者服务队踊跃上岗,为抗疫凝聚强大力量。建立各类校园人员白名单,实施非白名单预约制,校园出入人员数据可掌握、可追踪,解决了学校多年想解决而未解决的难题。践行"十岗工作法",建设健康驿站,设置房间562间,在站总床位数1047个,占在籍学生总数的2.2%,超过教育部要求的1.5%的建设标准。全面落实"接诉即办",公开热线电话,设立反映平台,畅通师生诉求反映渠道。高效统筹,暖心护航,顺利完成学生离校返乡工作。成立离退休教职工应急救助帮扶领导小组和工作组,落实"一人一策",开设离退休老同志新冠疫苗接种专场。加大防疫物资和生活物资储备,强化供应服务保障能力,在多处增加生鲜售卖点、餐食配送点,优化外卖和快递管理,增加校巴频次等。学校全力把疫情带来的影响降到最低、最小,最大限度地保障师生正常学习工作生活秩序,没有少上一节课,没有躺平一分钟,做到了教学环节不落下、教学质量不降低、教学秩序有保障,人才培养质量得到了社会和用人单位的高度肯定,这在全国高校是非常少见的。学校疫情防控获教育部和广东省点名表扬。

第二部分 "双引擎"持续发力,推动高质量发展勃发新气象

一、人才自主培养质量持续提升

1. 牢记"大思政课要善而用之",扎实推进"三全育人"

制订《华南理工大学"筑梦铸魂"新时代立德树人工程实施方案》,校院两级领导117人次为学生上"思政第一课",听课学生近3万人次,联合主办"这十年·青年讲"全国高校宣讲联赛,获评2022年全国高校思想政治工作案例优秀奖。深化红色基因传承工程,原创连载漫画《红色甲工 血色浪漫》、原创舞剧《微光》获广东省高校"活力在基层"春季赛季十佳,MV《理想》入选"灯塔工程"广东青年学生思想政治引领精品项目。深化"明道育德"工程,在微电子学院设立思政课教学改革试点班,探索在地国际化思政课教学新模式;建设一体化思政课群,《马克思主义基本原理》《道德与法治》入围省级一流课程;推进课程思政建设,全年立项建设本科课程思政校级示范课程29门、示范学院2个,覆盖本科课程375门;"改革开放与中国式现代化道路"大思政课基地获7部委批准成为大思政课基地之一。成功承办广东省第十一届大学生运动会,包揽甲组奖牌榜和团体总分、乙B组奖牌榜和团体总分四项第一。以青年月、科技文化节为统领,开展品牌活动近70场,支持校、院、班团支部活动1025项。学校获评全国和全省"三下乡"社会实践优秀单位。开足心理健康课程,建设24门心理健康微课,编制《心理咨询与危机干预指南》,采用"心易云系统"实现快速心理评估。完善辅导员培训体系,新增2个辅导员工作室,1名辅导员获广东省辅导员素质能力大赛一等奖。配齐建强思政课教师和专职辅导员队伍,专职思政课教师队伍师生比为1:349,专职辅导师生比为1:183。

2. 强化优势和特色,一流本科教育体系更加完善

深化专业内涵,20个专业入选国家级一流本科专业建设点,总数达到60个;新增3个本科专业;旅游管理专业以高分优异成绩通过联合国世界旅游组织颁发的唯一全球旅游类教育质量认证。打造优质课程,39门课程入选省级一流本科课程,109门课程上线国家智慧教育平台;建设全英课程8门、通识教育课程22门、校级线上一流课程5门,开出跨学院课程103门。建设精品教材,资助校级本科精品教材建设项目44项,入选省级双创精品教材2本。打造校企协同育人新路径,实施"广东交行大数据管理精英培养项目""数字广东大数据管理精英培养项目",与企业共同推进"智能基座"产教融合协同育人基地合作项目。学校入选国家智慧教育平台试点高校。教研教改成果丰硕,5个教研室获批教育部虚拟教研室;14项成果获广东省教育教学成果奖,其中特等奖2项。"双创"教育硕果累累,立项校级以上"双创"训练计划项目1169项,"双创"孵化基地新增入驻团队25个,在孵团队总数达100个;2996人次学生在国内外大赛中获奖,同比增长34.53%;学生在第八届中国国际"互联网+"大学生创新创业大赛全国总决赛中,获5金5银2铜优异成绩,金奖总数居广东省第一、全国并列第八;在2022年美国大学生数学建模竞赛和交叉学科建模竞赛中,获特等奖2项,连续三年获最高奖项;在第十七届全国大学生智能汽车竞赛总决赛中,获全国一等奖6项,创下

最好成绩纪录。学校获评国家级双创示范基地，且被评估为优秀（全国仅6所高校），再次入选国家级创新创业教育实践基地，创业带动就业专项行动被国家发改委评为优秀案例（全国仅2所高校）。

3. 全面实施研究生教育高质量发展行动方案，卓越研究生教育体系加快建设

推进产教融合、科教融汇，共建国家级关键领域急需高层次人才培养项目3个、国家级工程硕博士培养专项1个；与一批国家级和省级实验室联合培养博士研究生，与30余家新型科研机构、科技领军企业共同培养卓越工程师，与50余家企事业单位共同推进跨领域工程博士产教融合协同培养。立项建设校级各类特色课程和教材共计28项，获批广东省研究生教育创新计划课程和教改类项目19项。强化联合培养基地建设，获批广东省联合培养研究生示范基地5个，累计获批79个。严格导师岗位管理，深化导师招生资格审核改革，完善"预聘—长聘"制人员导师资格直接认定制度，100名引进人才直接被认定为导师。研究生培养水平稳步提升，全年研究生发表高水平论文4643篇；10篇案例入选中国管理案例共享中心案例库，4项案例入选教育部学位与研究生教育发展中心2021年主题案例征集项目；2022年共授予博士学位639人、硕士学位5393人。

4. 落实"招生考试也是育人"理念，招生工作卓有成效

推动"招生链、培养链、创新链"三链融合，深化专业设置、评估体系、选考模式等本科考试招生改革。强化招生宣传，累计与400余所重点中学建立稳定关系。启动基础学科拔尖学生培养基地招生，化学类、计算机科学与技术各招生30人。本科招生录取6909人，分数排名整体平稳，其中，综合评价招生整体报考热度（报考数/计划数）达到2322%；强基计划招生报录比达到50∶1。完善研究生考试招生制度体系，提高硕博连读生在博士生中的比例。研究生招生录取7538人，硕士研究生6261人（全日制学术学位研究生2446人、全日制专业学位研究生2667人、非全日制研究生1148人），其中，推荐免试录取2151人，同比增加9.13%；博士研究生1277人，其中，直博生录取64人，较上年增加93.94%。全力应对疫情考验，圆满完成2023年研究生招生考试考点工作，实现如期考试、应考尽考、平安研考。

5. 强化品牌意识，来华留学生教育实现高质量内涵式发展

开设"丝绸之路国家互联互通高端人才项目"、"沙特国王奖学金"、"1＋4"留学生直通车项目等。中国政府奖学金国际预科项目再创佳绩，预科留学生考试通过率达100%。开展来华留学生国情教育，培育"知华友华、助华建华"人士。2022年，学校来华留学生总人数1655人，学历生总数1199人，占比达72%，学生规模持续稳定、结构不断优化、质量整体提升。

6. 加强规范管理，继续教育转型升级平稳向好

加强学历继续教育收尾阶段风险防范。通过教育部非学历教育整改专项检查的"完成整改"确认。成立大湾区培训学院，高端管理培训、出国留学培训、职业发展培训、自学考试培训稳中有进。获批"国家级职业教育'双师型'教师培训基地"，获批国家首批数字技术工程师培育项目"智能制造""大数据""区块链"培训机构，以及"大数据""区块链"评价考核站点，获批"广东省自考委网络助学及过程性评价试点高校"。

二、学科建设特色优势更加凸显

深入实施并定期监测学校"十四五"发展规划落实情况,持续完善10个专项规划。学校进入第二轮国家"双一流"建设高校行列,化学、材料科学与工程、轻工技术与工程、食品科学与工程入选"双一流"建设学科。加大优势学科和交叉学科培育,集成电路科学与工程、软物质科学与工程2个交叉学科获批2022年广州市重点学科。加强学位点建设,获批3个博士学位一级学科和1个硕士专业学位类别。高分子科学、食品科学与技术2个学科在 US News 2023 世界大学学科排名中位居全球第一(中国内地高校共8个),5个学科进入全球前十,并列国内高校第五位;18个学科入围软科世界一流学科百强。新增计算机科学1个 ESI 前1‰学科和药理学与毒理学、数学2个 ESI 前1%学科,目前,学校共有 ESI 全球排名前1‰学科5个,前1%学科12个。

三、高层次师资队伍建设成效卓越

1. 落实师德师风第一标准,教师工作机制更加完善

坚持党管人才,成立党委教师工作委员会,构建党委齐抓共管,教师工作部门统筹协调,各部门履职尽责、协同配合的大教师工作格局。完善师德师风制度体系,出台教师思想政治和师德师风建设"12362"工作体系实施办法、教师职业发展全过程思想政治与师德表现考察办法,建立上下联动的教师工作机制,营造尊师重教浓厚氛围。王迎军院士、党志教授获"广东最美科技工作者"称号,刘焕彬院士获"广州最美科技工作者"称号,李雪辉教授获"广东省五一劳动奖章"。《突出"五个强化"全面落实师德师风第一标准》入选广东省教育评价改革典型案例。

2. 深化人才体制机制改革,高层次人才队伍不断壮大

持续实施"预聘—长聘"制度,逐步健全与国际接轨的人才聘用管理体系。实施新一轮人事聘用制度改革,完善人才分类评价体系,落实动态调整"一院一策"改革方案。加大与科研机构合作力度,创建人才联合聘用体系,打造人才协同引育新范式。改革"兴华学者人才计划",改进人才评价和评审方法,完善重实绩、重贡献的激励机制。出台新时代青年教师发展体系建设实施方案,支持青年人才"挑大梁 当主角"。健全教师考核评价机制,持续完善教师专业技术职务评审规定,全面落实教育评价"十不得""一严禁"要求,构建起以创新价值、能力、贡献为导向的教师晋升晋级综合评价和教师分类分层考核评价体系。新增院士1人;新增各类高层次人才36人。大力实施"预聘—长聘"制度,全球引才迈上新轨道,从英国剑桥大学、美国西北大学、新加坡南洋理工大学等世界一流大学或科研机构引进人才97人。入选各类省级标志性人才项目17人次。

四、高水平科技自立自强再获突破

1. 坚持"四个面向",原始创新和核心攻关能力不断增强

加强有组织科研,获批国家自然科学基金项目299项(创新高),直接经费1.8亿元。获批广东省自然科学基金项目244项、省市联合基金项目47项、企业联合基金项目15项。承担各类科技攻关项目、课题460项,经费近6亿元。其中,牵头承担国家

重大重点项目共 14 项、课题 43 项，创历史新高；承担国际合作项目 17 项。科研平台扩容优化加快推进，新增省部共建协同创新中心、教育部工程研究中心、广东省重点实验室等省部级自然科学类科研平台 7 个。22 个广东省重点实验室顺利通过评估。高水平学术成果持续涌现，获 2022 年度高等学校科学研究优秀成果奖一等奖 7 项，其中牵头 5 项，排名全国高校前列。学校牵头项目获 2022 年度自动化学会和轻工业联合会科学技术一等奖各 1 项。4 项成果先后在 Nature 和 Science 上发表，1 项 IEEE 国际标准正式发布，学校国际学术影响力大幅提升。学校获批中国科协 2021—2025 年度全国科普教育基地。

2. 服务国家和区域重大需求，科技成果转化质量显著提高

加强校地合作，与南沙区合作共建华工南沙科技创新谷。建设校企联合创新平台，与中国中化等企业签署战略合作框架协议，与新豪方集团联合建设方瑞创新药物研究院，与美的集团等行业龙头企业共建校企联合实验室 46 个，到校经费超 3.34 亿元，全年新签订横向合同 1840 项，合同金额 12.2 亿元，其中 500 万以上合同 43 个。"五院一园"产学研合作水平不断提高，孵化企业产值近 3 亿元，国家大学科技园顺德创新园区荣获 2022 年中国技术市场金桥奖突出贡献集体奖（全国 19 家单位之一、广东唯一获评单位），广州现代产业技术研究院入选 2022 中国创新创业成果交易会成果转化基地。全年获中国专利奖银奖 2 项、优秀奖 2 项，获奖数量位居全国高校第三；获广东省专利奖金奖 1 项，优秀奖 3 项，获奖数量位居全省第一。

3. 科学回答"四个之问"，哲学社科获突破性进展

承担高层次项目能力进一步增强，新增项目 714 项，合同经费 1.33 亿元，实到经费 1.20 亿元，合同经费、实到经费连续五年超过 1 亿元。其中，获批国家级社科重大重点项目 9 项；获批国家社科基金年度项目 20 项，总体立项率达 17.2%，居广东首位；获批教育部后期资助重大项目 2 项，立项数全国排名第一位；获批国家社科基金思政课研究专项项目 2 项，立项数居全国第二位。推进特色文科平台建设，新增省部级平台 2 个。加强公共政策研究院、教育部高校思想政治工作创新发展中心等智库建设，210 余篇报告获得省部级及以上领导批示或党政部门采用，7 篇在《国家高端智库报告》等刊发，政策影响力显著增强。

五、开放合作办学新格局更加完善

1. 推动高水平实质性合作交流，全球"朋友圈"持续扩容

构建类型多、层次高、区域广的学生出国（境）留学服务体系，250 多个海外交流学习项目覆盖 30 多个国家和地区，与新加坡国立大学、韩国汉阳大学、日本九州大学等 30 多所国外高校签署合作协议 53 份。全年派出本科生 995 人次、研究生 138 人次，接收都灵理工大学、慕尼黑工业大学、英戈尔施塔特工业技术大学等交换生来校访学。与美国罗格斯大学的借读项目（ROSE 项目）圆满收官，两年共培养学生 342 人次。获批与千叶大学合作举办工业设计本科教育项目，成为学校首个本科层次中外合作办学项目。与都灵理工大学建筑学（城市设计）中外合作办学硕士项目完成首个周期人才培养。参加中日校长论坛、中韩校长论坛、阿斯图第五届年会等，举办国际会议 14 场。开展国家级、省级、校级多层多维引智项目 139 个。与港澳高校续签或新签各类合作协议12项，接收首批与澳门大学双向双学位本科"2+2"项目学生来校就读。线上线下相结合执行11个"万人计划"项目和1个对台教育交流项目。

2. 校友情牵母校，全球校友力量空前凝聚

重视校友感情联络，学校领导带队拜访百余名校友，深入校友企业走访，不断凝聚校友力量。启动"春晖感恩计划""初心润泽计划""珠峰攀登计划"系列捐赠项目，自2021年以来累计接受各类捐赠超8亿元，其中2022年举办20余场捐赠与基金签约仪式，签署捐赠协议242份，新增立项61项，捐赠合同金额约3.25亿元，捐赠现金到账逾1.55亿元，获750亩南非能源冶金经济特区的综合用地无偿使用期限70年，以及价值约1800万余元的物资捐赠。成立第二届大学理事会和第三届校友会理事会。推动湾区校友发展联盟成立，指导7个校友组织顺利完成换届。

六、现代大学治理体系不断健全

1. 建设"善治华工"，推动科学、民主、规范管理

推进依法治校，修订《华南理工大学章程》并通过教育部核准，对学校重要办学源头即1918年1月成立的广东省立第一甲种工业学校予以确认；完善《合同管理办法》，制定《法律事务管理办法》。坚持和完善党委领导下的校长负责制，修订学校党委全委会、党委常委会和校长办公会等议事规则，制定会务工作规程，进一步规范会议组织；推动院系落实党组织会议和党政联席会议议事规则，强化二级单位"三重一大"实施细则的落地。维护教职工合法权益，做好提案征集、办理和落实工作；启动校院二级教代会、工代会换届工作。促进学生会组织改革，探索代表履职制度，完善学生骨干考核、评价和激励机制；1个项目入选广东学联学生会精品服务项目。持续完善学术治理体系，推进《学术委员会章程》修订和学术委员会换届，健全学术规范监督机制，营造良好科研生态。加强中小幼党组织建设及干部配备，理顺附属实验学校办学体制机制，将附属实验学校转为由大学主办的公办性质的学校。加强规章制度规范管理，进一步提高建章立制的质量和效率。

2. 全力拓展资源和优化配置，有力保障办学和民生

争取资金资源，提高综合收益，利息收入同比增长8%，财务收支稳健、运行平稳。强化银校合作，大力推进教育部设备更新改造贷款项目专项工作，积极争取设备退税。紧抓预算龙头，优化支出渠道，硬化预算约束，压减日常开支和非刚性、非重点项目支出。提升财务信息化水平，制定或修订系列财务制度，加强财务监督，构建一流财务管理体系。成立学校审计委员会，设立经济责任审计工作领导小组，制定经济责任审计整改工作办法，探索落实国家政策的跟踪审计。开展校内9个二级单位负责人任中经济责任审计项目，深化建设项目全过程跟踪审计，自主开展内部控制评审和风险评估。全年开展各类审计项目35项，审计金额235.87亿元，工程审计核减金额660.39万余元。完善采购管理制度和流程指引，规范采购行为，提高采购效率。开展贴息贷款项目采购，全年完成各类采购项目2444项，中标及成交金额34.74亿元，节约资金1.09亿元。蝉联《中国政府采购报》年度创新奖。完成院级用房使用费核算，优化相关院级用房资源配置。提升专业基础教学实验室教学条件，新认证各类公共实验室共8个。优化仪器设备处置程序，新增5个仪器共享子平台。新增仪器设备固定资产1.61万台套、总值 2.48 亿元；仪器设备固定资产总计达 32.30 万台件、总值 44.69 亿元。加强国有资产宏观管理，清查房屋资产，做好房产报增、报废、免报管理，国有资产处置事项报批报备率 100%。完成企业体制改革"回头看"，规范企业国有资产转让和出租行为。修订土地管理办法，开展 6 次学校土地边界全面巡查。出台公有住房管理办法，维护公用房和公有住房，租配 160 套空置公有住房，清退住房 79 套（间），制度化、规范化、常态化的公有住房管理机制逐步健全。做好加建电梯申报，全过程监督新建电梯施工。截至 2022 年底，全校资产合计 144.13 亿元。

3. 提升服务质量，公共服务体系日趋完善

统筹一校三区图书馆建设，广州国际校区图书馆深入推进。新增图书 38 395 册，电子文献 464 749 册/件，馆藏文献总量达 908 万册，电子数据库 159 个。推进国家数字档案室试点工作，档案存量数字化率约 84.9%；现有馆藏总量达 28.6 万卷，数字档案资源 596.4 万页。学报学术质量和办刊水平不断提高，学报（自然科学版）获评"首届广东出版政府奖期刊奖""中国高校百佳科技期刊"；学报（社会科学版）复合影响因子为 1.647。优化出版选题，全年图书生产码洋 1.55 亿元，发行码洋 1.59 亿元，出版社连续三年获教育部社会效益考评优秀级别。改善公共平台和实验室建设，全年检测及时率 100%，差错率 0.00%。医疗器械研究检测中心通过国家检验检测机构资质认定（CMA）和实验室认可（CNAS）扩项和复查评审，扩充产品类别 65 个，增加检测项目 599 项。完成校园网与 5G 专网的融合对接，发布全国首个省级 5G 教育专网，为师生提供免 VPN 无感知校园网访问体验。优化信息化基础设施，完成 SSLVPN 系统扩容，进一步开放可访问范围。加大网络出口带宽，支持线上教学。师生服务中心增设办事专区和线上服务事项，目前窗口服务事项 223 项，线上服务事项 190 项，师生总体满意率达 99.95%。加强医疗服务，与周边"三甲"医院建立医联体、专科联盟等心脑血管急症双向转诊绿色通道。

七、努力破解师生急难愁盼问题

1. 千方百计加大投入，做好落细民生实事

压减一般性支出，合理统筹资金资源，力保教职工工资收入稳中有升，近 5 年平均增长 5.5%。统筹运用福利费和工会费等，成倍增加体检费预算安排，提高教职工体检套餐标准。做好大病救助和公费医疗管理工作，全年公费医疗总支出 5856 万元。落实国家药品集采政策，科学减少药品费用。重大疾病医疗救助 106 人，救助总金额 223 万元。优化就餐环境，实施饭堂改造项目 4 项，师生就餐满意度为 87.5%，卫生满意度达 95.96%。深化资助育人，发放各类奖助学贷 6.39 亿元；实施"发展型资助育人行动计划"，资助家庭经济困难本科生 3746 人次，发放 1292 万元。打造就业"一号民生工程"，党委书记、校长带头"访企拓岗"。截至 2022 年底，应届毕业生毕业去向落实率 98.31%，本科生深造率达到 43.83%。开展老党员关怀帮扶工作，筹建"健康老龄友好社区中心"，建立居家养老适老化改造、健康老龄服务新模式。发挥关工委、教学督导委员会等"五老"平台作用，让离退休教职工老有所为、发光发热。开设幼儿园爱心托育班，推进广州国际校区小学和幼儿园筹建。

2. 全面推行政府代建制，校园基本建设有力推进

打造精品建筑，逸夫科学馆、道明游泳馆、采荷建筑楼、中心应急避护场所配套设施建设工程等一批新建和维修项目交付使用，南门广场、百步梯修缮工程等多个地标性建筑竣工，"一轴一带一区"（校园中轴线、滨水景观带、文化核心区）品质不断提升。加快实施人才公寓和海丽文体中心修缮工程，广州科技图书馆、学生宿舍、五山路与广园路立交工程、城市发展与治理研究院等项目稳步推进，大学城校区研究生宿舍正式动工。医学院综合楼获多个表彰。完成五山校区13条主干道沥青铺装，推进五山校区北区雨污分流南片区改造。加强绿色环保校园建设，被认定为"广东省绿色学校"。

3. 实施"大安全"专项行动，校园安全筑牢屏障

做好三校区重点部位、重要设施、大型活动的安全管理和教育工作。不断深化意识形态"1337"系统工程，实施专项治理行动，出台9项相关领域文件。每月组织政治安全风险隐患排查，加强对讲座论坛、课堂教学、教材选用及出版物、网络阵地、涉外项目、党团组织、人才引进等方面的监管。建立机器筛查与人工巡检相结合的立体防控机制，实施7*24小时安全监控，防范化解安全稳定风险能力不断提高。健全实验室安全体系，落实实验室安全责任，加强安全检查与整改，推动危化品全生命周期管理。对学校465栋公用建筑进行三批次拉网式排查，加强安全管理。夯实安防基础，加装安防设施，优化值班值守，强化校园巡逻，落实进出"白名单"机制，重拳打击电信网络诈骗行为，全年案情较上年下降16.9%。进一步治理电动车安全隐患，全年减少电动车3000多台，助力交通安全。

八、走好在地国际化办学新路

1. 深化教育教学改革，新工科人才培养成效明显

印发《新工科人才培养试验区2.0》实施方案，先行先试转专业改革，重构工程实践课程体系，推进基于项目的深度学习改革，全面建成"2.0＋Plus"智慧教室。建设校区EMI教学课程，校企共建实践基地和课程，丰富人文艺术课程和语言文化类课程。开设英语教学能力工作坊，成立2个院级教师发展中心，提升国际化师资教学能力。坚持"学生永远在C位"的理念，深化"现代书院制"和"全员导师制"建设，丰富"博雅－博约－知行－双创"等多元化素质教育，峻德书院"五育六艺"、铭诚书院"CHENG长"等品牌渐成体系。增设并颁发"华萌奖学金""卓越奖助金"，68名学生获奖励。"一站式"学生社区试点成果被教育部肯定并推广。"共建 共治 共享 共融"的社区思政教育模式建设成效获评广东省A级。峻德书院高票入选高校书院发展联盟。

2. 集聚全球优质资源，国际化氛围日渐浓厚

引入全球一流大学优质课程和师资，开设前沿交叉学科核心专业课程和通识课程，435名本科生完成学校与罗格斯大学共同打造的"海外名校合授课程"，138人次本科生参加海外大学交流项目。拓展优质海外学习交流项目，签署6份学位项目合作协议和1份合作备忘录，46名学生被海外一流合作院校录取，录取率超85%，录取人数同比增长超300%。交叉学科创新人才培养成果首次亮相"中国－东盟教育交流周"，"在地国际化"社会影响力和示范效应持续扩大。

3. 抓好龙头和基础，学科和人才工作齐头并进

组建先进技术研究院，与黄埔区合作共建大湾区超级机器人研究院；聚焦前沿和交叉学科，完善学科布局，加速建设高端电镜中心，持续推进战略前沿材料、微纳加工、智能智造和生物医学＋等 4 个学科平台建设，大力推动学科平台仪器设备开放共享。深入推进人事制度改革，制定续聘方案，修订管理办法，丰富考核等次，完成预聘岗位首聘期考核及续聘 7 人；探索建立长聘评估常态化工作程序，启动长聘岗位聘任评估 3 人；建立学院、校区、省实验室联动机制，完善成果认定及学科资源分配，打造科学绩效评价体系，联合聘用各类人员 9 人。推进实验工程人员聘用管理方式改革，搭建人力资源共享共建机制。面向校内遴选"TCL 青年学者"3 人；招收博士后 42 人，较上年增加 56%，争取广州市配套经费资助 1900 余万元。全职引进各类高层次人才 8 人、海内外优秀青年人才 42 人，新聘研究系列人员 2 名。目前，全校已引进由中外院士领衔的高层次人才 300 余人。

4. 加强建章立制，校区运行管理有条不紊

完善规章制度，促进民主决策，出台校区管委会会议议事规则、党委会会议议事规则。陆续交付二期工程，顺利启用新教学楼、新宿舍楼，全面整改校区一期工程遗留问题，完善一期校园标识。完善公有住房、院级用房管理办法，严格把关学院用房申请。开通智慧服务，启用新高性能计算集群，支撑各类项目 100 余个，实现中央管理平台数据对接。第一时间回应师生诉求和意见建议，不断完善校区运行管理。

第三部分　加强党的全面领导和党的建设，确保一流大学建设行稳致远

一、理论武装体系不断健全

学校坚持和加强党对工作的全面领导，全面贯彻党的教育方针，坚持社会主义办学方向，加深对"两个确立"的决定性意义的认识。抓好抓牢校院两级党委理论学习中心组学习，落实"第一议题"制度，学校党委常委集体学习 33 次，专题学习研讨 4 次，明确 17 个学习重点，政治判断力、政治领悟力、政治执行力不断提高；试行二级党组织理论学习中心组联合督导机制和列席旁听制度，强化"年初有计划－季度有监督－年末有考核"的全过程管理，二级党组织理论学习中心组召开学习会 300 余场，集体研讨 200 余次。推荐多位老师入选国家及省市宣讲团，开展专题辅导 20 余场、华园讲坛 3 场。

二、正面宣传工作亮点纷呈

把握全媒体融媒建设趋势，精进新闻宣传质量。搭建新闻网、校报以及各类新媒体平台等宣传平台 23 个，出版发行校报 24 期，发布《追梦人》人物专访 4 期、新闻稿件 1126 篇、校外媒体报道 828 条。常态化更新各类社交媒体平台，推出 400 多个微视频作品，完成开学典礼、毕业典礼、校庆发展大会等多个重大活动的直播，两次在"全国高校视频号周榜排行"中夺得第 1 名，实现学校知名度、美誉度和师生校友荣誉感、认同感的"双提升"。

三、基层组织建设扎实有力

深入实施新一轮基层党组织建设"三年行动计划",持续推进基层组织标准化规范化建设。进一步完善党组织书记抓基层党建述职考核评价体系,落实二级党组织党建工作联络机制,建立健全党支部书记例会、组织员工作例会等制度。开展"先锋筑梦"支部书记精品原创"微党课"大赛、首届"党建与业务深度融合"优秀党建创新案例征集评选,基层党建氛围更加浓厚。党建品牌化建设卓有成效,食品科学与工程学院党委和材料科学与工程学院国重光电系党支部分别获批第三批全国高校"党建工作标杆院系"和"党建工作样板支部"。目前,学校获标杆院系、样板支部、"双带头人"工作室等全国立项9个、省级立项22个。启动学校首批"双带头人"教师党支部书记建设(立项6个)和第二批学校"样板支部"培育创建(立项26个)。实施"党建工作能力提升"计划,加强"双带头人"教师党支部书记、学生党支部书记骨干、组织员等培训,全年开展专题培训12期,参加人员463人次。发展党员2003人,包括高知党员130人,其中专任教师11人、高层次人才3人,实现高层次人才党员发展历史性突破;2名党员当选广东省第十三次党代会代表。学校连续五年在全省高校党委书记抓基层党建述职评议考核中获得"好"(最高等次)。

四、干部队伍建设优化升级

坚持制度先行,修订完善中层领导人员选任办法及配套规章,进一步加强和改进学校党委对选人用人工作的组织领导。坚持党管干部、组织把关,突出事业为上、人岗匹配,研究制订换届工作方案,组织选任中层干部176人,提拔任用67人。选优配强二级单位领导班子,注重学科分布相对均衡,推动优势形成互补,实现年龄梯次配备,增强班子整体功能。加强"双肩挑"干部和优秀年轻干部培养储备,选拔31名教师到机关部处挂职。充分发挥重大任务和专项工作培养人锻炼人的作用,选派干部教师50多人次承担乡村振兴、对口帮扶、地方挂职、政府借调、巡视巡察等工作。加强考核结果运用,推动落实干部考核结果与年度绩效奖励挂钩,让干得多干得好的同志更有成就感获得感。抓好个人有关事项报告,实现查核一致率100%的突破。

五、正风肃纪反腐纵深推进

落实主体责任,召开全面从严治党工作会议,实行领导干部落实党风廉政建设责任制履责纪实制度,落实全面从严治党主体责任"三张清单"和监督责任清单。抓实政治监督,推动"未巡先改",梳理213项工作清单,出具党风廉政意见429份。做强日常监督,开展中层干部一对一履新谈话和领导干部插手干预重大事项自查自纠,对人才引进、人事招聘、职称评审、招生考试、师德师风等重点领域开展"再监督"近200场次。规范纪检监察网络举报,完善信访举报和问题线索集体研判制度,接收信访举报107件,处置问题线索25件,立案审查4件。运用第一种形态给予谈话提醒、批评教育、责令检查、诫勉处理15人次,运用第二种形态给予纪律处分1人次。完善跟踪回访机制,为5名受到失实检举控告的干部澄清正名。打好作风建设持久战,开展形式主义、官僚主义、"酒杯中的奢靡之风"等专项自查自纠,建立覆盖全体教职工的监督提醒机制,通报违反中央八项规定精神问题典型案例,推动中央八项规定及其实施细则精神落地生根。492名新教职工、1万余人次毕业生接受廉洁教育。不断健全巡察观测指标体系,完善巡察整改方案"三审"工作流程,建立集中整改监督检查机制,推动第三、第四轮8家被巡察单位领导班子整改工作。完成对第一、第二轮11家被巡察单位"回头看",发挥巡察案例警示教育作用,持续巩固提升巡察成果。

六、帮扶任务高质高效完成

坚决扛起定点帮扶政治责任,与云南省人民政府签订省校战略合作协议,巩固拓展脱贫攻坚成果同乡村振兴有效衔接,在云县和惠来县设立华南理工大学乡村振兴与科技成果转化中心,构建科技赋能当地产业发展的"1+3+N"帮扶模式。在校内打造消费帮扶智慧体验馆,引入云县茶企开设"云·鲤"奶茶店,设立帮扶地区农特产品直销中心,市场引领深化消费帮扶,打造近师生、惠民生的"一馆一店一中心",为消费帮扶布局。全年学校对云县共投入帮扶资金401万元,引进帮扶资金809万元,培训基层干部和技术人员1218人次,购买农产品538万元,帮助销售农产品3502万元。帮助孔美村申请的地方债一期2000万元项目落地完成,极大地改善了孔美村基础设施和增收能力,助力隆江镇获评广东省优秀镇域乡村振兴规划一等奖和揭阳市美丽圩镇PK赛最高等次奖。学校连续四年获中央单位定点帮扶工作成效考核最高等次评价,中国教育报以《科技助农显担当 乡村振兴承大任》为题刊发了章熙春书记署名文章,作为直属高校代表在教育部直属高校定点帮扶工作推进视频会上发言。深化与贵州民族大学、广西大学、南昌大学等高校的对口支援与合作。高质量完成高校教育人才"组团式"帮扶、公办与民办高校党建"组团式"帮扶、基础教育对口帮扶、对广东海洋大学阳江校区持续帮扶等任务,打造广东高等教育对口帮扶新标杆。

华南理工大学 2023 年工作要点

2023年是全面贯彻落实党的二十大精神的开局之年，是实施"十四五"规划承上启下的关键一年，也是聚力推动高质量发展的奋进之年。学校工作的总体思路是：以习近平新时代中国特色社会主义思想为指导，紧紧围绕深入学习贯彻党的二十大精神这条主线，认真贯彻落实习近平总书记关于教育的重要论述，深刻领悟"两个确立"的决定性意义，增强"四个意识"、坚定"四个自信"、做到"两个维护"，深入落实学校"一五三八一"工作部署，推动立德树人根本任务走深走实，推进"双一流"建设和广州国际校区建设提质增效，全面提升高质量发展能力，加快建设中国特色、世界一流大学，勇当粤港澳大湾区高等教育发展的排头兵，积极助力国家尤其是大湾区国际科技创新中心和人才高地建设，为以中国式现代化全面推进中华民族伟大复兴作出新的贡献。

一、坚持以党的政治建设为引领，全面加强党的领导和党的建设

1. 旗帜鲜明加强党的政治建设

坚决贯彻落实习近平总书记重要指示批示精神，坚决贯彻落实党中央决策部署和教育部党组、广东省委工作要求，持续提升各级党组织和党员干部政治判断力、政治领悟力、政治执行力。坚持把学习宣传贯彻党的二十大精神作为首要政治任务，科学谋划、精心组织学习贯彻习近平新时代中国特色社会主义思想主题教育。严格落实"第一议题"制度，发挥校院党委理论学习中心组带头作用，提升学校党委讲师团、华园讲坛理论学习品牌，完善理论学习联合督导机制和中心组学习列席旁听制度，用好《习近平新时代中国特色社会主义思想学习纲要（2023年版）》《习近平著作选读》第一卷、第二卷等，分层分类做好各类群体的思想理论武装，推动理论学习常态化、制度化、长效化。深入推进习近平新时代中国特色社会主义思想和党的二十大精神进教材进课堂进头脑，用好《习近平总书记教育重要论述讲义》和国家统编高校思政课教材，组织思政课教师分专题、成系列地开展集体备课，推出一批高水平讲义、示范课程等。坚持将党的二十大精神作为必修课，推动干部培训、青年教师培训等全覆盖。依托教育部高校思想政治工作创新发展中心（简称"思创中心"）等平台，强化对党的创新理论的研究阐释。围绕5项重点，抓好110项具体行动，促进学思用贯通、知信行统一。

〔党委宣传部、党委办公室、党委组织部、学生工作部（处）、校团委、党委教师工作部、社会科学处、马克思主义学院、思创中心等〕

2. 持续推进基层党建创先争优

全面贯彻落实高校党的基层组织工作条例，扎实推进基层党组织书记政治能力和党建工作能力提升，做好标杆院系、样板支部与"双带头人"教师党支部书记工作室培育创建等专项工作，打造基层党建工作品牌，增强基层党组织政治功能和组织功能，促进党建工作与业务工作深度融合，着力推进基层党建工作提质增效。强化教师党支部政治功能，充分发挥教师党支部在教师成长和管理中政治和师德双把关作用，加强高层次

人才和青年教师政治引领工作。打造学生党员先锋岗，培育样板学生党支部，强化党建带团建，不断激发学生党支部的青春活力和创新动能。突出增强政治引领和组织效能，有序开展二级党组织换届。坚持"为党育才、为党献策"，加强分党校建设，分层分类做好党的二十大精神学习集中轮训，增强党员干部、入党积极分子教育培训实效。做好党员发展工作。继续开展基层党建工作规范性专项检查，持续深化党支部标准化规范化建设。强化离退休教工党建工作。认真开展党内评优评先工作。

〔党委组织部、党委办公室、学生工作部（处）、党委教师工作部、离退休教工党委、各二级党委（党总支）等〕

3. 打造堪当重任的高素质干部队伍

坚持党管干部原则，落实新时代好干部标准，突出讲政治、守规矩、重实干、敢担当选人用人鲜明导向，选优配强二级单位领导班子，促进班子成员优势互补，提升干部队伍整体功能。做实做细中层干部换届工作，加大"双肩挑"干部、优秀年轻干部培养使用力度，进一步优化干部队伍结构，加强干部梯队建设。坚持严管和厚爱相结合，完善考核评价体系和激励机制，加强对干部全方位管理和经常性监督，推进领导干部能上能下，激励干部敢于担当、积极作为，切实把有为者有位、能干者能上、优秀者优先落到实处。

〔党委组织部、纪委办公室等〕

4. 驰而不息推进全面从严治党

按照内容上全涵盖、对象上全覆盖、责任上全链条、制度上全贯通的要求，健全全面从严治党体系。坚持以严的基调强化正风肃纪，以全周期管理一体推进"三不腐"，持续深化严的氛围。深入推进"四责协同"，推动"两个责任"贯通联动、一体落实。突出政治监督的重点内容，明确政治监督的重点对象，优化政治监督方式，推进政治监督具体化、精准化、常态化；以党内监督为主导，加强审计监督、财务监督等各类监督协同联动，形成全面覆盖、常态长效的监督合力；深化运用"四种形态"，落实"三个区分开来"，加强执纪监督。加强纪律教育，构筑廉洁文化融入机制，开展纪律教育学习月、"逢新必教"、"廉洁你我"、"纪言寄语"等活动。锲而不舍落实中央八项规定精神，持续深化纠治"四风"，坚决整治享乐主义、奢靡之风，重点纠治形式主义、官僚主义，坚决破除特权思想和特权行为。加强校院两级纪检组织体系建设。探索在地国际化新模式下的广州国际校区纪检监察工作。持续巩固深化政治巡察，开展常规巡察和专项巡察，加快巡察全覆盖；建立健全巡察整改促进机制，强化巡察整改和成果运用，提高巡察监督实效。深入推进纪检监察队伍教育整顿工作，锻造纪检监察铁军。

〔纪委办公室、党委巡察工作办公室、党委办公室、党委组织部、党委宣传部、审计处、财务处等〕

5. 深入推进校园文化建设

赓续百年文脉，用好新校史馆等载体，推进一校三区学校文化传承与创新，打造以"华南理工大学精神"为核心的特色校园文化，巩固提升全国文明校园创建成果。打造"红色甲工"IP，讲好"红色甲工"故事，开发优质校园文化活动，多形式、全方位满足师生精神文化需求。搭建产品创作传播平台，加强当代音乐创作中心、歌剧中心、中华优秀传统文化传承基地（粤剧艺术）等建设，创作、展示、传播一批思想性、艺术性、观赏性俱佳的精品。提升校园环境文化品质，优化"一轴一带一区"文化景观建设，加强校园历史建筑、文物的保护工作。

〔党委宣传部、校团委、基建处、资产管理处、后勤处、档案馆、艺术学院、设计学院、大学城校区管委会办公室、国际校区综合事务办公室等〕

6. 坚定不移维护校园安全稳定

坚持安全第一、预防为主，强化校园安全工作协调机制作用，完善大安全工作格局。深入实施意识形态工作"1337"系统工程，严格落实意识形态工作责任制，持续巩固马克思主义在意识形态领域的指导地位。完善舆情监测、研判、报告、处置等流程机制，加强信息监测预警，搭建协同应急响应平台，持续开展阵地管理领域风险隐患排查，及时堵塞管理漏洞。落实实验室安全责任，打造实验室安全教育系列品牌活动，建立实验室安全培训矩阵，提高实验室安全管理水平。构建网络信息安全防护体系，加强校园基础设施、信息系统和数据安全，做好网络安全监测预警和应急处置。提升校园治安技防水平，建设进出校园人员信息数据库，整合大治安信息数据，提升线下敏感活动预警监测能力，加强校园消防安全、交通安全、食品安全、外事安全等管理，扎实做好更高水平"安全文明校园（平安校园）"创建工作。

〔党委办公室（学校办公室）、党委宣传部、学生工作部（处）、党委教师工作部、保卫部（处）、实验室与设备管理处、校团委、教务处、研究生院、社会科学处、国际交流与合作处、后勤处、大学城校区管委会办公室、国际校区综合事务办公室、出版社、信息网络工程研究中心（信息化办公室）等〕

7. 扎实推进疫情防控新阶段工作

落实教育部《学校新型冠状病毒感染防控工作方案》及操作指南要求，围绕"保健康、防重症"，实施"乙类乙管"下学校疫情防控各项措施，确保疫情防控转段过渡有序平稳。加强师生健康监测与管理，健全师生健康监测体系，建立分类台账，精准施策和服务。按照普通高校健康驿站管理指引，加强健康驿站建设与管理。加强发热门诊建设与服务，提高学校医护人员专业能力和水平。强化防疫物资和医疗用品保障，做好对症治疗药物以及防疫物资储备。加强与属地医院沟通联系，建立健全转运就诊绿色通道保障。加强师生疫苗接种，普及疫情防控知识，引导师生养成良好卫生习惯。加强离退休教工健康服务，完善联系帮扶和诉求反映机制。

〔学校办公室、党委宣传部、学生工作部（处）、人事处、保卫部（处）、校团委、后勤处、大学城校区管委会办公室、国际校区综合事务办公室、校医院、离退休工作处、国际教育学院等〕

二、深入实施"人才培养一流行动"，全面提高人才自主培养质量

8. 落实师德师风 "12362" 工作体系

常态化开展师德专项教育，加大教师表彰奖励和选树宣传力度，完善教师荣誉体系，发挥好"全国黄大年式教师团队"等优秀代表的引领辐射作用，激励广大教师成为学生为学、为事、为人的"大先生"。培育创新文化，大力弘扬科学家精神、教育家精神，深化科研诚信教育，涵养优良学风。健全学术不端与师德失范的信息共享与处理

联动机制，严肃查处师德违规问题，持续通报违规典型案例。

〔党委教师工作部、国际校区人力资源与发展事务办公室、教务处、研究生院、科学技术研究院、社会科学处、纪委办公室等〕

9. 着力构建学生思政工作的良好生态

坚持以习近平新时代中国特色社会主义思想铸魂育人，以教育部实施相关建设工程为契机，深入实施学校"筑梦铸魂"新时代立德树人工程，推进"六大计划""十八堂大课"落地见效。加强思政课程和课程思政建设，打造有影响力的课程思政示范课程和示范团队，深化在地国际化思政课教学改革试点。开好2023年高等院校课程思政建设研讨会，扩大学校课程思政建设的辐射力度。加强网络思政教育。深化"一站式"学生社区建设，提升建设效果。聚焦学生心理健康问题实际，加强对学生的思想引导和心理疏导，深化二级心育工作站"三贴近"模式，提升心理咨询服务供给。加强学生思政工作队伍建设，强化思政课教师人才引育，实施辅导员素质能力提升计划，探索构建辅导员阶梯式职业发展体系，推动辅导员队伍配强培优。加强学校领导班子成员和中层领导干部深入基层联系学生工作，落实院（系）党政主要负责人抓学生工作责任清单，推动领导力量、思政力量、专业力量、管理力量、服务力量下沉学生一线。

〔学生工作部（处）、校团委、党委宣传部、教务处、研究生院、国际校区学生事务办公室、人事处、马克思主义学院等〕

10. 着力打造一流本科教育

以迎接新一轮本科教学审核评估为契机，深入实施《落实"以本为本"实施方案》、"一流本科行动计划"和"新工科F计划"。推进"招生—培养"一体化改革，优化人才评价选拔机制，积极申报强基计划新专业试点，实施"繁星计划"，打通"中学—大学"培养链。落实基础学科拔尖人才培养国家战略行动，深入实施基础学科拔尖学生培养计划2.0和卓越工程师培养专项计划，加强百步梯创新学院、未来技术学院、集成电路学院建设。加强专业内涵建设，推进国家级、省级一流本科专业建设，力争通过国内外专业认证（评估）的本科专业累计26个。推进落实基础学科和"四新"关键领域核心课程建设，做好国家级一流本科课程认定申报工作。出台《关于建设本科深度学习课程的实施方案》，打造具有"高阶性、创新性、挑战度"的一流课程。严格教材全流程监管，实施"精品教材倍增计划"，进一步提升教材建设的数量与质量，公开出版的核心教材不少于30门（册）。加强全英专业、全英课程建设，拓展国际交流项目。加强质量文化建设，建立面向产出的教学评价机制，加大本科毕业论文（设计）抽检力度，完善本科教学内部质量保障体系。推进国家级双创示范基地、国家级双创教育实践基地和"中美青年创客交流中心"建设，做好第九届中国国际"互联网+"大学生创新创业大赛参赛工作。提升教师教学能力，推进教师三年轮训计划，探索优化基层教学组织建设路径。深入推进体教融合，组织学生参加首届全国学生（青年）运动会、成都第31届世界大学生夏季运动会。加强劳动教育和美育，落实教育部学校美育浸润行动计划，组织学生参加全国第七届大学生艺术展演活动。

〔教务处、国际校区教学事务办公室、学生工作部（处）、校团委、创业教育学院、国际交流与合作处、国际校区全球事务办公室、未来技术学院、集成电路学院、体育学院、艺术学院、设计学院等〕

11. 深入实施研究生教育高质量发展行动方案

深化硕士研究生考试招生制度改革，健全博士研究生"申请—考核"招生选拔机制，扩大直博生招生比例，积极探索硕博士阶段跨学科招生培养模式。系统完善研究生培养方案，推进科教融汇和产教融合，积极申报第二批国家卓越工程师学院建设试点单位，重点实施4～5项关键领域急需人才培养计划，与湾区行业龙头企业、头部新型研发机构等共同推进工程硕博士培养改革。共建共享开放式的产教融合平台，培育1～2个"国家产教融合研究生联合培养基地"。加快促进关键领域核心技术紧缺博士人才自主培养，推动更多学生通过联培计划直接参与行业产业科研（工程）项目攻关实践。深化博士生教育改革，推动博士生教育主动嵌入科技体系、人才体系，实现组织形式、培养模式、评价机制的深层次变革。深化教学体系改革，实施课程教材修订专项工作，将科技创新和学术成果融入课程教学；突出分类培养，加强基础学科和学科交叉课程设置，探索工程硕士按类别建设课程，建设研究生重点课程。健全研究生教育质量保障体系，完善学术评价标准，加强关键环节质量监控，提高学位论文质量，落实推进研究生资格考试、中期考核和年度考核制度。依托"国家—地方政府—学校"三位一体的公派项目体系，加大研究生参加国际项目、国际学术会议的支持力度。深化研究生资助体系改革，激励研究生潜心学习科研。加强导师队伍建设，完善导师分类遴选制度与"预聘—长聘"制人员导师资格直接认定制度，强化导师岗位管理。

〔研究生院、学生工作部（处）等〕

12. 扎实做好来华留学生教育

落实教育部共建"一带一路"教育行动，新开发1～2个海外大学国际学生培养合作项目，新建2个国际学生优质生源基地。做好教育部中国—东盟教育培训中心承办工作。完善来华留学生培养管理服务链条，加强来华留学教育教学能力建设、师资队伍建设、留学生培养体系建设，完善预科教育体系建设，发展壮大知华友华留学力量。做好三家孔子学院建设工作，积极筹建第四家孔子学院。

〔国际教育学院等〕

13. 持续推进继续教育转型发展

落实《普通高等学校举办非学历教育管理规定》，进一步顺非学历教育办学机制，规范非学历教育办学行为，拓展办学资源，促进高端培训、出国留学培训等规范发展。贯彻落实教育部关于自学考试的相关文件要求，稳妥开展自考助学培训工作。加强风险防范，确保学历继续教育平稳安全收尾。

〔学校办公室、继续教育学院等〕

三、加强核心竞争力建设，有力支撑国家尤其是大湾区高质量发展

14. 深入实施在地国际化办学新模式

大力推进粤港澳大湾区国际化教育改革个案试点工作，全力推进"国际校区引领行动"，出台实施全面支持广州国际校区加快发展行动方案。深入推进综合评价招生改革，提高生源质量。加强新工科专业内涵建设，修订新一轮专业人才培养方案，设置进阶式核心课程群，开设大学分课程或大平台课程。提高教师全英教学能力，推进全英教学体系国际化，引进海外优质教育资源融入专业课程体系，打造国际一流的教学品质。

培育教改创新成果,推进建设一批新工科精品教材。推动"全球胜任力提升计划"升级迭代,拓宽出国(境)学习交流渠道,实施与办学实际和培养成本等相匹配的出国(境)学习交流学费管理模式。深化"强院兴校"改革试点,推进"学院+研究院"新型学科载体建设,加强电镜中心等5个学科公共平台建设,建设未来健康研究院等若干前沿交叉研究院。面向全球引才聚才,推动高层次人才引育再获突破,力争新招收科研博士后人数再翻番。加快推进国际校区内部治理建设,探索出台与校区特色相符的管理制度,持续提升校区管理水平。

〔国际校区管委会、国际校区各办公室、发展战略与规划处、学生工作部(处)、教务处、研究生院、科学技术研究院等〕

15. 推进学科高原上筑高峰

健全学校"十四五"规划体系,加快完善院系和学科发展规划。落实教育部"双一流"建设攻坚战略行动,组织开展"双一流"建设中期评估,加强项目绩效评价和绩效监测,提升"双一流"建设成效。实施"优势学科攀登行动",坚持打造"一流工科、优质理科、精品文科、特色医科"的学科发展理念,科学分析第五轮学科评估结果,总结凝练学科建设的优势和经验,持续优化学科布局,研究制定专项行动方案,全力推动工程学加快进入 ESI 全球排名前万分之一。加强先进材料、绿色造纸、食品生物、化学化工、智能制造、能源环境、低碳建筑、电子信息、生物医药等优势特色学科群建设。加强基础学科、交叉学科、新兴学科建设,研究制定促进学科交叉融合政策举措,培育新的学科增长点。加快推进"一校三区"校级学科公共平台建设,促进大型仪器设备开放共享,提高资源使用效益。优化学位点布局,健全学位点"自主审核增列"和"动态调整"机制,强化学位点建设过程管理和质量监控。

〔发展战略与规划处、教务处、研究生院、科学技术研究院、社会科学处、实验室与设备管理处、各院系等〕

16. 加快打造一流师资队伍

坚持党管人才原则,进一步理顺人才工作体制机制,落实校院两级人才工作目标责任制。深入开展"师资队伍跃升行动",实施"人才育引倍增计划",构建具有国际竞争力的引进待遇体系,完善支持和引导机制,聚焦关键领域,面向全球加大人才引进力度,集聚学科领军人才和青年学术英才。推进"兴华人才工程"创新团队建设,打造一批涵盖优势学科、交叉学科的创新团队,强化科技人才队伍建设。做强"兴华学者"品牌,强化人才发展支持,完善优秀青年人才全链条培养制度,支持"兴华青年学者"挑大梁、当主角。持续深化人事制度改革,坚决破除"五唯",突出贡献、价值、质量导向,完善教书育人评价,推进教学科研人员"预聘—长聘"制度改革和晋升晋级、人才评价、绩效评价制度改革等重点任务,健全人才发展制度体系。构建完善"一院一策"考核评价体系,充分发挥绩效考核评价"指挥棒"作用。完善非教学科研岗位人员聘用管理制度,加强管理队伍和实验教辅队伍建设。

〔人事处、党委教师工作部、国际校区人力资源与发展事务办公室、党委组织部、实验室与设备管理处等〕

17. 着力支撑高水平科技自立自强

实施"自主创新高峰行动",围绕大科学工程,打造国家战略科技力量。加强"新

"工科+国际化"科技创新平台体系建设，推进落实国家重点实验室优化重组方案，争取更多平台纳入国家级科研基地新序列；加强教育部集成攻关大平台、粤港澳联合实验室、琶洲实验室等平台建设。围绕国家"十四五"和中长期科技发展规划，聚焦关键领域产业链需求，凝练提出、培育实施重大攻关项目，推动"大平台+大团队+多学科"的原创性引领性有组织科技攻关，强化与国家重大攻关任务的衔接，争取在新材料、新能源、人工智能、新一代信息技术、集成电路、先进制造和高端装备、生物医药、海洋技术等领域实现关键核心技术突破。加强"从0到1"基础研究，组织承担一批具有战略性、前瞻性、引领性的重大科研项目，产出高水平原创性的国家级重大科研成果。主动对接国家建设重大需求，推进先进技术研究院建设。

〔科学技术研究院、各相关学院等〕

18. 推动高水平科技成果转化

以教育部实施"千校万企"协同创新伙伴行动、"百校千项"高价值专利培育转化行动、"百校千城"未来产业培育行动为契机，扎实推进"五院一园"高质量发展，提升服务产业转型升级的能力。结合粤港澳大湾区优势和高端、重点产业需求，谋划建设若干区域创新中心。深化校企合作模式，加大企业特派员选派力度，与行业产业部门和龙头企业加强合作，推进校企联合实验室建设。加强校地合作，与地方政府合作共建创新载体，推进华工大湾区超级机器人研究院、华工南沙创新谷、华工黄埔绿色先进材料技术研究院等高端新型研发机构建设。

〔科学技术研究院、国家大学科技园、广州现代产业技术研究院、华南协同创新研究院、珠海现代产业创新研究院、中山现代产业技术研究院、中新国际联合研究院等〕

19. 加快构建特色鲜明的哲学社会科学研究体系

推进落实教育部面向2035高校哲学社会科学高质量发展行动计划，改革哲学社会科学研究成果评价体系，加强重大专项组织策划工作，积极培育一批高质量著作、论文和咨政报告。做好教育部第九届高校科学研究优秀成果奖（人文社会科学）申报组织工作。加快跨学科研究布局，积极推动文科实验室（智库、基地）建设，谋划跨学科研究专项。加强智库建设，充分发挥公共政策研究院等高端智库作用，进一步增强咨政服务能力，促进决策咨询成果转化，有效提升政策影响力。

〔社会科学处、公共政策研究院等〕

四、加强对外交流与合作，提升学校办学影响力和美誉度

20. 提高国际交流合作层次和水平

落实教育部关于提升国际影响力的相关部署，加强亚欧合作，巩固对美合作，拓展"一带一路"合作，构筑"以我为主、为我所用"的全球合作网络。拓展一批高质量学生联合培养项目，实施都灵理工大学、千叶大学2个中外合作办学项目，促进与世界一流大学常态化的学生交流，完善学生海外项目集群和全链条管理服务体系。巩固和拓展中外科研合作平台，争取中法联合实验室获国家级立项建设。提升海外引智引才质量，与世界一流大学专家学者开展深入合作。加强与港澳高校的深度合作，稳步推进对台高校合作。开展与港澳高校的博士研究生联合培养和本科双学位联合培养，协同推动双创培训课程项目。积极参与或牵头各类学术联盟，提升学校在大湾区高质量发展中的贡献度。

〔国际交流与合作处、教务处、研究生院、国际教育学院、国际校区全球事务办公室、科学技术研究院等〕

21. 夯实"华工人全球发展共同体"

健全各地校友会组织架构，推动成立海内外校友分会、行业校友会，加快完善校友组织的全球化、多维度布局。大力加强校友联络，用心用情做好校友服务，策划系列校友活动，支持校友事业发展。加强教育发展基金会建设，加大捐赠筹资力度，制定校院两级筹资行动方案，推进实施"春晖感恩计划""初心润泽计划""珠峰攀登计划"，培育捐赠文化，动员和吸引广大校友及社会各界捐赠。管好用好校友各类捐赠，确保捐赠最大助力师生成长成才和学校高质量发展。

〔公共关系处（校友工作处）、各院系等〕

22. 加强对外拓展和合作帮扶

持续巩固深化与部省市区各级部门和合作单位的沟通联系，加强与社会各界的交流与互动，积极争取各方支持。服务乡村振兴，深入推进云南云县、广东惠来县隆江镇等定点帮扶工作。助力补齐教育发展短板，扎实做好与贵州民族大学、广西大学、南昌大学等高校的对口支援与合作，持续开展广东海洋大学阳江校区定点帮扶，深入推进广东石油化工学院、广州城市理工学院等高校组团式帮扶工作。认真做好阳江市、汕头市澄海区基础教育帮扶工作。加强与广东省人民医院、广州市第一人民医院、佛山市南海区人民医院的合作，推进直属附属医院建设。加强与卓越大学联盟高校之间的交流合作。

〔党委组织部、党委办公室（学校办公室）、发展战略与规划处、校工会、人事处、附属医院工作办公室等〕

五、完善内部治理结构，提高学校治理体系和治理能力现代化水平

23. 扎实推进法治工作

深入践行习近平法治思想，全面落实推进学校法治工作的决策部署，落实新修订的《华南理工大学章程》。制定学校"八五"普法规划，严格执行"谁执法谁普法""谁管理谁普法"责任制，不断提升法治宣传教育质量。完善法律事务和合同管理制度，理顺工作流程，严格合同审查，防范合同风险。加强制度合法性合章性审查，出台规章制度建设管理办法。开展法治工作测评，提高学校法治工作水平。进一步推进校院两级落实"三重一大"决策制度，完善内控制度建设。

〔党委办公室（学校办公室）、党委宣传部、学生工作部（处）、人事处、财务处、法学院等〕

24. 加强民主管理和监督

开展校院两级教代会换届选举工作。畅通民主管理渠道，完善校情通报会、意见征询会等沟通平台，加强提案征集及办理工作。修订《学术委员会章程》，推动学术委员会换届。提升团学组织活力，全面巩固学生会组织改革成果，持续加强学生社团建设和管理，严格执行社团年审制度。做好民主党派和无党派人士管理、服务和引领工作，深化同党外知识分子思想交流。稳步推进信息公开，不断提升信息公开实效。

〔校工会、科学技术研究院、学生工作部（处）、校团委、党委统战部、学校办公室等〕

25. 加强实验室与设备和公共用房管理

推进智慧实验室信息系统建设，上线教学科研用房、化学品信息、危险源管控等管理模块。加强教学实验室建设，强化公共实验室建设绩效考核，改善和提升实验教学条件。加快推进 EHS（环境、健康、安全）实训中心建设，开发实验室安全慕课，完善实验室安全教育体系。加强仪器设备管理，开展仪器设备固定资产清查盘点，优化仪器设备购置及报废处置流程，推动大型仪器平台开放共享效益提升和考核评价工作。开展公共用房清理整顿专项行动，加强三个校区公共用房资源统筹协调，进一步优化配置，探索建立用房使用效益评价考核和动态调整机制。

〔实验室与设备管理处、资产管理处、学校办公室、大学城校区管委会办公室、国际校区综合事务办公室、教务处、分析测试中心、医疗器械研究检验中心等〕

26. 做好教育部设备更新改造贷款项目实施

加强设备贷款项目资金管理，加快推进项目落实落地。出台实施仪器设备使用安装维护配套方案，做好设备购置、免税办理、设备验收等工作。完善设备管理、使用与考核机制，强化仪器设备开放共享，对仪器设备使用情况和使用效益进行考核。以项目实施为契机，加快建设先进材料、人工智能、超级机器人、生命健康、微纳制造、电子显微学等学科公共平台，力争打造成国家级科技创新平台或重大科技基础设施。

〔发展战略与规划处、实验室与设备管理处、财务处、招标中心、科学技术研究院等〕

27. 保障财务稳健运行

继续落实过"紧日子"要求，从严从紧编制预算，推进预算绩效管理，稳步推进办学成本核算等改革。完善银校合作机制，健全收入结算分配机制，争取更多资金资源投入学校建设。加强财务监督，经常性开展稽查核查，及时整改与发现问题，完善相关制度，推动财务管理科学化、制度化、规范化。加快财务工作数字化转型，优化业务流程，加快信息技术与财务管理融合，不断提升服务效率和水平。

〔财务处等〕

28. 发挥审计监督作用

探索建立以风险为导向、以控制为主线、以治理为目标的现代内部审计模式，进一步完善学校内部审计体系。加强和改善各类审计工作，完成学校年度预算执行与决算审计，继续做好学校中层干部经济责任审计，推动全覆盖。组织开展内部控制评审和风险评估。加强审计整改，深化审计结果公开工作。

〔审计处等〕

29. 做好国资统筹管理

优化升级"国资统筹管理与服务平台"，加快建设智慧型房地产管理平台。推进公有住房专项整治；规范发展公有住房租赁体系，探索多种租赁形式，制定学校人才公寓租配方案，推进空置公有住房租配和维修改造。做好学校用地管理和土地边界巡查维护。做好加建电梯工作。巩固校办企业体制改革成果，健全规章制度，完善公司法人治理结构，强化企业风险管理，不断健全激励约束机制。加强科技成果转化企业股份跟踪管理。

〔资产管理处、大学城校区管委会办公室、国际校区综合事务办公室、资产经营有

限公司等〕

30. 加强招标采购管理

深入贯彻落实新《政府采购法》，加强采购信息化建设，完善电子化采购平台功能和科研设备协议供货平台功能，优化网上竞价品目设置。加强对各二级单位和采购用户的指导。强化对招标采购各方及各环节的监管，规范采购行为，提升采购质量。

〔招标中心等〕

六、加强服务保障体系建设，持续提升师生员工的获得感、幸福感、安全感

31. 加强学生资助和就业工作

推进实施"发展型资助育人行动计划"，加强对家庭经济困难学生思想政治教育、学业指导、心理疏导、就业帮扶和精准资助。举办资助文化节、"扬帆计划"大学生能力提升班。完善研究生资助体系，优化研究生资助激励机制，加强发展型资助，保障研究生潜心学习科研。强化就业"一把手"工程，落实就业工作责任制。大力开拓市场化社会化就业渠道，持续开展书记、校长和学院书记、院长访企拓岗促就业专项行动。建设高质量就业指导服务体系，推进实施就业引导工程，优化就业引导目录，完善生涯教育体系。加强就业创业平台建设，开展新形势下的就业招聘工作。稳妥有序推进"取消报到证"相关政策衔接，建立毕业去向登记制度，强化就业统计监测。

〔学生工作部（处）等〕

32. 加强离退休人员关心关爱

建设离退休工作管理系统，精准掌握离退休人员基本信息，提高精准化服务水平。加强对特殊老党员和独居老人的人文关怀，健全定人联系、定期慰问、定级帮扶的"三定"机制。建设"健康老龄友好社区中心"，推进建设社区居家养老服务平台，提高"五老"人员居家养老服务质量。强化涉老组织建设，充分发挥"五老"在助力学生成长成才方面的重要作用。开展学校关工委成立30周年系列活动，建好二级关工委。办好老年大学，让老同志老有所学、老有所乐。落实国家银龄教师战略行动，为银龄教师安心工作提供更好保障。

〔离退休工作处、人事处、继续教育学院等〕

33. 持续提升校园基本建设品质

用好代建制，加大力度推动大学城研究生宿舍、广州国际校区和五山橡胶厂的人才公寓建设，加快推进广州科技图书馆、五山路—广园路立交、城市发展与治理研究院等重点项目实施。做好五山校区北区人才公寓、学生宿舍（新北五）、教工活动中心修缮项目等前期准备工作。加快海丽文体中心中央空调系统换新及房屋修缮工程建设。推动大学城校区基础设施升级改造，谋划大学城校区学生活动中心建设。做好国际校区二期工程质量查验和交付接收工作，确保校区基础建设完美收官。强化校园公共基础设施专项维修改造，优化美化校园环境。

〔基建处、后勤处、大学城校区管委会办公室、国际校区综合事务办公室等〕

34. 加强图书、档案、出版等工作

搭建文博育人平台，优化新校史馆维护工作，推进国际校区博物馆建设。完善"一校四馆"文献资源建设规划，开办好广州国际校区图书馆；创新学科、图书情报、

知识产权信息等服务工作。加强档案资源收录、利用与安全建设，推进数字档案建设。组建新一届编委会和青年编委会，加强专题（专栏）选题策划，稳步推进学报（社会科学版）扩版、学报（自然科学版）媒体融合出版等工作。加强依托学校建设的学术刊物管理，提高办刊水平，扩大影响力。发挥学校工科优势，结合广东特色，策划出版反映新时代发展特色的学术著作，开发一批出版品牌。

〔党委宣传部、图书馆、档案馆、学报编辑部、出版社等〕

35. 提升分析检测服务水平

健全CMA管理体系，加强分析测试中心质量管理，做好操作技术培训工作，提高技术服务能力和水平。加强医疗器械研究检验中心建设，加强检测二室实验室改造，推进技术能力建设，扩宽检验检测能力。推进实验动物中心建设，整合资源，完善管理架构、队伍建设、管理制度和运行机制，加强配套基础设施建设。全面统筹三个校区分析检测公共平台资源，推进大型仪器设备安装和运行工作，提高使用效率。

〔分析测试中心、医疗器械研究检验中心等〕

36. 推进数字校园建设和应用

完善无线接入覆盖，探索移动通信网和校园网的融合，构建良性业务生态，建设泛在接入、弹性可管控的校园网。建设技术先进、算力国内高校领先的科学计算平台，为科研团队提供算法优化、移植和数据整合服务。扩大云计算平台规模，提高其服务支撑能力。深化数据治理，提高数据共享过程中的实时和实效性；建设教师填表平台，提供智能化填表服务；推进数据中台上线试用，提供数据申请服务和隐私计算服务；强化数据赋能，稳步推进电子签章和证照的场景应用。推进国家智慧教育平台高校试点建设工作，促进优质课程和教师资源有效共享，增强智慧教育公共服务能力。巩固网络安全成果，完善网络安全制度，加强数字化安全管理。加快国际校区一、二期信息化系统对接融合。

〔信息网络工程研究中心（信息化办公室）、教务处、研究生院、国际校区综合事务办公室等〕

37. 加大后勤服务保障力度

加强食堂餐饮项目建设，推进五山校区北区教工餐厅、大学城校区饭堂及外卖点等维修改造，启动国际校区二期教工餐厅运营，不断优化就餐环境，提升饭堂出品质量。优化定点帮扶农特产品直销中心建设，做好云县、惠来农特产品进校园"菜篮子工程"。深化绿色学校创建工作，加强水电管控，做好节水节电管理，加强给排水、绿化景观等公共基础设施专项维修改造，推进生活垃圾分类投放，开展大学城校区湖水净化治理。加大对校内电动车整治，持续推进住宅小区电动自行车充电装置建设，规范电动自行车管理。推进"三校联通车辆管理系统"上线运行，打造"一站式"线上服务平台，改善校园交通出行安全体验。推进校园周界及内部安防项目建设，加强校园视频监控管理，搭建校园综合安保平台。改善就医条件，加快门诊、住院信息系统建设，优化诊疗环境，提高医疗服务水平。推动附属实验学校民转公工作，提升办学水平，办好幼儿园，推进广州国际校区小学和幼儿园筹建工作。

〔后勤处、保卫部（处）、大学城校区管委会办公室、国际校区综合事务办公室、校医院、校工会等〕

重要讲话

深刻认识"两个确立"的决定性意义
坚持不懈把全面从严治党向纵深推进
以实际行动和优异成绩迎接党的二十大胜利召开[*]

章熙春

(2022年3月17日)

同志们：

今天，我们召开2022年学校全面从严治党工作会议。会议任务是，深入学习贯彻习近平总书记在十九届中央纪委六次全会上的重要讲话精神和六次全会精神，按照教育部党组、广东省委教育工委全面从严治党工作要求，总结过去一年学校全面从严治党工作的成绩，梳理存在的问题，分析当前面临的形势，安排部署2022年重点任务。下面，我主要讲4点意见。

一、深入学习领会习近平总书记在十九届中央纪委六次全会上的重要讲话精神

我们要深入学习习近平总书记在十九届中央纪委六次全会上的重要讲话精神，深刻理解精神实质，准确把握核心要义，切实把思想和行动统一到重要讲话精神上来，不断提高政治判断力、政治领悟力、政治执行力。

（1）从"四个坚定不移"和六个方面深刻感悟伟大成就，切实增强捍卫"两个确立"的坚定自觉。习近平总书记在讲话中指出，十年磨一剑，党中央坚定不移推进全面从严治党，为全面建设社会主义现代化国家开好局、起好步提供了有力政治保障。习近平总书记用"四个坚定不移"精炼概括了在建党百年新起点上推进全面从严治党的新成效，从六个方面全景回顾新时代党的伟大自我革命壮阔历程和辉煌成就。我们要清醒认识到，全面从严治党之所以取得今天的成就，根本在于以习近平同志为核心的党中央坚强领导，根本在于习近平新时代中国特色社会主义思想科学指引。我们还要清醒地认识到，我们的工作能够取得今天的辉煌成就，是靠"两个确立"；将来继续取得新的成就，还要靠"两个确立"。我们要真正悟透"两个确立"的决定性意义，做"两个确

---

[*] 本文是校党委书记章熙春在2022年学校全面从严治党工作会议上的讲话。

立"的坚决捍卫者和"两个维护"的坚定践行者,这一点绝不能有丝毫含糊和动摇。

(2) 从"九个坚持"深刻领会规律性认识,切实增强意志决心。总书记用"九个坚持"深入系统解读全面从严治党战略方针的思想和理论内核,高度凝结我们党百年奋斗的智慧结晶,丰富发展了马克思主义建党学说,充分彰显了新时代中国共产党人推进党的建设新的伟大工程的历史主动,为确保党在新时代坚持和发展中国特色社会主义的历史进程中始终成为坚强领导核心指明了前进方向,提供了根本遵循。我们要深刻把握这"九个坚持",切实增强坚持不懈把全面从严治党向纵深推进的顽强意志和坚定决心。

(3) 从"四个任重道远"深刻认识复杂形势,切实增强永远在路上的坚韧和执着。总书记用"四个任重道远"阐述了反腐败斗争的严峻性、复杂性、长期性,并深刻指出,反腐败永远在路上。经过党的十八大以来全面从严治党的政治洗礼,学校党风廉政建设和反腐败工作成效明显,但是依然存在各类廉政风险,严的氛围还没有完全形成。等下我还要具体讲讲这方面的问题。我们要正确认识反腐败斗争"四个任重道远"的阶段性特征,深刻认识"四大考验""四种危险""四个不纯"长期存在,持续发扬斗争精神、增强斗争本领,坚定不移把党风廉政建设和反腐败斗争进行到底。

(4) 从"七项部署"深刻把握工作要求,切实增强担当作为的主动精神。总书记从七个方面对新时代全面从严治党作出了顶层设计和战略谋划。"七项部署"充分体现了以习近平同志为核心的党中央管党治党、自我革命的政治勇气和战略定力,为我们持续深化党风廉政建设和反腐败斗争指明了前进道路,注入了强大动力。我们要将讲话精神转化为推动工作的实际成效,找准职责定位、积极担当作为,永葆自我革命精神,以全面从严治党新成效,奋力开创学校高质量内涵式发展新局面,在新的赶考之路上交出优异答卷。

二、深入总结 2021 年全面从严治党工作

2021 年,学校各级党组织和广大党员干部紧密团结在以习近平同志为核心的党中央周围,共同庆祝中国共产党成立 100 周年,一起见证党的十九届六中全会通过党的第三个重大历史决议,积极参与打赢脱贫攻坚战,如期全面建成小康社会、实现第一个百年奋斗目标,深入开展党史学习教育,深刻领悟"两个确立"的决定性意义,不断增强"四个意识"、坚定"四个自信"、做到"两个维护",学校党的领导和党的建设全面加强,带动引领"十四五"实现良好开局。

(1) 抓稳党的政治建设这个统领。坚决把"两个维护"作为最高政治原则和根本政治规矩,坚持社会主义办学方向,开展学习贯彻党的教育方针专项清查。坚持和完善党委领导下的校长负责制,校院两级议事决策规则不断健全。严格落实党委理论学习中心组和"第一议题"制度,全校上下持续掀起学习热潮。

(2) 抓好党史学习教育这项重大政治任务。围绕主题主线,强化特色优势,创造性地推动一系列、多层面的庆祝、传承、学习、出版、展览、表彰等活动,让红色基因成为学校的鲜亮底色。把"我为师生办实事"实践活动作为"重头戏",在办学条件、学生就业、民生福祉等方面敢啃"硬骨头",抓出"硬成效",下大力气解决了一些历史性难题。

(3)抓牢校园安全稳定这条底线。坚持把师生生命安全和身体健康放在第一位,疫情防控成效多次获国务院联防联控工作小组肯定。紧绷意识形态工作"高压线",较大网络舆情事件实现"零发案"。以制度建设为依托,强化安全综合治理能力,加强实验室安全管理,一揽子推进电动自行车、消防安全、交通安全、校门秩序、视频监控管理等,校园安全系数不断提升。

(4)抓实思政工作这项系统工程。建设育人大课程,把握历史大事件,善用社会大课堂,将线上平台与线下教育相结合,掌握思政教育话语权,积聚育人向心力和思想感召力。坚持党管人才,强化凡引必审,开展风险排查,将政治素质和师德师风要求作为人才引育、导师遴选、导师招生资格审核等的重要前提。学校获批教育部课程思政教学研究示范中心、全国高校思政课虚拟仿真体验教学中心;建筑理论与创作实践教师团队入选第二批"全国高校黄大年式教师团队"。

(5)抓强基层组织工作这个基础。以落实新修订的高校基层组织工作条例为抓手,制定实施新一轮基层党组织建设三年行动计划,织密建强基层组织体系。教师党支部书记具有正高职称比例达100%。新增1个全国高校党建工作"标杆院系"和1个"样板支部"。完善干部管理办法,加强"双肩挑"干部和优秀年轻干部的培养和使用,推动135名科级干部交流轮岗,向中管高校、省属高校输送领导干部4人。

(6)抓严党风廉政建设这一保障。出台全面从严治党"三张清单",构建"四责协同"体系。紧盯"关键少数""关键岗位",严抓"关键事项""关键环节",政治监督更加有力,日常监督更加常态。高质量完成15个二级单位巡察,巡察监督"探照灯"作用更加彰显。经济责任审计增设相关内容,促进干部权力规范运行。

这一年来,坚定不移推进全面从严治党向纵深发展,持续提升风清气正的政治生态和良好的干事创业环境,有力保障学校办学发展多点突破、稳步攀升。教育部部长怀进鹏上任后调研京外部属高校,首站就选择华工,他高度肯定学校办学发展成绩和态势,要求学校做党建工作的示范、立德树人的示范、心怀"国之大者"的示范,希望学校党委继续推进全面从严治党,压实责任,持续加强领导班子和干部队伍建设,为做好示范提供有力的政治保障。

这些成绩的取得,最根本在于以习近平同志为核心的党中央的坚强领导,在于习近平新时代中国特色社会主义思想的科学指引;同时,也得益于教育部、广东省、广州市的大力支持,得益于各级党组织和党员干部的主动担当,得益于广大师生员工的共同奋斗。在此,我代表学校党委,向大家表示最衷心的感谢!

但是,对照党中央的新要求,对照师生的新期待,我们的工作还存在一些不足。有的问题是多年积弊,冰冻三尺,有的问题表面上整改完成,树倒根存,可能还有反弹倾向。"浇风易渐，淳化难归"，我们必须对存在的问题和表现保持高度警惕，坚持久久为功，保持高压态势，寸步不让，一抓到底。

三、深入把握新时代全面从严治党面临的形势

2022年是新时代新征程中具有特殊重要意义的一年，大事要事多。我们要做好全面从严治党工作，就必须树立正确的历史观、大局观、角色观，准确把握当前全面从严治党的大势、大局，乘势而上、顺势而为。

（1）牢牢把握党的二十大召开这一根本主线。迎接党的二十大，是做好学校一切工作的主线，其中最首要和最基本的，就是要时刻提防来自外部与内部的安全风险，务必确保校园安全稳定。如何增强风险意识，坚持底线思维，做到有备无患，如何发扬历史主动精神，抢占互联网这一舆论主战场，无时无刻不在考验着我们的智慧和能力。

（2）牢牢把握全面从严治党这一主体责任。2021年，中央巡视反馈指出了中管高校存在"六个不足"，关于这"六个不足"，我们也都不同程度存在一些问题。我们要常怀远虑、居安思危，深刻认识腐败问题的严峻性复杂性，深刻认识"四风"问题的顽固性隐蔽性，深刻认识管党治党松一松就反弹的特点，锲而不舍、打赢打好全面从严治党攻坚战、持久战。

（3）牢牢把握学校组建70周年、办学百余年这一关键节点。当前，教育内外部环境发生着深刻变化。从学校自身发展而言，今年11月17日，我们将共同迎来华南理工大学组建70周年暨建校105年。我们要发挥广大师生和校友的力量，将校庆筹备工作与迎接党的二十大召开结合起来，与深入推进新一轮"双一流"建设和四方共建广州国际校区结合起来，聚人心、凝共识、集资源、汇力量，团结带动全球华工人，一起向未来，加快建设中国特色、世界一流大学。

四、深入谋划2022年全面从严治党重点工作

党的十九届六中全会强调，"全党要牢记中国共产党是什么、要干什么这个根本问题"，全面从严治党就是对这个根本问题的响亮回答，这也是学校走好新的赶考之路的强大保障。做好今年学校的全面从严治党工作，我重点讲5个方面的要求。

（一）贯彻严的要求，旗帜鲜明讲政治，深入推进党的政治建设

一是紧密围绕一条主线。我们的工作务必要紧紧围绕迎接学习贯彻党的二十大这条主线来谋划、推进、落实。从现在到党的二十大召开前，要增强忧患意识，随时准备应对复杂困难的局面，防范化解各类风险，营造安全稳定的校园环境；要精心组织开展内容丰富、形式多样的"喜迎二十大"主题活动和专项行动，开展好"青春献礼二十大，强国有我新征程"主题宣传教育等。党的二十大召开后，要迅速行动起来，用好"党委讲师团"和"华园讲坛"两个品牌，通过中心组学习、"第一议题"、"思政第一

课"、"三会一课"等形式,打好"组合拳",确保"全覆盖",掀起全面学习宣传贯彻党的二十大精神热潮,引导党员干部和师生员工自觉把思想和行动统一到党的二十大精神上来。

二是坚决把稳政治方向。坚持"两个确立"、做到"两个维护"是最根本的使命和责任,只有始终把捍卫"两个确立"、坚决做到"两个维护"作为政治准绳,才能牢牢把握社会主义办学方向,确保办学始终沿着正确的政治方向又快又好发展。要深刻把握"国之大者"对一流大学建设的要求,全面贯彻党的教育方针,完善中国特色现代大学制度,落实好党委领导下的校长负责制,把政治标准和政治要求贯穿于管党治党、办学治校的生动实践中。

三是打牢思想理论根基。要把学习贯彻习近平新时代中国特色社会主义思想作为首要政治任务,建立常态化长效化机制,常修常炼、常悟常进,不断巩固拓展党史学习教育成果;要夯实基层党组织理论武装工作主体责任,探索建立列席旁听制度,建立考核评价指标体系,强化对基层党组织理论学习的监督指导,构建起全流程工作闭环,确保理论学习成体系、入佳境、上台阶。要发挥马克思主义学院、教育部思创中心等的人才、学科、科研优势,积极争取重大专项项目,深化原创性系统性学理化学科化研究阐释。

(二)落实严的举措,坚持不懈抓引领,全力保障校园安全稳定

一是强化思想政治引领。思想政治工作是一切工作的生命线。习近平总书记多次对加强和改进学校思想政治工作作出重要指示,今年教育部全面实施时代新人培育工程,"大思政课"建设、马院建设和马理论学科建设等方面推进力度很大(这也是新一轮"双一流"建设的一个重点)。要坚持用习近平新时代中国特色社会主义思想铸魂育人、启智润心,充分发挥思政课主渠道作用,建好马克思主义理论本科专业,开好"习近平新时代中国特色社会主义思想概论"课程,扩大"思政课程+课程思政"的矩阵效应,把思政小课堂和社会大课堂结合起来,持续推进党的创新理论进教材、进课堂、进头脑。要加快谋划思想政治工作提升行动2.0版,深化"三全育人"综合改革,全面落实"五育并举",推进"一站式"学生社区建设,用好"两个典礼",优化标杆育人体系,加大研究生思政引领和提升,加强辅导员队伍建设,推进"筑梦铸魂"新时代立德树人工程落地见效。要以校庆为契机,持续挖掘校史中的红色文化,深化校史校情教育,教育引导师生传承红色基因,讲好华园故事。

二是守好意识形态阵地。要坚持马克思主义指导地位,用党的创新理论占领和壮大意识形态阵地,开展阵地领域风险隐患专项整治行动,逐级逐项落实维护安全稳定责任要求。要充分把握全年重大活动和敏感节点安保维稳响应等级要求,建设"大安全""大思政""大宣传"融合联动平台,建立健全协作应急处置机制、安全隐患排查化解机制、应急处置管控机制、追责问责机制、保密工作机制等,实现阵地管理"三同步"。要建强线上线下综合治理体系,线下加大对课堂、教材、论坛、学生社区等的管

理，线上利用"互联网+"技术加强网络意识形态监管，建设"一院一品"网络思政精品项目，不断增强舆情应对能力。

三是压实安全防范责任。在大多数人的印象中，某项工作若能完成要求的90%，也就差不多，可以了，然而很少有人计算过，5个90%相乘的结果是多少，答案是59.049%，连及格都达不到。"5个90%"的乘积给人的警示是深刻的，这好比工作的每一环、每一项都不能打折扣，否则最终就是不及格，抓校园安全工作也是同样的道理。我们必须坚持总体国家安全观，统筹好安全与发展，紧盯治安、消防、交通、饮食、基建、实验室、意识形态、学生心理、毕业就业、疫情防控等安全的重点领域，既要增强风险意识，树立底线思维，保持对各类风险隐患的清醒和敏感，又要健全风险防控机制，把握工作方式策略，提高风险化解能力和应急处突能力。大家千万不要在抓安全工作过程中"留一手"，如果每个人都"松一寸"，结果就会"降一丈"，每一个部门、每一位同志都必须牢固树立人人是末端、处处是末端、环环是末端的观念，付出100%的努力，履行100%的职责。唯有如此，我们才能真正形成齐抓共管的强大合力，最终取得一个圆满的"安全发展乘积"。我这里特别强调一下疫情防控问题。近期我国疫情多发频发，防控形势复杂严峻。前几天，教育部、省教育厅相继召开了疫情防控工作会议，学校各级党组织和领导干部，特别是在座各位，要切实把思想和行动统一到党中央决策部署上来，严格贯彻落实上级工作要求，慎终如始抓好防控，全面提升应急处突能力，坚决防止疫情进入校园，尤其要坚决杜绝发生集聚性疫情。

（三）坚持严的标准，持之以恒固根本，不断夯实基础打牢根基

一是提升基层党建工作质量。"树大得根实，菜好得叶茂"，加强基层党建工作事关大局、事关长远。我们要突出"实"字，持续深入推进基层党建工作标准化规范化建设，推动基层党组织紧密结合本单位实际，切实加强党建与业务深度融合，让党建工作更接地气、更有实效。突出"引"字，着力抓好全国、全省、全校"标杆院系"、"样板支部"、"双带头人"工作室等党建品牌建设，充分发挥典型示范作用。突出"能"字，实施"党建工作能力提升"计划，通过基层党组织书记专题培训、支部书记"党建工作坊"、组织员论坛等多种形式加强教育培训，全面提升做好工作的责任意识和业务能力。

二是提升干部队伍素质能力。为政之要，惟在得人。从2019年3月以来，习近平总书记6次出席中央党校中青班"开班第一课"，6次开班讲话主题不同，但始终都聚焦"忠诚""干净""担当"三大关键词，这也为学校抓好干部队伍建设和做好中层干部换届指明了方向。由于一些实际情况，中层干部换届延后了，但是办学发展决不能因此而延误，大家要树立和践行正确政绩观，做到守土有责、守土尽责，跑好属于自己的"这一棒"。上周，学校党委也印发了中层干部选拔任用工作办法。接下来，我们的干部工作要强化政治标准，坚持正确选人用人导向，持续加强"双肩挑"干部和优秀年轻干部育选管用；强化严管厚爱，加强和改进干部考核监督，关心关爱干部，让干得多

干得好的干部更有获得感、成就感。我们的干部也要牢记习近平总书记反复强调的"忠诚""干净""担当",不断自我完善、自我提高,练好内功、提升修养,严守规矩、不逾底线,努力锤炼出勇于担当负责、敢于动真碰硬的"钢筋铁骨"。

三是提升人才队伍建设力度。我们都深知一流师资队伍对于一流大学建设的极端重要性。要落实好师德师风是评价教师的第一标准,强化师德建设宣传、考核、监督、激励、惩处、警示的工作机制,引导教师成为有德有才的"大先生";加强高层次人才队伍梯队建设,加快构建青年教师培养支持体系,支持他们挑大梁、当主角;持续深化评价改革,引导教师教书育人使命回归;压实院系主体责任,推动人才引育工作成效与院系绩效考核、进人指标挂钩。当前,国家正在全力推动在北京、上海、粤港澳大湾区建设高水平人才高地,我们也前瞻性地启动了广州国际校区建设,共建各方给予了前所未有的支持。我们一定要把握战略主动,做好战略谋划,不断扩大人才资源竞争优势,努力将学校建成集聚全球顶尖学术人才的高地。

(四)发扬严的作风,持之以恒抓纪律,一以贯之扣紧责任链条

一是夯实管党治党责任。推进全面从严治党,关键在责任落实。学校党委去年底印发了全面从严治党"三张清单",明确了8大类69条责任,大家要吃透精神,认真贯彻落实。各级党组织作为管党治党的领导主体、落实主体、工作主体和推进主体,"管"和"治"都包含着监督,既要旗帜鲜明支持学校纪委和二级纪委履行监督责任,自身也要切实贯彻党内监督要求,真正把全面从严治党主体责任扛在肩上、落实在行动上。党组织书记作为第一责任人,要坚持重要工作亲自部署、重大问题亲自过问、重点环节亲自协调、重要案件亲自督办,领导班子其他成员要按照"一岗双责"要求,一贯到底压紧责任链条、拧紧责任螺丝。纪委作为党内监督的专责机关,要认真学习贯彻落实新颁布的《中国共产党纪律检查委员会工作条例》,充分发挥好专责监督作用,推进纪检工作规范化、法治化、正规化。我们要从思想上认识到,履行全面从严治党政治责任要"四责协同",只有形成"党委牵头主抓、党委书记靠前指挥、班子成员守土有责、纪委全程监督"的联动合力,全面从严治党才能实现从"一家做"到"大家做"、从"要我做"到"我要做"的局面。

二是持之以恒狠抓作风。习近平总书记指出,相对于"远在天边"的"老虎",群众对"近在眼前"嗡嗡乱飞的"蝇贪"感受更为真切。"微腐败"也可能成为"大祸害"。我们要持续加固中央八项规定堤坝,密切关注"四风"苗头性、倾向性、隐蔽性问题,对由风及腐、风腐一体问题保持高度警觉,在常和长、严和实、深和细上下功夫。要突出重点,点准穴位,找准关键点,坚决纠治落实党中央决策部署过程中的形式主义、官僚主义,严肃整治享乐主义、奢靡之风,坚持不懈整治师生身边的腐败和不正之风。要以上率下,立好标杆,作好示范,"子帅以正,孰敢不正?"

三是精准监督执纪问责。有句俗语说"脊梁背上的灰自己看不见",加强纪律作风建设既要靠自律,也要靠强有力的执纪问责。我们要始终保持清醒头脑,要永远吹冲锋

号，牢记反腐败永远在路上，坚持有案必查、有腐必惩，坚决防范和查处"七个有之"问题，对违反政治纪律的问题毫不手软，对搞匿名诬告、有意陷害或者制造其他谣言的问题坚决抵制，严肃查处以权谋私、师德失范、失职渎职等行为。要深化运用"四种形态"，落实"三个区分开来"要求，做到保护担当者、帮助失误者、惩治贪腐者，形成鲜明导向。要做深做实案件查办"后半篇文章"，坚持常态化通报曝光，把查办案件、加强教育、完善制度、促进治理贯通起来，一体推进党性党风、师德师风、校风学风建设。

（五）强化严的氛围，锲而不舍抓监督，营造风清气正政治生态

一是推动政治监督具体化常态化。做好政治监督，需要大处着眼、细处着力。要围绕"国之大者"，聚焦习近平总书记关于教育的重要论述和党中央关于教育的重大决策部署，聚焦落实"三新一高""四个面向"等加强监督检查。要围绕"为党育人"，重点聚焦加强党对学校工作的全面领导、落实立德树人根本任务、防范化解教育领域重大风险等加强监督检查。要围绕"为国育才"，重点聚焦"双一流"和广州国际校区建设、深化教育评价改革、培养国家急需人才、支撑科技自立自强等加强监督检查。要围绕当前的一些突出问题，包括继续对校办企业改革、非学历教育、异地机构财务管理等加强监督检查。我们要通过深化政治监督，切实将党的理论和路线方针政策落到实处。

二是提升巡察监督震慑力推动力。巡察是重要政治工作，必须从政治上准确把握和推进。要高质量开展新一轮巡察，把发现问题作为巡察工作的生命线，把推动解决问题作为落脚点，防止把巡察变成一般的业务检查、工作督查。要落实被巡察党组织整改主体责任，把整改融入日常工作、融入深化改革、融入全面从严治党、融入班子队伍建设。要强化巡视巡察上下联动和成果综合运用，把巡察作为提升管党治党、办学治校水平的重要抓手，把巡察结果和整改落实情况作为选人用人、考核评价的重要参考。

三是增强各类监督集成性协同性。要发挥党内监督的主导作用，推动党委全面监督、纪委专责监督、党的工作部门职能监督、基层党组织日常监督、党员民主监督等各类监督贯通协调。要推进纪律监督、监察监督、巡察监督统筹衔接，充分利用组织、审计、财务等部门的专业力量深度参与监督、巡察、审查、调查。要形成全联动、大协同的监督新格局，瞄准习近平总书记在全国教育大会上指出的高校10个重点领域和关键环节持续正风肃纪反腐，即选人用人、招生考试、财务管理、科研经费、基建后勤、校办企业、附属医院、合作办学、学术不端、师德师风，以及中央巡视组指出的重点领域，即资金分配、项目安排、招生计划、基建后勤、选人用人、对外合作存在的廉政风险，组织"未巡先改"，开展集中排查、专项检查。要突出对"关键少数"特别是"一把手"和领导班子的监督，在"防"与"控"上多下功夫，扎紧织密制度笼子，切实管好关键人、管到关键处、管住关键事、管在关键时。同时，要站在事关党的事业后继

有人的高度，对年轻干部多关爱、常教育、勤提醒，教育引导年轻干部正确对待权力，时刻自重自省，严守纪法规矩。

同志们！一年春作首，万事行为先。我们要坚持以习近平新时代中国特色社会主义思想为指导，全面贯彻党的十九大和十九届历次全会、中央纪委历次全会精神，弘扬伟大建党精神，坚持严的主基调不动摇，坚持不懈把全面从严治党向纵深推进，充分发挥全面从严治党的引领保障作用，踔厉奋发、笃行不怠，真抓实干、勇毅前行，加快推动中国特色、世界一流大学建设，以实际行动和优异成绩迎接党的二十大胜利召开。

奔赴星辰大海，争做新时代英雄*

章熙春

（2022年6月30日）

亲爱的同学们：

大家上午好！

华园盛夏，繁花似锦；骊歌声声，青春如火。今天，是一个特别值得铭记的日子，同学们即将从华园出发，奔赴下一场山海！今天，我们在这里，采取线上与线下联动的方式，以一场隆重的典礼和仪式庆祝毕业、开启未来。在此，我首先代表华南理工大学和全校师生、代表高松校长，向即将毕业的2022届5792位本科生同学和5031位研究生同学，致以最热烈的祝贺！向辛勤培育你们的老师、无私关爱你们的家人、大力支持学弟学妹成长的校友，表示最衷心的感谢！

今天，首批"00后"就要毕业了。同学们，青春从来没有标准答案，但你们的青春岁月尤为不平凡，你们的大学时光非常不一般，必将深深地刻录在历史的进程中、烙印在人生的年轮上。

这些年，我们一起见证历史。我们庆祝改革开放40周年、新中国成立70周年、中国共产党成立100周年、中国共青团成立100周年等伟大历史性时刻！我们一起经历了党团结带领全国各族人民，付出巨大努力，取得重大战略成果的抗疫大战！我们震撼于神舟飞天、蛟龙入海、墨子传信、北斗组网等国之利器、超级工程后面的大国气象！我们聆听了北京冬奥会上中国向世界发出"一起向未来"的时代强音！我们和全国青年学子一起对党庄严承诺、深情告白祖国：请党放心、强国有我，清澈的爱、只为中国！这一个个关键历史节点，一桩桩重大历史事件，我们不是旁观者，我们是亲历者、是见证者、是创造者，我们心中的"中国红"愈加璀璨夺目。

这些年，我们携手共促发展。同学们在华工的这几年，学校办学发展多点突破，办学水平强势攀升。学校第十七次党代会擘画了世界一流大学建设"三步走"战略，广州国际校区和"双一流"建设两轮驱动、双期相继，推动形成"同城一校三区"高水平办学新格局。学校国际学术水平及影响力大幅提升，ESI前1%增加到12个，ESI前1‰增加到5个（并列中国内地高校第10位），跻身泰晤士高等教育亚洲大学50强（居中国内地高校第15位），连续四年被路透社评为亚洲最具创新力大学榜单前10位。这其中，华工学子的表现尤为亮眼。比如，在美国大学生数学建模竞赛和交叉学科建模竞赛上连续三年收获特等奖的最高奖项，在第六届中国国际"互联网+"大学生创新

---

* 本文是学校党委书记章熙春在2022届学生毕业典礼上的致辞。

创业大赛总决赛上获 10 金 2 银，创造了历届"互联网＋"大赛高校单校单届夺金纪录。2020 年 11 月，国务院副总理孙春兰来校调研考察，对华工学子的成就印象深刻。2021 年 9 月，教育部部长怀进鹏上任后调研京外部属高校的第一站就来到华工，点赞同学们的卓越表现。

这些年，我们并肩同担风雨。受疫情影响，同学们参加线下实习、实践、竞赛等活动的机会变少了，线上讲座、课程、会议等成为常态，国（境）外交流、毕业生就业也受到一定冲击，等等。所有这些，我们都感同身受，并举全力统筹好办学发展和疫情防控，千方百计把疫情带来的影响降到最低。我记得特别清楚，2020 年 2 月 24 日，新学期开课的首日，华园师生齐聚云端，用最燃"云升旗"，激励全体华工人与祖国共战"疫"；同一天，在老师们前期精心准备的基础上，学校正式开始线上教学，春季学期 2751 门课程面向全体学生开放，华工在广州高校中第一个全面启动线上教学。让我们欣慰和欣喜的是，同学们非常给力，你们识大体、顾大局、立场稳、信心足，积极做好个人防护，踊跃参与疫情防控，同学们的科学精神、理性思维、责任担当、乐观心态从中得到检验、得到升华。

特别是，2022 届的同学们，疫情没有成为你们"躺平"和"佛系"的理由，你们选择全力以赴地奋斗。在你们当中，机械与汽车工程学院裴凯、陈浩宇同学参与核心技术攻关，助力实现水下机器人焊接作业四大核心技术突破；物理与光电学院的文晓晓同学，在激光世界中探索未知，斩获多个重大赛事奖项；土木与交通学院陈梓涵同学在国家级游泳赛事中七获桂冠、六破纪录，还在刚刚结束的省大运会上喜获三金，完成全英卓越班学业的他即将出国深造；外国语学院的钟泩仁同学多次参演校园原创话剧《红色甲工 血色浪漫》，与"甲工先贤"的对话激励着她在追梦的路上走得更远；设计学院的林佳泽、李怡琳是学霸是情侣也是战友，他们双双保研，在华园实现学业爱情双丰收；环境与能源学院张宇辰同学积极参加社团、科研实践，在夯实专业基础的同时全方位提升自己的综合素质，获得 11 所世界名校的 offer（职位）……还有一大批优秀的学子，繁星点点汇成灿烂星河，微光闪烁燃成熊熊火炬。同学们，你们在疫情这场大考中顺利通关，在大学这堂大课中成绩优异，我为你们感到自豪与骄傲，让我们一起为你们点赞、为青春喝彩！

同学们，没有一代人的青春是容易的，但是每一代人的青春都是大有可为的。在人生新的起点，你们将面对什么样的际遇和机缘，将如何在自己所处的时代条件下谋划人生、创造历史？当今世界，百年变局与世纪疫情交织叠加，地缘政治形势和大国博弈格局加速演变，我们国家面临的外部环境日趋复杂。但是，百川终入海、万物始得归，民族复兴的进程不可逆转，大国崛起的步伐不可阻挡。同学们，你们见证了第一个百年奋斗目标的实现；毕业工作后，年富力强的你们将成为实现第二个百年奋斗目标的主力军，即在新中国成立 100 周年时，全面建成社会主义现代化强国的宏伟蓝图将在你们手中变成美好现实！这就是大时代赋予你们的际遇与机缘。时代呼唤英雄，时势造就英雄，你们当中必将英雄辈出。所以，今天，母校既要祝福大家毕业快乐，更期待各位争做英雄、成就英雄。

一是希望同学们坚守初心，成为顶天立地的"家国英雄"

四面江山、万家忧乐，修齐治平、命运与共，一直以来都是中华民族优秀分子的核心价值追求。从"红色甲工"的杨匏安、阮啸仙、周文雍等革命先烈，到华工正式组建初期的罗明燏、冯秉铨、陈永龄等创业先贤，再到新时代的"大先生"和优秀学子，华工人始终高扬理想信念的旗帜，彰显着深深的家国情怀。我了解到，近5年来，学校选调生的数量增长了10倍，今年又有近150位学子成为基层选调生，选择在边疆海岛上、在田间地头里，把最青春的印记留在祖国大地上。同学们，你们是好样的！

立足大时代，投身大舞台。希望同学们按照习近平总书记指引的方向，用脚步丈量祖国大地，用眼睛发现中国精神，用耳朵倾听人民呼声，用内心感应时代脉搏，要"向下"扎根、"向上"生长，"要给书本上的知识'挤挤水'"，投身到基层中去、到实践中去、到人民中去，投身到科研创新、现代产业、高端制造业一线，以"沾泥土""带露珠""冒热气"的实际行动践行初心使命，把对祖国血浓于水、与人民同呼吸共命运的情感贯穿学业全过程、融汇在事业发展的毕生追求之中！

二是希望同学们执着奋斗，成为建功立业的"行业英雄"

百年文脉绵延，华工形成了"厚德尚学 自强不息 务实创新 追求卓越"的大学精神，引领着一代代华工人敢创新、会创造、能创业。从改革开放初期的"家电三剑客"到互联网时代新能源"造车新势力"，从破解"钱学森之问"的科学小牛人到入选福布斯30岁以下精英榜单的创业新生代，华工人立足南粤、赋能湾区、报效国家、贡献世界，在产业、工程、学术、国防等各个领域熠熠生辉。据不完全统计，目前在大湾区就有华工校友创立或领导的上市公司超过200家。今天致辞的袁金钰校友就是其中的杰出代表。除了站在光里的英雄，更多的华工人在平凡的岗位上也收获了了不起的成就，他们是光影之外的英雄，是可亲可敬的"凡人英雄"。

"只要有坚定的理想信念、不懈的奋斗精神，脚踏实地把每件平凡的事做好，一切平凡的人都可以获得不平凡的人生，一切平凡的工作都可以创造不平凡的成就。"希望同学们努力成为青春的"奋斗派"，保持永不懈怠的精神状态，坚守一往无前的奋进姿态，肯吃苦、勤耕耘、勇攻坚、常克难，在党、政、军、民、学等各个群体中勇毅前行、引领示范，在工、农、商、学、兵等各个领域中开拓创新、久久为功，在青春的赛道上奋力奔跑，一定能跑出这一代华工青年的最好成绩。

三是希望同学们保持热爱，成为有情有趣的"生活英雄"

"人民对美好生活的向往就是我们的奋斗目标"，这是习近平总书记心中的"国之大者"。努力满足师生美好生活需要，这是学校践行"大学之大者"的重中之重。这些年，我们发力建设"幸福华工"，校园山水湖林更美了，师生安全感、获得感更足了，毕业生就业更是作为学校头号民生工程来推进；我们持续深化"大美华工"，"一轴一带一区"品质提升、地标性建筑焕发新颜展示百年华园的无穷魅力，红色基因传承工程、校园原创文艺作品提升华工人的文化自信,"华园十二时辰""华南鲤工芒果莲雾大学"彰显大学的美誉和温度,都展示了华工人对美好生活的热切向往和不懈努力。

同学们,人生的路很长,有风有雨是常态,风雨兼程是状态。今天以前,学校老师、父母家人为你遮风挡雨;今天以后,你们自己就是风雨无阻创造美好生活的主力军了。认清生活的真相后,依然热爱生活,这是为美好生活打拼应有的心态和状态。希望同学们心怀热爱感恩乐观,保持向上向善向美,细心呵护亲情友情和爱情,用心感受灯火可亲、家人闲坐、三餐四季的温暖有趣……等疫情过后,约上三五好友,看山河无恙、观海空相连,品天下美食、叹人间百味,这也是美好生活的应有之义。

同学们,古人青梅煮酒论英雄,今天我们毕业话别寄英雄。请相信,无论是家国英雄、行业英雄还是生活英雄,你们都不是"孤勇者",因为你们的后面是休戚与共的母校,是同气连枝的60余万学长!

长空万里看山河,江山代有英雄出。同学们,出发吧,"跨越过星辰大海,永远都心怀期待,所有的坎坷挫败,终被风吹进尘埃",你们一定能做到不负韶华、不负时代、不负人民!

向你们致敬,母校期待——英雄归来!

向新出发、不负韶华
做有志气、有骨气、有底气的强国追梦人*

张立群

（2022 年 9 月 13 日）

尊敬的各位领导，亲爱的同学们、家长们，老师们、同志们：

大家上午好！

时间镌刻崭新年轮，青春书写奋斗华章。今天，神采飞扬、激情四溢的新生学子们跨越山川河湖，如约相聚华园。我们在广州国际校区新落成的体育馆隆重举行 2022 级新生开学典礼，共同见证 6909 名本科生、6286 名硕士研究生、1278 名博士研究生成为新的"华工人"。此刻的你们，此刻的我们，实现了最美好的双向奔赴，令人激动万分、感慨万千。首先，我谨代表章熙春书记，代表全校师生员工，向同学们的到来表示最热烈的欢迎和最诚挚的祝贺！向陪伴你们成长的家长、老师和亲友们表示最衷心的感谢！

以梦为马苦奋斗，大志初酬应傲首。对于同学们来说，新冠疫情几乎贯穿了你们的高中、大学和研究生的求学时光，你们在疫情之下"逆风"成长，在汗水和泪水中拼搏，成为同龄人中的佼佼者，华工展开双臂拥抱你们，为你们骄傲和自豪！或许你们还有一些遗憾，那不算什么，人生万事从长计，跬步江山即寥廓。在华工人的眼中，你们就是我们最可爱的孩子，最有才华的学子，就是华工最宝贵的财富，就是华工的希望与未来！

同学们，我和你们一样，都是新的"华工人"。华工给我的第一印象是，校园很美很大，要么古朴典雅，要么现代时尚；拥有一批名师大家，造诣深厚、爱生如子；莘莘学子青春激昂、创力迸发。这是一所环境优美的大学，也是一所底蕴深厚的大学，更是一所面向未来的大学。华工辉煌的背后，是悠悠百年的历史积淀，是代代相传的红色血脉，是深深内化的价值追求。今年 11 月，我们将一起迎来学校组建 70 周年暨建校 105 年，让我带同学们简单回顾和总结一下。

百年接续奋斗，百年凯歌前行。105 年前，广东省立第一甲种工业学校成立，这是学校可以追溯的办学源头之一。她是广东最早开展工程教育的学校，也是华南地区早期传播马克思主义的重要阵地，涌现出一批青年运动领袖，为新中国的建立作出了突出贡献，世称"红色甲工"。

不忘初心使命，七秩砥砺奋进。70 年前，学校正式组建于全国高等院校调整时期，是当时全国"四大工学院"之一。70 年来，前辈先贤筚路蓝缕、栉风沐雨，奠定了学

---

* 本文是校长张立群在 2022 级新生开学典礼上的致辞。

校作为华南地区教育和学术重镇的地位。学校先后进入211工程、跻身985工程、荣登国家"双一流"建设高校。

勇立时代潮头，谱写时代新篇。近年来，尤其是2017年教育部、广东省、广州市和学校四方共建广州国际校区以来，学校办学空间大幅提升、综合实力显著增强、服务能力全面提升、国际影响持续扩大，形成了"同城一校三区"高水平办学新格局。8个学科在全国第四轮学科评估中获评A类，4个学科入围国家"双一流"建设学科等。

七十载木铎金声弦歌不辍，百余年滋兰树蕙华章长续。至今，学校已累计培养各类学生60余万余人，一大批校友成为杰出的学术大师、行业翘楚、企业领袖以及党政军精英。据不完全统计，学校培养了两院院士15名、将军5名，上市企业创始人、实际控制人或董事长超200名等，他们或潜心学术、攀登高峰，或心系人民、服务家国，或创新突围、引领行业，身体力行彰显"厚德尚学 自强不息 务实创新 追求卓越"的华工精神，学校因此被誉为"企业家的摇篮""工程师的摇篮"和"新能源汽车界的黄埔军校"。

知之愈明，则行之愈笃。面向未来，中华民族伟大复兴战略全局和世界百年未有之大变局相互交织、相互激荡，世界之变、时代之变、历史之变的特征更加明显。见证历史，你们就能更充分地感受到华工的发展和我们每一个人的前途都始终与国家民族的命运紧密相连。天下兴亡、匹夫有责，中华复兴、华工有责。

2021年7月1日，习近平总书记在庆祝中国共产党成立100周年大会上，对青年寄予厚望，他说"未来属于青年，希望寄予青年"，"新时代的中国青年要以实现中华民族伟大复兴为己任，增强做中国人的志气、骨气、底气，不负时代，不负韶华，不负党和人民的殷切期望"！

凡是过往，皆为序章。在这样一个时代与人生的特殊"交汇点"上，在你们初入华工的"开学礼"上，作为新任校长，我想与你们一起，以新的姿态、新的形象，向新出发，并分享我对你们的三点希望。

一是志存高远，心系祖国，胸怀天下，长中华民族"志气"，长华工人"志气"

志气是林则徐"苟利国家生死以，岂因祸福避趋之"的担当，是范仲淹"先天下之忧而忧，后天下之乐而乐"的抱负，是周恩来总理"为中华之崛起而读书"的铮铮誓言，是震撼世界的"两弹一星"元勋们的精神支撑。志气源于坚定的崇高信仰、体现远大的理想追求。你们志存高远，就能激发奋进潜力，就能不因琐碎而烦恼，反因大爱大道而从容。

丹心从来系家国。一代代华工人，以敢许人间第一流的青云之志，与国家同呼吸、与人民共命运、与时代齐奋进。以华南地区传播马克思主义第一人的杨匏安，中国共产党历史上的第一位"审计长"阮啸仙，"刑场上的婚礼"的主人公周文雍等为代表的"甲工"青年师生，不怕牺牲、敢于斗争，创建中共广东党、团组织，作出了无愧于党、无愧于人民、无愧于时代的伟大奉献和牺牲。新闻与传播学院2015级本科生、"最美大学生"李莎，是学校第21届研究生支教团成员，2020年5月，她将生命永远定格在了教育脱贫攻坚征程上，用生命书写了青春壮丽之歌。值得一提的是，就在你们中间，艺术学院2022级新生李俊亨，今年8月主动加入重庆山火的救援志愿活动，走山路、背水袋、运物资,他用顽强与坚毅诠释了华工青年学子的家国情怀与志气。

去年,学校启动了红色基因传承工程,设计了校园红色史迹和重要纪念地游览线路,发布了手绘地图。我想请同学们走一走学校中山像、泳池铭、民主广场等十个红色"打卡点",追溯百年红色印记,聆听背后的故事,体悟创校宗旨、立校根本、兴校历程、强校路径。希望你们通过实地研学,主动向前辈先贤学习,心怀"国之大者",把自己的小我融入祖国的大我、人民的大我之中,不断明理悟道、增信强志、崇德修身、力行报国,当仁不让、当之无愧地承担起民族复兴的时代重任。

二是自立自强,不惧压力,不畏挑战,硬中华民族"骨气",硬华工人"骨气"

骨气是孟子"富贵不能淫,贫贱不能移,威武不能屈"的气概,是民族英雄吉鸿昌"我是中国人"的傲骨,是华为公司等众多中国企业自立自强不惧打压的精神,是中华民族雄赳赳气昂昂不怕牺牲抗击外侮的精魂。

华工人的铮铮铁骨是一脉相承的,关键时刻站得出来、危急关头豁得出去。新中国成立后,各项事业百废待兴,当时的华南工学院汇聚了一大批知名的工科专家和高级知识分子,他们在有限的条件下,攻克了一个个技术难关,实现了一项项重要突破。我们的首任院长罗明燏,一生坚守着华工人的骨气,坚守着一定要打破发达国家对中国人歧视的心愿,在英美留学之后,毅然谢绝美国航空顾问委员会对他的高薪挽留,归来报效祖国,呕心沥血,拼搏奉献,成为传奇的"海陆空专家"。改革开放以来,一大批华工人怀揣中国人就是能行的信仰与骨气,积极投身到产业革命中,挑起民族工业发展重任,TCL、创维、中集集团、东鹏陶瓷、小鹏汽车、粤芯半导体……一个个响当当的民族品牌享誉世界,推动"中国制造"走向"中国创造",彰显了华工人永不服输敢为人先的骨气。日后你们在学习和生活中,将会遇到许许多多的老师和同学,将会进一步体会到华工人这一宝贵品质。

同学们,当今世界风云变幻,科技和经济竞争异常激烈,由资源争夺、国家安全、信仰分歧和霸权主义等引起的局部战争也十分惨烈,地球文明时时受到践踏和损伤,我们中华民族伟大复兴之旅也面临巨大挑战。希望你们顽强拼搏、无惧挑战,在学习和生活中培养出一种永不言弃、敢于抗压、不畏霸权的高尚骨气,为人间真善美,为民族复兴,为人类进步与世界和平作出我们华工人应有的贡献。

三是仰望星空,脚踏实地,强基创新,蓄中华民族"底气",蓄华工人"底气"

底气是李白"天生我材必有用,千金散尽还复来"的豪迈,是毛主席和共产党人"俱往矣,数风流人物还看今朝"的革命自信,是"嫦娥登月、天问落火、北斗引路"的成功宣示,是"中华民族伟大复兴的中国梦必将实现"的宏伟目标与誓言。

然而,所有的底气都来自才华与汗水、奋斗与坚持。个人要成功,民族要复兴,人类要发展,离不开艰苦奋斗,离不开不屈不挠,离不开强基创新。华工校训"博学慎思 明辨笃行"的主旨就是要培养华工学子创新的精神与价值观,就是要练就华工学子的坚硬"底气"。

华工既有严谨务实的传统,又有宽容"异想天开"的氛围。新时代华工青年,应该强基固本、厚积薄发,须知基础不牢、地动山摇,但又要做到"风声雨声读书声声声入耳,家事国事天下事事事关心",要面向世界科技前沿做大学问,要面向国家重大需求和人类发展作出有价值的创新。华工不仅拥有一批功底深厚、底气十足、勇于创新的教师，譬如黄飞教授、曹镛院士和马於光院士最近刚刚在 Nature 上发表超高导电有机材料研究成果；譬如陈克复院士及其教师团队获得 2019 年度国家科技进步奖一等奖，不仅为造纸行业和青山绿水作出重要贡献，也实现了华工和广东省内高校该等级奖项零的突破；譬如前沿软物质学院青年教师在海外大师的带领下，今年获批 9 项国家自然科学基金，其中面上项目通过率高达 60%，等等。更让人惊喜的是，华工拥有一批包括你们在内的充满激情、不怕艰辛、胸怀大志的青年学子。中国国际"互联网＋"大学生创新创业大赛是世界大学生实现创新创业梦想的全球盛会，学校不仅在 2020 年成功承办了第六届大赛，还在历届比赛中取得了 18 金、22 银、7 铜的优异成绩，其中首届大赛的亚军，计算机科学与工程学院 2006 级本科生陈第，以创新引领创业、以创业带动就业，入选了福布斯"中国 30 位 30 岁以下创业者"名单。在你们中间，机械与汽车工程学院的研究生新生洪立铭，本科期间就是华工方程式赛车队队长兼车手，他所在的方程式赛车队，在中国大学生电动方程式大赛中，共获得过 9 项全国第一、10 项全国第二、6 项全国第三。但是这些成功的背后，这些底气的背后却是不为人知的日日夜夜的深思与实践，时时刻刻的训练与汗水。

　　同学们，为了锻造你们的底气，华工老师和领导们在党和国家的指引下，在教育部、广东省和广州市的大力支持下，无论从校园的硬件建设上还是从育人的范式与方法上，都进行了长期坚持不懈的改革与创新，在这里，你会体会到众多校内外和海内外名师带给你的启迪与指引，体会到智慧教室、研讨教室、大型研究平台和国家级研究平台带给你的提升与成长，体会到多学科交叉教师团队和在地国际化培养范式带给你的"脱胎换骨"的体验，体会到德智体美劳五位一体培养模式对你"三观"和人格魅力的塑造，体会到科技创新＋创业双导师贯通式培养带来的成就感和价值感，体会到大型企业对你成长过程及后续就业的支持与接纳，很多很多……

　　华工不会教你被动地学，不会教你为学而学，而是会引导同学们真诚向学、激情向学，建立同学们一生崇尚学习尊重科学的精神，培养同学们学以致用贡献人类的情怀，赋予同学们善于学习、精于创新、敢于攻坚克难的本领与底气。

　　亲爱的同学们，真心希望你们珍惜华工先进而美妙的平台，珍惜有智慧有大爱的教师，奋发图强，不断蓄积华工人的底气，成长为引领未来的创新、创业、创造人才，成为堪当民族复兴大任的建设者和接班人，成为世界发展与和平稳定的中坚力量。

　　九万里风鹏正举，举目起壮志。《钢铁是怎样炼成的》主人公保尔·柯察金曾说："人的一生应当这样度过：当他回首往事的时候，他不会因虚度年华而悔恨，也不会因碌碌无为而羞耻。"同学们，从进入校门的那一刻起，"华工人"这个新的身份，就意味着新担当、新使命，你们只有不断长志气、硬骨气、蓄底气、踔厉奋发、笃行不息，才能续写"华工人"新的辉煌。

　　我坚信，新起点澎湃新气象，百年历史积淀的华工因为你们而更加充满活力，你们奋斗的青春身影将是华工最美的风景！我坚信，新使命激荡新动能，华工将担负好为党育人、为国育才的初心使命，你们追逐理想、展翅高飞的天空将无比辽阔！我坚信，新征程当有新作为，希望你们向新出发、加速奔跑，跑出新时代华工人的新成绩，让青春在实现第二个百年奋斗目标、实现中华民族伟大复兴的中国梦中绽放光彩！

　　祝同学们在华工学业顺利、身心健康、梦想成真！

在庆祝华南理工大学组建 70 周年暨建校 105 年升旗仪式上的致辞

章熙春

（2022 年 11 月 17 日）

老师们、同学们、校友们：

大家早上好！

红日初升，其道大光。70年前的今天，1952年11月17日，华南工学院在体育馆（即现在的五山校区东区体育馆）举行了隆重的首届开学典礼，622位教工和2800多位同学参加了典礼。回溯至1918年，学校重要办学源头之一广东省立第一甲种工业学校成立，到明年1月，学校建校已达105周年。70年后的今天，在这个所有华工人的大日子、喜日子里，我们隆重集会，举行庆祝华南理工大学组建70周年暨建校105年升旗仪式，与广大师生校友"云端"相聚，我谨代表张立群校长，代表学校全体师生，向全球华工人以及关心支持学校发展的朋友们致以最诚挚的问候！

七秩春秋育桃李，百年初心创一流。回首百年办学路，华南理工大学立足党之大计，胸怀"国之大者"，践行"学之大道"，扎根湾区沃土，培育一流人才，作出独特贡献，走出了一条不平凡的传承之路、发展之路、探索之路！

这条路上，我们追逐百年梦想，深入践行心有大我、赤诚报国的家国情怀。在百年前的觉醒年代，杨匏安、阮啸仙、周文雍、刘尔崧、周其鉴、张善铭等甲工师生，心怀天下、舍身报国，以"我以我血荐轩辕"的信念与担当，让广东革命的星星之火渐成燎原之势，铸就出"红色甲工"的鲜亮底色。血脉赓续、薪火相传，从新中国成立后投身祖国工业化建设创下多个"第一"，到改革开放中勇立潮头、引领发展，再到新时代坚持"四个面向"，服务"国之大者"，一代又一代华工人栉风沐雨、披荆斩棘，生动诠释了工程报国、产业兴国、科技强国的赤子情深！坚守初心、追寻信仰，10月底教育部以正式文件批复学校章程（2022年修订），对1918年1月成立的广东省立第一甲种工业学校这一重要办学源头和百余年办学历程予以核准，华工百年文脉、红色基因得到进一步彰显。

这条路上，我们把握百年大计，始终坚守为党育人、为国育才的使命担当。育才造士，为国之本。百年文脉绵延，学校始终把人才培养作为根本、放在首位，始终聚焦经济社会发展需求深化人才培养改革，提升人才培养质量。从"50177班"走出的"彩电三剑客"争当改革开放先锋，到"基因组科学创新班"的"科学小牛人"有力回应"钱学森之问"，从80%以上毕业生在大湾区就业，到超200名校友掌舵上市公司、大型企业，60余万优秀学子，勇开先路、勇挑大梁、勇毅前行，在产业、工程、学术、国防等各个领域熠熠生辉，学校因此被社会誉为"工程师的摇篮""企业家的摇篮"和

"新能源汽车界的黄埔军校"。

这条路上，我们矢志百年奋斗，大力弘扬务实创新、追求卓越的精神品格。"办大学，就要创一流"，前辈先贤念兹在兹、须臾不忘，一代代华工人筚路蓝缕、接续奋斗，终成今日办学之大气象、大格局。在没有合并其他高校的情况下，学校先后成为"211工程"、"985工程"和国家"双一流"建设高校，整体办学水平稳居"世界大学学术排名"前200强、泰晤士高等教育亚洲大学50强等。尤其是新时代十年，学校办学发展取得历史性突破和里程碑式进展。国家、部省领导也多次高度肯定学校办学发展成绩和发展态势。近期，我们又收到上级领导的关心和鼓励，对学校迈上新征程寄予了深切期望。我们建设世界一流大学的信心信念更加坚定，我们培养一流人才的定力动力更加强大。

老师们、同学们、校友们，党的二十大对深入实施科教兴国、人才强国、创新驱动发展战略作出了新的重大战略部署；以庆祝组建70周年暨建校105年为契机，学校各项事业发展也开启新进程。一代人有一代人的使命，一代人有一代人的担当。前辈先贤创业图强，树起了"中国南方工科大学的一面旗帜"。对他们最好的致敬和缅怀，就是以新的奋斗创造新的伟业。

新征程上，我们要始终高举理想信念旗帜，进一步厚植家国情怀。要全面贯彻党的教育方针，坚持社会主义办学方向，牢记初心使命、传承红色基因，在教书育人的课堂、在科研攻坚的前沿、在脱贫攻坚的一线、在重大工程的现场，为党分忧、为国尽责、为民奉献，永葆初心、奋勇前行，不断擦亮学校办学最鲜亮的精神底色。

新征程上，我们要始终聚焦大学的根本任务，进一步助力学子成长成才。要牢牢把握好立德树人的首要职责，加大高层次人才和青年人才引育，支持和引导教师争当"大先生"；深化人才培养模式的改革，落实"学生永远放在C位"的理念，把每一位学生都培养好，让华工人才培养的金字招牌更加熠熠生辉。

新征程上，我们要始终坚持融入发展促发展，进一步服务国家和广东高质量发展。要坚持"四个面向"，优化学科平台布局，加强有组织科研，组织原创性引领性科技攻关，提升咨政服务能力，推进产教融合、科教融汇，全面支撑广东在高质量发展上聚焦用力、闯出新路，尤其是支撑制造业强省建设，以新思路新举措助力开辟发展新领域新赛道，以新作为新突破推动塑造发展新动能新优势。

老师们、同学们、校友们，当前，广州市正面临抗疫三年以来最复杂、最严峻的疫情。广州是一座伟大的城市、一座英雄的城市。华工人都是"广州人"，团结一致、共克时艰是华工人向来具有的品格。我们相信，在各级党委政府的坚强领导下，这场齐心协力的人民战争，我们一定能打赢，疫情终将退散，胜利一定属于我们！

看似寻常最奇崛，成如容易却艰辛。华工百年文脉，始终家国情深。今天我们一定要也一定能走好新的赶考之路。让我们铭记昨天的筚路蓝缕，扛起今天的使命担当，奔向明天的伟大梦想，自强自信、守正创新、踔厉奋发、勇毅前行，勇当粤港澳大湾区高等教育发展排头兵，奋力谱写学校中国特色、世界一流大学建设的新篇章，为以中国式现代化全面推进中华民族伟大复兴贡献更多华工智慧和华工力量。

处在世界危机中的一流大学的使命与担当*

张立群

（2022年12月17日）

当今世界，百年变局加速演进，国际格局深刻调整。人类社会正处在一个特殊的历史时期，面临的全球性危机前所未有，世界高等教育应作出自己的积极回应。

一、人类社会面临多重危机

一是政治层面。地缘政治博弈日趋加剧，"一超多强"格局逐渐弱化，世界正在向未来新的战略格局演变，世界格局即将迎来新一轮的洗牌。

二是经济层面。全球经济增长乏力，保护主义兴起与反经济全球化的逆流改变了贸易驱动经济增长的格局，新冠疫情、俄乌冲突、英国脱欧等导致世界经济下行风险加剧，世界经济面临严峻挑战。

三是社会层面。逆经济全球化的大背景下，民粹主义、本土主义、文化孤立主义等在世界各国蔓延，加剧了地区社会的大分裂，信任已经从国际社会的公共品演变为稀缺品，全球治理遭遇严重挑战。

四是环境层面。人类社会正在面对气候变暖、环境恶化、重大自然灾害频发、能源资源短缺、粮食安全等一系列全球性挑战。近年来极端天气事件频发——灾难性洪水、干旱和飓风，也在不断挑战人类的生存环境。

如何应对关乎全人类生存和发展的重重危机，努力在危机中育新机、于变局中开新局，是当前人类社会亟须思考解决的重大课题，也是全世界大学尤其是一流大学的使命与担当。

二、一流大学的使命与担当

世界高等教育发展的历史已经充分证明，大学在现代社会发展进程中发挥了极其重要的作用，当人类社会处于大变革、大动荡、大发展的历史关口，大学尤其是一流大学成为经济社会发展的重要引擎。面对当今社会发展的重重危机，一流大学更应为人类社会的未来找到共存和一体化的形式，成为支撑国家发展的牢固中坚，为构建人类命运共同体作出积极贡献。

---

* 本文系校长张立群在全球大学校长论坛上的报告。

一是做人类文明的传播者。真正的大学精神就是文明的传承与发展。在当前不稳定不确定的世界变局中，一流大学不仅要提供一流的专业知识，更重要的是弘扬和平、发展、公平、正义、民主、自由的全人类共同价值，培养真正的文明传承者。中华文明源远流长、博大精深，是中华民族发展进步的强大精神动力，为人类文明发展进程贡献了重要的中国力量和中国方案。一流大学要以"大道之行也，天下为公"的胸怀，肩负起推动人类文明进步的历史担当，以构建人类命运共同体作为价值引领，重构基于全球普遍共识的人类新文明，维护世界和平，促进世界发展，旗帜鲜明地反对各种形式的对人类文明的践踏与毁伤。

二是做开放合作的践行者。全球性问题推动人类全球协作。当今世界面临的全球性问题数量之多、规模之大、程度之深前所未有，正如习近平总书记所说："人类面临的所有全球性问题，任何一国想单打独斗都无法解决，必须开展全球行动、全球应对、全球合作。"开放合作是大学改革创新的重要推动力，在新形势新挑战下，一流大学更要聚焦全球性难题，积极探索开放合作的新机制新路径，以全球视野、用全球资源、聚全球英才，打造更大范围、更宽领域、更深层次的开放合作新格局，以更高水平的开放合作促进更高质量发展，提升解决人类共同问题的能力，并以科技与人才培养上的合作推动全球化合作的拓展与深化。

三是做原始创新的引领者。应对世界百年未有之大变局，关键在创新。世界各国都把强化科技创新作为实现经济复苏、塑造竞争优势的重要战略选择。创新决定未来，作为基础研究的主力军和重大科技突破的策源地，一流大学应勇于探索世界未知领域，把提升原始创新能力摆在更加突出的位置，加快目标导向的基础研究，加强多学科交叉融合研究，承担起开展前沿领域创新及尖端技术攻关的时代重任，服务国家实现高水平科技自立自强，更为人类文明发展注入新动力新动能。

四是做未来人才的领路者。只有培养出一流人才的高校才是一流大学。新一轮科技革命和产业变革深入发展，催生大量新产业、新业态、新模式，大数据、云计算、移动互联网、人工智能等信息技术的兴起，为人才培养注入了新动力，也提出了新要求。智能时代，知识传播去中心化，部分通过学习训练获取的专业技能不再重要，传统行业、业态、岗位将被重新定义，以知识增长为特点的传统教育模式、师生关系、学校形态受到挑战。探究能力、创新意识、批判思维、信息技术能力、合作精神、人类情怀、全球视野等成为未来社会人才的必备能力与精神。一流大学需要变革人才培养目标和理念，创新课程和教学形式，加强通识教育培养力度，线上教育与线下教育相结合，本土教育与国际教育相结合，培养工具理性和价值理性兼具、主动应对知识迭代的终身学习者，并着力造就一批全球视野和家国情怀兼备、引领未来的新工科领军人才。

三、华南理工的探索与实践

近年来，华南理工大学抓住部省市校四方共建广州国际校区重要契机，扎根中国，融通中外，借鉴世界先进教育理念，汇聚全球优质教育资源，在合作办学模式、学科建设布局、师资聘用模式、人才培养模式、校区管理机制等方面开展了一系列探索与创新，致力培养人类命运共同体的建设者、文明交流互鉴的推动者、具有全球竞争力的高素质人才，初步走出了一条在地国际化办学的新路子，成功获批粤港澳大湾区国际化教育改革个案试点单位，得到了国家领导人和教育部、广东省、广州市主要领导的充分肯定，并勉励学校勇当粤港澳大湾区高等教育发展的排头兵。

教育决定着人类的今天，也决定着人类的未来。作为人类文明进程中的重要组成部分，在此倡议我们的大学：勇于承担使命责任，弘扬人类共同价值，不断开拓新的科学领域，携手前行，共克时艰，为人类文明进步贡献智慧和力量！

附：2022年学校制定的重要文件和规章制度目录

序号	文号	文件或规章标题
1	华南工〔2022〕11号	关于印发《华南理工大学中层领导人员选拔任用工作办法》的通知
2	华南工〔2022〕14号	关于印发《华南理工大学2022年工作要点》的通知
3	华南工〔2022〕18号	关于印发《华南理工大学教师职业发展全过程思想政治与师德表现考察办法（2022年修订）》的通知
4	华南工〔2022〕19号	关于印发《华南理工大学加强新时代关心下一代工作委员会工作实施方案》的通知
5	华南工〔2022〕21号	关于印发《华南理工大学广州国际校区管委会会议议事规则（试行）》等2个文件的通知
6	华南工〔2022〕38号	关于印发《华南理工大学国内公务接待管理办法》的通知
7	华南工〔2022〕50号	关于修订《华南理工大学中层领导人员选拔任用工作办法》的通知
8	华南工〔2022〕53号	关于修订《华南理工大学领导人员兼职管理办法》的通知
9	华南工〔2022〕57号	关于印发《华南理工大学章程（2022年修订）》的通知
10	华南工校〔2022〕13号	关于印发《华南理工大学合同管理办法（2022年修订）》等2个文件的通知
11	华南工校〔2022〕17号	关于印发《华南理工大学非学历教育管理办法（2022年修订）》的通知
12	华南工校〔2022〕33号	关于印发《华南理工大学师生服务中心管理办法（试行）》的通知
13	华南工学〔2022〕3号	关于印发《华南理工大学本科生国家奖学金和国家励志奖学金实施细则》（2022年修订）等5个文件的通知
14	华南工学〔2022〕16号	关于印发《华南理工大学国际学生勤工助学管理实施细则》的通知
15	华南工学〔2022〕17号	关于印发《华南理工大学"筑梦铸魂"新时代立德树人工程实施方案》的通知
16	华南工学〔2022〕32号	关于印发《华南理工大学学生违纪处分办法（2022年修订）》的通知
17	华南工教〔2022〕5号	关于印发《华南理工大学本科招生工作管理办法（2022修订）》等2个文件的通知

续表

序号	文　号	文件或规章标题
18	华南工教〔2022〕6号	关于印发《华南理工大学本科高校专项招生工作规程（2022年修订）》等6个文件的通知
19	华南工教〔2022〕7号	关于印发《华南理工大加强新时代大学生劳动教育实施方案》和《华南理工大学全面加强和改进新时代美育工作实施方案（2022年修订）》的通知
20	华南工教〔2022〕10号	关于印发《华南理工大学"新工科人才培养试验区2.0"实施方案》的通知
21	华南工教〔2022〕27号	关于印发《华南理工大学"强基计划"班管理办法（2022年修订）》等2个文件的通知
22	华南工教〔2022〕29号	关于印发《华南理工大学全日制本科学生转专业管理办法》等2个文件的通知
23	华南工教〔2022〕30号	关于印发《华南理工大学全日制本科高水平运动队管理办法（2022年修订）》的通知
24	华南工教〔2022〕41号	关于印发《华南理工大学本科招生宣传队伍管理办法》的通知
25	华南工教〔2022〕42号	关于印发《华南理工大学全面加强和改进新时代学校体育工作行动方案》的通知
26	华南工研〔2022〕3号	关于印发《华南理工大学研究生招生工作管理办法（2022年修订）》等2个文件的通知
27	华南工研〔2022〕14号	关于印发《华南理工大学学位与研究生教育改革研究项目实施办法（2022年修订）》和《华南理工大学研究生全英文课程和全英文专业管理办法（2022年修订）》的通知
28	华南工研〔2022〕21号	关于印发《华南理工大学高等学历继续教育本科毕业生申请学士学位实施细则（2022年修订）》的通知
29	华南工研〔2022〕22号	关于印发《华南理工大学研究生联合培养基地建设管理办法（试行）》等3个文件的通知
30	华南工研〔2022〕23号	关于印发《华南理工大学学术学位研究生培养管理办法（2022年修订）》等4个文件的通知
31	华南工研〔2022〕24号	关于印发《华南理工大学研究生管理规定（2022年修订）》的通知
32	华南工研〔2022〕25号	关于印发《华南理工大学学位授予与管理工作细则（2022年修订）》的通知

续表

序号	文　号	文件或规章标题
33	华南工人〔2022〕10号	关于印发《华南理工大学新时代青年教师发展体系建设实施方案》的通知
34	华南工人〔2022〕11号	关于印发《华南理工大学合同工管理办法（试行）》的通知
35	华南工人〔2022〕12号	关于印发《华南理工大学本科课程外聘教师管理办法》的通知
36	华南工保〔2022〕1号	关于印发《华南理工大学消防安全管理办法（2022年修订）》等4个文件的通知
37	华南工设〔2022〕2号	关于印发《华南理工大学实验室安全管理规定（2022年修订）》等3个文件的通知
38	华南工设〔2022〕3号	关于印发《华南理工大学实验室危险化学品安全管理细则》的通知
39	华南工财〔2022〕1号	关于印发《华南理工大学财务决算管理办法》的通知
40	华南工财〔2022〕2号	关于印发《华南理工大学科研项目预算及结余经费管理办法（2022年修订）》的通知
41	华南工财〔2022〕3号	关于印发《华南理工大学教育收费管理办法（2022年修订）》等2个文件的通知
42	华南工财〔2022〕4号	关于印发《华南理工大学科研项目经费使用"包干制"管理办法（2022年修订）》的通知
43	华南工财〔2022〕5号	关于印发《华南理工大学预算绩效管理办法》的通知
44	华南工审〔2022〕2号	关于印发《华南理工大学内部审计工作实施办法（2022年修订）》等3个文件的通知
45	华南工资〔2022〕36号	关于印发《华南理工大学土地管理办法（2022年修订）》的通知
46	华南工资〔2022〕37号	关于印发《华南理工大学公有住房管理办法（试行）》的通知
47	华南工网信〔2022〕1号	关于印发《华南理工大学软件和信息技术服务项目建设管理办法（2022年修订）》的通知
48	华南工网信〔2022〕2号	关于印发《华南理工大学网络安全管理办法（试行）》的通知

学校机构及负责人

学校机构及负责人[*]

一、中共华南理工大学第十七届委员会

书　记：章熙春
副书记：张立群　陶韶菁(女)　徐国正　麦均洪
常　委：章熙春　张立群　陶韶菁(女)　徐国正　麦均洪　朱　敏　李　正
　　　　李卫青(女)　徐向民　晋　刚　王丹平(女)　邹　浩　王　均
委　员：(以姓氏笔画为序)
　　　　马红红(女)　王　均　王丹平(女)　叶代启　朱　敏　刘　俊　刘琪瑾(女)
　　　　孙连坡　麦均洪　李　正　李卫青(女)　李远清　扶　雄　吴　波　邹　浩
　　　　张卫国　张立群　张建功　张宪民　林艺文　项　聪　晋　刚　徐向民
　　　　徐国正　陶韶菁(女)　黄国清　章熙春

二、华南理工大学校长、副校长

校　长：张立群
副校长：朱　敏　李　正　李卫青　徐向民　晋　刚

三、中共华南理工大学纪律检查委员会

书　记：徐国正(兼)
副书记：曾学敏
委　员：(以姓氏笔画为序)
　　　　丁　勇　占友林　叶汉钧　司聚民　邬　智　刘琪瑾(女)　张卫平
　　　　张正国　房俊东　徐国正　曾学敏(女)

四、校长助理

张　明　苏　成

五、副首席信息官

陆以勤

---

[*] 机构负责人均为 2022 年 12 月 31 日在任。

六、中共华南理工大学机关委员会

书　　记：孙连坡（兼）
副书记：曾学敏（兼）
委　　员：（以姓氏笔画为序）
　　　　　王丹平　叶汉钧　孙连坡　曾学敏

七、学校党政职能部门及负责人

1. 党委办公室（学校办公室）
　　主　任：孙连坡　　　　　　　　副主任：苏秋斌（常务）　郑小娟　曾江华
　　　　　　　　　　　　　　　　　　　　　吕　行

机关党委办公室（挂靠）
保密委员会办公室（挂靠）
师生服务中心（挂靠）
非学历教育管理办公室（挂靠）

2. 纪委办公室、监察处
　　主　任：曾学敏
　　监督检查一室　　主　任：张卫平
　　监督检查二室　　主　任：胡一平

3. 党委巡察工作办公室
　　主　任：曾学敏　　　　　　　　副主任：许业河

4. 党委组织部
　　部　长：麦均洪（兼）　　　　　副部长：王德林（常务）　陈占炬
　　党校办公室（挂靠）

5. 党委宣传部（新闻中心）
　　部　长：邹浩　　　　　　　　　副部长：张　征　蒋连霞　柯　宁（兼）

6. 党委统战部
　　部　长：王丹平

7. 学生工作部（处）（党委研究生工作部、武装部）
　　部（处）长：陈永强　　　　　　副部（处）长：李华兵（常务）　李　嘉
　　　　　　　　　　　　　　　　　　　　　　　　温志雄　林文展　鲁　明
学生就业指导中心（挂靠）
心理健康教育与咨询中心（挂靠）
学生资助管理中心（挂靠）

8. 校工会（中小幼党委）
　　主　席：刘琪瑾（兼）　　　　　副主席：刘少萍
计划生育委员会办公室（挂靠）

附属中小幼管理办公室（挂靠）
附属实验学校（代管）
幼儿园（代管）
家属委员会（代管）

9. 校团委
书　记：朱泳媚　　　　　　　　　　**副书记**：梁　劲　吴耀华（兼）

10. 发展战略与规划处（发展战略与政策研究中心）
处　长：朱永东　　　　　　　　　　**副处长**：杜　娟
学科建设办公室（挂靠）
"双一流"建设办公室（挂靠）

11. 教务处
处　长：项　聪　　　　　　　　　　**副处长**：赵红茹（常务）　林镜亮　陈小平
　　　　　　　　　　　　　　　　　　　　　　　　陆龙生　靳贵平（兼）
教材管理办公室（挂靠）　　　　　　　　**主　任**：张　皓
考试中心（挂靠）　　　　　　　　　　　**主　任**：张　皓（兼）
评估中心（挂靠）　　　　　　　　　　　**主　任**：陈小平（兼）
教育技术中心（挂靠）　　　　　　　　　**主　任**：靳贵平
招生办公室（挂靠）　　　　　　　　　　**主　任**：赵红茹（兼）
　　　　　　　　　　　　　　　　　　　副主任：王亚楠（常务）
教师教学发展中心（挂靠）
百步梯创新学院（挂靠）

12. 研究生院
院　长：徐向民（兼）　　　　　　　**副院长**：许　勇（常务）　文　宏
专业学位办公室　　　　　　　　　　　　**主　任**：熊　玲
培养办公室　　　　　　　　　　　　　　**主　任**：张春辉
学位办公室　　　　　　　　　　　　　　**副主任**：谢文君
大学城校区办公室　　　　　　　　　　　**主　任**：谢茂华
研究生招生办公室　　　　　　　　　　　**主　任**：阮向前
国家公派研究生工作办公室（挂靠）

13. 科学技术研究院
院　长：朱　敏（兼）　　　　　　　**副院长**：林艺文（常务）　江　海　蒋兴华
科技规划与综合处
基础研究与基地建设处　　　　　　　　　**处　长**：蒋兴华（兼）
重大项目与高新技术处　　　　　　　　　**处　长**：蒋兴华（兼）
　　　　　　　　　　　　　　　　　　　副处长：杨　杰
科技合作与转化处　　　　　　　　　　　**处　长**：江　海（兼）
　　　　　　　　　　　　　　　　　　　副处长：覃业霞

知识产权处	**处　长**：江　海（兼）
	副处长：葛瑞明

先进技术处	**副处长**：许　宏
学术委员会办公室（挂靠）	
科学技术协会办公室（挂靠）	**副主任**：凌　贵
工业技术研究总院（挂靠）	
国家大学科技园（挂靠）	
专利事务中心（代管）	

14. 先进技术研究院
常务副院长：林艺文

15. 社会科学处
处　长：李石勇　　　　　　　　　**副处长**：（空缺）
智库建设管理办公室（挂靠）　　　　**副主任**：刘金程（兼）

16. 党委教师工作部
部　长：李静蓉　　　　　　　　　**副部长**：孙　峰

17. 人事处
处　长：李静蓉　　　　　　　　　**副处长**：刘晓翔　王　娟
人才交流服务中心（挂靠）
高层次人才工作办公室（挂靠）
院士工作办公室（挂靠）
博士后管理办公室（挂靠）

18. 国际交流与合作处（港澳台事务办公室、中外合作办学办公室）
处　长：姚　旻　　　　　　　　　**副处长**：黄　非（兼）
中外合作办学办公室　　　　　　　　**副主任**：黄　非
引智项目管理办公室（挂靠）

19. 公共关系处（校友工作处）
处　长：刘　俊　　　　　　　　　**副处长**：陈　艳（兼）　赖何季
教育发展基金会办公室（挂靠）　　　**常务副秘书长**：陈　艳
大学理事会工作办公室（挂靠）

20. 离退休工作处（离退休教工党委）
处　长：谭　瑶　　　　　　　　　**副处长**：黄志文　孙树民
离退休教工党委　　　　　　　　　　**副书记**：周鹏飞
关心下一代工作委员会办公室（挂靠）

21. 保卫部（处）
部（处）长：（空缺）　　　　　　**副部（处）长**：李绍强（常务）　吴益平
　　　　　　　　　　　　　　　　　　　　　　　　　　万发达　陈伟兴（兼）

22. 实验室与设备管理处
处　长：刘　哲　　　　　　　　　　**副处长**：殷　姿　李　娟　郑志军

23. 财务处
处　长：马红红　　　　　　　　　　**副处长**：米卫华　彭晓虹　黄淦元　肖向晨
　　　　　　　　　　　　　　　　　　　　　　　　刘　为（兼）

科研经费管理办公室（挂靠）

24. 审计处
处　长：占友林　　　　　　　　　　**副处长**：汤贺凤

25. 基建处
处　长：房俊东　　　　　　　　　　**副处长**：沈　涛　吴　旭

26. 资产管理处
处　长：益瑞涵　　　　　　　　　　**副处长**：尹光明　洪梦晓

27. 后勤处
处　长：孙连坡　　　　　　　　　　**副处长**：张秋琴　金朝霞　肖　洒

28. 附属医院工作办公室
负责人：王　健

八、大学城校区管理委员会及下设办公室和负责人

1. 大学城校区管理委员会
主　任：晋　刚（兼）　　　　　　　**副主任**：叶汉钧（常务）

2. 大学城校区管委会办公室
主　任：叶汉钧（兼）　　　　　　　**副主任**：陈伟兴　刘泽奖　张　玲

九、广州国际校区工作机构及负责人

1. 广州国际校区党委
书　记：陶韶菁（兼）　　　　　　　**副书记**：关春兰（常务）　陈翠峰

2. 广州国际校区纪委
书　记：（空缺）

3. 综合事务办公室
主　任：关春兰　　　　　　　　　　**副主任**：苏秋斌（兼）　陈华强　何丽云
　　　　　　　　　　　　　　　　　　　　　　　　赵　宏　黄淦元（兼）

4. 人力资源与发展事务办公室
主　任：李静蓉　　　　　　　　　　**副主任**：黄　磊

5. 教学事务办公室
主　任：项　聪（兼）　　　　　　　**副主任**：毛爱华

公共基础实验中心（挂靠）

基础教学中心（挂靠）

6. 全球事务办公室
主　　任：吴招胜

7. 学生事务办公室
主　　任：李华兵（兼）　　　　　　副主任：陈翠峰（兼）　吴耀华（兼）

8. 峻德书院
院　　长：程正迪（兼）　　　　　　院务主任：陈翠峰（兼）
副院长：徐雪妙

9. 铭诚书院
院　　长：何镜堂　　　　　　　　　院务主任：吴耀华
副院长：（空缺）

十、院系及负责人

1. 机械与汽车工程学院
党委书记：雷育胜　　　　　　　**副书记**：杨浩松
院　　长：李巍华　　　　　　　　　副院长：洪晓斌　冯彦洪　黄沿江　杨　超
　　　　　　　　　　　　　　　　　　　　　　江赛华

2. 建筑学院
党委书记：叶志锋　　　　　　　**副书记**：陈　莹
院　　长：彭长歆　　　　　　　　　副院长：王世福　林广思　苏　平　赵越喆

3. 土木与交通学院
党委书记：张蔚洁　　　　　　　**副书记**：王　磊
院　　长：吴　波　　　　　　　　　副院长：姚小虎　虞将苗　吴建营　卢　凯

4. 电子与信息学院
党委书记：章秀银　　　　　　　**副书记**：张　健（常务）　周　军
院　　长：薛　泉　　　　　　　　　副院长：余翔宇　黄双萍　唐　杰

5. 材料科学与工程学院
党委书记：孟　勋　　　　　　　**副书记**：彭树立
院　　长：郭宝春　　　　　　　　　副院长：欧阳柳章　苏仕健　税安泽　吴　刚
　　　　　　　　　　　　　　　　　　　　　　李碧梅（行政）

6. 化学与化工学院
党委书记：郑存辉　　　　　　　**副书记**：刘才刚
院　　长：李映伟　　　　　　　　　副院长：楼宏铭　胡建强　余　皓　梁振兴

7. 轻工科学与工程学院
党委书记：张建功　　　　　　　**副书记**：谭循恩
院　　长：李雪辉　　　　　　　　　副院长：李　擘　李　军

8. 食品科学与工程学院
党委书记：冯向阳　　　　　　　　　**副书记**：李　昀
院　　长：（空缺）　　　　　　　　**副院长**：娄文勇（负责行政工作）　王永华
　　　　　　　　　　　　　　　　　　　　　　　　李晓玺

9. 数学学院
党委书记：吴　垒　　　　　　　　　**副书记**：邹　敏
院　　长：温焕尧　　　　　　　　　**副院长**：李　兵　刘　锐　何志坚

10. 物理与光电学院
党委书记：张淑娟　　　　　　　　　**副书记**：曾嘉华
院　　长：张勤远　　　　　　　　　**副院长**：李志远　文德华　梅　军

11. 经济与金融学院
党委书记：黄国清　　　　　　　　　**副书记**：勾海林
院　　长：孙坚强　　　　　　　　　**副院长**：徐　枫　陈镇喜　魏冰影（行政）

12. 旅游管理系
党总支书记：郭志军　　　　　　　　**副书记**：杨　阳
系主任：吴志才　　　　　　　　　　**副系主任**：李沐纯

13. 电子商务系
党委书记：吴妙娴　　　　　　　　　**副书记**：刘开频
系主任：左文明　　　　　　　　　　**副系主任**：杨　磊

14. 自动化科学与工程学院
党委书记：郑文杰　　　　　　　　　**副书记**：（空缺）
院　　长：（空缺）　　　　　　　　**副院长**：俞祝良（负责行政工作）　王孝洪
　　　　　　　　　　　　　　　　　　　　　　　　罗家祥

15. 计算机科学与工程学院
党委书记：林　智　　　　　　　　　**副书记**：陈浩文
院　　长：陈俊龙　　　　　　　　　**副院长**：高　英　陈伟能

16. 电力学院
党委书记：丁　勇　　　　　　　　　**副书记**：许中华
院　　长：唐文虎　　　　　　　　　**副院长**：荆朝霞　姚顺春　郝艳捧

17. 生物科学与工程学院
党委书记：许国民　　　　　　　　　**副书记**：王燕林
院　　长：林　影　　　　　　　　　**副院长**：王菊芳　王　斌

18. 环境与能源学院
党委书记：何剑桦　　　　　　　　　**副书记**：吴红慧
院　　长：叶代启　　　　　　　　　**副院长**：朱能武　胡　芸　陈　燕

19. 软件学院
党委书记：李石槟　　　　　　　　　**副书记**：詹郁生
院　　长：蔡　毅　　　　　　　　　**副院长**：黄　敏　陶　乾　刘　飞

20. 工商管理学院（创业教育学院）
党委书记：邹　浩（兼）　　　　　　**副书记**：陈　强
院　　长：许　治　　　　　　　　　**副院长**：黄嫚丽　周文慧　万良勇

21. 公共管理学院
党委书记：周　勤　　　　　　　　　**副书记**：黄艳华
院　　长：李胜会　　　　　　　　　**副院长**：李文彬　管　兵

22. 马克思主义学院
党委书记：李良成　　　　　　　　　**副书记**：叶玉嘉
院　　长：解丽霞　　　　　　　　　**副院长**：张国启　王晓丽

23. 外国语学院
党委书记：刘应思　　　　　　　　　**副书记**：赵水东
院　　长：朱献珑　　　　　　　　　**副院长**：武建国　徐　鹰　战双鹃

24. 法学院（知识产权学院）
党委书记：朱文建　　　　　　　　　**副书记**：韦　萍
院　　长：蒋悟真　　　　　　　　　**副院长**：夏正林　张友好　陈红彦

25. 新闻与传播学院
党委书记：谭志伟　　　　　　　　　**副书记**：刘　涛
院　　长：陈　刚　　　　　　　　　**副院长**：曹小杰　张庆园　吴小坤

26. 艺术学院
党委书记：施亚玲　　　　　　　　　**副书记**：黄　佳
院　　长：梁　军　　　　　　　　　**副院长**：陈刚毅　刘　丁
艺术教育中心（挂靠）　　　　　　　　　**副主任**：常敬峰（常务）

27. 体育学院
党委书记：梁大为　　　　　　　　　**副书记**：黄广发
院　　长：樊莲香　　　　　　　　　**副院长**：高晓波　霍德利　张瞻铭

28. 设计学院
党委书记：刘祥富　　　　　　　　　**副书记**：（空缺）
院　　长：肖毅强　　　　　　　　　**副院长**：梁明捷　张瑞秋　王枫红

29. 医学院（生命科学研究院）
党委书记：桑成好　　　　　　　　　**副书记**：曹家富
院　　长：（空缺）　　　　　　　　**副院长**：谢克平（常务）　刘　佳　张文清
　　　　　　　　　　　　　　　　　　　　　　　　辛学刚　江新青（兼）　林展翼（兼）
　　　　　　　　　　　　　　　　　　　　　　　　蒋开球（行政）

30. 国际教育学院
院　　长：王庆年　　　　　　　　副院长：胡贵平　潘　俊（行政）

31. 生物医学科学与工程学院
院　　长：王　均　　　　　　　　副院长：边黎明　付晓玲　陈　珺（行政）

32. 吴贤铭智能工程学院
党总支书记：欧阳斌
院　　长：陈小奇　俞祝良（执行）副院长：谢龙汉　陈百基

33. 前沿软物质学院（华南软物质科学与技术高等研究院）
院　　长：程正迪　　　　　　　　副院长：王林格　康德飞（行政）

34. 微电子学院
院　　长：薛　泉　　　　　　　　副院长：李　斌　王彦杰

35. 未来技术学院
院　　长：徐向民（兼）　　　　　副院长：舒　琳

36. 海洋科学与工程学院
院　　长：程　亮　　　　　　　　副院长：（空缺）

37. 集成电路学院
院　　长：薛　泉（兼）　　　　　副院长：（空缺）

十一、直属单位及其他单位和负责人

1. 继续教育学院（网络教育学院、公开学院）
党委书记：叶伟雄　　　　　　　院　长：邬　智
　　　　　　　　　　　　　　　　　副院长：王全迪　林文岳　吴远东
　　　　　　　　　　　　　　　　　　　　　淡瑞霞

干部教育培训中心（挂靠）
出国留学预备学院（挂靠）

2. 图书馆（科技图书馆）
党总支书记：吴树雄　　　　　　馆　长：解丽霞
　　　　　　　　　　　　　　　　　副馆长：乔　丽　童燕青
科技图书馆　　副馆长：王丽萍　蒋春林（兼图书馆大学城校区分馆馆长）
知识产权信息服务中心（挂靠）

3. 档案馆
馆　　长：（空缺）　　　　　　　副馆长：黄　玲（负责工作）

4. 分析测试中心
主　　任：向兴华

5. 校医院
院　　长：（空缺）　　　　　　　党总支书记：王　健
　　　　　　　　　　　　　　　　　副院长：刘　冰（负责行政工作）　孙江文

公费医疗管理办公室（挂靠）

6. 资产经营有限公司（华工大集团）
党委书记：张坚雄　　　　　　　　总经理：（空缺）
　　　　　　　　　　　　　　　　　副总经理：符浩剑　王　虹

7. 出版社（出版社有限公司）
社　　长：（空缺）　　　　　　　副社长：柯　宁（负责工作）
副总编辑：周莉华

8. 信息网络工程研究中心（信息化办公室）
学校网络安全和信息化领导小组办公室　主　任：陆以勤（兼）
主　任：季　飞　　　　　　　　　副主任：潘伟锵

9. 学报编辑部（自然科学版、社会科学版）
主　任：张乐平　　　　　　　　　副主任：刘淑华　潘宜玲

10. 招标中心
主　任：王飞雁　　　　　　　　　副主任：孙培清

11. 高等教育研究所
所　长：项　聪（兼）　　　　　　副所长：刘　博

12. 公共政策研究院
　　　　　　　　　　　　　　　　　副院长：刘金程（行政）

13. 广州现代产业技术研究院
院　长：章熙春（兼）　　　　　　行政工作负责人：凌　贵
　　　　　　　　　　　　　　　　　副院长：（空缺）

14. 华南协同创新研究院
院　长：朱　敏（兼）　　　　　　副院长：张　明（常务,兼）　赵　敏　刘　为

15. 珠海现代产业创新研究院
院　长：章熙春（兼）　　　　　　副院长：张　凡（负责工作）

16. 医疗器械研究检验中心
主　任：（空缺）　　　　　　　　副主任：徐昕荣（负责工作）　任　力

17. 中新国际联合研究院
院　长：朱　敏（兼）　　　　　　副院长：谢兴华（常务）

18. 附属广东省人民医院
党委书记：周　琳　　　　　　　　院　长：余学清

19. 附属第二医院
党委书记：曹　杰　　　　　　　　　院　长：曹　杰

20. 附属第六医院
党委书记：巫祖强　　　　　　　　　院　长：关紫云

2022 年学校成立或调整的部分机构

序号	成立或调整的机构名称	成立（调整）时间	批准文号	备注
1	党委教师工作部	2022 年 5 月 17 日调整	华南工〔2022〕28 号	
2	中小幼党委	2022 年 11 月 14 日成立	华南工科〔2022〕61 号	
3	第二临床学院	2022 年 11 月 28 日成立	华南工校〔2022〕35 号	

2022 年学校成立或调整的部分议事协调机构

一、语言文字工作委员会（2022 年 1 月 18 日成立）
主　任：章熙春
副主任：李　正
成　员：党委办公室（学校办公室）、党委宣传部、学生工作部（处）、校团委、教务处、研究生院、社会科学处、人事处（党委教师工作部）、财务处、信息网络工程研究中心（信息化办公室）、新闻与传播学院、国际教育学院等单位主要负责人
语言文字工作委员会下设办公室，挂靠教务处。

二、亚热带建筑科学国家重点实验室重组工作领导小组（2022 年 3 月 26 日成立）
组　长：朱　敏
副组长：苏　成　司聚民　林艺文
成　员：孙一民　吴　波　肖大威　倪　阳　许　勇　吴树雄　刘　哲　马红红

三、异地科研机构工作领导小组（2022 年 5 月 25 日成立）
组　长：朱　敏
成　员：科学技术研究院、研究生院、人事处、财务处、审计处、资产管理处、资产经营有限公司、广州现代产业技术研究院、华南协同创新研究院、珠海现代产业创新研究院、国家大学科技园等相关单位主要负责人

四、第十届学位评定委员会（2022 年 6 月 2 日调整）

主　席：高　松

副主席：李　正

委　员：（以姓氏笔画为序）

　　　　王　均　　王林格　　叶代启　　朱长江　　刘传富　　江金波　　许　勇
　　　　李远清　　肖毅强　　吴　波　　张卫国　　张正国　　张宪民　　张勤远
　　　　陈俊龙　　林　影　　唐文虎　　彭俊彪　　谢克平　　解丽霞　　薛　泉

五、党委教师工作委员会（2022 年 7 月 5 日成立）

主　任：党委书记　校长

副主任：分管党委教师工作部的校领导

成　员：党委办公室（学校办公室）、党委教师工作部、党委组织部、党委宣传部、党委统战部、纪委办公室、党委巡察工作办公室、学生工作部（处）、人事处、广州国际校区人力资源与发展事务办公室、教务处、研究生院、科学技术研究院、社会科学处、校工会、财务处、大学城校区管委会等单位负责人

党委教师工作委员会下设办公室，设在党委教师工作部，代表学校党委履行党管教师工作的职能，负责统筹协调学校教师思想政治和师德师风建设工作。

六、预算管理一体化实施工作领导小组（2022 年 7 月 18 日成立）

组　长：分管财务工作校领导

成　员：党委办公室（学校办公室）、学生工作部（处）、发展战略与规划处、教务处、研究生院、科学技术研究院、社会科学处、人事处、实验室与设备管理处、财务处、审计处、基建处、资产管理处、后勤处、广州国际校区综合事务办公室、信息网络工程研究中心（信息化办公室）、招标中心等相关单位主要负责人

后续根据工作需要相应调整小组成员。

七、第十届学位评定委员会（2022 年 9 月 16 日调整）

主　席：张立群

副主席：徐向民

委　员：（以姓氏笔画为序）

　　　　王　均　　王林格　　叶代启　　朱长江　　刘传富　　江金波　　许　勇
　　　　李　正　　李远清　　肖毅强　　吴　波　　张卫国　　张正国　　张宪民
　　　　张勤远　　陈俊龙　　林　影　　唐文虎　　彭俊彪　　谢克平　　解丽霞
　　　　薛　泉

党建与思想政治工作

组织工作

【基层党组织建设】深入实施新一轮基层党组织建设"三年行动计划",持续推进基层组织标准化规范化建设。完善党组织书记抓基层党建述职考核评价体系,落实二级党组织党建工作联络机制,建立健全党支部书记例会、组织员工作例会等。加大基层党建工作指导检查服务力度,加强校院两级业务培训辅导,组织开展贯彻落实工作自查、基层党建工作规范性专项检查等。严把党员发展质量关,持续推进高知群体党员发展"领航计划"。

培育创建党建品牌。2022年获标杆院系、样板支部、"双带头人"工作室等国家级立项9个、省级22个。优化"全国-全省-全校"三级梯度培育布局,启动学校首批"双带头人"教师党支部书记建设,立项6个;开展第二批学校"样板支部"培育创建,立项26个。启动"党建工作能力提升"计划,加强"双带头人"教师党支部书记、学生党支部书记骨干、组织员专题培训,全年共开办培训12期,参加人员463人次。学校连续五年在全省高校党委书记抓基层党建述职评议考核中获得"好"(最高等次)。2人当选中国共产党广东省第十三次代表大会代表。

创新基层党建工作。以"喜迎二十大 奋进新征程"为主题,开展"先锋筑梦"支部书记精品原创微党课大赛、首届"党建与业务深度融合"优秀党建创新案例征集评选等活动。强化基层党建研究力量,组织校级党建课题立项46项,省级党建研究课题获批立项16项,创历史新高。"党建工作坊"成为学校基层党建重要交流平台,全年举办13期,494人次参加。

【干部队伍建设】严格干部选任。坚持党管干部、组织把关,突出事业为上、人岗匹配,修订中层领导人员选任办法及配套规章,进一步加强和改进学校党委对选人用人工作的组织领导。制订中层领导人员换届工作方案,2022年完成32个院系行政领导班子和170多名中层干部的选任,其中,提拔任用64人。加大优秀年轻干部选任力度,7名"80后"干部走上中层正职岗位,8名40岁以下干部进入中层领导队伍。选优配强二级单位领导班子,增强班子整体功能。

强化干部锻炼。加强"双肩挑"干部和优秀年轻干部培养储备,选拔31名教师到机关部处挂职。选派干部教师承担乡村振兴、对口帮扶、地方挂职、政府借调、巡视巡察等工作50多人次。调整发挥作用不好的领导班子和工作不在状态的干部,彰显能者上、优者奖、庸者下、劣者汰的鲜明导向。做好二级单位和中层干部任期考核工作,评定优秀单位19个、优秀干部84人,推动落实干部考核结果与年度绩效奖励挂钩。组织落实干部选拔任用"一报告两评议",有针对性改进选人用人工作。配合教育部做好校长任职宣布、学校纪委书记调整、学校副职领导选任,以及学校领导班子考核等工作。

加强干部管理。抓好干部个人有关事项报告"攻坚行动",推进思想认识到位、教育培训到位、家属沟通到位、审核把关到位,强化压力传导,落实"凡填必查",查核个人事项44人次,实现查核一致率100%。完善学校领导人员兼职管理办法,做好干部兼职及取酬管理,从严审批干部兼职60余人次,收到干部上缴兼职酬金约200万元并按规定做好奖励发放工作,严肃处理个别干部兼职取酬报批不规范情况。开展任前谈话、试用期满谈话等80余人次。

【党校工作】加强党校建设。在29个院系党委(党总支)设立分党校,院系党委(党总支)书记兼任分党校校长、副书记兼任副校长。

以上级调训、网络培训、专题班等常规培训为基本,实现干部培训全覆盖。健全党员干部学习档案,落实学时制度,实施课程设置、师资队伍、过程管理、质量评估"四位一体"培训模式。做好入党全员培训,举办入党积极分子培训班,培训学生4249人;举办学生发展对象领航班、教工入党领航培训班,培训师生2871人。做优党员示范培训,举办学生党员先锋班、预备党员卓越班;做强党务骨干培训,举办基层党支部书记班、"双带头人"教师党支部书记班、组织员党建能力提升专题班、"强基培优"党建工作坊等13期,共培训党员、党务骨干2380人次。全年派出干部参加上级调训25人次,举办第七期青年管理干部培训班等培训干部1536人次。深入实施"经典读书工程",在培训中增设"好书共读"课程模块,购置学习书籍4329册。

【定点帮扶工作】校领导调研帮扶地区5人次。学校对云县投入和引进帮扶资金共计1210万元;培训基层干部和技术人员1218人次,购买和帮助销售农产品4040万元;帮助孔美村申请地方债一期2000万元项目落地完成。

构建科技赋能产业发展的"1+3+N"帮扶模式。在云县和惠来设立华南理工大学乡村振兴与科技成果转化中心,组织规划管理、食品医药、品牌传播等3个专家团队,设计"三馆"(文化馆、图书馆、博物馆)、"双体"(田园综合体、城市综合体),在云县信合农业公司建立"云县特色生物产业研究中心",设计幸福味道乡村振兴示范带。为小忙兔村打造长3.8公里、宽6米的沥青入村主干道路。小忙兔村驻村工作队被临沧市评为"优秀驻村工作队"。助力隆江镇获评广东省优秀镇域乡村振兴规划一等奖和揭阳市美丽圩镇PK赛最高等次奖。

打造校内"一馆一店一中心"市场化消费帮扶布局。消费帮扶智慧体验馆将帮扶地区农产品销售和学生创新创业结合起来,开业半年实现销售额89万元。引入云县茶企,开设"云·鲤"奶茶店,学校食品专家团队研发推出有机生态奶茶产品。引入云县菜仓农业公司,设立帮扶地区农特产品直销中心,开业两个月销售额达171万元。

帮扶工作获主流媒体多次报道。中国教育报以《科技助农显担当 乡村振兴承大任》为题刊发学校党委书记章熙春署名文章。学校作为直属高校8个代表之一,在教育部定点帮扶工作推进视频会上发言。学校承接教育部官网乡村振兴专栏信息编辑工作,共审核刊发152篇稿件。学校连续四年获中央单位定点帮扶工作成效考核最高等次评价。

教职工思想政治工作和宣传工作

【理论学习与思想教育】 紧扣学习宣传贯彻党的二十大精神主线，落实理论武装首要任务。组织 3 万余名师生收听收看大会开幕直播，学校党委常委会 3 次学习研究；搭建专题网站，发布《华南理工大学学习宣传贯彻党的二十大精神工作方案》；成立学习宣传党的二十大精神师生巡讲团，5 支队伍巡讲超百场，覆盖万人，校领导"走基层"导学巡讲 30 余场；开展"学习党的二十大精神理论知识竞赛"、"喜迎二十大·我们这十年"作品征集活动等。

健全理论武装工作体系。发布《关于 2022 年全校各级党组织理论学习中心组和教职工理论学习的意见》，学校党委常委集体学习 34 次、专题研讨 4 次，华园讲坛开讲 3 场。党委讲师团提供辅导 20 余场，7 人次入选全国高校师生巡讲团、省市级宣讲团等。试行理论学习联合督导机制和中心组学习列席旁听制度，列席旁听 21 次，调研检查 12 次，强化全过程管理。

打好意识形态安全主动仗，全面夯实意识形态"1337"系统工程。制定《华南理工大学 2022 年政治安全意识形态安全和涉稳问题专项治理行动实施方案》等，新增相关文件 9 项。召开联席工作会议 10 次，每月组织风险隐患排查，形成"摸清底数—销账管理—成效评估"管理链。建立机器筛查与人工巡检相结合的防控机制，实施"7 * 24"小时安全监控，处置负面信息 600 余条，实现"零事故"。成立党政"一把手"任指挥长的维稳安保应急指挥部，以及保安员、辅导员、后勤保障、网络安全、舆情处置等 5 支应急小分队，化解多起重大舆情风险。针对重点民生工程，推出疏导式报道；针对不实信息，推出辟谣式报道。

【宣传工作】 以学校组建 70 周年暨建校 105 年为契机，全面展示办学成果和发展蓝图。制作《百年恰风华》《名片》和校友亮灯送祝福等 10 部高质量视频；承担 5 场重要直播；发布《瞭望》校庆专刊；校庆微博话题阅读量达 896 万；官微推送《11.17｜我哋最钟意嘅华南理工大学，生日快乐！》，阅读量达 23 万；在新华网、《人民日报》、《光明日报》等主流媒体发布 30 余篇稿件，总阅读量突破千万。以承办广东省大运会为契机，发布快讯 52 条、专题新闻 21 篇，直播 63 场，时长近 170 小时，访问量超 3500 万。

把握全媒体融媒建设趋势，搭建新媒体平台 23 个。校报出版发行 24 期，每期设 1 个专版或专题。主页发布《华园聚焦》大图 24 期。新闻网稿件 1126 篇，校外媒体报道 828 条；官方微信用户增长至 37 万，微博用户增长至 15 万；学校抖音、快手、B 站、微信视频号等平台推出 400 多个作品；发布招生宣传片《你，就是未来》等视频 60 个，直播 50 场，总播放量、转发量、点赞量均创新高。学校官方微信视频号、抖音号等视频 2 次居"全国高校视频号周榜排行"榜首。

打造华园品牌，讲好华园故事。宣传"红色甲工""新能源汽车界的黄埔军校""广州柠檬校区""华南鲤工芒果莲雾大学""华工人全球发展共同体"等品牌亮点。以招生季、毕业季、入学季为重点，通过图文、短视频、小游戏、文创邮寄等形式提升宣传互动性。

多点发力提升宣传质效。推出"追梦人""华园先贤""十大三好学生标兵"等人物系列报道47篇，较2021年翻一番。围绕"一轴一带一区"规划、百步梯、南门广场、广州国际校区二期工程等项目制作视频。配合乡村振兴、反诈骗及校园新规等进行舆论铺垫与引导。孵化基地、创业团队和校友企业等成为报道主角，新华社、中央广播电视总台来校调研并形成内参。以招生宣传为抓手，推出校领导专访3篇，完成招生直播、高考专刊宣传策划6次，"云端校园开放日"吸引17万余考生观看。

【精神文明与校园文化建设】完善学校标识系统，发布华南理工大学第三版校徽。发布校庆视觉形象识别系统，编写并发布5本校庆丛书，推进《南门广场变迁记》《"红色甲工"英雄人物雕塑群像题记》等人文景观和校史文化宣传展示，《用"活"华工红色资源 助推红色基因传承》入选广东省教育工委党史学习教育典型案例。修订《户外宣传品布置管理办法》。围绕博物馆定位、场馆征集建设、筹建工作重难点、团队建设、展览建设运营、藏品文化空间功能规划等，形成博物馆筹建方案。

【师德师风建设】成立党委教师工作委员会，制定工作规则，明确学校党委对教师思政和师德师风工作的全面领导。完善制度体系建设，出台《华南理工大学教师思想政治和师德师风建设"12362"工作体系实施办法》，构建坚持党委统一领导、压实校院（系）两级责任、落实三项引航举措、强化六大工作机制、推进两条主线建设的工作体系。完善师德评价制度设计，修订《华南理工大学教师职业发展全过程思想政治与师德表现考察办法（2022修订）》，将教师思想政治与师德表现贯穿职业发展全过程。面向新教职工开设岗前校史教育、华园红色历史寻迹等课程。华南理工大学建筑理论与创作实践教师团队入选第二批"全国高校黄大年式教师团队"。

党风廉政建设

【党风廉政教育】落实《关于加强新时代廉洁文化建设的意见》，开展"勇于自我革命，永葆先进纯洁"的纪律教育学习月活动。深化以案为鉴，召开学校全面从严治党工作会、中层干部换届动员大会等，通报违纪违法典型案例；督促受处分人员所在单位召开全体干部会议，宣布处分决定，用身边事教育身边人。编制纪检监察工作学习资料4期，编发《年轻干部违纪违法典型案例汇编》。推进"逢新必教"，为492名新教职工开展廉洁教育专题辅导。组织毕业生参加廉洁教育，覆盖10 000余人次，教育引导毕业生扣好人生"第一粒扣子"。

【巡察工作】制定关于全面从严治党部署落实、巡视巡察上下联动、校内巡察观测指标精准化的系统工作指南。推动设计学院、新闻与传播学院、化学与化工学院、工商管理学院、环境与能源学院、软件学院、食品科学与工程学院、校医院等

8家被巡察单位集中整改，制定整改措施190条、领导干部个人整改措施206条。截至2022年底，50%问题已完成整改，50%问题取得阶段性成效但需长期整改。对第一、二轮10家单位开展巡察"回头看"，反馈师生满意度调查结果和教职工反映的整改不够到位的情况，强化巡察监督联系群众的纽带功能。对31个重点问题挂牌督办，对难点问题，多部门联合现场督办，对相关问题发出巡察建议书4份。综合运用好巡察成果，总结四轮巡察发现的问题，编发14个典型案例，督促被巡察单位做好巡察整改交接工作。

【作风建设与廉政建设】在重要节假日前发布"廉节"通知，通报违反中央八项规定精神的典型案例，向全体中层干部发送廉洁提醒短信1396条。推送教育文稿，深化"纪言寄语"活动，编制3个微视频。开展形式主义和官僚主义、"酒杯中的奢靡之风"自查自纠。

实行党风廉政建设履责纪实，编发《党风廉政建设工作手册》。监督学校党委和二级党组织落实全面从严治党主体责任"三张清单"，落实学校纪委和二级单位纪委全面从严治党监督责任清单，督促二级单位常态化开展谈心谈话共1628人次。开展中层干部"一对一"履新谈话和领导干部插手干预重大事项自查自纠，强化对"一把手"和领导班子的监督。

完善党员领导干部廉政档案，制定《党风廉政意见回复工作办法》，出具党风廉政意见429份。

【监督检查】建立"日常+专项+回头看"监督模式，通过随机抽查、实地走访、谈话了解、查阅资料等方式，推动学习宣传贯彻党的二十大精神落地见效。开展"未巡先改"，梳理213项工作清单。完善巡察集中整改监督工作机制。对人才引进、人事招聘等重点领域，开展"再监督"近200场次。制发纪律检查建议、监察建议5份，对17个问题的督促整改已见成效。

开展疫情防控联合检查和专项监督15次，对薄弱环节提出建议17条。监督非学历教育、异地科研机构管理、校办企业改革专项治理、毕业生就业统计专项核查等工作。

【信访与案件】完善问题线索处置、审查调查和审理工作机制，加强重要问题线索处置、重大案件查处情况请示报告工作。接收信访举报107件，处置问题线索30件，立案审查4件，问责调查2件，给予纪律处分2人，对轻微违纪违规问题给予谈话提醒、批评教育、责令检查、诫勉等处理15人次，收缴违纪违规款132.83万元。落实"三个区分开来"，为5名受到失实检举控告的干部澄清正名。

统战工作

【民主党派建设】制定《中共华南理工大学委员会关于加强新时代统一战线工作的实施方案》。加强思想引领，举办"同舟讲坛"，组织认真学习党的二十大精神和中央统战工作会议精神，传达学习全国两会精神等。组织各民主党派开展"矢志不渝跟党走、携手奋进新时代"主题教育。

完成民盟、农工党两个基层组织换届工作。民盟华工委员会获 2021 年度民盟广东省参政议政工作先进集体三等奖、民盟广东省反映社情民意信息工作先进集体优秀奖。九三学社华工基层委获九三学社省委会"广东省组织工作先进集体"。5 人获评省级以上先进个人。2022 年学校各民主党派共发展新成员 5 名，其中，副高级职称以上 3 名。学校现有 7 个民主党派基层组织，成员共 517 人，其中，担任各民主党派中央委员 4 人，省委会副主委 1 人、常委 4 人、委员 5 人。

【团体与无党派人士工作】学校侨联现有会员 135 人，开展侨联换届工作，成立侨联第十届委员会，4 名会员成为广东为侨志愿服务专家团首批专家。学校港澳联现有会员 93 人，举行港澳联换届大会，成立港澳联第十二届委员会，举办庆祝香港回归祖国 25 周年座谈会。学校知联会现有理事 45 人，7 名无党派人士当选省知联会理事，1 人担任省知联会副会长。组织开展"喜迎二十大，同心跟党走"学习活动。学校现有省欧美同学会理事 10 人。

【参政议政与建言献策】服务国家发展战略，聚焦区域发展需求，全国人大代表安然和全国政协委员邓文基分别提出 5 份议案和 2 份提案。广东省政协委员牛保庄亮相"委员通道"。

统战研究成果丰硕。学校统战理论和政协理论研究课题共立项 22 项。1 篇论文获"全国统战理论政策研究创新成果三等奖"；5 篇论文获"广东省统战理论政策研究创新成果奖"；7 篇论文在省政协理论研究会"人民政协与全过程人民民主"主题研讨征文中获奖。学校统战理论与政策研究室编著的《广东统一战线史》获广东省哲学社会科学优秀成果一等奖。

【综合工作】制定系列统战工作制度、方案，开展宗教工作调研，为学校辅导员开展宗教工作培训，防范非法宗教行为。民建会员朱宝璋向学校捐赠消毒液 10 吨共计 50 万元。举办"同舟聚伟力·一心跟党走"红歌晚会。

资料 1　华南理工大学各级人大代表、政协委员、政府参事名单

第十三届全国人大代表
安　然　无党派，中国侨联常委、华工侨联主席（至 2022.09），国际教育学院教授

第十三届全国政协委员
邓文基　民盟广东省委会副主委，物理与光电学院教授

第十三届广东省人大常务委员
吴克昌　致公党中央委员、致公党广东省委会副主委，公共管理学院教授

第十三届广东省人大代表
章熙春　中共党员，校党委书记，研究员

第十二届广东省政协常委
邓文基　民盟广东省委会副主委，物理与光电学院教授
倪　阳　民进中央委员、民进广东省委会常委、民进华工基层委员会主委，建筑设计研究院董事兼总经理，教授
李汴生　九三学社广东省委会常委，食品科学与工程学院教授

第十二届广东省政协委员
王丹平　中共党员，校党委常委、统战部部长，研究员

牛保庄　民革广东省委会委员、民革华工总支副主委，工商管理学院教授
张　珂　民盟华工委员会委员，设计学院院长，教授
王幼松　民建广东省委会委员，土木与交通学院教授
林章凛　农工党广东省委会委员、农工党华工总支主委（至2022.05），生物科学与工程学院教授
马於光　九三学社社员，中国科学院院士，材料科学与工程学院教授
李志远　无党派，物理与光电学院副院长，教授
裴海龙　无党派，自动化科学与工程学院教授

第十六届广州市人大代表
徐向民　中共党员，校党委常委、副校长，教授

第十四届广州市政协委员
刘桂雄　中共党员，机械与汽车工程学院教授
王永华　农工党广东省委会常委、农工党华工总支主委，食品科学与工程学院副院长，教授

第十届天河区人大常务委员
何　慧　九三学社华工基层委员会副主委，材料科学与工程学院教授

第十届天河区人大代表
麦均洪　中共党员，校党委副书记，研究员

第十八届番禺区人大代表
许　勇　致公党华工基层委主委，研究生院副院长（正处岗）兼软件学院院长，教授
易　翔　民革党员，微电子学院教授

第九届天河区政协委员
祝诗发　无党派，华工知联会副会长，化学与化工学院教授

第十五届番禺区政协委员
李　平　九三学社华工基层委主委，环境与能源学院教授

第二十届南村镇人大代表
董学会　九三学社华工基层委委员，前沿软物质学院教授

广东省人民政府参事
沙振权　民革党员，工商管理学院教授
邓飞其　民盟盟员，自动化科学与工程学院教授
田秋生　民进会员，经济与金融学院教授
张　波　民进会员，电力学院教授

广州市政府参事
潘伟斌　无党派，环境与能源学院副教授

资料2　华南理工大学各民主党派基层组织主要负责人名单

中国国民党革命委员会第一届华南理工大学总支
主　委：车文荃
副主委：宋慧宇　龚模松　牛保庄
委　员：陈　荣　金　华

中国民主同盟第三届华南理工大学委员会
主　委：俞祝良
副主委：周智恒　胡郁葱　徐　勇　周雪松
委　员：马碧云　宁更新　林永杰　贾海平　徐　健　黄凤辉

党建与思想政治工作

中国民主建国会第六届华南理工大学支部
主　委：杨雄文
副主委：贺建风　罗晓春
委　员：赵　翔　吴　凡

中国民主促进会第一届华南理工大学基层委员会
主　委：倪　阳
副主委：陈　利　左保河　刘仲武　徐昕荣
委　员：杨　灿　李　中　王　波　冼楚华

中国农工党第七届华南理工大学总支
主　委：王永华
副主委：苏志锋　何春茂　罗文结
委　员：温丽琦　钱　奇　蓝东明

中国致公党第一届华南理工大学基层委员会
主　委：许　勇
副主委：周锐波　曾德炉　余宇翔
委　员：刘齐香　张　红　冯春华　陈昌勇　李旭东

九三学社第五届华南理工大学基层委员会
主　委：李　平
副主委：何　慧　孙为正　孙江文　靳贵平
委　员：梁振兴　高克昌　吴　凯　董学会　陈征楠　叶　虹

资料3　华南理工大学统战团体主要负责人名单

第十届华南理工大学归国华侨联合会
主　席：温焕尧
副主席：税安泽　吴　凯　陈　燕
秘书长：曹小杰
委　员：赵俊鹏　虞华康　曹尚卿　赵　毓

第十二届华南理工大学港澳联谊会
会　长：蔡　毅
副会长：余志文　吴晓黎　汤朝晖　袁自冰
委　员：李　静　梁振兴　江赛华

华南理工大学党外知识分子联谊会第一届理事会
名誉会长：何镜堂
会　长：黄　飞
副会长：祝诗发　闫军威　温焕尧　蔡　毅　杜金志
秘书长：谢从珍
副秘书长：李宗涛　董力瑞

发展规划与学科建设

发展规划与学科建设

【发展规划】 学校办学水平稳步提升。2022年学校综合水平和办学声誉稳步提升,稳居软科"世界大学学术排名"全球前200强、U. S. News世界最好大学排名前300强、自然指数榜单全球百强。

推动学校发展规划落地生效。完善学校"十四五"发展规划体系,修订完善10个专项规划,以专项规划推进总体规划实施。

持续深化教育评价改革。推进广东省深化新时代教育评价改革试点校建设,完成教育评价改革配套文件清单、2021年度教育评价改革任务进展情况总结、贯彻落实深化新时代教育评价改革工作推进会情况总结、广东省深化新时代教育评价改革试点校项目中期评估等工作。1篇案例入选广东省教育评价改革典型案例(第二批)。

做好数据统计分析。完成2022年度"高校快报表""教育事业综合统计调查表及高基附一表、附二表""教育事业统计季报"等数据上报,定期编印学校"办学数据年度统计""办学数据年中统计"、《校情手册》。

【学科与学位点建设】 打造学科高峰。食品科学与技术、高分子科学等2个学科跻身U. S. News世界大学学科排名世界第1位;18个学科入围软科世界一流学科百强;新增计算机科学1个ESI前1‰学科,总数达到5个;新增药理学与毒理学、数学2个ESI前1%学科,总数达到12个。

完善学科综合布局。发展特色文科,巩固拓展医科,获批法学、新闻传播学、基础医学一级学科博士学位授权点,获批艺术硕士专业学位授权点。持续凝练学科方向,动力工程及工程热物理、城乡规划学、新闻传播学(硕士层次)变更下设学科方向;在翻译硕士专业学位类别下增设英语口译领域,在工程管理专业学位类别下增设项目管理领域。加强交叉学科建设,推进先进材料、食品生物技术、绿色造纸、能源环境、高端制造、集成电路、生物医学等优势学科群建设,集成电路科学与工程、软物质科学与工程获批广州市重点学科,公共管理学科通过广东省重点学科验收。

深入开展一流学科调研。完成学校一流学科、A类学科及相关重点建设学科调研,形成调研报告。完成《校级学科公共平台管理和运行机制调研报告》《国内外高校医学部设置情况调研报告》等。推进学科公共平台建设。召开学校学科公共平台建设管理委员会会议,完成电镜中心、分析测试中心2个校级学科公共平台论证。

优化院系办学绩效评估。修订完善学校学院绩效评价指标体系,突出立德树人根本任务，增加党建、人才培养相关指标，重点关注代表性和标志性成果，体现质量、服务和贡献，对29个院系进行投入产出分类评估。

【"双一流"建设】谋划推进新一轮"双一流"建设。学校进入国家第二轮"双一流"建设高校行列，化学、材料科学与工程、轻工技术与工程、食品科学与工程入选"双一流"建设学科。对标对表新一轮建设目标任务，制订《华南理工大学贯彻落实教育部新一轮"双一流"建设推进会议精神工作方案》。

组织开展"双一流"建设项目资金申报和绩效评价。完成2022年度中央专项资金项目申报及绩效自评、中央专项资金2022年度上半年项目支出绩效目标执行监控上报和2023年省级教育专项"冲补强"计划资金预算方案。组织完成学校2021年度"双一流"建设大学和4个一流学科动态监测数据填报，及时总结上报"双一流"建设成效。

抓好"双一流"建设项目过程管理。严格预算管理，编制2022年"双一流"专项经费预算方案，做好项目立项、经费下拨、进度跟踪、预算调整与支出审批等日常管理。2022年共立项517项，中央下拨资金1.824亿元，广东省下拨1.86亿元经费，执行率100%。启动《华南理工大学"双一流"专项资金管理实施细则》修订工作，制定出台《华南理工大学"双一流"建设项目管理办法》。

资料1　华南理工大学国家重点学科名单

序号	学科代码	学科名称	学科类型
1	0805	材料科学与工程	一级学科国家重点学科
2	0822	轻工技术与工程	一级学科国家重点学科
3	081001	通信与信息系统	二级学科国家重点学科
4	081701	化学工程	二级学科国家重点学科
5	083201	食品科学	二级学科国家重点学科
6	080201	机械制造及其自动化	国家重点培育学科
7	081302	建筑设计及其理论	国家重点培育学科

资料2　华南理工大学广东省重点学科名单

序号	学科代码	学科名称	学科类型
1	0805	材料科学与工程	攀峰重点学科
2	0822	轻工技术与工程	攀峰重点学科
3	0810	信息与通信工程	攀峰重点学科
4	0817	化学工程与技术	攀峰重点学科
5	0832	食品科学与工程	攀峰重点学科

续表

序号	学科代码	学科名称	学科类型
6	0802	机械工程	攀峰重点学科
7	0813	建筑学	攀峰重点学科
8	0811	控制科学与工程	攀峰重点学科
9	0814	土木工程	攀峰重点学科
10	0831	生物医学工程	攀峰重点学科
11	1201	管理科学与工程	攀峰重点学科
12	0301	法学	优势重点学科
13	0701	数学	优势重点学科
14	0703	化学	优势重点学科
15	0710	生物学	优势重点学科
16	0801	力学	优势重点学科
17	0807	动力工程及工程热物理	优势重点学科
18	0808	电气工程	优势重点学科
19	0809	电子科学与技术	优势重点学科
20	0812	计算机科学与技术	优势重点学科
21	0823	交通运输工程	优势重点学科
22	0830	环境科学与工程	优势重点学科
23	0833	城乡规划学	优势重点学科
24	1202	工商管理	优势重点学科
25	1204	公共管理	优势重点学科

教代会、工会和共青团工作

教代会与工会工作

【教代会工作】 履行教代会职能,参与学校民主管理。完成校院二级教代会、工代会换届工作。完善提案办理机制,健全提案办理的督促检查、信息反馈制度,加大重点提案跟踪办理力度。2022年度征集提案40件,其中,8件为重点督办立案提案。

发挥"双代会"各类委员会作用,推选全国、广东省五一劳动奖等评优评先活动候选人,对学校重要政策文件提出意见建议,组织教师代表参与学校领导班子民主生活会会前意见征求座谈会等。

【工会工作】 组织教职工参与评优评先。化学与化工学院李雪辉教授获"广东省五一劳动奖章",机械与汽车工程学院夏琴香教授获"优秀工会工作者"称号;1个基层工会获广东省教科文卫工会模范"职工小家"。关心青年教职工的职业发展,组织青年教师参加广东省第六届高校青年教师教学大赛,获一等奖1人、二等奖1人、三等奖3人。

丰富文体活动。传承红色基因,举办"红色甲工"校史校情文化座谈会、刘振群同志诞辰100周年纪念座谈会、"名师风范"师生代表座谈会。举行"奋进新征程 建功新时代"线上健步走活动,吸引1870位教职工参加。组织"三八"节妍雅学堂培训,开设17个兴趣班;组织教职工参加"甜蜜绽FUN 青春飞YOUNG"联谊交友活动、中华经典诵写大赛、"翰墨薪传"第三届广东省教师书法作品展等系列活动。

加强人文关怀。为19位在职教工办理学校教职工重大疾病医疗救助基金申请,获救助基金33万元。为7位教职工申请"职工医疗互助保险"和"女职工安康保险",共获得互助保障金20万元。为在职教职工发放73万元的节日慰问礼包,为87位退休教工发放慰问品和"荣休"证书。发放校庆文化衫、爱心苹果。开展泰康养老意外保险、楼盘团购等教工专属优惠购等活动。

【计生工作】 转变计生服务职能,提高服务质量。为应届毕业生就业办理婚育证明855人次,协助属地政府推广系列"惠民保险"项目,如"广州妈妈爱心计划""暖心行动计生公益保险"等宣传活动。组织22名女教工参加常见病及"两癌"免费筛查。为732名教职工办理"计划生育少儿综合保险"。

共青团工作

【思想和组织建设】 学习贯彻党的二十大精神。组织青年学生收听收看中国共产党第二十次全国代表大会开幕会,制订学校共青团深入学习宣传贯彻党的二十大精神工作方案。组织团员青年收看"学习二十大 永远跟党走 奋进新征程"主题云团课直播,举行学生团干专题培训,组织新生团支书自制"学习党的二十大精神"主题微团课30余课。

深化青年大学习行动。制订学校《深入学习宣传贯彻习近平总书记在庆祝中国共产主义青年团成立100周年大会上的重要讲话精神工作方案》《共青团党史学习教育常态化长效化工作方案》,组织青年师生代表学习习近平新时代中国特色社会主义思想和党的理论方针,撰写学习心得。全校团支部全员参加4次专题学习会、2次主题团日、2次主题团课。

深化实施"青马工程"。组织第十期学员集体备课《中国青年运动一百年》,获广东省优秀课程奖一等奖;组织开展"学习二十大 永远跟党走 奋进新征程"主题教育实践暨"灯塔学习会"之"青马进支部"主题宣讲活动34场。

培育思想引领文化产品。大型原创多媒体全景式话剧《红色甲工 血色浪漫》专场演出3场,获评广东省教育工委党史进校园系列活动典型案例"推动党史嵌入校园文化"类二等奖。推出以李莎支教团为故事原型的原创舞剧《微光》,获评广东省高校"活力在基层"主题团日竞赛活动春季赛季十佳项目。原创连载漫画《红色甲工 血色浪漫》阅读量3.1万人次,获广东高校"粤易色彩"动漫作品一等奖。一镜到底视频《青春的颜色》点击量10万+,获广东高校"粤易乐学"教育作品一等奖。《理想》MV入选第二批"灯塔工程"广东青年学生思想政治引领精品项目。推动网络新媒体工作提质增效,打造木棉直播基地、百步梯融媒体中心,组织参加广东高校网络媒体展示节活动,获一等奖5项、二等奖1项、三等奖1项。

深入推进全面从严治团。召开学校共青团十九届三次全会,专题部署全面从严治团工作。推动《关于改革创新高校共青团工作 切实增强思想政治引领实效的若干措施》落地落实,梳理细化9大板块、43项工作和72条具体措施。组织团委、团支书理论学习和业务培训40余次。推进学生会组织改革,推动建设57个校院两级学生会组织功能型团支部。加强学生社团建设管理,推动107个学生社团建立功能型团支部。以智慧团建为抓手,促进团员政治意识和身份意识回归。2022年发展新团员120名,转出毕业生团员9243人。28岁以下团员青年推优入党率100%。毕业生团组织关系学社衔接率达96%。截至2022年底,学校有二级团委(团总支)33个,团支部1044个,团员38 263人,其中,本科生团员22 581人、研究生团员13 613人。

表彰一批先进集体和个人。开展"七色的彩虹,榜样的力量"学生工作创先争优"标杆工程"评选活动,评选出"十大学生共产党员、共青团员标兵"。组织评选学校先进团委14个、五四红旗团支部104个、优秀共青团干部365名、优秀共青团员1557名、十佳团支部书记等，18个集体和个人获省级及以上"五四"表彰。学校团委获评"全国五四红旗团委"，1人获评"广东青年五四奖章"，前沿软物质创新团队获评"广东青年五四奖章提名奖"，电子与信息学院团委获评"广东省五四红旗团委"，机械与汽车工程学院2018级车辆工程专业2班团支部获评"广东省五四红旗团支部标兵"，峻德书院2019级生物医学1班团支部、食品科学与工程学院2019级食品营养与健康团支部获评"广东省五四红旗团支部"，5人获评"广东省优秀共青团员"，2人获评"广东省优秀共青团干部"。环境与能源学院研究生会获评"广东省优秀学生会"，3人获评"广东省优秀学生骨干"。

【社会实践活动】组织团员青年科学参与疫情防控志愿工作。8553人次学生志愿者参与秩序维护、信息录入、条码贴管等疫情防控志愿服务，累计工作时长54 212小时。

线上线下开展"青春心向党 奋进新征程"寒假社会实践和"喜迎二十大·永远跟党走·奋进新征程"、暑期"三下乡"社会实践活动，吸引668支社会实践重点团队2万余名学生参加。学校获评全国和广东省"三下乡"社会实践优秀单位，招联助农"三下乡"·鲤遇河源队获评"全国优秀文字团队"，青马班"初心向党·粤动井冈"实践团、峻德书院乡村振兴志己队、电力学院益创绿环科普宣教实践团获评"广东省优秀团队"，3名教师和5名学生获评"广东省优秀个人"。组织开展"感受乡村振兴，读懂今日中国"中外学生交流团活动，留学生迪亚罗作为全国8名学生代表之一在"中外大学生社会实践周"总结交流会上发言。

持续开展西部计划、研究生支教团和山区计划、广东省研究生支教团等重点志愿服务项目。组织28名志愿者奔赴广西、云南等地开展服务和支教工作，继续开展"温暖回家路""你是我的阿拉丁神灯"等项目，累计关爱返乡农民工、留守儿童及贫困学生900余人次。

【校园文化活动】召开第四十一次学生代表大会和第三十三次研究生代表大会，完善《华南理工大学学生会章程》《华南理工大学研究生会章程》，择优授予"优秀学生会（研究生）骨干"493名。开展"十大提案"征集工作，收集提案269份，响应提案259条，响应率96%。学校现有校学生会、研究生会和107个学生社团。

打造校园文化特色品牌活动。持续开展"青年月""科技文化节暨'金秋木棉'研究生文化节"等活动，重点支持各级团支部活动1025项；举办"世纪木棉"学术讲座、党史知识竞赛、"华音初上"校园歌手大赛、"三走"体育嘉年华、校园文创作品设计大赛等品牌活动近70场；举办各类社团活动600余项，参与人数超7万人次。举办2022年柠檬音乐节，直播点赞量15.8万次。组织学生参加第二十一届海峡两岸大学生辩论赛、广东大学生校园文体艺术季活动、首届广州大学生自然人税费知识邀请赛等各类文体艺术竞赛，获得省市级奖项10余项。

【科技创新活动】资助学生科技创新项目。调整实施百步梯攀登计划，立项资助111项。广东省攀登计划立项资助27项，资助经费76.5万元，获评项目数和经费资助额排名广东第一。持续实施研究生专业竞赛和社会实践调研，资助17项。

组织青年学生参与各类创新创业赛事。学生在第十七届"挑战杯"全国赛中获一等奖2项、二等奖2项、三等奖2

项，学校捧得"优胜杯"，获得"优秀组织奖"；在第十三届"挑战杯"中国大学生创业计划竞赛中获银奖1项、铜奖7项；在第十三届"挑战杯"广东省赛中获金奖14项、银奖2项、铜奖1项，连续五年捧得大赛最高荣誉"挑战杯"；在第八届中国国际"互联网+"大学生创新创业大赛总决赛中获金奖5项、银奖4项，其中"青年红色筑梦之旅"赛道获金奖1项、银奖1项。组织学生参加美国大学生建模竞赛、全国大学生结构设计竞赛、中国研究生机器人创新设计大赛等国内外重要赛事，均取得优异成绩。

资料　共青团华南理工大学第十九届委员会

书　　记：朱泳媚
副 书 记：梁　劲　游丽君（挂）　谢　宇（挂）　李凯凯（兼）　郑咏佳（兼）
常务委员：朱泳媚　梁　劲　游丽君　谢　宇　李凯凯　郑咏佳　石春亮
委　　员：（以姓氏笔画为序）
　　　　　王延顼　邓　晶　石春亮　申宏宇　吕萱萱　朱泳媚　李凯凯　林胜德　郑咏佳
　　　　　黄小婷　梁　劲　游丽君　谢　宇　蔡娟云　穆彦丁　魏　争

教育教学工作

学生思想教育与管理

【思想政治教育】扎实推进"三全育人"。制定《华南理工大学"筑梦铸魂"新时代立德树人工程实施方案》,实施"六大计划、十八堂大课"。聚焦学习宣传贯彻党的二十大精神和庆祝学校组建70周年暨建校105年,校院两级领导117人次为学生上"思政第一课",听课学生近3万人次;联合主办"这十年·青年讲"全国高校宣讲联赛,牵头成立华南地区高校学生宣讲联盟,获评2022年全国高校思想政治工作案例优秀奖和广东省高校学生工作精品项目。

强化典礼育人,组织以"青春赛道 踔厉奋发"为主题的毕业典礼、以"七秩芳华 百年初心"为主题的开学典礼和"青春华章"优秀大学生年度颁奖典礼等。

强化网络育人,打造形成以学生在线微信号、视频号、中国大学生在线、易班"四位一体"的融媒体矩阵,推出思政工作图文推送400余篇,阅读量近100万。开展"守护国家安全,践行青春使命"国家安全宣讲教育。

推进学风建设"卓越工程",搭建"半亩方塘"易班朋辈辅学线上平台,开展学业交流、学业帮扶、校园活动等活动,服务学生约5万人次。1人入选教育部全国高校学习宣传党的二十大精神师生巡讲团,1人获评2021"广东大学生年度人物"和"全国大学生年度人物提名奖"。

【学生工作队伍建设】配齐建强专职辅导员队伍。招收24名专职辅导员和25名"2+3"辅导员,入职人数达到历年新高。优化队伍结构,推动学工队伍有序流转,多名辅导员转岗党政管理系列。学校现有一线专职辅导员171人,机关管理干部专职辅导员32人,学生兼职辅导员205人,聘任29名青年专业课教师补充辅导员队伍,专职辅导员师生比为1:183。

完善辅导员培训体系。每月定期召开学生工作例会或学生教育管理论坛。新增2个辅导员工作室,开展辅导员沙龙9场。组织新入职辅导员训练营,邀请专家学者做专题辅导报告,全年选派78名辅导员参加网络课程和校外培训。依托工作室,规范聘任与考核,完善辅导员年度工作考核办法,制定《兼辅聘任指南和工作手册》。1名辅导员获广东省辅导员素质能力大赛一等奖、全国三等奖,3名辅导员获评"广东省高校学生资助先进个人"。

【奖助学工作】夯实精准资助基础,构建"奖、贷、助、补、免、勤、偿"资助体系。评审和发放本科生国家奖学金、国家励志奖学金、学校奖学金、校级社会捐赠奖学金及新疆籍、西藏籍少数民族学生奖学金共计 1714.8 万元，奖励学生 4992 人次。评选各类助学金 3803 人，资助总金额 1301.50 万元，其中国家助学金及校级各项捐赠助学金 3707 人，资助总金额 1255.70 万元。评选院级各类助学金 96 人，资助总金额 45.8 万元。发放 4300 名学生校园地国家助学贷款及生源地信用助学贷款 5130 万元。发放勤工助学薪酬 1307.375 万元。发放中秋国庆伙食补助、毕业生纪念品、爱心基金等补助金 196.21 万元。受理 22 人应征入伍服兵役国家教育资助及退役复学学费减免共计 39.44 万元。受理 88 名 2022 届毕业生基层就业学费补偿贷款代偿申请共计 223.934 万元。

推进研究生资助体系改革。评审和发放研究生国家奖学金、校长奖学金、校级社会捐赠奖学金、博士生及硕士生助研岗位奖学金共计 44 418.17 万元。发放研究生"三助"（助管、助教、助研）17 831.23 万元。

强化"扶困"与"扶智""扶志"有机结合。开设新生入学绿色通道，组建第二期"大学生阳光成长团队"，助力学生阳光成长。举办"扬帆计划"大学生能力提升班，700 多名学生参加。举办 2022"资助文化节"，开展各类活动 27 项。

【学生宿舍管理】做好学生宿舍疫情防控工作。顺应疫情防控形势，调整优化宿舍疫情防控措施。持续做好学生宿舍用餐配送、宿舍清洁消毒及防疫物资发放等工作。建设宿舍"健康驿站"，做好隔离观察宿舍人员安置工作。

优化学生宿舍环境。在西二宿舍楼增设洗衣房，在学生宿舍加装防蚊纱窗，安装晾衣棚等。做好宿舍安全管理，加装学生宿舍临空窗户限位 3100 个，在博士后公寓等 6 栋宿舍楼加装隐形防盗网；开展学生宿舍安全隐患和卫生检查，组织开展学生宿舍消防知识培训及疏散演练。2022 年维修（检修）宿舍 3000 余间。

做好学生住宿安排和搬迁等工作。统筹一校三区学生宿舍床位资源，制定 2022 年学生住宿安排方案。完成大学城校区、广州国际校区 2021 级 5469 名本科学生的搬迁工作。

【学生档案管理】2022 年接收 2022 级新生档案 14 000 余份；完成 446 名本科生转专业学生的档案调整工作，接收各单位移交材料 3500 余份。配合查阅利用学生档案近 3000 人次，出具档案保管证明、出生证明等相关证明函件 500 余份。优化档案寄送流程，转递毕业生档案 11 000 余份。

【国防教育】完成 2021 级本科生军事理论课教学任务。多渠道开展国防教育、征兵宣传，落实大学生入伍补偿、资助、激励等优惠政策，提高学生应征入伍积极性。

【心理咨询与健康教育】构筑心理育人工程，维护学生心理健康。开足心理健康课程，建设 24 门心理健康微课，面向本科新生开设"大学生心理健康教育"必修课程，面向研究生新生开设"心理学与生活"选修课程。完善学生心理成长档案，开展 2022 级新生心理健康测评和回访工作。完善心理咨询服务，为 2287 人次提供个体心理咨询服务，以咨询助力学生成长；举办"心海航灯"学生团体辅导活动 58 场；组织开展 2022 年"5·25"华园心理文化节闭幕式暨"疫下花开 关爱心灵"心理健康游园会。强化心理咨询与干预，采用"心易云系统"实现快速心理评估，编制《心理咨询与危机干预指南》；定期开展学生心理健康工作研讨会，制订一人一策重点关注方案。完善各二级学院（系）心育工作站功能，推动心育工作站兼职心理咨询服务，夯实学校、院系、班级、宿舍"四级"预警防控体系。提升心理健康服务队伍专业能力，开展"育心树人"辅导员工作坊，举办心理专题知识技能培训23场。

本科生教育

【教学改革】全面实施"一流本科行动计划"和"新工科F计划"，提升专业、课程、实践等核心要素质量，打造一流本科教育。

打造一流本科专业。主动对接国家和区域经济社会发展和战略性新兴产业发展需求，加强专业内涵建设。推进以"智能+"优化专业结构，新增智能建造、智能车辆工程、马克思主义理论等3个本科专业。以专业认证（评估）为抓手推进一流本科专业建设，电气工程及其自动化、生物工程、机械工程、车辆工程等4个专业参加全国工程教育专业认证，旅游管理专业以高分优异成绩通过联合国世界旅游组织颁发的唯一全球旅游类教育质量认证。目前累计有26个专业参加国内外专业认证（评估）。

建设一流课程和教材。立项建设全英语教学课程8门（累计建设303门）、通识教育课程22门（累计建设347门）、校级线上一流课程5门（累计建设125门），开出跨学院课程103门。109门次课程上线"国家高等教育智慧教育平台"。推进课程思政建设，2022年立项建设本科课程思政校级示范课程29门（累计建设89门）、示范学院2个，覆盖本科课程375门。紧抓教师队伍"主力军"、课程建设"主战场"、课堂教学"主渠道"，完善"四位一体"思政教育课程体系，推进"明道育德"课程思政教学改革，汇编出版《华南理工大学课程思政优秀教学案例集（一）》。立项资助校级本科精品教材建设项目44项，2种教材入选省级双创精品教材。严把教材选用、课堂讲授等关口，确保本科教学高安全、高质量运行。加强境外原版教材"一本双查"，2022年审查新增境外原版教材49种，确保教材使用无风险。

创新协同育人机制。设立各类协同育人教改班31个，入选学生约1000人。启动基础学科拔尖学生培养基地招生培养工作，化学类（拔尖基地班）、计算机科学与技术（拔尖基地班）2022年各招生30人。实施"广东交行大数据管理精英培养项目""数字广东大数据管理精英培养项目"，与华为公司共同推进"智能基座"产教融合协同育人基地合作项目，打造校企协同育人新模式。继续开展"金融学+计算机科学与技术"等3个双学位试点项目招生工作，探索跨学科复合型人才培养新模式。探索疫情下国际协同育人新模式，2022年共有本科生995人次参加各类出国（境）交流学习项目，比2021年（362人次）增长174.86%。

人才培养成效显著。机械设计基础课程虚拟教研室、城市设计课程虚拟教研室和食品科学与工程专业课程群虚拟教研室等5个教研室获批教育部虚拟教研室。学校入选国家智慧教育平台试点学校。14项成果2022年获广东省教育教学成果奖，其中特等奖2项、一等奖3项、二等奖9项。20个专业入选国家级一流本科专业建设点（总数达到60个），39门课程入选省级一流本科课程。学校青年教师参加广东省青年教师教学大赛获一等奖1项、二等奖1项、三等奖5项。

【实践教学】完善"国家－省级－校级－院级"四层次本科生创新创业训练计划项目体系，2022年立项校级以上创新创业训练计划项目1169项。实施以"一院一赛"为核心的学科竞赛资助计划，推进竞教结合。立项建设"探索性实验项目"32项（累计建设357项），推进科研渗透教学。学校创新创业孵化基地新增25个团队入驻，在孵团队总数达100个。10个项目团队获得融资，总融资额达3000万元。组织"创响中国"华南理工大学站系列活动，开展1000余场相关活动，双创主体超过2万个，近9万人次参与。学校入选国家级创新创业教育实践基地。

2022年本科生在各类重大学科竞赛中表现出色，822人次在国际级竞赛中获奖，661人次在国家级竞赛中获奖，1513人次在省或地区竞赛中获奖，获奖总人次达到2996人次，比2021年（2227人次）增长34.53%。其中，在第八届中国国际"互联网+"大学生创新创业大赛全国总决赛中，获5金5银2铜的优异成绩，金奖总数居广东省第一、全国并列第八。在2022年美国大学生数学建模竞赛和交叉学科建模竞赛中，获竞赛特等奖2项，连续三年收获该竞赛最高奖项。在第十七届全国大学生智能汽车竞赛总决赛中，学校代表队获一等奖6项、二等奖2项，创下学校在该赛事的最好成绩纪录。

【教学管理】加强教务及学籍的全过程管理，做好排课、排考、专业分流、转专业、毕业资格审查、推荐免试攻读研究生等日常运行工作。完成全日制普通本科毕业班学生总计6224人（其中辅修学位323人）的毕业资格审查及证书发放工作，实现"零差错率"。开展2022届本科毕业生教学问卷调查，持续改进教学管理和教学建设工作。组织全国大学英语四、六级考试，2018级学生四、六级考试最终通过率分别达到94.17%、70.58%，保持稳中有升。完善教学约束机制，认定和处理本科教学事故6起，维护良好教学秩序。坚持开展试卷质量抽查，抽查403门课程23 349份试卷，严把考试命题和阅卷质量关。严格实行论文查重和抽检制度，抽检139篇毕业论文外审，确保本科生毕业设计（论文）质量。

加强教学队伍建设。推进实施教师教学能力提升三年轮训计划，开展专创融合师资训练营、全英授课教师教学能力（EMI）培训、信息化教学能力培训、课堂教学设计能力提升专题培训、教学创新大赛专项培训等系列培训活动。举办"本科教学创新大讲堂"6场、优秀本科教学示范课62场、教学工作坊2期，共计2974人次参加，同比增长10.9%。开展2021年度"教师教学荣誉体系"奖项评选工作，激励广大教师静心教书，潜心育人。新增6个院级教师教学发展中心，完成院级教学发展中心在一校三区的布点。汇编出版《华南理工大学本科课程学业评价方式改革案例集（一）》。

资料1 华南理工大学全日制本科专业设置及在校学生一览表

学院	专业	2018级	2019级	2020级	2021级	2022级	总计
	工科试验班（智能装备与先进制造）	0	0	0	0	547	547
机械与汽车工程学院	安全工程	0	12	13	10	0	35
	材料成型及控制工程	0	25	18	25	0	68
	车辆工程	0	118	130	144	0	392
	过程装备与控制工程	0	66	49	55	0	170
	过程装备与控制工程（化工装备与控制工程）	0	1	0	0	0	1
	机械电子工程	0	89	77	133	0	299
	机械工程	0	151	136	172	0	459
	机械工程（卓越双语班）	0	20	24	0	0	44
	机械类（创新班）	0	27	28	27	30	112
建筑学院	城乡规划	61	59	62	58	52	292
	风景园林	30	31	31	30	17	139
	建筑学	111	91	110	86	81	479
	工科试验班（智慧土木与数字建造）	0	0	0	0	266	266
土木与交通学院	船舶与海洋工程	0	50	42	43	58	193
	工程管理	0	34	32	35	0	101
	工程力学（创新班）	0	29	28	27	28	112
	交通工程	0	46	51	66	0	163
	交通运输	0	39	53	49	0	141
	交通运输类	0	0	0	0	121	121
	水利水电工程	0	45	0	0	0	45

续表

学院	专业	2018级	2019级	2020级	2021级	2022级	总计
土木与交通学院	水务工程	0	0	44	47	0	91
	土木工程	0	0	0	141	0	141
	土木工程（道路与桥梁工程）	0	67	52	0	0	119
	土木工程（地下结构）	0	39	26	0	0	65
	土木工程（建筑工程）	0	48	33	0	0	81
	土木工程（绿色智能建造方向）	0	31	28	0	0	59
	土木工程（卓越全英班）	0	41	36	44	39	160
	土木类	0	0	1	0	0	1
电子与信息学院	信息工程	0	259	254	266	229	1008
	信息工程（创新班）	0	47	53	53	49	202
	信息工程（中法菁英班）	0	11	0	0	22	33
材料科学与工程学院	材料类（创新班）	0	0	0	0	39	39
	材料化学	0	1	0	0	0	1
	材料科学与工程	0	103	104	112	0	319
	材料类	0	0	0	0	362	362
	材料类（全英创新班）	0	36	34	38	0	108
	电子科学与技术（电子材料与元器件）	0	42	0	0	0	42
	高分子材料与工程	0	122	108	135	0	365
	功能材料	0	0	83	86	0	169
	光电信息科学与工程（光电器件）	0	46	0	0	0	46
化学与化工学院	化学类（拔尖基地班）	0	0	0	0	27	27
	化工与制药类	0	0	0	0	260	260
	化学工程与工艺	0	86	94	99	0	279
	化学类（创新班）	0	25	0	0	0	25
	化学类（强基计划班）	0	0	30	30	30	90
	能源化学工程	0	46	43	48	0	137
	应用化学	0	79	71	82	0	232
	制药工程	0	30	35	37	0	102

续表

学院	专业	2018级	2019级	2020级	2021级	2022级	总计
轻工科学与工程学院	轻工类	0	0	0	0	110	110
	轻化工程	0	48	49	50	0	147
	资源环境科学	0	26	18	24	0	68
食品科学与工程学院	食品科学与工程	0	59	70	68	0	197
	食品科学与工程（食品营养与健康）	0	22	24	26	0	72
	食品科学与工程类	0	0	0	0	146	146
	食品质量与安全	0	38	41	35	0	114
数学学院	数学类	0	0	0	1	258	259
	数学类（创新班）	0	24	0	0	0	24
	数学类（强基计划班）	0	0	25	28	31	84
	数学与应用数学	0	65	69	66	0	200
	数学与应用数学（统计学）	0	62	69	66	0	197
	信息管理与信息系统	0	59	48	69	0	176
	信息与计算科学	0	65	62	64	0	191
物理与光电学院	光电信息科学与工程（光电信息）	0	93	96	102	0	291
	物理学类	0	1	0	0	146	147
	应用物理学	0	48	47	56	0	151
	应用物理学（严济慈英才班）	0	23	27	24	24	98
经济与金融学院	金融科技	0	0	0	0	27	27
	金融学（金融科技）	0	60	27	0	0	87
	"金融学+计算机科学与技术"双学位试点项目	0	0	0	50	30	80
	国际经济与贸易	0	40	59	0	0	99
	金融学	0	128	137	0	0	265
	经济学	0	57	61	0	0	118
	经济学（创新班）	0	21	25	24	25	95
	经济学类	0	0	1	280	237	518

续表

学院	专业	2018级	2019级	2020级	2021级	2022级	总计
旅游管理系	会展经济与管理	0	28	26	23	0	77
	旅游管理	0	29	25	28	0	82
	旅游管理（国际班）	0	1	0	0	0	1
	旅游管理类	0	0	0	0	59	59
电子商务系	电子商务	0	91	72	64	0	227
	电子商务类	0	0	0	0	125	125
	物流工程	0	44	47	49	0	140
自动化科学与工程学院	"自动化＋数学与应用数学"双学位试点项目	0	0	0	30	40	70
	智能科学与技术	0	83	82	96	0	261
	自动化	0	200	190	183	0	573
	自动化（创新班）	0	25	41	27	25	118
	自动化类	0	0	0	0	265	265
计算机科学与工程学院	计算机科学与技术（拔尖基地班）	0	0	0	0	34	34
	计算机科学与技术	0	178	164	166	0	508
	计算机科学与技术（全英创新班）	0	30	36	38	37	141
	计算机科学与技术（全英联合班）	0	30	17	27	0	74
	计算机类	0	1	1	1	282	285
	网络工程	0	54	60	70	0	184
	信息安全	0	56	65	69	0	190
电力学院	电气工程及其自动化	0	303	279	295	0	877
	电气工程及其自动化（3＋2中澳班）	0	7	31	0	0	38
	电气工程及其自动化（卓越班）	0	32	51	41	39	163
	电气类	0	0	0	1	357	358
	核工程与核技术	0	23	0	0	0	23
	核工程与核技术（核电站方向）	0	0	0	0	0	0
	能源与动力工程	0	72	74	98	0	244

续表

学院	专业	2018 级	2019 级	2020 级	2021 级	2022 级	总计
生物科学与工程学院	生物工程	0	40	32	0	0	72
	生物技术	0	49	40	0	0	89
	生物技术（强基计划班）	0	0	30	30	30	90
	生物科学类	0	0	0	143	146	289
	生物制药	0	44	32	0	0	76
环境与能源学院	给排水科学与工程	0	2	0	0	0	2
	环境工程	0	50	40	56	0	146
	环境工程（3+2 中澳班）	0	1	6	5	5	17
	环境工程（全英班）	0	30	9	12	14	65
	环境科学	0	4	0	0	0	4
	环境科学与工程	0	53	62	63	0	178
	环境科学与工程类	0	0	0	0	132	132
软件学院	"软件工程+工商管理"双学位试点项目	0	0	0	41	51	92
	软件工程	0	282	249	272	249	1052
	软件工程（3+2 中澳班）	0	4	37	27	27	95
	软件工程（卓越班）	0	51	46	49	50	196
工商管理学院（创业教育学院）	财务管理	0	64	50	0	0	114
	工商管理	0	29	38	0	0	67
	工商管理（全英班）	0	33	38	29	37	137
	工商管理（体尖）	0	39	33	29	15	116
	工商管理类	0	0	1	182	165	348
	工业工程	0	39	37	0	0	76
	会计学	0	82	82	75	78	317
	人力资源管理	0	37	38	0	0	75
	市场营销	0	42	50	0	0	92
公共管理学院	行政管理	0	73	69	77	72	291
外国语学院	日语	0	19	22	19	19	79
	商务英语	0	79	65	76	70	290
法学院（知识产权学院）	法学	0	98	106	107	0	311
	法学（卓越法律班）	0	31	29	27	27	114
	法学类	0	0	0	0	131	131
	知识产权	0	36	31	34	0	101

续表

学院	专业	2018级	2019级	2020级	2021级	2022级	总计
新闻与传播学院	传播学	0	65	63	53	0	181
	传播学（2+2联合班）	0	2	1	27	28	58
	广告学	0	42	42	37	0	121
	新闻传播学类	0	0	0	0	123	123
	新闻学	0	26	37	29	0	92
艺术学院	舞蹈学	0	35	50	48	44	177
	音乐表演	0	78	73	70	71	292
	音乐学	0	8	8	10	10	36
体育学院	运动训练	0	34	35	47	29	145
	运动训练（优秀运动员）	0	15	10	3	10	38
设计学院	产品设计	0	49	51	51	53	204
	服装与服饰设计	0	41	39	41	30	151
	工业设计（实验班）	0	27	35	33	0	95
	工业设计	0	55	58	61	83	257
	环境设计	0	49	50	50	56	205
医学院（生命科学研究院）	临床医学	0	26	65	64	55	210
	医学影像学	53	20	30	32	30	165
生物医学科学与工程学院	生物医学工程	0	69	78	38	39	224
吴贤铭智能工程学院	机器人工程	0	45	47	48	54	194
	智能制造工程	0	46	55	46	48	195
前沿软物质学院	分子科学与工程	0	41	34	31	38	144
微电子学院	微电子科学与工程（卓越全英班）	0	46	50	0	0	96
	集成电路设计与集成系统	0	0	0	58	80	138
	微电子科学与工程	0	120	112	58	78	368
未来技术学院	人工智能	0	0	0	80	69	149
	数据科学与大数据技术	0	0	0	81	68	149

资料2 2022届本科毕业生各专业毕业、结业人数统计表

学院	专业	毕业	毕业学生中		结业	合计
			辅修	双学位		
机械与汽车工程学院	安全工程	30	1	1	1	33
	材料成型及控制工程	37	0	1	0	38
	车辆工程	110	10	5	0	125
	过程装备与控制工程	38	4	0	1	43
	机械电子工程	93	5	0	5	103
	机械工程	122	14	1	2	139
	机械工程（创新班）	26	1	0	0	27
	机械工程（卓越双语班）	24	1	1	0	26
建筑学院	城乡规划	49	1	0	1	51
	风景园林	29	1	0	0	30
	建筑学	91	1	3	2	97
土木与交通学院	船舶与海洋工程	39	4	2	2	47
	工程管理	36	4	1	0	41
	工程力学（创新班）	27	0	0	0	27
	交通工程	27	4	0	1	32
	交通运输	36	9	4	0	49
	水利水电工程	29	2	1	2	34
	土木工程	157	12	5	9	183
	土木工程（卓越全英班）	38	5	6	0	49
电子与信息学院	信息工程（创新班）	50	0	0	0	50
	电子科学与技术	85	1	1	7	94
	电子科学与技术（卓越班）	37	4	0	0	41
	信息工程	230	5	3	9	247
	信息工程（冯秉铨实验班）	0	0	0	0	0
材料科学与工程学院	材料化学	30	2	0	1	33
	材料科学与工程	79	1	1	4	85
	材料科学与工程（全英创新班）	62	3	0	0	65
	电子科学与技术（电子材料与元器件）	44	2	0	1	47
	高分子材料与工程	100	9	1	7	117
	光电信息科学与工程（光电器件）	44	1	2	2	49
	生物医学工程	43	2	0	4	49

续表

学院	专业	毕业	毕业学生中		结业	合计
			辅修	双学位		
化学与化工学院	化学工程与工艺	67	4	3	8	82
	能源化学工程	40	4	1	3	48
	应用化学	62	4	1	7	74
	应用化学（创新班）	25	0	2	0	27
	制药工程	24	1	0	1	26
轻工科学与工程学院	轻化工程	38	7	1	6	52
	资源环境科学	19	3	0	0	22
食品科学与工程学院	食品科学与工程	74	4	6	5	89
	食品质量与安全	24	1	5	0	30
数学学院	数学与应用数学	113	6	5	5	129
	数学与应用数学（创新班）	22	1	0	0	23
	信息管理与信息系统	42	0	0	1	43
	信息与计算科学	42	1	0	1	44
物理与光电学院	光电信息科学与工程（光电信息）	71	5	1	0	77
	应用物理学	33	3	2	2	40
	应用物理学（严济慈英才班）	27	1	0	1	29
经济与金融学院	金融学（全英班）	0	0	0	1	1
	国际经济与贸易	84	19	3	5	111
	金融学	181	12	6	7	206
	经济学	47	4	2	0	53
	经济学（创新班）	23	3	0	0	26
旅游管理系	会展经济与管理	30	6	5	2	43
	旅游管理	21	0	6	2	29
	旅游管理（2+2联合班）	0	0	0	0	0
电子商务系	电子商务	55	5	12	6	78
	物流工程	45	7	3	6	61
自动化科学与工程学院	智能科学与技术	56	0	1	2	59
	自动化	186	4	0	2	192
	自动化（创新班）	28	1	0	0	29

续表

学院	专业	毕业	毕业学生中		结业	合计
			辅修	双学位		
计算机科学与工程学院	计算机科学与技术	147	5	2	3	157
	计算机科学与技术（全英创新班）	42	0	0	0	42
	计算机科学与技术（全英联合班）	9	0	0	0	9
	网络工程	36	0	0	0	36
	信息安全	58	1	0	1	60
电力学院	电气工程及其自动化	265	21	1	11	298
	电气工程及其自动化（3+2中澳班）	5	0	0	0	5
	电气工程及其自动化（卓越班）	80	10	3	0	93
	核工程与核技术	17	0	1	3	21
	能源与动力工程	59	12	0	2	73
生物科学与工程学院	生物工程	27	2	2	1	32
	生物技术	42	4	5	2	53
	生物制药	34	4	1	3	42
环境与能源学院	给排水科学与工程	36	5	0	1	42
	环境工程	40	3	0	2	45
	环境工程（3+2中澳班）	1	0	0	0	1
	环境工程（全英班）	29	0	3	1	33
	环境科学	14	0	0	1	15
软件学院	软件工程	260	4	0	12	276
	软件工程（3+2中澳班）	5	0	0	0	5
	软件工程（卓越班）	90	2	0	0	92
工商管理学院	工商管理（全英班）	31	3	8	1	43
	财务管理	59	10	10	0	79
	工商管理	30	3	7	1	41
	工商管理（2+2联合班）	0	0	0	0	0
	工业工程	40	7	4	0	51
	会计学	85	5	9	1	100
	人力资源管理	40	4	3	1	48
	市场营销	39	1	0	0	40
公共管理学院	行政管理	63	5	9	2	79

续表

学院	专业	毕业	毕业学生中		结业	合计
			辅修	双学位		
外国语学院	日语	17	5	3	0	25
	商务英语	84	25	36	0	145
法学院（知识产权学院）	法学	116	12	12	0	140
	法学（卓越法律班）	28	8	3	0	39
	知识产权	25	0	14	0	39
新闻与传播学院	传播学	70	13	5	1	89
	传播学（2+2联合班）	2	0	0	0	2
	广告学	20	3	5	0	28
	新闻学	33	6	6	0	45
艺术学院	舞蹈学	33	2	10	0	45
	音乐表演	66	5	15	1	87
	音乐学	8	0	1	0	9
体育学院	运动训练	43	2	5	2	52
设计学院	产品设计	54	0	17	0	71
	服装与服饰设计	23	1	3	0	27
	工业设计	78	5	5	0	88
	环境设计	54	4	9	0	67
医学院	医学影像学	34	1	1	1	37
总计		5792	417	323	188	6720

资料3 2022年获批国家级一流本科专业建设点一览表

序号	专业名称	负责人	所在单位
1	经济学	丁焕峰	经济与金融学院
2	金融学	孙坚强	经济与金融学院
3	广告学	段淳林	新闻与传播学院
4	信息与计算科学	杨启贵	数学学院
5	功能材料	苏仕健	材料科学与工程学院
6	微电子科学与工程	李 斌	微电子学院
7	智能科学与技术	俞祝良	自动化科学与工程学院
8	能源化学工程	张正国	化学与化工学院
9	交通运输	温惠英	土木与交通学院

续表

序号	专业名称	负责人	所在单位
10	船舶与海洋工程	朱良生	土木与交通学院
11	安全工程	陈国华	机械与汽车工程学院
12	生物制药	魏坤	生物科学与工程学院
13	工程管理	王幼松	土木与交通学院
14	市场营销	陈明	工商管理学院
15	会计学	万良勇	工商管理学院
16	物流工程	张智勇	电子商务系
17	电子商务	左文明	电子商务系
18	会展经济与管理	戴光全	旅游管理系
19	音乐表演	梁军	艺术学院
20	产品设计	张瑞秋	设计学院

资料4 2022年获批教育部试点虚拟教研室一览表

名称	负责人	学院
机械设计基础课程虚拟教研室	黄平	机械与汽车工程学院
城市设计课程虚拟教研室	孙一民	建筑学院
食品科学与工程专业课程群虚拟教研室	娄文勇	食品科学与工程学院
轻化工程专业虚拟教研室	陈广学	轻工科学与工程学院
大学化学课程虚拟教研室	展树中	化学与化工学院

资料5 2022年获批省级一流本科课程一览表

序号	项目名称	负责人	所在单位	备注
1	电机学（一）	曹江华	电力学院	线上线下混合式一流课程
2	电工与电子技术Ⅱ	邓红雷	电力学院	线下一流课程
3	人工智能	张俊勃	电力学院	线下一流课程
4	通信原理Ⅱ	余翔宇	电子与信息学院	线下一流课程
5	知识产权管理	万小丽	法学院	线下一流课程
6	统计学	李胜会	公共管理学院	线下一流课程
7	物理化学Ⅰ	葛华才	化学与化工学院	线上线下混合式一流课程
8	大学化学	邓远富	化学与化工学院	线下一流课程
9	有机化学（全英）	王婷婷	化学与化工学院	线下一流课程
10	精细化学工艺学	张心亚	化学与化工学院	线下一流课程
11	水污染控制工程（全英）	李筱琴	环境与能源学院	线下一流课程
12	控制工程基础	刘亚俊	机械与汽车工程学院	线下一流课程
13	小白学人工智能	李粤	计算机科学与工程学院	线上线下混合式一流课程

续表

序号	项目名称	负责人	所在单位	备注
14	软件安全	李家春	计算机科学与工程学院	线下一流课程
15	Python 语言程序设计（全英）	毛爱华	计算机科学与工程学院	线下一流课程
16	数据结构	张见威	计算机科学与工程学院	线下一流课程
17	思想道德与法治	王晓丽	马克思主义学院	线上线下混合式一流课程
18	马克思主义基本原理	解丽霞	马克思主义学院	线下一流课程
19	化工仪表与自动化	沈文浩	轻工科学与工程学院	线下一流课程
20	离散数学	黄翰	软件学院	线下一流课程
21	数据库系统	汤德佑	软件学院	线下一流课程
22	画法几何及机械制图（一）（二）	陈亮	设计学院	线上线下混合式一流课程
23	基因工程	王斌	生物科学与工程学院	线下一流课程
24	食品营养与卫生学	唐语谦	食品科学与工程学院	线上线下混合式一流课程
25	食品生物化学（全英）	陈谷	食品科学与工程学院	线下一流课程
26	微积分Ⅱ（全英）	邓雪	数学学院	线下一流课程
27	运动技能学习与控制	唐建倦	体育学院	线上线下混合式一流课程
28	钢结构理论	王湛	土木与交通学院	线上线下混合式一流课程
29	理论力学	杨怡	土木与交通学院	线下一流课程
30	道路勘测设计	杨永红	土木与交通学院	线下一流课程
31	大学英语口语进阶	李昀	外国语学院	线上一流课程
32	英语电影与文化	屈薇	外国语学院	线上一流课程
33	商务英语阅读（一）	刘喜琴	外国语学院	线上一流课程
34	半导体器件	李斌	微电子学院	线下一流课程
35	大学物理	钟小丽	物理与光电学院	线下一流课程
36	品牌传播史	韩红星	新闻与传播学院	线上线下混合式一流课程
37	调查统计与分析	付佳	新闻与传播学院	线下一流课程
38	新媒介素养	罗韵娟	新闻与传播学院	线下一流课程
39	电机及拖动基础	吴玉香	自动化科学与工程学院	线下一流课程

研究生教育

【培养工作】围绕内涵建设和质量提升核心任务，实施研究生教育高质量发展行动。强化联合培养研究生的制度建设，出台《华南理工大学国内联合培养研究生教育管理细则（试行）》《华南理工大学研究生联合培养基地建设管理办法（试行）》，从学校、基地、研究生不同角色规范联合培养活动。

推进国家急需人才培养工作。获批 2 个国家关键领域急需高层次人才培养项目，与地方政府（国家高新区）、科技领军企业在集成电路、新材料、生物医疗器械等国家关键领域开展急需高层次人才培养。参与国家工程硕博士培养改革专项，与中国中化控股、中国南方电网、粤港澳国家技术创新中心，以及深圳高新区等关键领域重点单位共同培养研究生，400 余名专业学位研究生参与。

拓展工程教育新范式。与华为、阿里云、京东、科大讯飞等 50 余家企事业单位共同推进跨领域工程硕博士协同培养，两年联合培养工程硕博士 200 余名；与深圳高新区、东莞松山湖产业园区等 20 余家新型科研机构、科技领军企业共同加快卓越工程师培养。优化工程博士育人项目，推进研究生教育国际协同，国家建设高水平大学公派研究生项目录取 95 人。深化省级联合培养基地建设，获批广东省联合培养研究生示范基地 5 个，累计获批 79 个。

持续建设卓越研究生教育课程体系。强化思政引领，将《新时代中国特色社会主义理论与实践》纳入必修课，在外语专业教学中推广使用《习近平谈治国理政》《理解当代中国》等外文版教材。开设系列美育和心理健康公选课，超 1600 人次选修。完善课程建设制度规范，修订学位与研究生教育改革研究项目实施办法和研究生全英文课程和全英文专业管理办法。全年立项建设校级各类特色课程和教材共计 28 项；获批广东省研究生教育创新计划课程和教改类项目 19 项。加强专业学位案例教学，8 篇案例入选中国管理案例共享中心案例库；4 项案例入选教育部学位与研究生教育发展中心 2021 年主题案例专项征集项目；公共管理学院 MPA 教育中心 2 支参赛队伍在第六届中国研究生公共管理案例大赛中分获特等奖、一等奖。

【学位工作】加强研究生学位质量保障体系建设。落实"破五唯"，修订研究生申请学位取得学术成果基本要求。完善研究生学位（毕业）论文工作管理办法，保障研究生合法权益。规范研究生学位论文答辩过程管理，完善博士学位论文答辩委员会组成要求。加强硕士学位论文事后抽检等环节把关力度，抽检论文 150 篇，优良率达 82.7%。全年授予博士学位 639 人（含专业学位博士 52 人），硕士学位 5393 人。

【导师队伍建设】健全导师育人责权机制。深化导师招生资格审核改革，在一校三区全面实施"预聘—长聘"人员导师资格直接认定制度，引导导师追求科研卓越。完善全覆盖、多维度、信息化导师招生资格审核体系，构建导师年度招生资格审核线上工作平台，实现招生资格审核信息化和便捷化。出台《华南理工大学研究生指导教师培训管理办法》，构建校院两级联动、线上线下互补的导师培训与交流体系。

2022 年新增 179 名学术学位博士生导师、190 名学术学位硕士生导师、193 名专业学位硕士生导师。其中，32 名副教授破格担任博士生导师，100 名高层次引进人才担任研究生导师。截至 2022 年底，共有在岗博士生导师 1193 名，在岗硕士生导师（含博硕导）2635 名。师生比逐步优化，博士生生师比为 3.27，硕士生生师比为 5.30。

资料1 2022年华南理工大学博士、硕士学位授权学科

一、博士学位授权一级学科

所属门类	序号	学科代码	学科名称	授权时间	所在学院
经济学	1	0202	应用经济学	2015年11月	经济与金融学院 法学院（知识产权学院）
法学	2	0301	法学	2022年7月	法学院（知识产权学院）
法学	3	0305	马克思主义理论	2018年3月	马克思主义学院
文学	4	0502	外国语言文学	2021年10月	外国语学院
文学	5	0503	新闻传播学	2022年7月	新闻与传播学院
理学	6	0701	数学	2011年3月	数学学院
理学	7	0702	物理学	2018年3月	物理与光电学院
理学	8	0703	化学	2011年3月	化学与化工学院 材料科学与工程学院 前沿软物质学院
理学	9	0710	生物学	2011年3月	生物科学与工程学院 生物医学科学与工程学院 医学院（生命科学研究院）
工学	10	0801	力学	2018年3月	土木与交通学院
工学	11	0802	机械工程	2003年9月	机械与汽车工程学院 吴贤铭智能工程学院
工学	12	0805	材料科学与工程	1998年6月	材料科学与工程学院 机械与汽车工程学院 前沿软物质学院 生物医学科学与工程学院
工学	13	0807	动力工程及工程热物理	2018年3月	电力学院 机械与汽车工程学院
工学	14	0808	电气工程	2003年9月	电力学院
工学	15	0809	电子科学与技术	2006年1月	电子与信息学院 物理与光电学院 微电子学院 材料科学与工程学院
工学	16	0810	信息与通信工程	2003年9月	电子与信息学院
工学	17	0811	控制科学与工程	2003年9月	自动化科学与工程学院 吴贤铭智能工程学院
工学	18	0812	计算机科学与技术	2011年3月	计算机科学与工程学院

续表

所属门类	序号	学科代码	学科名称	授权时间	所在学院
理学	19	0813	建筑学	2003年9月	建筑学院
	20	0814	土木工程	2006年1月	土木与交通学院
	21	0817	化学工程与技术	1998年6月	化学与化工学院
	22	0822	轻工技术与工程	1998年6月	轻工科学与工程学院 食品科学与工程学院 生物科学与工程学院
	23	0823	交通运输工程	2011年3月	土木与交通学院
	24	0824	船舶与海洋工程	2018年3月	土木与交通学院
	25	0830	环境科学与工程	2006年1月	环境与能源学院
	26	0831	生物医学工程	2006年1月	生物医学科学与工程学院 材料科学与工程学院 医学院
	27	0832	食品科学与工程	2003年9月	食品科学与工程学院
	28	0833	城乡规划学	2011年8月	建筑学院
	29	0834	风景园林学	2011年8月	建筑学院
	30	0835	软件工程	2011年8月	软件学院
医学	31	1001	基础医学	2022年7月	医学院
管理学	32	1201	管理科学与工程	1998年6月	工商管理学院 电子商务系
	33	1202	工商管理	2011年3月	工商管理学院 旅游管理系
	34	1204	公共管理	2018年3月	公共管理学院
交叉学科	35	1401	集成电路科学与工程	2021年10月	微电子学院

二、硕士学位授权一级学科

所属门类	序号	学科代码	学科名称	授权时间	所在学院
经济学	1	0202	应用经济学	2011年3月	经济与金融学院 法学院（知识产权学院）
法学	2	0301	法学	2006年1月	法学院（知识产权学院）
	3	0305	马克思主义理论	2006年1月	马克思主义学院
教育学	4	0403	体育学	2011年3月	体育学院
文学	5	0502	外国语言文学	2006年1月	外国语学院
	6	0503	新闻传播学	2011年3月	新闻与传播学院

续表

所属门类	序号	学科代码	学科名称	授权时间	所在学院
理学	7	0701	数学	2006年1月	数学学院
	8	0702	物理学	2006年1月	物理与光电学院
	9	0703	化学	2006年1月	化学与化工学院 材料科学与工程学院 前沿软物质学院
	10	0710	生物学	2006年1月	生物科学与工程学院 生物医学科学与工程学院 医学院（生命科学研究院）
工学	11	0801	力学	2006年1月	土木与交通学院
	12	0802	机械工程	2003年9月	机械与汽车工程学院 吴贤铭智能工程学院
	13	0805	材料科学与工程	1998年6月	材料科学与工程学院 机械与汽车工程学院 前沿软物质学院 生物医学科学与工程学院
	14	0807	动力工程及工程热物理	2006年1月	电力学院 机械与汽车工程学院
	15	0808	电气工程	2003年9月	电力学院
	16	0809	电子科学与技术	2006年1月	电子与信息学院 物理学院 微电子学院 材料科学与工程学院
	17	0810	信息与通信工程	2003年9月	电子与信息学院
	18	0811	控制科学与工程	2003年9月	自动化科学与工程学院 吴贤铭智能工程学院
	19	0812	计算机科学与技术	2006年1月	计算机科学与工程学院
	20	0813	建筑学	2003年9月	建筑学院
	21	0814	土木工程	2006年1月	土木与交通学院
	22	0817	化学工程与技术	1998年6月	化学与化工学院
	23	0822	轻工技术与工程	1998年6月	轻工科学与工程学院 食品科学与工程学院 生物科学与工程学院
	24	0823	交通运输工程	2006年1月	土木与交通学院
	25	0824	船舶与海洋工程	2006年1月	土木与交通学院

续表

所属门类	序号	学科代码	学科名称	授权时间	所在学院
工学	26	0830	环境科学与工程	2006年1月	环境与能源学院
	27	0831	生物医学工程	2006年1月	生物医学科学与工程学院 材料科学与工程学院 医学院
	28	0832	食品科学与工程	2003年9月	食品科学与工程学院
	29	0833	城乡规划学	2011年8月	建筑学院
	30	0834	风景园林学	2011年8月	建筑学院
	31	0835	软件工程	2011年8月	软件学院
	32	0837	安全科学与工程	2011年8月	机械与汽车工程学院
医学	33	1001	基础医学	2022年7月	医学院
	34	1002	临床医学	2015年11月	医学院
管理学	35	1201	管理科学与工程	1998年6月	工商管理学院 电子商务系
	36	1202	工商管理	2006年1月	工商管理学院 旅游管理系
	37	1204	公共管理	2006年1月	公共管理学院
艺术学	38	1302	音乐与舞蹈学	2011年8月	艺术学院
	39	1305	设计学	2011年8月	设计学院
交叉学科	40	1401	集成电路科学与工程	2021年10月	微电子学院

三、目录外二级学科

序号	学科代码	学科名称	所涉一级学科	授权级别	备案年度	所在学院
1	0301Z1	知识产权	法学	硕士	2012	法学院
2	0811Z1	电气与计算机工程	控制科学与工程	硕士	2012	自动化科学与工程学院
3	0831Z1	生物医学材料	生物医学工程	博士 硕士	2018	生物医学科学与工程学院
4	0831Z2	细胞和组织工程	生物医学工程	博士 硕士	2018	生物医学科学与工程学院
5	1204Z1	应急管理	公共管理	博士 硕士	2020	公共管理学院

四、交叉学科清单

序号	学科代码	学科名称	所涉一级学科	授权级别	备案年度	所在学院
1	99J1	绿色能源化学与技术	环境科学与工程 材料科学与工程 化学 化学工程与技术	博士 硕士	2015	环境与能源学院
2	99J2	纳米医学与分子影像	生物医学工程 材料科学与工程 生物学	博士 硕士	2018	生物医学科学与工程学院
3	99J3	软物质科学与工程	材料科学与工程 物理学 化学 生物学	博士 硕士	2018	前沿软物质学院

资料2 2022年博士生指导教师名单

学科代码	学科名称（主岗）	导师姓名
0202	应用经济学	巴曙松　陈镇喜　邓可斌　丁焕峰　贺建风　黄亮雄　雷玉桃 李合龙　林　峰　石俊志　孙坚强　孙希芳　汪亚楠　王仁曾 肖　崎　徐　枫　许　林　徐淑芳　颜　波　杨春鹏　杨　科 姚灿中　张彩江　钟永红　周锐波
0301	法学	陈征楠　郭创拓　胡　明　黄忠顺　刘长兴　蒋悟真　林志毅 刘　凯　刘　盛　夏正林　谢惠加　徐　树　殷继国
0305	马克思主义理论	解丽霞　亢　升　刘社欣　彭小兰　齐磊磊　苏宏元　覃辉银 王晓丽　吴国林　谢加书　徐国正　张国启　张　倩　祝全永
0502	外国语言文学	李　昀　雷　霄　刘喜琴　苏　娉　武建国　钟书能　周建新 朱献珑
0503	新闻传播学	安　然　陈　刚　单韵鸣　段淳林　付　佳　韩红星　张步中 赵　泓　郑宇丹
0701	数学	陈博聪　陈武华　何志坚　金海洋　景乃桓　李　兵　李群宏 李用声　林俊宇　凌黎明　刘　锐　刘深泉　马东魁　潘少华 孙太祥　唐西林　韦华全　韦增欣　夏　立　温焕尧　熊　瑛 徐尚进　杨启贵　袁功林　郑驻军　周富军　周胜林　朱长江 曾才斌
0702	物理学	邓文基　董有忠　冯兆庆　黄学勤　巨文博　李润华　李志远 梁文耀　刘江涛　刘　涛　李鹏程　卢义刚　梅　军　韦小明 文德华　吴　锐　谢弘超　万　牛　王伟超　杨小宝　杨中民 姚　尧　余光正　於黄忠　虞华康　赵彦明　赵宇军　郑风珊 钟小丽

续表

学科代码	学科名称（主岗）	导师姓名					
0703	化学	蔡羽轩 邓远富 洪良智 蒋凌翔 李映伟 龙 波 汪志义 吴 钊 张 珉 祝诗发	曹德榕 董传帅 侯婷婷 蒋尚达 李子刚 马志强 王海水 叶建山 张 维 曾 伟	曹同祥 董学会 胡建强 蒋 星 梁振兴 苗新蕊 王黎明 殷盼超 张伟德	陈立宇 傅志勇 胡树枝 孔 宪 林志伟 彭晓宏 王立世 尹标林 周嘉嘉	陈耀峰 高 松 黄精美 李白滔 刘海洋 戚朝荣 王秀军 袁高清 赵俊鹏	程正迪 龚湘君 黄良斌 郎 超 刘锦斌 唐 浩 伍婉卿 岳 衎 周礼楠	崔志明 何春茂 江焕峰 李秀华 刘 平 汪凌云 王 宇 展树中 竺传乐
0710	生物学	陈汉清 顾 兵 李 磊 李 勇 刘 城 刘 勇 潘 力 王 坤 吴清平 尹成骞 张庆玲	陈美欣 郭 俊 李 杉 梁卓斌 刘国龙 卢长征 彭 琴 王 领 伍 勇 于 晨 张秀清	陈庭坚 黄 恺 李 刚 林蒋国 刘海英 罗立新 隋海心 王 强 武 林 张春玉 张镇海	崔堂兵 侯宝华 李 爽 林炜铁 刘 辉 罗晓春 孙启全 王文健 肖文德 张浩岳 郑 敏	邓 麟 贾 林 李志刚 林展翼 刘建军 蒋宇扬 唐啸宇 魏 坤 谢克平 张 辉 周海榆	杜红丽 蒋宇扬 李泰辉 林章凛 刘 阳 马海清 王菊芳 魏新华 闫致强 张 雷 周 雷	费继锋 李健潮 李旺林 凌 飞 刘 洋 孟倩丽 王 俊 吴海珍 杨焕明 张美佳 朱 伟
0801	力学	白以龙 刘逸平 张晓晴	樊学军 罗胜年	方岱宁 汤立群	韩 强 王 炯	黄怀纬 伍小平	蒋震宇 杨 宝	李春雷 姚小虎
0802	机械工程	蔡敢为 陈 忠 洪晓斌 蒋宏杰 李巍华 陆龙生 宋长辉 王 恒 夏琴香 姚锡凡 张 勤 赵学智 上官文斌	曹 彪 邓文君 胡国清 瞿金平 李 勇 罗玉涛 苏峰华 王 迪 谢 晋 殷小春 张仕伟 钟 勇 Sergej Fatikow	陈 刚 杜群贵 胡青春 雷劲骋 李宗涛 倪 军 汤 勇 王念峰 谢龙汉 游东东 张 铁 曾子倩 Vyacheslav	陈吉清 高 娇 黄汉雄 李 迪 廖小平 潘敏强 唐建华 王清辉 谢小鹏 袁 伟 张宪民 周照耀 Trofimov	陈小奇 韩昌骏 黄沿江 李 海 刘桂雄 邱志成 涂善东 王英俊 谢正超 喻婷婷 张英杰 周奕彤	陈扬枝 何和智 黄照夏 李云泉 刘旺玉 屈盛官 万加富 王振民 徐大波 臧孟炎 张 勇 朱本亮	陈 烨 贺德强 黄智聪 李静蓉 卢少锋 石永华 万珍平 吴 凯 薛家祥 张 宏 章圆方 庄辉平

续表

学科代码	学科名称（主岗）	导师姓名						
0805	材料科学与工程	曹贤武	曹镛	陈江山	陈军武	陈玉坤	陈中华	褚衍辉
		邓文礼	董国平	杜军	段春晖	冯光雪	冯彦洪	付志强
		甘久林	高岩	巩雄	顾成	郭宝春	何光建	何慧
		何维	何志才	贺晓慧	胡捷	胡仁宗	胡蓉蓉	黄飞
		季小红	贾志欣	姜中宏	蒋果	解增旗	晋刚	康志新
		孔纲	匡同春	赖学军	兰林锋	李国强	李开畅	李烈军
		李宁	李伟善	李伟洲	李小强	凌志远	刘芳	刘江文
		刘军	刘岚	刘乐华	刘琳琳	刘卅	刘述梅	刘允中
		刘仲武	卢珣	卢秉恒	马春风	马东阁	马文石	马於光
		宁洪龙	牛泉	彭俊彪	彭小彬	钱奇	秦安军	邱定蕃
		邱万奇	饶平根	任碧野	税安泽	苏仕健	唐本忠	唐征海
		王辉	王平	王涛	王文樑	王志明	王智	韦江雄
		吴宏滨	吴宏武	吴水珠	吴为敬	夏志国	肖志瑜	徐清华
		严玉蓉	杨超	杨黎春	姚向东	叶柿	殷素红	应磊
		余其俊	俞钢	袁斌	曾德长	曾钫	曾幸荣	湛永钟
		张安强	张大童	张广照	张凯	张立群	张勤远	张水洞
		张同生	张卫文	张新平	张泽	张志杰	赵海东	赵建青
		赵祖金	钟喜春	周博	周城	周克崧	周时凤	周曦亚
		朱敏	朱旭辉	邹炳锁	欧阳柳章	欧阳义芳	G. C. Bazan	
0807	动力工程及工程热物理	蔡杰进	陈国华	董美蓉	甘云华	韩光泽	黄豪中	黄思
		简弃非	李根	李泽宇	梁友才	廖艳芬	刘金平	刘雪峰
		卢志民	罗小平	马晓茜	唐玉婷	巫江虹	熊才溢	许雄文
		肖舒	姚顺春	余昭胜				
0808	电气工程	陈皓勇	陈艳峰	戴栋	杜贵平	管霖	韩永霞	郝艳捧
		季天瑶	荆朝霞	康龙云	李海锋	李立浧	李晓华	李志刚
		林舜江	刘刚	刘明波	丘东元	唐文虎	汪娟娟	王钢
		王学梅	谢从珍	谢运祥	阳林	杨苹	杨向宇	余涛
		曾君	张波	张俊勃	张勇军	钟庆	周孝信	朱继忠
		朱建全	刘肇熙	谢帆	雪映	吴青华		
080901	物理电子学	陈熹	程静	黄丹	刘正猷	彭健新	王洪	吴昊
		徐善辉						
080902	电路与系统	刘雄英	杨春玲					
080903	微电子学与固体电子学	董业民	丰光银	蒋盛	蒋华杏	李斌	卢振亚	刘玉荣
		马子超	王彦杰	秦培	徐金旭	易翔	姚恩义	杨文
		叶甜春	邹毅	张雪	陈荣盛	周长见	周涛杰	郑倍雄
		朱浩慎						

续表

学科代码	学科名称（主岗）	导师姓名						
080904	电磁场与微波技术	车文荃	陈海东	陈付昌	涂治红	谢泽明		
0810	信息与通信工程	曹云飞	陈芳炯	丁长兴	杜明辉	官权升	郭锴凌	贺前华
		胡永健	黄惠芬	黄双萍	季 飞	贾亚晖	贾 奎	蒋怀光
		金连文	靳贵平	靳战鹏	李融林	李陶深	李艳雄	李园春
		廖绍伟	林镇宏	刘 琦	刘徐迅	刘 元	刘 晔	陆以勤
		牛田野	区俊辉	沈向洋	潘咏梅	秦华标	史景伦	覃团发
		唐 杰	陶大程	王高才	韦 岗	温淼文	徐 进	徐向民
		薛 泉	余 华	曾德炉	章秀银	赵 建	周智恒	张怀东
		张 磊						
0811	控制科学与工程	陈 琳	崔 巍	戴诗陆	邓飞其	高红霞	顾正晖	郭圣文
		贺 霖	黄道平	康文雄	李向阳	李远清	梁家荣	刘俊峰
		刘乙奇	刘永桂	林 远	刘富春	刘 屿	刘 伟	罗家祥
		马宏军	彭云建	裴海龙	史步海	苏为洲	田联房	田森平
		王 聪	王 敏	王孝洪	魏 武	吴 畏	吴玉香	肖 兵
		谢立华	谢 巍	杨辰光	杨 健	姚智伟	俞祝良	张智军
		杨延年	张清华					
0812	计算机科学与技术	蔡宏民	陈庆锋	陈俊龙	陈伟能	董守斌	杜广龙	高 英
		龚月姣	韩国强	何克晶	何盛烽	黄 艳	贾扬清	李桂清
		林伟伟	刘发贵	陆 璐	吕建明	马千里	毛爱华	蒙祖强
		聂勇伟	全宇晖	汪秀敏	王 林	文贵华	沃 焱	吴 斯
		吴永贤	夏大文	肖南峰	徐雪妙	许 勇	杨林峰	俞鹤伟
		余志文	詹志辉	张 凌	张 通	张 平	张幸林	张星明
		钟 诚	钟竞辉	周耀旗				
081301	建筑历史与理论	彭长歆	冯 江					
081302	建筑设计及其理论	杜宏武	郭昊栩	郭卫宏	何镜堂	李 晋	刘宇波	冒亚龙
		孟建民	倪 阳	孙一民	苏 平	汤朝晖	王 静	王 扬
		肖毅强	张春阳	朱小雷				
081303	建筑技术科学	何 江	王红卫	吴硕贤	张宇峰	赵越喆		
0814	土木工程	陈光明	陈庆军	顾 明	韩小雷	何 岸	侯 爽	胡 楠
		黄仕平	黄炎生	姜立春	康 澜	赖远明	蓝小艺	凌育洪
		刘庭金	罗小春	牛富俊	潘建荣	魏 鹏	苏 成	王幼松
		吴 波	吴建营	谢琳琳	谢壮宁	颜全胜	杨 易	张海燕
		赵伦洋	赵俊贤	周小文	周 浩	朱位秋	Anil Misra	

续表

学科代码	学科名称（主岗）	导师姓名
0817	化学工程与技术	蔡容容 常 杰 陈 凯 程 江 丁良鑫 董新法 杜 丽 樊栓狮 方晓明 方玉堂 房瑞琪 傅和青 高学农 黄 洪 江燕斌 瞿金清 李 灿 李 静 李理波 李雪辉 凌子夜 刘美凤 刘伟峰 龙金星 楼宏铭 马彤梅 皮丕辉 钱 勇 綦戎辉 邱学青 沈 葵 宋慧宇 陶文亮 汪双凤 王浩帆 王素清 王燕鸿 魏嫣莹 文秀芳 奚红霞 夏启斌 肖 静 肖新颜 薛 健 严宗诚 杨东杰 叶 勇 余 皓 袁文辉 张会平 张 磊 张立志 张心亚 张正国 章莉娟 郑大锋 周 健 欧阳新平 Jürgen Caro
082201	制浆造纸工程	陈 港 陈广学 陈克复 方志强 侯 轶 何明辉 胡 健 雷利荣 李海龙 李继庚 李 军 梁 云 刘梦茹 蒲嘉陵 满 奕 沈文浩 唐 敏 田君飞 王 蕾 王 斌 王 宜 项舟洋 熊勤钢 徐 峻 曾劲松 张春辉 赵光磊
082202	制糖工程	姜建国 李 冰 李晓玺 山崎伸二 徐振波 张 霞
082203	发酵工程	韩双艳 黄 和 林 影 吴振强 杨 博 叶健文 郑穗平 朱明军
082301	道路与铁道工程	胡迟春 黎燕文 汪益敏 徐国元 虞将苗 张 园
082302	交通信息工程及控制	林培群 刘伟铭 卢 凯 林永杰 马莹莹 裴明阳 漆巍巍 王志勇 王晓飞 许鹏鹏 许伦辉 于华洋 曾 强
082303	交通运输规划与管理	温惠英
0824	船舶与海洋工程	陈超核 程 亮 程香菊 黄国如 黄志明 利 锋 屈 衍 申志超 孙海莹 温鸿杰 王兆礼 吴旭树 杨乐乐 周斌珍 朱良生
0830	环境科学与工程	陈光需 陈礼敏 陈培榕 陈 宇 陈元彩 程建华 党 志 邓 洪 冯春华 付名利 郭楚玲 胡勇有 胡 芸 黄碧纯 黄建林 黄少斌 黄伟林 邝嘉良 赖森潮 李芳柏 李 平 李 荣 刘 鹏 刘炜珍 刘则华 卢桂宁 马邕文 牛晓君 秦玉洁 丘勇才 邱光磊 任 源 石 林 石振清 苏梓学 宿新泰 万金泉 汪晓军 王 艳 韦朝海 吴锦华 吴军良 吴平霄 熊训辉 徐建铁 严克友 杨 琛 叶代启 易筱筠 袁自冰 赵伯特 张小平 张颖仪 张永清 赵 云 朱能武 朱 云 邹定辉 欧阳自远

续表

学科代码	学科名称（主岗）	导师姓名
0831	生物医学工程	边黎明 曹杰 曹晓东 陈云华 陈纯波 陈寄梅 陈汝福 单志新 邓春玉 邓春林 邓医宇 董华 杜昶 杜步婕 杜国庆 杜金志 杜莎莎 杜欣 段玉友 冯颖青 付晓玲 付良兵 高平 高蒙 耿庆山 郭圣文 韩志海 何善阳 侯铁英 蒋兴垭 江新青 兰月 李静 李欣 廉哲雄 梁长虹 梁锦荣 梁鸣 梁馨苓 刘大渔 刘双信 刘再毅 陆敏强 罗建方 罗东 马津津 聂立铭 聂玉强 宁成云 彭旗宇 乔贵宾 任力 邵丹 沈松 沈柱 施雪涛 石鹏 石玉华 舒海华 谭宁 汪鸿浩 王昌俊 王朝阳 王凡 王均 王丽娟 王琳 王迎军 魏亚明 翁建宇 吴刚 吴健 吴凯 巫林伟 夏慧敏 谢华锋 辛学刚 熊梦华 徐进 徐光青 许从飞 许适当 薛玉梅 杨蕊梦 杨显珠 姚学清 叶智明 余洪华 余学清 袁友永 曾红科 张朝军 张宏陆 张继辉 张琨雨 张文清 张绪超 张译月 张余 张玉虎 张元 张云娇 钟诗龙 钟世镇 钟惟德 钟文昭 周苗 周清 周永健 朱平 庄建 Gregga L. Semenza　Zhang Zhe（张喆）
0832	食品科学与工程	蔡俊鹏 陈谷 陈春 成军虎 崔春 陈文 扶雄 高群玉 郭新波 韩忠 胡松青 黄明涛 黄强 黄泽波 蓝东明 李超 李理 李宁 李晓凤 林恋竹 刘冬梅 刘国琴 刘宏生 娄文勇 孟赫诚 蒲洪彬 齐军茹 任娇艳 申益 苏国万 苏健裕 孙宝国 孙大文 孙为正 唐传核 万芝力 王方华 王永华 魏东 吴虹 吴晖 吴晓玲 肖凯军 肖性龙 熊犍 闫鹤 杨继国 杨晓泉 尹寿伟 游丽君 余以刚 曾新安 张斌 张学武 赵海锋 赵谋明 赵强忠 赵振刚 郑建仙 周非白 朱思明 Ruihai Liu
0833	城乡规划学	刘玉亭 孟庆林 田银生 陶金 王世福 魏成 袁奇峰 赵渺希 周剑云
0834	风景园林学	方小山 管少平 郭谦 李琼 梁明捷 林广思 潘莹 唐孝祥 王国光 袁晓梅 赵立华
0835	软件工程	蔡毅 陈健 黄翰 李东 梁浩锋 梁俊斌 刘飞 宋恒杰 谭明奎 王小航 王振宇 吴庆耀 向毅 奚建清 杨磊 杨晓伟 叶进 喻昕 Oliver Martin Deussen

续表

学科代码	学科名称（主岗）	导师姓名
1201	管理科学与工程	崔耀东　冯立攀　谷　斌　何　平　黄伟祥　兰继斌　李牧南 李怡娜　李志宏　刘　芳　刘勇军　罗嘉雯　牛保庄　王爱虎 王和勇　吴应良　吴永忠　谢　维　徐维军　许小颖　杨　磊 叶　飞　张卫国　张　健　张智勇　赵龙文　钟慧玲　钟远光 周文慧　周永务　朱文斌　左文明
120201	会计学	梁彤缨　万良勇
120202	企业管理	晁　罡　葛淳棉　黄嫚丽　简兆权　雷倩华　李　敏　李卫宁 刘善仕　宋铁波　王红丽　王雁飞　王　创　叶广宇　曾　萍 张振刚　张　麟　张起元　张　峰
120203	旅游管理	戴光全　江金波　廖军华　汪秀琼　吴志才　余传鹏
120204	技术经济及管理	樊　霞　王志强　许　治　张协奎　周　霞　朱桂龙
1204	公共管理	陈　娟　范　旭　方　俊　高晓波　管　兵　韩莹莹　黄　岩 贾海龙　焦　磊　李海滨　李胜会　李文彬　芮　䇹　王福涛 文　宏　吴克昌　杨丽君　吴小坤　叶贵仁　叶　托　章熙春 赵庆年　郑方辉　郑永年　周建青　张　锋
0822Z2	生物质科学与工程	谌凡更　付时雨　蓝　武　刘传富　李晓云　彭新文　祁海松 任俊莉　王小慧　王小英　武书彬　杨仁党　钟林新
99J1	绿色能源化学与技术	陈　燕　蒋仲杰　康雄武　黎立桂　刘　江　唐正华　杨成浩
99J3	软物质科学与工程	陈　坤　郭子豪　黄明俊　刘一流　邱文丰　孙桃林　夏剑辉 唐　雯　王　辉　王号兵　王林格　文　韬　于倩倩　张勃兴 张　睿　张荣纯　张志龙　Satoshi Aya

资料3　2022年工程类专业学位研究生招生领域

一、博士专业学位授权类别（领域）

序号	学位类别码	专业学位类别	领域名称	招生学院	授权时间
1	0854	电子信息	电子工程	电子与信息学院、微电子学院、物理与光电学院、医学院（生命科学研究院）、自动化科学与工程学院	2019年5月
			计算机与软件工程	电子与信息学院、计算机科学与工程学院、软件学院、生物科学与工程学院、自动化科学与工程学院	
			智能控制与电气工程	电力学院、自动化科学与工程学院	

续表

序号	学位类别码	专业学位类别	领域名称	招生学院	授权时间
2	0855	机械	车辆工程	机械与汽车工程学院	2019年5月
			高端制造技术及装备	机械与汽车工程学院、土木与交通学院	
			机械电子工程	机械与汽车工程学院	
3	0856	材料与化工	材料工程	材料科学与工程学院、机械与汽车工程学院、轻工科学与工程学院、生物医学科学与工程学院、物理与光电学院、医学院（生命科学研究院）	2019年5月
			化学工程	化学与化工学院、轻工科学与工程学院、生物科学与工程学院、食品科学与工程学院	
4	0857	资源与环境	环境与生态工程	环境与能源学院、机械与汽车工程学院、生物科学与工程学院、食品科学与工程学院	2019年5月
			生物质资源工程	生物科学与工程学院、食品科学与工程学院	
5	0859	土木水利	建筑工程	建筑学院	2019年5月
			土木工程	土木与交通学院	

二、硕士专业学位授权类别（领域）

序号	学位类别码	学位类别	领域名称	招生学院	授权时间
1	0251	金融		经济与金融学院	2010年9月
2	0254	国际商务		经济与金融学院	2014年5月
3	0351	法律		法学院（知识产权学院）	2007年5月
4	0352	社会工作		马克思主义学院	2014年5月
5	0452	体育		体育学院	2014年5月
6	0551	翻译	英语笔译	外国语学院	2010年9月
			日语笔译		
7	0552	新闻与传播		新闻与传播学院	2014年5月
8	0851	建筑学		建筑学院	1996年1月
9	0853	城市规划		建筑学院	2011年10月

续表

序号	学位类别码	学位类别	领域名称	招生学院	授权时间
10	0854	电子信息	电子与通信工程	电子与信息学院	2019年5月
			集成电路工程	微电子学院	
			计算机技术	计算机科学与工程学院	
			控制工程	自动化科学与工程学院	
			软件工程	软件学院	
11	0855	机械	车辆工程	机械与汽车工程学院	2019年5月
			机械工程	机械与汽车工程学院、吴贤铭智能工程学院	
			工业设计工程	设计学院	
12	0856	材料与化工	材料工程	材料科学与工程学院、分子科学与工程学院、机械与汽车工程学院、生物医学科学与工程学院	2019年5月
			化学工程	化学与化工学院	
			轻工技术与工程	轻工科学与工程学院	
			生物医学工程	生物医学科学与工程学院	
13	0857	资源与环境	安全工程	机械与汽车工程学院	2019年5月
			环境工程	环境与能源学院	
14	0858	能源动力	电气工程	电力学院	2019年5月
			动力工程		
15	0859	土木水利	建筑与土木工程	土木与交通学院	2019年5月
16	0860	生物与医药	生物工程	生物科学与工程学院	2019年5月
			食品工程	食品科学与工程学院	
17	0861	交通运输	交通运输工程	土木与交通学院	2019年5月
18	0953	风景园林		建筑学院	2005年6月
19	1051	临床医学		医学院	2021年10月
20	1055	药学		生物科学与工程学院、医学院、生物医学科学与工程学院	2015年11月
21	1251	工商管理		工商管理学院	1993年12月
22	1252	公共管理		公共管理学院	2003年9月
23	1253	会计		工商管理学院	2010年9月
24	1256	工程管理	工程管理	土木与交通学院、工商管理学院、经济与金融学院、旅游管理系、电子商务系	2010年9月
			工业工程与管理		
			物流工程与管理		
25	1351	艺术		艺术学院	2022年7月

继 续 教 育

【招生与教学】平稳推进学历继续教育收尾工作。坚持"过程体现质量"理念,在培养计划、教学实施、考试考核、毕业论文(设计)等各个环节上严格落实教学过程质量保障体系,严把"出口"关;启动学历收尾预警工作,发布学历继续教育在籍学生管理等通知,规范有序清理遗留学生。2022年处理退学学生2252人(其中网络教育1953人、成人教育299人);组织开展63个教学点的摸查工作,建立问题台账并妥善处置各类遗留问题。截至2022年底,学历继续教育在籍学生共12 273人,其中,网络教育学生7583人、成人高等教育学生4690人。2022年获得学士学位2126人。

【培训工作】学校开展的非学历教育包括高级管理人员培训、专业技术人员培训、职业技能培训、出国留学培训、自考助学培训等类别。

持续拓宽高级管理人员培训路径。充分发挥管理类、工科类学科优势和人才优势,发力乡村振兴、专精特新、"双师型"教师培养等国家政策支持重点领域,开展系列线上、线下相结合的培训。2022年举办培训项目109期,培训人数7263人,办学收入4100万元。

出国留学培训规模持续稳定。面向高中毕业生或同等学历学生,开展"2+2"国际本科、世界名校本科"1+3"及新南威尔士大学预科培训项目,覆盖商科、计算机、工程、设计及新工科等六大类专业。截至2022年底,出国留学培训项目在校生人数168人,全年培训收入1754万元。

专业技术人员培训取得新进展。入选国家级职业教育"双师型"教师培训基地(电子与信息大类计算机类),获批成为国家首批数字技术工程师"智能制造""大数据""区块链"工程技术人员三个新职业方向的培训机构,是广东省首批唯一入选的单位。依托国家级专业技术人员继续教育基地,打造特色高级研修项目,推进数字技术工程师培育项目。

加强自考助学培训质量管理。推进"主考学校"和"助学培训"相融合,为考生提供更加优质的教育资源。获广东省自考委批准成为网络助学及过程性评价的试点高校。2022年自考助学培训收入4427万元,上交学校1074万元。

【管理工作】开展非学历教育检查整改。坚持"在规范中发展,在发展中规范"的继续教育办学理念,对照《普通高等学校举办非学历教育管理规定(试行)》,建立整改台账和具体整改措施,严格落实"自招、自办、自管"要求。全面终止与校外招生机构的合作,签订终止合作协议36份。学校顺利完成非学历教育专项检查整改并通过教育部认定。

推进适应继续教育转型发展的信息化建设。建设集高端培训管理、出国留学培训管理、专业技术培训管理、学院综合管理等于一体的非学历教育管理平台,为各类培训业务提供信息化支撑。推进非学历财务系统建设。

聚力乡村振兴和脱贫攻坚,强化教育赋能。投入16万元用于云南省对口扶贫培训;落实学校与阳江市教育局、汕头澄海区教育局签订的结对帮扶协议,举办乡村中小学教师综合素质能力提升培训班，打造集培训、学习、实践于一体的教师综合素质能力提升模式，助力帮扶地区基础教育质量的提升。

资料　2022 年继续教育学院在籍学生情况一览表

类别	毕业生数			在校生数			招生数		
	小计	本科	专科	小计	本科	专科	小计	本科	专科
成人教育	3631	3114	517	4690	4291	399	0	0	0
网络教育	15 240	9939	5301	7583	4410	3173	0	0	0

国 际 教 育

【招生工作】创新招生工作模式，提高招生工作质量。借助云端平台，定期开展精准招生宣传，针对欧美地区、"一带一路"沿线国家或地区开展一对一或一对多的"云"招生宣讲会，为国际学生提供便捷、个性化的申请咨询服务。开展"日本千叶大学线上夏令营项目""汉语桥——粤港澳大湾区线上团组交流项目"，开拓"沙特国王奖学金"申请、"1+4"留学生直通车项目，提高学历生质量。截至 2022 年底，学校留学生总人数为 1655 人，来自 109 个国家，其中，学历生总数 1199 人，占学生总人数的 72%。

【教学工作】加强来华留学教育教学能力建设。留学生课程全部转为线上教学，共计 312 门。加强科研教学，立项 12 项，其中，部省级项目 7 项、其他 5 项；发表论文 20 篇，其中，SCI 论文 2 篇、SSCI 论文 2 篇、其他 16 篇；出版专著、教材共 2 种。中国政府奖学金国际预科项目再创佳绩，预科留学生参加 CSC 统一结业考试，所有科目均 100% 通过，所有学生获得 HSK4、HSK5 级证书，顺利入读本科院校。

学生培养质量不断提高。2018 级尼日利亚籍博士研究生 Esua Okon Johnson 发表 7 篇 SCI 论文，最高影响因子为 11.172。2018 级巴基斯坦籍博士研究生 Muhammad Sufyan 发表 4 篇 SCI 论文，最高影响因子为 5.316。2018 级加纳籍博士研究生 Perry Fordson Hayford Agbanu 发表 3 篇学术论文，其中 2 篇 SCI 论文、1 篇 EI 论文，最高影响因子为 4.67。2022 年全日制各类留学生毕业 154 人，其中，本科生 116 人、硕士生 25 人、博士生 13 人。

【孔子学院建设】在第二届"最·孔院"全球短视频征集活动中，兰卡斯特大学孔子学院选送的《我与孔院的故事》分获优秀奖和三等奖；兰卡斯特大学在读博士生康可获"孔院达人"称号。在"汉语桥"世界大学生中文比赛——华盛顿 DC 领区预选赛中，美国爱达荷大学选派的参赛选手康盛获一等奖。与英戈尔施塔特工业技术大学举行奥迪孔子学院成立六周年暨蒸汽车模型赠送仪式。

【留学生管理】 稳妥做好境外生返校工作。做好入境留学生的健康监测、核酸检测、后勤服务等工作，顺利完成40余个国家共计205名国际学生的入境返校工作。

持续推进国情教育系列活动，培养知华友华爱华留学生。组织开展"感受乡村振兴、读懂今日中国"中外大学生社会实践活动，1名留学生作为广东省学生代表在全国总结交流会上发言。组织留学生代表参加世界青年发展论坛等重要活动，展现新时代留学生风采。留学生参赛项目《生鲜预制食品"电－磁－气"快捷保鲜技术革新者》在第十三届"挑战杯"广东大学生创业计划竞赛中获国际赛道金奖。

加强留学生安全教育和人文关怀。做好留学生安全教育工作，组织线上线下讲座和演练，内容覆盖疫情防控、签证、禁毒、宗教、消防、考勤、网络诈骗、实验室安全等，确保校园安全稳定。常态化开展"师生面对面"交流活动和留学生"文明宿舍评比"活动。完善留学生心理健康预警机制，做好留学生心理危机事件干预处理。

资料　2022年学校春季、秋季留学生情况一览表

学生类别	春季		秋季		毕业人数
	学生总数	招生人数	学生总数	招生人数	
语言生	383	178	456	73	341
专业生	1010	0	1199	189	154
合计	1393	178	1655	262	495

招 生 与 就 业

【招生工作】 持续推动"招生链、培养链、创新链"三链融合，生源质量稳步提升。以线上线下相结合的方式组织形式多样的招生宣传活动，全年共计组织各类宣讲会930余场，同比增加25%，累计与400余所重点中学建立稳定关系，为其中330多所中学授予优质生源基地。省内本科招生录取继续保持高位，省外招生录取稳中有升。其中，综合评价招生报名人数10 448人，同比增长25.02%，整体报考热度（报考数/计划数）达到2322%；强基计划报名人数4770人，较2021年增长21.19%，报录比达到50∶1。2022年学校本科招生计划6980人，实际录取6909人。其中，广东省录取3466人，广东省外录取3443人；普通类考生5296人，综合评价442人，强基计划90人，外语保送生12人，国家专项396人，高校专项"筑梦计划"124人，艺术专业生266人，高水平运动队16人，运动训

练专业生40人，西藏、新疆生82人，2021年少数民族预科生转段76人，港澳台生69人。录取2022年少数民族预科生80人。

圆满完成2022年研究生招生工作，实现平安研考，生源质量不断提升。招收硕士研究生6261人，其中推免生录取2151人，同比增加9.13%；招收博士研究生1277人，比上一年度增加139人，增长率为12.21%。

【就业工作】打造"一号民生工程"，擦亮"就业金字招牌"。2022届毕业生总体毕业去向落实率达到98.31%。其中，本科毕业生毕业去向落实率为97.43%，硕士研究生毕业去向落实率为99.31%，博士研究生毕业去向落实率为98.98%。43.83%的本科生选择继续深造，境内升学九成以上流向"双一流"建设高校，国（境）外留学超八成赴QS世界排名前100高校，在世界500强和中国500强企业就业人数占比达43.16%。学校入选"2022年广东省高校职业生涯咨询特色工作室"。2022届毕业生对母校的满意度为98.33%，用人单位对毕业生的工作表现满意度为99.28%。

打造全员化联动机制。建立"从上到下"工作合力机制，出台书记校长访企拓岗促就业专项行动实施方案，党政领导带队赴四川、湖南等地走访省委组织部门、重点行业企业和校友企业，与四川省达成省校全面战略合作。建立"从前到后"过程跟踪机制。编制11 394条毕业生就业方案，申请签发8503份报到证，核查就业信息853人次，受理毕业生违约申请516人，为2006—2021年毕业的2389名毕业生补签发报到证。开展就业数据"日报""周报""月报"70余份，发布《毕业生中期调研报告》《毕业生就业年度报告》《学院就业工作总结汇编》。建立"从进到出"动态调整机制。将社会实际需求和毕业生就业情况作为学校专业调整的重要参考，将就业情况作为导师相关工作评定的重要参考。

全方位推进岗位供给。立足就业市场，稳固"基本盘"。针对2022届毕业生组织跨学校、跨区域线上招聘会20场、线下招聘会19场，企业总数逾27 352家，提供岗位逾83万个；微信公众号发布推文2280条，就业在线网站新增注册企业2869家，举办宣讲会1006场次，发布招聘信息7394条，向社会共享招聘岗位363 085个，为275家用人单位发布实习信息，与广发期货有限公司等16家用人单位共建就业实习基地。用好政策红利，培育"增长极"。发放基层和重点领域就业"笃行奖"23.8万元，举办"踔厉奋发 强国有我"华南理工大学2022届选调生座谈会暨出征仪式，超300人被录用为选调生，24人参加"西部计划"，21人参军入伍，20人参加"三支一扶"，2人到"联合国训练研究所青少年领航计划"实习。2人入选第五届"闪亮的日子——青春该有的模样"大学生就业创业人物事迹。开发自有岗位，确保"兜住底"。面向2022届毕业生开发597个科研助理岗位。发挥就指委作用，举行专场招聘会3场，提供岗位近10万个。开展第二期就业育人活动，促成89家企业与653所高校达成1940个育人项目，撰写《装备制造行业人才供需报告》。

全程化开展就业服务。积极建言献策，完成7个国家和省级部门调研项目，为相关政策出台提供"华工视角""华工智慧"。深化课程建设，出台《华南理工大学就业指导课程教师队伍建设及管理暂行办法》，开展TTT就业指导课教学培训，52人参加培训，新吸纳9位教师加入授课队伍。开设"生涯规划与求职技巧"选修课17个班，1197人选修。推进活动育人工作。通过广州市就业创业e站建站评估和2021年度评估，申请建站资金20万元，开展"职业启航活动月""青春逐梦职场活动月"活动180场，覆盖学生2.5万人次。深化个性化咨询服务，为三个校区826人次解决职业困惑。帮扶重点群体，开展"星火计划"就业精准指导，实施"中央专项彩票公益金宏志助航计划——全国高校毕业生就业能力培训项目"，62名学生参加就业能力培训。开发"求职创业补贴申报系统"，为847名城乡困难家庭毕业生发放求职创业补贴254.1万元，为164名就业困难、经济困难的"双困"学生发放补助13.12万元。

科研与科技产业工作

自然科学研究

【科研项目与经费】2022年新增自然科学类科研项目2978项，实到经费20.61亿元，其中，纵向实到经费10.01亿元，横向实到经费10.60亿元。基础研究方面，获批国家自然科学基金项目299项，直接经费1.78亿元，其中，重点项目5项、联合基金项目7项、杰青项目1项、优青项目6项、重大项目课题2项、重大研究计划培育项目2项、专项项目5项；获批广东省基础与应用基础研究基金项目291项，总经费7260万元，其中，卓越青年团队8项（全省30项）、省杰出青年项目11项、联合基金项目47项。应用研究方面，获批各类国家科技计划项目及课题137项，总经费4.97亿元，其中，牵头承担国家重大重点项目13项；承担各类省市科技计划项目233项，总经费1.03亿元。国际合作方面，牵头获批国际科技合作项目20项，其中，政府间国际科技创新合作专项3项、广东省国际科技合作项目14项。

【科研成果与奖励】2022年获高等学校科学研究优秀成果奖（科学技术）10项，其中，一等奖7项，牵头项目获一等奖5项（自然奖4项、科技进步奖1项）；36个项目（人）获广东省科学技术奖，其中，一等奖8项（牵头4项）、二等奖20项、科技成果推广奖3项、青年科技创新奖5人；牵头项目获2022年度自动化学会和轻工业联合会科学技术一等奖各1项。1项IEEE国际标准正式发布。2人获2022年广东"最美科技工作者"、1人获2022年广州"最美科技工作者"，1人获霍英东教育基金会第十八届高等院校青年科学奖。

《2022年中国科技论文统计报告》显示，学校2021年度发表"卓越科技论文"（包括卓越国际论文和卓越国内论文）3349篇，在全国高校中排名第18位；发表SCI学科影响因子前1/10的期刊论文1237篇，较上年增长57.7%，在全国高校中排名第17位。2021年学校所发论文被SCI、EI和CPCI-S索引共收录8267篇，其中，SCI索引收录4340篇，在全国高校中排名第19位；EI索引收录3645篇，在全国高校中排名第13位。1篇论文2012—2022年间累计被引次数达3377次，入选"2012—2022年我国高被引论文中被引次数最高的10篇论文"。3篇论文入选"领跑者5000——2021年度中国精品科技期刊顶尖学术论文"。16名学者17人次以第一单位入选全球高被引科学家，入选人次在内地高校中排名第15位。

获第二十三届中国专利奖4项，其中，银奖2项、优秀奖2项，获奖数量位居全国高校第三；获第九届广东专利奖4项，其中，金奖1项、优秀奖3项，获奖数量全省第一；获粤港澳大湾区高价值专利培育大赛银奖2项、优秀奖1项。2022年专利申请量2952项，其中，发明专利申请量

2756项，发明专利申请量占比93.4%；专利授权量2769项，其中，发明专利授权量2324项，发明专利授权量占比83.9%。截至2022年底，有效发明专利拥有量达10 876项，有效发明专利拥有量占比77.4%。申请PCT专利90项，进入国家阶段57项；国外专利授权量89项。通过专利许可、转让、作价入股等形式实现转化合同226项，合同金额达8045.9万元。

【科研基地建设】推进制浆造纸工程、亚热带建筑科学、发光材料与器件等国家重点实验室重组工作；做好部省级科研平台验收及评估工作，22个广东省重点实验室全部通过评估。2022年新增7个部省级自然科学类科研平台，包括1个省部共建协同创新中心（高分子先进制造）、1个教育部工程研究中心（健康智能感知与数字平行人）、1个广东省重点实验室（数字孪生人）、1个广东省药监局重点实验室（新型生物适配材料评价及质量控制研究）、1个广东省国际联合研究中心（软物质功能与智能杂化材料）、1个粤港澳联合实验室（现代交通节能控制和智能运维技术）以及1个广州市重点实验室（量子精密测量）。截至2022年底，学校共有部省级及以上自然科学类科研平台200个，其中，国家级科研平台26个、部省级科研平台174个，基本形成"基础研究－技术攻关－国际合作"全链条的科研创新平台。

【产学研合作】2022年新签订横向合同1840项，合同总经费12.2亿元，其中，200万元以上重大横向项目达154个、500万元以上合同43个。深化校企长效合作机制，与美的集团、欣旺达、OPPO等企业共建46个校企联合实验室，获得研发经费3.34亿元；与中国中化、南方电网、广州工控、广州无线电等央企、国企以及行业龙头企业签署战略合作框架协议。与南沙区合作共建华工－南沙科技创新谷，与四川省、广州市、厦门市等地方政府签署战略合作框架协议，完善校地协同创新体系。学校创业带动就业专项行动被国家发改委评为优秀案例（全国仅2家高校入选）。

【科研交流】全年采取线上会议、线上线下相结合等方式，主办（承办）花城院士科技峰会暨第四届能源、电力与电网国际学术会议，第四届国际微生物被膜会议，第十届水泥混凝土国际会议，国际微波研讨会系列——应用于射频及太赫兹的先进材料和工艺国际会议，第十四届全球华人化工学者研讨会，第三届矿山环境污染与修复学术研讨会，2022年非线性偏微分方程学术论坛等大型学术会议，营造良好学术氛围。

资料1　2022年学校各单位获国家自然科学基金资助情况

单位	获批项目类型（项）											直接经费（万元）
	重点	联合基金	杰青	优青	重大项目课题	重大研究计划培育	专项项目	面上	青年	国际合作	总计	
材料科学与工程学院	1	2	1				1	18	12		35	2513
化学与化工学院	1	1		1				21	8		32	2109
电子与信息学院	1			1	1			8	3		14	1303.2

续表

单位	获批项目类型（项）											直接经费（万元）
	重点	联合基金	杰青	优青	重大项目课题	重大研究计划培育	专项项目	面上	青年	国际合作	总计	
机械与汽车工程学院	1	1				1		9	7		19	1301
前沿软物质学院						1	3	6	5		15	1142
土木与交通学院	1			1				8	5		15	1061
食品科学与工程学院		1						9	2		12	794
生物医学科学与工程学院								7	4		11	752
电力学院		1						5	7		13	747
附属第二医院		1						6	14		21	737
工商管理学院					1			6	8		15	731
环境与能源学院								11	2		13	651
医学院				1				6	3		10	610
物理与光电学院				1				3	5		9	511
自动化科学与工程学院							1	9			10	491
数学学院								8	2		10	421
轻工科学与工程学院								3	7	1	11	366
计算机科学与工程学院				1				2	1	1	5	347
生物科学与工程学院								5			5	268
软件学院								4			4	217
建筑学院								3	1	1	5	190
吴贤铭智能工程学院								1	3		4	144
海洋科学与工程学院								1	2		3	113
未来技术学院								1	2		3	113
微电子学院								1	1		2	86
旅游管理系								1	1		2	79
设计学院								1			1	54
总计	5	7	1	6	2	2	5	163	105	3	299	17 851.2

资料2 2021年度学校各单位三大索引论文统计表

单位：篇

单位	SCI			EI	CPCI-S	合计
	合计	其中SCI学科影响因子前1/10论文	其中卓越国际论文			
材料科学与工程学院	597	181	321	562	4	1163
机械与汽车工程学院	386	74	166	436	21	843
化学与化工学院	387	100	212	378		765
食品科学与工程学院	359	152	229	225		584
电力学院	204	32	75	326	4	534
环境与能源学院	294	130	200	233		527
土木与交通学院	224	49	88	260	8	492
电子与信息学院	181	32	50	214	84	479
华南理工大学附属广东省人民医院	434	98	128	16	13	463
轻工科学与工程学院	184	80	126	218		402
计算机科学与工程学院	168	73	94	174	52	394
物理与光电学院	119	26	46	106	4	229
自动化科学与工程学院	101	30	49	116	11	228
生物科学与工程学院	120	33	34	53	1	174
数学学院	95	14	44	52		147
软件学院	54	20	19	57	32	143
医学院	94	20	35	21		115
附属第二医院	100	18	43	9		109
工商管理学院	56	18	26	34	1	91
前沿软物质学院	49	20	23	41		90
建筑学院	37	12	21	35	2	74
吴贤铭智能工程学院	25	3	8	26	7	58
微电子学院	17	2	3	16	6	39
设计学院	6	3	2	2	26	34
生物医学科学与工程学院	15	8	9	12		27
电子商务系	8	2	2	9		17
经济与金融学院	8		5	4		12
公共管理学院	4	3	2	2		6
其他	14	4	4	8	6	28
总计	4340	1237	2064	3645	282	8267

资料3 2022年各单位部省级及以上奖励情况

单位	高等学校科学研究优秀成果奖（科学技术）		广东省科学技术奖			
	一等奖	二等奖	一等奖	二等奖	科技成果推广奖	青年科技创新奖
机械与汽车工程学院	1（1）		1（0）	5（0）		1（1）
土木与交通学院			2（0）	2（2）		
材料科学与工程学院	2（1）		2（2）	2（0）		2（2）
化学与化工学院	1（1）			3（0）	1（1）	1（1）
轻工科学与工程学院				1（1）		
食品科学与工程学院			1（0）		1（0）	
数学学院	1（1）			1（0）		1（1）
物理与光电学院		1（0）				
自动化科学与工程学院		1（1）	1（1）	1（1）		
电力学院		1（1）		1（0）	1（1）	
环境与能源学院	2（1）		1（1）	1（1）		
软件学院				2（0）		
微电子学院				1（0）		
总计	7（5）	3（2）	8（4）	20（6）	3（2）	5（5）

注：括号内数字表示以学校为第一完成单位获奖数量。

资料4 2022年各学院专利申请和授权情况

学院	申请量		授权量	
	总数	其中发明专利	总数	其中发明专利
机械与汽车工程学院	438	381	410	275
材料科学与工程学院	384	374	435	420
化学与化工学院	317	311	283	279
电子与信息学院	259	246	276	262
食品科学与工程学院	224	221	132	128
计算机科学与工程学院	201	201	156	155
自动化科学与工程学院	183	162	124	110
土木与交通学院	174	154	159	85
电力学院	146	135	137	117
轻工科学与工程学院	126	122	115	110

续表

学院	申请量		授权量	
	总数	其中发明专利	总数	其中发明专利
环境与能源学院	123	120	110	102
生物科学与工程学院	62	62	40	40
建筑学院	48	32	36	11
软件学院	47	46	40	38
物理与光电学院	36	35	30	27
微电子学院	35	35	33	32
设计学院	26	5	100	3
吴贤铭智能工程学院	22	20	14	11
前沿软物质学院	20	19	19	18
医学院	17	17	19	18
生物医学科学与工程学院	13	13	11	11
工商管理学院	2	2	1	0
数学学院	1	1	1	1
新闻与传播学院	1	1	0	0
海洋科学与工程学院	1	1	1	0
学院小计	2906	2716	2682	2253
其他	46	40	87	71
学校总计	2952	2756	2769	2324

资料5　学校省部级及以上科研机构一览表（自然科学类）

序号	名称	级别类型	负责人	批复时间
1	制浆造纸工程国家重点实验室	国家级	李映伟	1989年
2	亚热带建筑科学国家重点实验室	国家级	肖大威	2007年
3	发光材料与器件国家重点实验室	国家级	马於光	2011年
4	国家金属材料近净成形工程技术研究中心	国家级	张卫文	2009年
5	国家人体组织功能重建工程技术研究中心	国家级	王迎军	2009年
6	国家移动超声探测工程技术研究中心	国家级	韦　岗	2013年
7	国家热带特色健康食品示范型国际科技合作基地	国家级	扶　雄	2017年
8	造纸与污染控制国家工程研究中心	国家级	胡　健	1996年
9	聚合物新型成型装备国家工程研究中心	国家级	瞿金平	1998年
10	挥发性有机物污染治理技术与装备国家工程实验室	国家级	叶代启	2016年

续表

序号	名称	级别类型	负责人	批复时间
11	风电控制与并网技术国家地方联合工程实验室	国家级	杨 苹	2012年
12	汽车零部件技术国家地方联合工程实验室	国家级	张宪民	2015年
13	半导体显示与光通信器件研发国家地方联合工程研究中心	国家级	汤 勇	2017年
14	有机光电功能材料器件研究学科创新引智基地	国家级	马於光	2006年
15	建筑物理环境与建筑节能学科创新引智基地	国家级	孙一民	2007年
16	制浆造纸工程学科创新引智基地	国家级	陈克复	2011年
17	新型生物医用材料及其组织修复学科创新引智基地	国家级	王迎军	2012年
18	食品营养与健康学科创新引智基地	国家级	赵谋明	2016年
19	软物质科学与技术学科创新引智基地	国家级	程正迪	2017年
20	功能分子工程学科创新引智基地	国家级	高 松	2020年
21	塑料改性与加工国家工程实验室	国家级	瞿金平	2008年
22	TFT-LCD工艺技术国家工程实验室	国家级	彭俊彪	2008年
23	医用植入器械国家工程实验室	国家级	王迎军	2009年
24	小麦和玉米深加工国家工程实验室	国家级	李 琳	2011年
25	农田土壤污染防控与修复技术国家工程实验室	国家级	党 志	2016年
26	AMOLED工艺技术国家工程实验室	国家级	彭俊彪	2017年
27	国家药品监督管理局创新生物材料医疗器械研究与评价重点实验室	省部级	王迎军	2021年
28	国家药品监督管理局医疗器械监管科学研究基地	省部级	王迎军	2019年
29	人体组织功能重建省部共建协同创新中心	省部级	王迎军	2018年
30	先进轻质功能材料省部共建协同创新中心	省部级	胡 健	2018年
31	高分子先进制造省部共建协同创新中心	省部级	瞿金平	2022年
32	聚合物成型加工工程教育部重点实验室	省部级	冯彦洪	2000年
33	传热强化与过程节能教育部重点实验室	省部级	张立志	2000年
34	生物医学材料与工程教育部重点实验室	省部级	杜 昶	2003年
35	亚热带建筑教育部重点实验室	省部级	何镜堂	2005年
36	工业聚集区污染控制与生态修复教育部重点实验室	省部级	党 志	2008年
37	金属材料高效近净成形技术与装备教育部重点实验室	省部级	张卫文	2008年

续表

序号	名称	级别类型	负责人	批复时间
38	自主系统与网络控制教育部重点实验室	省部级	裴海龙	2009年
39	湿法无纺布及膜功能材料教育部重点实验室	省部级	胡健	2018年
40	大数据与智能机器人教育部重点实验室	省部级	蔡毅	2019年
41	金属新材料制备成形技术与装备教育部工程研究中心	省部级	张卫文	2006年
42	淀粉与植物蛋白深加工教育部工程研究中心	省部级	李冰	2006年
43	精密电子制造装备教育部工程研究中心	省部级	胡跃明	2007年
44	近距离无线通信与网络教育部工程研究中心	省部级	章秀银	2009年
45	人体数据感知教育部工程研究中心	省部级	徐向民	2019年
46	健康智能感知与数字平行人教育部工程研究中心	省部级	陈俊龙	2022年
47	先进功能材料国际合作联合实验室	省部级	彭俊彪	2015年
48	合成生物学与药物制备国际合作联合实验室	省部级	张雷	2017年
49	大数据与机器人智能粤港澳联合实验室	省部级	蔡毅	2017年
50	前沿医药技术监管科学体系项目研究重点实验室	省部级	王均	2021年
51	新型生物适配材料评价及质量控制研究重点实验室	省部级	郝丽静	2022年
52	广东省汽车工程重点实验室	省部级	罗玉涛	1997年
53	广东省高性能与功能高分子材料重点实验室	省部级	罗远芳	2001年
54	广东省计算机网络重点实验室	省部级	许勇	2002年
55	广东省金属新材料制备与成形重点实验室	省部级	陈维平	2003年
56	广东省绿色化学产品技术重点实验室	省部级	楼宏铭	2004年
57	广东省发酵与酶工程重点实验室	省部级	林影	2005年
58	广东省绿色能源技术重点实验室	省部级	刘明波	2008年
59	广东省生物医学工程重点实验室	省部级	施雪涛	2009年
60	广东省天然产物绿色加工与产品安全重点实验室	省部级	李冰	2010年
61	广东省短距离无线探测与通信重点实验室	省部级	陈芳炯	2010年
62	广东省燃料电池技术重点实验室	省部级	梁振兴	2010年
63	广东省创新方法与决策管理系统重点实验室	省部级	朱桂龙	2011年
64	广东省大气环境与污染控制重点实验室	省部级	付名利	2011年
65	广东省精密装备与制造技术重点实验室	省部级	陈忠	2011年
66	广东省先进储能材料重点实验室	省部级	朱敏	2012年
67	广东省光纤激光材料与应用技术重点实验室	省部级	张勤远	2013年

续表

序号	名称	级别类型	负责人	批复时间
68	广东省能源高效清洁利用重点实验室	省部级	姚顺春	2013年
69	广东省功能分子工程重点实验室	省部级	江焕峰	2015年
70	广东省计算智能与网络空间信息重点实验室	省部级	陈俊龙	2017年
71	广东省高分子先进制造技术及装备重点实验室	省部级	瞿金平	2018年
72	广东省毫米波与太赫兹重点实验室	省部级	薛泉	2019年
73	广东省分子聚集发光重点实验室	省部级	秦安军	2019年
74	广东省功能与智能杂化材料与器件重点实验室	省部级	程正迪	2019年
75	广东省固体废物污染控制与资源化重点实验室	省部级	刘炜珍	2020年
76	广东省现代土木工程技术重点实验室	省部级	吴波	2021年
77	广东省数字孪生人重点实验室	省部级	徐向民	2022年
78	大数据与计算智能粤港联合创新平台	省部级	陈伟能	2018年
79	智能工程国际联合研究中心	省部级	谢龙汉	2018年
80	粤港澳光电磁功能材料联合实验室	省部级	高松	2019年
81	现代食品新型加工与智能控制国际联合研究中心	省部级	孙大文	2019年
82	低升糖健康食品国际联合研究中心	省部级	黄强	2021年
83	软物质功能与智能杂化材料国际联合研究中心	省部级	王林格	2022年
84	高性能橡胶塑料与复合材料广东普通高校重点实验室	省部级	曾幸荣	2001年
85	计算机网络广东普通高校重点实验室	省部级	张凌	2001年
86	工业生物技术广东普通高校重点实验室	省部级	林影	2005年
87	农产品资源绿色加工广东普通高校重点实验室	省部级	李冰	2006年
88	精密制造技术与装备广东普通高校重点实验室	省部级	张宪民	2007年
89	污染控制与生态修复广东普通高校重点实验室	省部级	韦朝海	2008年
90	无线通信网络与终端广东普通高校重点实验室	省部级	余华	2008年
91	新能源技术广东普通高校重点实验室	省部级	杜丽	2009年
92	表面功能结构先进制造广东普通高校重点实验室	省部级	汤勇	2009年
93	能源高效清洁利用广东普通高校重点实验室	省部级	马晓茜	2010年
94	风工程广东普通高校重点实验室	省部级	苏成	2011年
95	清洁能源材料广东普通高校重点实验室	省部级	朱敏	2011年
96	跨媒体大数据与机器智能广东省普通高校重点实验室	省部级	谭明奎	2020年
97	广东高校现代道路工程技术研究中心	省部级	王端宜	2008年

续表

序号	名称	级别类型	负责人	批复时间
98	广东高校半导体照明工程技术研究中心	省部级	王　洪	2008年
99	广东高校大气污染控制工程技术研究中心	省部级	叶代启	2009年
100	广东高校现代交通工程技术研究中心	省部级	卢　凯	2010年
101	广东高校音视频图文智能信息处理工程技术研究中心	省部级	金连文	2010年
102	广东高校绿色校园节能与控制工程技术研究中心	省部级	闫军威	2011年
103	广东高校工业废弃物资源化利用工程技术研究中心	省部级	江焕峰	2012年
104	广东高校海量大数据的智能信息处理与安全工程技术研究中心	省部级	韩国强	2013年
105	广东高校脂类研发与应用工程技术研究中心	省部级	王永华	2015年
106	粤港澳交通基础设施创新联合实验室	省部级	胡迟春	2021年
107	现代交通节能控制和智能运维技术联合实验室	省部级	刘俊峰	2022年
108	广州市有色金属铸造行业技术研究中心	省部级	李元元	2007年
109	广州纳米生物材料与技术工程研究中心	省部级	王迎军	2005年
110	广州市平板显示行业工程技术研究中心	省部级	彭俊彪	2010年
111	广州市智能无损检测行业工程技术研究中心	省部级	贺前华	2012年
112	广州市水资源与水环境行业工程技术研究中心	省部级	党　志	2012年
113	广州市景观建筑重点实验室	省部级	孙一民	2013年
114	广州市机器人软件及复杂信息处理重点实验室	省部级	闵华清	2015年
115	广州市脑机交互关键技术及应用重点实验室	省部级	李远清	2015年
116	广州市人体数据科学重点实验室	省部级	徐向民	2016年
117	广州市能源材料表面化学重点实验室	省部级	杨成浩	2017年
118	广州市宽禁带半导体芯片及应用系统重点实验室	省部级	王　洪	2018年
119	广州市农产品智能感知与品质控制重点实验室	省部级	孙大文	2021年
120	广州市量子精密测量重点实验室	省部级	郑驻军	2022年
121	广东省功能材料工程技术研究开发中心	省部级	张广照	1996年
122	广东省绿色精细化学产品工程技术研究开发中心	省部级	邱学青	2009年
123	广东省人体组织功能重建工程技术研究开发中心	省部级	王迎军	2010年
124	广东省金属材料近净成型工程技术研究开发中心	省部级	张卫文	2010年
125	广东省船舶与海洋工程技术研究开发中心	省部级	陈超核	2010年

续表

序号	名称	级别类型	负责人	批复时间
126	广东省城市空调节能与控制工程技术研究开发中心	省部级	闫军威	2011 年
127	广东省光电工程技术研究开发中心	省部级	王 洪	2012 年
128	广东省特种光纤材料与器件工程技术研究开发中心	省部级	杨中民	2012 年
129	广东省大数据分析与处理工程技术研究中心	省部级	许 勇	2013 年
130	广东省建筑材料低碳技术工程技术研究中心	省部级	余其俊	2013 年
131	广东省环境风险防控与应急处置工程技术研究中心	省部级	叶代启	2013 年
132	广东省节能与新能源绿色制造工程技术研究中心	省部级	万珍平	2013 年
133	广东省食品绿色加工与营养调控工程技术研究中心	省部级	赵谋明	2013 年
134	广东省智能交通信息与控制工程技术研究中心	省部级	卢 凯	2013 年
135	广东省生物酶与工业绿色加工工程技术研究中心	省部级	林 影	2014 年
136	广东省航空航天先进材料与结构工程技术研究中心	省部级	姚小虎	2014 年
137	广东省汽车检测工程技术研究中心	省部级	黎 杰	2014 年
138	广东省社会媒体处理与软件开发工程技术研究中心	省部级	王振宇	2015 年
139	广东省热能高效储存与利用工程技术研究中心	省部级	张正国	2015 年
140	广东省智能系统控制工程技术研究中心	省部级	杨辰光	2015 年
141	广东省脂类科学与应用工程技术研究中心	省部级	王永华	2015 年
142	广东省信息访问与传输安全工程技术研究中心	省部级	陆 璐	2015 年
143	广东省天线与射频工程技术研究中心	省部级	褚庆昕	2015 年
144	广东省电子封装材料与可靠性工程技术研究中心	省部级	张新平	2015 年
145	广东省半导体照明与信息化工程技术研究中心	省部级	李国强	2015 年
146	广东省现代建筑创作工程技术研究中心	省部级	何镜堂	2015 年
147	广东省先进储能材料工程技术研究中心	省部级	欧阳柳章	2016 年
148	广东省建筑节能工程技术研究中心	省部级	孟庆林	2016 年
149	广东省亚热带道路工程技术研究中心	省部级	王端宜	2016 年
150	广东省可持续建筑与城市设计工程技术研究中心	省部级	孙一民	2016 年

续表

序号	名称	级别类型	负责人	批复时间
151	广东省先进涂层工程技术研究中心	省部级	瞿金清	2016年
152	广东省冷链食品智能感知与过程控制工程技术研究中心	省部级	孙大文	2016年
153	广东省能源高效低污染转化工程技术研究中心	省部级	陆继东	2016年
154	广东省环境纳米材料工程技术研究中心	省部级	邓 洪	2016年
155	广东省人机交互设计工程技术研究中心	省部级	姜立军	2016年
156	广东省人体数据科学工程技术研究中心	省部级	徐向民	2016年
157	广东省供应链金融工程技术研究中心	省部级	邓可斌	2016年
158	广东省特种焊接技术与装备工程技术研究中心	省部级	石永华	2016年
159	广东省机器人及系统集成工程技术研究中心	省部级	张 铁	2016年
160	广东省无人机系统工程技术研究中心	省部级	裴海龙	2016年
161	广东省智能能源网微自动化工程技术研究中心	省部级	吴青华	2016年
162	广东省创新制药工艺和过程控制工程技术研究中心	省部级	王学重	2016年
163	广东省过滤与湿法无纺复合材料工程技术研究中心	省部级	陈广学	2016年
164	广东省交通电子支付工程技术研究中心	省部级	范崇贵	2016年
165	广东省生物医学传热工程技术研究中心	省部级	李 静	2016年
166	广东省特种纸与纸基功能材料工程技术研究中心	省部级	陈 港	2017年
167	广东省特种酶工程技术研究中心	省部级	崔 春	2017年
168	广东省大数据与计算广告工程技术研究中心	省部级	段淳林	2017年
169	广东省智能网络通信与计算工程技术研究中心	省部级	傅予力	2017年
170	广东省智能无人船与系统工程技术研究中心	省部级	洪晓斌	2017年
171	广东省生态透析环境治理工程技术研究中心	省部级	黄少斌	2017年
172	广东省金属材料表面功能化工程技术研究中心	省部级	匡同春	2017年
173	广东省智能传感器与专用集成电路工程技术研究中心	省部级	李 斌	2017年
174	广东省软件开发与服务工程技术研究中心	省部级	李 东	2017年
175	广东省电化学能源工程技术研究中心	省部级	梁振兴	2017年
176	广东省风景园林工程技术研究中心	省部级	林广思	2017年
177	广东省柔性OLED显示工程技术研究中心	省部级	彭俊彪	2017年
178	广东省多媒体智能营销工程技术研究中心	省部级	宋恒杰	2017年

续表

序号	名称	级别类型	负责人	批复时间
179	广东省植物纤维高值化清洁利用工程技术研究中心	省部级	万金泉	2017年
180	广东省香蕉精深加工与综合利用工程技术研究中心	省部级	王 娟	2017年
181	广东省智慧城市规划工程技术研究中心	省部级	王世福	2017年
182	广东省智能焊接制造装备及机器人工程技术研究中心	省部级	王振民	2017年
183	广东省人工智能中医工程技术研究中心	省部级	文贵华	2017年
184	广东省智能与康复装备工程技术研究中心	省部级	谢龙汉	2017年
185	广东省能源材料表面化学工程技术研究中心	省部级	杨成浩	2017年
186	广东省金属增材制造工程技术研究中心	省部级	杨永强	2017年
187	广东省生物制药工程技术研究中心	省部级	张 雷	2017年
188	广东省水利工程安全与绿色水利工程技术研究中心	省部级	周小文	2017年
189	广东省乡村振兴与旅游大数据工程技术研究中心	省部级	吴志才	2018年
190	广东省宽禁带半导体芯片及应用工程技术研究中心	省部级	王 洪	2018年
191	广东省低升糖健康食品工程技术研究中心	省部级	扶 雄	2018年
192	广东省先进绝缘涂料工程技术研究中心	省部级	袁文辉	2020年
193	广东省印刷OLED材料及显示技术工程实验室	省部级	彭俊彪	2010年
194	广东省电动汽车整车技术工程实验室	省部级	兰凤崇	2010年
195	广东省风电控制与并网工程实验室	省部级	杨 苹	2011年
196	广东省功能结构与器件智能制造工程实验室	省部级	陆龙生	2015年
197	广东省高端芯片智能封测装备工程实验室	省部级	胡跃明	2018年
198	广东省第三代半导体材料与器件工程实验室	省部级	王 洪	2018年
199	广东省农产品智能冷链物流装备工程实验室	省部级	孙大文	2019年
200	乐百氏-华工大植物蛋白工程研究中心	省部级	杨晓泉	1999年

人文社会科学研究

【科研项目与经费】新增哲学社会科学项目714项，合同经费1.33亿元，实到经费1.20亿元。其中，纵向项目485项，合同经费5948万元，实到经费5950万元；横向项目229项，合同经费7312万元，实到经费6036万元。获国家社科基金重大项目3项，教育部哲学社会科学后期资助重大课题2项，立项数量位列全国第一。获批国家社科基金其他类别项目共计31项，包括重点项目3项，一般及青年项目、研究阐释党的十九届六中全会精神专项、思政课研究专项、中华学术外译项目等28项。其中，思政课研究专项立项数位居全国第2。获批教育部人文社会科学项目11项；获批部省级及以上项目120余项。坚持申报立项抓数量，中后期管理抓质量，全年结项率100%。1项国家社科基金项目获得"优秀"等级结项，5项国家社科基金项目获"良好"等级结项。

【科研成果与奖励】2021年发表人文社科类论文1000余篇，其中，SSCI索引期刊收录210篇，CSSCI索引期刊收录256篇。多篇论文发表在《管理世界》《政治学研究》《管理科学学报》等具有重要影响力的顶级期刊。出版著作30余种，继续推动"华工文库"形成品牌效应。全年共有170余篇报告获上级批示或采用，多篇报告在《国家高端智库报告》（含简报）、《国家社会科学基金重大专项成果专报》、《教育部简报（高校智库专刊）》刊发。围绕党的二十大精神研究阐释，报送45篇咨政报告至教育部，其中27篇获得教育部采纳或刊发。专家学者在中央"三报一刊"上发表文章20余篇，有效提升学校声誉和影响力。

【基地建设与学术交流】基地建设成效显著。4个基地增补为中国智库索引（CTTI）来源智库，总数达到18个；华南理工大学社会治理研究中心入选2022高校智库百强榜，2个案例被评为CTTI 2022年度智库建设最佳案例，5项成果被评为优秀成果。新增部省级平台2个，为广东省普通高校哲学社会科学重点实验室、广东省决策咨询研究基地。在广东省社科联研究基地年度检查中，6个参评基地获评5个优秀、1个良好，优秀数量占全省近1/6，位居全省榜首，优秀率达到83.33%。其中，社会治理研究中心在全省88个参评基地中名列第一。学校智库建设经验获教育部专题报道推广，广东省、广州市党政决策部门多次到校调研开展合作。

学术交流活动持续出新出彩。通过线上线下相结合等方式举办各类学术会议超过180场，打造学术交流品牌。策划组织"庆祝华南理工大学组建70周年暨建校105年"学术活动，隆重举办IPP国际会议"中国与世界的共同富裕之道"、第二十二届全国科技评价学术研讨会、粤港澳大湾区网络视听与国际传播前沿对话等学术论坛。策划举办"人文艺术大讲堂""思政大讲堂"等品牌讲座，营造积极向上、轻松活跃的学术交流氛围。

【高等教育及相关领域研究】新增主持各类项目33项，其中，部省级项目22项、市级项目6项，总经费97.35万元。发表学术论文53篇，其中，CSSCI 18篇、核心期刊20篇。

开展调查研究。加强对《华南高等工程教育研究》的组稿和约稿工作，完成刊物2期出版及年审工作。加强校史研究，为周文雍陈铁军纪念馆、广州革命历史博物馆提供"红色甲工"史料。加强校本和校史研究，推进校史研究的成果实现与转化。

资料1　2022年学校各单位人文社科类新增科研项目及实到经费情况

单位	项目数（项）	实到经费（万元）
建筑学院	119	3328.98
经济与金融学院	44	505.94
旅游管理系	20	407.83
电子商务系	15	143.62
工商管理学院	63	715.35
公共管理学院	73	1260.89
马克思主义学院	32	370.93
外国语学院	44	509.46
法学院	53	973.27
新闻与传播学院	34	410.64
艺术学院	8	34.40
体育学院	14	74.49
设计学院	35	192.20
国际教育学院	8	93.5
高等教育研究所	3	22.43
公共政策研究院	16	817.48
其他学院及机关部处	133	2125.09
合计	714	11986.52

资料2　2021年学校各单位CSSCI、SSCI收录论文情况

单位：篇

单位	CSSCI	SSCI	合计
建筑学院	18	12	30
经济与金融学院	29	17	46
旅游管理系	4	4	8
电子商务系	1	13	14
工商管理学院	60	63	123
公共管理学院	62	11	73
马克思主义学院	19	2	21

续表

单位	CSSCI	SSCI	合计
外国语学院	6	4	10
法学院	20	1	21
新闻与传播学院	13	6	19
体育学院	1	1	2
设计学院	1	5	6
高等教育研究所	2		2
其他学院及机关部处	20	71	91
合计	256	210	466

资料3　学校部省级以上科研机构一览表（人文社科类）

序号	科研机构名称	批准部门	批复年份
1	华南理工大学公共政策研究院	中共中央宣传部	2015
2	教育部高校思想政治工作创新发展中心（华南理工大学）	教育部、广东省教育厅联合共建	2019
3	印度巴基斯坦研究中心	教育部国际交流与合作司	2017
4	印度洋岛国研究中心		2017
5	香港研究中心		2021
6	广东省社会治理研究中心（华南理工大学）	广东省委宣传部	2017
7	政府绩效评价中心		2017
8	华南理工大学中国企业战略管理研究中心	广东省教育厅	2003
9	华南理工大学建筑历史文化研究中心		2005
10	华南理工大学金融工程研究中心		2007
11	华南理工大学广东地方法制研究中心		2007
12	华南理工大学政府决策与绩效评价研究所		2010
13	公共外交与跨文化传播研究基地		2015
14	广东省新媒体与品牌传播创新应用重点实验室		2013
15	互联网行为科学实验室		2016
16	华南理工大学数字化供应链管理与决策实验室		2022
17	跨境金融创新研究中心		2020
18	广东省公众健康风险监测与信息传播中心		2020
19	非传统安全与应急管理研究基地		2020
20	广东省城乡高质量发展研究中心		2021

续表

序号	科研机构名称	批准部门	批复年份
21	华南理工大学哲学与科技高等研究中心	广东省社会科学界联合会	2017
22	国家治理研究中心		2017
23	华南理工大学习近平新时代中国特色社会主义思想研究中心		2017
24	华南理工大学广东旅游战略与政策研究中心		2018
25	华南理工大学新时代网络文明研究中心		2021
26	华南理工大学数字乡村与文旅可持续发展实验室		2021
27	华南理工大学广东社会保障研究中心		2022
28	广东省音乐舞蹈类非物质文化遗产研究与科普基地		2021
29	红色版画美育普及基地		2021
30	中国陶瓷文化教育基地		2021
31	中华造纸术与文化科普基地		2021
32	粤港澳大湾区发展广州智库	广州市委宣传部、广州市社会科学界联合会	2018
33	广州国家创新型城市发展研究中心	广州市社会科学界联合会	2018
34	广州金融服务创新与风险管理研究基地		2018
35	粤港澳大湾区规划创新研究中心		2018
36	广州数字创新研究中心		2018
37	中国特色社会主义思想与广州实践研究中心		2018
38	岭南文献保护研究中心		2020
39	广州城市风险治理与应急管理研究中心		2020
40	广州财税治理现代化研究中心		2020
41	广州数字商务与智慧供应链研究基地		2020
42	广州文化和旅游融合发展研究基地（共建基地）		2020
43	华南理工大学决策咨询研究基地	广州市委宣传部、市委政研室、广州市社会科学界联合会	2021

续表

序号	科研机构名称	批准部门	批复年份
44	广东省软科学重点研究基地	广东省科技厅	2012
45	科技革命与技术预见智库		2016
46	重大科技项目与平台实施效果第三方评估智库		2017
47	广东省非物质文化遗产研究基地	广东省文化厅	2013
48	广东省技术创新评估中心	广东省经贸委	2004
49	广东现代服务业研究基地	广东省发改委	2011
50	广东省地方立法研究评估与咨询服务基地	广东省人大常委会	2013
51	广东省中小企业研究咨询中心	广东省中小企业局	2003
52	广东省体育产业发展研究基地	广东省体育局	2005
53	华南理工大学法治评价与研究中心	广东省法学会牵头，组织省委依法治省办、省综治办、省人大常委会法工委、省法制办等6个单位与学校共建	2015

科技产业与成果转化

【科技产业工作】资产经营有限公司完成营业收入151 022.85万元；实现税前利润14 958.10万元，归属学校所有者权益215 327.10万元。上交财政部国有资本收益4448.01万元；上交学校投资收益3200万元；上交学校房屋租金935.60万元；返纳学校事业编制人员工资4005.58万元。各类上缴累计1.26亿元。资产经营有限公司下属全资控股企业获科研经费3492.46万元；获得国家、省部、市级及其他奖项共41项，其中，获广东省科学技术进步奖一等奖1项；入选国家重点出版物2项；申请专利52项，获专利授权53项。加强校办企业管理，完成华新科、新视界等企业股权整改问题，3家企业产权材料通过教育部审核。新孵化企业1家，推动3家孵化企业股权退出。

【国家大学科技园】园区新增孵化企业13家；新增国家级专精特新"小巨人"企业1家、省级专精特新企业1家、市级专精特新企业1家、创新型中小企业10家；新增国家高新技术企业5家、广东省知识产权示范企业1家、佛山市知识产权培优工程1家；新增佛山市高新区、顺德区认定创业团队5个；新增获批佛山市科技计划项目16项；新申请知识产权92项，其中，专利78项（发明专利41项），新获得授权专利73项（发明专利

25 项），推进 6 家企业开展专利许可转让，相关技术成果获广东省专利优秀奖等奖励。截至 2022 年底，科技园资产总值（含参控股企业的所有者权益）9690.05 万元，净资产 4065.05 万元。园区获"中国技术市场金桥奖突出贡献集体奖"。

【广州现代产业技术研究院】推进新型研发机构建设，"广东省先进封装测试工程技术研究中心"入选 2022 中国创新创业成果交易会成果转化基地。新增纵向科研项目 24 项，联合参与国家重点研发计划项目"千瓦级高功率特种光纤激光器"。与广东能源集团、广州花园酒店、广州岭南集团、广州移动、中移建设等多家行业龙头企业开展深度产学研合作，新增横向项目 115 项，启动实施重大科技成果转化项目 1 项。申请专利 109 项；授权专利 130 项。4 项技术成果获第二十四届中国国际高新技术成果交易会"优秀产品奖"。新增孵化 7 家科技型企业，在孵企业总数 52 家，其中，认定国家高新技术企业 8 家、认定国家级专精特新重点"小巨人"企业 1 家、认定国家科技型中小企业 22 家，孵化企业年度营收超 1.4 亿元。孵化企业远正智能入选"2022 年广州拟上市高企百强榜单"；2 个创业项目分别获第七届"创客中国"广东省中小企业创新创业大赛暨第六届"创客广东"大赛一等奖、香港科大百万奖金（国际）创业大赛广州赛区三等奖、金砖国家工业创新大赛优秀项目奖等 5 个创新创业奖项。

【华南协同创新研究院】研究院连续 5 年获评松山湖高新区"先进科研机构"，获评"国家级科技企业孵化器运营评价优秀（A 级）"，荣获中国环境保护产业协会技术进步奖一等奖、第六届松山湖创新创业大赛总决赛特等奖。新增国家重点领域研发计划、广东省重点领域研发计划等各类科技计划项目 38 项（累计 212 项），合同经费 1542 万元（累计 1.3 亿元），授权专利 24 项（累计 178 项），开发新产品 41 项（累计 328 项），发表高水平论文 14 篇（累计 152 篇），转化专利成果 5 项（累计 71 项），转化价值 136 万元（累计约 3200 万元）。新建成 OLED 材料升华纯化等中试生产线 7 条。全年累计完成技术交易合同 1000 余万元。成立 3 家院企研发中心。参与筹建东莞市新材料知识产权联盟，服务企业近百家。在国家级科技企业孵化器运营评价中连续 3 年均为优秀或良好。在孵企业 39 家（累计 81 家），2022 年在孵企业产值约 1 亿元；新引育国家高新技术企业 5 家；在孵企业获投融资 5888 万元，累计获投融资超 2 亿元；2 家在孵企业获评松山湖高新区优秀创新型企业。

【珠海现代产业创新研究院】建成"国家众创空间""国家国际科技合作基地""广东省新型研发机构""广东省众创空间试点单位"，有 5 个"广东省工程技术研究中心"以及"广东省博士后创新实践基地""珠海市科普教育基地"等重大平台。承担省部级重大项目及其他省市级项目 57 项，落地成果转化项目累计 280 项；累计申请专利 230 项，授权 110 项，澳大利亚革新专利 6 项；累计发表论文 206 篇（Nature 子刊 1 篇）。孵化企业 45 家，其中，高新技术企业累计 3 家、规模以上企业 2 家、科技中小企业 2 家，新增投融资 2000 多万元（累计达 9500 万元）。全年开展科技、人才、成果交流对接活动 23 场次，与 13 家知名企业结成战略合作伙伴，与珠海 176 家企事业单位开展产学研合作累计 289 项。

【中新国际联合研究院】全年新引进 15 个产业化项目，发表高水平论文 45 篇，SCI 收录占比 75%，申请国内外专利

37项。全年承担横向科研项目46项，横向合同经费近3000万元。新增孵化企业13家，现有孵化及投资企业40家，创造超500个就业岗位。新认定国家级专精特新"小巨人"企业1家，国家高新技术企业5家，广东省科技型中小企业4家。推进科技与金融的深度结合，利用1000万元撬动社会资本成立广州力华中星创业投资基金合伙企业（有限合伙），基金规模6090万元，并完成2个科技成果转化项目投资。2022年10月启用研究院总部大楼，场地面积21 000平方米，配套仪器共享平台、公共实验室、众创空间、细胞房、洁净操作室等科研与办公场所，进一步完善科技创新资源配置。

【中山现代产业技术研究院】稳步推进"先进弹性体功能材料研发中心"等新建平台建设，继续加强新材料表面技术创新平台等科研平台的建设与产学研合作。申请国内专利25项，其中，发明专利24项；获授权专利18项，其中，发明专利15项；新增高新技术企业1家，累计2家；新增入库科技型中小企业1家，累计孵化高科技企业共13家。组织"光电领域"技术对接会等校企对接、创新创业、培训、拓展类活动10余场，组织技术培训超过80人次，对接或服务中山企业超过80家。

队伍建设与人事管理

队伍建设与人事管理

【高层次人才队伍建设】持续提升高层次人才育引能力。新增院士1人；新增国家杰青、"万人计划"领军人才等5人；新增国家优青、"万人计划"青年拔尖人才、海外优青等优秀青年人才31人。实施"预聘—长聘"制度，从世界一流大学或科研机构引进人才149人，入选省级标志性人才项目17人次。

【人事管理改革】创新人才引育体制机制。与人工智能与数字经济广东省实验室（广州）共同建立以人才为核心的战略合作模式，出台《华南理工大学与人工智能与数字经济广东省实验室（广州）人才联合聘用办法》。修订《华南理工大学"兴华学者人才计划"实施办法》，改进人才评价和评审方法，鼓励人才称号获得者与其他高层次人才同台竞技。制定学校首份针对青年教师发展的系统性文件《华南理工大学新时代青年教师发展体系建设实施方案》，全力支持青年人才挑大梁、当主角，对青年教师发展做出全方位的制度安排及提供支撑体系。

推进专业技术职务评聘。完成2021年度职称评审工作，评审通过正高级职称43人、副高级职称54人；委托校外评审机构评审17人，聘任在校外评审机构获得任职资格高级职称1人、中级职称4人。初次认定专业技术职务186人，认定职员职级57人。聘请顾问教授、客座教授、兼职教授共32人；聘请兼职临床教师83人。

【博士后工作】推进博士后队伍高质量发展。招收各类博士后268名，在站博士后总数达956名。组织参加第一届粤港澳大湾区博士后创新创业大赛，获银奖2项、优胜奖3项，所有参赛团队全部获奖。2名博士后入选博士后创新人才支持计划，23名博士后入选广东省博士后人才引进和派出项目。在站博士后获博士后基金特别资助4项、面上项目43项，获批国家自然科学基金青年项目72项、国家社科基金青年项目3项。

【教职工培训与交流】推动教师培训交流，470名新教职工参加第33期岗前培训；4318名教师参加教育部假期研修；选派3名干部援疆、2名老师任职孔子学院，做好18位援派干部和借调人员管理服务工作。

资料1 2022年全校教职工人数统计表

单位：人

	总计	专任教师	行政人员	教辅人员	工勤人员	专职科研人员	其他附设机构人员	附属中小学幼儿园
总计	4651	2655	1005	453	25	134	309	70
其中：女	1863	831	534	213	9	25	198	53
正高级	1138	1065	27	14	0	17	15	0
副高级	1470	1117	84	109	0	63	82	15
中级	1511	458	523	243	4	51	185	47
初级及以下	532	15	371	87	21	3	27	8

资料2 2022年专任教师学历结构情况统计表

单位：人

	总计	博士研究生	硕士研究生	大学本科
总计	2655	2205	372	78
其中：女	831	630	29	172
正高级	1065	1009	46	10
副高级	1117	955	122	40
中级	458	233	197	28
初级及以下	15	8	7	0

资料3 2022年专任教师年龄结构情况统计表

单位：人

	总计	35岁及以下	36～40岁	41～45岁	46～50岁	51～54岁	55～59岁	60岁及以上
总计	2655	303	410	581	517	355	396	93
其中：女	831	88	114	227	198	126	66	12
正高级	1065	42	141	193	194	161	242	92
副高级	1117	201	203	254	207	128	123	1
中级	458	50	64	134	113	66	31	0
初级及以下	15	10	2	0	3	0	0	0

离退休工作

【党建工作】 加强离退休党员思想政治引领，落实理论学习中心组学习和"第一议题"制度，及时跟进学习习近平总书记重要讲话精神，专题学习《习近平谈治国理政》第四卷、党的二十大报告等。加强网络学习宣传阵地建设，用好"华工老党员之家"公众号，开设"学习""喜迎二十大""看图学报告"专栏。

建强离退休基层党组织，组织党支部以线上线下相结合的方式开展理论学习，组织老党员收听收看党的二十大开幕会、江泽民同志追悼大会等，对高龄困难老党员进行送学上门。开展"喜迎党的二十大"、校庆主题等系列活动，举办"庆祝党的二十大胜利召开线上诗文朗诵会"，开展"我和华园的故事"图文征集活动，引导老同志听党话、跟党走。开展助力乡村振兴捐款购米活动，76个离退休党支部773名老党员共捐款12.5万余元，148人认购"爱心米"189袋。

【管理服务工作】 助力老同志应对新冠疫情。安排专人在线值班，及时回应老同志诉求。发出《同心抗疫 共克时艰——致学校全体离退休老同志的一封信》，号召老同志加强个人防护。建立关心关爱台账，做好对高龄、独居老人的关怀和联系工作，协助老同志解决就医取药、买菜用餐、进出校门等问题。开设离退休老同志疫苗新冠接种专场，建立专业救治绿色通道。制定离退休教职工应急救助方案，成立离退休教职工新冠病毒疫情防控工作领导小组和应急救助帮扶工作组，落实"一人一策"。

开展慰问及困难帮扶工作。加强高龄、高党龄、生病老党员的日常慰问工作，2022年慰问老党员400余名。发放"困难补助"50人次，共计14.72万元。协助90位老同志申请"大病医疗救助基金"，共计发放189.2万元。开展"光荣在党50年"纪念章颁发活动和"七一"、春节慰问老党员活动，向学校38位老党员颁发"光荣在党50年"纪念章。

办好老年大学。2022年办班107个，培训人数约3300人。举办公益课程"学生综合素质提升班"，共开设10个班，约500名学员受益。派出6名银龄教师参与"银龄计划"，其中，1名赴中国石油大学克拉玛依分校、1名赴滇西应用技术大学、1名赴滇西科技师范学院、3名赴河池学院。

【关工委工作】 加强关工委工作规划，制定《华南理工大学加强新时代关心下一代工作委员会实施方案》。开展学校关工委成立30周年纪念活动，举办"共托朝阳"主题图片展。做好2023年"读懂中国"主题教育活动，全校25个关工委分会共采访"五老"91人，征文128篇，拍摄微视频27个，受益师生14 203人，征文《奋进不止才是无悔的人生》和微视频《声入诗韵觅真理，恒吟励学育新人》分获学校优秀征文和优秀微视频奖。组织名师报告团为新入职辅导员开设校情校史讲座，5位成员加入学校学习宣传党的二十大精神师生巡讲团。设立"华南理工大学关工委黄仲宜古周全爱心助学基金"，资助困难学生。加强理论研究，"高校关工委助力课程思政督导工作的探索和实践"获批教育部关工委"新时代教育系统关工委工作理论与实践研究"专项课题重点项目。

【老教授协会工作】老教授助力教学督导。2022年完成106位新上岗教师的试讲课（听课）并组织培训；完成日常听课3893节，博士研究生的论文开题、中期考核、论文答辩巡视检查356次。1人获2022年中国老科技工作者协会"先进个人奖"。

资料1　2022年离退休人员结构情况

单位：人

共计		按人员类别		按年龄划分		
离退休人员	其中：中共党员	退休人员	离休人员	70岁以上	80岁以上	90岁以上
3370	1166	3333	37	2216	1094	114

资料2　2022年离退休人员变化情况

单位：人

项目与内容	离休干部	退休人员	合计
2022年增加数	0	125	125
2022年减少数	4	98	102
2022年对比2021年	-4	27	23

资料3　2022年老年大学情况一览表

项目与数量	专职教师（人）	兼职教师（人）	开设课程（门）	学员数（人次）
2022年上学期	0	49	86	2653
2022年下学期	0	0	0	0
2022年全年	0	49	86	2653

对外交流与合作

国际交流合作与港澳台工作

【国际合作】加强对外交流合作。2022年新签署各类涉外合作协议、备忘录等53份；与韩国汉阳大学，日本九州大学、岩手大学、千叶大学等30多所国外高校进行线上交流；邀请新加坡国立大学、法国南特大学、鲁昂电子工程师学院等国外高校代表线下交流，接待比利时、荷兰、印度、新加坡等领馆代表来校，参加"中日校长论坛"、"中韩校长论坛"、阿斯图第五届年会等。与罗格斯大学的ROSE项目共培养学生342人次，与日本千叶大学合作举办工业设计本科教育项目。举办"全球大学校长论坛"，邀请全球17所一流高校校长等代表，以线上线下结合的方式，围绕"面向未来的高等教育：机遇与挑战"主题作报告，分享大学发展经验，畅谈高等教育未来；举办国际会议14场，参会代表1500余人次。

【因公派出与外事接待工作】稳妥推动对外交流工作，2022年共派出各类因公临时出国（境）人员135人次；本科生项目派出995人次，研究生138人次。开展双边人文交流纪念活动，举办与美国罗格斯大学合作15周年纪念活动，与德国英戈尔施塔特工业技术大学开展华工－奥迪英戈尔施塔特孔子学院成立六周年纪念活动，与日本九州大学联合举办"亚洲未来都市论坛"。

【引智工作与外籍专家工作】持续推动引智工作，开展国家级－省级－校级多层多维引智项目共139个；获批广东省科技厅"海外名师"项目数位居全省第一，新项目"粤澳青年人才双向交流"获批数量位居全省第一。以"课程国际化"为抓手，实施"海外名师讲授学分课程资助计划""国际学者无界讲堂"等各类引智项目88个。优化引智服务工作，学校与广州市公安局共建广州市出入境管理局驻华工人才服务工作站，为外籍专家人才和师生办理出入境等业务提供更加高效、便捷的业务申报通道。

【港澳台交流与合作】推进粤港澳大湾区人才培养，与港澳高校开展高层次人才培养合作，与港澳台高校续签或新签各类合作协议12项，包括与香港理工大学签署博士双学位联合培养合作协议，与台湾清华大学、中原大学等续签合作协议等，接收首批澳门大学双向双学位本科"2+2"项目学生来校就读。以"教育部港澳师生交流计划"为抓手，线上线下相结合执行11个"万人计划"项目和1个对台教育交流项目，与港澳地区高校师生交流近300人次。

加强国情教育体系建设，进一步强化港澳台学生的爱国主义情怀，3名港澳台学生在广东省高校港澳台侨学生国家安全法律知识问答活动中获特等奖，5名学生获教育部"回首百年奋斗路 迈向复兴新征程"主题征文奖项。

校友工作与国内交流合作

【校友工作】完善校友组织建设。推动湾区校友发展联盟成立，指导北京、澳门、中山、东莞、青岛等5个校友组织顺利完成换届。2022年共有157个校友组织。

凝心聚力助力校庆。发动全球校友支持华南理工大学组建70周年暨建校105年系列活动，参与校庆发展大会、新校史馆建设、楼宇改扩建工程、校庆丛书编辑出版、点亮各地地标建筑等。举办第三届校友会理事会会员代表大会，审议通过第三届校友会理事会组成人员名单。香港校友会、惠州校友会等39个校友组织获得"华南理工大学2018—2022年度优秀校友工作组织"称号。

提升校友服务品质。组织各地校友举办周年庆典、迎新会、联席会、走访交流、体育竞技等活动，参加博鳌亚洲论坛国际科技与创新论坛第二届大会。整合微信公众号服务项目，为10余家校友企业发布免费宣传信息近百条，为多家校友企业提供线上服务。开展2022年"毕业生校友服务周"活动，搭建毕业生与地方校友会联系桥梁。

紧密走访联系校友。走访顺络电子股份有限公司、广州科奥信息技术有限公司、通达电气、小鹏汽车、广州无线电集团等近百家校友企业，拜访袁金钰、廖清、朱江洪、李永喜、李连柱、王乐康等百余名杰出校友。调动校友资源全力支持广州国际校区综合评价和普通本科招生宣传工作，配合开展"访企拓岗促就业"专项行动，促成学院与数十家校友企业和地方校友会开展合作。

推进校友文化建设。编写《实干兴邦——华南理工大学校友风采》，编印《校友会、基金会会刊》，编辑《梦华园·岁月贻芳》校友返校纪念画册及纪念图片展，发布微信公众号推文240余篇。

【教育发展基金会工作】完善工作机制，修订《广东省华南理工大学教育发展基金会章程》。制作"情耀华园""情灌华园""情忆华园""情筑华园"等筹款画册，发动"春晖感恩计划""初心润泽计划""珠峰攀登计划"系列筹款项目。

筹备校友捐赠活动，举办TCL科技创新基金、陈丽娜与邢映彪伉俪、冼剑雄与何菁校友伉俪、华南理工大学建筑设计研究院有限公司、东吴服务产业集团（江苏）有限公司、学校前沿软物质学院院长、华南理工大学科奥学术交流基金、袁金钰校友、刘金成与骆锦红校友伉俪、赵谋明与万荣花校友伉俪、宁一海校友、萨驰智能装备股份有限公司、简伟文与章印校友伉俪捐赠暨"文印桥"揭幕等20

余场捐赠、基金签约与揭幕仪式。2022年,基金会签署捐赠协议242份,新增项目立项61项,捐赠合同金额逾3.25亿元;捐赠现金到账1.96亿元;获得750亩南非能源冶金经济特区的综合用地无偿使用期限70年以及价值1800余万元的物资捐赠。

【大学理事会工作】成功举办第二届大学理事会会议暨换届大会,审议通过第二届大学理事会成员名单并颁发聘书,通报学校建设发展情况,推动大学理事会成员为学校发展建言献策。

【对口支援与合作】组织推进对口合作,与云南省人民政府签订战略合作协议,深化与贵州民族大学、广西大学、南昌大学等高校的对口支援与合作,持续推进与广东石油化工学院的组团式帮扶。

条件建设与后勤保障

实验室建设与设备管理

【实验支撑条件】加强实验室建设。2022年认证公共实验室8个,其中,基础教学公共实验室(A类)2个、学科专业公共实验室(B类)4个、科研共享公共实验室(C类)2个;累计认证公共实验室38个。立项支持实验室建设项目21项,经费合计750万元,购置实验教学设备2527台套。利用贴息贷款经费对22个学院30个专业基础教学实验室给予教学条件建设提升立项支持,额度合计6700万元,购置实验设备5000余台套。启动智慧实验室建设,完善学校智慧实验室建设方案,完成一期试点项目立项工作。

加强院级用房管理。完成2021年度院级用房使用费测算工作,实缴费用561万元。通过存量调配、增量分配、大修回迁等方式调整院级用房13 000余平方米。全年审批院级用房装修改造工程106单,规范退休、离校人员用房移交程序;完成常规用房梳理、建筑安全隐患排查、公共实验室评审、审计等专项工作。

加强实验队伍建设。学校现有实验技术人员398人。

【仪器设备购置与资产管理】加强仪器设备购置过程管理。推进教育部设备更新改造贷款项目工作,全年审核签订仪器设备购置合同1901份,合同金额30.2亿元。完善合同档案归档制度,完成767份合同档案归档工作。组织单价40万元及以上或批量总价80万元及以上仪器设备购置论证710项,金额约28.1亿元。完成472台(套)10万元及以上贵重仪器设备验收工作,其中40万元及以上大型仪器设备116台(套)。年度办理111台(7601万元人民币)进口仪器设备免税申报工作,申报成功率达99%,节省税费1140万元。

持续推进大型仪器设备开放共享。在科技部、财政部组织的2022年重大科研基础设施和大型科研仪器开放共享评价考核中,获评良好等级,在参评高校中位列第26名,较上年进步3名,是广东省唯一连续三年获得"良好"等级的高校。稳步推进大型仪器设备"全入网",学校大型仪器设备共享子平台数增至21个,增幅31%。平台中仪器设备增至1172台。

创新报废仪器设备回收模式。对单价40万元以下或批量价值5000万元以下的已达报废处置年限的仪器设备增加"通过OA系统审签"的审批方式,报废处置校级审批周期缩短50%以上。完成12批次9718台套总值1.01亿元的仪器设备报废审批及下账工作,分别比上年同期增长119.57%和37.50%。组织2批次6247台(套)已报废仪器设备集中回收工作,比上年同期增长95.71%。组织1批报废物资竞价拍卖,处置收入24.3万元,上缴国库未达最低使用年限仪器设备处置净收入及盘亏仪器设备赔偿收入2846.66元。

2022年新增教学科研仪器设备固定资产14 019台（套），价值3.32亿元。学校仪器设备固定资产总计34.15万台（件），价值45.70亿元，分别比上年增长7.84%和5.74%。

【实验技术安全管理】加强实验室安全管理。修订《华南理工大学实验室安全管理规定》《华南理工大学实验室安全责任追究办法》，制定《华南理工大学实验室安全专项行动实施方案》《华南理工大学危险化学品实验室安全管理细则》等，成立化学安全办公室、生物安全办公室和辐射与机电安全办公室，为全校师生提供实验室安全技术咨询和服务。组织开展实验室安全知识竞赛、微视频大赛、生物安全论坛等"实验室安全月"系列活动，启动EHS实训中心建设，完善实验室安全课程体系建设，强化实验室安全三级准入教育与实操技能培训。修订《实验室安全手册》研究生版与本科生版，发放手册13 275册。组织校级实验室安全大检查8次，开展广东省高校实验室安全互查2次，落实教育部现场检查隐患问题整改19项。对全校112台压力容器和15台起重机械进行定期检验、月度维保和年度检查等工作，实现特种设备常态化合规管理。完成辐射安全许可证更新、操作人员培训和健康监测工作，完成3批次25名师生培训取证、复审工作。审批通过管制化学品采购订单3859份，实验气体订单10 098份。做好实验废物回收处置，实现"历史存量零库存、新增危废零积压、动态清零"的回收目标，2022年回收处置实验废物326吨。

资料1　学校公共实验室设置一览表

序号	实验室名称	类别	所依托二级单位	负责人	获认证时间
1	化工原理实验教学中心	A	化学与化工学院	李　琼	2020
2	计算中心	A	软件学院	谭明奎	2020
3	工程训练中心	A	机械与汽车工程学院	郑志军	2020
4	电工电子实验教学中心（五山校区）	A	电力学院	余艳青	2020
5	电工电子实验教学中心（大学城校区）	A	电力学院	张廷锋	2020
6	物理实验教学中心（大学城校区）	A	物理与光电学院	黄绍江	2020
7	物理实验教学中心（五山校区）	A	物理与光电学院	叶晓靖	2020
8	电子工艺实验教学中心	A	物理与光电学院	谢再晋	2020
9	生物医学专业实验室	B	生物医学科学与工程学院、生物科学与工程学院	王　均	2020
10	软件工程专业实验室	B	软件学院	黄　敏	2020

续表

序号	实验室名称	类别	所依托二级单位	负责人	获认证时间
11	信息工程专业实验室	B	电子与信息学院	章秀银	2020
12	材料科学与工程专业实验室	B	材料科学与工程学院	彭成红	2020
13	大学城检测检验中心	C	大学城检测检验中心	徐昕荣	2020
14	生命科学院级学科公共平台	C	生命科学研究院	都小姣	2020
15	实验动物中心	C	生命科学研究院	曲莉芝	2020
16	聚合物成型加工工程中心	C	机械与汽车工程学院	冯彦洪	2020
17	生物医学院级学科公共平台	C	生物医学科学与工程学院	王 均	2020
18	化学与化工院级学科公共平台	C	化学与化工学院	李 琼	2020
19	材料平台院级学科公共平台	C	材料科学与工程学院	欧阳柳章	2020
20	基础化学实验教学中心	A	化学与化工学院	胡建强	2021
21	机械基础实验教学中心	A	机械与汽车工程学院	何 军	2021
22	电子信息实验教学中心	A	电子与信息学院	秦慧平	2021
23	食品科学与工程专业实验室	B	食品科学与工程学院	娄文勇	2021
24	智慧媒体专业实验室	B	新闻与传播学院	苏宏元	2021
25	功能材料专业实验室	B	材料科学与工程学院	苏世键	2021
26	华南软物质科学与技术公共实验平台	C	分子科学与工程学院	王 晶	2021
27	储能材料测试公共实验平台	C	材料科学与工程学院	朱 敏	2021
28	制浆造纸工程公共实验平台	C	轻工科学与工程学院	李 军	2021
29	生物科学与工程公共实验平台	C	生物科学与工程学院	吴振强	2021
30	工程结构与抗震公共实验平台	C	土木与交通学院	吴建营	2021
31	基础化学实验教学中心（大学城校区）	A	化学与化工学院	胡建强	2022
32	力学实验教学中心	A	土木与交通学院	韩 强	2022
33	机械工程专业实验室	B	机械与汽车工程学院	徐 静	2022
34	环境与能源专业实验室	B	环境与能源学院	陈 燕	2022
35	交通路桥及工程管理专业实验室	B	土木与交通学院	温惠英	2022
36	高分子材料与工程专业实验室	B	材料学院	赵 颖	2022
37	生物医学材料与工程公共实验平台	C	材料科学与工程学院	马 强	2022
38	发光材料与器件公共实验平台	C	材料科学与工程	马於光	2022

资料2 2022年学校教学科研仪器设备增减变动情况表

数据截止日期：2022.12.31

单位名称	年初数			当年增加		当年减少（报废/报失/退库）		年末数			
	台件数	金额（万元）	其中单价10万元以上		台件数	金额（万元）	台件数	金额（万元）	台件数	金额（万元）	其中单价10万元以上	
			台件数	金额（万元）							台件数	金额（万元）
全校合计	179 374	375 937.62	5018	228 372.38	14 019	33 223.11	10 078	13 193.28	183 315	395 967.44	5327	243 148.67
教务处	8762	7221.93	51	997.76	140	160.30	506	296.15	8396	7086.08	49	966.55
大学城校区管委会	243	1050.20	21	780.41	0	0.00	6	10.87	237	1039.33	21	780.41
科学技术研究院	157	145.19	2	28.50	7	4.65	22	11.19	142	138.65	2	28.50
广州国际校区教学事务办公室	0	0.00	0	0.00	2642	4445.59	0	0.00	2642	4445.59	60	1907.72
机械与汽车工程学院	12591	34 853.90	600	22 101.60	647	1457.72	825	1232.44	12 413	35 079.18	615	22 443.94
建筑学院	6792	10 024.35	116	4991.31	524	1636.95	277	266.38	7039	11 394.92	130	6076.02
土木与交通学院	8352	21 362.38	237	13 875.51	610	1522.29	374	432.00	8588	22 452.67	251	14 700.74
电子与信息学院	8568	11 323.90	154	4434.00	460	2657.51	607	830.97	8421	13 150.44	182	6315.21
材料科学与工程学院	17 167	67 298.77	955	50 339.79	961	3740.98	501	648.51	17 627	70 391.25	996	52 861.61
化学与化工学院	12 361	21 992.50	350	12 293.60	621	1968.82	868	1196.17	12 114	22 765.15	353	13 194.91
自动化科学与工程学院	6646	8159.63	96	2815.04	212	206.58	597	511.88	6261	7854.33	92	2764.23
计算机科学与工程学院	6834	14 898.03	104	9198.74	281	474.61	361	685.35	6754	14 687.29	100	9027.56
电力学院	8886	12 232.95	154	5778.84	564	579.17	445	264.27	9005	12 547.85	160	5927.39
生物科学与工程学院	3907	9706.24	174	5629.45	178	515.88	266	556.35	3819	9665.78	173	5649.24
环境与能源学院	6239	15 875.83	252	9803.64	310	790.56	216	178.57	6333	16 487.82	264	10 326.37
软件学院	6706	5787.30	58	974.22	411	275.48	113	56.64	7004	6006.14	60	1002.58
工商管理学院（创业教育学院）	3203	2648.94	14	301.53	159	114.05	115	81.04	3247	2681.95	14	301.53
马克思主义学院	513	289.46	0	0.00	23	22.35	9	4.23	527	307.58	0	0.00
公共管理学院	702	476.69	2	68.90	62	37.01	0	0.00	764	513.71	2	68.90
外国语学院	647	398.13	0	0.00	58	34.48	0	0.00	705	432.61	0	0.00
法学院（知识产权学院）	546	264.33	0	0.00	41	25.56	0	0.00	587	289.89	0	0.00
新闻与传播学院	1151	964.99	4	52.87	50	35.02	151	71.12	1050	928.89	4	52.87
艺术学院	1387	1687.93	15	394.95	16	19.59	0	0.00	1403	1707.52	16	410.75
体育学院	1504	2061.26	19	967.94	107	107.59	84	160.14	1527	2008.71	18	863.34
设计学院	1825	1395.39	6	142.99	57	26.95	8	5.72	1874	1416.62	6	142.99

续表

单位名称	年初数				当年增加		当年减少(报废/报损失/退库)		年末数		其中单价10万元以上	
	台件数	金额(万元)	其中单价10万元以上		台件数	金额(万元)	台件数	金额(万元)	台件数	金额(万元)	台件数	金额(万元)
			台件数	金额(万元)								
国际教育学院	276	202.38	2	31.44	10	6.35	33	14.26	253	194.47	2	31.44
数学学院	1239	992.20	7	180.50	188	433.64	82	169.37	1345	1256.47	11	312.39
物理与光电学院	6320	11258.86	119	6767.22	402	544.97	293	171.93	6429	11631.90	130	6976.90
医学院（生命科学研究院）	3649	17065.18	233	13208.57	227	463.39	3	1.31	3873	17527.25	245	13495.06
轻工科学与工程学院	4485	19146.09	275	14298.45	565	1215.38	238	348.44	4812	20013.02	288	14711.24
食品科学与工程学院	5577	14048.46	256	8834.42	289	883.25	291	771.53	5575	14160.17	253	8949.48
吴贤铭智能工程学院	1447	3067.58	46	1875.78	384	285.10	0	0.00	1831	3352.68	48	1900.96
生物医学科学与工程学院	1900	4601.93	61	3230.90	765	1856.55	14	942.51	2651	5515.97	79	3682.38
前沿软物质学院	3136	9039.17	103	5610.82	826	3814.89	0	0.00	3962	12854.06	162	8253.38
微电子学院	1615	2541.23	38	1080.90	93	106.55	0	0.00	1708	2647.78	39	1092.90
经济与金融学院	920	563.35	0	0.00	84	47.29	37	25.73	967	584.92	0	0.00
旅游管理系	216	142.07	0	0.00	18	13.81	3	1.85	231	154.03	0	0.00
电子商务系	925	776.51	15	201.66	43	49.19	88	54.74	880	770.96	15	201.66
未来技术学院	1	0.51	0	0.00	243	980.36	0	0.00	244	980.87	12	698.44
自旋科技研究院	22	169.00	2	154.30	346	1310.78	0	0.00	368	1479.78	21	1110.07
铭诚书院	9	6.53	0	0.00	2	1.95	0	0.00	11	8.48	0	0.00
海洋科学与工程学院	0	0.00	0	0.00	56	72.87	0	0.00	56	72.87	0	0.00
分析测试中心	464	9029.64	74	8649.41	26	18.94	19	255.64	471	8792.94	73	8421.89
信息网络工程研究中心	9618	12434.03	186	7411.92	3	1.49	44	66.97	9577	12368.55	184	7365.34
高等教育研究所	41	31.10	0	0.00	3	0.62	8	8.76	36	22.96	0	0.00
华南协同创新研究院	2	1.96	0	0.00	0	0.00	0	0.00	2	1.96	0	0.00
公共政策研究院	139	114.47	1	23.89	26	13.80	0	0.00	165	128.27	1	23.89
广州现代产业技术研究院	1711	3749.14	59	2191.21	7	4.65	28	9.75	1690	3744.03	59	2191.21
珠海现代产业创新研究院	2	0.64	0	0.00	0	0.00	0	0.00	2	0.64	0	0.00
医疗器械研究检验中心	563	5989.20	65	5428.19	113	168.69	0	0.00	676	6157.88	68	5495.85

说明：
1. 统计范围为仪器设备、文物和陈列品类固定资产，不含家具，不含低值品；
2. 全校合计包含：未单列的职能部门和直属单位所管理的、使用方向为教学和科研的仪器设备。

财 务 工 作

【**财务收入**】2022年总收入611 083.11万元,较上年增加61 705.03万元,增长11.23%。其中,财政拨款预算收入总额181 223.67万元,减少1.61%;事业收入237 346.50万元,增长5.43%;其他收入192 512.94万元,增长27.24%。

【**财务支出**】2022年总支出573 981.23万元,较上年增加39 654.63万元,增长7.42%。按支出功能构成分类,教育支出514 454.62万元,科学技术支出6574.07万元,社会保障和就业支出14 936.50万元,住房保障支出38 016.04万元。按照主要经济支出构成分类,事业支出中基本支出297 099.57万元,项目支出276 881.66万元。

【**财务管理**】推进预算绩效管理与改革。从严从紧编制财务预算,预算安排更加突出重点、精准有效。硬化预算约束,将预算控制和过"紧日子"要求落细落实。强化全面预算绩效管理,制定出台预算绩效管理办法,明确责任分工,强化各单位"用钱必问效、无效必问责"的意识,提高资金使用效益。推进落实预算管理一体化改革,成立学校工作领导小组,完成网络接入、模块测试、系统对接、人员培训、数据录入、会计核算方案调整等系列改革措施。

多举措筹集办学资金。组织遴选最优贷款方案和合作银行,争取设备贷款。制定贷款资金管理办法,规范贷款资金管理与使用。推动银校合作,提高综合收益。依法科学理财,提高利息收入。争取设备退税,做好国产设备退税申报工作。

提升财务信息化服务水平与效率。开发上线合同工工资管理系统,实现数据线上审批流转和全流程管理。提升财务智能化服务水平,完成开发凭证流转系统,完善预算申报、网上报账等系统。扩大手机支付应用范围,实现国际校区水电费、公寓租金、生活服务费等手机支付功能。

完善内部控制体系建设与管理。制定或修订7项财务管理制度,涵盖预算绩效管理、决算管理、收费管理、科研经费管理等各个方面,扎牢制度的笼子。常态化开展内部稽核,有效堵塞财务管理漏洞,防范财务风险。

审 计 工 作

【**审计业务**】成立学校审计委员会,强化学校党委对审计工作的集中统一领导。健全内部审计工作,制定《华南理工大学内部审计工作实施办法(2022年修订)》。2022年开展各类审计项目35项,审计金额235.87亿元,审计查出问题54个,涉及金额2969.36万元,提出审计建议50条。

【**工程审计**】创新审计方式方法,强化项目单位主体责任,促进内控制度建设。开展基建工程全过程跟踪审计1项,对项目概算、质量及系统运行、工期、工程款支付及结算等进行跟踪审计,审计金额3061.00万元,审计核减金额67.00万元。开展基建工程结算审计项目2项,审计金额16 569.89万元,审计核减金额301.69万元。开展修缮工程结算审计项目20项,审计金额2533.78万元,审计核减金额291.70万元。工程审计核减金额合计660.39万元。

【经济责任审计】完善经济责任审计制度。修订《华南理工大学经济责任审计实施办法》、制定《华南理工大学经济责任审计整改工作办法(试行)》,设立经济责任审计工作领导小组,统一领导经济责任审计工作。加强内部审计,开展二级单位负责人经济责任审计项目9项,审计金额150.48亿元。

【内部控制审计】开展校级内部控制评审和风险评估工作2项,完成2个异地研究院内部控制评审。做好"经济体检",发挥"治已病、防未病"的作用,完善学校内部治理体系,有效防控风险。

【审计队伍建设】加强审计队伍建设。1人获评正高级审计师。1名审计人员参加广东省委巡视整改"回头看"工作。组织审计人员参加各种培训累计28人次。

资 产 管 理

【资产管理工作】推进学校资产出租出借业务的数字化转型。拓展国资统筹管理与服务平台业务范畴,推进经营性用房管理系统的开发建设,实现经营性资产的精细化管理和出租出借业务的全过程电子化管理。按月完成资产账与财务账的核对,计提固定资产折旧/无形资产摊销,完成资产月报报表编制。

完成年度资产处置、出租出借事项报批报备。向教育部报备已达年限设备类资产报废事项8批,涉及仪器设备9649台件,账面原值10 053.86万元;报备未达年限设备类资产报废事项4批,涉及仪器设备69台件,账面原值66.25万元;报损仪器设备33台,账面原值16.52万元;报损2226册图书,账面原值6.71万元。报备资产出租出借事项15批。

做好房屋及构筑物的报增、报废与免办业务。办理房屋及构筑物报增业务22笔,主要包括五山校区游泳馆竣工交付以及27号楼、北区学生宿舍竣工决算、南湖及周边环境整治、大学城校区排水设施整改应急工程等的维修改造。审核办理房屋及构筑物免报增业务36笔,涉及维修费用1999.80万元。

完成企业体制改革"回头看"。办理企业国有资产评估备案6项。加强作价出资入股股权跟踪管理,2022年作价出资入股转化1项、大额专利转让1项,涉及科技成果12项,金额521.02万元。

【房产工作与土地管理】推进制度建设。修订出台《华南理工大学公有住房管理办法(试行)》《华南理工大学土地管理办法(2022年修订)》。

开展公有住房专项整治工作。查处转租转借行为,清退转租转借及各类历史遗留问题住房79套(间)。做好公有住房租配与维修工作。推出第一批100套空置公有住房的租配方案,完成面向全校教职工的公开租配。完成教一、教二楼栋整体维修和50套空置公有住房的维修。

加强校内住户管理。通过"木棉资产"

小程序建设住户信息收集系统，截至2022年底，共收集住户信息4167户12 261人。

推进既有住宅依法依规加建电梯。协调电梯加建事项30余次。截至2022年底，建成并投入使用的电梯单元168个，取得《规划许可证》的在建单元6个。

加强土地管理和建设。与政府部门沟通，推动解决土地界址点"落宗"历史遗留问题。形成全面巡查、即查即处机制，发现违规用地现象马上处置。2022年全面巡查土地边界6次，组织协调相关部门处置边界围墙，及时消除安全隐患。

资料　2022年房屋固定资产情况一览表

分　类	栋数	建筑面积（万平方米）	资产价值（万元）
教学科研用房	101	78.55	238 615.41
行政办公用房	6	9.86	30 121.78
学生宿舍	65	44.16	99 515.72
食　堂	10	5.43	13 275.28
教工宿舍（含教工住宅）	213	22.31	30 893.32
其他用房	63	15.06	40 162.95
合　计	458	175.37	452 584.46

备注：1. 一览表包含五山校区、大学城校区。
2. 教学科研用房包含：教室、图书馆、实验室及附属用房、风雨操场、师生活动用房、会堂、科研。
3. 其他用房包含生活福利及其他附属用房。

基 建 工 作

【基建项目与工程】2022年施工总建筑面积107 476平方米，总投资5.5508亿元，包括五山校区人才公寓、海丽文体中心中央空调系统换新及房屋修缮工程等在建项目，以及游泳馆、逸夫科学馆改扩建工程、27号楼改建工程、华南理工大学-华南农业大学中心应急避护场所设施建设、国立中山大学石牌旧址建筑之东区七栋教授住宅修缮工程（二期）、南湖及周边环境整治工程等竣工交付使用项目。2022年竣工工程总建筑面积35 786平方米，竣工总投资2.0438亿元。

推进广州科技图书馆、城市发展与治理研究院、五山校区人才公寓二期、大学城校区研究生宿舍、学生宿舍（新北五）、电话所（小黄楼）维修、教工活动中心维修等重点民生工程前期工作。

【基建管理】加强制度建设。修订《基建处管理文件汇编》，规范项目实施流程。强化基建项目全过程管理，医学院综合楼、道明游泳馆、五山校区人才公寓等重点工程推行代建制。加强对施工单位的日常管理，定期开展工地检查、约谈项目中标施工企业主要负责人等。成立质量控制小组，对已交付的部分工程进行质量回访。加强对设计单位、施工单位、监理单位的考核，建立责任追究制度。修编文物管理办法，推进校园文物建筑、历史建筑的保护工作。

编制完成2022年基建投资调整计划和2023年基建投资建议计划。申请中央高校2023年修购专项资金1222万元，2022年使用修购资金1931万元，使用教育部中央预算内资金529万元；中心应急避护场所设施建设项目到账资金33万元。

完成基建工程项目的预算和结算审核工作。2022年完成工程招标预算审核4项，金额1355万元；其他工程预算审核4项，金额31万元；服务预算审核18项，金额174万元。完成工程结算审核10项，金额14 701万元；服务结算审核18项，金额439万元。

强化在建项目疫情防控。提高现场巡检频次，加大隐患排查力度。全校38个在建项目未出现聚集性疫情，实现零感染，管辖范围所有项目安全稳定。

做好各类项目实施推进工作。实施招标项目4项，签订工程及服务合同50项，合同总金额2007万元。组织施工图纸会审，做好施工现场通水、通电、通路和场地平整工作。对工程进行质量、进度和投资控制，做好消防、规划、环保等专项验收及工程质量验收工作。

安 全 保 卫

【治安综合治理】加强一校三区治安管理。五山校区总案情同比下降16.9%，破案或协助破案26宗，组织或参与抓获各类嫌疑人员10人。大学城校区全年共接师生报案或求助83起，追回财物价值约10万元。强化疫情防控常态化下的校门管理体系，五山校区11个校门架设人脸分析采集摄像头10个，建立校内人员数据库；审批新增监控系统5个，新增摄像头143个。国际校区利用"GZIC智慧服务"信息化手段进行人员出入审批。

【交通消防管理】提升校园交通出行安全体验。建设核心区域雷达测速设备，减少校园超速行驶。五山校区南门广场及善德街建设防护栏，防止车辆违停堵塞交通要道。开展电动自行车假牌专项整治行动，拆除失效号牌和伪造号牌。开发"三校联网交通管理系统"，实现"一站式"审批。

引进专业设施维护保养服务公司，将109栋楼（132个部位，含23个公共泵房和专用泵房）纳入消防维保。加强消防集中监控报警，27栋楼宇的32台消防主机、21栋楼宇的2600个无线烟感实现联网。线上审批校内新建、扩建、装修、装饰许可证51宗。召开全校消防安全联席会3次，专项开展消防安全监督检查12次，发出限期整改通知书19份；日常巡查1000余次，督促落实整改存在的安全隐患2000余处。加强实验室购买危险化学药品管理，审批购买危险化学药品2762单、气体5730单。

【窗口服务工作】提高窗口服务能力。电动自行车校园通行证办理进入窗口业务。五山校区办理车辆更换、车辆缴费等业务2290人次，办理临时进校车辆、大型车辆报备审批8388车次。24小时报警服务平台报警指挥中心全年接拨报警电话19 667次，车辆信息查询4950次。"金盾护航"校园夜间护送师生21次。

【校园安全教育】组织学生线上收看"千万师生同上一堂国家安全教育课"主题公开课,组织学生线上参观总体国家安全观专题展览。开展反诈宣讲培训、反诈主题班会580场,推进一校三区师生安装"国家反诈App",人数超45 000人,提升师生反诈、防诈意识。组织消防安全培训会5场,开展应急疏散及灭火演练15场次。发放电动车安全使用说明、消防器材使用说明等各类宣传资料。

图 书 馆 建 设

【图书馆舍和文献资源建设】完善"一校三区"图书馆整体规划,在五山校区、大学城校区、广州国际校区分设3个馆,总面积10.4万平方米。其中,五山校区图书馆面积2.3万平方米,阅览座位2459个;大学城图书馆面积4.2万平方米,阅览座位2150个;广州国际校区图书馆建成投入试运行,馆舍面积3.9万平方米,阅览座位2000个。

加强文献资源建设。新增纸质中外文图书36 876册,电子文献464 749册。全校馆藏文献总量941.4234万册,其中,纸质文献410.7321万册。现有数据库159个,电子文献530.6913万册/件。完善"研习书院""研墨学堂"等中华优秀传统文化典籍资源建设。

【读者服务】2022年接待各类读者173万人次,其中,五山校区87万人次,大学城校区81万人次,广州国际校区5万人次。图书借还量16.825万册次,实现三校区图书通借通还,完成全国范围馆际文献传递392件。

精准服务教学科研。2022年完成科技查新456项;论文查收录篇数约4.7万篇、查引用40.668万次。提供2022年ESI学科分析报告、优秀青年学者学术表现分析报告、专利分析评议报告等;为学院学科评估提供高被引论文数据、馆藏资源与利用情况等支撑服务。完成面向第三方科技成果评价的技术检索分析服务10余项,获高校知识产权联盟案例评比一等奖。完成论文学术不端检测6325篇次,审核电子版学位论文17 633篇/条,分编纸质论文5371种/册。完成全校通识课程"信息检索与利用"授课;推出《"涨"知识》系列微动画、《地理标志知多D》等知识产权科普微动画。

优化图书馆文化环境。线上线下举办党的二十大专题图书展、馆藏革命文化珍品图书展、"华园情浓、薪火相传"开学季活动、研墨学堂"半月有约"、"初遇华园"摄影大赛等各类文化活动38场次,发挥图书馆"文化育人"作用。

【内部建设与管理】扎实完成广州国际校区图书馆标识系统、专业装具、图书搬迁上架以及文化环境建设等开馆筹备工作,做好广州科技图书馆筹建工作。强化党建和领导班子建设,完成图书馆领导班子换届。支持工会教代会工作,完成新一届工会和教代会选举。

资料1　2022年图书馆概况一览表

业务机构	五山校区			大学城校区			广州国际校区
	馆长室　流通部　信息咨询部　办公室　采访部 阅览部　编目部　技术部　数字资源部 发展规划与文化建设部　知识产权与学科服务部			办公室　文献资源服务部 参考咨询服务部 信息技术服务部			图书室

工作人员情况	行政业务人员	职称	五山校区	大学城校区	广州国际校区	学历情况	学历层次	五山校区	大学城校区	广州国际校区	
		研究馆员	5				博士	4	0		硕士以上学历人员占正式职工总数的55.5%；本科以上学历人员占正式职工总数的100%
		副研究馆员	24	2			硕士	44	8	5	
		馆员	46	19	2		本科	24	14	1	
		助理馆员	6	1	1		专科	0	0		
		工人	1				中专以下	0	0		
		暂无职称			3		小计	85	22	6	
		小计	85	22	6						

	职工总数	五山校区	90
		大学城校区	22
		广州国际校区	6

馆舍情况（平方米）	五山校区图书馆建筑面积	23 000
	大学城校区图书馆面积	42 300
	广州国际校区图书室面积	39 000

资料2 2022年图书馆文献经费、文献资源建设情况一览表

经费		实际支付文献购置费（万元）		2252.5727	
馆藏纸质文献	文献类型		当年进书量	馆藏累积量	
	中文图书	共计	14 862 种	18 865 册	91.9415 万种	292.1374 万册
	外文图书	共计	837 种	1009 册	18.7539 万种	26.3949 万册
	中文报刊	期刊	1240 种	5760 册	0.6619 万种	18.5133 万册
		报纸	0 种	0 册		
	外文报刊	期刊	925 种	4784 册	0.5799 万种	22.6939 万册
		报纸	0 种	0 册		
	非书资料		0 种	0 张	1.8995 万种	5.4387 万册
	学位论文		6458 种	6458 册	8.9794 万种	13.6234 万册
	当年入藏文献量：24 322 种 36 876 册①；院系资料室入藏量：1197 种 2980 册					
	馆藏文献总量：1 414 466 种 4 107 321 册②（含院系资料室文献量 186 305 种 319 305 册）					

馆藏电子资源	文献类型		当年入藏量		电子馆藏累积量	
	电子图书		797 种	797 册	1 347 840 种	1 409 458 册
	电子期刊		267 种	267 册	52 341 种	52 341 册
	电子学位论文		415 600 种	415 600 册	3 845 114 种	3 845 114 册
	会议论文		48 085 种	48 085 册		
	合计		464 749 种	464 749 册	5 245 295 种	5 306 913 册
	引进	续购	国外数据库	41 个	国内数据库	41 个
		新增	国外数据库	0 个	国内数据库	0 个
	当年新增数据库		0 个	图书馆数据库总数		159 个
	本校学位论文数据库			文摘		83 214 条
				全文		78 623 条

备注：①当年入藏文献量：为图书、期刊合订本、学位论文、非书资料等所有文献的种数及册数之和。
②馆藏文献总量：为图书、学位论文、非书资料的种数及册数 + 期刊合订本新增种数及册数。

资料3 2022年图书馆读者服务情况一览表

		服务项目		五山校区	大学城校区	广州国际校区
基本服务	接待读者	进馆人数（万人次）		86.7894	80.5567	5.005
		合　计（万人次）		172.3511		
	书刊年流通量（万册次）			16.8250		
	阅览座位数（加自修位）（个）			2459	2150	2000
	最大周开放时数（小时）			100	98	98
	图书预约处理（册次）			344	445	105
	通借通还服务（册次）			1708	1248	881
	办理读者借阅证（张）					
参考咨询服务	解答读者咨询（人次）			14 600		
	专/定题服务		单位（个）	3		
			项目数（项）	8		
	信息检索	论文收录查询	个人（人次）	6157		
			大型收录引用（课题）	353		
		论文收录引用	论文收录（篇次）	46 836		
			论文引用（次数）	406 680		
	科技查新		国内/国外（次）	289/167		
	文献传递		文献传递量（篇次）	392		
用户教育	文献检索课教学、实习		班次/学时	5/32		
			人次	560		
	读者培训		场次/人次	11/1100		
	嵌入式教学		班次/人次	0		
网络信息服务	访问本馆主页（万人次）			345.3		
宣传展览	专题展览（期）			15		
	讲座培训（场次）			23		

出 版 工 作

【出版业务】2022年销售图书码洋18 256.09万元,同比增长5.16%；营业收入3948.51万元,同比增长3.08%。上交学校100万元,支付房租146万元,返纳工资492万元,缴纳税金231万元。根据中宣部社会效益评价体系测评,2022年教育部对学校出版社2021年社会效益评价考核评分为90.5分,等级为优秀。

图书出版方面。出版图书685种,比上年减少130种。其中,新版324种,比上年减少52种；再版、重印361种,比上年减少78种。出版"百年恰风华——华南理工大学组建70周年暨建校105年丛书",该丛书包含5册图书,分别梳理记录学校发展历程、校园建筑规划、科技成果转化、优秀教师、杰出校友以及广州国际校区建设等内容。《中央性前置胎盘分型及手术图谱》《自然环境中磷化氢的循环及环境效应》2个项目列入国家新闻出版署公布的"十四五"国家重点出版物专项规划。

获奖方面。在广东省首届出版政府奖评选中,1人获评"优秀出版人物"(全省仅十人)。《普洱茶投资学》在2022年广东社会科学普及周主题日上被评为"广东省优秀社会科学普及作品"。《常见传染病预防·大众指南》被新闻出版署列入农家书屋重点出版物推荐目录,入选中央宣传部、农业农村部、国家乡村振兴局评选的2022"农民喜爱的百种图书"。《〈广东省科学技术普及条例〉释义》《马拉松科学跑系列》《孕期控糖一看通》《华南森林树冠图谱·广东分册》等4种图书获评2022年广州市优秀科普作品。《千年客韵——中华客家山歌》获评2022年度"广东省优秀社会科学普及作品"。

【内部建设与管理】坚持"党管出版"原则,扎实做好思想政治学习、选题政治把关和人才队伍培养,打造一流文化产品。克服疫情影响,顺利完成全年生产任务。加强制度建设,聚焦出版主业,优化图书选题,狠抓图书质量。创新营销手段,拓宽销售渠道,优化服务平台,强化业务支撑。积极承担社会责任,分别向湖南科技大学、江西修水县马坳镇中小学、广东省科贸职业学院、广东交通职业技术学院、广东财贸职业学院等捐赠价值逾70万元的图书。

资料 2022年出版图书分类统计表

分类	本版图书种类（种）	
	合计	其中：新出
总数	685	324
A. 马克思列宁主义、毛泽东思想	0	0
B. 哲学	6	3
C. 社会科学总论	10	4

续表

分类	本版图书种类（种）	
	合计	其中：新出
D. 政治、法律	17	14
E. 军事理论	2	1
F. 经济	37	20
G. 文化、科学、教育、体育	338	140
H. 语言、文字	17	6
I. 文学	12	11
J. 艺术	15	6
K. 历史、地理	25	23
N. 自然科学总论	1	0
O. 数理科学和化学	23	7
P. 天文学、地球科学	0	0
Q. 生物科学	5	3
R. 医学、卫生	18	11
S. 农业科学	4	3
T. 工业技术	126	47
U. 交通运输	6	4
V. 航空、航天	1	1
X. 环境科学、安全科学	10	8
Z. 综合性图书	12	12

档案与文博管理

【档案业务】 2022年接收实体档案11 724卷（65 566件），新增立卷实体档案12 104卷，新增排架长度340米，新增原生电子档案451卷、7225件，新增档案目录14本，接收、征集或自行下载电子文件17 491个，新增电子目录138 750条、电子原文84 595个，共308 GB。现有馆藏档案电子目录共2 972 510条，挂接电子原文1 083 658个，共5.3 TB。截至2022年底，馆藏档案总量28.6万卷（件），数字档案资源总量596.4万页。

加强档案利用。提供档案利用4108人次、12 966卷次，利用电子档案17 292页，复印、打印8807页，扫描、拍照19 597张，发送电子版及拷贝9096页。

推进档案数字化建设。基本实现档案

存量数字化，数字化率约 84.9%，OCR 识别率达到 100%；实现档案利用线上化，OA、招标系统电子文件增量档案电子化；软硬件基础设施能够同步收集、保管和利用纸质、电子档案；形成了目录数据库、OCR 识别、单轨管理通知类电子档案等数字化成果。

强化文博育人。完成校庆 70 周年主题展暨华南理工大学新校史馆布展，展示照片 1000 余张，实物展品 90 余件，影像资料 10 余段，部分展品为首次公开。校史馆、博物馆、校园人文景观、人文馆办学成就展参观人数合计 2340 人次。

【内部建设与管理】 加强广州国际校区档案馆新馆建设，相关设施设备建设基本完工。加强与广东省档案馆的合作，丰富馆藏结构。完成 1 项广东省档案局重点课题的结题验收。3 人获评"全国青年档案业务骨干"。档案馆获推荐为全省档案工作会议交流单位。

学报编辑出版

【学报编辑出版业务】 加强办刊规范化建设。严格执行双向匿名审稿和"三审三校制"，进一步规范组稿、审稿、编辑、校对等工作流程。

学报（自然科学版）全年刊发论文 187 篇（其中校内来稿占 45%），稿件采用率为 23%，基金论文比 100%。学报（自然科学版）在《中国学术期刊影响因子年报（自然科学与工程技术）（2022 年版）》中总被引频次为 5073，影响因子为 1.511，影响力指数（CI）在"工程技术综合类"期刊中的学科排序为 19/149；入选《世界期刊影响力指数（WJCI）报告（2022 科技版）》"工程综合"期刊，位列 Q2 区；被 EI、SCOPUS、INSPEC、EBSCO 等 30 余种国内外文摘和数据库收录，EI 收录率 100%。获"首届广东出版政府奖期刊奖"和"中国高校百佳科技期刊"。5 人次分别获评广东省科技期刊优秀主编奖、广东期刊优秀工作者、广东省科技期刊"金编奖"、广东省科技期刊"银编奖"、广东省科技期刊优秀编辑奖；2 人获广东省高等学校学报研究会 2022 年度科研项目资助。

学报（社会科学版）全年刊发文章 75 篇，基金论文比为 93.3%，同比增长 7.3%；校内第一作者占比为 45.3%，同比下降 2.6%。学报（社会科学版）在《中国学术期刊影响因子年报（人文社会科学）（中国知网 2022 版）》中总被引频次为 1256，社科版复合影响因子提升至 1.647，同比增长 10.2%，在全国"综合性人文、社会科学"类期刊中排序为 124/618。做好党的二十大精神的宣传阐释工作，开设"深入学习贯彻党的二十大精神"专栏，刊发文章 2 篇。关注社会热点和学科前沿，组织刊发"粤港澳大湾区发展""人工智能""科技伦理与评价""社会风险治理""财政治理与绩效评价""公共卫生治理""民法典"7 个专题研究共 19 篇文章，其中，6 篇专题文章被国内权威二次文献转载（摘），专题文章转载率达 31.6%。2022 年被国内权威二次文献转载（摘）18 篇次，同比增长 2 倍，转载数量创历史新高，2 篇文章被《新华文摘》全文转载或转摘，4

篇文章被《中国社会科学文摘》全文转载，4 篇文章被《中国高校文科学术文摘》全文转载或转摘，2 篇文章被《社会科学文摘》全文转载，6 篇文章被人大复印报刊资料全文转载。1 人获评广东省期刊协会的"广东期刊优秀工作者"。组织完成中国社会科学评价研究院 A 刊评价工作。学报（自然科学版和社会科学版）在 2021 年度社会效益评价中获评"优秀"。

【内部建设与管理】落实"第一议题"制度，加强班子和支部集中学习，认真开好民主生活会和组织生活会。加强党支部建设，组织各类支部活动 49 次。开展校内作者投稿意愿问卷调查，提升办刊质量。落实党风廉政建设及意识形态安全、网络安全责任制，做好治安、消防等安全管理工作，未发生责任事故。

后勤管理与服务工作

【后勤管理】加强后勤服务实体规范管理。完善后勤规章制度，梳理和规范维修管理、水电管理、合同管理和物业管理等工作流程，加强对建筑水电材料、饮食物资等日常采购价格的审核和跟踪，完善内部治理体系。

加强后勤安全卫生工作。组织开展大规模核酸检测 77 次，做好后勤员工健康监测、疫苗接种、核酸检测和抗原测试等工作。加强食堂物资管理，规范食堂食材、食品及餐厨用具的存放、保管。加强进货渠道的监管，严格落实物资采购索证索票。严格执行食堂加工、售卖、储存食品安全操作规范，确保餐具、用具按疫情防控要求消毒后使用。加强公共场所的通风换气和物表消毒，组织专业消杀公司定期做好中央空调的清洗消毒。

【校园服务】实施食堂维修改造，改善师生就餐环境。组织实施工程建设改造项目 4 项，对 17 个新办伙食项目进行设施设备改造，完成饭堂设备购置安装合计 114 件，完成广州国际校区 F5 食堂新建工程。开设教师专窗，延长饭堂营业时间，方便教职员工就餐。推动饭堂项目更新调整和转型运营，在 5 个饭堂开设夜宵，丰富师生就餐选择。2022 年食堂就餐人次同比增加 11.7%，师生就餐满意度为 87.5%，卫生满意度达 95.96%，无食品安全事故。

加强交通安全管理，提升交通服务质量。顺利完成各项交通运输任务，车辆安全行驶约 38 万公里，派遣 9580 余车次，往返五山校区至大学城校区交通车 4100 班次，校园穿梭巴士出车 2.6 万班次，乘坐 34 万人次。

多措并举助力扶贫工作。参与教育部等部委组织的线上扶贫采购活动，在农校对接消费平台、832 扶贫采购平台采购扶贫物资，采购扶贫爱心水 11 000 件共计 35 万元；采购云南云县特产云南米线 4500 斤，在 3 个食堂开通"云南米线专窗"；采购蔬菜 136 吨共计 54 万余元；通过云县战略合作企业采购蛋制品共计 158 万余元。

【校园管理】加强校园环境整治。完成五山校区 20 万平方米公共道路的日常清扫和保洁，全年清运垃圾约 11 400 吨，清理废旧家具、杂物等共 440 车次，约

512吨。增加校园共享电动自行车至950台，电动自行车充电柜（桩）2套、快递柜2组，增设外卖柜5处。

加强校园绿化管理。五山校区校园养护面积175 949.3平方米，2022年完成绿化升级工程7个，绿化改造面积2003.8平方米。应急处理因台风暴雨、虫蛀空心等导致的树木倒伏、树枝折断30余次。大学城校区开展绿化景观升级改造，完成校园主干道536棵乔木微修剪，以及286棵主景观花木的精细养护等。

【水电和基础设备管理维护】完善水电设施，保障校园水电供应。完成五山校区西二区变配电房升级改造及西区体育馆电力增容，完成2022年广东省大学生运动会电力保障。2022年组织供水供电紧急抢修360余项。优化供水管网，加装或更换主供水管供水阀门。改造2栋学生宿舍供水管网。

提高维修保障服务能力。实施维修工程项目31 444项，其中，日常零星维修项目31 384项，单项维修项目53项，专项维修工程7项。持续推进五山校区北区雨污分流南片区改造等。完成五山校区公用楼宇共65部电梯及励吾楼、笃行楼、人文馆等7处公共楼宇中央空调维保单位的招标，建立后勤、使用单位、维保单位相互监管的架构。

【节能减排工作】持续推进"绿色学校"创建，加强节能减排宣传。利用后勤官方微信公众号、学校新闻网平台，适时为师生推送节能减排最新资讯，提高师生环保和节能意识。强化节能减排，启动五山校区实验室及商业用电计量收费与安全管理系统建设，加强公用楼宇电梯和空调的安全使用管理，节约运行成本。

信 息 化 建 设

【信息化建设规划与发展】持续加强校园网络建设。完成校园网与广州联通公司5G专网的融合对接，发布全国首家5G校园网专网，实现内网、互联网的"双域"服务。完善广州国际校区二期工程通信网络，开通有线接入点7303个、无线接入点1767个、物联接入点9235个。《一种新型5G教育专网方案及5G融合媒体应用》获第五届"绽放杯"5G应用征集大赛融合媒体专题赛决赛一等奖、2022年粤港澳大湾区5G应用案例征集大赛二等奖等。

推进IPv6规模部署。落实国家和教育部IPv6规模部署，实现智慧校园等基础应用系统对IPv6支持的研究，为华南地区各接入单位IPv6提供技术支持。学校团队获首届IPv6技术应用创新大赛科教赛道二等奖。

推进广州国际校区中央管理平台建设。数据底座实现12个部门共计16个核心业务系统的数据集成与对接。规范数据治理，形成全校统一的数据标准体系，覆盖8个基础数据域，校级数据资产粗具规模。

优化与升级校级平台。网上办事大厅新增和优化60项业务流程。电子证照平台新增出国成绩单、收入证明等30种证明材料的电子签章。"一张表"新增研究生导师招生资格申请。

推进校内科学计算运营管理新模式改

造，引进新科学计算支撑平台，总算力预计达7PFLOP。

【信息网络服务与管理】做好信息化服务保障。升级VPN、增加带宽、优化MyPass系统，保障疫情期间的教学科研与防疫工作。升级优化统一认证系统、地理信息系统等校级平台。统筹信息化项目建设，组织论证40万元以上项目8项，组织经费购置项目验收165项。全面提升IT基础设施核心服务能力，广州国际校区数据中心全面投入使用。推进专业版办公正版软件的批量授权。保障公务活动现场网络131场。

加强信息化工作管理。修改《华南理工大学软件和信息服务项目建设管理办法（2022年修订）》等，规范与优化信息化服务流程。启动大学城校区、广州国际校区通信网络公共服务机房的电费收费工作。升级改造电话设备。联合中国电信公司对程控交换机实施升级改造，完成60台新AID设备的部署与割接工作，为学校用户提供高质量的通信服务。

【网络安全】加强网络安全管理。出台《华南理工大学网络安全管理办法》，保障数据安全和信息系统安全。开展全校网络安全自查和整改，完成487个信息系统、服务器自查，完成信息系统校内备案208套。全面扫描主机/服务器共29 288台次，扫描网站任务2559次等。实施统一身份认证网站入口反向代理，增强网站的安全性。完成7个二级系统信息系统网络安全等级测评及备案工作。处置上级平台通报漏洞28个，关停双非网站1个，迁回网站群网站1个。

落实网络安全责任。定期召开网络安全与信息化季度及年度工作会议，签订《网络安全责任书》。完成全校在职人员20 000学时的网络安全专题培训。

【教育技术条件建设】满足疫情防控常态化下混合式教学需求，升级改造混合教学同步传输环境，新建27号楼9间制图多媒体课室。打造"一校三区"同步课堂，面向本科生开设辅修课、通识课。截至2022年底，全校共有多媒体课室444间（含智慧教室181间），座位数47 757个；多功能语言实验室32间，座位数1930个。

做好教学平台及资源建设。优化教学平台，推进MOOC建、用、学、管，助力教学提质增效。推进粤港澳大湾区高校在线开放课程联盟工作，推送课程76门。推进慕课西行，推进西部高校教师信息技术与教育教学融合和创新。MOOC平台服务社会学习者2 048 356人次；校内SPOC教学应用学生选课600 585人次；教师建课243门，累计访问733 118次。学校入选国家智慧教育平台试点学校。推进视音频等开放资源建设。承担第八批MOOC课程的过程控制，完成微课等视频录制224次；完成新生入学教育、国家自然科学基金等视音频录制150次；完成广东省"粤教阅心"思政示范案例视频制作58次。形成一批信息化教学优秀案例，1项成果获全国2022教师数字化学习特色案例优秀奖，13项成果获广东省教学改革创新优秀案例，12项成果获粤港澳大湾区高校在线开放课程联盟教育教学研究和改革项目立项，23项成果获2022年广东省本科高校在线开放课程指导委员会研究课题立项。

开展校内教师信息化教学培训和咨询。组织信息化教学培训20场，培训教师1034人次。开展1对1教学信息化咨询服务，开展一流本科课程、教学创新大赛、教学平台应用等40次信息化教学咨询活动。

采购工作

【采购业务】2022年完成各类采购项目2501项，预算金额337 977万元，中标及成交金额328 314万元，节约金额9663万元，其中，设备购置与更新改造贴息贷款采购项目822项，预算金额289 380万元，中标及成交金额276 839万元。完成高性能计算系统、球差矫正透射电子显微镜、广州国际校区物业管理服务和百步梯、电话所、海丽文体中心等文物景点修缮，以及广州国际校区多个实验室建设工程等项目的采购。学校科研设备协议供货平台获中国政府采购系列奖之年度创新奖。

【采购管理】加强采购管理。出台《华南理工大学货物和服务项目采购代理机构管理实施细则》，加强对代理机构的管理。加强采购指导，在官方网站公开展示并实时更新政策法规、办事指南等内容，其中针对贴息贷款项目，举办采购宣讲培训10场；学校政府采购内控报告获教育部表扬。强化采购用户主体责任，在兼顾程序规范性和结果满意度的情况下，优化采购流程，提高采购效率。进一步完善采购信息化系统，全新运作模式的科研设备协议供货平台在贴息贷款项目采购中发挥重要作用。

资料　2022年完成的各类采购项目情况统计表

项目	货物类	服务类	工程类	竞价类	协议供货	中央集中采购	合计
完成项目数	595	74	29	863	192	748（台套）	2501
预算金额（万元）	295 743	18 307	5992	9847	7325	763	337 977
成交金额（万元）	287 805	17 905	5319	9365	7157	763	328 314
节约金额（万元）	7938	402	673	482	168	—	9663
节约率（%）	2.68	2.20	11.2	4.89	2.30	—	2.86

公共服务平台工作

【分析测试业务】2022年测试样品10万余件，为华南地区高校、科研院所和企业提供1165批次测试服务，检测及时率100%，检测差错率0，检测收入745万元。大型仪器设备平均使用机时超过1400小时/年。截至2022年底，分析测试中心现有大型仪器设备43台（套），仪器设备总值6325万元；大化类学科公共平台大型仪器设备19台（套），仪器设备总值2000万元。

加强专业检测实验平台建设。依托贴息贷款项目经费资助，购置21台大型仪器设备。完成仪器设备论证招标与合同签订。完成光电子能谱仪、直读光谱仪、碳硫仪等3台新仪器设备的安装调试并投入使用。加强对气瓶、危险化学品等的控制和管理。完善日常巡查，实行24小时巡查制。组织师生参加实验室安全、消防安全、网络安全等培训及演练。

加强分析检测队伍建设。3名教师参加检验检测机构资质认定高校评审组组织的实验室能力比对活动。2名教师在职攻读博士学位，23人次参加评审员和内审员培训、检测技术培训和学术研讨会。参与制定行业、地方标准2项，主持科研项目2项，发表与测试相关的论文15篇，申请国家发明专利、实用新型专利4项，参与国家实验室认证认可评审3次，参与中国分析测试协会、全国高校分析测试分会、广东省分析测试协会和相关学会的工作和活动，多名成员担任理事、主任委员、委员。

【医疗器械研究检验工作】2022年校内检测7244批次，校外检测1809批次，共检测样品数量25 381件。大型仪器平均使用机时超过1000小时/年，完成校内外检测业务量1449万元，出具报告1643份，其中，资质报告572份，产品注册检验236份。开展分析仪器应用技术培训29场，培训学生256人次。

加强检验检测能力建设。通过国家检验检测机构资质认定（CMA）及中国合格评定国家认可委员会（CNAS）实验室能力扩项，扩至65个产品类别599项检测项目，同比增长超80%；现已具备CMA、CNAS二合一检测能力，具备138个大类1282个检测项目的检验检测能力。

完善专业检测平台建设。搭建功能齐全的实验动物中心。购置高分辨率X射线CT系统、环境场发射扫描电子显微镜、高分辨质谱分析系统、高分辨率X射线活体显微断层成像系统等大型仪器设备，总值11 050万元。

完善内部管理制度，制定或修订《医疗器械研究检验中心绩效考核管理办法》等8项管理制度。加强信息化建设，完成设备共享平台信息化系统二期建设，建立检测能力数据库和客户数据库，实现校外业务全流程信息化和财务信息化管理。开展医疗器械监管工作，形成"审评员-医检中心-企业"模式，加快创新性医疗器械产品安全上市步伐。

医 疗 保 健

【医疗服务】2022年门诊、急诊诊疗190 773人次，其中，门诊180 807人次、急诊9966人次。收治住院患者153人次，托老病人35人次。康复理疗12 927人次，天灸500人次。检测152 414人次，其中，核酸采样132 485人次、B超检查6400人次、放射检查13 529人次。完成体检26 384人次，其中，教职工（含退休）体检 6550 人次、学生体检 19 118 人次、社区居民体检 716 人次。全年提供各项医疗保健保障服务 110 余场次。

【预防保健】做好基本公共卫生服务。服务高血压患者 2020 人、糖尿病患者 654 人、社区精神病患者 182 人、恶性肿瘤患者 228 人、接种疫苗 4162 剂次。做好传染病防控管理，上报传染病病例报告 53 例，无迟报、漏报；处置 2 起聚集性发热、1 起流感样病例暴发疫情。建立家庭医生签约团队，累计完成签约 24 825 人，其中，普通人群签约 22 276 人、重点人群签约 2549 人。

【疫情防控】新冠核酸检测应检尽采免费采样 96 594 人次，新冠疫苗接种 17 344 剂次。排查核查管理重点人员 17 413 人次，居家医学观察 711 人次，转运密接、次密接者或重点疫区来穗人员集中隔离 125 人次，管理入境人员 183 人次。

【医疗管理】做好大病救助和公费医疗管理工作。2022 年公费医疗总支出 5856 万元，其中，药品返还 549 万元，实际支出 5307 万元。落实国家药品集采政策，科学减少药品费用。重大疾病医疗救助 106 人，救助总金额 223 万元。做好学生医保工作，完成本年度学生参加医疗保险工作。

中小幼教育

【附属实验学校】附属实验学校自 2022 学年起按公办性质（企事业单位办）学校办学，现有教职工 131 人，教学班 43 个，学生 1691 名。学校在广州市智慧校园实验校考核中获评优秀。中学部中考成绩再创佳绩，年级前 50 名平均分为 711 分，示范性高中录取线以上占 70%，普高录取线以上占 91%。

党建引领促发展。落实党组织领导的校长负责制，配备党总支书记。坚持民主集中制，推动党建工作与教育教学、德育和思想政治工作深度融合。落实意识形态工作责任制，做好师生员工的安全、纪律、法治等教育。与云南、贵州等地结对开展教学帮扶和爱心帮扶活动；结对帮扶阳江市、汕头市澄海区基础教育。学校获市级奖励 1 项；教师获得国家级奖励 6 人次、省级奖励 3 人次；学生获省级奖励 10 人次、市级奖励 27 人次。

五育并举强素质。落实"双减"及劳动教育，制定《华南理工大学附属实验学校"双减"及"五项管理"实施细则》《华南理工大学附属实验学校作业管理方案》。小学部开展课后托管课程 107 门，中学部开展校本特色课程 46 门。优化校园学科活动，完成评价手册、成长记录册、劳动手册的整合优化等。做好课堂观察量表的制定使用，开展师徒结对工作。

发挥作用扬优势。关心关爱离退休、病、孕教师，召开退休教师欢送会，探望退休老党员。优化午休、课间餐、课后托管服务，保证学生有优质的营养和睡眠。更新校园软硬件设施，更新一批教学设备,加装消防应急广播系统,改造化学药品储藏室,加固教学楼。常态化开展心理健康教育,密切家校合作,共同做好学生安全工作。

【幼儿园】幼儿园现有东园、西园、北园3个园区,教职工109人,幼儿班21个,托儿班2个,幼儿610人。幼儿园获评广州市安全文明校园。

加强教师队伍建设。依托课题研究,助推教师成长,提升保教质量。教师获各级奖项14项,发表论文25篇。教师中现有硕士研究生学历或学位8人、本科学历61人,高级教师3人、一级教师21人;广州市卓越园长1人,广州市骨干教师4人,天河区骨干教师3人,天河区名园长1人,天河区名教师2名,天河区教育责任督导2名,保教人员均持有相应的岗位任职资格证。

做好设施建设与条件保障工作。完善园区设施设备,提升幼儿安全保障。北园区通过办园许可审批,西园区通过托育机构登记备案。

广州国际校区建设

广州国际校区建设

【党建工作】2022年发展党员128名，其中，教职工党员2名、本科生党员76名、研究生党员50名；预备党员转正101名。学习宣传贯彻党的二十大精神，主持召开国际校区党委理论学习中心组学习共15次，各级党组织开展集中学习共计258次。完善基层党组织设置，配强基层党支部书记，实现教师党支部书记"双带头人"全覆盖（正高职称比例达100%），青年教师担任研究生党支部书记全覆盖，辅导员担任本科生党支部书记全覆盖。主办"这十年·师生颂"主题活动，开展2次党建工作专项自查。探索推动支部联建，基层党组织共开展结对联建活动13次。强化廉政风险防控，建立风险隐患每月排查机制，定期开展集体廉政谈话。2个党支部获批全省"党建工作样板支部"。基层党组织获校级党建创新案例一等奖1个、二等奖2个、优秀奖1个。

【基本建设】推动国际校区一期工程1166项遗留问题的全面整改，累计完成问题整改1157项，完成率为99.23%。加快推进广州国际校区二期工程建设进度，强化对工程建设质量的监督和整改。牵头组织2次压力测试，排查并协调施工单位解决各类问题，有效确保新教学楼、新宿舍楼在9月新生入学时顺利启用。二期工程第一批次项目楼宇27栋基本建成，建筑面积共计40.87万平方米，包括A4学生宿舍、F3公共教学楼、D6体育馆、E3图书馆、G5人才公寓等，进一步拓展校区办学空间。完成101间智慧课室、10间分屏研讨课室、11间教学功能房，共计6432台件多媒体设备、7151件家具的安装与调试工作。

【人才培养】深化国际校区本科教育教学改革，出台"新工科人才培养试验区2.0"实施方案、全日制本科学生转专业管理办法、全日制本科学生校内学分认定实施办法（试行）等制度。微电子科学与工程专业入选2021年度国家一流专业（2022年公布），获批广东省集成电路人才培养基地。重构工程实践课程体系，新增PBL课程"工程创新训练"，开发编写"新工科工程训练3D教程"。全年共开出EMI-1课程212门次、EMI-2课程124门次、EMI公共课程92门次。在广州国际校区开设的5门课程入选广东省一流课程（累计7门）。引入艺术实践类通识课"中国传统雕版与水印版画"，开设"法语""德语""西语"等语言类课程，实现"艺术修养"课程一校三区异地同步教学。设立微电子学院思政课教学改革试点班,探索"在地国际化"思政课教学新模式。积极探索产教深度融合人才培养模式,与阿里巴巴、科大讯飞等头部AI企业建立联合实验实训室。学生参与"国家-省-市-校-院"五级创新创业项目数共41项,参加各类学科竞赛获奖203人次,学生发表论文、申请专利及软件著作权登记共16人次。本科生参加海外大学交流学习项目共计116人次。

探索形成"共治 共建 共融 共享"的"一站式"学生社区育人模式,创建高校版"枫桥经验",建设成效获评广东省A级,获选教育部风采展示优秀案例。开展线上线下近100期品牌活动,逾万人次参与。探索"现代书院制",峻德书院入选高校书院发展联盟,1个团支部获评广东省"五四红旗团支部";铭诚书院学生英语四、六级首次通过率分别达99.1%、86.29%。推进"全员导师制",推行学业导师"1+5"工作模式,打造一套制度、五大平台,制度化推进导师进驻社区。

【师资队伍】强化预聘岗位首聘期考核,坚持发展性评估。率先在全校启动教研系列人员长聘评估,探索建立长聘评估常态化工作程序。设计实施联聘多方协议制度,完善成果认定及学科资源分配机制,率先推动未来技术学院与琶洲实验室联合聘用工作。新设立"TCL青年学者"岗位,利用社会资金引进一流师资,出台《华南理工大学TCL青年学者冠名岗位管理办法(试行)》。创设集约高效的实验工程人员共享共建机制,出台《华南理工大学广州国际校区实验及工程技术系列人员聘用管理办法》。积极争取政府博士后相关政策经费支持,有效降低学校博士后用人成本;推出"悦见未来"云招聘的姊妹品牌"全球高校行"线上招聘活动。

全职引进教研系列人才52人,引进人才100%具有国际一流高校或科研机构教育及工作经历。新聘研究系列人员2名,招收博士后42人,招录高级技术主管3人、管理岗位人员12人。

【学科建设】完善广州国际校区学科布局。新建未来健康研究院,重点完成电镜中心平台论证及平台搭建,持续推进战略前沿材料、微纳加工、智能智造和"生物医学+"四大学科平台建设。推进学科平台仪器设备开放共享,常态化公开共享实验室时段及联系方式并监督落实;推出教学科研平台巡礼系列专题,推动广州国际校区5个单位共36个实验室实现常态化开放共享。持续深化学院综合预算改革,充分盘活学院结余资金,设置校区平台建设经费专项,定期加强学院经费执行进度跟踪检查和预警提醒,提高经费使用效率。强化学院年度绩效评价,优化考核指标体系,加强考核结果的反馈。

【国际交流】拓宽海外学习交流平台。落实签署7份国际合作协议,包括6份"3+2""3+1+1"等本硕连读项目协议,1份比利时根特大学签署合作备忘录,目前广州国际校区各类海外交流学习项目达70余个。推荐54名学生参加"2+2""3+2""3+1+1"学位项目,其中,46名学生分别被海外一流合作院校录取,录取率超85%。持续引入海外优质资源,坚持"疫情不断线,交流不断链"原则,提供20余门世界顶尖名校的寒暑期线上课程。擦亮"全球胜任力提升计划"品牌,开展多个主题模块的线上线下讲座35场,吸引2800余名师生参与。

【综合管理】加强校园疫情防控工作,借助信息化手段建立"平疫转换机制",确保校区安全稳定。完成国际校区新一期物业服务招标,争取捐赠资金500万元。落实"过紧日子"要求,节俭完成广州国际校区二期启用的采购,部分项目采购金额节约超30%。做好广州国际校区各类接待,2022年累计接待部省市区各级领导、党政机关、海内外高校、省内外中学、校友团体及校内单位共145次,接待2828人次。做好学校组建70周年发展大会(第二届全球校友代表大会)、全球大学校长论坛、全国首个省级5G教育专网发布会、TCL奖教金奖学金暨科技创新基金颁发仪式、开学典礼、校园开放日、柠檬音乐节等系列活动的保障工作。

党政综合管理

党政综合管理

【**重大专项工作**】深入学习贯彻党的二十大精神。把迎接学习宣传贯彻党的二十大精神作为全年工作的主题主线，参与制定学校学习宣传贯彻党的二十大精神工作方案和任务清单，扎实推动学校贯彻党的二十大精神落地见效。协助学校起草支撑广东高质量发展专项行动方案。围绕学校第十七次党代会重点任务以及学校关于政治安全、巡察整改等重要部署，协助学校制定政治安全专项行动、未巡先改等一系列方案，逐条逐项抓落实、抓整改。

切实抓好校庆组织工作。把庆祝学校组建 70 周年暨建校 105 年工作放在重中之重的位置，全员全过程全方位参与，全力克服疫情不利影响，成立校庆工作办公室，统筹成立校庆发展大会工作组，牵头负责议程组、嘉宾组、材料组等相关工作，组织召开校庆动员会、工作例会、培训会等会议 20 余次，撰写校庆期间各类致辞稿、主持稿 20 余篇，起草个性化邀请信 40 份，制发邀请函 1300 余份，整理贺信近 200 份，高质高效完成方案制定、材料起草、活动安排与组织、校徽更改、现场布置、嘉宾邀请与接待等重要任务。牵头组织召开卓越大学联盟预备会议、校长联席会议，协助承办全球大学校长论坛，完成卓越大学联盟年度工作计划、会议报道等材料的撰写和 PPT 制作，起草并顺利发布联盟《广州宣言》。

扎实做好学校新冠疫情防控工作。积极应对复杂多变的疫情形势，配合属地防疫政策调整，定岗定人，及时牵头制定"一校三区"校园管理方案、学生返乡返校疫情防控工作方案、发现核酸检测混管阳性和抗原阳性应急处置流程等系列方案，全年印发相关通知文件共 20 余份。在 11 月广州最复杂、最严峻、最艰巨的疫情防控硬仗中，迅速响应、周密组织、精心安排，稳妥做好学生离校返乡工作，开通绿色通道，开通大巴点对点运送，公布返乡服务热线，发布《关于学生返乡情况说明的函》，助力学子顺利返乡。牵头起草的学校疫情防控经验材料获教育部钟登华副部长批示，点名表扬学校疫情防控工作成效。

【**公文管理与服务**】严控发文数量，提高发文质量，全年发文 972 份，与 2021 年（964 份）基本持平。强化外来公文办理效率，全年办理涉密文件 696 份、普通外来公文 3400 份，累计向全校各二级单位转发外来公文 3.5 万余份/次。加强文稿工作，全年共参与撰写方案、报告、规则、领导讲话稿等 300 余篇，约 90 万字。高质量如期完成修订《华南理工大学章程》并通过教育部核准。完成学校年鉴（2020）的编辑出版以及年鉴（2021）、年鉴（2022）的编纂，完成《中国教育年鉴》《广东年鉴》《广州年鉴》供稿工作。加强业务培训交流，面向新提任科级干部和国际校区管理人员开展专题培训2场。

【会议管理与服务】加强会务管理与服务，牵头组织完成各类会议和活动80余次，协调校领导出席各类会议活动80余次。组织修订党委全委会会议、常委会会议、校长办公会议议事规则，进一步细化上会议题标准；制定党委常委会会议、校长办公会议会务工作规程，进一步规范会议组织工作。严格执行公务接待标准，坚决反对"四风"，修订《华南理工大学国内公务接待管理办法》，顺利保障50余次公务接待，协助落实30余次大型活动。认真做好学校党政会议会务工作，组织召开党委全委会会议2次、常委会会议22次、校长办公会议13次。启用五山校区会议场馆申请系统，推动优化"一校三区"线上会务系统，全年承接和顺利保障各类会议共计1870场。

【综合事务管理】优化师生服务，制定师生服务中心管理办法和工作规范，完成人才服务站进驻工作，引入微警务自助一体机，扩展"一窗式"业务，优化"一站式"服务，实现"一网式"办结。新增10项线上服务事项，共开放14个部门、80个窗口，提供223项线下服务和190项线上服务，累计服务师生41万人次，代办代寄各类材料1.3万件次，三个校区流转代办文件6464件次，师生总体满意率达99.95%。全年加盖学校各类印章约40万次，用印人数1.5万人次，刻制印章25枚，作废63枚、移交印章75枚。

【信访督办和维稳工作】加大督办落实力度，聚焦加装校园安全防护设施工作，落实"过紧日子"要求，完成广州国际校区配套中小幼建设、学校实验室设备收费定价模式设置、海丽文体中心修缮前期工作等重大事项，召开各类协调会43场次，推动重大工程落地见效。全年妥善处理上级单位转办的信访事项64件。不断提升"接诉即办"工作水平，打造"校长信箱"工作品牌，全年共收到师生来信1389封，同比增长近5倍。

【保密工作】制订或修订33项保密基础管理制度，印发《华南理工大学保密制度汇编（2022版）》。开展微信泄密专项整顿。组织开展武器装备科研生产单位资格认定迎检工作，高分通过审查，再次为学校取得武器装备科研生产单位二级保密资格。抓实保密教育培训，做好岗前保密宣传教育培训和日常经验交流工作。

【法律事务工作】开展法治教育，组织全校中层干部300余人参加年度学法考试。修订学校《合同管理办法》，制定《法律事务管理办法》，对学校33项规章制度进行合法性审查。做好省大运会和校庆期间法律风险防控。加强对外签署合同审查管理，对100余份重大合同和170余份非学历教育合同进行会审。处理民事、行政诉讼和劳动争议仲裁案件20件，处理各类法律文书20余份。

【信息报送】编制《高等教育周报》14期。加强信息报送，全年共报送教育信息75篇，获战线联播单篇采用5篇，获教育要情综合采用4次；报送决策咨询信息152篇，获得采用73篇次、上级领导批示16次；报送维稳信息21份，突发信息11份。助力学校连续五年获评全省党委系统信息工作先进单位。

【信息公开工作】持续推动完善内控管理制度体系，加强信息公开工作规范化制度化建设。推进所有二级单位网站更新"规章制度"栏目内容，推动二级单位办事指南"上墙上网"。完成学校信息公开网站改版，确保信息公开事项内容完整易查，业务流程实现线上办理。调整《华南理工大学信息公开目录》责任分工，更新负责单位信息公开联络人，实现信息公开上下联动、责任到人。

【机关党委工作】 深入学习贯彻党的二十大精神，组织机关大讲堂等各类各层级专题学习活动44场次，覆盖面超4000人次。强化组织建设，持续推进党建与业务深度融合，开展党建能力专题培训，培育指导保卫部（处）党支部进入省"样板党支部"验收考察，3个党建创新案例获学校表彰。启动实施模范机关创建三年行动计划，有力有序推动各项创建任务落地落实。持续加强作风建设，提升管理服务水平和机关治理效能。

【非学历教育管理】 规范非学历教育管理工作，修订《华南理工大学非学历教育管理办法》，制定重点工作流程，新建非学历教育管理办公室网站，优化管理系统。全年审批各类办学项目共计520余项，审核各类项目投标申报材料104份，立项获批国家级职业教育"双师型"教师培训基地（2023—2025）等近10余项。排查2019年、2020年、2021年已开办的300余项培训项目，推进终止合作办学项目25个，签订终止合作办学协议46个，并会同相关办学单位制定善后工作的有效措施。

【大学城校区管理与服务】 加强统筹协调，落实疫情常态化防控措施。加强门岗管理，以白名单为基准，严格落实校门出入管理措施；加强一线工作人员的培训与心理疏导，通过集体培训与个别岗位培训相结合，共组织3000人次一线安保人员进行法规制度、防疫知识、执勤业务技能培训；开展爱国卫生运动，进一步推进垃圾分类投放工作，加强校区全方位四害消杀；多渠道筹措资源，采购N95口罩、面屏、消毒液、抗原测试剂盒等防疫物资；加强应急演练和培训，开展新冠疫情防控应急演练17次，应对密接、次密接等突发事件4次；全年牵头组织大学城校区核酸检测118场，参与师生超100万人次，新冠疫苗集中接种2场；迅速完成核酸采样志愿者服务队的组建工作，共260多名教职工报名，其中82名参加了培训考核，40人次参加了核酸采样工作。

加强校园日常运行管理。加强校园日常巡查和值班值守，协助处理师生报案或求助83起，协助抓获各类违规人员24人，追回财物价值约10万元。指导校区23个单位组织开展消防培训1646人次，处置火灾预警106起，协助扑灭火情3起，深入师生开展162场反诈教育和培训。加强校园电动自行车管理，办理电动自行车校园通行证1366张。通过"校园管理服务意见'码'上说"收集168份师生建议意见，及时采纳、反馈或督促整改。高效完成学生宿舍暑期维修工作，落实校庆期间校园氛围布置工作，协助更新办学成果展。完善校区商业网点管理。改版单位网页，强化服务功能。推进校园文化景观建设，成立专家组并广泛征集师生意见，对校区部分道路及主要景观进行命名，完善校园标识系统；打造"仁厚里"美育教育平台，包括广东粤剧艺术传承基地、红色版画基地、数字文化传播基地、陶瓷艺术馆等；实施校园景观微改造，加强校区绿化的日常养护，组织学生参与环境检查和绿化工作。

顺利完成广东省第十一届大学生运动会开幕式，以及篮球、排球比赛期间场地保障、后勤保障、安全保卫、环境卫生、志愿者服务等多项任务。

学　院

机械与汽车工程学院

【党建与思想政治工作】2022年发展党员142人，其中，教工2人、本科生61人、研究生79人。共有党员1086人，其中，教工228人、学生858人（本科生107人、研究生751人）；共有党支部32个，其中，教工党支部9个、本科生党支部5个、研究生党支部18个。深入学习贯彻习近平新时代中国特色社会主义思想和党的二十大精神，召开党委会"第一议题"学习21次、理论学习中心组学习11次，组织专题党课35场。优化党支部设置，完善支部书记例会制度，开展支委培训等党建活动。强化思想政治教育，建立健全学生社团活动机制。加强师德师风建设，开展警示教育。通过第二批"全国党建工作标杆院系"培育创建项目验收1项。获校级党建创新案例一等奖1项，获广东省高校党建研究会年会论文一等奖2人。获批学校首批"双带头人"教师党支部书记工作室建设立项1项、第二批"样板支部"创建培育立项2项。

【学科与队伍建设】围绕一流学科建设要求，凝练学科特色，形成先进制造装备设计理论与方法、跨尺度先进制造、精密机构及机器人技术、先进测控与智能运维4个学科发展特色方向。

推进教师队伍建设。引进高层次人才4人，招收博士后21人。入选海外优青2人，省级人才计划5人；获省级青年计划博士后项目3人。

【教学工作】本科教学方面。安全工程专业获批国家级一流本科专业建设点。完成机械工程、车辆工程专业工程教育认证考察环节。"机械设计基础虚拟教研室"入选教育部首批试点虚拟教研室。获省级一流本科课程1门，校级教研教改项目9项、质量工程项目1项、校企合作课程认定2门、课程思政校级示范课程2门、探索性实验项目2项、精品教材建设项目2项、教学卓越奖1项、本科教学优秀奖1项。

研究生教学方面。关心青年导师成长，开展青年师资培训。获校级教学优秀奖1人、专业硕士实践优秀研究生9人。获批省级校外研究生培养基地1个、研究生教育创新计划-研究生示范课程项目1项，校级研究生教材建设项目1项、研究生教育教学成果奖培育项目1项、"专业硕士课程行业专家上讲台"项目资助1项、工程类博士专业学位研究生跨领域产教融合协同育人项目1项。

学生创新创业方面。获第八届中国国际"互联网+"大学生创新创业大赛金奖1项，第十三届"挑战杯"广东大学生创业计划竞赛金奖4项，广东大学生科技创新培育专项资金（攀登计划）6项；方程式赛车队获全国一等奖1项和蔚来黑马奖，华南虎战队获 RoboMaster 中部赛区亚军。

【科研工作与对外学术交流】2022 年实到科研经费 15 746.46 万元，其中，纵向 8639.93 万元、横向 7106.53 万元。立项项目 383 项，其中，国家级 26 项、部省级 65 项。获授权专利 421 项，其中，发明专利 285 项、实用新型专利 133 项、外观设计专利 3 项；登记软件版权 41 项；出版专著 1 部；发表三大索引论文 1357 篇，其中，SCI 收录 522 篇、EI 收录 835 篇；发表中文期刊论文 245 篇，其中，核心期刊 191 篇、统计源期刊 18 篇、其他 36 篇。获部省级以上科技奖励 5 项，科研人才称号 1 项。入选科技部专家库 1 人。

加强对外交流与合作。深化新加坡国立大学"3+1+1"、日本早稻田大学"3+2"等双学位和本硕连读项目合作，与东京大学工学院签署学术交流框架协议。举办国外学术报告会 17 场，派出教师参加国际学术交流 4 人。国际科研合作获国家级项目 2 项，省级项目 2 项。

【综合管理】召开党委会会议 21 次、党政联席会议 26 次，讨论决议事项 200 余项。新增设备 621 台件，总价值 1427 万元。获批重大仪器购置项目 2 项，专业实验室建设项目 3 项。开展校友返校系列活动。

建 筑 学 院

【党建与思想政治工作】2022 年发展党员 68 人，其中，教工 1 人、本科生 30 人、研究生 37 人。共有党员 672 人，其中，教工 91 人、学生 581 人（研究生 496 人、本科生 85 人）；共有党支部 34 个，其中，教工党支部 5 个、本科生党支部 3 个、研究生党支部 26 个。深入学习贯彻习近平新时代中国特色社会主义思想和党的二十大精神，召开党委会"第一议题"学习 9 次、理论学习中心组学习 10 次。规范组织生活管理，做强做实"建院筑梦"党建品牌。加强思想政治教育，承办学校周边文创设计大赛，结合专业开展各类活动 50 余场。加强师德师风建设，开展师德师风建设月活动。获凤凰网行动者联盟公益盛典乡村振兴行动奖 1 人，获广东省教育厅"学宪法，讲宪法"活动比赛高校组三等奖 1 人。获学校"喜迎二十大 奋进新时代"微党课一等奖 1 人。

【学科与队伍建设】完善学院"十四五"发展规划编制。完成风景园林学一级学科学位授权点调整为专业学位类别学位授权点的申请工作。

加强师资队伍建设。引进专职研究系列副研究员 1 人，招收博士后 5 人。获评"广东省工程勘察设计大师"2 人，入选"广东特支计划"杰出人才 1 人。

【教学工作】本科教学方面。聘请业界知名青年建筑师参与本科设计教学。获批广东省质量工作教改项目 2 项，校级教研教改项目 2 项。入选教育部首批教研室建设试点名单 1 个。

研究生教学方面。获 2022 年度广东省学位与研究生教育学会优秀教育成果奖 3 项，广东省高等教育学会第二届高等教育研究优秀成果奖 4 项。获批 2022 年广东省研究生教育创新计划项目 3 项。

学生创新创业方面。获各类竞赛奖28项，其中，获第八届中国国际"互联网+"大学生创新创业大赛金奖2项。连续6年举办粤港澳大湾区·东盟国际高校营造大赛。

【科研工作与对外学术交流】2022年实到科研经费6073.14万元，其中，纵向1177.37万元、横向4895.77万元。立项项目189项，其中，国家级5项、部省级30项。授权专利33项，其中，发明专利11项、实用新型专利22项。发表SCI论文18篇，EI论文12篇。获广东省科学技术一等奖1项。《南方建筑》入选《科技期刊世界影响力指数（WJCI）报告（2021）》，被日本科学技术振兴机构数据库收录。

加强对外学术交流。完善中外合作办学项目培养体系，首批建筑学城市设计方向的联合培养硕士16人分别获得学校及都灵理工大学的硕士学位。获批国家留学基金委员会2023年度创新型人才国际合作培养项目。举办第十一届"设计城市"圆桌研讨会等学术交流活动8场、学术讲座50余场、各类展览5场，开展"海峡两岸都市设计联合工作坊"。

【综合管理】召开党委会会议23次、党政联席会议37次。定期开展消防安全检查，消除安全隐患。完成27号楼改造。开展岭南学派传承创新研讨会等校友活动，获校友捐赠1150万元。

土木与交通学院

【党建与思想政治工作】2022年发展党员111人，其中，本科生62人、研究生49人。共有党员915人，其中，教工164人、学生751人（本科生129人、研究生622人）；共有党支部31个，其中，教工党支部8个、本科生党支部5个、研究生党支部18个。召开党委会"第一议题"学习14次、理论学习中心组学习13次，学院党政领导班子讲授思政课13次。完善支部书记例会制度，成立学院分党校，创新组织生活形式，推进"砼星愿"党建品牌建设。加强党团组织引领作用，开展"微党课、微故事、微分享、微生活"主题党日活动。推进师德师风建设，开展师德师风警示教育。获省级党建优秀论文奖1项，获批省级党建课题1项，校级"双带头人"教师党支部书记工作室立项1项、"样板支部"立项2项。

【学科与队伍建设】推进力学、船舶与海洋工程2个一级学科博士授权点专项评估工作。

加强人才引育，入选国家级青年人才1人、"广东特支计划"科技创新领军人才1人。招收博士后6人。

【教学工作】本科教学方面。交通运输、船舶与海洋工程2个专业获批国家级一流本科专业建设点。土木工程专业通过工程教育认证中期考核，交通运输专业完成工程教育认证年度报备。智能建造专业实现首次招生。获批省级一流课程4门；获批省级教研教改类项目3项，校级教研教改类项目11项、行业专家上讲台项目7项；获批省级思政示范课程3门，校级思政示范课程8门。

研究生教学方面。强化研究生培养过程管理，制定研究生学位论文评审结果运用规定。完成各类研究生线上招生复试95场。推进工程管理硕士（MEM）教育中心建设，加强培养过程管理，集中组织开题与中期考核。

学生创新创业方面。获国家级竞赛奖项10项，部省级3项。获批"大学生创新创业训练计划"项目111项。

【科研工作与对外学术交流】2022年实到科研经费13 161万元。立项项目435项，其中，国家级15项。获授权专利182项，其中，发明专利90项、实用新型专利88项、外观设计专利4项；登记软件版权31项。发表三大索引论文509篇。以第一完成单位获2022年广东省科学技术二等奖2项。

加强对外学术交流。邀请世界顶尖大学学者分享前沿研究27场。获批海外名师讲授学分课程资助计划6项、国际学者无界讲堂8项。获批国家公派攻读博士学位项目5人、联合培养项目5人。

【综合管理】召开党委会会议13次、党政联席会议12次。加强实验室建设，完成2000多万元的设备安装及升级改造工作；新增2000多万元设备购置计划。基础力学中心获批学校A类认证实验室，交通路桥及工程管理专业实验室获批学校B类认证实验室；新增设立交通运输实验室。土木与交通检测中心完成广东省公路水运工程检测机构信用评价和资质审核。做好交通大楼安防系统升级改造，提升学院办公环境。

电子与信息学院

【党建与思想政治工作】2022年发展党员107人，其中，教工1人、本科生66人、研究生40人。共有党员549人，其中，教工89人、学生460人（本科生109人、研究生351人）；党支部28个，其中，教工党支部6个、本科生党支部3个、研究生党支部19个。召开党委会"第一议题"学习16次、理论学习中心组学习10次。成立党建工作专班，加强与企业党建共建，定期开展支委培训，创新组织生活形式。以党建促团建，开展党员结对团小组等活动。加强师德师风建设，通过教职工大会开展警示教育5次。获广东省"五四红旗团委"1项，获批学校"样板支部"立项1项。获校级微党课比赛二等奖、优秀奖各1项，党建创新案例评选三等奖、优秀奖各1项。

【学科与队伍建设】在"软科中国最好学科排名"中，电子科学技术排名第14位，信息与通信工程排名第24位。召开学院学科发展调研座谈会，明确学科发展方向。

加大师资队伍建设。引进国家优青1人，招收博士后2人。入选国家海外优青、国家优青、广东省杰青各1人。

【教学工作】本科教学方面。成立学院教师教学发展分中心。获批广东省线下一流本科课程1门、本科高校质量工程建设项目1项。获国家级电子信息类专业课程实验教学案例设计竞赛二等奖1项，省级电子信息类专业青年教师授课竞赛一等奖1项，校级本科教学优秀奖1项。

研究生教学方面。优化研究生培养环节，制定博士研究生开题和中期考核补充办法等制度。获批2022年广东省研究生示范课程建设项目1项，获批校级课程思政示范课程5门、教材建设项目1项。获中国图象图形学学会优博论文奖1人，学校研究生教学优秀奖1人。

学生创新创业方面。获省级以上竞赛奖项102人次，其中，国家级（国际）57人次。获批国家大学生创新创业计划项目4项，广东省大学生创新创业计划项目2项。

【科研工作与对外学术交流】2022年实到科研经费3570万元，其中，纵向2501万元、横向1069万元。立项项目126项，其中，国家级18项、部省级15项。获授权专利289项，其中，发明专利274项、实用新型专利15项。发表SCI论文270篇，EI论文35篇，ESI论文23篇，IEEE Trans论文121篇。获中国专利奖银奖1项，广东省电子学会一等奖、二等奖各1项，江苏省工程师学会科技成果奖一等奖1项，广东省电子信息行业协会科技进步奖二等奖1项。与地方政府、知名企业建立联合实验室2个。

加强对外学术交流。承办省级竞赛1场和国际学术会议2场，获批"海外学术大师来访资助项目"1项。学生参与国际交流项目93人次，学生获批国家建设高水平大学公派研究生留学项目2人。

【综合管理】召开党委会会议16次、党政联席会议42次。建立制度清理与废改机制，优化一系列管理制度。定期发布安全警示，提高实验室安全检查频率。

材料科学与工程学院

【党建与思想政治工作】2022年共发展党员128人，其中，教工2人、本科生29人、研究生97人。共有党员1071人，其中，教工221人、学生850人（本科生81人、研究生769人）；共有党支部42个，其中，教工党支部10个、本科生党支部3个、研究生党支部29个。召开党委会"第一议题"学习12次、理论学习中心组学习5次。规范基层党组织政治生活，师生党支部共同开展联建活动。加强学生理想信念教育，打造"彩愿"材料节等学生品牌活动。加强教师思想引导，结合师德师风教育月等活动，开展师德师风学习宣传和警示教育。获批第三批"全国党建工作样板支部"立项1项；获2021全国高校思想政治工作优秀案例征集活动优秀奖1人、"这十年·青年讲"全国高校宣讲联赛三等奖1人，省级高校思想政治工作优秀论文三等奖1人、省级教育工委优秀论文奖1人、省级高校学生工作优秀案例三等奖1人。学生暑期"三下乡"案例获2022年广东省青少年模拟政协提案"优秀提案作品"1项。

【学科与队伍建设】材料科学ESI排名居全球前0.242‰；高分子科学在U. S. News世界大学2023学科排名中居全球第一；材料科学与工程再次入选国家"双一流"学科建设名单，在"软科世界一流学科排名"中升至第25位。

加强师资队伍建设。引进海外优青2人。入选国家杰青1人，"万人计划"领军人才、青年拔尖人才各1人。入选全球高被引科学家4人。

【教学工作】本科教学方面。推进工

程教育专业认证，高分子材料与工程专业完成中期审核，材料科学与工程专业完成年度审核。功能材料专业获批国家级一流本科专业建设点。获批教育部材料类教指委规划教材2项，获省级教育教学成果奖二等奖1项、课程思政建设改革示范项目1项，校级思政建设改革示范团队1个、质量工程1项、教研教改面上项目2项。

研究生教学方面。开设系列前沿进展课程，优化博士生授课形式。完善专业学位研究生培养模式，邀请7位专家开展行业专家上讲台课程。

学生创新创业方面。获第八届中国国际"互联网+"大学生创新创业大赛总决赛金奖，获省级及以上竞赛奖项36项，其中，国际级3项、国家级12项、省级21项。获国家级"大学生创新创业训练计划"13项。

【科研工作与对外学术交流】2022年实到科研经费2.243亿元，其中，纵向1.81亿元、横向4330万元。立项项目252项，其中，国家级35项、部省级56项。获授权专利382项；申请PCT专利19项，获国外授权专利12项。发表SCIE论文1130篇、EI论文898篇、CNKI中文论文142篇；在 Nature 发表论文2篇。获第二十三届中国专利银奖1项、高等学校科学研究优秀成果奖一等奖1项，广东省科学技术奖技术发明奖一等奖2项、专利奖金奖1项。获"广东省最美科技工作者"称号1人。通过省级重点实验室验收6个。

加强对外学术交流。获国家公派项目资助4人，参加新加坡国立大学"3+1+1"联合培养项目7人。举办第十届水泥混凝土国际会议等学术交流10余场。获第八届中国国际"互联网+"大学生创新创业大赛国际项目铜奖1项。

【综合管理】召开党委会会议12次、党政联席会议20次。开展系所调研座谈会8场。修订学院实验室安全管理办法，健全实验室安全责任体系。获批学校公共实验平台认证B类1个、C类3个。引进各类企业捐赠金260万元。

化学与化工学院

【党建与思想政治工作】2022年共发展党员73人，其中，本科生25人、研究生48人。共有党员845人，其中，教工157人、学生688人（本科生70人、研究生618人）；共有党支部33个，其中，教工党支部6个、本科生党支部4个、研究生党支部23个。认真学习贯彻党的二十大精神，召开党委会"第一议题"学习13次、理论学习中心组学习9次。建立健全支部书记例会制度，加强党支部规范化建设，开展专题展览等特色党建活动。加强学生思想引领，推进"卓越工程·学风励志"系列活动。加强师德师风建设，举办师德师风建设专题宣讲会。通过"全省党建工作样板支部"期满验收1项，获批校级第二批"样板支部"1项、党建研究课题1项。获校级党建创新典型案例一等奖1项，校级微党课竞赛教工组二等奖1项。

【学科与队伍建设】在"软科世界一流学科排名"中，化学进入前30名，化学工程与技术位列第8位。

坚持引育并举。引进"预聘—长聘"制教师 2 人，招收博士后 9 人。获批国家优青 1 人、"万人计划"青年拔尖人才 1 人，省级人才计划 2 人。

【教学工作】本科教学方面。获批国家级一流本科专业建设点 1 个，广东省一流本科课程 6 门，省级建设本科课程思政示范团队立项 1 个。获全国本科院校化工类专业教师课程思政能力竞赛二等奖 1 项。获批教育部第二批虚拟教研室建设试点 1 个。

研究生教学方面。推进专业学位研究生分类培养，加强专业实践过程管理和基地建设。获批省级全日制专业学位硕士实践基地 2 个。获 2022 年校级专业实践优秀研究生 4 人。

学生创新创业方面。获中国国际"互联网+"大学生创新创业大赛总决赛银奖 1 项、全国大学生化工安全设计大赛金奖 1 项，以及"锂程碑——全球新一代盐湖提锂技术领航者"2 项。

【科研工作与对外学术交流】2022 年实到科研经费 8410.46 万元，其中，纵向 5349.63 万元、横向 3060.83 万元。立项项目 187 项，其中，国家级 33 项、部省级 37 项。获授权专利 269 项，其中，发明专利 261 项、实用新型专利 8 项。发表 SCI 论文 622 篇。获 2022 年粤港澳大湾区高价值专利培养布局大赛战略性支柱产业集群百强项目 1 项。

加强对外学术交流。举办 2022 可持续能源发展国际会议（32 分论坛）、自旋化学发展战略研讨会，承办全球华人化工学者研讨会。获日本配位化学会颁发的"国际创新奖"1 项。

【综合管理】召开党委会会议 13 次、党政联席会议 17 次。完成"双一流"大型设备购置及贴息贷款设备购置、工程馆会议室升级改造工程等。加强实验室安全管理，组织实验室安全巡查，开展各类培训与演习。召开教职工大会 3 次。积极联系校友企业，募集企业捐资奖学金 18.4 万元。

轻工科学与工程学院

【党建与思想政治工作】2022 年发展党员 50 人，其中，本科生 24 人、研究生 26 人。共有党员 439 人，其中，教工 91 人、学生 348 人（本科生 51 人、研究生 297 人）；共有党支部 20 个，其中，教工党支部 6 个、本科生党支部 1 个、研究生党支部 13 个。学习贯彻党的二十大精神，制定专门工作方案，开展理论学习中心组学习 8 次。强化"红苗工程"党建品牌建设，开展与企业党建共建等活动。加强思想政治引领，开展书记、院长"思政第一课"4 场。加强师德师风建设，开展师德师风专题党课。获批校级首批"双带头人"教师党支部书记工作室立项 1 项、第二批教职工"样板支部"立项 1 项。获校级微党课比赛二等奖、优秀奖各 1 项，党建创新案例优秀奖 1 项。党建创新案例入选全国党员教育培训示范基地组编系列丛书。

【学科与队伍建设】轻工技术与工程学科再次入选国家"双一流"重点建设学科。完善学院"十四五"规划和一流学科建设方案。开展"轻工-化工协同创新学科平台"共建工作。

加大人才引育力度。引进预聘助理教授1人、预聘副教授1人，招收博士后2人。入选省级"珠江人才"计划1人，市级"青年科技人才托举工程"1人。

【教学工作】本科教学方面。轻化工程专业通过工程教育认证。获批教育部虚拟教研室1个。新增省级一流课程1门；获批校级通识课程3门。获批中国轻工业"十四五"规划教材3项，校级"精品教材"3项、校级教研教改项目5项。签约教学实习基地3个。

研究生教学方面。优化研究生课程体系，加强研究生培养过程和质量管理。实施研究生招生指标绩效分配制度。完成校企联合培养国家专项招生。

【科研工作与对外学术交流】2022年实到科研经费8769万元，其中，纵向7438万元、横向1331万元。立项项目174项，其中，纵向项目91项（含国家级10项）、横向项目83项。发表SCI收录论文204篇、EI收录192篇，获授权专利104项。出版学术著作2部、教材1部。获中国轻工业联合会科学技术发明一等奖1项，获广州"最美科技工作者"称号1人。成立先进造纸联合实验室，获批广东省人文社会科学普及标准基地1个。

加强对外学术交流。主办、承办"一带一路"清洁生产与碳中和国际研讨会等大型国际会议3场次。

【综合管理】召开党委会会议12次、党政联席会议10次。完成学院通风系统升级改造。推进国家学科平台建设，新增设备441台/套，价值976万元。本科实验教学中心获批经费200万元，购置设备71台套。排查并整改实验室安全隐患，开展试剂专项回收行动，举办实验室安全知识竞赛。

食品科学与工程学院

【党建与思想政治工作】2022年发展党员72人，其中、教工1人、本科生41人、研究生30人。共有党员726人，其中，教工90人、学生636人（本科生75人、研究生561人）；共有党支部25个，其中，教工党支部5个、本科生党支部2个、研究生党支部18个。深入学习贯彻党的二十大精神，召开理论学习中心组专题研讨5次、专题学习21次，组织专题报告2次。优化基层党组织设置，开展支部书记培训，推动党建品牌创建。加强思想政治引领，开展"红船领航"系列活动。加强师德师风建设，开展警示教育。获批"第三批全国党建工作标杆院系"立项1项，获批校级第二批"样板支部"立项2项。获校级党建创新案例一等奖、优秀奖各1项。

【学科与队伍建设】加强学科顶层设计，确立食品营养与健康等4个特色学科方向。食品科学与工程学科入选国家"双一流"学科建设名单。食品科学与技术学科在U.S.News世界大学学科排名中蝉联全球第一，主体支撑的农业科学ESI学科排名升至全球第25位，排名率升至0.23‰。

加强人才引育。引进青年教师3人。

入选"万人计划"青年拔尖人才2人，"广东特支计划"青年拔尖人才1人。入选高被引科学家13人。

【教学工作】本科教学方面。启动全英卓越班建设，完成食品科学与工程专业IFT国际认证中期检查。食品科学与工程专业课程群虚拟教研室入选教育部首批虚拟教研室建设试点名单。建设院级课程思政示范课10门。新增校企联合实验室1个。

研究生教学方面。完善研究生培养体系，加强过程管理。开设全英课程7门。推荐参加海外联合培养研究生项目10人，其中，获博士双学位3人。新增省级研究生联合培养示范基地1个。

学生创新创业方面。获国家级竞赛奖项一等奖3项、银奖3项，省级金奖3项、银奖1项。

【科研工作与对外学术交流】2022年实到科研经费6743万元，其中，纵向4199.8万元、横向2543.2万元。立项项目187项，其中，"十四五"重点研发计划等国家级项目21项。发表JCR一区论文198篇，入选ESI高被引论文118篇。获授权国内专利117项，其中，PCT专利1项、发明专利111项。获广东省科学进步一等奖1项，中国轻工业联合会科学进步一等奖1项，中国发明协会一等奖1项。与企业建立联合实验室或创新研发中心7个。新建预制菜（食品）科技创新平台，与8家企业签订产学研合作协议，参与制定预制菜行业标准2项、广东省地方标准4项、团体标准1项。

加强对外学术交流。获批科技部高端外国专家引进计划3项，"一带一路"创新人才交流外国专家项目2项，外国青年人才计划2项。获校级海外名师引智项目资助10人。推动大食品学科东南亚高校联盟建设工作，完成第四届全英硕士留学生班招生。与皇家墨尔本理工大学签署博士双学位联合培养协议。举办国际会议1场、学术报告会30余场，邀请国外专家讲学20余人。

【综合管理】召开党委会会议11次、党政联席会议20次。建立实验室四级安全管理机制，实现全年"零事故"。推进公共平台建设，完成化机四号楼改造工程，建设细胞房、公共基础实验室和智慧课室。细化实验室功能分区，打造质谱区、光谱区和色谱区。完成34台近5500万元设备的招标采购工作。

数 学 学 院

【党建与思想政治工作】2022年发展党员45人，其中，本科生35人、研究生10人。共有党员237人，其中，教工64人、学生173人（本科生67人、研究生106人）；共有党支部11个，其中，教工党支部5个、本科生党支部2个、研究生党支部4个。深入贯彻落实习近平新时代中国特色社会主义思想和党的二十大精神，召开党委会"第一议题"学习10次、理论学习中心组学习11次。规范党支部建设，实施支部书记例会制度。扎实构筑学生活动阵地，开展数学文化节、心理文化节等活动。加强师德师风建设，开展师德师风专题报告。

【学科与队伍建设】数学学科进入 ESI 学科排名前 1%。

加强师资队伍建设。启动三批次人才引进工作，引进预聘助理教授 4 人、教学副教授 1 人。入选"万人计划"青年拔尖人才 1 人。

【教学工作】本科教学方面。信息与计算科学本科专业获批国家级一流本科专业建设点。举办专题研讨会，交流提升数学专业和课程建设。完成全校 17 160 学时公共课教学任务。获批广东省一流本科课程 1 项、校级一流课程 1 项。获批部省级教研教改项目 4 项。

研究生教学方面。通过线上复试的形式开展招生工作，招收硕士研究生 70 人、博士研究生 19 人。研究生发表 SCI 论文 49 篇。

学生创新创业方面。获全国大学生数学竞赛一等奖 2 项、二等奖 10 项，广东省一等奖 36 项，美国大学生数模竞赛特等奖 2 项、特等提名奖 14 项、一等奖 35 项。承办第十八届中国研究生数学建模竞赛决赛，指导参赛队伍获"数模之星"总冠军。

【科研工作与对外学术交流】2022 年实到科研经费 756.35 万元，其中，纵向 718.40 万元、横向 37.95 万元。立项项目 29 项，其中，国家自然科学基金 10 项、部省级项目 19 项。发表三大索引收录论文 152 篇，其中，SCI 论文 145 篇。

加强对外学术交流。持续推进与英国伯明翰大学"3+1+1"、爱丁堡大学"2+2"联合培养项目。学生参加国家公派出国留学联合培养项目 5 人。邀请国内外专家开展讲座 160 场、学术报告会 19 场、专家短期讲学 5 次。

【综合管理】召开党委会会议 10 次、党政联席会议 22 次。购置数学电子期刊库，更新实验室教学设备，升级博士生学习卡位。常态化开展安全隐患排查，提高全员消防和安全意识。

物理与光电学院

【党建与思想政治工作】2022 年发展党员 70 人，其中，本科生 51 人、研究生 19 人。共有党员 275 人，其中，教工 76 人、学生 199 人（本科生 83 人、研究生 116 人）；共有党支部 10 个，其中，教工党支部 4 个、本科生党支部 2 个、研究生党支部 4 个。深入学习贯彻党的二十大精神，召开党委会"第一议题"学习 12 次、理论学习中心组学习 8 次，开展专题党课 21 场。优化基层党组织设置。加强思想政治引领，开展"砥砺奋进·格物致理"系列活动。强化师德师风建设，举行师德师风专题宣讲和警示教育。获批第二批校级"样板支部"立项 1 项，校级党建研究课题立项 1 项。获校级党建创新案例三等奖 1 项。

【学科与队伍建设】物理学科在 QS 世界大学学科排名榜中，位居全球 401—450 区间，在"软科中国最好学科排名"中，位居第 22。

加强人才引育。引进预聘副教授、预聘助理教授各 1 人，招收博士后 6 人。获评海外优青、国家优青各 1 人，新增"珠江人才"工程引进创新创业团队 1 个。

【教学工作】本科教学方面。完成大学物理、大学物理实验、电子工艺实习、人文物理、天体与宇宙校级公共基础课和通识课教学任务。获批校级教研教改项目2项、探索性实验教学项目4项、质量工程项目2项。开展名师系列优秀本科教学示范课教学活动。

研究生教学方面。完善研究生培养体系，加强研究生培养过程管理。与中国科学院物理研究所联合举办优秀大学生暑期夏令营活动。开展"博导面对面"、保研答疑等座谈活动。

学生创新创业方面。获第十七届"挑战杯"全国大学生课外学术科技作品竞赛一等奖1项，第十三届中国大学生物理学术竞赛团体二等奖、个人三等奖各1项，部省级奖项4项。

【科研工作与对外学术交流】2022年实到科研经费1910万元，其中，纵向1672万元、横向238万元。立项项目36项，其中，国家级12项、部省级9项。发表三大索引论文189篇，其中，SCI论文168篇、EI论文21篇。申请专利34项，其中，发明专利33项、实用新型专利1项，获授权发明专利2项。

加强对外学术交流。参加新加坡国立大学"3+1+1"联合培养项目1人。主办国际、国内学术研讨会各1场，邀请国内外专家学者讲学16场次。

【综合管理】召开党委会会议12次、党政联席会议23次。为退休教职工发放爱心大礼包80份；开展慰问帮扶123人次。开展"感'物'人生"校友讲坛3场，校友企业提供实习岗位57个。

经济与金融学院

【党建与思想政治工作】2022年发展党员70人，其中，教工1人、本科生51人、研究生18人。共有党员256人，其中，教工62人、学生194人（本科生53人、研究生141人）；共有党支部12个，其中，教工党支部4个、本科生党支部3个、研究生党支部5个。深入学习贯彻党的二十大精神，开展集中学习23次、专题讲座1场，书记、院长讲党课4次；组织党员实地研学3次。优化基层党组织设置，深化党建规范化建设。加强学生思政工作，推选学生和辅导员入选校级"学习宣传党的二十大精神师生巡讲团"3人。加强师德师风建设，开展专题宣讲和警示教育。获"这十年·青年讲"全国高校宣讲决赛优胜奖1项，获全国"三下乡"社会实践优秀文字团队1个，获广东省"三下乡"先进个人1人。获批校级首批"双带头人"教师党支部书记工作室立项1项、"样板支部"立项1项。

【学科与队伍建设】应用经济学在"软科中国最好学科排名"中位居第36位，进入全国前20%。

强化师资队伍。优化"预聘—长聘制"薪酬体系，加强高层次人才引育工作。引进助理教授1人，招收博士后1人。

【教学工作】本科教学方面。金融学、经济学专业获批国家级一流本科专业建设点。与汇丰科技共建金融科技本科专业，完成首次招生。获广东省第六届高校

（本科）青年教师教学大赛一等奖1人。获批校级教研教改项目5项，校级本科精品教材项目5项，校级本科课程思政示范课程1项。

研究生教学方面。开展博士点合格评估，调整经济学，优化博士点方向。研究生共发表学术论文105篇，其中，CSSCI来源期刊43篇，北大核心期刊48篇，英文SSCI期刊21篇。

学生创新创业方面。获第八届中国国际"互联网+"大学生创新创业大赛金奖2项，全国大学生数学建模竞赛一等奖、二等奖各1项，第十二届全国大学生市场调查与分析大赛一等奖1项、三等奖3项。获批"大学生创新创业训练计划"项目22项。

【科研工作与对外学术交流】2022年实到科研经费353.79万元，其中，纵向203万元、横向150.79万元。立项项目38项，其中，国家级3项。发表期刊文章77篇，其中，SSCI、SCI、CSSCI等高质量论文共62篇。

强化学术交流。开展经济与金融前沿论坛15场，推进金融学科与学术研究发展。

【综合管理】召开党委会会议23次、党政联席会议37次。改善办学条件，建设智慧教室10间、智享空间7间，完成学院报告厅主体修缮，建成图书资料中心，优化学院数字化系统。

旅 游 管 理 系

【党建与思想政治工作】2022年共发展党员20人，其中，本科生13人、研究生7人。共有党员81人，其中，教工18人、学生63人（本科生27人、研究生36人）；共有党支部4个，其中，教工党支部2个、本科生党支部1个、研究生党支部1个。深入学习贯彻落实党的二十大精神，召开党总支专题会议4次、理论学习中心组学习12次，开展党支部专题理论学习50余场次。加强党支部规范化建设，召开党支部书记例会7次。夯实理想信念教育，上好"思政第一课"，开展形式丰富的党课、团课教育。加强师德师风建设，开展师德师风警示教育。获校级党建创新案例三等奖1项。

【学科与队伍建设】在"软科中国大学专业排名"中，旅游管理专业位列全国第5，会展经济与管理专业位列全国第3。

加强师资队伍建设建设。完善"一院一策"人才引进方案，启动高层次人才招聘工作。

【教学工作】本科教学方面。会展经济与管理专业获批国家级一流本科专业建设点。获广东省本科高校在线开放课程指导委员会研究课题立项2项，通过广东省质量工程建设项目校内结题3项，通过本科精品教材专项建设项目中期检查1项。旅游管理专业通过联合国世界旅游组织旅游教育质量认证（UNWTO-TedQual）。

研究生教学方面。构建学科交叉建设及文旅融合发展人才培养体系，优化数字文旅与会展工程管理在职硕士课程结构，开设智能技术与应用、数字文旅与商业模式创新、乡村振兴与文旅大数据等课程。

学生创新创业方面。获全国"尖峰

时刻"酒店管理模拟大赛二等奖1项，全国大学生"发现传统村落"调研大赛主赛单元优秀奖1项、专项单元三等奖1项；获第五届省级大学生绿色会展创新创意挑战赛二等奖、三等奖各1项，全国大学生粤港澳海洋旅游创新大赛（华南赛区）一等奖1项。

【科研工作与对外学术交流】2022年实到科研经费441.88万元，其中，纵向202.55万元、横向239.33万元。立项项目25项，其中，国家级2项、部省级8项。发表SCI论文5篇，SSCI论文4篇，CSSCI和北大核心期刊论文6篇。启用广东省哲学社会科学重点实验室数字乡村与文旅可持续发展重点实验室。广州文化和旅游融合发展研究基地入选中国智库索引（CTTI）。获2022年度CTTI智库最佳案例与优秀成果一等奖1项。

加强对外学术交流。邀请业内专家举办多场专题专业讲座，组织师生参加新文旅高端论坛等重要学术会议。

【综合管理】召开党总支委员会会议13次、党政联席会议11次。成立数字文旅与会展工程在职硕士教育发展中心、学术交流中心、本科教研服务中心、实验实践服务中心、校友服务中心、宣传中心。建立微信公众号，优化官网设计。召开教师代表座谈会等4场，慰问探访教职工3次，组织工会活动2次。

电子商务系

【党建与思想政治工作】2022年共发展党员28人，其中，本科生20人、研究生8人。共有党员161人，其中，教工33人、学生128人（本科生46人、研究生82人）；共有党支部6个，其中，教工党支部3个、学生党支部3个。深入学习贯彻党的二十大精神，开展集中理论学习18次、理论学习中心组学习10次，书记、院长讲党课4次。抓实基层党组织建设，开展党支部外出调研学习等活动。强化思想建设，系领导讲授"思政第一课"，举办电商青年月、学业互助等活动。开展师德师风建设活动，举办师德师风专题宣讲会。

【学科与队伍建设】在"软科中国大学专业排名"中，电子商务专业居全国第13位，物流工程专业居全国第2位。

加强师资队伍建设。完善"一院一策"人才引进方案，实施引育并举人才计划。引进优秀青年学者1人，晋升副教授1人。

【教学工作】本科教学方面。电子商务、物流工程2个专业获批国家级一流本科专业建设点。建设国家一流本科课程4门，修订出版普通高等教育"十一五"国家级规划教材1部。获广东省本科高校在线开放课程优秀案例二等奖1项。开设实验课程31门、实验项目115个。与数字广东网络建设有限公司共创大数据与数字政府产教融合基地，建设数字广东大数据管理精英培养项目。

研究生教学方面。完善研究生招生方案，细化招生工作管理环节。研究生发表学术论文24篇，其中，SCI/SSCI收录6篇、EI收录2篇、北大核心收录2篇。

学生创新创业方面，获"何镜堂科

技创新奖"1人。获批国家"大学生创新创业训练计划"1项。

【科研工作与对外学术交流】2022年实到科研经费116.44万元，其中，纵向66.2万元、横向50.24万元。立项项目23项，其中，部省级及以上项目8项。发表SSCI、SCI、CSSCI论文49篇，EI论文13篇；获软件著作权2项。数字商务与智能物流研究院成立研究中心9个。

推动学术交流。开设"数据百言堂之学术论坛、实务论坛"10场，举办"企业数字化转型与供应链优化"高端研讨会。

【综合管理】召开党总支委员会会议18次、党政联席会议23次。改善办公环境，改造会议室和办公室，完善楼栋标识。建设数字化运营与智能决策实验室、产业链供应链数字化实验室等。

自动化科学与工程学院

【党建与思想政治工作】2022年发展党员61人，其中，本科生36人、研究生25人。共有党员398人，其中，教工69人、学生329人（本科生51人、研究生278人）；共有党支部13个，其中，教工党支部3个、本科生党支部2个、研究生党支部8个。深入学习贯彻党的二十大精神，召开班子成员、理论学习中心组学习共20余次，组织专题学习27次、专题研讨10次。抓好基层党组织建设，开展教师党支部与企业结对共建等活动。加强思想政治教育引领，打造"红色之路"党团品牌，开展主题活动31场。结合纪律教育学习月活动，深入推进师德师风建设。获校级党建创新案例评选二等奖、三等奖各1项，校级微党课比赛三等奖1项。

【学科与队伍建设】控制科学与工程学科位列"软科中国最好学科排名"第26位。

加强师资队伍建设。引进预聘助理教授1人，招收博士后2人。入选"广东特支计划"杰出人才1人，获广东省杰出青年科学基金1人。

【教学工作】本科教学方面。获批建设校级思政示范学院、思政课程3门。1人获校级教学优秀奖，获本科课堂教学竞赛二等奖2项、优胜奖1项。获批校级教改项目6项、探索性实验项目1项，设立院级课程改革项目4项。组织教学午餐会活动6次，培养方案改革座谈会3次。

研究生教学方面。获批校级工程类博士跨领域产教融合协同育人项目1项，研究生教育教学成果奖培育项目1项、研究生校企合作特色课程建设项目1项。出版全英文博士课程教材1部。开展行业专家上讲台活动5次。

学生创新创业方面。获国家级科技竞赛奖项44人次，省级奖项63人次。其中，获第十七届全国大学生智能汽车竞赛总决赛一等奖6项，二等奖2项；获第十六届CIMC"西门子杯"中国智能制造挑战赛全国特等奖1项等。

【科研工作与对外学术交流】2022年实到科研经费3988万元，其中，纵向2757万元、横向1231万元。立项项目79项，其中，国家级19项、部省级8项、横向52项。获授权专利131项，其中，发明专利 114 项、实用新型专利 16 项、外观设计专利 1 项。发表 SCI 论文 101 篇、EI 论文 116 篇。获 2022 年度广东省科学技术奖技术发明奖一等奖 1 项、自然科学奖二等奖 1 项。获中国自动化学会科学技术进步奖一等奖 1 项、学会优秀硕士学位论文导师奖 1 项。建设现代交通节能控制和智能运维技术联合实验室、智能人机交互联合实验室。

加强学术交流。本科生参加海外交流项目 10 人，研究生参加联合培养和公派留学项目 10 人。举办人才质量提升和学科建设发展系列研讨会 6 场、学术报告研讨会等 10 场。邀请海外名师讲授课程 1 门、开展讲座 3 场。

【综合管理】召开党委会会议 15 次、党政联席会议 24 次。加强教职工关怀，探访慰问 10 人次，开展工会活动 6 次。开展公益基金签约暨捐赠仪式、校友征文活动等。

计算机科学与工程学院

【党建与思想政治工作】2022 年发展党员 30 人，其中，本科生 18 人、研究生 12 人。共有党员 371 人，其中，教工 59 人、学生 312 人（本科生 57 人、研究生 255 人）；共有党支部 17 个，其中，教工党支部 6 个、本科生党支部 3 个、研究生党支部 8 个。深入学习贯彻党的二十大精神，制定专门学习方案，开展理论学习中心组学习 11 次，书记、院长讲党课 2 次。加强基层党组织建设，开展校企党建共建计划。开展"青马进支部"主题宣讲活动，组建"重走红色足迹，感知中国力量"党史学习教育团实践队伍，组织参观学习。结合纪律教育学习月活动，深入推进师德师风建设。

【学科与队伍建设】计算机科学与技术学科进入 ESI 学科排名全球前 1‰。在"软科中国大学专业排名"中，计算机科学与技术、网络工程专业获评"A+专业"。

加强师资队伍建设。引进长聘教授、预聘助理教授各 1 人，招收博士后 1 人。

【教学工作】本科教学方面。获批中国科协-教育部"英才计划"1 项，启动教育部计算机领域本科教育教学改革试点工作计划。获广东省教学成果奖二等奖 1 项。获中国图象图形学学会高等教育教学成果奖一等奖 2 人，获全国高等学校计算机教育研究会全国大学生系统能力大赛"优秀指导教师"1 人，获省级教学成果二等奖 8 人。加强课程和教材建设，新增广东省一流线下课程 3 门，出版教材 4 部。本科生发表学术论文 8 篇，其中，SCI 收录 1 篇、EI 收录 4 篇；获发明专利 1 项、软件著作权 4 项。

研究生教学方面。完善人才培养管理机制，制定研究生培养过程管理实施办法。派出联合培养博士研究生 1 人。研究生参加国际学术会议 50 余人次，发表会议论文 50 余篇，其中，EI 收录 20 余篇、SCI 收录 8 篇。

学生创新创业方面。主办 ACM、CTF 校内选拔赛。本科生获国际级竞赛奖项 32 人次、国家级 67 人次、部省级 50 人次；研究生获第四届全国大学生无人车挑战杯总决赛冠军 1 项，第十八届中国研究生数学建模竞赛国家级二等奖1项。

【科研工作与对外学术交流】2022年实到科研经费4747.45万元，其中，纵向2268.45万元、横向2479万元。立项项目68项，其中，国家级8项、部省级21项。获授权专利123项，其中，发明专利123项。发表SCI论文250余篇。获批教育部工程研究中心1个，国基重点项目1项。获2021年度吴文俊人工智能杰出贡献奖1人，获2022中国自动化学会自然科学奖一等奖1人，获广东省科技进步二等奖1人，获2022年中国图象图形学学会科技进步二等奖1人。

推动对外学术交流。与新加坡国立大学达成"3+1+1"本硕联合培养合作协议。举办国际会议和学术交流活动多场次。

【综合管理】召开党委会会议10次、党政联席会议18次。加强宣传工作，完善学院网站、微信公众号建设，完成学院宣传折页、宣传视频等制作。密切校友联系，举办校友返校日活动，定期走访校友等。

电 力 学 院

【党建与思想政治工作】2022年发展党员176人，其中，本科生138人、研究生38人。共有党员860人，其中，教工123人、学生737人（本科生250人、研究生487人）；共有党支部35个，其中，教工党支部9个、本科生党支部7个、研究生党支部19个。深入学习贯彻党的二十大精神，开展党委会"第一议题"学习11次、理论学习中心组学习13次，开展各级专题学习47场次。加强政治建设，召开党建工作会议，开展"书记有约"活动。加强学生思政工作，实施"追星计划"党建品牌活动和学生志愿活动。加强师德师风建设，开展师德师风警示教育2次。开展"我为师生多跑腿"专项服务，解决师生急难愁盼事项。获评"广东省优秀共青团干部"1人，学院团委获评校级"五四红旗团委"。

【学科与队伍建设】能源科学与工程学科居"软科世界一流学科排名"第6位，电力电子工程学科居"软科世界一流学科排名"第64位。

加大人才引育力度。引进青年人才4人，获批省级人才项目1人。开展"名师面对面"沙龙，培育一流师资。

【教学工作】本科教学方面。通过电气工程及其自动化专业工程教育认证。获批广东省一流本科课程3门，获批校级本科课程思政示范课程1项、"质量工程"项目2项、本科教学实习基地2个。获校级"教师教学荣誉体系"教学优秀奖2人、本科课堂教学竞赛二等奖1人。

研究生教学方面。把握质量主线，修订学院《研究生招生指标分配办法》。获广东省研究生教育创新计划项目2项、研究生教育教学成果奖培育项目1项。与南方电网的博士培养项目完成首次招生。与南方电网数字电网研究院签订校企人才培养合作协议。

学生创新创业方面。获国家级竞赛奖

项16项，其中，全国大学生节能减排社会实践与科技竞赛三等奖4项，全国大学生电工数学建模竞赛一等奖2项、二等奖2项，第十八届研究生数学建模大赛二等奖1项，第一届研究生"双碳"创新与创意大赛三等奖1项，其他6项；获省级赛事奖项2项，其中，第十三届"挑战杯"广东大学生创业计划竞赛金奖1项，第八届中国国际"互联网+"大学生创新创业大赛广东省分赛银奖1项。

【科研工作与对外学术交流】2022年实到科研经费9975.17万元，其中，纵向2277.85万元、横向7697.32万元。立项项目185项，其中，国家级14项、部省级21项、横向130项。申请发明专利132项、实用新型专利11项，获授权专利137项。发表SCI论文超200篇、EI论文近300篇。获第二十三届中国专利奖优秀奖1项，中国能源研究会能源创新奖三等奖1项，中国电工技术学会科技进步奖一等奖1项、二等奖2项，中国电力科学技术进步奖三等奖2项，中国电力创新奖一等奖2项、二等奖2项，广东省科技进步二等奖1项，中国仪器仪表学会科学技术进步奖一等奖1项、二等奖1项，中国机械工业科学技术奖二等奖1项。与南方电网公司共建"电网智慧运行联合研究院"。牵头制定并发布IEEE P2781电网负荷建模与仿真国际标准。

加强对外学术交流。主办2022年花城院士科技峰会暨第四届能源、电力与电网国际学术会议等国际会议6场。

【综合管理】召开党委会会议10次、党政联席会议9次。修订《实验室操作规程》等制度7份。完成电网智慧运行联合研究院办公室改造，升级电工电子本科基础实验教学公共平台。完成学院教代会、工会换届选举工作，召开教职工大会6次。开展校友返校日活动，接待70278班校友返校开展毕业40周年纪念活动。

生物科学与工程学院

【党建与思想政治工作】2022年发展党员58人，其中，本科生32人、研究生26人。共有党员415人，其中，教工59人、学生356人（本科生54人、研究生302人）；共有党支部16个，其中，教工党支部5个、本科生党支部3个、研究生党支部8个。深入学习贯彻党的二十大精神，召开党委会"第一议题"学习17次、理论学习中心组学习12次，推出"喜迎二十大 奋进新征程"等学习专栏11个。优化党支部设置，规范支部书记例会制度。加强学生思政工作，深入实施红色基因工程，构建$(1+1)^n$党建工作新机制，举办两期入党积极分子培训铸魂班。加强师德师风建设，开展教师党支部共建活动。通过第二批"全国党建工作样板支部"验收1项。获校级党建活动优秀奖1项、三等奖2项。

【学科与队伍建设】生物学与生物化学学科在ESI排名中位居27.65%。面向生物技术前沿、人民生命健康及生物产业经济发展，布局生物医药、大健康与绿色生物制造等技术攻关。

加强师资队伍建设，修订"一院一策"方案。引进长聘教授、预聘副教授各1人，招收博士后4人。获评广东省杰出青年1人。

【教学工作】本科教学方面。生物工程专业通过工程教育专业认证。生物制药专业获批国家级一流本科专业建设点，实现国家级一流本科专业全覆盖。开设本科课程65门，教授授课率达100%。获省教改项目2项，校教改项目3项、课堂教学竞赛优胜奖1项；开设教学示范课2门。做好本科生成长指导工作，建立"教授—研究生—本科生"三级科研指导体系，本科生科研参与率达90%，自主科研经费53.6万元。

研究生教学方面。修订研究生导师组工作办法、博士生招生计划分配办法，提升研究生培养质量。举办专场宣讲、"云端夏令营"等，加大招生宣传力度，推进研究生生源质量稳步提升。严把学位论文"质量关"，扩大论文送审及盲审比例。

学生创新创业方面。获广东省第五届大学生就业创业人物1人。获第八届中国国际"互联网+"大学生创新创业大赛金奖2项、省赛银奖2项，iGEM全球银奖1项；获其他竞赛奖项国家级3项、省级3项。获广东省大运会金牌1项、银牌1项。

【科研工作与对外学术交流】2022年实到科研经费1367.80万元，其中，纵向933.80万元、横向434万元。立项项目49项，其中，国家级5项、部省级12项。申请发明专利68项、实用新型专利1项，软件著作权10项；获授权发明专利43项。发表SCI论文164篇、EI论文3篇。以广东省生物产业协会等为依托，加强科技创业工作。

加强对外学术交流。举办线上海外优青论坛1场，知名专家学者专题报告会4期，学院学术年会1场。与广东省微生物研究所、深圳华大基因研究院、中粮集团、珠海联邦等单位开展深度合作。

【综合管理】召开党委会会议12次、党政联席会议17次、教职工大会6次。组织开展"师生有约"座谈会4场。通过2022年教育部实验室安全现场检查。建设人才周转实验室和综合实验室，推进实验楼通风系统改造。召开教师代表座谈会等6场，慰问探访退休教职工3次，组织工会活动3次。加强校友日常联络，举办校友足球赛等系列校友活动。

环境与能源学院

【党建与思想政治工作】2022年发展党员55人，其中，本科生18人、研究生37人。共有党员592人，其中，教工83人、学生509人（本科生47人、研究生462人）；共有党支部21个，其中，教工党支部6个、本科生党支部1个、研究生党支部14个。深入学习贯彻党的二十大精神，开展党委会"第一议题"学习17次、理论学习中心组学习12次，开展各类学习培训80场。设立分党校，打造学习型基层党组织。加强学生思政工作，开展明星课堂、党员责任岗等学风建设。加强师德师风建设，开展师德师风警示教育，将师德教育作为教师入党积极分子培训的重要内容。通过省级党建工作标杆院系验收1项、省级"样板支部"双创建设单位验收1项，获批校级第二批"样板支部"立项1项。获校级主题微党课比赛学生组二等奖1人、"三下乡"社会实践活动优秀实践团队1个。

【学科与队伍建设】在"软科世界一流学科排名"中,环境科学与工程位于第51—75区,能源科学与工程学科排第6位。

加强人才引育。引进预聘副教授1人、预聘助理教授1人、专职研究系列2人,招收博士后10人。获"广东特支计划"杰出人才1人,获"广东最美科技工作者"称号1人。

【教学工作】本科教学方面。完善本科教学绩效奖励办法,加强课程建设。获批省一流本科课程1门、全英课程立项1门,获省级教研教改项目3项、教学成果奖二等奖1项。

研究生教学方面。分类修订研究生培养文件,提升研究生培养质量。学生获国家建设高水平大学公派研究生项目资助3人、专业实践优秀研究生4人。

学生创新创业方面。获第十三届"挑战杯"中国大学生创业计划竞赛全国赛铜奖、省赛金奖各1项,美国大学生数学建模竞赛F奖(特等奖提名)1项,溢达全国创意大赛全国赛一等奖、三等奖各1项,第八届中国国际"互联网+"大学生创新创业大赛省赛铜奖1项,其他部省级及以上奖项17项。

【科研工作与对外学术交流】2022年实到科研经费5845万元,其中,纵向3285.6万元、横向2559.4万元。立项项目142项,其中,国家级16项、部省级16项。获授权专利111项,其中,发明专利103项、实用新型专利8项;专利转让13项。发表SCI论文556篇,EI论文160篇,T1级别期刊70篇,T2级别期刊115篇。获教育部自然科学一等奖(第一单位)1项、科学技术进步奖一等奖(第三单位)1项,广东省科技进步奖一等奖1项(第一单位)。省大气环境与污染控制重点实验室通过省科技厅验收评审。与企业共建2个联合研究中心、2个联合实验室。

加强对外学术交流。与新加坡国立大学、新加坡国立大学苏州研究院签订三方"3+1+1"本硕联合培养项目协议。举办海内外优秀青年学者论坛2场。教师担任国际会议分会主席2人,参加国际会议5人。

【综合管理】召开党委会会议17次、党政联席会议19次,完善制度建设,制定修订规章制度10项。加强学院实验室安全管理和建设,开展各类安全检查17次。加强校友日常联络,建设校友荣誉墙,加大优秀校友宣传。

软 件 学 院

【党建与思想政治工作】2022年发展党员63人,其中,本科生46人、研究生17人。共有党员293人,其中,教工46人、学生247人(研究生159人、本科生88人);共有党支部13个,其中,教工党支部2个、本科生党支部3个、研究生党支部8个。深入学习贯彻党的二十大精神,召开党委会"第一议题"学习11次、理论学习中心组学习11次,开展党委书记上党课4次、支部书记例会4次。加强基层党组织规范化建设,拓展基层党组织对外交流,做好支部委员增补工作。加强学生思政教育,开展"二十大,百年路砥砺行""微长征"等活动,落实党员联系宿舍方案。构建师德师风建设工作格局，制订学院外聘教师师德师风管理制度，召开师德师风警示教育大会2次。"三下乡"实践团队赴孔美村开展社会实践，获评"全国专项优秀团队"1个，获省级优秀个人1人。

【学科与队伍建设】以"特色化示范性软件学院"建设为目标，明确定位，推动软件工程学科内涵建设。完善学科建设激励机制，自筹经费190万元支持学科建设。

加强师资队伍建设。修订学院人才引进政策，加大青年教师培育支持力度。引进专职副研究员1人。

【教学方面】本科教学方面。建设"三创"梦工厂，创新软件人才培养模式。通过广东省实验教学示范中心建设点验收。获评省级一流课程3门、省级精品教材项目1项。完成教育部新工科项目验收以及工程认证第一年评估检查。参与华工大-工业软件产教融合交流会，加强与工业软件行业的沟通交流。

研究生教学方面。优化培养环节，落实分流与淘汰机制。研究生发表高水平论文57篇。与粤港澳大湾区国家科技创新中心达成共建联合实验室合作意向，在工业软件关键领域开展硕博研究生联合培养。

学生创新创业方面。重组本科ACM教练团队，优化BDCI教练团队。邀请8家知名企业建设8门实训课程（课程班），与18家知名企业共建教学实习基地。获教育部产学合作协同育人项目4项。获鲲鹏众智星光奖1项，中国计算机学会大数据与计算智能大赛一等奖、二等奖各1项，优秀指导老师奖1项；获国家级科技竞赛一等奖1项、三等奖1项。

【科研工作与对外学术交流】2022年实到科研经费2308万元，其中，纵向1458.2万元、横向849.8万元。立项科研项目47项，其中，国家级4项、部省级15项。获授权专利40项，其中，发明专利38项、实用新型专利2项。发表SCI论文100篇。参编工信部行业标准1项。大数据与智能机器人教育部重点实验室顺利通过验收；建立校企联合实验室2个。获中国通信学会科技奖三等奖、入选《2022中国计算机学会技术公益案例集》1项；获ICDCS EAI研讨会最佳论文奖1项，智能优化与调度学术会议优秀博士学位论文奖1项和优秀论文奖1项，广东省计算机学会"数据科学与人工智能"青年科技人才学术成果奖1项。

加强对外学术交流。参加加拿大麦吉尔大学和英国剑桥大学的线上课程项目25人，我国香港中文大学及台湾学生暑期研究体验计划6人。招收本科国际留学生5人，硕士国际留学生1人。举办学术讲座10余场、国际学术会议22场。

【综合管理】召开党委会会议10次、党政联席会议22次。更新实验教学用机248台，升级计算中心云教学平台等基础支撑平台。召开4次教职工大会，组织各类教职工代表座谈会3场。

工商管理学院

【党建与思想政治工作】2022年发展党员72人，其中，本科生47人、研究生25人。共有党员649人，其中，教工111人、学生538人（本科生128人、研究生

410人）；共有党支部26个，其中，教工党支部8个、本科生党支部4个、研究生党支部14个。深入学习贯彻党的二十大精神，召开党委会"第一议题"学习15次、理论学习中心组学习研讨5次。加强党支部规范化建设，完善支部书记例会制度。扎实开展学生思政工作，实施本研党支部结对共建计划。完善教师思政工作机制，加强师德考核和政治把关，开展师德师风主题教育等活动。获"这十年·青年讲"主题宣讲大赛华南赛区一等奖1人，省级高校党建研究会论文评选二等奖1人，省级"立志·修身·博学·报国"活动一等奖、二等奖各1项，获评省级"益苗计划"志愿服务大赛重点培育项目1项。"清明义工"活动被广州日报专栏报道。获批学校"样板支部"立项1个。

【学科与队伍建设】在"软科中国最好学科排名"中，管理科学与工程、工商管理连续五年进入全国前10%。

加强师资队伍建设。设立国家级人才引进绿色通道。引进预聘副教授1人、预聘助理教授3人，招收博士后4人。入选中国高被引学者2人、中国高贡献学者4人。

【教学工作】本科教学方面。会计学、市场营销获批国家级一流本科专业建设点。获批省级高校教育精品教材建设项目1项、省级就业创业特色示范课程1门、校级首批精品教材建设项目3项、校级思政示范课2门、校级质量工程项目1项。获广东省第二届高校教师教学创新大赛优秀奖（副高组）、广东省第六届高校（本科）青年教师教学大赛三等奖各1人。连续两年在学校本科教学质量状况整体得分中排名前三。

研究生教学方面。制定《博士研究生开题考核与中期考核程序细则（试行）》等制度10项。获省级学位与研究生教育学会优秀教育成果奖2项，获校级教学卓越奖、教学优秀奖（研究生）各1人。

专业学位教育及培训方面。录取MBA、ME、MPAcc学生443人，EMBA学生78人，开设广汽工商管理研修班。MBA在中国商学院最佳MBA项目中排第26位，获评年度卓越影响力MBA项目；EMBA在中国EMBA项目排行榜中排第18位。获省级研究生示范课程和省级专业学位研究生教学案例库建设项目2门。

学生创新创业方面。开设创业通识课14门，受众学生770人次。承办创新创业活动30余场，覆盖3.3万人次。在第八届中国国际"互联网+"大学生创新创业大赛中获5金4银；获第九届"学创杯"全国大学生创业综合模拟大赛一等奖1项，入围2021年度"全国20佳微创业项目"2项。获评第六届"创客广东"创新创业大赛"优秀组织单位"、全国大学生微创业计划行动"优秀组织单位"。

【科研工作与对外学术交流】2022年实到科研经费897.49万元，其中，纵向625.1万元、横向272.39万元。立项项目64项，其中，国家级19项（含重大重点4项、青年8项）、部省级21项、横向24项。发表三大索引收录论文182篇，其中，SSCI论文106篇、SCI论文36篇、EI论文40篇。获评广东省科技进步奖二等奖1项，获批广东省普通高校哲学社会科学重点实验室1个。

加强对外学术交流。获批引智项目4项，其中，已完成国家级交流引智项目1项。完成AACSB国际认证中期报告和线上年度调查问卷、AMBA年度线上数据汇报，启动AAPEQ国际认证。邀请国内外知名学者作学术报告40人，资助教师参加国内外学术会议10人次，选派学生参加国际交流13人次。

【综合管理】召开党委会会议15次、党政联席会议21次。召开教师座谈会5场。开展消防安全专项检查10次，完善消防设施。建设科研大数据平台，成立网络应急响应小组，组织开展教工网络安全专题培训。面向校友开放终身学习计划课程21门，推出校友专访12篇，举办校友分享会6场，上线校友微信小程序。

公共管理学院

【党建与思想政治工作】2022年共发展党员36人，其中，本科生20人、研究生16人。共有党员266人，其中，教工51人、学生215人；共有党支部15个，其中，教工党支部4个、学生党支部11个。深入学习贯彻党的二十大精神，召开党委会"第一议题"学习19次、理论学习中心组学习12次，制定工作方案，分层次在师生中开展宣讲。加强思想政治引领，开展"读懂中国"教育活动。加强师德师风主题宣讲、警示教育，开展师德失范行为自查自纠。获广东省优秀共青团员1人，学校党建创新案例二等奖1项，学校微党课比赛二等奖、三等奖各1项。

【学科与队伍建设】在"软科中国最好学科排名"中，公共管理学科位居第18，排名全国前9%。

加强师资队伍建设。引进预聘助理教授2人，招收博士后4人。入选"广东特支计划"青年拔尖人才1人。

【教学工作】本科教学方面。获批广东省一流本科课程1门，校级本科课程思政示范课程立项1门、校级质量工程项目立项1项、校级教改项目立项2项。

研究生教学方面。广泛听取师生意见，持续完善研究生培养体系。获中国研究生公共管理案例大赛特等奖、一等奖、最佳案例奖各1项，连续四年获得优秀组织奖；入选第九届全国公共管理硕士优秀学位论文1篇。

学生创新创业方面。"大学生创新创业训练计划"结题验收4项，其中，国家级3项、省级1项；获批校级"百步梯攀登计划"立项7项。

【科研工作与对外学术交流】2022年实到科研经费1063.773万元，其中，纵向440.1万元、横向623.673万元。立项项目69项，其中，国家级8项、部省级17项、其他纵向项目21项、横向项目23项。发表高水平科研论文65篇，其中，A类重要1篇、A类一般2篇、B类17篇。获批广东省决策咨询研究基地1个，入选CTTI来源智库和高校智库百强基地2个，获年度CTTI智库最佳案例与优秀成果2项，连续三年获广东省社科联智库考核优秀基地1个。

加强对外学术交流。举办"公共管理学术工作坊"7期，承办第二十二届全国科技评价学术研讨会和第二届"国家安全与社会风险"高端论坛。

【综合管理】召开党委会会议20次、党政联席会议21次。加强校友联络，举办"杰出校友系列讲座"13讲。

马克思主义学院

【党建与思想政治工作】2022年共发展党员27人，均为研究生。共有党员257人，其中，教工58人、研究生199人；共有党支部12个，其中，教工党支部6个、研究生党支部6个。深入学习宣传贯彻党的二十大精神，专题研究部署相关工作，召开党委会"第一议题"学习10次、理论学习中心组学习14次。面向校内外单位举办思政大讲堂等宣讲活动近百场。强化基层党支部建设，"全国党建工作样板党支部"通过验收，推进教育部高校教师党支部"双带头人"工作室建设。加强思想政治教育，举行"我的入党故事"分享会等活动。宣传优秀教师典型，通报师德师风反面案例，开展警示教育。当选广东省第十三次党代会代表1人；获批学校"样板支部"立项1项。获广东省教育系统党史学习教育优秀理论成果奖7项，其中，特等奖1项、一等奖1项；获校级党史学习教育优秀理论成果奖15项、微党课比赛一等奖1项、党建创新案例三等奖1项。

【学科与队伍建设】召开学科建设调研座谈会，开展学科建设调研。完成2022年全国马克思主义理论学科年度发展报告调研。

加强师资队伍建设。实施学院"预聘—长聘"制度改革方案，加大招聘宣传力度。引进思政课教师3人。

【教学工作】本科教学方面。承办2022年广东省马克思主义基本原理课程骨干教师培训班。获批全国首批"大思政课"实践教学基地1个。获省级教学成果奖1项、一流本科课程2门，校级教学类项目8项。获省级"党史"进校园系列典型案例活动一等奖1项，校级南光卓越教学奖1人、教学优秀奖2人。开设"习近平新时代中国特色社会主义思想概论"课程，在广州国际校区开设思政课双语教学试点班。承担全校本科公共基础课教学任务14 408学时，通识课教学任务6196学时。

研究生教学方面。加强培养管理，开展学科组会，夯实培养环节。各级研究生学位论文抽查全部合格。在校博士生发表CSSCI论文15篇。新增学术型博士生导师5人，学术型硕士生导师1人。承担研究生专业课教学任务1970学时，承担全校硕士生公共基础课教学任务3068学时，博士生公共基础课教学任务216学时。

【科研工作与对外学术交流】2022年实到科研经费203.9万元，其中，纵向160.9万元、横向43万元。立项项目35项，其中，国家级4项、部省级项目6项。发表论文35篇，其中，A类论文1篇、C类论文3篇、D类论文7篇、E类论文9篇；出版专著3部。决策咨询报告被采用22篇。获校级哲学社会科学研究优秀著作奖1项。

学术交流方面。举办华南人文论坛7次，学术会议2次。

【综合管理】召开党委会会议10次、党政联席会议16次。加强教育引导，就意识形态安全、网络安全、电动车管理、消防安全等方面加强安全教育，进行规范管理和安全检查。慰问伤病教师、高龄教师、困难教师等11人次。完成工会、教代会换届选举。

外国语学院

【党建与思想政治工作】2022年发展党员43人，其中，教师1人、本科生29人、研究生13人。共有党员247人，其中，教工63人、学生184人（含研究生104人、本科生80人）；共有党支部8个，其中，教工党支部5个、本科生党支部1个、研究生党支部2个。深入学习贯彻党的二十大精神，开展党委会"第一议题"学习和理论学习中心组学习共28次，党支部和全体教职工学习68次。加强基层党组织建设，培育标杆党支部。强化学生思政教育，举办模拟联合国大会、外交官风采赛等特色品牌活动。开展纪律教育学习月活动，建立健全师德师风建设长效机制。入选学校首批"双带头人"教师党支部工作室立项1项、"样板支部"立项1项、党建课题立项4项。获学校"党建与业务深度融合"创新案例二、三等奖各1项。

【学科与队伍建设】在"软科中国最好学科排名"中，外国语言文学学科位居第28，保持全国前20%。在"软科中国大学专业排名"中，商务英语专业在全国并列第3，日语专业位居全国第41。

队伍建设方面。引进预聘助理教授1人、青年教师3人，招收博士后3人。

【教学工作】本科教学方面。获评广东省一流本科课程3门。获广东省高等教育教学成果（本科生）特等奖1项，广东省高等教育学会第二届高等教育研究优秀成果奖一等奖1项，外研社多语种"教学之星"大学全国总决赛德语组三等奖1项，校级教学奖4项。获批省级、校级本科教学项目共12项。完成课程思政示范课程数字化建设，出版课程思政教材3部；获批广东省课程思政示范课程、课堂4门，校级课程思政项目3项。《光明日报》《中国教育报》专题报道大学英语课程思政内涵建设与教学实践。

研究生教学方面。加强研究生培养过程管理，优化博士研究生培养方案。获广东省高等教育教学成果（研究生）二等奖1项。获批省级、校级研究生教学项目4项。2022年招收第一届博士生11人。

学生创新创业方面。推进国际组织人才培养工作，选送本科生参与国际组织青年领航计划实习。获国家级、省级外语专业竞赛奖项共62人次。

【科研工作与对外学术交流】2022年实到科研经费369.35万元，其中，纵向314.71万元、横向54.64万元。立项项目58项，其中，国家级5项、部省级30项。发表SSCI、A&HCI、CSSCI论文39篇，同比增长86%；出版著作、教材10部；在《人民日报》《光明日报》等重要报刊发表理论文章12篇，决策咨询报告获上级部门批示10余份。

对外学术交流方面。获批科技部国家外国专家项目3项、广东省科技厅海外名师项目2项。举办学术交流会议5次，受邀到兄弟高校讲学5人。

【综合管理】召开党委会会议28次、党政联席会议23次。抓实消防安全，做好教学实验室安全管理、电动自行车管理等。建成博士后、博士生学习室，推动落实教授办公室改建，启动雅思考点前期建设。建立退休人员服务管理工作机制，为老同志解决实际问题。组织开展校友理事大会等活动。

法 学 院

【党建与思想政治工作】2022年发展党员109人，其中，教工1人、本科生45人、研究生63人。共有党员367人，其中，教工67人、学生300人（本科生76人、研究生224人）；共有党支部16个，其中，教工党支部8个、学生党支部8个。深入学习贯彻党的二十大精神，制订理论学习中心组和基层党支部学习计划；召开党委会"第一议题"学习10次、理论学习中心组学习12次，支部书记讲专题党课64次，书记、院长讲"思政第一课"4次。加强学生党团组织引领作用，优化入党入团评价体系。加强师德师风教育和全过程考核，强化教师队伍的政治把关和思想政治素质考察，开展师德师风建设月活动。入选学校党的二十大精神讲师团3人。

【学科与队伍建设】在"软科中国大学专业排名"中，知识产权学科位居第2。获批恢复设置法学一级学科博士点。

加强师资队伍建设。实施人事聘用制度改革方案，引进预聘助理教授7人，招收博士后2人。

【教学工作】本科教学方面。完善本科生导师制、政产学研卓越法治人才培养机制。获批校级教研教改项目3项。获校级本科课堂教学竞赛一等奖、教学卓越奖及教学优秀奖（本科）各1项。法学实践教学中心开设实验项目6项、实践教学课程10门。

研究生教学方面。完善研究生培养体系，针对不同类型研究生专业特点，实施分类培养。邀请10位校外专家为全日制法律硕士生授课。组织开展联合培养基地专业实习活动。

学生创新创业方面。成立模拟法庭竞赛指导中心、思辨学社等学生组织。获学科竞赛奖项国际级1项、国家级3项、省市级5项。获批"大学生创新创业训练计划"国家级项目14项、省级项目7项。

【科研工作与对外学术交流】2022年实到科研经费748.7万元，其中，纵向137.8万元、横向610.9万元。立项项目53项，其中，国家级4项、部省级13项。获批全国人大常委会基本法委员会重点项目、广州市市场监督管理局委托项目各1项。发表CSSCI论文25篇，其中，CLSCI论文18篇。出版学术著作2部。资政报告获上级部门批示。

加强对外学术交流与合作。参与宾夕法尼亚大学领导力与创新英语线上项目1人，加拿大公费实习项目1人。举办学术会议与学术讲座12场。

【综合管理】召开党委会会议14次、党政联席会议13次。完善学院基础设施建设。开展消防、网络、实验室等安全教育20余次。完成基层教代会、工会换届选举工作。开展校友返校日活动2次。

新闻与传播学院

【党建与思想政治工作】2022年共发展党员36人,其中,本科生23人、研究生13人。共有党员216人,其中,教工44人、学生172人(本科生45人、研究生127人);共有党支部8个,其中,教工党支部4个、学生党支部4个。深入学习贯彻党的二十大精神,召开党委会"第一议题"学习23次、理论学习中心组学习15次,举办"红色思政大讲堂"5次。加强思政引领,承办"喜迎二十大"主题微党课比赛、"光影十年"作品征集等活动。加强干部和教师教育,开展师德师风建设月活动。获广东省党史进校园系列活动典型案例二等奖1项。

【学科与队伍建设】学科建设方面。在"软科中国大学专业排名"中,传播学专业位居第10、广告学专业位居第13、新闻学专业位居第23。获批新闻传播学一级学科博士学位授权点。推动学科交叉融合,凝练智能传播、计算传播学、计算广告、视听传播、健康传播等特色研究方向。

师资队伍建设方面。招收博士后4人,参与新闻单位从业人员互聘交流工作1人。

【教学工作】本科教学方面。广告学入选国家级一流本科专业建设点,新闻学入选省级一流本科专业建设点。获批省级一流本科课程3门。获教育部第一批产学合作协同育人项目2项、广东省课程思政改革示范项目1项。

研究生教学方面。构建本硕博一体化人才培养体系,制定博士研究生招生申请考核制实施细则等规章制度。获校级2022年研究生教育教学成果奖培育项目1项。

学生创新创业方面。获第八届中国国际"互联网+"大学生创新创业大赛国赛金奖2项、第十三届"挑战杯"广东大学生创业计划竞赛金奖1项,其他国家级奖项17项,省级奖项36项。

【科研工作与对外学术交流】2022年实到科研经费317万元,其中,纵向112万元、横向205万元。立项项目37项,其中,国家级1项、部省级8项。发表CSSCI论文23篇、SCI和SSCI论文8篇;出版专著、译著、教材共6部。决策咨询成果获上级部门批示3篇。获批成立"粤港澳大湾区国际传播研究院"。

学术交流方面。构建学术交流品牌化、常态化机制,举办学术论坛、讲堂、沙龙等16场次。教师参加各类学术会议27人次。

【综合管理】召开党委会会议15次、党政联席会议19次。加强建章立制,制订或修订各项规章制度4项。建设智慧融媒体实验室、4K虚拟演播厅、师生交流室等。召开教职工大会2次,举办"传心"座谈活动3次。举办校友交流活动2次。

艺术学院

【党建与思想政治工作】2022年共发展党员20人,其中,教工1人、研究生

8人、本科生11人。共有党员90人,其中,教工37人、学生63人(本科生26人、研究生27人);共有党支部4个,其中,教工党支部2个、本科生党支部1个、研究生党支部1个。深入学习贯彻党的二十大精神,召开党委会"第一议题"学习14次、理论学习中心组学习15次,组织师生党员赴中共三大会址、周文雍陈铁军烈士纪念馆等地实地研学。提升基层党支部组织力,打造样板党支部。加强学生思政工作,宣传学生先进典型事迹。制作优秀教师视频,开展多种形式师德师风主题教育,做好警示教育。获省级主题团日活动"十佳"项目1项、党史进校园典型案例一等奖1项、校级微党课一等奖1项、党建创新案例三等奖和优秀奖各1项。获批校级第二批"样板支部"立项1项。

【创作展演与队伍建设】以李莎等志愿者的经历为故事原型,创作舞剧《微光》;为抗击疫情创作舞蹈《逐·光》。搭建艺术实践平台,举办"艺术·青春"专业实践音乐会。在第五届"敦煌杯"中国二胡演奏比赛中获得职业青年C组铜奖1项、优秀演奏奖1项。参加广东省乡村振兴音乐计划,为隆江镇创作歌曲《隆江调》;组建美育浸润行动教学团队,深入揭阳市5所乡镇中小学,开展美育课程、艺术社团定点帮扶。完成《啐啄》室内乐音乐会演出任务;完成广东省第十一届大学生运动会开幕式演出任务。

师资队伍建设方面。引进器乐副教授1人,舞蹈教师1人。

【教学工作】音乐表演专业获批国家级一流本科专业建设点;完成艺术硕士专业学位授权点新增工作。开设"艺术修养""粤剧艺术"等美育课程。加强教风学风建设,成立教学质量评价工作小组和教学督导小组,举办考风考纪教育大会。

【科研工作与对外学术交流】获批教育部人文社科项目1项,广东省哲学社会科学规划项目冷门绝学研究专项和一般项目各1项,广州市哲学社会科学规划课题共建项目2项。

对外学术交流方面。邀请海内外知名学者、名师举办学术讲座、大师课;参加2022中国当代音乐创作(成都)学术研讨会等。

【综合管理】召开党委会会议14次、党政联席会议22次。完善规章制度,修订学院规章制度汇编。召开教职工大会7次,慰问困难教师和离退休教师14人次。改善办学条件,接受企业艺术基金资助20万元,用于艺术学院歌剧中心建设;购进教学实践设施设备59件(套)。

体育学院

【党建与思想政治工作】2022年发展党员21人,其中,本科生8人、硕士研究生13人。共有党员115人,其中,教工54人、学生61人(本科生16人、研究生45人);共有7个党支部,其中,教工党支部4个、本科生党支部1个、研究生党支部2个。深入学习贯彻党的二十大精神,召开党委会"第一议题"学习13次、理论学习中心组学习14次。推进党建与业务融合,开展"康健华园"党建品牌活动。加强师生思想政治教育,强化支部建设选树标杆,开展师德师风建设月活动。获批校级第二批"样板支部"立项1项;获校级党建创新案例三等奖1

项，微党课比赛三等奖、优秀奖各 1 项，"读懂中国"优秀组织奖 1 项。

【学科与队伍建设】召开学科和专业建设研讨会，加强运动训练专业和体育专业硕士学位点建设。

师资队伍建设方面。引进教师 5 人，其中，有海外学习经历博士后 2 人，曾参加奥运会女足国家队队员 1 人，其他 2 人。

【教学工作】本科教学方面。优化运动训练专业本科生培养计划，完善课程体系，强化实习环节培养。完成全校 856 个班级、27 266 学时的公共体育教学任务。落实教育部学生体质健康测试要求，学生体测合格率 94.85%。推进学校运动队管理规范化建设，牵头修订《华南理工大学全日制本科高水平运动队管理办法》。

研究生教学方面。加强本硕融合培养，提升研究生科研能力，提高研究生培养质量。

【科研工作与对外学术交流】2022 年实到科研经费 173.5 万元，其中，纵向 51.7 万元、横向 121.8 万元。立项项目 21 项，其中，国家级 1 项、部省级 7 项、横向 6 项。获广东省第十一届大学生运动会科学论文报告会团体总分奖第二名。获批成立"广东省学校体育创新发展研究中心"。

加强对外学术交流，邀请海内外名师开展系列讲座共 16 场。

【群众体育】开展"师生健康，中国健康"校园体育活动，举办"金阳光杯"网球赛、乒乓球赛、健康活力大赛等多项品牌赛事，创建良好校园体育文化氛围。

【竞技体育】田径、乒乓球、篮球、足球、游泳 5 个高水平运动队和网球、羽毛球、排球、健美操、武术等 13 个项目代表队，获全国赛冠军、季军各 1 项。承办广东省第十一届大学生运动会，获 81 金 47 银 26 铜，包揽甲组、乙 B 组金牌榜、奖牌榜和团体总分六项第一。承担全国第一届学生（青年）运动会广东省代表团（大学组）田径、乒乓球、女子篮球、啦啦操 4 个项目的组队参赛工作。

【综合管理】召开党委会会议 16 次、党政联席会议 36 次。制订学校全面加强和改进新时代学校体育工作行动方案。推进道明游泳馆和三个校区体育场馆修建工作，保障体育赛事活动 296 场次，累计服务师生 2 万人次。

设 计 学 院

【党建与思想政治工作】2022 年共发展党员 38 人，其中，教工 1 人、本科生 24 人、研究生 13 人。共有党员 209 人，其中，教工 54 人、学生 155 人（本科生 49 人、研究生 106 人）；共有党支部 9 个，其中，教工党支部 4 个、本科生党支部 2 个、研究生党支部 3 个。深入学习贯彻党的二十大精神，召开党委会"第一议题"学习 12 次、理论学习中心组学习 9 次；开展党委书记、院长思政课、专题党课 5 次。设计创作"红色甲工"英雄人物群像。加强师德师风建设，召开师生座谈会 11 场，开展师德师风警示教育。开展"传承红色基因"系列党建活动，组织学生实践服务队赴云南云县小忙兔村定点帮扶乡村建设。

【学科与队伍建设】聚焦绿色、健康与安全等"新设计"前沿，注重跨学科系统创新，在"软科中国大学专业排名"中，所有专业均位居全国前15%。

加强师资队伍建设。推进"一院一策"引进人才工作，引进教师3人。

【教学工作】本科教学方面。新增国家级一流本科专业建设点、省级一流本科专业建设点各1个，实现一流本科专业全覆盖。加大教学改革力度，调整人才培养计划，实现院内学分互选机制，促进课程交叉融合。建设美育课程团队，开设美育通识课程6门。获省级高等教育教学成果一等奖1项、省级美育优秀案例三等奖1项。

研究生教学方面。完善研究生人才培养体系，获批艺术硕士学位点美术与艺术设计两个招生领域，艺术专业学位硕士对应调整为设计一级学科专业学位硕士点。严把研究生招生入口，持续提高生源质量。

学生创新创业方面。获第十五届"高教杯"全国大学生先进成图技术与产品信息建模创新大赛团体一等奖1项，个人一等奖3项、二等奖4项、三等奖7项；省级奖项12项。

【科研工作与对外学术交流】2022年实到科研经费275.5万元，其中，纵向83.1万元、横向192.4万元。立项项目26项，其中，国家级2项、部省级10项。获授权专利52项，其中，发明专利4项、实用新型专利34项。发表SCI、SSCI论文20余篇，EI论文13篇。

对外学术交流方面。推进与日本千叶大学联合培养项目。邀请国外学者开展国际化工作坊等学术交流活动。

【综合管理】召开党委会会议12次、党政联席会议18次。持续完善实验室安全制度，明确实验室管理职责，形成网格化管理模式。召开教职工大会4次。

医 学 院

【党建与思想政治工作】2022年发展党员33人，其中，本科生13人、研究生20人。共有党员323人，其中，教工41人、学生282人（本科生27人、研究生255人）。共有党支部9个，其中，教工党支部2个、本科生党支部1个、研究生党支部6个。深入学习贯彻党的二十大精神学习，召开党委会"第一议题"学习14次、理论学习中心组学习14次。加强基层党组织建设，获评学校第二批"样板支部"1个。完善教师引进、课程建设、教材选用和学术活动把关制度。以纪律教育月为契机，举办师德师风主题宣讲会，强化学生思想引领，举办医学系列文化和志愿服务活动。

【学科与队伍建设】师资队伍建设方面。强化"医工结合"，推进肿瘤学、发育生物学等学科建设。引进国家杰出青年科学基金获得者1人，长聘副教授、预聘助理教授各1人，紧缺学科教授、副教授各1人。获国家外专项目2项，广东省海外名师项目3项。

【教学工作】本科教学方面。获批校级教研教改项目2项、课程思政示范课程2门，"手术外科学"本科教学中引入"达·芬奇"外科手术机器人，获学校

"校企合作"项目资助。

研究生教学方面。坚持临床与基础贯通、医学与工科融合的培养思路，完善医学学士—硕士—博士人才培养体系。推出医学院－附属第六医院博士后联合培养项目。

学生创新创业方面。在第八届全国大学生基础医学创新论坛暨实验设计大赛总决赛中，获金奖2项、银奖2项、铜奖1项。

【科研工作与对外学术交流】2022年实到科研经费1426.16万元，其中，纵向1325.16万元、横向101万元。立项项目28项，其中，国家级10项、部省级11项。发表SCI论文82篇，获授权专利19项。完成斑马鱼科学研究平台二期建设，成立华南理工大学医学院－珀金埃尔默转化医学卓越中心。

加强对外学术交流。开展海外名师线上讲课、国际学科无界讲堂等项目，师生参与国内学术交流并作学术报告10人次。

【综合管理】召开学院党委会会议14次、党政联席会议13次。制定实验室对外服务、实验资源开放共享等试行管理办法。完善教师引进、课程建设、教材选用和学术活动把关制度。完善基础医学教学实验室平台建设。

【附属医院建设】设立第二临床学院。支持附属第六医院推进住院医师规范化基地创建工作、教师成长"烛炬计划"和科研能力提升"青苗行动"。加强与附属广东省人民医院联合培养本科生。加强与附属第二医院科研合作。

生物医学科学与工程学院

【党建与思想政治工作】2022年共发展党员20人，其中，本科生11人、研究生9人。共有党员151人，其中，教工16人、学生135人（本科生22人、研究生113人）；共有党支部4个，其中，教工党支部1个、研究生党支部3个。深入学习贯彻党的二十大精神，组织开展各类学习活动80余次。探索（1+1）"党建工作新机制，发挥领头雁作用。落实三全育人工作，开展"生医思政学堂""开学第一课""院长邀约"等系列活动。加强师德师风建设，定期召开教师大会、教师队伍建设交流会。获"广东省五四红旗团支部"1个，获批校级"样板支部"立项1项。

【学科与队伍建设】生物医学工程学科在"软科世界一流学科排名"中位列第36，在"软科中国最好学科排名"中保持前10%。

师资队伍建设方面。引进预聘副教授、预聘助理教授各1人，到岗教研系列教师2人，招收流动站博士后5人、企业博士后5人。入选国家级青年人才项目4人，省级青年人才项目2人。

【教学工作】本科教学方面。优化培养方案，完善专业课程体系。打造"生物医学工程探索与设计""生物医学工程职业规划与个人发展"等特色课程。加强本科生专业实习与实践。生物医学领域本科生联合基地增至5个，启动首个企业奖学金评选，本科生获奖5人。

研究生教学方面。梳理研究生过程培

养全过程，修订研究生培养方案。新开课程9门，其中，专业学科特色实验课5门。

【科研工作与对外学术交流】2022年实到科研经费1304.44万元，其中，纵向1196.49万元、横向107.95万元。立项项目34项，其中，国家级21项、部省级11项。申请发明专利26项，国际专利1项；获授权专利23项。发表SCI论文73篇。推动产业转化，实现成果转化4项。获部省级科学技术类奖项2项。

对外学术交流方面。落地南洋理工大学和新加坡国立大学2个"3+1+1"联合培养项目，参加国际交流项目的学生达39人。师生参加全国性学术活动并作学术报告11次。举办海内外优秀青年学者论坛、学术报告会9场。

【综合管理】召开院务会12次。编发学院工作简讯10篇，发布原创官微推文50余篇。通过校级C类公共实验室认证平台1个。制订能源管理、用房管理、平台管理与仪器设备开放共享管理等保障制度。

吴贤铭智能工程学院

【党建与思想政治工作】2022年发展党员7人，其中，教工1人、研究生6人。共有党员101人，其中，教工11人、研究生90人；共有党支部5个，其中，教工党支部1个、研究生党支部4个。深入学习贯彻党的二十大精神，开展领导班子"第一议题"学习11次、专题学习和培训7次。加强基层党组织建设，开展党支部结对共建活动。开展系列学生文化活动，强化学生思想政治教育。加强师德师风建设，以多种形式引导教师严守师德师风底线。

【学科与队伍建设】加强新工科交叉学科建设，推动人工智能与智能制造学科平台建设。

师资队伍建设方面。引进高水平人才6人，其中，新西兰工程院院士1人。获批广东省"珠江人才计划"引进高层次人才项目（青年拔尖人才）1人。

【教学工作】本科教学方面。获批校级教研教改项目2项、课程思政示范课程2门。开展教学能力和课程思政项目申报培训讲座，组织教师参与教学能力提升专题培训（EMI）及各类教学研讨达38人次。完成机器人工程和智能制造工程2个专业首届本科阶段培养，首届毕业生海外深造比例为19%。

研究生教学方面。创新研究生培养方式，提升生源质量。开设研究生特色前沿课程9门，组建交叉研究课题组。研究生参与发表高水平论文共计68篇，参与专利项目16项。

学生创新创业方面。获第八届中国国际"互联网+"大学生创新创业大赛校级金奖5人，MathorCup大学生数学建模挑战赛国家级一等奖1人，第十三届"挑战杯"广东大学生创业计划竞赛金奖8人，广东省大学生电子设计竞赛省级二等奖3人。

【科研工作与对外学术交流】2022年实到科研经费655.2万元，其中，纵向245.9万元、横向409.3万元。立项项目

22 项，其中，国家级 4 项、部省级 12 项、横向 6 项。发表高水平科研论文 69 篇，同比增长 100%，其中，Q1 论文 32 篇、Q2 论文 17 篇、计算机顶级会议 CCF-A 论文 1 篇、通信领域旗舰会议论文 3 篇。申请发明专利 21 项，获授权专利 12 项。成立极限制造、安全智能机器人、智慧医疗、智能网联车辆等科研中心。

加强对外学术交流。与新加坡国立大学开展"3+1+1"联合培养项目。担任国际重要学术会议负责人 6 人，担任国际重要学术期刊编委会 4 人，参加 IEEE 国际会议等学术论坛 9 场。

【综合管理】召开院务会 9 次。做好用房规划和实验室建设，购置重大仪器设备 90 多台。加强实验室安全管理，配备监控系统，开展安全检查 9 次，组织师生安全培训 5 次。

前沿软物质学院

【党建与思想政治工作】2022 年发展党员 15 人，均为研究生。共有党员 170 人，其中，教工 22 人、研究生 148 人；共有党支部 5 个，其中，教工党支部 1 个、研究生党支部 4 个。深入学习贯彻党的二十大精神，开展专题学习 3 次。开展"院长面对面""师生茶话会"等活动，通过"导学""导思""导练"，强化学生思想引领。加强师德师风建设，召开师德师风宣讲会。教工党支部获批第四批广东省党建工作"样板支部"立项、学校首批"双带头人"教师党支部书记工作室立项。

【学科与队伍建设】加强以"学院+高端研究院"的新型学科载体建设，软物质科学与工程入选广州市重点学科。

加强人才引育。通过院内评估引进高层次人才 5 人。入选海外优青 3 人、"万人计划"青年拔尖人才 1 人，广东省"珠江人才计划"领军人才 1 人、青年拔尖人才 3 人。

【教学工作】本科教学方面。持续完善本科人才培养工作方案，获批校级本科一流课程 5 门，获"教师教学荣誉体系"教学优秀奖 1 人。

研究生教学方面。加强研究生的日常考察和培养规范，设立答辩前的资格考试，提高培养质量。

学生创新创业方面。获第八届中国国际"互联网+"大学生创新创业大赛省赛金奖 2 项，第十六届"挑战杯"广东大学生课外学术科技作品竞赛银奖 1 项。

【科研工作与对外学术交流】2022 年实到科研经费 1925.2 万元，其中，纵向 1602.6 万元、横向 322.6 万元。立项项目 51 项，其中，国家级 11 项、部省级 8 项。获授权专利 26 项，申请 PCT 专利 3 项。在 *Science*、*Nature Nanotechnology* 等国际刊物上发表论文 85 篇。获广东省科技进步奖二等奖 1 项。创办的国际期刊 *Giant* 获广东省高水平科技期刊建设项目资助。广东省功能与智能杂化材料与器件重点实验室通过评估，进入第二期运行；新增广东省国际科技合作基地 1 个。获批广东省重点领域研发计划项目 1 项。

加强对外学术交流。举办各类学术讲座和会议共计 29 场，为青年学者提供定期国际交流机会。

【综合管理】召开院务会10次，决策事项86项。软物质科学与技术公共实验平台获校级科研共享公共实验室C类认证，培训高水平技术人员超过200人次。

微电子学院

【党建与思想政治工作】2022年发展党员9人，其中，教工1人、研究生8人。共有党员136人，其中，教工23人、研究生113人。共有党支部4个，其中，教工党支部1个、研究生党支部3个。深入学习贯彻党的二十大精神，开展专题学习20余次。加强思想政治引领，举办第二届IC科技文化节，开展微芯学堂等特色文化品牌活动。强化师德师风建设，举办师德师风建设月活动。

【学科与队伍建设】集成电路科学与工程学科入选广州市重点学科。

加强师资队伍建设。引进预聘助理教授7人，新增客座教授2人、兼职教授3人。

【教学工作】本科教学方面。微电子科学与工程入选国家级一流本科专业建设点，"半导体器件"入选省级一流课程，学院入选广东省集成电路人才培养基地，获批教育部产学合作协同育人项目1项，校级教研教改项目5项。设立教师教学发展分中心，建设集成电路未来创新实验室。

研究生教学方面。开设校企共建课程4门，前沿交叉课程7门；推出"微芯学堂"系列讲座。新增"华工-广州粤芯"和"华工-广东芯粤能"校企联合实验室，共有博士校企联合培养单位8家。

学生创新创业方面。获美国大学生数学建模竞赛、全国大学电子设计竞赛、全国大学生集成电路创新创业大赛等竞赛奖项116项，其中，国际级46项、国家级18项、部省级52项。

【科研工作与对外学术交流】2022年实到科研经费2605.7万元，其中，纵向1620.6万元、横向985.1万元。立项项目60项，其中，国家级4项、部省级项目9项、横向项目32项。获授权专利38项，发表高水平论文50篇，成功转化科研成果2项。获广东省电子信息行业科学技术奖科技进步奖一等奖、三等奖各1项，获广东省电子学会科学技术奖自然科学奖一等奖1项、IEEE海因里希·赫兹最佳通信快报奖1项。

加强对外学术交流。参加鲁汶大学、爱丁堡大学、新加坡国立大学、罗格斯大学等联合培养双学位项目22人。推选研究生参加集成电路领域顶级学术会议（CICC、RFIC），2篇论文被录用。

【综合管理】召开院务会13次。制订完善管理制度10余项。启动建设微纳电子学科公共平台，初步建成EDA设计与仿真实验室。加强管理队伍建设，完善管理人员配置，强化岗位职责。加强学院网站和公众号运营。

未来技术学院

【党建与思想政治工作】2022年共有党员42人，其中，教工8人、研究生34人；共有党支部2个，其中，教工党支部1个、研究生党支部1个。深入学习贯彻党的二十大精神，召开党员大会10次、专题学习会7次。加强学生思想政治教育，开展院长思政第一课、主题班会等活动。强化师德师风教育，召开师德师风专题教育会议2次。

【学科与队伍建设】围绕人工智能前沿技术和跨学科交叉领域搭建学科平台，开展人工智能与智能制造学科平台建设。成立学院学科建设专家小组，强化学科科学设置。

加强师资队伍建设。引进长聘教授2人、青年教师4人。与琶洲实验室联合聘用高层次人才7人。实施导师"双聘""兼岗"机制，从粤港澳大湾区数字经济研究院、鹏城实验室等遴选聘用兼职教授9人、兼职博士生导师3人。

【教学工作】本科教学方面。建设数据科学与大数据技术、人工智能2个本科专业。为2022级本科生遴选跨学院学业导生36人，配备朋辈导生94人。与百度合作推出百度飞桨精英班，首批招收80人。与腾讯合作实施犀牛鸟开源人才培养计划。开设校企联合实践课程"人工智能与3D视觉"。

研究生教学方面。信息与通信工程学科获批招收研究生资格。与鹏城实验室共建华鹏未来学院，联合培养研究生。与中国科学院深圳先进院-粤港澳大湾区国家技术创新中心联合培养工程博士生。与粤港澳大湾区数字经济IDEA研究院、阿里巴巴、广州无线电集团等开展研究生联合培养。

学生创新创业方面。获各类竞赛奖项98项，其中，国际级31项、国家级35项、省级20项。其中，第八届中国国际"互联网+"大学生创新创业大赛金奖、银奖各1项。

【科研工作与对外学术交流】2022年实到科研经费2740.8万元，其中，纵向2435.8万元、横向305万元。立项项目23项，其中，国家级9项、部省级3项。申请发明专利18项，发表高水平论文39篇。联合清华大学、国家卫健委卫生发展研究中心、科大讯飞等单位，组建粤港澳胎儿-婴幼儿脑科学数据科学平台、国家主动健康技术创新中心（南方中心）、未来能源技术和碳循环系统研究中心。成立未来技术前沿交叉研究院，建设广东省数字孪生人重点实验室。

对外交流合作方面。与美国密苏里大学哥伦比亚分校、比利时鲁汶大学、新加坡国立大学、英国伯明翰大学等海外名校达成联合培养合作意向。邀请海外名师授课。开展交叉学科前沿讲座10余场、学术交流报告会21场。举办前沿交叉科技论坛和前沿交叉科技设计大赛。

【综合管理】规范内部管理体系，召开院务会议13次。成立学术分委员会、引才评议工作小组、师德师风工作小组、教学指导委员会。完成学院办公室、实验室升级改造、家具设备采购安装等二期建设工作。

海洋科学与工程学院

【党建工作】 2022年共有教工党员6人，研究生党员1人。

【师资队伍建设】 引进教授2人、副教授2人，招收博士后6人。

【教学工作】 本科教学方面。召开本科专业设置研讨会议，加快推进"新工科"专业申报工作。

研究生教学方面。招收首批学术学位博士研究生3人、专业学位博士研究生1人。制定船舶与海洋工程专业学术学位博士研究生培养方案。推动研究生联合培养实践基地建设，与中国海洋石油集团有限公司、中国电建集团华东勘测设计研究院有限公司等达成初步合作意向。

【科研工作】 2022年实到科研经费310万元，其中，纵向218.5万元、横向91.5万元。立项项目6项，其中，国家级3项、部省级2项。获授权发明专利1项。发表SCI论文28篇，EI论文27篇，ESI论文28篇。推进海洋工程结构装备实验室、海洋工程数字仿真中心、海洋岩土工程实验室、海洋工程环形精细造流水槽等建设。

【综合管理】 加强实验室平台建设，新增实验平台仪器设备100余台，价值5700万元。完成学院办公场所装修改造、家具采购安装等工作。

表彰与奖励

2022年获得市级以上表彰或奖励的部分单位和个人

一、获得表彰与奖励的单位

授奖部门	获奖称号	获奖单位
教育部	第二批全国高校黄大年式教师团队	华南理工大学建筑理论与创作实践教师团队
	第三批全国党建工作标杆院系	食品科学与工程学院党委
	第三批全国党建工作样板支部	材料科学与工程学院国重光电系党支部
共青团中央	全国五四红旗团委	华南理工大学团委
	2022年"三下乡"社会实践优秀单位	华南理工大学团委
广东省教育厅	广东省大学生创新创业教育示范学校（2022—2025）	华南理工大学
共青团广东省委员会、广东省青年联合会	第二十四届"广东青年五四奖章"提名奖	华南理工大学前沿软物质创新团队
共青团广东省委员会	广东省五四红旗团委	电子与信息学院团委
	广东省五四红旗团支部标兵	机械与汽车工程学院2018级车辆工程专业2班团支部
	广东省五四红旗团支部	峻德书院2019级生物医学1班团支部、食品科学与工程学院2019级食品营养与健康团支部
广东省学生联合会	广东省优秀学生会	环境与能源学院研究生会
共青团广东省委员会、中共广东省委宣传部、广东省精神文明建设委员会办公室、广东省教育厅、广东省学生联合会	2022年广东省大中专学生志愿者暑期"三下乡"社会实践活动优秀单位	华南理工大学

续表

授奖部门	获奖称号	获奖单位
广东省教科文卫工会	模范"职工小家"	网络中心部门工会
中国致公党中央委员会	中国致公党宣传思想工作先进集体	致公党华南理工大学基层委员会
中国民主同盟广东省委员会	民盟广东省参政议政工作先进集体三等奖	民盟华南理工大学委员会
中国民主同盟广东省委员会	民盟广东省反映社情民意信息工作先进集体优秀奖	民盟华南理工大学委员会

二、获得表彰与奖励的个人

授奖部门	授奖称号	获奖者
广东省总工会	广东省五一劳动奖章	李雪辉
广东省教科文卫工会	优秀工会工作者	夏琴香
广东省科学技术协会	广东"最美科技工作者"	王迎军　党志
共青团广东省委员会、广东省青年联合会	广东青年五四奖章	袁伟
共青团广东省委员会	广东省优秀共青团员	黄哲涵　尹博雅　魏俊宇　王艺潼　赖沛明
共青团广东省委员会	广东省优秀共青团干部	孟勋　王延顼
广东省学生联合会	广东省优秀学生骨干	王丽儒　黄宗伍　邓羡知
共青团广东省委员会、中共广东省委宣传部、广东省精神文明建设委员会办公室、广东省教育厅、广东省学生联合会	2022年广东省大中专学生志愿者暑期"三下乡"社会实践活动优秀个人	曲珊珊　于义永　王钰　李沙灏　易凯潮　黄诗栩　尹博雅　吴锦涛
中国民主建国会广东省委员会	民建广东省委会优秀会员	朱宝璋
中国致公党中央委员会	中国致公党脱贫攻坚先进个人	李昀
中共广东省委宣传部	首届广东省出版政府奖优秀出版人物	袁泽

2022 年获得学校表彰或奖励的部分单位和个人

一、获得表彰与奖励的单位

2021—2022 学年度校园十佳班集体

软件学院	2020 级软件工程 1 班
机械与汽车工程学院	2019 级机械类（创新班）
电力学院	2020 级电气工程及其自动化 6 班
医学院	2020 级医学影像学班
材料科学与工程学院	2019 级光电信息科学与工程（光电器件）班
建筑学院	2020 级建筑学 1 班
物理与光电学院	2020 级应用物理学班
计算机科学与工程学院	2020 级计算机科学与技术全英创新班
工商管理学院	2020 级财务管理班
峻德书院（吴贤铭智能工程学院）	2020 级智能制造班

2021—2022 学年度先进班集体

机械与汽车工程学院

2019 级机械工程 4 班	2019 级机械工程卓越双语班
2020 级机械工程 2 班	2020 级机械电子工程 1 班
2020 级车辆工程 2 班	2020 级机械类创新班
2020 级车辆工程 1 班	2020 级机械工程卓越双语班

建筑学院

2020 级风景园林	2021 级建筑学 2 班
2021 级城乡规划 2 班	

土木与交通学院

2019 级交通工程 1 班	2020 级土木工程 1 班
2020 级工程力学创新班	2021 级土木卓越全英班
2021 级土木类 4 班	2021 级工程力学创新班
2021 级土木类 8 班	

电子与信息学院

2019 级信息工程 6 班	2020 级信息工程 1 班
2020 级信息工程 2 班	2021 级信息工程 4 班

材料科学与工程学院

2019 级电子材料科学与技术（电子材料与元器件）	2020 级功能材料 1 班

2020 级材料类全英创新班   2021 级材料类 4 班
2021 级材料类 6 班

化学与化工学院
2020 级制药工程班   2021 级化学类（强基计划班）
2021 级化工与制药类 3 班   2021 级化工与制药类 1 班

轻工科学与工程学院
2020 级资源环境科学班   2021 级轻工类 3 班

食品科学与工程学院
2020 级食品科学与工程 1 班   2021 级食品科学与工程类 3 班

数学学院
2020 级数学与应用数学（统计学）班   2021 级数学类 4 班

物理与光电学院
2020 级光电信息 1 班

经济与贸易学院
2019 级经济学创新班   2020 级经济学类 3 班
2021 级经济学类 5 班

旅游管理系
2020 级旅游管理班

计算机科学与工程学院
2020 级计科全英联合班   2021 级计科全英联合班
2021 级计科全英创新班

电力学院
2020 级电气工程及其自动化 2 班   2020 级电气工程卓越班
2021 级电气工程卓越班   2021 级电气类 3 班
2021 级电气类 6 班

生物科学与工程学院
2020 级生物制药班   2020 级生物技术（强基计划班）

环境与能源学院
2019 级环境工程中澳班   2019 级环境工程班
2021 级环境工程中澳班

软件学院
2020 级软件工程 3 班   2021 级软件工程 2 班
2020 级软件工程 3 班

工商管理学院（创业教育学院）
2019 级工业工程班   2020 级工商管理全英班
2020 级会计学 1 班   2021 级工商管理类 3 班

公共管理学院
2021 级行政管理 1 班

外国语学院
 2020 级商务英语 1 班   2021 级商务英语 2 班

法学院
 2020 级法学 1 班   2021 级法学卓越班

新闻与传播学院
 2020 级新闻学班   2020 级广告学班
 2021 级新闻传播学类 2 班

艺术学院
 2019 级音乐表演 1 班   2019 级舞蹈学班
 2020 级舞蹈学班

设计学院
 2019 级工业设计实验班   2020 级工业设计（实验班）
 2021 级产品设计 1 班   2021 级环境设计 2 班

医学院（生命科学研究院）
 2019 级临床医学班

生物医学科学与工程学院
 2020 级生物医学 1 班

吴贤铭智能工程学院
 2021 级智能制造 1 班

微电子学院
 2020 级微电子 3 班   2021 级微电子 1 班

未来技术学院
 2021 级人工智能 1 班

2021—2022 学年度五四红旗团支部

机械与汽车工程学院
 机械工程专业 2020 级二班团支部   机械工程专业 2019 级四班团支部
 车辆工程专业 2020 级二班团支部   机械工程专业 2019 级卓越班团支部
 车辆工程专业 2020 级三班团支部   机械工程专业 2020 级三班团支部
 机械工程专业 2020 级创新班团支部 车辆工程专业 2020 级一班团支部
 机械工程专业 2019 级创新班团支部 机械工程专业 2020 级四班团支部

建筑学院
 城乡规划专业 2019 级一班团支部   城乡规划专业 2020 级一班团支部
 城乡规划专业 2019 级二班团支部   建筑学专业 2020 级二班团支部
 建筑学专业 2019 级二班团支部   2021 级建筑专硕三班团支部

土木与交通学院
 2020 级硕士研究生二班团支部   工程力学专业 2019 级创新班团支部

电子与信息学院
　　信息工程专业 2018 级六班团支部　　　　信息工程专业 2020 级三班团支部
　　信息工程专业 2019 级一班团支部　　　　信息工程专业 2019 级创新班团支部
　　信息工程专业 2020 级创新班团支部

材料科学与工程学院
　　光电材料与器件专业 2019 级光电材料与器件班团支部
　　电子材料与元器件专业 2019 级电子材料与元器件班团支部
　　2020 级材料类创新班团支部
　　材料科学与工程专业 2019 级一班团支部
　　2020 级硕士四班团支部
　　功能材料专业 2020 级一班团支部

化学与化工学院
　　化学类强基计划班 2020 级一班团支部　　应用化学专业 2019 级一班团支部
　　能源化学工程专业 2018 级二班团支部　　应用化学专业 2019 级二班团支部

轻工科学与工程学院
　　2020 级博士团支部

食品科学与工程学院
　　食品科学与工程专业 2019 级一班团支部
　　食品科学与工程专业 2019 级食品营养与健康班团支部
　　食品科学与工程专业 2020 级一班团支部
　　食品质量与安全专业 2020 级食品质量与安全班团支部

数学学院
　　数学与应用数学专业 2019 级数学与应用数学班团支部
　　数学与应用数学专业 2019 级统计班团支部
　　信息与计算科学专业 2019 级信息与计算科学班团支部
　　数学与应用数学专业 2020 级数学与应用数学班团支部

物理与光电学院
　　光电信息科学与工程专业 2020 级一班团支部　　应用物理学专业 2020 级应用物理学班团支部
　　应用物理学专业 2020 级严济慈英才班团支部　　应用物理学专业 2019 级严济慈英才班团支部

经济与金融学院
　　金融学专业 2018 级二班团支部　　　　2020 级本科生第六团支部
　　2019 级经济学创新班团支部　　　　　2020 级本科生第三团支部
　　2019 级经济学专业团支部　　　　　　2020 级本科生第四团支部

旅游管理系
　　2019 级会展班团支部　　　　　　　　2020 级会展班团支部

电子商务系
　　2019 级本科生电子商务第一团支部　　2019 级本科生物流工程第二团支部
　　2020 级本科生电子商务第一团支部

表彰与奖励

自动化科学与工程学院
 自动化 2020 级四班团支部

计算机科学与工程学院
 计算机科学与技术专业 2019 级全英联合班团支部
 计算机科学与技术专业 2019 级一班团支部
 计算机科学与技术专业 2020 级全英创新班团支部
 计算机科学与技术专业 2020 级全英联合班团支部
 电子信息专业 2021 级专硕班团支部

电力学院
 研究生 2019 级电气学硕班团支部
 研究生 2020 级动力班团支部
 电气工程及其自动化专业 2019 级三班团支部
 电气工程及其自动化专业 2019 级五班团支部
 电气工程及其自动化专业 2020 级六班团支部
 电气工程及其自动化专业 2020 级卓越班团支部

环境与能源学院
 2020 级环境工程班团支部 2021 级环境科学与工程大类三班团支部

软件学院
 软件工程专业 2020 级一班团支部 软件工程专业 2020 级专硕一班团支部
 软件工程专业 2020 级四班团支部 软件工程专业 2021 级专硕三班团支部

工商管理学院
 工业工程专业 2019 级团支部 财务管理专业 2019 级团支部
 工商管理专业 2020 级全英班团支部 工商管理专业 2019 级团支部
 会计专业 2020 级一班团支部

公共管理学院
 2020 级研究生团支部 行政管理专业 2020 级行政管理一班团支部

马克思主义学院
 2020 级学术型硕士班团支部

外国语学院
 2019 级商务英语专业二班团支部 2020 级商务英语专业一班团支部

法学院
 2018 级法律卓越班团支部 法学专业 2019 级法律卓越班团支部

新闻与传播学院
 2019 级广告学班团支部

艺术学院
 舞蹈学专业 2019 级舞蹈班团支部 2019 级音乐表演第一团支部

体育学院
 运动训练专业 2020 级运动训练班团支部

设计学院
- 2019级工业设计专业第二团支部
- 2020级产品设计专业第一团支部
- 2020级产品设计专业第二团支部
- 2020级服装与服饰设计专业第二团支部
- 2020级工业设计专业第二团支部
- 2020级工业设计专业第三团支部

医学院
- 2020级医学影像学班团支部
- 2020级硕士五班团支部

峻德书院
- 2019级生物医学一班团支部
- 2020级微电子三班团支部
- 2020级生物医学一班团支部

铭诚书院
- 2021级智能制造一班团支部
- 2021级微电子一班团支部

二、获得表彰与奖励的个人

2022年度"教师教学荣誉体系"获奖教师

教学终身成就奖

| 土木与交通学院 | 季　静 |

教学卓越奖（南光卓越教学奖、校级教学名师）

机械与汽车工程学院	李　旻	化学与化工学院	郑大锋
电子与信息学院	余翔宇	土木与交通学院	姚小虎
计算机科学与工程学院	董　敏		

教学优秀奖（本科）

机械与汽车工程学院	康英姿	建筑学院	戚冬瑾
土木与交通学院	马莹莹	电力学院	张仙玲
电子与信息学院	晋建秀	材料科学与工程学院	袁　斌
化学与化工学院	王婷婷　曾　强	轻工科学与工程学院	杨　飞
食品科学与工程学院	刘冬梅	数学学院	朱远鹏　陈志辉
物理与光电学院	谢汇章　梅　军	工商管理学院（创业教育学院）	葛淳棉
公共管理学院	刘　源	外国语学院	陆艺娜
自动化科学与工程学院	杜　娟	体育学院	庄　巍
马克思主义学院	陈　静　彭　蕙	计算机科学与工程学院	毕　盛
软件学院	谭明奎	经济与金融学院	雷玉桃
旅游管理系	张文敏	电子商务系	柴艺娜
环境与能源学院	杨　琛	生物科学与工程学院	王　斌
新闻与传播学院	周　煜	艺术学院	沈云芳
设计学院	欧阳波	医学院	杨　琼
法学院（知识产权学院）	林志毅	吴贤铭智能工程学院	陈百基
微电子学院	周长见		

教学优秀奖（研究生）

土木与交通学院	谢琳琳	食品科学与工程学院	徐振波　阮　征
数学学院	韩　乐　程永宽	旅游管理系	江金波
电力学院	张俊勃	工商管理学院	黄嫚丽　王　创
公共管理学院	韦曙林	外国语学院	武建国　程　杰
新闻与传播学院	芮　牮	微电子学院	陈志坚
国际教育学院	单韵鸣		

教学新秀奖

土木与交通学院	李晓晨	外国语学院	吴王姣
工商管理学院（创业教育学院）	张　麟		

2021—2022 学年度十大三好学生标兵

机械与汽车工程学院	冷汶锋	土木与交通学院	余　知
材料科学与工程学院	黄　颢	电子与信息学院	张沛荣
数学学院	胥广洁	电子商务系	赖香君
计算机科学与工程学院	梁立名	环境与能源学院	简展强
工商管理学院（创业教育学院）	陈钧洺	吴贤铭智能工程学院	李金鹏

2021—2022 学年度三好学生

机械与汽车工程学院

刘　涛	谭　旭	袁　钰	陈思涛	黄思源	廖小传	晏惠峰	覃雨涛	丁文彬	冯　韬	郭旭明
黄莹衡	刘子涛	任家欣	谭志锋	陶俊龙	王宝琛	王少柳	许真肇	姚文韬	张振权	朱俊龙
刘星池	刘星月	陈坚铭	蒋思铭	王子奇	李佳蔚	吴宸泽	杨昱村	蔡泽标	蔡奕帆	陈东权
蒋子琮	李学思	梁发铎	廖嘉悦	王　成	陈铨桢	蔡国斌	陈嘉豪	陈茵婷	陈梓锋	陈梓伟
戴卓均	方　楷	冯素贤	黄奕晖	纪家楠	李富端	张伟杰	梁浩明	刘冰倩	聂彬裕	阮宣振
吴培希	谢艺枫	杨博文	杨　辉	尹嘉杰	张嘉豪	张嘉仪	张考标	郑晓菊	周慧菲	朱康帅
陈舒琪	符述喆	黄华林	黄修权	罗　言	王海全	杨　浩	杨　敬	周东洋	朱振宁	王堃力
张宝彤	周金娴	钟博尧	谢洪鑫	张先超	何慧芬	宁玉林	沈宗旺	苏新涛	戴庆雅	焦玺玮
林焯伟	刘洪添	熊　涛	张子健	邝诗淇	胡立雅	周　睿	陈杰童	陈钟煜	陈　缵	陈梓浩
陈焯楠	陈　锴	高立成	顾　洵	郭　恺	何灿耀	何几弦	何锦达	何智聪	黄家鑫	黄静蕾
黄　玮	黄梓哲	贾文达	赖晓童	李嘉熙	李文杰	利海晨	梁子健	林健雄	林泽翰	林智鑫
林森清	刘绍庭	刘蕙嘉	吕宛桦	罗益炜	欧步青	史狄朗	唐梓然	王莹莹	王奕程	吴楚豪
吴嘉豪	伍思权	许家阳	严全炯	杨俊鑫	杨小东	杨梓欣	姚泽锦	张东越	张佳栋	张星月
张泽栋	张子衍	赵彦喆	郑　鑫	边浪宇	陈嘉辉	古御锟	李　萱	李　鑫	梁钊银	任识睿
魏小菲	肖还欣	袁吉鑫	章顺一	周　源	廖洁梦	黄举勤	王智刚	杨东金	陈熙潼	高志琪
黄　潇	李　睿	刘　渊	杨　东							

建筑学院

高雅清	张婷婷	林宇栋	刘雨洋	陈　宁	黄　河	卢虹匀	谭佳欣	吴忻雨	谢　艺	叶苗扬
俞欣江	俞星瑶	曾令凌	郑向清	杜泳曦	刘懿潋	翁林怀	肖铭淇	徐沁园	张问楚	甄子霈
王小瑜	杜靖源	曾浩荣	张禹翔	陈　然	陈　彤	计凌宇	文锡祥	邹海宇	闫甲祺	罗　然
张紫慧	王臻一	朱健威	朱海橙	梁楚岚	陈丹英	丁逸真	胡子琳	李锐萱	李宛仪	李雨谦

梁学天	刘浩域	刘　奕	马千里	郑翔书	程艺涓	史罗燕	戴丁然	黄伊昕	谢炜祺	许明轩
颜端怡	余　恺	周　锐	孟霈芸	张钞富	张力月	莫楚涵	胡钰滢	刘佳仪	王君予	陈欣波
陈杨柳	崔佳琳	冯钰妍	刘子菲	潘若琳	谭梓仪	田籽萌	王虹飞	韦芷含	文　凯	伍若玥
占　瑶	郑　进	陈柯璇	陈欣蕾	刘彬娜	张子栩	胥卓男	陈靖垦	陈莹莹	江心娱	罗若彤
欧阳乔	叶嘉君	曾子涵	方樱桥	于博洋	陈欣悦	牛一菲	许婧蕾	殷晓慧	张冰馨	钟心然
周超智	谭淋雯									

土木与交通学院

胡惠静	黄旭昊	李帅毅	郑旭文	谭　天	邓晴方	黄才穆	黄子锐	李　洺	李春龙	李鼎鸣
李田田	李泽贤	李泽彦	林裕浚	王方怡	翁启泰	吴梓斌	熊波泉	许　诺	张文雄	郑宇涛
周　钊	朱培林	李　越	张骁乙	朱宏昱	杨垌滔	甄文至	杨致远	欧阳启健	张兴奎	蓝俊杰
雷祖粤	向　前	赵子诺	钟欣怡	芮　涵	彭康庄	王　乾	吴家辉	辛俊增	徐子强	朱力华
朱正沅	李　峰	陈景俊	陈一木	冯远俊	胡梓健	黄嘉怡	黄俊祥	黄诗淇	黄文辉	江佳希
江心月	练　达	林锦茁	林圣力	林芸樱	刘星宇	刘梓华	马振凯	聂卓栋	欧文韬	丘　楠
石子洋	史振峰	孙　莹	孙　琦	田睿疃	谢智博	许知鹏	严浩鹏	尹美珊	余俊曦	朱煜娴
高理玥	胡世杰	江柳芳	赖紫阳	李宣佑	杨金鑫	叶俊涵	黄子欢	林子森	凌惠鹏	张耀珍
翟　洁	杜泽垒	冯健茜	高新敏	蓝图博尔	李嘉华	朱庭佳	陈柱光	陈梓锋	何淑霖	钟毓琦
董　晴	蒋浩嘉	梁　爽	刘　英	王一平	陈键辉	杜乐雨	练允其	沙宇翔	沈　灿	吴家威
许铭涛	杨晴予	邹齐家	骆佳鑫	王乐涵	杨　敏	黄森越	姜东旭	易思雨	赵学俊	冯榆婷
蔡金池	蔡俊曦	陈贝贝	陈铭熙	陈舒帆	陈子琳	邓如意	段繁林	郭　洋	何心彦	胡鹏飞
黄骏华	黄芷欣	黄　灏	江昊杰	李晨希	李　嘉	李俊鹏	李雨璇	梁进辉	林千俊	林绳纯
林妍廷	刘浩闻	罗千慧	莫宇航	彭　达	邱雪莲	任珈漩	任镓宏	沈富强	苏嘉杰	王嘉麟
韦晓晴	卫奕燊	伍雨薇	肖　晴	谢　航	徐欢涛	徐廷楷	许文昱	杨兆廷	姚洁欣	曾羽熙
张鼎伦	张福达	张航嘉	张俊鸿	赵好然	赵家禧	周奕涵	党　杰	姬云昌	李　麟	刘荣成
刘瑞中	冉泽霖	田亚迪	杨雨霏	张焕宇	陈丞尉	谷佳禾	胡俊鹏	季文卿	江翰林	江子霞
彭国雄	王　逸	卫倬言	谢德熙	许楷佳	杨思琦	林　彬	袁佳婕	何鹏翔	黄浩杰	张啸尘
廖君腾	刘　赫	穆灿博	黄凯峰	裴天梓	戚　讽	向如玉	周　扬	杨珺雯		

电子与信息学院

陈雨楠	戴粤朝	翟键鸿	华秋怡	黄扶昶	李沛雯	李兆禧	欧阳杰	孙　楠	王紫旭	颜鹏炜
袁丹澜	曹家欢	韩化知	江佳瑜	龙　可	周冀军	吴佳桓	姚喜佳	者　昊	张炫凯	孙建鑫
叶忠枝	安宬成	白一然	陈泳先	陈梓豪	邓智鸿	冯子琪	黄雨帆	赖清钦	赖心怡	李政琛
李梓晴	刘舫龙	司徒菠	田　源	文溢秋	吴骏宇	吴一灵	徐文浩	余一凡	詹炳杨	詹林璇
张安婕	张　鉴	郑晓淑	周　颖	陈冠奇	韩　颖	胡子康	雷田野	刘　盛	乔敬原	饶　明
王骏宏	徐志沛	余庆阳	陈国豪	樊子西	龚圣杰	黄　河	黄逸宁	黎绍垒	梁莉苑	罗穗欣
麦轩昊	钟　晋	朱恒杲	曹　喆	林恩民	魏锴涛	陈美婷	杨　勇	宾驭贤	陈铭宇	陈瑞涵
高　允	韩宇辰	何　炜	吉稳东	贾金宽	康文豪	李学儒	李哲为	李炀炀	连修耿	练蔼莹
廖雅欣	林子钧	农凯婷	谭梓浩	唐国毅	唐　瑞	王毓天	王梓醴	翁啟华	吴煜翎	徐永丰
许泳林	余史帆	曾国铭	曾彦铭	凌文乐	刘天成	王雨睿	谢安红	张钧航	张　曼	梁杏儿
刘佳仪	熊瑞祺	曾子涵	钟雨桐	钟之桦						

材料科学与工程学院

冯浩哲	李汐婷	沈圆壹	毕灏轩	陈梓杰	高执文	何广城	何子妍	黄方圆	黄佳艺	林兆宏
刘楚琪	刘嘉怡	刘勋漂	马振聪	毛子瑶	潘伯超	潘雅茹	彭　程	申凯文	沈康馨	孙梦晨
王子璇	吴嘉敏	吴仁栩	吴天昊	谢丹禹	杨文伟	叶永良	曾弋蠕	周楠思	庄坤俊	覃佳微

肖怡琳	邓惠琳	何敏滢	宋 斐	周 伟	韩小蝶	刘美静	牟星宇	伍昱晓	周 易	陈奇艺
黄振宇	罗睿乔	伊美茜	陈豪彦	陈弘达	陈天洋	陈雪佳	黄梓琪	黄煜橙	李 睿	刘斯铭
刘星语	麦凯然	南邵骏	彭雨欣	齐婧妍	苏月莹	熊 烨	徐颖欣	杨俊煜	叶 璨	张依萍
卜俊飞	付 强	郭弘烨	何嘉敏	李露露	刘 鹏	吕毅成	孟恒宇	沈 均	王覃兮	谢洪福
徐硕声	周汇荣	李昌霖	李一鸣	刘芷淇	谭悦颖	欧宁妍	赵庆龙	何佳莉	李钰萌	任思竹
项明缘	邹士镛	陈俊睿	郭益勤	马浩然	王 宁	王 鑫	朱倩瑶	陈俊曦	陈少君	陈钰灵
邓伟坚	丁欢媛	范宇翔	龚伟阳	何雨晖	黄天行	计锦雯	康浩东	乐烨昕	雷舟扬	李东权
李鹏睿	李沁柔	李 帅	李忠耿	梁君豪	廖欣雨	林鼎铭	林泽金	林烨如	刘世威	刘文杰
刘莹莹	龙图军	卢宏迪	罗瑞祺	马浩云	潘佳怡	苏靖尧	王 丹	王佳欣	王兰兰	温毅航
吴越洋	肖嘉滢	徐千惠	许璟媛	许少雄	杨乐天	杨 扬	杨永康	余彦谋	曾 亿	曾酉沅
张紫怡	张暄蕴	周玟廷	陈姝函	范慧敏	李明慧	林 丹	彭铭悦	尹德霖	刘成旺	邱媛媛
欧阳子涵										

化学与化工学院

桂小雨	李珍瑞	南 芳	吴旻璟	陈宇琛	丁宇星	忽籽欣	黎嘉瑶	李 照	刘学峦	罗 嘉
苏宇峰	万祖锐	吴静怡	严 杰	岑丽盈	陈一翰	梁瑞君	梁苏杰	凌宏令	汤婧雯	严裔翔
郭羽瑶	何沅桐	李泽彬	林舒婷	王冰霓	魏 凝	谢 昕	熊浩文	杨梓涛	周嘉彤	胡安谦
黄婉婷	黄子楹	梁誉丹	潘花阳	秦林倩	杨锦滢	杨紫愉	吴懿航	林金城	刘振扬	王子安
詹颖姗	张映曈	郑玉珍	郑紫丹	李明泽	孙晓飞	翟梦阳	徐 磊	黄涛涛	金点点	李开扬
林泽楷	吴芳沥	毕钰栋	陈 超	陈 杭	陈金杰	陈铭烨	崔展熙	丁立林	范瑶歌	胡 磊
胡亦翀	黄品瑞	黄婷菲	黎志豪	李 鸿	李卓鹏	梁有矗	梁志成	廖宇杰	林颖欣	刘凯文
罗立星	罗铚镁	聂文蕙	潘显菲	彭俊榜	申桥缙	杨运凯	叶诚致	袁锦鑫	袁 凯	曾佩欣
张佳怡	张泽一	朱 宇	庄雅诗	覃雨欣	蔡鼎新	郭子阳	黄羿霖	吕思绮	徐雅凌	王闯闯
冯凯伦	胡 凯	李 鑫	吴长龙	谢鑫泽	邢伟豪	周宇豪	崔忠博	李婧妍	卫一铭	易 阳
余智洋	张楚翘	郑文浩	周瑜轩	周 尚						

轻工科学与工程学院

陈朗谦	陈思洁	房嘉琪	周楚涵	陈心雨	皮一可	曾抒涵	张奥捷	朱睿琛	罗钰玲	马雯婷
温禹铭	蒋 亿	陈庚泳	陈益桐	符锦平	高睿良	黄润薪	蓝 敬	李尚积	罗 鑫	王根阳
杨 莉	杨 柳	张德森	邹雨艸	易 磊	余俐彤	钟 心	潘 童	肖晶晶		

食品科学与工程学院

陈光浩	容欣彤	石楚盈	唐宇灵	王玮衡	张润妍	柳楚怡	蔡明洁	蔡巧君	贾若涵	孔繁津
李 晴	刘哲城	马 楠	麦诗华	王诗韵	温蔚彤	谢荷怡	许 涵	杨曦澜	蔡淑玉	李孟轲
连奕薇	刘芯汐	杜香颐	何昕蔚	刘琳琳	吴敏倩	吴昕绮	谭华林	王丽影	康后雨	王英杰
陈深佑	陈 玉	董 灏	黄慧媛	赖翔宇	李 鑫	刘星茹	刘婧琳	卢嘉莹	潘恺研	谭咏希
张翼飞	王彦萁	房正清	许孝结	瞿开锷	金心怡	马可思意				

数学学院

庄文扬	魏志飞	陈碧瀛	江 爽	黎俊贤	李宸柯	白旭峻	何晓谊	林睿聪	万桀豪	魏 桥
许 妍	周 玥	黎泽榕	杨惠荣	康江兵	骆文海	谈昊原	孙华谦	秦一然	庄嘉源	李宛宜
陈凯旭	陈彦淇	陈昕悦	邓深洋	姜子涵	赖 莹	李劭一	梁颖思	廖晓琪	刘思盈	刘 源
吕岩琦	罗彦欣	苏静涵	孙毅恒	王冠越	王 扬	王芮涵	吴雅温	尤文莉	余欣柔	曾嘉越
诸永婷	邝灏堃	黄斌和	李洁畅	石雨欣	唐 玺	汪 璐	王音枝	杨 航	尹浩钧	赵晓祎
周泽鑫	黄佳羽	许博钧	李家辉	蔡 莎	宋佳丽	张 敏	蒋心语	索瑶芳	杨茜然	翟腾飞
陈方舒	陈莹莹	陈子骏	陈烨桐	邓 肯	邓思哲	邓 睿	龚嘉慧	康照欣	赖云山	雷皓兰

李　欣	李自然	梁　潇	林　乐	罗雄伟	潘　玥	邱文杰	任婉莹	陶　芫	谢智华	袁烙轩
张文增	阚思远	李顺贤	吴雨珊	杨谨瑞	李治荸	向柯谚	豆煜墨	潘乐颜	邱鑫豪	石听语
王煜翔	徐森凯	金天泽	何紫璇	庄若虹	邹智昊					

物理与光电学院

王柳林	陈宝浚	陈腾飞	陈雪龙	高子涵	马振深	姚亦杰	曾斯柯	周恒志	郭家旺	和晓奇
黄奕彤	李诗弘	李智林	连斯诺	梁嘉明	朱芷仪	刘　旭	唐文正	陈京明	张　心	聂焕欣
陈厚澎	黄　潇	罗业新	唐　函	王驰越	李红鑫	马天宸	谢布克	陈彦婷	侯锦添	苏佳漫
苏志驰	唐振豪	田　骏	郑　好	邹尚儒	闫炳谊	黄靖航	廖卿云	王谦益	谢申博	何嘉月
郭瀚文	严文熙	张芊帆	代云飞	赖佳宏	庞志鹏	孙　畅	张涵正	陈骏乐	徐志伟	翟乐华
黄贤泰	李悦悦	廖锡瑞	林睿楠	刘永强	刘征奇	沈燕萍	沈　韬	王麓屹	吴佳鑫	吴思丽
谢凡硕	周　全	周诗音	周永靖	丁嘉瑶	李星男	常如飞	李　武	杨佛平		

经济与贸易学院

扶梓航	吴雨夏	陈鸿杰	李妃焱	刘　倩	程坤雨	褟芷妍	黄　飞	黄　煜	柯煜欣	李步升
李逸萍	梁凤欣	林少婷	刘星瑜	龙春宇	彭乙晋	普启航	茹靖雯	吴心怡	谢颖怡	叶佩枝
余　泉	袁　涛	张玉斌	郑烁南	郑泽莹	卓晓梅	邝立元	赵珈露	吴惠龄	唐　璐	李菁滢
赵彦傑	胡文倩	李满彤	马诗韵	陈嘉财	陈尚业	陈钰滢	龚　睿	郭俊亨	洪喜绵	胡龙辉
黄嘉怡	林可欣	刘予晴	龙羽帆	罗惠霞	彭小译	彭一翎	彭芷希	孙海威	王焕曦	王金玉
王子龄	吴舒妍	吴知秋	谢旭需	颜诗棋	杨惠茹	曾钰桥	张蓝月	赵也彤	郑淇丹	钟小菲
朱　怡	曹梦瑶	范思怡	何　偲	黄思涵	刘博川	刘　琳	陕　亮	陶泓健	先思蓓	咸润美
徐瑞雪	叶　钱	周宏兴	周艳红	朱思俐	吴奕璇	吴心雨	唐可儿	李景荣	张智超	尤大勇
李祥辉	吴雪霏	牛梦洋	孙琳婷	唐艺荧	吴雨桐	杨雯宇	郑秋怡	陈笛嘉	陈锦雯	陈凯健
陈凯欣	陈力玮	陈至炜	陈紫丹	程安颖	邓雅馨	冯嘉颖	甘熙楠	郭芷珊	洪雪玲	胡雨佳
黄安晓	黄金羚	黄诗栩	江君璇	蒋　莹	李明月	林采熠	林芮伊	刘垚孜	刘星莉	刘雨宁
卢晓锋	卢晓娜	梅雨晴	庞千石	彭伊纯	宋江雯	宋凯萱	苏显禹	孙书楠	田舒琳	王　澜
王雯茹	文祥宏	吴浩伟	吴嘉茵	吴嘉桦	吴敏君	吴子仪	颜显权	叶子涵	余韵清	张童彤
张雅岚	郑尹婷	周洁怡	周仁宇	周羽丛	郭康蕊	姜　艺	刘可欣	刘怡菲	龙安玲	彭远超
饶　瑾	徐子洋	余梓灏	胡　彪	罗嘉妮	缪欣桦	翁浩泰	汤　洋	张庆杭	汪子婧	李　奇
彭紫欣	黄可园	沈　晰	周淑芬							

电子商务系

陈敏淇	林琳琳	刘若芙	刘颖琛	王雨薇	杨秀慧	韩雪丽	李淇锋	聂　昀	陈蕾伊	黄文春
黄郑好	李子菡	陆登雪	帅　瑾	谭绮萍	陈天惠	陈惜如	刘博铭	谢嘉健	叶芷欣	梁若琪
严志枰	陈华婷	陈稼瑜	陈　彤	陈泽慧	陈梓妍	戴玉婷	邓朗欣	侯萧颖	江弘源	李子涵
梁　菲	梁芷玮	石　旭	王予珂	曾倩芸	詹鑫怡	张　阳	张雯雯	钟慧冰	丁舒怡	尹心钰
李家莲	邱　叶	叶淑淇	姜　林	王诗灵燕						

旅游管理系

顾子扬	黄丹丹	贾柠瑞	徐境羚	钟思佳	赖沛枫	杜淑怡	黄芊芊	梁炜怡	马明珠	任凯琳
任若雨	庄丹筱	艾文准	万雯立	王子翀	吴兮越	杨逸凡	陈梦瑶	方麒姗	韩金涛	何皆璇
胡振杰	李心怡	李颖婷	陆嘉欣	莫元嘉	吴静蓉	叶思琪	郑钦健	吴宇桐		

自动化科学与工程学院

| 梁健铭 | 郭哲炜 | 段培明 | 凌　鹏 | 梁　玮 | 陈润镟 | 谭　艳 | 吴伟铭 | 辛君诺 | 张根鼎 | 别业泉 |
| 陈浩泽 | 范晓萌 | 韩宇翔 | 何汝恒 | 黄耿泰 | 黄美芷 | 江嵩铿 | 李志明 | 李　琦 | 林潮海 | 潘旖琳 |

邱佳桐	苏伟浩	吴俊霞	许文晋	姚建豪	袁童节	张传伟	郑润森	周雅静	黄家良	王德兵
巫奕楠	肖龙女	赵江浩	蔡建鑫	何宇森	赖莹莹	梁健荣	谢 驰	叶梓晴	张 航	鲁瑞川
杨灵欣	车禹澎	陈俊杰	陈晓选	陈芯婷	陈奕欣	陈梓妍	董嘉豪	郭集河	郭尊荣	黄俊荣
黄亮亮	黄培烨	梁家辉	林晖凡	沈浩林	盛鸣芝	王慧萍	王梓湘	吴文谦	杨 扬	张家瑜
钟桂锐	周锴涛	邹倩儒	陈嘉奕	李郅杰	林子杰	唐 盛	吴泽昊	余延朝	李芳娣	黄圣翰
杨善钧	钟爱平	翟晓彤	陈奕隽	高旻昊	高润涵	黄焕坚	卢尚逊	区致壮	肖文婕	邹健安
鲍子洋	蔡采如	蔡 硕	陈佳圳	陈健良	陈棣聪	成 果	戴小蕾	邓泽佳	郭琛妍	何奕翔
胡鸿苇	胡亦珺	黄金领	黄文博	黎月颜	李国强	李鸿东	林建楠	凌彩兰	刘松华	刘之琨
马 宁	麦振文	蒙国顺	潘铭真	孙颢玮	谭亦捷	王俊林	王思聪	王 越	王梓雍	张华铨
张令颖	张彦钧	张智伦	郑灿坤	郑子骏	钟鹏飞	朱荣辉	邹德扬	覃 越	蔡冬暖	林宇欣
欧承桓	杨永豪									

计算机科学与工程学院

文宇飞	卢沁旖	方子华	钟远婷	翁浩瀚	胡卿轩	陈慧文	洪鹏培	李胜海	刘江枫	刘奕彤
沈 澍	薛 文	蔡明宸	蔡思鹏	曹维康	陈泊圻	崔进杰	高怀基	黄杰豪	黄凯杰	刘辰曦
罗岊酉	马至通	孟 海	彭国峻	彭郑威	王嘉泽	王俊海	吴朝粤	吴家豪	谢文灏	徐世平
徐 原	许晓漫	岳宇洋	张正烨	庄梓龙	王建伟	资琛义	许钊铭	王延葵	庞 亮	王育之
何其嫣	吴雨婷	陈彦丹	彭增强	王泽豪	王 樾	温哲禧	杨 果	张恭利	杨雪悦	蔡 枫
陈翠连	陈家乐	陈漾漾	陈煜颖	戴焕林	邓海林	方锐鹏	顾娇娇	洪奕槐	纪卓枫	林水明
林秀丹	卢梓锋	罗 信	马小满	邱云中	汤子韬	涂剑锋	吴柏翰	吴佳烨	吴颖怡	严珊霞
叶景熙	曾晓彬	张杰铖	张泽锋	张 筠	郑泽森	钟翔宇	钟宇超	冼昊明	陈远生	陈锶锶
郭纯妤	李宗泽	刘润臻	马家俊	莫子骞	任雪卉	汪睿妍	闻 政	薛有容	张旻宇	张潇予
赵子晗	鄢志宇	李亚洲	罗胤仪	雷正华	谭演锋	张雅婷	郭荣锦	王浩陟	梁卓文	林晓金
陈雨佳	黄立刚	江英进	李晋一	李宇龙	林宇晟	刘 薇	龙子琳	王 侯	翁伟钊	叶昊林
张航铭	鲁周徽	陈嘉诚	陈锦玲	陈亮蓉	陈伟朝	戴炳豪	邓嘉琪	郝荣恺	黄国铭	黄铱琳
黄梓熙	黎文垚	李文君	李燕漫	廖浩平	林标伟	林 丹	林 清	林晓彤	林一凡	刘天一
刘亚南	鹿改革	罗炜达	潘伟芹	潘子健	彭伟琪	邱椿雲	粟富铭	唐纤纤	陶奕多	王浩栩
王明梓	王 珊	王思皓	王 琛	吴 丹	吴 霜	杨竣尧	杨 懿	俞嘉鸿	曾一炜	詹迪佳	张浩哲
张忠义	真 悦	朱姝玥	祝锦红	范礼韬	郭彦乐	胡华裕	李一平	石海鹏	宋渝佳	涂 多
王 简	周楠钧	成 云	吉 欢	袁 俊						

电力学院

范俊豪	廉俊豪	吴楚钦	刘 阳	陈胤尧	冯思博	龚翰成	刘莞青	吴 冕	陈楚玥	何子浩
赖浚安	苏辰鸣	吴东昉	殷柯奕	郑焕新	郑芷芫	钟浩鸣	陈仕原	丁沛榛	高新姊	黄浩航
黄思泳	黄云峰	黄皓明	霍嘉兴	江海荣	赖 信	黎福超	黎瑾瑜	李文涵	李 渊	李梓耿
李梓希	李煜鹏	李钊涛	梁浩楷	梁秀壮	刘锦岳	刘仕琦	刘子炀	莫子曦	任 欣	宋梦珍
王佳豪	王禹涿	韦慈航	徐智鹏	许俊禹	颜婉玲	杨明睿	杨清梅	曾灏东	赵若诗	郑泽杰
周汐嘉	朱勇志	庄洁瀚	邹腾逸	陈政华	刘嘉媛	侯丽霞	邱汝驰	陈琪莹	龚颖茵	黄立涛
梁敬毅	梁耀丹	林子铭	邓 璨	丁晟泽	李东瑞	李明翰	刘睿凯	卢嘉铭	张凌云	倪瑞泽
赵知易	曹鹏宇	陈 可	陈 渠	陈思彤	陈思维	陈卓瑶	邓乐怡	范鹏逸	郭敏嘉	郭晓婷
何深桁	黄德荣	黄坤荣	江凯芸	李嘉雯	连梓宇	林凯欣	凌海泉	卢洪鑫	卢一航	卢 颖
麦中昊	曲 倡	王 岩	吴子盈	许遵楠	杨艺江	章 涛	张东槟	张 毅	张泽宇	张钊航
钟弘毅	陈 敏	范耀文	扶仔铭	高美云	胡泽旭	兰雪萌	李佳怿	李青莲	刘晨阳	刘海南
刘致远	祁子涵	阮立达	肖德旺	严 雯	张敖宾	眭雨晴	刘琪萌	王昊天	周国勋	胡乃鎏

王仕稳	曹徽	何幸	曹春杨	董斌	姜东良	李建河	李其霖	刘锐平	刘妍欣	区倩婷
王晞罗	周凝枫	刘凯俊	刘睿馨	向禹	张颖	蔡泽华	陈思婷	陈盈	邓宇威	范朝崴
方翔	方晓婉	冯琨皓	郝邢一	洪仰灿	胡敬祥	赖桂海	赖俊儒	李和辉	李其骏	李颂羽
李业兴	李雨菡	李玮晔	林佳伟	林世杰	林子崴	刘佳其	刘力嘉	卢展鹏	莫熙正	邱家俊
任政睿	涂益源	王梦豪	吴冠廷	吴贵宇	熊逸柔	徐静南	徐奕	严邦闻	杨晓宁	张正铎
张宸玮	郑锦鹏	朱谢洋	朱旭凯	邝德中	方嘉豪	高若凡	李睿琦	刘松豪	王博昭	邢智翔
张腾戈	逢海麟									

生物科学与工程学院

韩泓贝	郑长青	黄燊曦	李玮佳	林冰	刘耀铭	罗舒译	邱若然	孙馨宁	孙琪	魏澜
杨淼	曾徽	覃宇禧	韩宗霖	李书玉	谢紫文	闵心宇	耿澜书	王玉华	陈丽颖	黄蔚林
罗伊蓝	陈雅雯	韩亦杨	李佳薇	林晓芊	刘又萌	谭子韩	铁佳卉	王子豪	刘薰蔚	罗元
苏熙宁	余卓轩	曾鑫浩	庄镇豪	桂承园	孙鹏	谭昕怡	李怡佳	宋智健	董创	李函临
彭杨洋	闻钦清	陈睿康	洪艺桐	李若涵	李文诺	梁家玮	林慕婕	刘彦其	莫舒婷	田川
夏联伟	余旻桐	邹宇阳	胡鸿章	刘星宇	赵鸿霖	陈安阳	刘浩晗	欧星燕	肖笑	许泽凯
张子阳	赵芮	周钰涵	匡瑞	林沐雨阳						

环境与能源学院

王馨莹	崔博凡	宁海嘉	王纪伦	陈沛彦	金露薇	孔艺莲	梁蕴瑶	刘圆华	慕春燕	舒诚
陶红娟	杨凡	陈巧雯	陈雨晴	胡宁怡	丘楚莹	郑思纯	李松涛	冯千芮	朱启良	王旖萱
张璞	李璨安	黄伟婵	李雅倩	易凯潮	樊羽墨	范浩	韩祚然	雷宇鹏	李佳	李全会
卢心扬	谢舒茜	徐轩	邹婧楠	褚映雪	罗梓珈	唐欣如	王子淇	周媚娟	陈萍	曾禹诚
蔡子淇	成金蓉	古思莹	雷蕾	冯凯晴	郭轩	江逍逸	黎中杰	李跃君	李芸	刘文萱
马帅博	欧一鹏	苏家愉	杨宜霖	郑越	钟敏骅	李颖	李蕴笛	刘奕	潘佳炜	张义婷
周睿	陈絮	胡莉萌	刘娟	舒国秀	游舒麟	向鄂				

软件学院

梁凯崴	梁靖欣	周碧涵	廖世晖	欧梓彦	蔡梓博	陈曦	邓智秦	付桂多	郭尔涛	李德璨
李泽伟	李奕锐	梁自龙	廖宇延	林泽鑫	刘政豪	刘子龙	卢晓智	汤之烁	吴雨暄	张洪熙
张天乐	周灿苗	周嘉豪	陈朝	黄梓衍	雷宝玉	李宗翰	苏胤匡	唐雯浩	韩林昊	许晓桐
余铭贤	张彦超	郑子涛	钟卓江	庄昊敏	许吴达	许一多	陈德宇	郭家鸿	李安琦	叶浩辉
杨博航	苏琎韬	邱志杰	贾泓睿	陈浩明	陈逸飞	郭羽龙	郭侦俊	胡雅颖	黄奕	江咏麟
赖嘉兴	李伟祺	宋凯	谭嘉展	吴崇宁	吴登悟	吴世栋	吴童	吴子涵	徐若航	叶丰维
叶耀聪	余绵杰	余泽航	张家怡	张荣浩	周林	周治平	朱品立	常霆钰	林怡萍	谭洪恩
王子通	邓情文	高宁志	黄海林	黎镇榕	莫迅	叶振淇	周瀚杰	陈正荣	李政隆	卢浩坚
谢俊锋	谢泽凯	张梓健	钟欣蕾	金敏萱	黄智豪	周迎安	王晓坤	黄书瑶	王晶	曹洋
陈鹏	陈彤	程科源	池克俭	翟宇炫	古惠思	洪家欣	黄健斌	蓝迪森	李嘉锴	李津津
梁永杰	林景越	林紫瑶	陆文轩	骆莹莺	倪锦坤	欧宇杰	沈庆玮	王培鑫	王婧瑄	吴扬阳
吴依琳	吴兆论	许琳霞	许仕佳	叶达杭	余治	曾健政	郑杰璇	郑彤敏	郑心怡	钟智杰
钟菁	安志远	雷迤杰	李嘉宁	林铭威	孙杰一	许怡然	李嘉栋	李紫燕	谭正达	董现冲
洪钟涛	黄弘镇	刘冠良	吴攸	肖亚轩	罗欣然	李快	黑旭森			

工商管理学院(创业教育学院)

刘心宇	李名瑶	药利娜	张亦弛	赵欣美	胡又户	李杜	李娜	李奕	梅沈样	潘鸿秋
朴世元	邱炳鑫	唐佳航	张培烨	陈嘉淇	李珈宁	孙明逸	钟楚贤	杨青涛	高若涵	郭晏宁
李丹	李毅臻	阮志伟	吴晗祺	曾雯	张芷晴	张恩恺	黄华淀	朱依敏	程芊芮	李思璇

李政远	林子佳	刘付好	欧文欣	沈卓灵	王 储	王一帆	肖茵琦	耿金泽	刘芯雯	武义轩
肖欣蓉	陈宇晴	何百川	贾珂娴	刘宸宇	沈子奥	肖斯匀	杨与时	张乐雨	郑钦元	周奕昕
杜佳佳	葛瑞祺	黄皙芸	李冬成	李晓欣	李欣怡	梁梦婷	梁心怡	宋子萌	王昱州	武雪瑶
应钰颉	黄 跃	林凯茵	许家壕	王 路	金梓豪	蔡 渊	何焕仪	熊健谦	张酉铃	周梓恩
葛瑶瑶	王 俊	王雪彤	王芊蘅	朱可瑞	胡先凤	邓宇婧	邓 睿	董 好	梁慧珊	梁允妍
林悦湾	刘博怡	刘思鹏	丘宇辉	汪甜甜	温卓宁	章雨萱	朱佳慧	祝睿阳	韩睿佳	魏伊美
陈铭琦	陈雅琪	陈雨晴	崔 璨	甘智添	胡 冰	黄智锐	黄怡雯	江泽桐	李 诗	李雨芯
梁珮瑜	林佳鸿	刘兰清	罗骏凯	倪嘉骏	彭瑞欣	王心怡	王娅瑄	向亦蕊	殷悦航	章函宁
张怡飞	赵俊红	周柯妤	黄秀秀	黄 懿	李昭辰	龙韵嘉	荣福琳	吴纯仪	钟茹怡	陈芷茵
李思婷	刘奕蕾	彭梓雯	杨如玉	张钰婧	韩鸿宇	李 畅	谢林峰	陈曼莉	陈紫瑶	梁茗杰
谭正昊	唐天天	姚文言	谢 成	张敬一	姚鑫圩					

公共管理学院

蔡梓旸	高隽轩	李媚妮	沈嘉玲	曾永波	张芯语	李 璇	罗志毅	罗焯怀	陈亦灵	陈周懿
戴小铁	郝婉晴	王子瑶	马欣瑶	王芷昀	梅 源	崔之歌	高晶晶	赖泽媛	李其润	苗苗然
伍泽轩	向滢衡	杨晨曦	杨欣悦	周蓝宇	李 阳	宋雨珈	陶子敬	张奕雯	宋嘉欣	文骞逸

外国语学院

韩嘉颖	匡黄煌	李彦泽	林可儿	马 冰	潘妍如	韦力尹	叶 欢	周 璇	李劲腾	祝育培
李柳融	刘怡笑	朱子怡	朱芷茜	陈钰霏	黄欣瑜	石文惠	郑文雯	李佳琳	林芊芊	谭雯文
徐思雨	康若凡	郑琬盈	周昱飞	陈静凡	陈 钺	冯烨彤	黄欣媛	李荣婷	刘益菲	邱可瑜
唐小程	温婉仪	徐桢欣	郑锶涵	卓洁苗						

法学院（知识产权学院）

汪 璐	蔡浩威	陈乐颖	陈 婧	胡紫妍	黄凯琪	李家馨	李诗茵	李珉娴	凌 霓	刘付玲
刘文婕	刘玉婷	龙柏兵	蔡昱宽	廖诗然	詹嘉颖	麦邈婷	吕 静	周曼琪	谭文曦	常舒祺
费博知	蓝琳林	刘纪培	刘嘉颖	潘 蕾	温金璇	吴函潞	庄泽倩	蒋 晗	李璇晖	刘泖君
罗 杨	马乐濛	孟秋君	谭 靖	伍新宇	杨 祯	钟雨芹	崔湫钏	李佰镭	李 好	任思念
吴嘉琦	叶锦欣	缪嘉怡	鲍忻妍	蔡煜权	邓 帆	敬 腾	李方耀	王睿思	余欣阳	韩梓萱
黄韵欣	文 馨	张煜宁	赵皸妮	任国红	蔡琬亭	陈星宇	陈婧洋	邓雨茵	方 羚	洪子薇
李晓蕾	梁美琪	林静瑜	刘锦芫	马 戈	莫晓茜	邱 馨	施 悦	谢斯彧	杨子悦	曾彦荣
张翠姗	钟远瓷	朱文清	罗舒扬	杨 欣	杨羽萱	朱晨瑞	陈傲飞	陈睿思	邓皓妍	李 琪
王敏榕	朱瑾晔	邝 媛	关一萱	曾怡宁	张语格	巴登荣格	哈依沙尔·军那斯			

新闻与传播学院

陈采婷	陈文潇	雷 雨	刘 宇	丘 玥	全 祎	孙梦徽	王艺潼	于晓雯	裘高阳	梁 禧
王渭雯	王雅菲	陈令佳	姚美含	顾超冉	黄宇恒	刘紫侨	叶晓彤	周秉锐	冀怡欣	李悦佳
廖 菁	莫舒童	吴静怡	张 红	张民阳	祖海晴	奚雨濛	曾 倩	曾蔚平	刘新玉	张冉兴
周 昉	陈晓芸	陈霏雪	冯麟雅	花 越	黄碧淇	李嘉润	李欣泽	刘思言	刘思懿	刘喜月
卢 晓	王铁璠	夏 露	谢钰滢	叶 彤	易菊英	余 荣	李文博	孙静芬	欧阳嘉琪	
欧阳馨琳										

艺术学院

常容榕	陈谭淇	郭藻深	李藏龙	李嘉欣	李可心	唐楚薇	王嘉宁	张 夷	张倬源	周润昂
左韵岚	陈 哲	林小雨	刘 蓉	孙安琪	王子宁	韦 璐	杨金雪	张 颖	邹静怡	丁奕茗
丁奕斐	巩兆越	梁元富	林锁尔	欧笛韵	吴星瑶	徐翊铭	许恩琳	叶 祺	陈婧萱	刘美希

王燕萍	范静航	郭洋坤	韩心祝	刘 颖	翁 柔	陈泓倪	华心瑜	任香天	宋诗语	汪昕悦
魏晨熙	吴娱洋	严志洋	吴 俊	李汝意	龙彦君	皮珺仪	张若琦	郑伊婷	周春艳	邹馨怡
程常盈	刁钰涵	秦 韵	吴丹妮	谢雨朋	张中信	陈嘉怡	陈柯羽	高琳瑶	劳钰涵	林 婷
刘家鑫	刘 琳	刘星鹭	马昕洁	左佳鑫	董伊婷	赖雯嫣	张雯萱	黄 璇	刘子茵	蒋陈安琪

体育学院

邓尧仂	乔雪雪	王培思	王添俊	吴卓琳	杨广泽	张茵茵	郑绍红	范燕燕	郭恩如	李嘉文
龙静芝	王 尧	杨叶凌	钟 炜	高子健	刘 杰	郑明珠	褚晨菲	何 杨	黄子康	刘瀚洋
苏晓彤	王俊霖	赵真艺	周嗣骁	周文昊	窦子慧	米欧斯琦				

设计学院

苏佳怡	翟卓然	龚仕奇	丁梦琦	郭心悦	韦旭怡	温杼凡	张明瑞	黄卓晗	刘子渝	李 珍
温慧盈	刘美圻	孙萧笛	汪馨蕊	张 雪	张萧桐	牟辰轩	蔡芷珊	邓朗悦	黄晓雯	黄雨柔
李烁祺	吕弘端	马紫怡	谭家俊	王文煜	武可心	杨东怡	曾晓雅	张杰斯	胡紫琳	丘 越
黄程楷	朱天睿	昝博文	何诗雨	江羽婷	徐若瑜	金子琪	刘心然	任 可	舒 钰	陆雨菲
曲文韬	章 芸	郑宇成	周 旷	梁 丹	罗婉荧	苏沛琪	叶秋莹	邓 容	高鑫琪	黄文星
黄永龄	雷司琳	黎楚升	罗 蓉	孙艺玮	吴铭翰	吴思同	伍晓锋	姚钟庆	袁梦榕	张晓静
庄舒晴	林子韵	陈之娴	葛婧瑜	李文琛	聂 熔	钱 程	石佳莉	田 昱	王 琛	陈楚乔
黄艾翘	王雅欣	张蕴泓	金媛珺	李诗玟	林鑫滢	杨恩玛	古红蓉	胡晨晓	唐亿然	吴琬婷
游香凝	郭思含	黄若尹	黄泽君	汤开杨	黄向东	杨玉婷				

医学院（生命科学研究院）

陈雨菲	陈铧钰	邓文慧	李沅蓁	彭瀛龙	程韵健	洪 锐	陈雯颖	周康怡	黄 萱	蒋文静
杜斓琪	梁 恩	马慕远	王钰莹	吴智航	郭思佳	李 冰	龙 游	叶彦含	刘金辰	黄嘉欣
黄雪倩	尹博雅	赵嘉驹	陈思铭	陈想钰	黄瑜玲	李 珂	谢雪妮	张梓茗	赵文静	白默涵
黎振鹏	李美萍	李 欣	王安苹	王大强	王耀翎	杨雅芸	周华倩	舒心纯子		

生物医学科学与工程学院

邱 璐	张珈绮	李梓毓	李 唯	李囿贤	王嘉仁	胡家润	邓双歌	陈 源	李焕红	梁劭翀
卢梓煌	杨雨奇	朱乔娜	蒋徐巍	梁凯芸	王 茜	胡佳艺	罗锐童	吴若宣	蒋雨晴	林镁琦
黄健林	苏宇程	阳 格	罗丽鹏	商 芸	陈锦标	陈若棋	刘佳文	陆潮慧	夏振洋	张启灵
黄 婧										

吴贤铭智能工程学院

徐希辰	丁文华	王舒航	何祖光	王天佑	吴思翰	郝 颖	田若瑶	何 润	张东彬	叶迪锴
姚楷曦	张壤圯	李 佳	王汉林	赖孜晴	刘德康	李颖欣	钟柏威	蔡雨萌	郭泰铭	马晓煦
王艺涵	张 琛	林梓涵	刘 珣	莫孜晗	陶怡伶	武宇航	周俊霖	郎旭涵	李 想	郑睿昕
朱 毅	何嘉怡	侯启铭	江芝瑶	王书菲	袁崇哲					

微电子学院

曾 涣	龙 禧	黄剑波	梁乐园	熊世杰	朱明冲	顾 业	雷宗翰	刘晓蕊	曾子豪	戴 亮
钟浚宇	赖美辰	赵 亮	王文迪	刘林深	伍彦嘉	苏丽娜	张雅雯	程志洪	范世琪	冯雨橦
何 皓	刘博君	马甜甜	饶 文	王运芳	杨翰璘	杨永心	郑逸帆	周昌祺	朱艺璇	麦俊毅
蔡 炳	左一航	邵堃明	雷桥明	廖俊杰	卢卓楠	邵沁宇	苏晓惠	吴家安	缪润琪	陈震宇
林铖威	汪政垚	周颢思	梁朝森	佟可嘉	王 萌	魏锐臻	许嵩林	韩芷柔	毛磊鑫	林扬航
傅东琦	赵柏宇	黄泓睿	钟丰泽	姚佳璐	陈秋霖	韩炳晋	孙 玉	郭婉婷	胡哲畅	黄惠霞
宋 爽	涂耀清	吴家悦	许琨扬	易子皓	邝星洋	何思成	胡书畅	孙祥丰	高 颖	胡倬睿

姜宛伶　萧宇扬　杨媚涵　杨思远　周智豪　舒一扬　何李海莲

前沿软物质学院
夏　岚　赵　海　梁小晶　邝晓怡　古雅琪　黄　瑜　蓝　琪　龙浩天　梁钰婷　常文馨　李沙灏
潘忻宜　石根有　黄雨芃

未来技术学院
刘青淳　李文豫　晏璐涛　尹　博　刘子芸　刘锦绣　王子文　蒋新宇　吴　霖　李凯文　张皓泉
李天骋　殷潇桐　张书豪　陈奕竹　郑　想　方　笛　蒋豫蓬　李　蔚　林　昕　龙雨菲　彭若天
汤乐琪　陈箴言　费　越　牟宇辰　全秦霄　张梓琳　陈　珞　洪诗语　罗云扬　马源均　石寒雪
汪嘉仪　姚慧琳　余芷茵　赵芝瑶

2021—2022 学年度优秀学生干部

机械与汽车工程学院
谭　旭　晏惠峰　冷汶锋　谭志锋　许真肇　张振权　刘星池　吴宸泽　王　成　陈嘉豪　陈茵婷
黄奕晖　阮宣振　谢艺枫　杨博文　周慧菲　朱康帅　周东洋　何慧芬　熊　涛　邝诗淇　何锦达
林森清　罗益炜　吴嘉豪　张佳栋　李　萱　肖还欣　高志琪　李　睿

建筑学院
林宇栋　陈可凡　陈　宁　徐沁园　王小瑜　陈　然　文锡祥　罗　然　王臻一　梁楚岚　丁逸真
李锐萱　李宛仪　刘　邓　刘浩域　程艺涓　史罗燕　颜端怡　孟需芸　张钞富　胡钰滢　张子栩
钟心然　周超智

土木与交通学院
郑旭文　李春龙　林裕浚　周　钊　杨垌滔　雷祖粤　辛俊增　陈一木　江佳希　刘梓华　马振凯
孙　莹　严浩鹏　尹美珊　余俊曦　江柳芳　翟　洁　杜泽垒　陈柱光　陈梓锋　余　知　董　晴
蒋浩嘉　许铭涛　邹齐家　杨　敏　黄森越　陈贝贝　邓如意　莫宇航　王嘉麟　张鼎伦　党　杰
卫倬言　何鹏翔　裴天梓　蓝图博尔　欧阳启健

电子与信息学院
戴粤朝　李兆禧　孙　楠　袁丹澜　龙　可　者　昊　张炫凯　叶忠枝　白一然　邓智鸿　冯子琪
赖心怡　田　源　吴骏宇　雷田野　徐志沛　龚圣杰　罗穗欣　高　允　练蔼莹　谭梓浩　凌文乐
曾子涵

材料科学与工程学院
高执文　何子妍　林兆宏　刘楚琪　潘雅茹　吴天昊　杨文伟　何敏滢　刘美静　伍昱晓　黄振宇
陈弘达　黄煜橙　刘斯铭　南邵骏　熊　烨　叶　璨　郭弘烨　徐硕声　欧宁妍　邹士镛　王　宁
计锦雯　李沁柔　林鼎铭　潘佳怡　陈姝函

化学与化工学院
苏宇峰　李承羲　梁瑞君　凌宏令　汤婧雯　林舒婷　王冰霓　魏　凝　熊浩文　胡安谦　黄婉婷
黄子楹　梁誉丹　杨紫愉　林金城　王子安　张映瞳　翟梦阳　黄涛涛　胡亦翀　杨运凯　郭子阳
徐雅凌

轻工科学与工程学院
房嘉琪　陈心雨　皮一可　张奥捷　温禹铭　杨　莉

食品科学与工程学院
柳楚怡　孔繁津　杨曦澜　李孟轲　连奕薇　刘琳琳　吴敏倩　王丽影　潘恺研　王彦萁

数学学院
杨惠荣　陈昕悦　李劭一　梁颖思　吕岩琦　尤文莉　汪　璐　胥广洁　邓　肯　邱文杰　任婉莹
陶芫　石听语

物理与光电学院
郭家旺　李智林　陈彦婷　苏佳漫　唐振豪　田　骏　郑　好　闫炳谊　黄靖航　郭瀚文　严文熙
代云飞　陈骏乐　王麓屹　周永靖

经济与金融学院
刘　倩　黄　飞　黄　煜　李步升　龙春宇　唐　璐　李满彤　马诗韵　陈尚业　刘予晴　彭小译
吴知秋　曾钰桥　曹梦瑶　范思怡　刘博川　尤大勇　郑秋怡　程安颖　林采熠　刘雨宁　卢晓锋
梅雨晴　彭伊纯　文祥宏　颜显权　余韵清　姜　艺　刘可欣　刘可欣　饶　瑾　徐子洋　罗嘉妮
缪欣桦　翁浩泰

电子商务系
杨秀慧　李子菡　陈惜如　刘博铭　谢嘉健　叶芷欣　陈梓妍　戴玉婷　詹鑫怡　叶淑淇

旅游管理系
赖沛枫　梁炜怡　任凯琳　艾文准　胡振杰　李心怡　吴宇桐

自动化科学与工程学院
梁健铭　陈浩泽　江嵩铠　林潮海　苏伟浩　许文晋　何宇森　叶梓晴　鲁瑞川　陈芯婷　陈梓妍
郭集河　林晖凡　沈浩林　杨　扬　邹倩儒　陈嘉奕　余延朝　李芳娣　陈奕隽　鲍子洋

计算机科学与工程学院
刘奕彤　梁立名　彭国峻　吴家豪　岳宇洋　资琛乂　陈彦丹　王　樾　顾娇娇　纪卓枫　林秀丹
邱云中　严珊霞　李宗泽　汪睿妍　张旻宇　鄢志宇　谭演锋　张雅婷　林宇晟　刘　薇　王　侯
鲁周徵　陈嘉诚　陈亮蓉　黄梓熙　林标伟　林　丹　唐纤纤　杨竣尧　詹迪佳　涂　多　成　云

电力学院
廉俊豪　刘莞青　郑焕新　李文涵　莫子曦　许俊禹　颜婉玲　杨明睿　赵若诗　陈琪莹　赵知易
陈　渠　陈卓瑶　邓乐怡　李嘉雯　林凯欣　卢洪鑫　卢　颖　曲　倡　许遵楠　张泽宇　高美云
刘致远　严　雯　王仕稳　刘凯俊　向　禹　陈思婷　方晓婉　林世杰　刘力嘉　吴贵宇　徐　奕
严邦闻　张正铎　郑锦鹏　朱谢洋　朱旭凯　王博昭　邢智翔

生物科学与工程学院
黄蔚林　陈雅雯　韩亦杨　李佳薇　王子豪　刘薰蔚　余卓轩　曾鑫浩　庄镇豪　谭昕怡　李怡佳
夏联伟　邹宇阳　肖　笑

环境与能源学院
王纪伦　陈沛彦　杨　凡　陈巧雯　李松涛　王旖萱　李璨安　简展强　范　浩　卢心扬　周媚娟
冯凯晴　郭　轩　欧一鹏　舒国秀

软件学院
陈　曦　付桂多　汤之烁　雷宝玉　许晓桐　余铭贤　张彦超　郑子涛　庄昊敏　郭羽龙　胡雅颖
徐若航　张家怡　黎镇榕　钟欣蕾　黄书瑶　陈　鹏　黄健斌　李津津　梁永杰　林紫瑶　郑杰璇
郑彤敏　钟智杰　钟　菁　李　快

工商管理学院（创业教育学院）
刘心宇　张亦弛　梅沈样　潘鸿秋　孙明逸　钟楚贤　李毅臻　阮志伟　张芷晴　程芊芮　王　储
肖茵琦　武义轩　何佰川　杨与时　张乐雨　李冬成　李晓欣　梁梦婷　武雪瑶　应钰颉　林凯茵

张酉铃　周梓恩　胡先凤　邓宇婧　温卓宁　罗骏凯　周柯妤　李思婷　唐天天　张敬一

公共管理学院
　　曾永波　罗志毅　郝婉晴　马欣瑶　赖泽嫒　苗茁然　文骞逸

外国语学院
　　潘妍如　祝育培　黄欣瑜　石文惠　郑文雯　周昱飞　黄欣媛

法学院（知识产权学院）
　　蔡浩威　刘付玲　刘文婕　龙柏兵　詹嘉颖　周曼琪　费博知　刘纪培　温金璇　伍新宇　鲍忻妍
　　蔡煜权　文　馨　任国红　陈婧洋　林静瑜　刘锦芫　谢斯彧　朱晨瑞　王敏榕　张语格
　　巴登荣格

新闻与传播学院
　　丘　玥　孙梦徽　王艺潼　黄宇恒　刘紫侨　叶晓彤　陈晓芸　花　越　卢　晓　夏　露　叶　彤

艺术学院
　　陈谭淇　李嘉欣　李可心　王嘉宁　刘　蓉　孙安琪　杨金雪　林锁尔　吴星瑶　许恩琳　韩心祝
　　严志洋　周春艳　秦　韵　刘　琳

体育学院
　　乔雪雪　王培思　吴卓琳　李嘉文　王　尧　刘　杰

设计学院
　　苏佳怡　韦旭怡　刘子渝　刘美圻　黄晓雯　李烁祺　马紫怡　江羽婷　舒　钰　苏沛琪　叶秋莹
　　罗　蓉　葛婧瑜　田　昱　古红蓉　唐亿然　杨玉婷

医学院（生命科学研究院）
　　陈雨菲　陈铧钰　彭瀛龙　洪　锐　陈雯颖　李　冰　尹博雅　赵嘉驹

生物医学科学与工程学院
　　陈　源　梁劭翀　胡佳艺　蒋雨晴　苏宇程　陈锦标

吴贤铭智能工程学院
　　丁文华　何祖光　赖孜晴　李颖欣　蔡雨萌　郭泰铭　郎旭涵　朱　毅　侯启铭

微电子学院
　　范世祺　冯雨橦　麦俊毅　缪润琪　魏锐臻　许嵩林　林扬航　何弘历　陈秋霖　胡哲畅　许琨扬
　　易子皓　姜宛伶　杨思远

前沿软物质学院
　　古雅琪　李沙灏

未来技术学院
　　王子文　蒋豫蓬　彭若天　牟宇辰　马源均

2021—2022 学年度优秀共青团干部

机械与汽车工程学院
　　陈锴杰　郭桂濠　冷汶锋　李嘉坤　李晋宇　林钰淳　谭　旭　谭志锋　闫晓凯　杨明月　张鑫海
　　张钰奇　张振权　陈嘉豪　冯炜珩　杨博文　赵子豪　周东洋　田　钊　张　跃　黎阳扬　潘文龙
　　陈海文　李润欣　梁　星　刘靖南　李宏博　张凯华　韦俊平　刘潇仪　郑泽彬　陈永琪　陈晔文

253

康鹏飞　邱贵乾　郑泽滨　赵云峰　欧阳志成

建筑学院
陈　杰　陈　然　陈衍臻　卢思航　孟凡宇　倪立巧　王悦茹　袁　月　谢雨童　闫甲祺　张禹翔
钟　涵　陈心盈　李少梅　马晓旭　薛雨亭　孙　源　黄　浩

土木与交通学院
蔡泽喆　陈柱光　杜思睿　雷祖粤　李泳康　林　璐　林裕浚　任　政　王宇鹏　胡倚云　尹振洋
谭尧天　付联鹏　邓如意　党　杰　任宇鹏　唐拓宇　熊　桂　伍源豪　徐伊雯　黎廷凯　黄小雯

电子与信息学院
何畅杰　黄哲涵　李少怡　林兴康　林彦辰　杨泽慧　张子轩　钟　涛　戴粤朝　冯子琪　何佩翰
练锦康　刘　洋　宁子凡　冉桓骏　王　沁　高　尚

材料科学与工程学院
袁鸿杰　周　旭　王艾嘉　李嘉豪　段建华　王子璇　董仁涛　刘笑翀　张家晴　李晓海　欧宁妍
南邵骏　陈冠睿　刘　恒　李叶密　贺　鑫　柯琴琴　毕灏轩　李　诺　李晓通　林兆宏　刘楚琪
刘　钊　潘雅茹　申凯文　王宇杰　肖一坤　谢杰承　谢　亮　余君诚　张　潇　黄若静　周瑜萱

化学与化工学院
彭荣斌　宋玉洁　吴静怡　梁瑞君　范　媛　黄　鹏　朱明耀　蒋太平　肖守康　张成坤　蔡智慧
周　良　鲁庚林　牛晓春　胡安谦　严　杰

轻工科学与工程学院
张　烨　李喜坤　房嘉琪　张欢欢　谷　凯　张海珊

食品科学与工程学院
曹　偲　柳楚怡　谢艾晴　江灏然　杨曦澜　刘琳琳　孔繁津　洪佳莹　覃　朗

数学学院
赖沛明　余　悦　梁露之　谈昊原　任婉莹　李劭一　邓　肯　蒋心怡　黄成展　王　扬

物理与光电学院
孙振杰　郑　好　苏佳漫　唐　函　黄毓沛　纪子韬　黄昱俊　曾斯柯　郭家旺　王　俊　陈彦婷
李东升

经济与金融学院
蔡一涵　黄浠咏　李立扬　李昱雯　林采熠　刘博川　卢晓锋　普启航　王　好　游婷月　张宸瑞
周淑芬　班萍萍　林耀祥　彭伊纯　刘若冰　邱远远

旅游管理系
高菲婧　刘诗蕊　梁炜怡　余茂源　周思霄　曾之懿

电子商务系
陈惜如　姜贺萌

自动化科学与工程学院
沈浩林　吴宇栋　田金艳　陈灿坤　罗其昆　邢　娜　丁玉泽　黄杰彬　韦泽基　梁健铭　王慧萍
陆子霖　李国璋　石华川　张杨雪

计算机科学与工程学院
郭佳鑫　彭国峻　王　樾　郭怀泽　刘　韬　彭海平　韩龙啸　王泽楠

电力学院
  陈楚玥 范俊豪 李 进 李飞华 卢燕旋 陈旭灿 邓 璨 刘锦岳 刘致远 骆政呈 倪蔚然
  王仕稳 王晞罗 许炯场 陈泓杰 黎观海 罗一杰 莫 泽 何芊雅

生物科学与工程学院
  王思佳 张佳源 肖 笑 梅静怡 蒋天慧 詹漫君 杨堃俊 刘朝晖 夏依热巴努
  乃菲赛·阿力木

环境与能源学院
  冯千芮 简展强 王旖萱 郭 轩 杨子伦 张宇辰 廖宇熙 牛超群

软件学院
  叶瑾娴 周于喆 连泽涛 李晓彤 高植林 赵若杉 黄子浩

工商管理学院
  余卓斌 李毅臻 孙明逸 李鸿基 马 湛 李 娜 肖茵琦 杨天宇 张巧欣 张蠕月 吴 婕
  邱梦宁 黄小宇 陈坚文 梅烨伟 马秋杏 张恩恺 张舒雅

公共管理学院
  郭行健 唐恺成 郑诗艳 林佳佳 区特嘉 李媚妮

马克思主义学院
  钟 茜 王麒竣 何廷江 王义真

外国语学院
  施雨贝 朱乐旖 陶明凤 马 冰 邓 靓 覃韵臻 陈思宇 孙嘉忆 黄诺培 林可儿

法学院
  罗 吉 敬 腾 邓 帆 蒋丽明 刘纪培 梁梓熙 朱 海 吴函潞 曾 冕 钟雨芹 罗盟邦
  陈小晶 马 芸 费博知 缪嘉怡

新闻与传播学院
  朱奕锦 孙 晗 孙梦徽 李嘉润 卢 晓 黄佳兰 姚瑜琳 李登峰 王雅菲

艺术学院
  薛林杰 王嘉宁

体育学院
  丁海龙 乔雪雪

设计学院
  卢润妮 王浩潼 蒋静含 陶嘉琪 周禧缘 周 旷 徐开来 林舒颖 李烁祺 程予沁 谢雯茜
  金子琪 黄璇磊 成佳怡 田辰琛 蔡泓泽

医学院
  王毅帅 赵嘉驹 余卓芸

广州国际校区研究生团委
  陈欣煌 范亚楠 苏 苗 黄宗伍

峻德书院
  颜嘉琪 梁 辰 丁文华 蒋徐巍 付 怡 雷宗翰 林恩俊 吴灿灿 何卓轩

铭诚书院

马晓萱　陈秋霖　李晟旸　潘伟红

2021—2022 学年度优秀共青团员

机械与汽车工程学院

曾超焱	陈国木	陈思涛	陈兆铮	丁文彬	何洁雯	洪家威	洪立铭	黄华强	黄　朴	蒋佳若
赖静骅	郎璐璐	李力佳	梁耀枫	林　杰	凌　力	刘芳源	刘家宁	刘星月	农文勇	柯希鹏
邱海生	石子祥	苏业博	谭丁溢	涂承鹭	汪　亮	王晨宇	王　琪	王　然	韦梦华	文嘉鑫
谢云术	许文斌	衣佳泽	张超权	郑子顺	赵　曦	郑　骞	朱俊龙	付东鑫	郭键琳	韩依洋
郝禹渊	何畅允	姜啸风	雷家盛	李旭豪	李一鸣	刘　畅	柳　鹏	马海伟	麦启龙	秦启航
胡金戈	杜龙波	文非凡	陈茵婷	刘惠芝	吴志城	钟镇涛	宋蕙驰	何锦达	林森清	袁吉鑫
张泽栋	余俊晖	甘梓骏	许家阳	陈杰童	肖还欣	周圣杰	陈　键	林智鑫	蔡奕帆	陈东权
陈宏基	陈舒琪	陈肖宇	陈梓锋	黄　翙	胡夏爽	黄腾驹	黄修权	黄　彦	蒋子琮	李学思
李燕翔	刘　琛	刘一枭	罗　畅	马　倩	宁玉林	邱思洺	苏新涛	覃海航	庄梓桐	吴启航
谢洪鑫	谢艺枫	熊志成	朱康帅	杨雅岚	殷建华	张宝彤	张嘉豪	张嘉仪	张依依	周慧菲
郑晓菊	郑逸彤	陈海文	孙傲博	吴言军	唐梓然	曹　毓	李知言	王　成	王　哲	陈　璐
江国湘	李锦广	李　婷	刘丽莎	王　弘	吴小华	习慈羊	余焱江	张增贵	周东榕	周家玉
陈术锋	罗荣森	罗宇恒	孙　斐	吴钧山	向绍真	杨江鸿	张建城	努尔艾合麦提·图尔荪		

建筑学院

曹　莹	李　赞	唐骊欣	张　羽	陈钰杰	金仕萌	钱维灏	赵紫荆	陈　彤	李子璇	伍若玥
赵　映	程　露	黎斯斯	万紫千	周昕彤	邓　捷	梁惠珠	谢苑仪	钟晓倩	崔玥君	李香凝
王土坤	周喆旻	杜靖源	鲁　平	叶卉芊	邹　滢	邓文珺	林静儿	熊　颖	许　云	江心娱
罗依琳	叶嘉君	禤颖彪	丁　君	罗宏杰	杨　迈	徐沁园	姜　睿	牛一菲	殷晓慧	曾令婕
何小钰	马小芳	杨　扬	张一蕾	黎　冲	邵昆鹏	于博洋	陈楚月	侯　睿	马子贺	尹亚森
钱敏燕	李大森	宋佳训	张　海	陈彦谙	黄　晨	袁章梦	黄钰婷	李锐萱	王云逸	张秦华
陈亦忆	曾炜航	陈欣悦	韩一诺	胡启越	胡钰滢	胡子琳	简合谊	梁卓约	刘浩域	龙海燕
罗佳怡	穆允楠	王淑妍	钟心然	赖彦君	张　羽	欧阳宇昕				

土木与交通学院

曾宇琦	辛俊增	王晨浩	黄森越	杨雨霏	张　赫	何梓琦	汤怀鼎	陈浩铭	唐国铭	肖林涛
季文卿	叶一婷	王　芊	胡正涛	王奕可	董　晴	叶俊涵	行思成	廖君腾	张　辉	黎倍良
蒋　成	张浩雨	郭佳欣	赵柏林	杨晫麟	罗千慧	吴桂鹏	谢沛醒	李辉庭	罗子媛	蒋浩嘉
陈佳敏	张壘诚	彭　达	陈贝贝	陈铭熙	李佶宏	吕钊民	马　翀	邓斯师	张敏学	彭国雄
余嘉炜	陈子琳	林华生	包胜男	史振峰	刘钧琳	甄文至	卫倬言	刘韵程	林增耀	林韬略
陈昌润	孙　莹	刘新玲	左清华	吴起扬	华嘉皓	刘清扬	向如玉	叶灏睿	覃　川	孙　沁
庄宇桁	邓晴方	樊舒颖	李春龙	张　科	陈舒帆	谢　航	成晔晔			

电子与信息学院

安富通	邓　旭	柯文心	林荣琛	马　骏	田　源	许家琨	张尚彦	贝　奕	董斯馨	兰　煜
刘煊宜	欧阳杰	涂维浩	杨迪铄	张宇廷	蔡浩生	冯　婷	李昱澍	龙　可	乔敬原	王思敏
杨　堃	赵任知	曾新媛	冯永安	李泽楷	卢　聪	施永鑫	王思懿	叶弘川	郑佳纯	陈美婷

郭瀚丞	李增荣	卢德琨	史洁仪	王紫旭	叶忠枝	郑润隆	陈 逸	郭嘉濠	梁恒龙	吕奇澹
唐豪育	吴倩倩	张 驰	郑晓淑	陈智炜	胡子康	梁子涛	马嘉宏	田庚辰	许柏城	张广荣
周栩镔	邓家乐	焦 旸	廖永炼	刘 洋	王 沁					

材料科学与工程学院

谢洪伟	童逸轩	周润杰	张 程	梁键滔	井长友	刘昕圆	雷 诺	罗凌劼	周昭桦	侯天骛
古 权	张毓秀	郝中原	卢宏迪	马 超	陈 涵	张远慰	区健翔	赖秋坛	宋方行	吴 娟
翁玮彤	萧臻鸿	李昊洋	赵伟鹏	冯 彬	胡志永	文鑫蓬	元志斌	朱文博	黄思真	刘之沛
霍思勇	赵天柱	黄 灵	唐开心	韩 霄	潘佳怡	卫睿珊	姚文平	冉茂飞	黄星悦	魏 伟
刘健康	何其轩	戴子岚	张 闯	傅育槟	黎子滔	何方竞	梁宏富	苏炜键	钟秀鹏	陈姝函
李松懋	余璟雯	吴纡蕾	何倩瑜	谢 昕	金少杰	李玉珊	林鼎铭	黄创炜	官 航	黎灏勤
邓惠琳	刘 芃	吴泽鑫	刘梦萱	杜凯亿	柳舒航	练 琳	林美慧	江卓榮	张观广	李宇轩
朱一方	张博宇	伦振杰	邵楚茵	覃可欣	高执文	陈奇艺	彭雨欣	陈 红	关芳蓉	曹泳琳
黄 晟	林 瀚	何子妍	彭 柯	褚航航	何濛启	邹士镛	康金旸	郭弘烨	王 宁	

化学与化工学院

侯沛超	梁誉丹	张司雨	张 星	陈 钊	林雪敏	赵子昱	林泽楷	杨紫愉	张雅洁	黎嘉瑶
杨 怡	钟金林	刘晓腾	杨 鑫	吴芳沥	林舒婷	伍泽霖	刘嘉宏	曾 莹	唐 燕	莫建斌
李淑珊	张毅楠	刘浩然	袁 若	彭思源	曹力文	陈 晨	麦秀琼	王梦宇	陈旭明	吴颖欣
朱 鼎	蔡丽兰	何婉莹	王 丹	周泽智	左建东	丁宇星	李振杰	邓雅丽	李婧妍	高宇晴
武顺杰	曾 佳	纪丽敏	王圣汇	蔡洁锋	许安琪	周翰林	雷栋钧	张艾程	林 烨	许梦涵
杨萱宁	陈东升	蔡泽纯	朱豪博	林浩烽	张锦辉	段加超	杨锦滢	苏宇峰	郑艳阳	甘楚楚
吴恺文	周 璇	程 宇	欧阳思学							

轻工科学与工程学院

崔锦怡	陈 红	李 威	万淑仪	贺丁财	张九霖	毕红富	许 胜	赖斯琦	陈朗谦	刘柯熠
孙立楠	叶 勇	黄润薪	曾锦毓	李宏杰	王灵晓	余明辉	宿宇辉	陈心雨	韦 睿	陈国健
林赛婷	甘 甜	陈思洁	马榆羊	曾抒涵	桑林瑞	朱睿琛	夏炳钰	王俪儒	叶 科	周楚涵
陈俊青	王澎宇	易 凯								

食品科学与工程学院

赵 颖	库 存	张润妍	连奕薇	王诗韵	曾嘉怡	吴 欣	谢一嘉	顾芷瑜	容欣彤	张泓涛
刘佳玥	陈 杨	房正清	周颖琳	武倩宇	连沐霖	谢佳燕	温蔚彤	施金銮	傅琦媛	谢致奇
蔡幸哲	杨霖苑	何沛莹	尹若甜	吴敏倩	赖坤恒	刘哲城	陈深佑	董秋霞	吴锦涛	莫咏怡
唐宇灵	邢斯祺	李孟轲	舒 啸	黄慧媛	黄李成	唐 俊	王怡馨	王雅滢	林豪俊	王丽影
倪新湘	徐嘉临	金燕琳	唐贤慧	叶芸彤	兰丽娟	郑橘辉	温 馨	李心悦	黄 韬	吴高辉
何志成	郭思宇	全文彬	贾若涵	马 楠	杜香颐	赖翔宇	钟慧婷	王剑朋	宋佶星	

数学学院

冯心怡	魏 桥	刘世聪	胥广洁	蔡梓健	陈冰媛	谢 淇	石听语	薛 琪	张相毓	吕岩琦
朱天莹	岳纪峰	张田田	梁颖思	蔡佳桓	杨惠茱	吕碧瑶	邹京航	潘乐颜	王思桦	郭子瑜
黄扬洋	张嘉祥	刘俊坛	林昕瀚	石雨欣	邱文杰	汪 璐	张椿琪	刘思盈	陶 俊	任桐欣
肖健行	唐 玺	吴琛阳	简 捷	魏云帆	杜佳柔	邓 睿	万桀豪	常浩然	黎星鹏	李家辉
刘 源	马 驰	罗高健	向柯谚	林宇晴	尤文莉	宋佳丽	任家莹	姜笑玥	何奕函	邵志祥
林睿聪										

物理与光电学院

陈厚澎　杨致浩　陈　迅　田　骏　侯锦添　张伟岸　郭美琳　林文欣　邱　禾　陈雪龙　陈　镒
赵学思　邹尚儒　戴铭言　李文韬　李晶慧　高子涵　陈腾飞　代云飞　张逸恺　文晓晓　邹浩锋
裴宇坤　梁　杰　牛绍暾　陈　丽　樊悦文　谢申博　姚佳佳　周昀潞　李东升　周启炼　姚亦杰
陈　凯　庞志鹏　廖卿云　覃秋蒙　彭莹莹　郑　好

经济与金融学院

卜小清　陈玉晴　黄思源　林杨鹏　罗嘉妮　苏　燕　徐敬纬　袁兴祖　蔡嘉豪　程坤雨　黄浠咏
林耀祥　罗嘉雯　陶泓健　徐　榛　张子毅　蔡婉铭　代云天　柯煜欣　林　铟　莫敏贤　王智奇
许晓彤　郑桂荧　曾钰桥　杜思琪　雷亚星　刘若冰　彭乙晋　温健威　严晓姿　郑景元　陈　健
冯　纯　黎子萌　刘维维　秦佳慧　吴　迪　杨雯宇　周丽贤　陈俊霖　甘善美　李步升　刘雨佳
任晓敏　吴　琼　杨宇轩　周雨燕　陈　雪　胡　洋　李祥辉　刘昱骁　盛泽萱　谢旭霈　叶菲菲
卓韩希　陈亦新　胡　政　李昱雯　刘悦婷　曹瑞琳　程安颖　黄丽颖　黄思涵　刘雨宁　彭伊纯
王　良　王忠平　吴知秋　喻笑嫣　袁才淇

旅游管理系

林晓艺　马永聪　钟昊彤　黄丹丹　赵津漪　任凯琳　任若雨　马明珠　余欣颖　郑钦健　李心怡
王博文　刘　星

电子商务系

陈梓妍　李书荨　吴坤彦　黄郑好

自动化科学与工程学院

沈浩林　全景辉　韦泽基　周锴涛　苏　钺　徐杰波　王慧萍　卢浩明　刘嘉淏　丁玉泽　尹　航
周子喆　胡骏希　陈梓妍　郭尊荣　郭一丹　叶梓晴　王子系　吴宇栋　黄杰彬　赖思敏　陈梓荣
邹倩儒　黄家良　陈　扬　曹　喆　贾岩岩　洪宇昊

计算机科学与工程学院

云　帆　王晴怡　高怀基　易　可　陈远生　何家辉　黄铱琳　徐子航　李兆泰　丁嘉缘　李稳强
蔡明宸　胡芷乔　洪奕槐　李颖琳　颜钰臻　莫文仪　刘朴淳　刘保柱　古钟书　黄俊阳　马海洋
邓嘉琪　俞嘉鸿　余宛书　刘奕彤　罗咫西　黄杰豪　李　亨　顾娇娇　董　俊　梁卓文　黄烨明
岳宇洋　邱圣洁　季大双　徐招军　简智彬　林　丹　刘　艳　林升升　陈俊勤　吴朝粤　陈彦丹
张俊伟　李学欢　邱椿雲　潘　坤　罗惠心　邓淋戈　吴龙辉　黄悦斌　陈屹华　张旻宇　苏旷骅
陈颖卿　赵天华　梁立名　熊栩浜　杨　果　李宗泽　李晋一　涂　多　王松波　向天翼　林火青
胡卿轩　杨雪悦　林立勋　刘　薇　黄梓熙　吴宗威　张雪蓉　魏烁垩　卢沁旖　张恭利　汪睿妍
李一平　李文君　邱霆锋　刘　场　谢洪毅　王建伟　陈嘉容　林秀丹　王淙毅　邱宣瑞　郭佳鑫

电力学院

陈浩斌　黄林莹　梁敏航　熊诗梦　周晓静　匡　佩　刘佳伟　辛　曦　陈　可　黄　熙　刘晨阳
杨一帆　朱勇志　赖胜杰　刘　欣　徐小圣　陈思维　黄　现　刘桑瑜　殷柯奕　岑伯维　李　浩
栾云飞　许永治　陈文裕　黄馨仪　刘禹汐　袁昊楠　陈　浩　李锦辉　罗力文　杨明嘉　陈政华
黄源坤　卢嘉铭　岳晨昕　程　超　李兴磊　马维喆　杨子江　陈梓烽　李嘉雯　卢昭龙　张申昕
邓柏荣　李艺璇　孟祥宇　于　宙　戴　洋　李浚旻　欧阳萱　张欣瑜　邓盛盛　李泽华　王泽嵩
张思毅　戴　昱　李　琳　邵　轩　张泽宇　丁佳彦　李宗锟　谢广平　郑广昱　高美云　李明翰

申畅宇	赵知易	傅　鹏	梁国龙	谢楷俊	郑晓钿	侯永安	王昱栋	周迦琳	何润泉	林子惠
谢兴文	朱思婷	胡宇凡	李　颖	温抒凡	周凝枫	何知纯	刘必成	谢泽宇	邹桂林	黄　瑾
梁广林	吴子盈	江心怡	董　斌	刘泽扬	李湘金雯					

生物科学与工程学院

余卓轩	何悦晴	劳嘉文	邓梓枫	陈倩琳	郝方润	凌　贺	蔡璐遥	罗嘉一	覃宇禧	郑凯玲
操建春	郑晓晴	刘锦琳	刘　青	汤志龙	陈安阳	骆晓燕	黄丝颖	吴安萍	张丽萍	张仁杰
张琴琴	刘朝晖	周　海	夏联伟	黄志贤	李文杰	张肇鹏	申雪纯	李少港	钟婧雯	林　冰
李芷晴	刘　苏	张凤娇	苟媛媛	吴晓彤	刘　彤	莫舒婷	曾　徽	倪静涛	李琪琪	

环境与能源学院

陈　凯	王纪伦	陈存凤	柯思源	袁　晋	曾禹诚	黎勇敢	文潇静	李松涛	王馨莹	范　浩
李全会	赖俊江	戴粤军	李　植	王罗澜	陈巧雯	吴烨杭	何熙宇	唐欣如	廖衍光	田煜程
刘雨乔	张煜亮	杨　凡	王子淇	黄伟婵	徐　轩	谢舒茜	邓翠兰	汪安琪	黄林祥	孔艺莲
月清成	黄晓洁	王玟瑄	李雅倩	张桂畅	王　婧	祝晓燕				

软件学院

范杰鹏	甄泓忠	林敏怡	叶瑾娴	黄家宝	王立勤	钟欣蕾	梁朝垲	马宇翔	陈　涵	张洪熙
余铭贤	叶丰维	李安琦	邓耀铭	陈　曦	佘海潼	邓智秦	苏畅然	周天阳	高　倩	付桂多
张彦超	周灿苗	许晓桐	何逸凡	廖霞强	郑家胜	洪天韵	游晓彤	张勃文	张紫怡	杜佳润
叶子林	邱鸿楷	邓　淇	陈泽强	刘廷辉	徐　越	何宏魁	姜婕妤	张炜健	王嫚衍	任怡霏
顾珍亮	贾泓睿	汤之烁	徐晖炫	吴　睿	黄凯瑜	徐若航	黄　奕	汤晓岚	孙瑞洲	庄子聪
温嘉校	林晓彬	郑子涛	李梓桐	张　昶	罗宇成	刘家辉				

工商管理学院

黄家蔚	陈钧洛	高子涵	曹馨丹	刘耕农	邹　婷	邱子怡	王一帆	林燊梓	陈婉婷	桂凌秋
李　奕	刘嘉毅	周　卉	曲荣姗	王梓珣	曾　金	陈芷茵	郭炫枚	李志远	罗嘉欣	周柯妤
宋青香	郑立勋	徐悦潼	丁家驹	郭晏宁	林佳鸿	罗文昊	张　博	孙奕杰	刘欣怡	殷悦航
高晨睿	胡又户	林凯茵	肖茵琦	肖文英	涂思瑶	陈鑫洋	张乐两	高若涵	李　丹	刘付好
潘鸿秋	吴乐龙	王　涵	张　乔	蔡　航	董　健	罗　犇	钟淑莹	武雪瑶	谢　婷	张芷晴
周梓恩	曾世锐	梁蓓欣	陆炜聪	杨玥敏	武义轩	许家壕	郑泽禧	庄佳璇	曾　雯	陈盈静
胡任峰	朱志杰	肖弼壬	杨明真	周虹羽	张佳纯	陈珏君	甘凯莎	邓秋凤	李　妍	柳　杨
谭巧娅	杨青涛	姜欣宏	胡驭洲	梁伦海	美合日班·达吾提					

公共管理学院

高　旻	肖坤瑶	李媚妮	吴楚泓	罗志毅	赵金璞	赵　烨	王维维	廖　格	曾永波	赖泽媛
黎祯祯	王子元	王芷昀	苗苗然	蔡承航	谭佳宜	杨茂烨	李其润	杜颖彬	李匡宇	崔之歌
王姆斯基										

马克思主义学院

| 王　琴 | 蔡静如 | 黄柔雪 | 贾智锐 | 陈文凯 | 沈　丽 | 赵　淼 | 李英娣 | 谭洁萍 | 程舒雨 | 陈烁琛 |
| 陈润镐 | | | | | | | | | | |

外国语学院

| 施雨贝 | 朱乐旖 | 陶明凤 | 马　冰 | 邓　靓 | 覃韵臻 | 陈思宇 | 孙嘉忆 | 黄诺培 | 林可儿 | |

法学院
方　妍　　杜思怡　　殷志远　　刘　畅　　胡志杰　　蔡浩威　　宋卓倩　　刘登伟　　韩　梅　　陈紫欣　　刘泚君
骆晓岚　　郑阶雄　　王沛涵　　章如歌　　邓洁明　　胡　琪　　桂子琪　　潘　蕾　　蔡煜权　　胡锦川　　赵一荻
陈丽霞　　吴霓敏　　李　润　　郑艳敏　　刘玉婷　　李方耀　　陈新栋　　李雨嫣　　陈雪莹　　施雪佳　　张煜宁
黄韵欣　　叶婕颖　　任思念　　张淡钿　　李珉娴　　杜斯敏　　陈劲轩　　温金璇　　孟秋君　　胡诗佳　　王睿思
高忆辰　　钟先韬　　崔湫钏　　白心怡　　周曼琪　　吕　静　　胡紫妍　　刘付玲　　冼卓铭　　郭诗妍　　龙柏兵
魏杨千琳

新闻与传播学院
孔德棣　　周琴雪　　王启臻　　易笑嫣　　李悦佳　　顾超冉　　李欣泽　　吴美琪　　陈婉冰　　宗蔚恩　　陈文潇
陈天赐　　范婷睿　　梁　瑶　　施泽林　　叶　彤　　孙浩延　　许　帆　　万子琪　　阮铭明　　冯正夫　　王艺潼
邓心悦　　柯艺萌　　张雯婧　　雷乐彬　　詹思微　　于小茜　　马庆丽　　粟梦华　　刘伊婷　　朱晓璇　　张玉聪
蔡甜甜　　龙　雨　　陆馨羽　　朱雅泽　　张茂星　　郭泳兰　　万雨晴　　李文博　　应子珺　　王轶瑶　　王雅菲

艺术学院
陈谭淇　　程子茵　　邓相林　　窦婧怡　　古巧敏　　韩　婕　　金炫圻　　李可心　　李欣瑜　　巫瑾琦　　吴　俊
徐　健　　杨庭雅　　叶　祺　　张蕴仪　　周晨怡　　严志洋　　孙艺轩　　邹静怡　　李藏龙　　李　林　　孙安琪
李湘蕗嘉

体育学院
李梓睿　　吴阳菲　　邓尧仂　　李佳豪　　丁海龙　　陈芷琴　　刘美灵　　张　怡　　王培思　　崔　曦　　王　尧

设计学院
王婷婷　　蒋煜枢　　杨雨欣　　杨心雨　　焦萌琳　　吴安琪　　黄卓晗　　刘子渝　　陈玉容　　李芊秀　　郭心悦
白钰婷　　温杼凡　　邹泽銮　　唐传奇　　孙则愉　　薄予希　　曾晓雅　　胡紫琳　　杨东怡　　吴佳骏　　罗婉荧
黄泽君　　杨玉婷　　杨　晴　　刘燕樱　　杨恩玛　　刘姝妤　　黎楚升　　伍晓锋　　石佳莉　　苏沛琪　　曲文韬
葛宜静　　覃晓宇　　汪馨蕊　　吴奕非　　古格鑫　　王虹蕴　　张伊宁　　武可心　　葛婧瑜　　田　昱　　叶秋莹

医学院
龙　游　　陈雨菲　　邓凯戈　　洪　锐　　黄嘉欣　　李　冰　　卢　瑭　　王欣蕊　　翁　蓓　　尹博雅　　尹　希
张保帅　　周康怡　　林嘉欣　　王晓梅　　杨柳清清

广州国际校区研究生团委
董子萱　　曹友晋　　崔乃夫　　戴秋菊　　梁文雅　　付　秘　　赵飞兰　　李婉婉　　庞　俊　　杨柔柔　　张　美
肖　炫　　李怡欣　　徐　勇　　高鸥彤　　黄宗伍

峻德书院
何　润　　张东彬　　徐希辰　　梁乐园　　龙　禧　　韩家冰　　冯雨橦　　麦俊毅　　韦　婉　　刘仕宇　　邓双歌
李　唯　　吴晓彤　　林佑师　　姚　允　　黄剑波　　熊世杰　　赵亭宇　　赖孜晴　　陈　锐　　苏宇程　　杨雨奇
蒋雨晴　　陈　源　　缪润琪　　王　萌　　陈英柯　　毛磊鑫　　王宇飞　　任鑫宇　　陈炜杰　　方　略　　朱乔娜
赵宸伟　　邵堃明

铭诚书院
陈嘉宇　　陈凌健　　黄惠霞　　康浩岚　　刘　珣　　孙祥丰　　王妤冰　　武宇航　　许琨扬　　朱　毅　　洪诗语
石寒雪　　陈奕竹　　石根有　　龙雨菲　　陈锦标　　张启灵

2022 年获得部省级以上奖励的部分教学科技成果

一、获奖的部分教学成果

2022 年中国专业学位案例中心入库案例一览表

序号	案例名称	案例类别	作者	学院名称	案例库
1	家在哪里，事业就在哪里——温氏集团"让爸爸回家"责任品牌培育与推广案例	工商管理硕士	陈　明　刘向阳　常　露	工商管理学院	中国管理案例共享中心
2	何以"纸包火"而不是"水灭火"：华锐风电连续9年盈余操纵之路	工商管理硕士	雷倩华　李晶晶　余银漩	工商管理学院	中国管理案例共享中心
3	"特别处理"的特别处理——抚顺特钢估值案例	工商管理硕士	李映照　何媛媛　吴晓燕　李紫欣	工商管理学院	中国管理案例共享中心
4	数字经营，行业共赢：乐摇摇助力娃娃机拥抱移动互联时代	工商管理硕士	王　创　龙正睿　陈耿豪　胡　俊	工商管理学院	中国管理案例共享中心
5	劲普蓄电池公司南非市场的渠道拓展之路	工商管理硕士	陈　明　罗　航　邓海欣　文　泓	工商管理学院	中国管理案例共享中心
6	科学重塑滋补，成为同行益友：官栈的顾客价值管理	工商管理硕士	葛淳棉　邓慧琪　姜军辉　陈倚倩	工商管理学院	中国管理案例共享中心
7	慧眼看准风向，借势乘风而上——九号公司的CDR上市之路	工商管理硕士	徐　珊　李静澜	工商管理学院	中国管理案例共享中心
8	数字化赋能：即食花胶开拓者官栈的精益创业之路	工商管理硕士	姜军辉　胡佩萱　葛淳棉　林冰儿	工商管理学院	中国管理案例共享中心
9	华茂股份：实业 金融，实体企业的助力或阻力	工商管理硕士	雷倩华　许曦芸　罗双梦	工商管理学院	中国管理案例共享中心
10	滋补新解，即"食"推送：官栈"花"式传播品牌价值	工商管理硕士	葛淳棉　陈倚倩　姜军辉　邓慧琪	工商管理学院	中国管理案例共享中心

2022 年广东省教学成果奖

获奖等级	成果名称	主要完成人					
特等奖	慕课西行，共享共赢：东西部高校课程共享联盟的探索与实践	高 松	林建华	徐志珍	黄 婕	罗浩波	桑木旦
		央 珍	方奇志	林 洪	魏 忠	乔秀文	庞 闻
		石长青	李汴生	王 健	项 聪		
特等奖	大学英语课程思政内涵建设与教学实践	钟书能	黄国文	韩金龙	李 昀	战双鹍	朱献珑
		周娉娣	徐 鹰	杨 枫	潘海英	刘 芳	彭 静
		苏 娉	汤 琼	徐 玲	陈金诗		
一等奖	构建新时代思政育人体系，培养引领未来的时代新人	章熙春	李 正	李卫青	解丽霞	项 聪	晋 刚
		王应密					
一等奖	面向新工业革命的工科领军人才培养探索与实践	李 正	高 松	项 聪	朱长江	林 影	吴 波
		殷素红	陈小平				
一等奖	"六层次、三阶段"——《工程制图》课程教学新范式的探索与实践	王枫红	熊 巍	陈 亮	张瑞秋	姜立军	李哲林
二等奖	一流大学数学课程做支撑，构建数学实践教学与训练体系，提升大学生创新能力	朱长江	郭 艾	刘深泉	程永宽	张 梅	丁为建
二等奖	"顶层设计、点面结合、协同育人"——大土木专业课程思政体系探索与实践	季 静	吴 波	郑存辉	陈庆军	马莹莹	程香菊
		张丽娟	王燕林				
二等奖	面向人文科技融合性挑战的电子信息跨学科专业改革探索与实践	徐向民	廖 丹	舒 琳	靳贵平	梁凌宇	解丽霞
		黄建榕					
二等奖	基于 RIBC 的食品专业学生"三创"能力多维培养模式实践	曾新安	韩 忠	赵谋明	游丽君	成军虎	张 斌
		朱 良	苏健裕				
二等奖	面向智能时代，重构自动化大类专业的新工科创新人才培养体系	罗家祥	李远清	俞祝良	高红霞	王孝洪	陈 安
		邓晓燕	徐 红				
二等奖	"全过程贯通、全方位引领"——面向国际化的材料类新工科一流专业人才培养探索	殷素红	杨 柳	房满满	彭俊彪	夏瑞东	吴妙娴
		冷文英					
二等奖	新时代环境类一流人才 3S 培养模式研究与实践	朱能武	叶代启	任 源	陈 兵	易筱筠	冯春华
		马伟文	银玉容				
二等奖	新工科背景下计算机实践教学新模式的探索与实践	高 英	陈浩文	陈俊龙	周 颖	黄 明	苏锦钿
		蔡宏民					
二等奖	智库建设驱动下的国别和区域人才培养探索与实践	朱献珑	巫喜丽	武建国	金 华	谢宝霞	战双鹍
		程 杰					

二、获奖的部分科技成果

2022 年度高等学校科学研究优秀成果奖（科学技术）获奖项目

奖种名称	等级	项目名称	学校完成人	所在院系
自然科学奖	一等	可压缩 Navier-Stokes 方程组及相关问题的数学理论	朱长江（1） 温焕尧（2）	数学学院（1）
自然科学奖	一等	金属有机骨架基多孔材料工业催化基础研究	李映伟 沈葵 陈立宇 刘宏利 陈俊英	化学与化工学院
自然科学奖	一等	柔顺机构的创成机理与设计方法	张宪民 朱本亮 王华 刘敏 金莫辉	机械与汽车工程学院
自然科学奖	一等	基于纳米晶生长调控的水/固介质重金属分离与富集原理	林璋（1） 刘炜珍（2） 党志（3） 田晨（4） 邓洪（7） 韩彬（8） 欧新文（10）	环境与能源学院（1）
科技进步奖	一等	润湿性调控的渗入固结岩土/混凝土加固防护材料关键技术及应用	张广照（1） 马春风（2） 张国梁（3）	材料科学与工程学院（1）
科技进步奖	一等	口腔硬组织修复材料仿生设计制备和临床关键技术	宁成云（6）	材料科学与工程学院（3）
科技进步奖	一等	区域空气质量精准调控关键技术及应用	朱云（6）	环境与能源学院（3）
自然科学奖	二等	复杂多因素与性能约束下自主系统规划学习与智能控制一体化理论	杨辰光（1）	自动化科学与工程（1）
科技进步奖	二等	含大规模新能源的电力系统功率平衡机理及网省多时空尺度协同优化	陈皓勇（1） 管霖（5） 杨苹（6） 莫维科（8） 曾君（11） 张聪（12） 赵卓立（13）	电力学院（1）
自然科学奖	二等	Eu^{2+} 激活无机发光材料的结构构筑与光谱调控		物理与光电学院（3）

注：括号内数字为我校完成单位或者完成人的排序，下同。

2022 年广东省科学技术奖获奖项目

奖种	等级	项目名称	学校完成人	学院
自然科学奖	一等奖	稳定多级结构及界面的高性能金属基储锂负极材料	朱　敏　胡仁宗　刘　军 杨黎春　王　辉　刘江文 曾美琴　许希军　欧阳柳章	材料科学与工程学院
技术发明奖	一等奖	激光玻璃复合光纤关键技术及应用	杨中民　杨昌盛　唐国武 钱国权　张勤远　徐善辉 韦小明　陈东丹　钱　奇	材料科学与工程学院
技术发明奖	一等奖	高精密智能驱动控制技术及应用	刘　屿（1）　王孝洪（2） 冯　颖（3）　高焕丽（9） 许玉格（10）	自动化科学与工程学院（1）
科技进步奖	一等奖	矿区重金属污染源头控制与土壤修复技术及应用	党　志（1）　章莉娟（3） 吴平霄（4）　郑刘春（5） 黄　飞（7）　卢桂宁（8） 石振清（10）　周建民（12） 杨　琛（14）　郭春玲（15）	环境与能源学院（1）
技术发明奖	一等奖	建筑钢结构智能制造关键装备、技术及应用	王　湛（4）	土木与交通学院（3）
科技进步奖	一等奖	深远海系列大型半潜运载装备关键技术与工程应用	洪晓斌（1）	机械与汽车工程学院（2）
科技进步奖	一等奖	超高层建筑结构风效应的关键技术研究及其应用	谢壮宁（2）　余先锋（5） 石碧青（6）　时丽珉（10） 杨　易（11）　刘慕广（12）	土木与交通学院（2）
科技进步奖	一等奖	特色柑橘全果综合加工关键技术研究及产业化	李晓凤（5）	食品科学与工程学院（3）
自然科学奖	二等奖	生物趋向性运动的数学理论	金海洋　刘　锐	数学学院
自然科学奖	二等奖	生物质碳材料理化性能多尺度调控与仿生柔性化	彭新文　钟林新　王小英 刘传富　卓　浩　陈泽虹	轻工科学与工程学院
自然科学奖	二等奖	复杂动态系统的神经网络学习控制理论与方法	王　敏　王　聪　戴诗陆	自动化科学与工程学院
自然科学奖	二等奖	变化环境下高度城市化地区洪涝灾害形成机理及其风险时空演变规律	王兆礼（1）　赖成光（2） 曾照洋（6）	土木与交通学院（1）

续表

奖种	等级	项目名称	学校完成人	学院
科技进步奖	二等奖	复杂弦支穹顶结构体系的分析设计理论与数字化建造技术	姜正荣（1） 石开荣（2）	土木与交通学院（1）
科技进步奖	二等奖	高效好氧硝化反硝化脱氮关键技术与应用	黄少斌（1） 张永清（3） 袁海光（9）	环境与能源学院（1）
科技进步奖	二等奖	舰船大型薄壁构件高性能焊接制造成套技术及应用	王振民（2）	机械与汽车工程学院（2）
科技进步奖	二等奖	锂离子电池智能管理系统关键技术的研发与应用	兰凤崇（2） 周云郊（6） 陈吉清（8）	机械与汽车工程学院（2）
科技进步奖	二等奖	基于相变传热的高过载特性电机驱动系统设计制造关键技术及产业化	张仕伟（2） 杨向宇（3） 孙亚隆（4）	机械与汽车工程学院（2）
科技进步奖	二等奖	侧链强化取向的长效柔软型无氟防水剂开发及工业应用	李红强（3）	材料科学与工程学院（2）
科技进步奖	二等奖	高级认知功能唤醒手术精准定位与脑灰质数字图谱建立的研究	姜　涛（3）	材料科学与工程学院（2）
科技进步奖	二等奖	安全可控工控机关键技术研发及产业化	朱金辉（3）	软件学院（2）
科技进步奖	二等奖	新型智慧城市智能化综合治理关键技术研发及应用	杜　卿（5） 陈　健（6）	软件学院（2）
科技进步奖	二等奖	基于绝缘油中新特征物的变压器绝缘缺陷诊断及处理技术	夏启斌（4）	化学与化工学院（2）
科技进步奖	二等奖	单晶高压实小粒径三元正极材料前驱体制备关键技术及产业化	袁高清（6）	化学与化工学院（3）
科技进步奖	二等奖	城镇燃气管道全寿命周期完整性管理关键技术及应用	樊栓狮（3）	化学与化工学院（3）

续表

奖种	等级	项目名称	学校完成人	学院
科技进步奖	二等奖	紧凑型高可靠气体绝缘输变电设备关键技术、装备研发及规模化应用	郝艳捧（8）	电力学院（3）
科技进步奖	二等奖	3.5GHz 频段 5G 终端功放芯片的应用和产业化	吴朝晖（3）	微电子学院（3）
科技进步奖	二等奖	高精度复杂汽车零部件冲压稳健生产关键技术研究与应用	张赛军（3） 周 驰（8）	机械与汽车工程学院（3）
科技进步奖	二等奖	高效智能药品包装技术、装备及产线	李 迪（4） 谢 巍（5） 王世勇（9）	机械与汽车工程学院（4）
科技成果推广奖		脂质药传递系统（脂质乳剂和长效脂质体注射剂）核心技术及产业化	刘美凤（1）	化学与化工学院（1）
科技成果推广奖		高压海缆与陆缆动态增容技术	刘 刚（1） 赵一枫（7） 郭德明（8）	电力学院（1）
科技成果推广奖		高产右旋龙脑梅片树资源化与综合利用关键技术推广	苏健裕（1） 方立明（4） 李 琳（5）	食品科学与工程学院（2）
青年科技创新奖			董国平	材料科学与工程学院
青年科技创新奖			施雪涛	材料科学与工程学院
青年科技创新奖			温焕尧	数学学院
青年科技创新奖			肖 静	化学与化工学院
青年科技创新奖			袁 伟	机械与汽车工程学院

2022 年专利奖获奖项目

获奖类型	专利项目名称	专利发明人	所在学院
中国专利银奖	高异频隔离宽带双频基站天线阵列	章秀银　薛成戴　吴裕锋	电子与信息学院
中国专利银奖	一种可调谐窄线宽单频线偏振激光器	徐善辉　杨昌盛　杨中民 冯洲明　张勤远　姜中宏	材料科学与工程学院
中国专利优秀奖	一种基于双环预测控制的切换型控制方法	杜贵平　黎嘉健　柳志飞	电力学院
中国专利优秀奖	一种耐内压的 PET 热灌装瓶瓶底结构	谢国基　姜晓平　胡青春	机械与汽车工程学院
广东专利金奖	一种具有主链降解性的自抛光两性离子防污树脂及其制备与应用	张广照　马春风　谢倩旎	材料科学与工程学院
广东专利优秀奖	基于合成时反的结构损伤迭代聚焦成像监测方法	洪晓斌　吴斯栋　周建熹 刘桂雄	机械与汽车工程学院
广东专利优秀奖	生长在镓酸锂衬底上的非极性纳米柱 LED 及其制备方法	李国强　王文樑　杨美娟	材料科学与工程学院
广东专利优秀奖	一种改性沥青及其制备方法	虞将苗　苏国城　莫广亮 陈富达　陈丽娟　卢健元	土木与交通学院
湾高赛银奖	动态表面海洋防污材料研究及产业化应用	张广照	材料科学与工程学院
湾高赛银奖	一种自支撑高透湿绝热气凝胶薄膜及其制备方法	张立志	化学与化工学院
湾高赛优秀奖	润湿性调制的渗入固结岩石/混凝土加固防护材料及产业化应用	马春风	材料科学与工程学院

2022 年学生课外学术科技创新竞赛成果（杰出贡献奖）

华南理工大学学生课外学术科技创新杰出贡献奖

序号	赛事名称	获奖等级	参赛队员	指导老师
1	第八届中国国际"互联网+"大学生创新创业大赛	金奖	陈　可　杨家瑞　郑景昇　张诗喆　程　露　马慧娟　高婷婷　黄　斌　彭月洋　陈乐焱　杨亦茜	叶　红
2		金奖	陈永琪　关舒文　周岳鸣　罗嘉雯　钟泽阳　温健威　伍昱晓　唐　乾　李相龙　龙晟充　伍盼兮	宋长辉　周育红
3		金奖	李靖豪　吴俊宇　张英韬　邓　帅　李涌春　李永正　杨玥敏　郭晋华　成思霏　赵韫睿	秦　培　薛　泉　车文荃　张卫国　杨琬琛
4		金奖	唐　鑫　彭翰宇　郑昱林　林音孜　林廷钧　李陈阳　柴吉星　莫由天　陈　亮　李善杰　曾庆浩　郭建森　孔德麒　胡　晗　欧阳佩东	李国强　王文樑
5		金奖	吴　鸣　郭海心　王依真　李嘉茵　陕　亮　彭梓佳　马慕远	周育红　申宏宇
6	2022华为嵌入式软件大赛	冠军	李爵煜　陈泳全　张广荣	
7	第四届全国大学生无人车挑战杯暨华为开发者大赛	冠军	江煊璐　郭传鉉　刘泽森　林华伟	毕　盛　董　敏
8	2022欧洲产品设计大赛	Top Design	邓昇凡　伍晓锋　周奕葳　陈雅文　禹柯吉　宋石崎　彭琬婷	贺　赟

续表

序号	赛事名称	获奖等级	参赛队员	指导老师
9		特等奖优胜奖（Outstanding Winner）	黄　颢　吴仁栩　何子妍	黄　平
10		特等奖优胜奖（Outstanding Winner）	李国杰　翁浩瀚　沈　澍	曾才斌
11		特等奖提名奖（Finalist Winner）	陈珏君　林潮海　王德兵	刘深泉
12		特等奖提名奖（Finalist Winner）	程浩轩　李丰冠　黄健林	刘深泉
13		特等奖提名奖（Finalist Winner）	邓深洋　刘世聪　索原驰	刘小兰
14		特等奖提名奖（Finalist Winner）	扶梓航　程坤雨　陈昱江	覃永安
15		特等奖提名奖（Finalist Winner）	李　佳　王汉林　张　翔	程永宽
16		特等奖提名奖（Finalist Winner）	吕　尧　叶子林　崔永生	刘小兰
17	2022美国大学生数学建模竞赛和交叉学科建模竞赛	特等奖提名奖（Finalist Winner）	沈凯杰　简展强　王浩陕	曾才斌
18		特等奖提名奖（Finalist Winner）	唐　函　李红鑫　马天宸	覃永安
19		特等奖提名奖（Finalist Winner）	王康立　林锦辉　尹美珊	刘小兰
20		特等奖提名奖（Finalist Winner）	王延葵　罗沁子　王　扬	刘小兰
21		特等奖提名奖（Finalist Winner）	徐文浩　蔡奕帆　王骏宏	刘深泉
22		特等奖提名奖（Finalist Winner）	余泽航　王泽豪　邱钊腾	曾才斌
23		特等奖提名奖（Finalist Winner）	郑腾龙　钟浚宇　何浩彬	黄　平
24		特等奖提名奖（Finalist Winner）	资琛义　蔡明宸　李慧钰	黄　平
25		国际一等奖（Meritorious Winner）	敖瑞初　杜翔宇　任鑫宇	谢　波
26		国际一等奖（Meritorious Winner）	蔡佳锋　郭哲炜　谢熙楠	程永宽

续表

序号	赛事名称	获奖等级	参赛队员	指导老师
27		国际一等奖（Meritorious Winner）	蔡莎 陈倩文 李瑾	谢波
28		国际一等奖（Meritorious Winner）	蔡梓轩 王忠平 何雨芹	丁为建
29		国际一等奖（Meritorious Winner）	曹鹏宇 胡泽旭 高美云	曾才斌
30		国际一等奖（Meritorious Winner）	杜世安 林泳怡 任桐欣	曾才斌
31		国际一等奖（Meritorious Winner）	范伟杰 林立东 武雪瑶	黄平
32		国际一等奖（Meritorious Winner）	冯雨橦 郑子涛 朴世元	刘深泉
33		国际一等奖（Meritorious Winner）	黄韦锦 张蓝月 陆鹏举	茅新晖
34		国际一等奖（Meritorious Winner）	黎泽榕 方子华 颜波	谢波
35	2022美国大学生数学建模竞赛和交叉学科建模竞赛	国际一等奖（Meritorious Winner）	李炎豫 郑泽莹 刘林夕	曾才斌
36		国际一等奖（Meritorious Winner）	林宇晴 何祖光 陈俊霖	程永宽
37		国际一等奖（Meritorious Winner）	刘锦绣 汤毅 孙诗尧	丁为建
38		国际一等奖（Meritorious Winner）	刘禧欣 茹靖雯 陈生贤	黄平
39		国际一等奖（Meritorious Winner）	罗嘉伟 吴伟添 廖纪航	覃永安
40		国际一等奖（Meritorious Winner）	罗彦欣 郝颖 杜家和	覃永安
41		国际一等奖（Meritorious Winner）	马湛 冼耀高 董会昌	刘深泉
42		国际一等奖（Meritorious Winner）	佘博飞 胡睿哲 邓双歌	丁为建
43		国际一等奖（Meritorious Winner）	粟茂洋 何沛莹 苏济翱	丁为建
44		国际一等奖（Meritorious Winner）	孙泽桂 张彩萍 唐亮亮	茅新晖

续表

序号	赛事名称	获奖等级	参赛队员	指导老师
45	2022美国大学生数学建模竞赛和交叉学科建模竞赛	国际一等奖(Meritorious Winner)	唐宇阳 唐玺 蒋荣航	曾才斌
46		国际一等奖(Meritorious Winner)	王然 陈枫 巫玉龙	刘深泉
47		国际一等奖(Meritorious Winner)	王馨莹 冯茵蜓 陈咏思	程永宽
48		国际一等奖(Meritorious Winner)	吴若宣 朱乔娜 谢紫颖	刘深泉
49		国际一等奖(Meritorious Winner)	杨欣羽 李正平 罗海垚	黄平
50		国际一等奖(Meritorious Winner)	杨志邦 宋凯 徐晖炫	丁为建
51		国际一等奖(Meritorious Winner)	詹颖姗 钟远龙 万祖锐	刘深泉
52		国际一等奖(Meritorious Winner)	张宸威 钱济宇 马树洽	黄平
53		国际一等奖(Meritorious Winner)	张东彬 陈澍浚 张伟捷	刘深泉
54		国际一等奖(Meritorious Winner)	张楷泽 叶森军 张滔	茅新晖
55		国际一等奖(Meritorious Winner)	章涛 侯丽霞 付杭	刘小兰
56		国际一等奖(Meritorious Winner)	郑懿 曲若文 梁宇琦	谢波
57		国际一等奖(Meritorious Winner)	钟爱平 吕婉琳 谢怡萱	茅新晖
58		国际一等奖(Meritorious Winner)	周钰斌 张皓泉 李凯文	谢波
59		国际一等奖(Meritorious Winner)	庄嘉源 张可东 南邵骏	覃永安

续表

序号	赛事名称	获奖等级	参赛队员	指导老师
60	2022 国际大学生手绘艺术与设计大赛	金奖	王梓懿	杨 静
61		金奖	易芳蓉	门德来
62	第九届全国大学生化工安全设计大赛	金奖	梁誉丹 彭 政 李志康 王淏桢 李开扬 王子璇	龙新峰
63	第八届全国大学生基础医学创新论坛暨实验设计大赛	金奖	何欣彦 董浩沄 卢沼杏 申玉珍 纪宇彤	刘 阳
64		金奖	黄乐君 徐健轩 陈一鸣 黄典琛 王钰莹	林 青
65	2022 全国大学生算法设计与编程挑战赛季度赛	金奖	李俊荣 梁国轩	
66	第八届中国人居环境设计学年奖	金奖	曹雅蓉 冯楚欣 李若愚 利文婷	许自立 林广思 李敏稚 萧 蕾
67	第四十七届国际大学生程序设计竞赛（西安 EC-Final）	金牌	李 珲 冼昊明 钱晨炼	冼楚华
68	第四十七届国际大学生程序设计竞赛（澳门）	金牌	冼昊明 李 珲 钱晨炼	冼楚华
69	第四十七届国际大学生程序设计竞赛（南京）	金牌	程科源 翟宇炫 赵冬青	林连南
70		金牌	冼昊明 李 珲 钱晨炼	冼楚华
71	第四十七届国际大学生程序设计竞赛（西安）	金牌	冼昊明 李 珲 钱晨炼	冼楚华
72	2022"认证杯"中国数学建模国际赛	特等奖	胡雨微 陈 珞 石皓元	
73	第十六届"西门子杯"中国智能制造挑战赛全国总决赛	特等奖	崔启权 李爵煜 尹若甜	吴广峰 何 军

续表

序号	赛事名称	获奖等级	参赛队员	指导老师
74	第四届全国大学生结构设计信息技术大赛	特等奖	张睿 杨晖麟 陈文亮	左志亮
75	2022全国大学生英语竞赛	特等奖	陈楚玥	
76		特等奖	符蓉	
77		特等奖	黄嘉怡	
78		特等奖	姜欣彤	
79		特等奖	李彦霖	
80		特等奖	刘晓旭	
81		特等奖	刘一唯	
82		特等奖	余知	
83		特等奖	余卓轩	
84		特等奖	张伟捷	
85	2021"尖烽时刻"全国商业模拟大赛	一等奖	王昱州 刘韵棋 陈子园 黄晢芸	
86	2022 CCF 大数据与计算智能大赛	一等奖	李珲 李政隆 骆凯章 李宏基	蔡毅
87	2022 MathorCup 高校数学建模挑战赛	一等奖	陈琳 马至通 侯启铭	
88		一等奖	何弘历 尹阳源 魏锐臻	
89		一等奖	黄钧洪 郭芷珊 曾诗语	曾才斌
90		一等奖	劳颖慧 王力 吕韬	刘深泉
91		一等奖	梁露之	丁为建
92		一等奖	唐亮亮 张彩萍 王日华	茅新晖
93		一等奖	吴仁栩 黄颢	曾才斌
94	2022产业融合发展创新大赛	一等奖	杨奕斌 刘彦汝 彭雄峰 李彦甫	谢巍
95	2022全国船舶工业CAE软件数值水池应用大赛	一等奖	肖义 黄煦 林楚森	周斌珍
96	第五届全国大学生创新体验竞赛	一等奖	胡紫琳	姜立军

续表

序号	赛事名称	获奖等级	参赛队员	指导老师
97	第十四届全国大学生房地产策划大赛	一等奖	严浩鹏 郑鸿龙 马俊杰 陈景俊 文锡祥	吴 凡 闫 辉 李 昕
98	第十四届全国大学生广告艺术大赛	一等奖	赵康宇 吴静怡 陈睿璇 林楷宸	佘世红
99	2022全国大学生化工短视频大赛	一等奖	何婉莹 吴可嘉 张毅楠 黄忆敏 杨振杰 魏子豪	李雪辉
100	第五届全国大学生化工实验大赛	一等奖	余锌博 徐 磊 黄培森	龙新峰 江燕斌 郑大锋
101	第二十一届全国大学生机器人大赛（机甲大师对抗赛）	一等奖	陈 浩 方 楷 张兆锋 聂先锋 赵 曦 崔启权	晋 刚 张宪民 张 东 李 琳
102		一等奖	陈毅凯 郭尊荣 易清晖 梁俊玮	晋 刚 张宪民 张 东 李 琳
103		一等奖	陈毅凯 盛鸣芝 徐英杰 蒙春雨 易宇杰 黄智华 曾蔓琴 李知含 吴文真 李婉灵	晋 刚 张宪民 张 东 李 琳
104		一等奖	陈子琪 聂先锋 植弘彦 徐心卓	晋 刚 张宪民 张 东 李 琳
105		一等奖	郑润森 彭本骏 黄振威 黄裕炯 郭尊荣 庄梓桐 陈洁如 覃雨涛 廖小传 赖建宇 陈毅凯 蔡国斌 涂智瑞 徐英杰 黄智华 朱俊龙 赵 曦 崔启权 陈子琪 蔡浩杰 朱俊峰 吴宇栋 方 楷 邓 皓 徐子奕 徐心卓 林茂辉 聂先锋 梁俊玮 李知含 李子欣 易宇杰 谭浩轩 郭海枫 孟恒宇 植弘彦 何金学 常霆钰 陈 浩 易清晖 张兆锋 李昌昊 吴蕴捷 麦中昊 李嘉濠	晋 刚 张宪民 张 东 李 琳
106	第六届全国大学生集成电路创新创业大赛	一等奖	唐 雷 潘俊伟 雷 鸥	李 斌 李志坚
107		一等奖	郑文杰 张靖业 林泽田	王彦杰 朱浩慎
108	第十七届全国大学生交通运输科技大赛	一等奖	陈浩铭 蒋天祺 郭佳欣 陈梓锋 余 知	林培群 陈伟能

续表

序号	赛事名称	获奖等级	参赛队员	指导老师
109	第四届全国大学生结构设计信息技术大赛	一等奖	林炜 曾奕鑫 李泽贤	陈太聪
110	第十二届全国大学生市场调查与分析大赛	一等奖	陈钧洛 刘心宇 佘博飞 江柳 张我济	
111	2022全国大学生数学建模竞赛	一等奖	王雨桐 黄丽颖 唐纤纤	谢波
112		一等奖	阳滨屿 吕岩琦 曾春艳	程永宽
113	第十三届全国大学生数学竞赛	一等奖	袁攀	
114	2022全国大学生物理实验竞赛	一等奖	肖皓文 唐函 李红鑫 李培豪	叶晓靖 马佳洪
115	2022全国大学生英语竞赛	一等奖	李鹤迪	
116		一等奖	徐榛	
117		一等奖	张芯语	
118	2022全国大学生粤港澳海洋旅游创新大赛	一等奖	张泳榆 苏翌萱 李芸 尹晨晨 付泽园	李昀
119	第十七届全国大学生智能汽车竞赛（平衡信标组）	一等奖	陈晓选 陈俊杰 陈沛	邓晓燕 陈安
120	第十七届全国大学生智能汽车竞赛（四轮摄像头组）	一等奖	黄岳鹏 梁健铭 张武江	陈安 邓晓燕
121	第十七届全国大学生智能汽车竞赛（百度智慧交通组）	一等奖	刘洁耿 江嵩镗 林迎熹 任予同 唐盛	陈安 邓晓燕
122	第十七届全国大学生智能汽车竞赛（四轮电磁组）	一等奖	王熙来 张家瑜 艾一帆	陈安 邓晓燕
123	第十七届全国大学生智能汽车竞赛（航天智慧物流组）	一等奖	余延朝 余杰煌 鲁瑞川 张航	陈安 邓晓燕

续表

序号	赛事名称	获奖等级	参赛队员			指导老师
124	第十七届全国大学生智能汽车竞赛（智能视觉组）	一等奖	周错涛	李政琛	周子喆	陈 安　邓晓燕
125	2022全国仿真创新应用大赛	一等奖	余杰煌	董嘉豪	林晖凡	
126	第十届全国高校数字艺术设计大赛	一等奖	谢雯茜			郑 莉
127		一等奖	易芳蓉			门德来
128	2022亚太地区大学生数学建模竞赛	一等奖	边浪宇	林泽翰	杨东金	
129		一等奖	陈浩铭	王育之	向 前	刘深泉
130		一等奖	陈泓伯	吴彦祺	罗沁子	丁为建
131		一等奖	邓健朗	余芷茵	李宛芝	陈伟能
132		一等奖	郭佳欣	余 知	龚泰霖	
133		一等奖	李尚哲	龙雨菲	杨鸿飞	曾才斌
134		一等奖	李文豫	陈博洋	朱一诺	
135		一等奖	林世杰	陈烨桐		
136		一等奖	石根有	李 茗	牛 城	
137		一等奖	孙祥丰	张远听	蔡兴灏	
138		一等奖	邢智翔	张腾戈	王晞罗	
139		一等奖	张 骞	陈凌健	吴易聪	
140		一等奖	郑 想	丁雨昕	陈奕竹	刘深泉
141		一等奖	谢嘉健	徐子航	刘正谦	
142	2022溢达全国创意大赛	一等奖	张启蒙			
143	2022中国大学生方程式系列赛事——无人车（无人车组）	一等奖	杨自豪　陆定迅　黄劲华　杨程远 杨昱村　童以金　付海波　袁　渤 李润泽　赵俊伟　赵崇峻　钟镇涛 何满俊　甄家豪　周东洋　黄俊霖 梁浩明　闫杰鑫　刘梓熙　和家祺 范俊豪　柳　鹏　朱林海　陈思涛 卢洪鑫			
144	第一届中国深海创新设计展	一等奖	郑宇成	刘心然		刘 禹

续表

序号	赛事名称	获奖等级	参赛队员	指导老师
145	2022 中国研究生数学建模竞赛	一等奖	唐远华　李润卓　余濡岚	刘深泉
146	2022 中国大学生方程式系列赛事——电动车（成本报告）	第二名	谢骥　梁浩　阮宣振　陈太铭 陈岱添　黄彦　何涵祺　谢艺枫 邱思洺　张泽鸿　李燕翔　王晨宇 朱勇志　冷汶锋　黄子琳　洪立铭 陈乔迪　陈嘉豪　何剑楠　郭文龙 刘羽彬　廖国铖　亚夏尔·亚力坤 欧阳志成　依合巴来木·依米提	
147	2022"图森未来杯"程序设计邀请赛	二等奖	翟宇炫	林连南
148	第七届"尖烽时刻"酒店管理模拟大赛	二等奖	何珺雯　李心怡　韩金涛　吴宇桐	郑钟强
149	2022 CCF 大数据与计算智能大赛	二等奖	卢浩坚　陈正荣　陈冠宁　谢泽凯	蔡毅
150	2022 MathorCup 高校数学建模挑战赛	二等奖	董子骁　孔栩丰　胡华裕	
151		二等奖	范思怡　周宏兴　黄丹丹	
152		二等奖	胡俊嘉　谢一平　黎泽榕	
153		二等奖	李文豫　朱一诺　陈博洋	
154		二等奖	刘奕彤　赖云山　黎泊远	
155		二等奖	潘玥　康照欣　李自然	
156		二等奖	沈鑫杰　吴霄鹤　何思成	
157		二等奖	王芮涵　尤文莉　苏静涵	曾才斌
158		二等奖	王昱栋　姜欣彤　林子茵	
159		二等奖	谢嘉健　徐子航　刘正谦	
160		二等奖	叶永良　陈明智　陈绍枫	
161		二等奖	郑好　梁倬荣　邹浩锋	刘深泉
162	第十四届 UXDA 国际用户体验创新大赛	二等奖	陈玉容　林秋萍　李澳玮　易芳蓉	陈亮　王枫红
163		二等奖	刘帆　郭梓忻　郭心悦　盘家瑜 张萧桐	刘镇

续表

序号	赛事名称	获奖等级	参赛队员	指导老师
164	第五届大学生绿色会展创新创意挑战赛	二等奖	熊阳 陆璐 李颖婷 胡振杰 蚁钰琳	余传鹏
165	2022全国船舶工业CAE软件数值水池应用大赛	二等奖	郑值 丁康礼玺 王玥	周斌珍
166	第五届全国大学生创新体验竞赛	二等奖	吴仁栩 黄颢	陈松茂
167	第十届全国大学生光电设计竞赛	二等奖	周子睿 陈宇涛 武洪钊	杨德志
168	第十四届全国大学生广告艺术大赛	二等奖	梁瑶 孙梦徽 郑宇成 曾倩 康璇	韩红星
169		二等奖	苑明睿 詹思微 梁文韬 叶晓彤 周力恒	刘晓英
170	第二十一届全国大学生机器人大赛（机甲大师对抗赛）	二等奖	蔡国斌 邓皓 林茂辉 麦中昊 黄裕炯 徐英杰 易宇杰 郭海枫 郑润森	晋刚 张宪民 张东 李琳
171		二等奖	黄振威 李子欣 廖小传 徐子奕 庄梓桐 郑润森 李昌昊	晋刚 张宪民 张东 李琳
172		二等奖	麦中昊 姚雨晴 郭海枫 赖建宇 胡钰滢 涂智瑞 蔡浩杰 李晓欣 邓锦杰 黄丽加	晋刚 张宪民 张东 李琳
173	第六届全国大学生集成电路创新创业大赛	二等奖	郭思聪 张传俊 邓永健	周长见
174		二等奖	梁嘉键	朱浩慎
175		二等奖	郑立夫 吴圣杰 李家鑫	丰光银 王彦杰
176	第十七届全国大学生交通运输科技大赛	二等奖	郭子鹏 甄文至 樊舒颖 林晓鹏 邢益玮	巫威眺
177	第四届全国大学生结构设计信息技术大赛	二等奖	庄净羽 刘钧琳 张雨圻	陈太聪
178	第五届全国大学生嵌入式芯片与系统设计竞赛	二等奖	周智豪 韩炳晋 常致远	

续表

序号	赛事名称	获奖等级	参赛队员	指导老师
179	2022全国大学生数学建模竞赛	二等奖	陈浩铭　王育之　向　前	刘深泉
180		二等奖	陈若棋　陈锦标　陆潮慧	曾才斌
181		二等奖	冯琨皓　张宸玮　朱旭凯	黄　平
182		二等奖	黄圣翰　黄周卿　孙文心	丁为建
183		二等奖	李佳怿　刘海南　陈天森	谢　波
184		二等奖	林子铭　何　欣　李博春	谢　波
185		二等奖	邱云中　雷正华　刘盛豪	刘深泉
186		二等奖	王康立　林锦辉　吴一灵	覃永安
187		二等奖	王音枝　张馥妍　杨艳香	刘深泉
188		二等奖	俞嘉鸿　罗嘉妮　刘日欣	程永宽
189	2022全国大学生网络空间安全精英赛	二等奖	涂剑锋　王俊海　许广跃	冼　进
190	2022全国大学生物理实验竞赛	二等奖	曾　能　罗业新　罗海玮　张乐羽　杨　鑫	叶晓靖
191	第十五届全国大学生信息安全竞赛	二等奖	王俊海　许广跃　涂剑锋　房师勉	冼允廷　冼　进
192	第十七届全国大学生智能汽车竞赛（讯飞智慧服务组）	二等奖	李芳娣　吴伟铭　周依静　陈芯婷	陈　安　邓晓燕
193	第十七届全国大学生智能汽车竞赛（完全模型组）	二等奖	张钿钿　曹永豪　黄亮亮　王汝瀚　郭沈燕	陈　安　邓晓燕
194	第十届全国高校数字艺术设计大赛	二等奖	刘　欢　贾清淳　黄　贝	石　拓
195		二等奖	王籽洋　晁颖婷	王　琛
196	第十九届信息安全与对抗技术竞赛	二等奖	王俊海　涂剑锋	冼　进

续表

序号	赛事名称	获奖等级	参赛队员	指导老师
197		二等奖	冯琨皓　朱旭凯　张宸玮	
198		二等奖	贺　洋	
199		二等奖	洪永旗　王毓天　熊瑞祺	
200		二等奖	黄钧洪　姚炯森　蓝迪森	丁为建
201		二等奖	黄思哲　孙跃坤　黄森越	
202		二等奖	李俊翰　罗登兰　马可思意	刘深泉
203		二等奖	李宇扬　赵芝瑶　牟宇辰	丁为建
204		二等奖	刘锦绣　李文泉　林梓涵	丁为建
205		二等奖	刘兴琰　林轩晔　楼冰格	
206		二等奖	罗嘉妮　俞嘉鸿　刘日欣	
207		二等奖	马丽雯　肖还欣　吴　含	程永宽
208		二等奖	沈凯杰　沈啟纯　常浩然	丁为建
209		二等奖	孙颢玮　李　蔚　欧承桓	刘深泉
210		二等奖	王成章	
211	2022亚太地区大学生数学建模竞赛	二等奖	吴浩伟　佟　一　陈　婧	
212		二等奖	肖缘青　安奕诺　黎　睿	
213		二等奖	谢文轩　朱俊杰　庄凯霖	程永宽
214		二等奖	许嵩林　唐　斌　王　萌	
215		二等奖	袁崇哲　宋　爽　许廷略	
216		二等奖	梁颖思　胥广洁　黎文垚	丁为建
217		二等奖	詹迪佳　林晓金　甘　轩	刘深泉
218		二等奖	刘智博　庞天骥	丁为建
219		二等奖	章泽宇　刘　宇　刘清仁	
220		二等奖	王明梓　戴文骏　陈昱熙	
221		二等奖	谭演锋　王　简　杜　喆	
222		二等奖	石　韬　姚舒颖　卢泽宁	
223		二等奖	汤子韬　黄俊阳　夏立研	
224		二等奖	龙浩天　陈廷誉　梁钰婷	
225		二等奖	李晋一　李宇龙　江英进	
226		二等奖	陈铭熙　伍雨薇　伍尚涛	
227		二等奖	曾子乘　金湛洋　陈　诺	

续表

序号	赛事名称	获奖等级	参赛队员	指导老师
228	2022亚太地区大学生数学建模竞赛	二等奖	吴宇轩 黄梓嫣 傅知行	
229		二等奖	帅瑾 易江 潘思言	
230	2022中国大学生方程式系列赛事——电动车（总成绩）	二等奖	谢骥 梁浩 阮宣振 陈太铭 陈岱添 黄彦 何涵祺 谢艺枫 亚夏尔·亚力坤 邱思洺 张泽鸿 李燕翔 王晨宇 朱勇志 冷汶锋 黄子琳 洪立铭 陈乔迪 陈嘉豪 何剑楠 郭文龙 刘羽彬 廖国铖 欧阳志成 依合巴来木·依米提	
231	2022中国大学生物理学术竞赛	二等奖	陈雪龙 聂焕欣 许家阳 周源 宋欣宇 郑好 张逸恺	叶晓靖 彭健新 王达 邝泉 谢汇章
232	第九届中国高等院校设计作品大赛	二等奖	马紫怡 邓朗悦 盘家瑜	李育奇
233	第十六届中国好创意暨全国数字艺术设计大赛	二等奖	谢雯茜	郑莉
234	第十七届中国研究生电子设计竞赛	二等奖	李俊 林伟烁 林伟健	陈志坚
235	2022中国研究生数学建模竞赛	二等奖	安雪	刘小兰
236		二等奖	黄钰柱 丁荐元 李嘉毅	刘深泉
237		二等奖	李晰宁 凌洪韬 孔邑	刘深泉
238		二等奖	刘浩铭 刘芝帆 殷竣	刘深泉
239		二等奖	刘宇鹏 耿甲秀 明六英	丁为建
240		二等奖	王子成 邓耀铭 黎姿	
241		二等奖	徐玉丹 周航 刘锦祥	
242		二等奖	余静孝 方天行 肖义	刘深泉
243		二等奖	张军 王艺澎 秦绍基	黄平
244		二等奖	张艳红 冯学磊 梁旭冉	黄平
245	第二十届国际商事仲裁模拟仲裁庭辩论赛	二等奖	刘泖君 操博文 谢楚儿 周悠然 胡紫妍 钟雨芹 刘嘉颖 付南翔	徐树

续表

序号	赛事名称	获奖等级	参赛队员	指导老师
246	2022美国大学生数学建模竞赛和交叉学科建模竞赛	国际二等奖(Honorable Mention)	曹柏闻 何李海莲 欧阳恩淇	刘深泉
247		国际二等奖(Honorable Mention)	曹徽 邹文俊 黄泽昇	黄平
248		国际二等奖(Honorable Mention)	曹梦瑶 杨惠茹 张奥捷	丁为建
249		国际二等奖(Honorable Mention)	曾世锐 马奎 王涵	茅新晖
250		国际二等奖(Honorable Mention)	曾奕 宗一笑 张晓逊	刘小兰
251		国际二等奖(Honorable Mention)	陈嘉力 吴钺 许文晋	茅新晖
252		国际二等奖(Honorable Mention)	陈钧洛 陈海月 王腊斌	程永宽
253		国际二等奖(Honorable Mention)	陈永权 蔡其宏 谢云术	刘深泉
254		国际二等奖(Honorable Mention)	樊舒颖 李越 郭子鹏	茅新晖
255		国际二等奖(Honorable Mention)	费千笑 陈颖 王俊	丁为建
256		国际二等奖(Honorable Mention)	高振鹏 钟研 杨杰尧	刘小兰
257		国际二等奖(Honorable Mention)	顾伟正 陈源广 叶浩辉	程永宽
258		国际二等奖(Honorable Mention)	韩龙啸 焦静娜 孙楠	茅新晖
259		国际二等奖(Honorable Mention)	何润 徐志鸿 李宁馨	谢波
260		国际二等奖(Honorable Mention)	胡家润 李焕红 罗李麒麟	茅新晖
261		国际二等奖(Honorable Mention)	花婉灵 滕飞 苏丽娜	程永宽
262		国际二等奖(Honorable Mention)	黄扶昶 陈明智 陈逸	刘深泉
263		国际二等奖(Honorable Mention)	黄思泳 潘旖琳 陈浩斌	覃永安

续表

序号	赛事名称	获奖等级	参赛队员			指导老师
264		国际二等奖(Honorable Mention)	黄 潇	陆健昌	程仲佳	覃永安
265		国际二等奖(Honorable Mention)	黄 耀	巫家程	孔 穆	谢 波
266		国际二等奖(Honorable Mention)	黄源星	潘琳莉	李嘉雯	曾才斌
267		国际二等奖(Honorable Mention)	姜融青	黄 鑫	林秀丹	覃永安
268		国际二等奖(Honorable Mention)	蒋豫蓬	马源均	王 澜	茅新晖
269		国际二等奖(Honorable Mention)	赖润和	贺 洋	周治平	刘深泉
270		国际二等奖(Honorable Mention)	赖莹莹	康江兵	刘潇仪	茅新晖
271		国际二等奖(Honorable Mention)	冷汶锋	柳 鹏	刘家宁	丁为建
272	2022美国大学生数学建模竞赛和交叉学科建模竞赛	国际二等奖(Honorable Mention)	李金鹏	李兆禧	朱浩楷	刘小兰
273		国际二等奖(Honorable Mention)	李晋宇	赵 曦	何畅允	茅新晖
274		国际二等奖(Honorable Mention)	李睿阳	苏熙宁	谢震燊	覃永安
275		国际二等奖(Honorable Mention)	李若冲	高怀基	黄凌云	曾才斌
276		国际二等奖(Honorable Mention)	李劭一	关舒文	赵坤宇	刘小兰
277		国际二等奖(Honorable Mention)	李澍豪	孙毅恒	薛有容	黄 平
278		国际二等奖(Honorable Mention)	李昱德	杨思远	何圳麟	刘小兰
279		国际二等奖(Honorable Mention)	李昱均	李泽诚	赵崇斌	刘小兰
280		国际二等奖(Honorable Mention)	梁浩楷	曾翔宇	吴 冕	曾才斌
281		国际二等奖(Honorable Mention)	梁露之	林睿聪	吕碧瑶	丁为建

续表

序号	赛事名称	获奖等级	参赛队员			指导老师
282		国际二等奖(Honorable Mention)	梁栩诚	叶丰维	胡骐韵	程永宽
283		国际二等奖(Honorable Mention)	梁倬荣	陆定迅	陈胤尧	谢 波
284		国际二等奖(Honorable Mention)	刘晓蕊	张雅雯	冯 心	覃永安
285		国际二等奖(Honorable Mention)	刘子炀	张千一	钟蔚婷	谢 波
286		国际二等奖(Honorable Mention)	龙春宇	吴雨夏	林紫盈	谢 波
287		国际二等奖(Honorable Mention)	罗佳玉	廖嘉敏	刘琪萌	谢 波
288		国际二等奖(Honorable Mention)	骆挺豪	涂思瑶	连伟鹏	黄 平
289		国际二等奖(Honorable Mention)	马丽雯	任新燚	李伟祺	丁为建
290	2022美国大学生数学建模竞赛和交叉学科建模竞赛	国际二等奖(Honorable Mention)	马梓瀚	林佑师	刘尔东	刘小兰
291		国际二等奖(Honorable Mention)	麦俊毅	邓登峰	马甜甜	黄 平
292		国际二等奖(Honorable Mention)	满超洪	黄皓明	胡守东	刘深泉
293		国际二等奖(Honorable Mention)	毛文科	刘羽彬	邬丁娜	黄 平
294		国际二等奖(Honorable Mention)	潘伟基	张闻杰	邹旻烨	茅新晖
295		国际二等奖(Honorable Mention)	全秦霄	蔡政特	林 睿	刘深泉
296		国际二等奖(Honorable Mention)	阮润柯	刘维维	赵也彤	茅新晖
297		国际二等奖(Honorable Mention)	沈鑫杰	何思成	吴霄鹤	曾才斌
298		国际二等奖(Honorable Mention)	施泽龙	杨 兰	刘发政	丁为建
299		国际二等奖(Honorable Mention)	苏宇程	陈 源	杨露薇	刘深泉

续表

序号	赛事名称	获奖等级	参赛队员	指导老师
300	2022 美国大学生数学建模竞赛和交叉学科建模竞赛	国际二等奖（Honorable Mention）	孙宇琛 杨磊 郭燚为	茅新晖
301		国际二等奖（Honorable Mention）	汤婧雯 朱恒睿 吴雨婷	曾才斌
302		国际二等奖（Honorable Mention）	唐乾 贾博宇 武义轩	刘深泉
303		国际二等奖（Honorable Mention）	田若瑶 于溥宁 郭常青	丁为建
304		国际二等奖（Honorable Mention）	田源 蔡浩生 苏珄韬	曾才斌
305		国际二等奖（Honorable Mention）	汪政垚 林煜炫 胡彬	谢波
306		国际二等奖（Honorable Mention）	王欢 姜笑玥 卢元	黄平
307		国际二等奖（Honorable Mention）	王力 肖嘉滢 陈钰滢	朱远鹏
308		国际二等奖（Honorable Mention）	王玲丽 范晓萌 胡家聪	茅新晖
309		国际二等奖（Honorable Mention）	王沁 袁丹澜 邢静远	刘小兰
310		国际二等奖（Honorable Mention）	王胜艺 王玉海 吕奇澹	刘深泉
311		国际二等奖（Honorable Mention）	王樾 罗胤仪 范天予	程永宽
312		国际二等奖（Honorable Mention）	吴洋 樊炎志 彭梓恒	曾才斌
313		国际二等奖（Honorable Mention）	徐洲 杜嘉伟 徐梦林	刘小兰
314		国际二等奖（Honorable Mention）	许家瑞 常致远 陈羿帆	刘深泉
315		国际二等奖（Honorable Mention）	许嵩林 唐斌 王萌	谢波
316		国际二等奖（Honorable Mention）	许妍 梁子诺 石唐丹妮	丁为建
317		国际二等奖（Honorable Mention）	许遵楠 陈敏 郑煜燊	丁为建

续表

序号	赛事名称	获奖等级	参赛队员	指导老师
318		国际二等奖(Honorable Mention)	薛俊和 陈光浩 王玮衡	刘深泉
319		国际二等奖(Honorable Mention)	杨翰璘 王 淳 陈惜如	刘小兰
320		国际二等奖(Honorable Mention)	杨明睿 廖泓哲 汪 钰	覃永安
321		国际二等奖(Honorable Mention)	余绍蓉 邓靖雯 赵宝柱	丁为建
322		国际二等奖(Honorable Mention)	张恩恺 王 呈 吴贵贤	曾才斌
323		国际二等奖(Honorable Mention)	张杰铖 冼荣徽 李稳强	刘小兰
324		国际二等奖(Honorable Mention)	张书勤 邹咏希 朱芳进	程永宽
325		国际二等奖(Honorable Mention)	张 正 马道帆 王嘉霖	覃永安
326	2022美国大学生数学建模竞赛和交叉学科建模竞赛	国际二等奖(Honorable Mention)	赵珈露 邱建宏 陈 湘	覃永安
327		国际二等奖(Honorable Mention)	赵 珊 梁杰敏 袁文浩	程永宽
328		国际二等奖(Honorable Mention)	赵芝瑶 袁崇哲 徐思飞	程永宽
329		国际二等奖(Honorable Mention)	郑旻哲 李欣忆 王诗淇	刘深泉
330		国际二等奖(Honorable Mention)	钟楚贤 李 奕 梁 玮	丁为建
331		国际二等奖(Honorable Mention)	钟丰泽 陈前宇 邓伟浩	刘深泉
332		国际二等奖(Honorable Mention)	钟宪庆 陈京明 张桂彬	谢 波
333		国际二等奖(Honorable Mention)	朱明冲 梁燕标 梁 辰	刘深泉
334		国际二等奖(Honorable Mention)	朱巧龙 潘 爽 谢洪毅	丁为建
335		国际二等奖(Honorable Mention)	朱玉寒 张哲睿 邢益玮	曾才斌

续表

序号	赛事名称	获奖等级	参赛队员				指导老师
336	第二届 ICAD 国际当代青年美术设计大赛	银奖	马紫怡	邓朗悦	盘家瑜	闫自强	李育奇
337		银奖	邓朗悦	马紫怡	许赋聪	徐子嘉	李育奇
338	2022 国际大学生手绘艺术与设计大赛	银奖	王梓懿	易芳蓉			
339	第八届全国大学生基础医学创新论坛暨实验设计大赛	银奖	洪锐 杨启健	简轶文	陈渝文	蔡佩琪	都小姣
340		银奖	尹博雅 黄培贤	黄雪倩	黄飞菲	郑威凯	张云娇
341	2022 全国大学生算法设计与编程挑战赛季度赛	银奖	程科源	曹馨元	翟宇炫		林连南
342	第二十届亚洲设计学年奖	银奖	包涵	刘雨琪	李泳怡	简菲	石拓
343	第二届英国生态设计奖	银奖	杨浩锋	谭家俊	张杰斯	苏一鸣	
344	2021 中国大学生程序设计竞赛总决赛	银奖	李珲	冼昊明	钱晨炼		冼楚华
345	2022 中国大学生程序设计竞赛（广州）	银奖	余梓灏	陈漫璟	梁耀威		冼楚华
346	2022 中国大学生程序设计竞赛（桂林）	银奖	谢丰泽	严浩文	李亨		冼楚华
347		银奖	冼昊明	李珲	钱晨炼		冼楚华
348	2022 中国大学生程序设计竞赛（绵阳）	银奖	冼昊明	李珲	钱晨炼		冼楚华

续表

序号	赛事名称	获奖等级	参赛队员				指导老师	
349		银奖	陈怡帆 吴敏倩 贾若涵	余泳薏 沈文日 姚烷梓	陈 杨 周晶宇 邱华迈	施金鎏 欧颖仪 黄韦璇	游丽君	樊霞
350		银奖	花浩锶 张 月 申 巧 林楚杭	王智奇 梁国栋 胡旭东 张中梁	何哲健 江 曼 吴晓茵	邝 锋 潘俊杰 谢俊安	徐向民	舒琳
351	第八届中国国际"互联网+"大学生创新创业大赛	银奖	卢 纵 刘明娇 胡安谦 杨水育	沈卓灵 罗米得 赵 珊 崔忠博	李欣怡 罗佳玉 常栩宁	刘晓旭 杜盼盼 杜宇琪	魏嫣莹	龚振
352		银奖	罗明昀 林雪敏 张文波 王 琛	杨水育 冯锦新 吴懿轩	冯柄豪 林 绍 孙雨佳	洪忠铖 陈鑫洋 周艳红	凌子夜 龚 振	张正国
353		银奖	许 昕 陈咏诗 刘仕宇	韦 婉 杨与时	赵 海 吕欣甜	李铭潇 周柯妤	张勃兴 许 治	王林格
354	第七届中国人居环境设计学年奖	银奖	黄钰婷	金 盛	王 楠	陈微微	林广思 萧 蓄	李敏稚
355	第四十七届国际大学生程序设计竞赛（沈阳）	银牌	谢丰泽	严浩文	李 亨		冼楚华	
356	第四十七届国际大学生程序设计竞赛（昆明）	银牌	许一多	马家俊	林靖沅		冼楚华	
357		银牌	谢丰泽	杨鸿飞	范天予		冼楚华	
358	第四十七届国际大学生程序设计竞赛（西安 EC-Final）	银牌	余梓灏	陈漫璟	谢文拯		冼楚华	
359	第四十七届国际大学生程序设计竞赛（合肥）	银牌	余梓灏	陈漫璟	梁耀威		冼楚华	
360	第四十七届国际大学生程序设计竞赛（杭州）	银牌	余梓灏	陈漫璟	梁耀威		冼楚华	
361		银牌	余梓灏	陈漫璟	赵冬青		冼楚华	
362	2022 中国大学生程序设计竞赛（绵阳）	银牌	程科源	翟宇炫	赵冬青		林连南	

毕业生名单

2022届博士学位获得者名单

经济学博士

应用经济学

陈茜儒　陈　卓　胡晓怡　李　奎　孙菁靖　孙小哲　王晨晨

法学博士

法学

唐燕勤　薛　锐　叶开强

马克思主义中国化研究

黄宗芬　李键江　王金玲　王庆林　王晓燕　杨晓茹　曾云珍　邓信良　阳雨璇　邓映婕　余建斌

理学博士

数学

陈健夫　龚伟华　陶　婷　姚焕城　钟佳元　姚方艳　刘亚茹

基础数学

陈月球　梁艳影

应用数学

王成红

运筹学与控制论

舒　灏

物理学

陈剑锋　郭元锴　黄承稳　罗　丽　牛　菲　丘绍斌　文　妮　谢文强　杨雅婷

化学

刘晓博　王春丽　王淦诚　袁晓晴　赵曼琳　方松佳　郑　昭　陈　洋　韦何磊

无机化学

黄劲华

分析化学

杨　捷　莫泽源　周　仪

有机化学

聂　飚　程　健　吴璟华　杨永杰

物理化学

仇 殷 邹凯翔

高分子化学与物理

陈 磊 李 牧 王亦聪 徐 威 王 蒙

生物学

刘 茵 王 宁 相欣然 周宝青 朱晁谊 闫文霞 庄镇堃

微生物学

察亚平 姚栩荣 穆德梅 刘远超

细胞生物学

黄梦醒 梁士伟 王成博 杨思雨

医学生物学

李俊敏

工学博士

力学

曹亚军

固体力学

边雅龙 张宁泊 王鹤然

机械工程

曹亚超 苟竞仁 何 超 黄平南 李 凯 李文锋 廖奕校 庞水全 庞学勤 童 芳 徐 潇
钟桂生 周建熹 陈 杰 崔延鑫 冯华渊 郭小兵 马 磊 肖小平 臧 浩 高天元 黄双远
黄晓芳 贾 顺 蒋 春 蒋 飞 李灿然 李超众 李积迁 李 杰 汤少敏 王 戈 谢海龙
余利民 曾家铨 NGUYEN TUYEN VU

车辆工程

李屹罡

材料科学与工程

艾孝青 陈 康 陈孔麒 陈木华 邓才灏 方仕峰 冯 旭 冯 翊 郭晓敏 何 超 胡 朋
黄 柏 黄今殊 李梦珂 廉卫珍 梁显荣 廖恒斌 林延锐 马杉杉 孟显娜 任敏润 伲 涵
宋东福 宋 煜 唐弓斌 唐浩然 王剑桥 王晓静 谢文韬 熊 浩 许 可 杨才耀 杨瑞瑞
杨文超 杨 振 尹 辉 袁 东 张德超 张明鑫 张 鹏 张庆磊 赵铎凯 郑佳鑫 郑昱林
周智豪 邹永鸣 曹文湘 方 舟 李 豪 刘雨轩 刘政波 陆牧南 谈 诚 于茂兴 周 霞
陈志平 何家毅 兰雪侠 梁阳彬 刘 恋 刘 勇 覃昌生 王焰林 韦星兆 肖永宝 周宇彬
曾昭密依 MUHAMMAD SUFYAN KASHIF NASEEM

材料物理与化学

朱炎彬

材料学

龚振远 罗顺杰 田 维 杨鹏飞 姚大华 吕海涛 唐俊州 叶灿彬 张育华

材料加工工程

胡松喜 李道喜 廖雪峰 卢海洲 唐漂萍 肖 猛 徐 星 张家胜 赵世谦 黄亮君 具嘉峻
李京懋 柳中强 刘 斐 罗 炫 任奕坤 SAHAR OSMAN AHMED IDRIS

动力工程及工程热物理

陈新飞 李学仲 叶 托 覃淮青

化工过程机械
胡 昆　许强强　章金鑫　黄孔星
电气工程
陈梓瑜　沈志钧　谭碧飞　马文杰　吴理豪
电机与电器
曾观保
电力系统及其自动化
郭采珊　邱洛楠　殷珊珊　游 阳
高电压与绝缘技术
王 乔　王 瑞　谢心昊　陈彦文
电力电子与电力传动
胡 望　魏芝浩
电路与系统
刘路路　杨洪财
物理电子学
陈斯源
微电子学与固体电子学
陈雅怡　高 升　廖美焱　徐煜明
电磁场与微波技术
聂 娜　邱 枫　谢 雅
信息与通信工程
黄雄波　陈 航　陈宏尘　冯翔飞　韩瑞艳　黄俊楚　李慧阳　林少娥　刘红梅　罗灿杰　罗耀忠
王倩倩　温清机　吴迪斯　杨圣杰　杨思源　张亚芳　王 萌　蔡 磊　方 欣　林 鑫　任君玉
温宇馨　张 章　陈 绚　李 超　庞文丰　PERRY FORDSON　HAYFORD AGBANU　IQBAL ZAHID
控制科学与工程
陈思远　黄龙旺　黄炜琛　李世鹏　廉胤东　梅艳芳　时昊天　徐嘉明　许 甜　易泽仁　曾鹏宇
郑陆楠　周亚军　高 勇　黄大榕　李 东　冯俊健　秦 通　杨伟力
控制理论与控制工程
程子欢　李俊辉　李艳杰　闻 成　张香竹
检测技术与自动化装置
潘 创
模式识别与智能系统
潘志锋　JAMEEL AHMED BHUTTO
计算机科学与技术
王 丽　刘晓锋　王雪菡　徐禹洪　张曦月　张 滨　蒋 俊　黎建宇
建筑学
芮 俊　熊 涛　张 杨　李 军　郭 嘉　李 楠
建筑历史与理论
易晓列
建筑设计及其理论
林伟斌　杨 鑫　林 畅　杨 定

建筑技术科学
崔雨萌　梁林达　郑海超　熊　威
岩土工程
程　力　谢杰辉　王　齐
结构工程
段　静　黄狄昉　林　涛　卢盛灿　覃健桂　冼剑华　胡　滨　赖　骏　宣　颖　殷涂龙　张蓝方　朱昊梁
桥梁与隧道工程
黄昆泓　陈　炜　纪键铱
防灾减灾工程及防护工程
闫　佳
化学工程与技术
方耀兵　牛俊祎　田玉琴　陈碧玉
化学工程
邓　琳　黄文权　李　浩　李青云　刘兆利　吴玉芳　杨翠婷　樊　荻　黄　思　连泽宇　饶　成　周　杰　陈　博　卢明莉　杨　谦
化学工艺
樊涛涛
生物化工
刘泽宇　张星宇
应用化学
姚　文
能源化学工程
曹嘉豪　潘安健　吴　超　张文波　郑湘君　刘腾庆　岳莺莺
制浆造纸工程
廖建明　郭莎莎　李　姣　栾鹏程　宋　强　张思晗　宋　欢
制糖工程
陈赵杰　崔　峻　解慧芳　袁　毅　张振辉
发酵工程
李雪杰　林珂瑞　王登刚　张　豪　张新颖　赵难难　陈美琪　陈庆生　朱宝君　王　文　肖睿铭　曾嘉锐
生物质科学与工程
党　超　敬霜霜　李　迪　刘小红　孙倩玉　韦　懿　张存智　卓　浩　王　阳　何　甜　胡艺洁　田胜龙　王　明　杨林杰　张福龙
道路与铁道工程
唐　峰　陶子渝　李　奇　徐　驰　杨　宇
交通信息工程及控制
耿庆华　黄　鑫　吴　攀　周楚昊
交通运输规划与管理
姜　莉　尹燕娜

船舶与海洋工程

李　军

船舶与海洋结构物设计制造

杨显原

环境科学与工程

樊　洁　　方婷婷　　贾亚婷　　李晓飞　　刘　航　　刘子丹　　陆梦华　　潘　艳　　王婧豪　　邬　鹏　　肖高飞
叶权运　　游莹莹　　郭瞻宇　　郑嘉毅　　邓建平　　丁泽聪　　黄仁峰　　马金玲　　宋　晗　　万一平　　张广洋

绿色能源化学与技术

何祖韵　　周明扬　　郭利平　　钟文涛

生物医学工程

黄晓婉　　黄雪连　　金靓洁　　黎昌昊　　莫云飞　　童其松　　涂雅兰　　吴晶晶　　肖　炫　　徐　炜　　袁月玲
张路辉　　张伟男　　赵　亮　　吴林秀　　范亚楠　　黄　华　　孙晓敏　　张京扬　　张　政

食品科学与工程

陈浩宏　　陈　颖　　谌　凯　　窦祖满　　葛　鸽　　郭泽望　　蒋文馨　　莫　岚　　宋田源　　宋振环　　温庆辉
吴　轶　　夏　娜　　许海霞　　杨　柳　　张　琪　　张　月　　朱静静　　崔瑞国　　黄伦杰　　贾祥泽　　李冬梅
梁　珊　　董　洲　　龚聪聪　　田　由　　王高尚　　夏　文　　许飞跃　　曾　谛　　郑家宝　　周福珍　　林俊杰
倪子富　　潘园园　　王庆科　　王姝杰　　韦昀姗　　杨润青　　ESUA OKON JOHNSON　　　HEERA JAYAN
CLEMENT KEHINDE AJANI

城乡规划学

程　娟　　张园林　　赵永琪　　李　刚　　赵楠楠　　陈　璐

风景园林学

胡泽浩　　赵晓莺　　郑　舰

软件工程

周靖凯　　邹全义　　陈奕男　　冯夫健　　王腾云　　杨舒玲　　赵阳洋　　AIMAN ALMUTASEM BELLH
OSMAN SOLYMAN

网络空间安全

吴小坤　　闫幸福　　张媛媛

医学博士

生物医学工程

安建虹　　胡仁东　　黄　睿　　苗秋菊　　姚纪友　　郑媚美　　朱盼盼　　黎雪桃　　王崧榕　　朱　茜　　王梅梅

管理学博士

管理科学与工程

蔡子功　　龚　学　　郭秀强　　黄柳健　　罗泰晔　　牟梓豪　　张　雄　　何小雷　　李启洋　　夏　倩　　张　发
张雪彤　　郝彩霞　　刘　桔　　牛　朋　　孙翠英

会计学

李　瑞

企业管理

秦传燕　　秦　睿　　唐　研　　王鹏程　　徐光毅　　谷欣然　　钱　晨　　赵文丽　　胡晓丽　　杨书燕
NATTAYA CHAMTITIGUL　　　CHANG YUANZHENG

旅游管理

尹书华　张　洁　张红喜

技术经济及管理

温敏瑢　谢　斌　杨芳芳　余　芬

工程博士

能源与环保

陈冬冬　陈思莉　代　洲　关玉衡　李嘉文　李义豪　刘学明　刘　尧　罗新浩　马向东　沈跃跃
唐智洪　陶以彬　薛晓舟　袁　旦　曾功昶　曾译葵　张海川　赵帅奇　郑　尧　朱继松　朱志华
曹志桄　陈博儒　胡　文　王永飞　郭上华　胡春潮　黄　智　尹宗杰　张明霞

电子与信息

冯婉媚　黄仝宇　贾飞飞　彭泽飞　王炜发　吴宝奇　衣新燕　张鹏宇　付　兴

机械

陆志猛

材料与化工

刘孝青　汤小辉　李　威　刘　双　景艳芸

资源与环境

陈美龙　刘泽珺　谢　湉　梁小明　张加奎　高　晴

2022届硕士学位获得者名单

经济学硕士

区域经济学

陈顺婷　陈晓欣　赖晓璇　邱亚萍　王铮钰　张丁山　钟　玲

金融学

陈浩鹏　黄瑞欣　黎家坤　廖至楠　林杨鹏　刘登权　刘建林　刘伟其　罗晓蔓　马佳伟　苏雅萍
孙　贵　汪小慧　吴晨阳　吴　迪　杨　颖　杨卓文　易慧珍　詹爱娟　张　滢　欧阳瑞玲

产业经济学

艾永明　陈华卿　程华强　王　震　许　萌

国际贸易学

方　静　郭　鹏　李晓萍　李　韵　孙佳欣

数量经济学

李骅晋　谢胜文　杨振鑫　曾艺林　张莉维

法学硕士

法学理论

陈剑锋　何彩君　黄紫宏　刘阳玲　刘志锋　姚继玲　周泽颖

宪法学与行政法学
佘锦燕　曾　鑫　苗运卫

刑法学
冯小桓　胡伯瑜　刘娜英　马志尚

民商法学
邓靖俞　樊　锦　黄梨珊　王沁茹　吴莹莹　章钰钿　朱红飞

诉讼法学
何柳汝　黄　弘

经济法学
陈佐健　何嘉晔　罗雅文　游少媚

国际法学
白　丽　李雅颖　林梦若　孙丽莉　汤圣琳　徐　菲　徐　瑞

知识产权
黄　睿　黄　涛　黄　钰　吕金津　马志伟　彭湛琪　徐黎艳　余家雯　郑闽盛

马克思主义理论
曹慧敏　陈　琳　陈烁琛　陈文凯　崇瀚文　代盼盼　邓璨明　郝静茹　何廷江　胡欢欢　黄琪琦
黄仁凤　黄　珍　姜　玲　李晶晶　李慕虹　李尉清　李　霞　梁诗艺　凌珍珍　刘　倩　罗祥美
吕春娟　屈　丫　申　毅　唐　瑶　王　浩　王联稷　王麒竣　温盼利　向丰华　谢永威　许国燕
杨　阳　余柳莎　余琪玮　袁金芳　张春燕　张　娟　张玮洁　张新宇　朱丽洁

教育学硕士

体育学
方绪东　李　丹　梁劲生　邱雅玲　谭红玲　王涛涛　王泽凤　夏之阅　许　崴　薛广佑　阳　淇
姚明月　余贺新　张敖玮　张　瑶　张志成　张智建　周述杰　朱考红　杨蓉楠

文学硕士

外国语言文学
包伟玲　毕　宇　蔡森霞　陈国玲　陈　琪　高绮红　简倩桢　李蔓玉　林丽玉　罗钦杨　王华安
王煜婕　吴铄子　伍叶子　肖　敏　杨　帆　张银燕　周　丽　陈　斓　布玛热耶姆·伊米提

新闻传播学
陈诗洁　陈思华　单依依　丁惜洁　方　园　冯雅菲　胡灏骞　黄文杰　蓝梓铭　雷依洁　李可欣
李　娜　李闪闪　李婉旖　刘　颖　刘紫芸　罗玉清　麦茵茹　宋　晖　孙闻殊　习近民　邢向荣
许佳欣　晏旭姣　杨　宏　杨锦玲　周瑞锋　郭雪琪　雷丑霞　李俊韬　李　缘　彭　峰　朱裕银
TRAN THI HUONG MO　　TRAN THUY TRANG

理学硕士

基础数学
邓鹏辉　黄佳琪　黄锦威　来　源　聂东立　彭春柳　孙　超　余　淼　张龙华　钟天一

计算数学
金明旭　廖嘉裕　林祖轩　莫小杰　林　晨　廖锦潮

概率论与数理统计
陈嘉星　陈永霖　董晓帆　黄翠榕　霍仕峰　李凌楠　李宗浩　杨淋淇　袁永康　张静仪　周良科
应用数学
储佳玮　郭慧静　郭　锴　何鑫莹　黄晓珊　林晶晶　刘凤玲　刘佛香　柳宝根　马　硕　邵慧婷
陶　露　王宏涛　王瑞琪　伍小莉　谢小毅　徐凯滢　徐　源　张小曼　赵　晖　朱　玲
ALQAHTANI BUSHRA ABDULSHAKOOR M
运筹学与控制论
柳　智　翁艺鸿　谢奕彬
理论物理
彭　程　武相龙　张定昌
凝聚态物理
陈俊岩　陈　铭　陈怡豪　龚建华　黄金珍　金昊霖　黎嘉杰　吴　健　夏　群　谢骏华　姚　珩
叶家容　郭必诞　邢雨锟
声学
陈嘉晨　李枚锖　杨虹金
光学
陈　玲　陈　胜　方　溢　黄梅婷　李剑飞　李铭洲　林泽浩　刘　霜　刘伟崇　潘剑波　王梓杰
文晓晓　曾　健　曾柳莹　张家蔚　郑伟鑫　沈　霈　吴经锋
化学
陈虹州　陈嘉骏　陈乐施　陈肖琼　谌小燕　刁翠华　段　鹏　范瀚林　方晓杰　冯慧娟　符　鹏
甘梓琪　高芷敏　耿碧君　何跃明　黄家俊　黄振腾　黄钟全　江修雨　赖培旭　李俊杰　李绿荫
林慧珊　林晓宇　林梓东　刘家敏　刘杰淳　刘美玲　龙　芬　卢昭阳　吕敏莹　马亚敏　毛文卉
任清凡　宋庆豪　孙铭英　王德麒　王　潇　吴艳军　伍倩清　夏文乐　肖琳琳　辛舒琪　闫春晓
杨　浩　杨灵芬　姚青林　叶炜杰　余秋健　袁　玲　曾晓冰　詹城栋　张静文　甄广进　郑佳芬
钟慧池　钟丽坤　周华健　周　凯　周林勇　周文晨　曹友晋　杜萧萧　何东荣　黄享悦　王倩倩
夏博宇　徐　苗　杨　烨　朱佰尧　陈俊朗　陈文韬　邓生贞　方文杰
物理化学
马　骏
高分子化学与物理
柯尊业　孟晓娟
生物学
蔡思泽　陈佩瑜　邓梓枫　何昌生　何舒韵　黄巧仪　江秋悦　李海新　刘步蟾　刘　珊　潘丽洁
舒　娜　司徒屏　谢嘉睿　熊　厅　许　玥　杨　练　喻　泓　曾　旭　张慧敏　何子青　胡清秀
黄敏涵　刘媛琪　游　侠　朱文君　左青霞　何传平　姬彦儒　罗　奎　丘　丽　吴佳霖　杨　璐
于翔凡　周雨乐
生理学
刘　望　苏水秀　易　婕
微生物学
陈敏玲　陈　颖
生物化学与分子生物学
黄晓园　杨佳宁　黄舒婷

医药生物学
卢丹妮

生物医学工程
董洎瑀	韩婉茹	韩卫菊	黄永聪	李佶锶	刘珂	刘梦婷	刘晓东	马尊伟	彭尧天	苏虹娴
闫晓楠	袁海鹏	袁紫慧	张坤宝	张明豪	周洁莲	崔凯				

工学硕士

力学
陈能翔	林建生	马庆	唐梓棋	武天冲	周颖	曹扬健	程明	魏能	高源	吴作栋

机械工程
蔡家富	蔡彦培	陈国豪	陈浩宇	陈家泳	陈思文	陈勇军	陈有栋	陈泽达	丁伟洋	方展杰
高明阳	龚政	何林	胡浩忠	胡嘉辉	胡晓阳	胡泽华	黄家骏	黄健生	黄乐	黄美华
黄鹏	江健	赖立炫	赖威	兰侨	黎子田	李泓沛	李嘉平	李涛	李扬号	梁顺铭
林成启	林峰	刘阳	刘勇	逯胜磊	骆春林	麦锡全	欧远辉	裴凯	彭增文	钱嘉诚
邵常焜	石俊杰	石紫娴	帅茂	宋德志	苏恩泽	陶洪达	陶一文	汪子钦	王瑞	王顺栋
王志威	王卓然	魏贤忠	伍森磊	伍占慧	冼晓明	谢章雄	徐力	徐郑攀	许刚	许锦盛
薛泽浩	杨坤	杨纳川	叶胤桐	余炳寰	余龚桂	余秋霖	曾俞宁	曾煜财	张川洋	张沈超
张欣博	张野	张颖	张越	赵永豪	郑琛	郑家和	郑伟	钟威	朱锡军	朱勇强
陈泽田	楚世赟	董柳杰	方晓琳	何文亮	贾思钰	李威	罗曼锶	杨佳伟	曾昭呼	周丹砚
陈伟良	胡杨	李光发	刘扬靖							

材料科学与工程
毕子珺	蔡鉴恒	蔡伟希	蔡正楷	柴华卿	陈昌远	陈浩	陈继庭	陈良键	陈龙琦	陈美华
陈思婷	陈寅初	成天乐	程文	程颖	池嘉锦	戴文韬	邓炽裕	邓立松	丁纯纯	董倩
范金花	冯贺祥	冯思锐	冯滢	干晟明	高望峻	高远	关少聪	郭梦城	韩杨洁	郝永志
何俊初	何淑倩	何玮鑫	何志豪	侯旺文	胡迦诚	胡隆	胡鑫	胡依伦	胡志永	黄斌
黄崇洋	黄家浩	黄敬龙	黄磊	黄丽静	黄琳琳	黄灵	黄淑敏	黄薇	黄晓怡	霍金磊
季倩倩	江博凡	江远彬	颉康洲	金斌	柯梅雪	邝路东	赖顺琪	雷淑仪	黎丰霆	黎皓
黎晓琳	黎新	李柴颖	李成波	李春霞	李丹妮	李东甲	李昊晨	李家明	李曼	李培育
李晴	李全	李帅	李玮	李祥	李潇	李小光	李欣晏	李新香	李燕南	李依玲
李映雨	李玉轩	李运帷	廖佳宁	廖为民	廖云鹏	林彩红	林东键	林键颖	林小清	林银华
林育林	林智霖	林梓宇	凌霞	刘澳	刘龚关	刘华清	刘惠明	刘嘉雄	刘俊邦	刘芘
刘森坤	刘珊珊	刘诗博	刘帅	刘涛	刘啸刚	刘欣	刘中央	柳琴	龙昊	卢杰
罗鸿峰	罗娟娟	罗煜林	马韵清	宁弈	潘玮辰	潘文萍	潘优桃	裴嫒嫒	彭楚汗	邱楚濠
邱奇	邱燕萍	史国利	帅忠源	宋小姣	宋鑫晏	宋子辰	苏晓哲	苏引枢	孙笑晴	汤以勖
唐冰	唐辰屹	唐海婷	唐磊	田士增	田文章	童浩瀚	万喆	王冰林	王海婷	王健辉
王玲	王令姣	王敏慧	王榕	王伟涛	王亚琪	王义茹	王勇	王钰	王泽俊	王志东
魏伟	温凯皓	文凯	吴晗鑫	吴青	吴镕	吴伟健	吴依帆	吴雨财	吴祖骥	伍鑫
武泽润	项林忆	肖冲	肖楷彬	肖毅	邢玉静	熊起	熊世诚	熊远	徐聪	许博
许嘉鑫	许培	阳柄贤	杨济侨	杨继荣	杨婕	杨鑫	杨幸霖	杨永伟	叶希韵	叶子青
尹剑锋	于贺川	袁中润	曾小芳	张晨星	张程	张观广	张广勇	张家晴	张洁	张润林
张希	张雪勤	张怡茹	张益衡	张誉瀚	张悦悦	张云声	张泽健	张照国	张志博	赵璐
赵伟	赵尉铭	赵云丽	甄富超	郑键霖	郑龙珠	钟全发	周欣琴	周鑫	周颖博	周颖芝

朱 杰　朱杨菲　朱媛媛　崔乃夫　邓青松　蒋泽祺　李慧敏　李剑贤　孙赵军　田信龙　袁子奇
褚凌浩　史飞鸣　李石敬敏　诸葛有强　KENMOGNE NDJOKO MAURICE FRANCK

软物质科学与工程
蔡 栋　何国恒　刘泉杉　唐文滔　许啸天

动力工程及工程热物理
陈锦鹏　陈润琪　丁思淳　杜斌云　高振波　郭嘉炜　郭剑成　郭郑道　贺菡琰　黄 哲　李德强
李 攀　李勇亮　梁杰恒　罗江诚　彭泽昱　吴康洛　吴泽豪　熊 瑭　徐水秀　杨春邦　杨海亮
易天坤　余银豪　郑 扬　周俊杰　李桂中　杨书斌

材料学
王 康

电气工程
班鹏程　毕浩然　陈 润　陈书樑　陈思强　陈镇煌　陈镇生　陈忠琪　邓梓颖　杜 岩　付 博
管维灵　何 宁　洪文慧　胡智浩　黄剑平　黄俊达　黄思维　黄雪薇　纪 超　江心怡　蒋朝宇
赖承中　赖 臻　李 捷　李 敏　李思琪　林盛振　林晓婉　林泽辉　刘润泽　罗小杰　骆腾燕
聂阳阳　宁明超　潘世贤　裴振坤　沈 锂　苏恒炜　苏洁莹　屠浩存　汪 剑　王 瑾　王 泉
王兆延　吴翠清　吴滋坤　谢 东　徐 达　杨剑文　杨墨缘　杨宇健　叶运铭　余雁琳　曾 含
张焕明　张良权　张伟勋　张伟悦　张毅斌　张子鸿　赵柏宁　钟明明　钟 智　纪华昱
TASARRUF BASHIR

电机与电器
陈宗科

电力系统及其自动化
李泽华　张道路

物理电子学
黄成梓　兰天翔　梁 旭　孙肖然　王 错　王玉荣　郑思齐

电路与系统
洪 杰　黄宇浩　刘文涛　万诗雅　王 妍

微电子学与固体电子学
陈景梵　陈 明　黄进波　李丹花　钮 东　宋睿睿　汪 都　文明珠　熊胗婷　徐香琴　姚书南
张孟港　赵 攀　赵晓曦

电磁场与微波技术
李登红　秦 冲

信息与通信工程
蔡楚鑫　曹俏钰　陈 昊　陈敏园　陈学斌　陈子龙　邓祖稳　丁泽锋　方 越　冯贺森　冯云瑞
高飞翔　龚 宇　郭 成　郭沛榕　胡 凯　胡毅凡　黄 婧　黄俊贤　黄袁云　黄梓纯　江钟杰
赖志鹏　雷 杨　李 凯　李鹏乾　梁俊韬　刘明星　刘亦旸　柳宇非　卢伟锐　吕玲玲　马伟洪
宋书华　苏雅诗　孙 毅　田颖慧　王鹏飞　王雯莹　翁子淳　巫朝政　吴 港　吴跃盛　伍思航
肖 瑾　肖 宇　谢 靓　谢书慧　谢晓娜　许施婷　许泽林　严鑫鹏　阳 平　杨树南　杨雅静
杨弈才　姚逸慧　印 博　余 婧　曾 志　张浩健　张河锁　张健铭　张 琦　张莹莹　赵艺璇
郑学贤　周 哲　朱轲信　朱一秦　左云杰　胡军委　李迎港　罗雄耀　彭一鸣　魏利娟　伍冠中
张国雄　JAHANGIR KHAN

通信与信息系统
齐晓敏　王凯炼　TIENTCHEU TOUKO LANDRY DEJOLI

信号与信息处理
李金荣　许见微

控制科学与工程
蔡烨	陈聪	陈勤智	邓海星	窦通	甘军保	高天啸	郭淑平	郭学伟	郭之恒	韩进
黄星豪	黄奕聪	孔祥宏	旷昊恒	李卡奇	李新玲	林尹雁	刘成吉	刘缘生	倪俊	宋永昊
覃姜	唐国东	万福玺	王佳佳	王业腾	温坤强	吴阳	伍鹏飞	奚达涵	夏德强	向照夷
萧华希	许斯涵	闫甜甜	闫箫同	颜世露	杨伟荣	叶欢霆	余枝隆	袁珑华	曾海峰	曾子牛
张广滔	张航	章晓晗	章振逸	周泳鑫	朱志聪	陈泽同	刘琪	孟光照		

计算机科学与技术
蔡林超	柴亮宇	陈浩鑫	陈佳新	陈若晖	陈婉昕	陈希杰	陈泽君	陈卓杰	陈子航	程田田
邓骏杰	邓壮杰	黄梦雨	黄天晟	黄薇娴	贾雪	简俊荣	景奇	李东芮	李弘	李述特
李伟	梁浩赞	梁桥友	林大略	林宇	刘宝铃	刘思晨	刘艺	马鑫鑫	缪宏乐	莫振尧
宁润	欧昭婧	潘乔峰	蒲小年	任苏成	滕宇	王博	王高山	王瑞民	王尉铭	魏廷洋
吴丽娇	夏飞	谢林森	谢欣言	徐映雪	杨宜涛	姚庚成	姚坤	叶超	叶锐智	余忠忠
曾繁忠	曾思铭	张佳	张鸣阳	张星海	张永德	赵森华	郑佳炜	郑镇境	周钦宇	诸俊浩
庄荣忠	崔婧楠	黄润	缪志斌	张惠嵌	郑滨雄					

建筑历史与理论
曹海芳　周冰鸿

建筑技术科学
蔡俊丽	李晶磊	林雪	刘静怡	刘璐	毛会军	石宪	王邑心	周忠瑞

土木工程
白城宗	蔡燕飞	陈广韬	陈金鑫	陈瑾	陈佩琪	陈珊珊	陈万昕	陈彦霖	陈钰萌	陈智锋
邓磊	范海坚	冯丽娟	高晨源	郭俊标	郭倩倩	郭志峰	洪书涛	胡文魁	黄瑞珂	黄新晨
李福恒	李佶宏	李杰杰	李鹏麟	李雄飞	李壮壮	梁晓敏	林焕杰	林韬略	林晓祥	刘顺发
陆周瑞	邱俊明	邱钟宏	邵振华	邵芷璇	申继辉	宋文彬	万莹	王培钊	王朋宾	王煜北
文汝兵	吴毓	向璐佳	熊真健	徐亚飞	杨翊	杨玉洁	余克鹏	余梅霞	章健铭	郑嘉豪
郑仲荣	周树津	周振峰	邹宇远	陈银城	梁耀聪	刘怀宇	张思帆			

化学工程与技术
蔡楚玥	蔡佳浩	曹灵峰	陈晨	陈梦龙	陈其亮	陈汝嘉	程宇	代晨	单紫薇	邓松剑
邓素芸	邓文浩	段加超	樊江	甘斌	顾亚红	郭辰欣	郭巧芬	郭通天	何锦德	何循标
侯金醒	侯竣升	黄柏浩	黄广	黄洪	黄家荣	黄金美	黄圣欣	黄哲超	蒋超	蒋太平
李灿欣	李丹	李慧娟	李锦兴	李俊杰	李文锋	李欣玉	李轩	李治平	廖腊梅	林长荣
林倩	林绍	凌坤	刘红豆	刘宏斌	刘鸿益	刘家良	刘权锋	刘思聪	刘晓腾	刘燕妮
陆燕玲	骆文森	吕雄宪	马玉杰	孟鹏飞	默圆	牛晓春	潘雪岭	裴公萃	戚文杰	钱干
钱诗卉	丘文娟	丘莜柔	苏苗苗	孙兰	唐小月	王丹	王慧琳	王志桥	王子鉴	文思斯
吴梦瑶	吴宜达	吴跃行	伍林立	武顺杰	夏晓萌	肖丹	肖楷	谢远祥	熊梓航	徐光登
徐青荷	颜欢	杨鸿荃	叶礼铭	余汪洋	张冰瑶	张靖瑶	张娟	张丽珠	张敏	张鹏
张栓	张笑容	张娅	张一帆	张占占	张志杨	赵文杰	郑彩娟	郑景元	钟坚	钟銮盈
周铭军	周意	周玥晨	朱慧琳	邹婉盈	邹莹	姬兵	许文富	张易凡	谢杭锋	张浩城

化学工程
何扬静　黄悦　吕振强

制浆造纸工程
产慧芳　陈双双　崔结东　杜　建　郝鹏飞　贺万里　胡梦想　华梓妤　黄　岩　贾冬梅　蒋立建
雷春发　李冠辉　李仁坤　李盛世　李文强　李　杨　刘　宁　刘小滨　邱　格　任瑞雯　沈晓宁
史蓝洁　田婕妮　王洪远　王　平　王欣莹　王新宇　王子飞　谢可欣　熊洁怡　许　洁　阳　东
杨塬兴　余秋梅　俞梦兰　曾展霆　张　霄　张宇翔　刘艳萍　文　颖　谢宝珊　葛　遥　吴　继
张延迪

制糖工程
李小英　刘　苑　刘子奇　苏　爽　杨　帆　杨培培　薛青荣　董李雅　罗慧芬

发酵工程
顾淞洁　胡　曦　黄金榕　赖静娴　李林祥　李　文　刘　鹏　苏晗涛　肖　阳　杨家明　于一帆
钟敏敏　黄志贤　马佳媛　梁诗雅　刘　彤

生物质科学与工程
陈俊青　陈永康　何梦筠　黄中原　李　莲　李腾飞　林乐怡　刘麟翔　祁　石　时兰兰　宋　睿
王江丽　王梦迪　王善勇　姚　露　叶　科　张海珊　陈　功　张谭昊

道路与铁道工程
陈政雄　葛洪成　简世民　江财峰　林万伟　秦梧豪　涂当正　杨　程　姚诗忆　余　珩　陈　语
李沛昊

交通信息工程及控制
陈路路　陈　曦　何艺涛　贺晨醒　罗芷晴　彭丽如　吴泽荣　黄德东

交通运输规划与管理
陈思亦　蒋　晗　王　伟

船舶与海洋工程
罗鹿鸣　王宇帆　周诗博　付南聪　高　琅　黄雄星　汪　强　薛晗露　曾祥斌　张仕华

环境科学与工程
毕耘静　陈　航　陈华坚　陈琼姗　陈　莺　陈　颖　陈永兴　陈榆榆　邓郁蓉　甘　琪　郭安琪
何春凤　侯　晋　胡凤洁　胡　悦　黄树锋　季　翔　姜　璐　兰滢滢　雷　雨　李金秀　李　梅
李晓英　梁冬敏　刘学辉　刘志举　马冠宇　马　伟　石韵琪　孙　星　唐　云　王　旻　王少辉
王亚坤　卫晓蓉　吴树跃　肖嘉慧　谢咏昌　徐玉婷　许人鑫　袁　乐　袁　野　郑小贤　朱　文
祝紫莹　宾宇良　陈晓迈　崔先蒂　范　盛　胡　蝶　黄续鉴　黎伟权　林家驹　刘惟飞　马　遥
齐辰晖　邱培鹏　王煌彬　王芷薇　袁　欢　陈　桂　陈　莹　卢诗文　束秋子

环境工程
全　星

绿色能源化学与技术
刘冬冬　刘秋宇　谭　楷　朱昱光　李金阳　刘　哲　向　静　杨洪宇

生物医学工程
柯鹏飞

食品科学与工程
白　泓　曹晓璇　陈　菲　陈　慧　陈裕鸿　崔华玲　崔世博　邓卓瑶　刁聪聪　杜　鹏　范家琪
高　瑞　高若航　高　雅　高尤诚　龚　胜　贺子倩　胡涵翠　黄楚君　黄婉琼　黄韦璇　黄韵霖
黄　喆　黄梓堃　贾雨含　江轶群　蒋天宇　敬雪莲　赖姗姗　李　超　李红叶　李季林　李　萌
李文科　林叶萍　刘晨迪　刘丽君　刘　琪　刘　琪　刘西敏　刘依林　路　念　罗秀儿　毛雪静

莫林凡　聂仕瑛　牛雅惠　潘蕾蔓　潘晓丹　庞亚星　彭思琪　乔泽茹　秦思文　石　佼　舒　灵
宋丽雯　谭浩东　田倚凡　汪慧芬　王尔纯　王靖雯　王璐莹　王书馨　王祉昀　吴凯云　吴诗敏
吴昕如　吴宇森　吴　月　肖　月　徐诗琪　徐天雄　徐婉莉　许梦月　闫彩云　严宏康　杨文涵
杨　晓　杨　杨　姚烷梓　叶鹏辉　余建英　余心淏　喻春燕　岳海鹏　曾沐芝　湛瑾璟　张道瑞
张如意　张　晟　张小素　张　英　赵洪英　赵思博　赵文珂　钟　敏　周钦育　周　文　祝素莹
徐子惠　徐　飘　KANNIKA AUMPAI　　　　NUR SHAFIKA BINTI ABDUL KADIR

城乡规划学
白　雪　陈安德　陈嘉悦　陈慕婷　韩咏淳　黄潇楠　刘　婷　罗思仪　彭丹丽　汪　琪　魏纾晴
萧靖童　钟卓乾　朱雅琴　唐　双　张菀书

风景园林学
陈康富　陈少薇　黄　琛　黄海琪　黄子贤　李　雄　林中晓　罗嘉宇　马佳星　孟　晗　王　一
严海洲　杨州曼　余俊颖　张一蕾　赵奕楠　朱　欣　尚芊瑾　彭司晗

软件工程
陈　峰　陈文慧　陈学鹏　范中杰　何紫琦　洪梓杰　黄　登　黄　琦　黄启琛　李淑萍　李志鹏
练　光　林英杰　罗　晋　彭　淇　苏俊鹏　汪　琴　王佳晨　韦喆艺　严淑敏　郑孟丹　庄仁鑫
李　蓉

安全科学与工程
卞浩然　陈千千　蒋　帅　彭　乐　席　可　席泽瑞　张　蕾

网络空间安全
陈怡敏　冯浩宇　郑裕聪　谢文静

管理科学与工程
周　建

设计学
杜瑞莹　韩　威　何雨嫣　刘乘源　刘　昊　刘怀玉　刘耘彤　丘　靖　陶玉棠　田　雨　王明月
徐佩滢　晏兆雄　杨　朋　张正立　余佳欣

医学硕士

临床医学
陈国娜　陈梓豪　成　凯　邓嘉怡　杜雨宸　范华林　方　莲　房　媛　傅砚斌　郭　晶　郭科航
郭　璇　郭志琴　何倩婷　何文宇　贺梦霞　黄冰鑫　黄建文　黄文琪　季尔超　蒋　杰　李　聪
李嘉晓　李凝雨　李巧巧　李夏静　李振冲　林冬文　林佳敏　林丽华　林少杰　刘安邦　刘财盛
刘梦婷　刘玉玲　刘治华　卢红莲　罗诗维　毛　瑞　莫烨菲　彭楷程　邱　月　邵宏伟　邵思思
申　晗　覃林莽　王　菁　王梦洁　王敏嘉　王喜春　王雅杰　王雅文　温婉莹　吴漫锋　吴文涛
夏　雨　谢　妃　谢富丽　许燕霞　杨馨悦　杨燕晨　曾　珑　曾　鹏　张桂安　张慧丹　张慧青
张嘉仪　张佩玲　赵　超　赵　珍　郑建涛　郑茜斤　周玲梅　周子萱　朱　超　朱丹卢　邹志豪
陈春雅　陈广田　陈　晓　杜婉珊　高茹茹　刘　洋　田凯文　王　芳　谢剑玮　邹　敏　陈　真
梅　情　张宇尘　左　佳

管理学硕士

管理科学与工程
薄琪琪　蔡舟翔　曹　怡　陈凌云　陈　萌　陈文华　陈　熙　陈湘颖　杜芷晴　付　莹　高　海

宫楚凡	古彩银	郭黛翎	郭铭杰	韩清云	韩淑媛	洪漫杏	黄集辉	黄嘉豪	金　今	柯　敏
李　敏	李婷婷	梁晨晨	梁泽超	梁紫堃	廖安妮	廖　望	林灿鑫	林嘉暖	刘　婕	刘　敏
刘　添	刘玉燕	柳　柯	马可盈	沈丽琼	石鹏程	汤　语	汤玉红	唐晓晓	万欣怡	王俐茜
王　敏	王一帆	王　莹	王　铮	谢佳君	闫　欣	杨海欣	杨家琦	杨丽平	姚若凡	叶丽盈
张玉婷	张　悦	郑桂锡	周科宇	韩远腾	惠真真					

会计学

| 陈顶新 | 邓婉英 | 黄俣嘉 | 黎睿云 | 李敏珊 | 李亚南 | 凌冬宁 | 梅馨云 | 王　丽 | 钟亚衡 | 朱珍梅 |

企业管理

陈镱彦	陈敏仪	陈培锋	陈启诗	谌一璠	郭心瑶	胡　婧	胡鑫燕	黄华飘	黄小宇	黄裕贤
金舒婷	黎洁婷	李思佳	李　潇	李紫岩	林世豪	刘文栋	卢再巧	罗银秀	孟常青	苏婷婷
王楠熙	王　毅	温碧仪	吴彩萍	吴晓霜	熊　蒙	许梦雪	杨　雯	杨玉玲	姚　浩	张君秋
张乐乐	张丽娜	张少喆	赵　征	钟楚燕	周合元	朱　轩	邹晓莹	詹敏敏	徐雯雯	皇甫秦玉
SALIM AGUS		KABYSH MARYNA								

旅游管理

| 陈海鹰 | 刘娴娴 | 容旖晨 | 孙韶雄 | 王志慧 | 徐思琪 | 颜敏棋 | 郑陈连 | 周佳愉 | 朱靓怡 |

技术经济及管理

| 丁皓明 | 何　昊 | 何智智 | 黄　珊 | 倪玉洁 | 宋英楠 | 孙冬莉 | 唐赛君 | 汪玲芳 | 王晓衡 | 吴莹莹 |
| 许亚敏 | 张卫萍 | LEI LEI KELLY SUSANA | | | | | | | | |

行政管理

陈丽晶	陈佩瑜	陈柔妍	陈诗慧	程佳圆	段子威	何裕捷	蒋晚倩	赖舒婷	兰雨潇	李昌达
李宁宁	李玉玲	梁碧婵	刘佳文	石胜涛	王　玮	王夏青	武秀娟	谢芬琦	杨　瑶	姚业明
叶滢怡	余　莉	郑　虹	郑学莲	周如卉	曾庆蓬	王亚芬	阿库金支	欧阳晨浩		
KALANDAROV DALER		PHAM THI THANH HOA								

教育经济与管理

| 陈书柳 | 方嘉嘉 | 李善懿 | 李香念 | 连庆杰 | 刘沛帑 | 刘玉敏 | 翁莉迎 | 吴钰滢 | 武晓娜 | 徐瑛雪 |
| 曾浩泓 | 章安康 | 周刘琴 | | | | | | | | |

社会保障

| 陈　蔚 | 傅文欣 | 李思华 | 麦靖仪 | 吴丽兰 | 张　慧 |

土地资源管理

| 李璧君 | 王钧瑶 | 邬舒玛 | 周晓航 |

艺术学硕士

音乐与舞蹈学

| 陈　韵 | 辜　琴 | 郭淑怡 | 郝昱捷 | 何沁蕊 | 李婧文 | 李思静 | 刘贝贝 | 刘　璐 | 申雨恬 | 温佳妮 |
| 徐聪慧 | 尹素雯 | 余瑞哲 | 袁乞涵 | 张馨月 | 周雨薇 | | | | | |

设计学

| 卜晓凡 | 陈凤名 | 付昭仟 | 匡　洁 | 李若楠 | 廖经道 | 廖　唯 | 罗一墩 | 蒙春旺 | 彭顺顺 | 尚　媛 |
| 王淑娴 | 赵慧琳 | 庄宇睿 | 李依悦 | 欧阳武旻 | | | | | | |

金融硕士

| 陈乐音 | 陈柳嫣 | 陈夏梓 | 陈子桐 | 邓诗风 | 关铖添 | 何鸿蔚 | 黄佳怡 | 黄　妙 | 黄敏宜 | 黄　颖 |

黄永强	孔祥颖	邝爱兰	赖雪玲	李嘉慧	李鹏宇	李　秋	李世杰	李　卓	廖凯豪	廖笑天
柳欣茹	吕羽麟	欧阳晖	潘小青	裴梓凌	彭　琳	濮明扬	钱　婉	石　娟	王　慧	杨　妍
张洁文	张思思	张镇鹏	朱晓宇	洪　韬	刘宜坤	肖相峰				

国际商务硕士

蔡康康	陈依楠	谌宇娟	郭　达	胡嘉琨	黄惠姚	黄　俊	黄书琳	黄淑芹	贾　琪	匡茂娟
李荣芳	李玉婷	李　泽	林　钰	陆小伟	莫佳丽	苏　燕	王淑祺	王　涛	吴念峻	吴　倩
吴　言	肖楚源	曾旭铭	张佳琪	张家义	周　艺	朱雪林	祝运辉			

法律硕士

蔡　迪	曹凯歌	陈爱辉	陈彬彬	陈丽雯	陈舒兰	程　懋	单　玉	邓建发	段振山	樊　颖
冯柄豪	冯　磊	冯绍荣	郭　腾	郭艺君	胡锦川	胡　蓉	胡银莹	黄思源	黄训波	黄　滢
姜诗琴	孔德芬	雷锦辉	雷　敏	黎雅婷	黎子然	李艾斯	李博伦	李　煌	李　洁	李晴宇
李诗慧	李姝昕	李小锋	李　彦	李颖儿	梁金英	梁清风	廖平平	林　昂	刘慧君	刘晓华
罗　珊	吕楚阁	马　冲	马春晓	莫海鹏	潘金胜	彭　鑫	蒲锦绚	秦莎莎	饶泽众	申玉轮
田凯智	童允扬	童中宇	王　波	王　鹏	王倩倩	王晓晨	王　逊	温颖聪	吴　鹏	吴思雨
吴　童	吴志新	肖　磊	肖露涛	谢丽娟	谢小兵	谢心怡	熊　菲	熊三丽	徐　倩	许锦怡
许灵珊	杨晗昕	杨　婕	杨启明	杨蕊花	杨　益	杨卓均	姚子玲	尹佳佳	余丹桂	余佳琦
余梓阳	袁　艳	詹子涵	张　嘉	张亚宏	郑景雯	郑柳媚	郑明蕊	郑圆月	钟浩鹏	周晓波
周玥束	朱莹莹	昂　慧	蔡尚原	蔡晓欣	陈　冲	陈剑鸿	陈楠楠	陈小莹	陈雪雯	陈艺文
邓雅慧	段　瑜	冯嘉伟	黄凤华	纪墨晗	江曼珊	柯鸿森	旷冰珑	赖春惠	黎红娟	李　冰
李天航	李伊涵	林秀英	刘宏林	刘振英	卢传奇	伦绮婷	莫　凡	欧　怡	卿美容	邱智豪
任俊涛	商雅欣	孙闻天	谭媛媛	陶　婷	王嘉艺	王秋越	王思琪	吴雨晴	萧卓华	肖伟琳
谢嫣婷	徐　静	徐云蕴	杨土贵	于航鹏	曾　婧	张　婷	张展豪	赵一鲜	周伯远	周　茜
周欣琦	左碧君	黄　涵	曾繁灼	陈芳立	程紫倩	何珮菁	黄嘉成	梁馨匀	梁子俊	林秋同
林昱晖	刘颖源	王朝杰	谢钠镁	熊怡立	严玉婷	叶美龙	欧阳驰原	拜尔娜·阿不都卡德尔		

社会工作硕士

蔡仲姬	陈　碧	陈思颖	陈文楚	陈艳娴	陈　颐	戴昌敏	付　欢	郭凤雁	郭然然	何林憶
何清妍	洪鉴铨	洪晓琦	胡利帆	胡莘宜	胡艳芳	黄嘉琪	黄秋虹	黄颂源	黄晓霞	黄永凤
黄月珍	简永翠	江金慧	姜　芮	蒋美华	黎　黎	李俐静	李秋娴	李婉滢	李伟梁	李幸欢
梁伟远	梁紫环	廖秋梅	刘　芬	刘慧玲	刘朋娜	刘欣婷	刘雅玲	刘永红	卢健芬	莫丽欣
欧泳琳	潘亚兰	钱　鹏	任建琴	沈妙妍	石芳兵	唐文星	王　洁	王鑫钰	王珍珍	魏良燕
温梦怡	温云油	吴怡君	谢金喜	谢文静	徐晨梓	许　卉	杨　岚	杨　乐	杨莎莎	杨思华
杨雪琳	杨　悦	袁美芝	曾嘉宇	曾映雪	张冬杏	张淑文	张羽盈	赵　飘	赵　颖	周舒羽
周　旋	周子霈	朱敏瑕	朱园红	朱　玥	杜嘉玮	符媚君	何欣臻	黄惠妍	黄小平	李美霖
李雯雅	李小艺	林静汶	沈　帆	王　坤	王亚云	谢梦秋	徐　晗	颜小红	杨　芳	杨茗涵
杨仕兴	曾立芬									

体育硕士

体育教学

陈自强	邓桂梅	何静芳	胡永庆	黎宏业	李海铭	林嘉鸿	林永乐	罗成政	罗盛柳	骆健恒

吕立顺 裴肖肖 彭明珠 唐钰宁 陶 帅 王 欢 王逸晴 吴灏琳 向盛鑫 杨嘉慧 依再提·依力亚斯 易小玉 于宗丙 曾仁杰 张 欢 张梦莹 张婉秦 张 宇 赵晋娴 周玉霞

翻译硕士

英语笔译

蔡雨薇 陈贝贝 陈渭鸿 邓 靓 邓菊辉 邓晓婷 邓雅玲 何宇娟 胡励文 江 悦 焦健翔
李 涛 林锦琪 刘 畅 刘韵涵 卢泳琳 陆小洁 骆凤娇 孟 珊 孙倩倩 汤雪丽 王继桐
王姝鉴 王天娇 王 婷 徐苑蓉 杨淑萍 杨 阳 叶瑞正 易 斌 易山大 易仙菊 余 广
余坤颜 曾爱芸 曾 馨 章莉嘉 章晓洁 钟丽芳 周铧健 邹春燕

日语笔译

陈梓威 戴雪纯 胡冰玥 黎佳玮 李曙婷 刘 青 刘怡君 罗海琳 彭珊珊 全慧馨 徐偲睿

新闻与传播硕士

蔡舒亭 曹菡凌 陈婷婷 付盼盼 何晓华 侯晓甜 黄漫晖 黄颖妍 雷林丽 黎 珊 李澳雄
李枫琳 李广林 李和平 李嘉乐 李凌羽 李泽良 练桂茵 刘 晨 刘利湾 刘穗香 罗芳玲
孟 悦 农钰婷 彭志局 屈 璐 任碧玥 沈 升 石 力 宋燕灵 田超群 涂玉柳 王晓冉
王 莹 文欣怡 吴 曦 冼颖宜 熊 灿 颜萌萌 杨 洁 张健东 张倩雯 赵锡露 周玉玲
朱逸航 周雪涵 谢龙卉洋

建筑学硕士

白 晋 卜玮林 陈 广 陈 果 陈金辉 陈思思 陈 阳 褚钰珂 范 静 范子逸 冯 婧
付剑豪 高鑫钰 葛汇源 葛嘉浩 郭思烨 郭相男 郭晓晴 何鑫涛 胡炽坚 胡广桔 胡瑞阳
黄晓韵 黄晏琪 黄玉秋 黄 悦 江炜杰 蒋 璐 蒋舒馨 焦 玮 李安然 李孟佩 李月明
林俊杰 林 勤 刘丹洋 刘环宇 刘天岳 刘 通 刘文静 马欣雨 毛晨琰 倪 红 倪 夏
聂子川 欧阳鹏 潘佳馨 裴陆琦 齐 放 乔 昱 申沁竹 沈芳羽 石殷忆 史珂珂 宋逸韵
孙城艺 孙延莉 孙宇涵 覃 丹 谭大雷 唐智弘 唐子豪 王存媛 王 慧 王小雅 王莹钰
翁喆锐 吴晓珊 吴子超 熊 波 徐志逸 许家铖 宣旻君 薛机辉 闫志宽 晏婧丹 杨 斯
杨锶雅 杨 媛 杨媛媛 叶桂明 叶士上 余俊良 曾乐琪 张宏伟 张 琳 张枢健 张韬奇
张晓艺 张一鸣 张子聪 赵 晗 郑安珩 周子昱 朱崇新 陈崇文 董诗琦 董哲义 董智勇
杜尉鹏 官晓晴 金虹宇 梁淑贤 林健成 朴成哲 沈一航 汪 昊 吴 琼 谢燕玲 谢梓威
许嘉豪 杨睿琪 殷 婕 曾宇健 张嘉珊 张思源 赵梓凯 郑重第 郑 赛 白浩辰 陈碧云
陈豪焱 程 林 初 楚 谷 和 黄创颖 黄 敏 姜 烨 黎海虹 黎翰林 李佳芙 李梦瑶
林大洲 林逸伦 刘晨飞 刘艺蓉 龙 真 陆 宽 马宝裕 马雨桐 阮朝锦 史 诺 田茹瑾
王德琼 王丽平 王萌意 王沐霖 王佩宁 叶思宏 苑维琦 赵家达 钟凤霄 方 圆 李媛媛
罗佳琦 谭 畅 吴继红 谢 璇 许 锐 许斯琳 杨 苗

工程硕士

机械工程

蔡伟南 蔡吴磊 陈广森 陈佳鑫 陈建敏 陈敬福 陈淑玲 陈昭亮 陈 柘 陈镇国 陈致伊
成宗忆 崔宗臻 邓国威 丁雪松 杜学威 范 爽 方 圆 符明恒 傅 钰 高 喆 葛冬生
郭亮亮 何芋钢 胡子鑫 黄俊霖 蒋 跃 康文权 赖万斌 兰钦泓 黎家良 李 凯 李 廓
李 伟 梁高帅 林俊烨 林智楠 刘丰涛 刘锦林 刘 枭 罗 琦 罗 钊 骆济宏 吕佳穗

马贤武　宁　盼　庞宏垚　庞文斌　彭德祥　彭　婧　邱　悦　任则铭　佘佩健　宋世光　孙菁瑶
覃　诗　谭朋朋　唐辉雄　唐琦旺　唐　溪　童　超　汪　棋　汪振平　王桂来　王佳佳　王　健
王劲一　王莉娅　王日森　王荣辉　王睿诗　王文龙　王宇峰　韦雄棉　吴　霖　吴伟锋　吴志兵
伍科健　夏建华　肖舜仁　谢声扬　谢振宇　杨明达　杨晓杰　杨亚坤　杨泽霖　杨振华　姚　蔚
叶　颖　叶永锋　于佳栋　袁　松　张伯乐　张端康　张峻铭　张铭津　赵　航　赵启良　赵馨雨
蔡鑫垚　陈　泽　李嘉兴　李熙尧　刘有为　杨辅标　叶长坤　周鑫杰　陈　锌　关诗明

材料工程

蔡　斌　陈福广　陈海任　陈　龙　陈明强　陈松娜　陈文广　陈伊玲　陈奕燊　陈智兴　成耀扬
丁会玲　杜楷洪　杜康鸿　樊浩仑　樊家佳　范舒瑜　付立云　何　俊　高培鑫　巩雨注　古　权
郭民城　韩　斌　何冠辰　何　浩　何世杰　何秀将　何知超　何梓宇　胡峰帆　胡　婕　胡伟林
黄超杰　黄晃康　黄家敏　黄嘉俊　黄瑞山　黄玮森　黄栩鹏　黄学智　黄哲浩　黄　植　蒋晓霖
金小强　井萃汝　孔令璐　况学博　赖秋坛　黎刚刚　李定果　李　航　李　健　李康财　李梦妮
李　强　李晓海　李心宏　李源鑫　李瑷媛　李子啸　梁宏富　梁华耀　梁志豪　廖黄盛　廖嘉诚
廖奕铭　林克华　林少文　林伟杰　林志豪　刘汉豪　刘　杰　刘　力　刘旺冠　刘亚丽　陆嘉荣
罗　羽　吕培斌　马祥胜　倪浩智　倪培龙　聂子成　潘俊丞　彭琢雅　秦艳萍　冉雪芹　任明源
石　航　石林瑞　宋来华　宋文玥　苏建洲　田树杭　童　辉　涂　兵　汪　伟　王　畅　王晨曦
王二豪　王　豪　王浩杰　王　桓　王　伟　王洋洋　王　毅　王　胤　王　臻　王振汉　文江维
伍　鹏　向桂宁　向　凯　肖小军　肖雪敏　谢纪伟　谢　昕　许函铭　许粮锋　许乾坤　杨　博
杨　凯　杨立栋　杨天生　尹　磊　恽虎成　曾绍洪　张德强　张　笛　张　欢　张家昊　张鹏宇
张铁林　张　旭　张雪伟　张业鸿　张玉玲　张志杰　郑　浩　郑　宇　朱晨静　祝席文　卓仕烨
陈焕达　胡青宇　胡绍君　黄梓龙　雏翼航　杨志勇　邹世龙　郭丹萍　姚雄婷

动力工程

陈顺凯　陈文鉴　陈晓斌　陈翙翔　邓越睿　丁远鑫　黄　埔　黄瑀琦　蒋　源　蓝茂蔚　黎志锋
刘　镇　罗力文　邱晨杰　邵国栋　石敦峰　孙　勇　谭次洋　韦　琛　夏　骏　杨栩聪　曾均泉
张雅琦　张宇骏　黄林锟　谭远亮

电气工程

艾嘉伟　白　壮　包淑珍　曹金声　陈柏柯　陈柏任　陈浩悟　陈锦彬　陈文权　陈晓宇　陈芯羽
陈星宇　陈义森　陈泳安　程诗伟　戴　航　邓俊文　邓雯丽　段　玲　段声志　范星辉　方　亮
冯健磊　付博雅　甘子莘　顾广坤　郭梦轩　胡燕春　黄彬彬　黄楚茵　黄德阳　黄凡旗　黄国权
黄宁馨　黄　韬　黄文靖　黄　曜　江链涛　姜雨滋　蒋志杰　焦亦薇　康逸群　柯明彬　李　福
李土焕　李小潇　李彦丞　李泽蓬　梁　铭　梁启恒　廖武兵　林鸿业　林文智　刘林鹏　刘顺满
刘腾聪　刘肖杰　刘易锟　刘宇航　罗竟哲　马腾峰　倪英东　欧阳鹏　潘雄杰　彭秉刚　彭理森
彭瑞东　秦飞翔　邱培程　阮启洋　阮　巍　尚高峰　舒奇航　苏　晓　孙杰杉　谭炜豪　唐伟宁
田美君　田　敏　田政鳞　佟佳弘　王　斌　王茹宇　王兆健　王正卿　韦乾龙　魏发生　吴　放
吴俊雄　吴磊威　吴　亮　吴秋媚　项梓刚　肖佳朋　谢海超　谢楷俊　谢煜铨　熊陶君　徐石开
许灿雄　许铭林　薛宏利　杨　彬　杨景旭　杨　宁　于　煌　玉少华　曾　诚　曾凯林　曾　炜
曾香平　张桓瑞　张靖宜　张文锦　张馨丹　张艺妮　张元彦　张　真　章　浩　赵　君　赵子先
郑萃翀　郑睿娜　郑温剑　郑晓钿　郑晓东　钟冠鸣　钟枚汕　仲礼鹏　周海兰　朱立强　朱明睿
庄　竞　左冠林　何家盛　黄家豪　黄健宁　李　劲　倪嘉惠　王历晔　王彦伦　徐浩庭　许哲源
叶烜荣　郑　昊　陈旭涛　陈志诚　李　浩　李　戎　李彦豪　利禹宏　罗智超　麦晓明　田　汉
曾福至　张长强

电子与通信工程

柏　杨　曹家祚　陈阿粤　陈灿强　陈　建　陈俞钧　陈子恒　陈自清　丁德楷　窦志远　冯国权

305

高智平	古奕雪	郭锦文	郭勇帆	郭悦婧	何青蓉	黄鸿宇	黄 慧	黄嘉毅	黄锦祥	黄卫星
江泽宇	兰小添	黎小茗	李佳琪	李林蔚	李思佳	李文超	李显惠	李鑫宁	李 昱	李智豪
梁世昌	廖倩颖	廖奕松	林宏辉	林梓尧	刘 杰	刘乃新	刘翼飞	龙冠生	龙力榕	卢 铤
陆杜娇	欧浩春	彭少聪	彭政夫	祁梓昌	任 驰	沈俊奕	沈世福	苏智杰	谭勇祥	汤秀铃
唐高中	唐国志	唐珩朕	唐 杰	王广飞	王洒洒	危 卓	魏志超	吴海唯	肖 峰	肖睿彤
谢灿宇	徐碧航	徐雅璐	杨 琼	姚其森	姚思甘	曾锦权	张红玉	张 俊	张书嘉	张 月
赵晨曦	赵燕菲	郑春暖	郑子瑶	周 婷	周志文	康宏伟	廖远达	王 剑	肖汉宁	高天成
李国宏	李俊杰	刘源清	于伊凡	曾清淮						

集成电路工程

蔡振宇	陈靖康	陈文阳	程俊淇	邓晗珂	邓钦玲	邓旭磊	方泽江	龚振宇	古文康	顾 茜
何晨晖	何 昆	洪月凤	贾浩阳	金泽润	赖俊凯	李 辉	李 凯	李鹏飞	李珊珊	李 斯
梁振堂	林伟杰	林 娴	刘奔宇	刘捷盛	卢 丹	罗 森	马灿锋	毛文健	梅相霖	师聪颖
田钰鹏	王紫然	王克龙	王 琪	吴昶杨	吴子莹	伍文斌	谢超阳	谢宇寒	熊年贺	徐容丰
颜志伟	杨红旗	袁志峰	詹艺宁	张 鹏	张宇轩	郑文锴	钟海权	周贝盈	周泽鑫	朱 琳
朱 齐	朱元杰	庄宗南	邹 宇	许 莜	刘红斌					

控制工程

巴姗姗	蔡锦权	蔡睿智	蔡中斌	曹 鹏	陈博钊	陈广强	陈俊杰	陈育奇	陈卓明	程 超
程秀凤	邓爱文	杜艺聪	费 韬	冯凯月	付志平	龚启琛	韩 澍	贺新国	黄伯志	黄观钦
黄海棋	黄 欢	黄志成	黄志鹏	江晶焱	焦旭峰	李 彬	李博涵	李 超	李锦辉	李 巍
李小龙	李永顺	李羽岩	廉宪坤	梁健俊	梁 进	梁明威	梁亚东	林登萍	林耿亮	林光杰
林璇琨	刘 丞	刘 春	刘佳诚	刘美君	刘星言	刘雅梅	鲁思奇	罗 斌	骆杰豪	吕锦泉
马荣华	麦 逊	倪君仪	宁煜祺	潘志伟	施翔宇	宋春雨	孙健声	孙天然	田家越	王坤柠
王 琪	王思远	王晓生	王新童	王银娜	王贞源	韦建亨	魏丙乾	魏金湖	翁卓荣	邬文静
邹晓奇	吴碧霄	吴春台	吴梦林	伍 韬	肖睿欣	熊智明	徐朴勇	许松青	杨 航	杨启帆
杨志宇	叶锦斌	叶立航	曾健洋	曾圣钊	曾 祥	曾宇鹏	翟名扬	张寰宇	张景尧	张 磊
张 楠	张 扬	张扬彪	张 颖	张宇轩	章泽军	赵明君	赵嫣子	钟健平	钟玉文	周 樊
朱 冉	邹孝坤	董雨坤	雷丁鹏	刘一民	詹 睿	黄家琛	李树贵	杨湖广		

计算机技术

常建波	巢 赟	陈楚杰	陈东方	陈吉祥	陈俊晓	陈可可	陈凌威	陈铭钦	陈培福	陈日南
陈燕钊	陈映镟	陈震达	陈子鹏	邓勇达	杜梓辉	范垂钦	范启伟	方政霖	冯思铭	傅伦凯
韩瑞光	胡布焕	胡 凯	胡康立	胡千雪	黄晁健	黄 鑫	蒋 睿	赖承启	赖锦雄	蓝 曦
李成杰	李高哲	李 霁	李文亮	李 阳	李正锐	李子星	梁锦涛	梁泽锋	林 肯	林瑞溶
刘凯杰	刘庆发	刘 艳	龙小玲	卢 肃	卢文健	罗 超	罗钲宇	孟 珂	苗静思	莫国艺
潘明来	彭玲霞	秦坤坤	邱际宝	任菁菁	邵仙鑫	沈俊敏	石 健	孙佳宇	唐福梅	王 豪
王 兰	温迪龙	吴远泸	伍瀚杰	伍兆韬	谢剑青	徐 珊	徐永志	杨 杰	杨中伟	叶汉云
叶锡洪	余涟漪	曾志新	詹红萍	张传鑫	张德赋	张佳鑫	张家琪	张 咪	张明锋	张 禹
张梓健	赵超军	赵美花	郑凯瀚	郑 扬	钟浩钊	钟文煜	周嘉韵	周文沛	周智超	朱 磊
朱思宇	庄志尧	左园林	艾浩然	陈 帅	黄 牛	赖龙波	李庆宇	梅宇聪	覃紫姗	吴温博
张翘楚	钟隆祺	周 涛	郭蕴喆	黄秋越	李梦龙	梁家华	吴景辉	蒋王子维		

软件工程

蔡荣申	蔡绍鹏	曹 晋	曹瑞秋	陈安妮	陈杰彬	陈俊宏	陈露洁	陈 猛	陈润榕	陈晓峰
陈晓杰	陈宇钦	陈泽铭	程 聪	戴志港	邓凌晖	董舜华	方 凯	甘颖棋	古瑞滨	谷苏港

何建航	何李涛	贺梦歌	侯忻悦	胡先林	黄家明	黄俊聪	黄树勤	黄祥康	黄永坚	蒋致远
孔俊生	赖 杭	赖铭锋	兰彦琦	黎 睿	黎 威	黎伟钊	李灿光	李东昌	李华斌	李旻瀚
李 爽	李展鹏	梁翠晓	梁子豪	林传钊	凌 霄	刘 璐	刘沛贤	刘琦炜	刘袁凯	刘月梅
刘志强	刘子钊	莫康泉	莫朗元	倪耿钦	裴嘉言	邱 臻	阮子琦	时蒙蒙	舒 欣	宋昊中
宋子雯	苏德伟	苏军羽	孙芳蕾	覃伟达	谭达强	唐叶蕾	王彩蝶	王 晨	王昊宇	王圣杰
王思贤	王文奇	韦杨淞	位慧泽	温富麟	吴国斌	吴宏阁	吴锦泉	吴 倩	吴星莹	吴羽翔
吴志威	谢培卓	邢正颖	熊志豪	徐浩明	徐天宇	薛志翔	羊志维	杨凯豪	杨鹭飞	殷佳飞
袁洁仪	曾志伟	张华奎	张凌云	张珑脐	张 袁	张梓佳	赵家慧	郑建灵	郑书豪	钟桂华
钟嘉晨	周佳楸	周 鹏	朱文武	邹 超	左西俊	丁邦港	丁 可	郭睿韬	胡正阳	李寿斌
李 政	聂 钧	谢超强	张 懿	钟雪柔	钟宇健	朱裕强	邝耀堃	冯名生	刘维仪	肖洪东

建筑与土木工程

包皓凌	蔡 磊	陈 拔	陈泓桦	陈泓羽	陈康恩	陈飘华	陈相宇	陈星宇	陈雅娇	陈昭南
陈志邦	陈志凯	邓家屯	董 泽	甘振先	郭颖豪	韩东霖	何笃伟	何灏典	何 磊	何思静
呼莉青	胡 晨	胡家锴	胡建中	黄京秋	黄柯玮	黄瑞聪	孔杰威	蓝 丰	黎绮琪	李光德
李健聪	李 开	李 猛	李明阳	李宁景	李朋原	李润宇	李 伟	李小波	李 毅	林翰彬
林浩宇	林宗炯	刘豪宇	刘建功	刘育成	卢 青	吕 希	马泽志	茅思奕	欧智斌	彭明豪
盛剑锋	石惠萌	石逸凡	孙 帆	汤智钧	陶志凯	万义昆	汪林威	汪明泉	王 茜	王新康
王奕可	温新贵	邬 彬	吴冰鑫	吴 珊	吴之骁	伍茜兰	夏英淦	徐 哲	许 竞	许凯文
许衍彬	杨静怡	杨宁欣	杨伟涛	杨 轩	余澜心	玉新华	曾学斌	詹立贵	詹勋庆	张慧健
张 瑾	张 敏	张明亮	张远传	赵 程	赵 琦	钟 淼	钟尚轩	周连江	周沛栋	蔡玉婷
黄睿洁	蒋军来	李潇聪	李勇浩	廖向华	万 恬	陈康荣	陈烙文	陈 昕	陈勇强	冯亮亮
姜晨澍	李世婷	李树喜	廖锦周	刘洋城	罗 文	秦智广	石建荣	吴政倓	伍思炫	肖 翊
杨冬燕	杨志星	曾旭华	张朝辉	赵 洋	郑桂堂	周智豪	周卓尔	钟志新		

化学工程

白 昆	昌姝雅	陈思宇	陈卫锦	陈艳梅	陈泽亮	崔卓安	邓 婷	刁 威	杜国浩	杜 鹃
杜凯旋	杜 洋	段诗雨	樊梦雨	冯 晶	符 羽	付 鹏	郭书舟	郭子豪	胡金玲	胡瑶瑛
胡中阳	黄文迪	黄 翔	蒋梦瑶	蒋 勇	柯澳爵	蓝游泰	李陈成	李 丹	李冠苇	李梦妮
李舒姣	李 帅	李思敏	李志斌	林跃琪	刘白云	刘 倩	刘兴旺	陆洁锋	陆凌文	罗 鹏
罗 喆	麦 颖	孟 飞	宁 洁	彭薇羽	邱伟俊	唐华春	铁浩男	王 瑶	王绎君	王自怡
韦艳芳	闻有为	吴 浩	吴 皓	吴红争	吴佳文	夏玉杰	谢伟迪	徐 鑫	姚柳眉	于 恒
曾 佳	张 琳	张祥宁	张 准	张子健	章正强	赵博为	郑佳蓉	郑磊钊	郑志杰	钟福兰
周春卡	周 丹	周 妮	周 杨	周 洋	周永钊	朱柏杨	朱恒成	朱月香	陈福明	王家慧
余慧玲	李广林	朱正美								

轻工技术与工程

岑 钰	陈樱珈	崔 甜	冯沛源	高德承	高航天	葛小伟	龚晓贝	郭怡璇	黄 程	黄 珊
黄珊珊	林奕鹏	刘邦粹	刘景艳	刘怡蓓	马 巍	马晓春	马亚运	桑培森	史梦晴	孙圣鸿
陶珅名	吴 潇	谢静怡	谢子杰	鄢 俊	姚明月	于伟琦	张 珂	朱 钱	朱宗伟	陈 力
林英行	刘禄莹	魏 彬	周 磊	陈 浩	丁 鹏					

交通运输工程

蔡明懋	曹江昱	曹水金	查争晖	陈光伟	陈 睿	杜颖新	付文强	甘王盼	甘志恒	耿雪琳
管海霞	郭 凯	韩 鹜	何 凝	何玉廷	胡 聪	胡 迪	黄 山	黄子虚	简傲松	乐文豪
李成伟	李冠金	李 慧	李秋灵	李耀辉	梁健中	廖冬梅	廖皓奎	林禄杰	林 越	刘 永

马　检　　马远跃　　农　轲　　骈宇庄　　任　杰　　田　丹　　田佩汐　　韦　湖　　吴启槟　　吴有威　　夏弋松
谢辉端　　谢沅琪　　谢钊壕　　许谋为　　杨强光　　姚海花　　尹　朝　　余　忠　　曾莉莉　　曾豫豪　　张达民
张少伟　　赵世杰　　周湘鹏　　周志洁　　朱琳聪　　朱　洋　　庄小亚　　邹元昊　　黄文摄　　唐祖德　　王霄飞
吴朝晖　　徐靖翚

安全工程

闭锦叶　　蔡妮辛　　陈学希　　邓慧珍　　胡雪薇　　胡雁鸿　　黄　敏　　黄祥琪　　赖　恩　　蒙　莹　　邵　凡
沈艳洋　　熊智翔　　许奥杰　　许静姝　　闫莉丹　　詹　迪　　张果冉　　李景生

环境工程

曹建新　　陈步青　　陈伟东　　陈　文　　程　祺　　程绪东　　邓翠兰　　邓宇辉　　杜玥莹　　范俊豪　　方媛媛
付俊聪　　郭　露　　郭　庆　　郭　艺　　何文宇　　贺晓晗　　胡闪闪　　黄　雷　　黄倩晖　　黄梓晴　　江家坤
李安琦　　李冬梅　　李俊鹏　　李颖强　　梁　晨　　林鹏程　　林晓枫　　刘桉辰　　刘利洁　　刘叶芳　　陆海英
骆慧明　　蒙　莹　　孟丽君　　潘梁柱　　潘宇新　　潘蕴滢　　彭子龙　　平森文　　邵芃泠　　沈薇卿　　史璐涵
史晓寒　　唐慧玲　　王　婧　　王星星　　王昭月　　文　杰　　吴起楷　　肖华平　　肖　彤　　徐丹妮　　徐　东
徐昊林　　许　今　　薛扬扬　　杨葆坤　　杨　澜　　杨　露　　杨伟锋　　杨　雪　　姚炜栋　　叶光政　　曾威龙
曾宪霖　　张伟男　　张心怡　　张雪珂　　张一凡　　郑旭文　　钟美芳　　钟　瑞　　常　旺　　陈警生　　高巍凡
侯　墨　　李银松　　刘　欢　　石雪风　　袁子皓　　张金尚　　张益兰　　周苗苗　　邓丽艳　　黄彦锋　　李　浩
夏中元

生物医学工程

蔡丽晶　　曹子琪　　陈心莲　　邓映雪　　胡伯川　　黄　勇　　孔晶晶　　乐梦琪　　李雪杨　　李正伟　　廖慕恒
林　坚　　马　莹　　商玉莲　　王　妍　　吴鹏程　　吴亦渊　　武培敏　　谢曼珊　　谢　珍　　杨鑫峰　　易宗键
郑莉华　　钟新香　　闭港源　　邓艳芳　　李俊良　　杨威亚　　陈秋怡

食品工程

别朋宇　　陈品怡　　陈显伟　　陈湘粤　　崔春丹　　董林均　　方梅梅　　冯慧祥　　付文杰　　高胜寒　　龚琪玲
郭旭翔　　何健泽　　何　诗　　何羽婧　　胡金红　　胡锦涛　　胡思思　　黄丹思　　黄慧琳　　黄志强　　戢颖瑞
黎　丽　　李加琪　　李朴存　　李　赛　　李宗权　　梁思维　　林蜜彬　　林　欣　　刘峻恺　　刘　强　　芦　霞
罗　婷　　吕　淼　　马琛瑜　　南树港　　宁　粤　　庞宇轩　　饶晨露　　石珉宇　　舒　莹　　覃隽琳　　唐　璐
王国霞　　王　津　　王一迪　　王宇杰　　魏瑞敬　　吴雪帝　　伍圣文　　夏明威　　谢宇希　　谢芷晴　　徐　芳
严文冰　　阳　倩　　杨香渝　　杨玉娇　　余佳佳　　曾乐银　　曾勇超　　詹莉珍　　张翠云　　张岱玉　　张佳丽
张金桂　　张　卯　　张佩瑶　　张　祎　　仲宣儒　　周佳慧　　周世林　　朱浩帆　　朱　维　　朱焰东　　邹晶晶
刘秋宇　　罗　杨　　廖燮恒　　刘传栩　　刘　伟　　马诚远　　杨　锋　　周　健　　欧阳秀酝

车辆工程

程志豪　　储绍强　　韩孝耀　　何　琛　　胡文轩　　胡耀天　　黄冰瑜　　梁洁琳　　廖　伟　　刘迎节　　刘之航
鲁　港　　罗秋琦　　马　阔　　马占麟　　麦茂瑜　　王丹丹　　王海洋　　王志皓　　吴健翔　　吴志强　　伍精华
冼浩岚　　肖　勇　　邢煜晋　　熊　蔚　　杨金宝　　余新宇　　张艺怀　　张雨国　　郑　登　　姚司宇　　欧阳毅鸿

工业工程

敖卓然　　包金晓　　陈海源　　陈树坚　　陈莹莹　　陈宇航　　陈雨诗　　陈雨欣　　程文琪　　杜　颖　　方民俊
龚鹏飞　　胡　雪　　黄静薇　　黄芊芊　　黄香宁　　霍　霖　　贾梦珠　　姜　勇　　焦润琳　　李勃宏　　李　威
林子力　　刘东晨　　刘昊东　　王　欣　　袁上茹　　朱向宇　　苟　婕　　尤春艳　　张　力　　诸葛思懿

工业设计工程

陈玥颖　　段嫦慧　　胡梦芸　　黄晓岚　　黄雅堃　　金　霄　　李嘉雯　　李奕雅　　林　森　　刘溉善　　刘　嘉
刘嘉慧　　刘　静　　刘珂江　　刘宛琼　　刘雪梅　　蒙伟雯　　任凌锋　　邵慧颖　　苏文操　　万　艺　　王晶晶
温菲娜　　吴玲芳　　肖俊雄　　许余飞　　杨祖兰　　尹志娟　　曾志维　　张　好　　张璐瑶　　张轶凡　　张　月

赵楚伊 周芸伊 卢梓涵 潘御图 祁婷婷 罗 兰

生物工程

蔡涵萱 陈慧贞 陈文颖 戴卓君 顾力行 候雨雪 胡树林 邝小贤 李佩君 廖 清 廖万慈
刘 鹏 刘 然 马 浩 彭 斌 陶顺明 谢苗嘉 闫晓晓 杨 阳 张海波 张慧憓 郑一文
周 楷 梁讯茹 刘 苏 秦振宁 余 哲 岳 智 方 郑 罗曼思 张晓东

项目管理

蔡欣正 邓 诚 江俊章 陆 乾 王 淼

物流工程

陈若禹 陈镇涛 丁 嫽 董晓旭 高珺瑶 郭纯华 黄韵怡 黎以芳 李博雅 李德雄 李小青
梁瑞昕 刘 顺 刘 燕 罗广诚 王 曼 袁国真 祝倩雯 李玉颖 杨 倩 饶雄丽 易杨美芝

城市规划硕士

蔡洪远 陈 浩 崔佩琳 邓可欣 高富丽 郭志坚 胡歆悦 黄 卓 蒋 鋆 雷宇宏 李 琳
李淑倩 李紫旋 梁锡燕 刘 洋 刘子颖 马 菲 马洪俊 孟静莹 孙浙鑫 谢雨吟 赵 杨
赵煜彤 周 珺 朱知麟 陈琳童 付 悦 郭锦玥 黄丽娴 林雨琦 罗艺涵 彭琪帜 尹心桐
陈培佳

风景园林硕士

付一鸣 何承鸿 黄菊清 黄子芊 江 璇 姜思羽 李 洁 李砚晗 刘亚琪 刘宇嘉 罗雨晨
吕奕霏 马嘉雯 马一菲 牛玉容 丘燕芬 沈轶婕 尉文婕 向碧辉 谢瑞英 杨嘉妍 杨玉茹
杨媛琴 叶家杰 袁 月 曾芝琳 赵国阳 朱榴奕 何佩琪 李文辉 温超伦 谢晓雯 徐 琦
何政康 杨 毅 尹树荣

药学硕士

陈 珊 冯洁清 胡家麒 黄 芮 黄智琪 兰金花 冷花香 李穗敏 李文娟 梁海丹 梁 倩
林 洁 刘 江 刘志刚 龙 泉 马 迪 麦梓玲 秦晓玥 孙繁涛 孙立强 谭秋泓 唐世帆
田雨欣 王鹏歌 王宇轩 吴旻晖 吴圆圆 谢伯添 许万青 杨航真 杨 莎 曾秋灵 张国超
钟子浩 卓泽伟 曹倚慧 陈楚欣 陈诗宇 何旭琳 何有华 胡吉贤 金 鑫 梁鸿镜 刘绮颖
陆晓婷 欧莹莹 彭 雯 秦帅帅 邵 鑫 伍 政 杨 超 易 慧 鄞梦珠 虞华南 曾卫平
张 颖 李海燕 肖金鑫 叶存飞

工商管理硕士

敖 波 白闽娜 毕丽锋 蔡禄菁 蔡少烁 蔡仲妮 曹鹏燕 曹晓理 岑美欣 车 燚 陈 斌
陈 波 陈 栋 陈 纪 陈美容 陈敏睿 陈启新 陈俏华 陈思元 陈燕骊 陈颖如 陈育才
陈运龙 程 鸽 程正位 崔 茗 戴荣军 邓可怡 邓力芳 邓良俊 邓秋红 董宵帅 杜雨薇
段宇安 范奕迅 方 旭 方旭腾 封敏凌 冯杰婷 冯莉敏 冯卫华 付 俊 高其武 高双弟
高奕龙 龚芬芬 关 宇 官 天 桂 锋 郭焕楷 郭楷骏 郭新邦 郝庆贺 何福东 何海东
何 艳 何一鸣 何政嘉 侯瑞霞 胡 晶 胡 阳 黄斌丽 黄 超 黄嘉珩 黄嘉慧 黄璐凡
黄敏霞 黄明娟 黄 平 黄师哲 黄斯彤 黄文辉 黄文哲 黄 雯 黄霄飞 黄小莲 黄小强
黄孝强 黄 勇 黄志丹 霍炎敏 吉 芪 江洋涛 蒋军武 金春芳 康书浩 康小刚 柯 羽
匡子龙 邝恒坡 赖大乔 劳子桃 雷小玲 黎兰兰 黎 巍 李安琪 李纯磊 李东洲 李皓敏
李 红 李洪波 李华思 李 俊 李俊齐 李 莉 李露玲 李明阳 李 强 李天骄 李文艳

李乡宁	李 旭	李燕琴	李毅志	李哲朗	梁爱欣	梁德健	梁慧鹏	梁嘉仪	梁 敏	梁圣明
梁紫莹	廖泽嗣	林碧海	林剑兰	林 蔓	林文頔	林雄功	林远敬	刘 欢	刘镜鸿	刘俊永
刘 款	刘力逵	刘牡华	刘乔雨	刘 勤	刘 容	刘韶兵	刘晓莹	刘 旭	刘雪莹	刘宇琼
刘治军	刘子梅	刘子云	龙正睿	卢嘉欣	卢舒婧	罗宝平	罗海瑜	罗浩明	罗绮翘	罗煜罡
吕佩洁	麦利娟	麦永凌	莫崇聚	莫京杰	宁 琪	潘 璠	潘 菲	潘丽如	潘欣苗	彭家增
戚梓峰	齐金鹏	钱 静	丘远梅	邱郭梅	邱洁萍	邱 美	区闵开	容芯怡	阮爱志	邵梓裕
师永强	石博闻	苏 慧	苏 渊	粟亚彬	孙慧君	孙进勇	孙军波	覃 鹏	谭天虎	唐 论
童正芳	涂丽维	万清娥	王长伟	王 娟	王 磊	王 蕾	王 亮	王馨莹	王志伟	魏 奇
温 静	文 童	吴华源	吴 磊	吴庭冠	吴彦峰	吴志坤	吴志丽	夏 毛	冼伟超	相 尚
肖良涛	肖陆军	谢仁杰	谢奕亿	谢永靖	徐 凯	徐武昌	徐馨煜	徐志川	许宝华	许广益
闫国强	严飞飞	杨 荣	杨思妤	杨伟欣	杨晓芸	杨 阳	杨永基	姚蕾斐	姚若昀	尤文学
余浴挺	袁明华	云 筠	曾凤玲	曾焕杰	曾 静	曾乐俊	曾美玲	曾 心	曾 卓	展 军
张竣杰	张 雷	张 玲	张琼元	张伟怡	张小可	张小宇	张宜霖	张 豫	张云才	张卓玲
章丽莹	章展瑞	赵广宇	赵寒阳	赵浩之	郑 纯	郑玲玲	郑秋萍	郑向阳	郑 奕	钟家盛
钟 沛	钟文意	钟毅森	周淑芬	周英东	周 勇	周宇翔	周煜琴	周志常	朱婉影	朱 炜
朱晓懿	邹凯珍	陈 思	陈粤都	戴 媛	邓佳林	胡巧蕊	黄智琴	简汉标	金彦玲	李飞娜
李 培	李 瑞	李远雷	邱德清	唐 昊	陶 然	吴安娜	吴亿传	伍 洲	徐飞勇	杨秋荣
姚 丹	张 梅	赵堃翔	郑晓蓉	钟明新	朱亚东	陈海丽	陈伟浩	董绳君	侯铁水	黄巧利
纪 纯	李 凤	利志荣	刘建国	罗雪娇	秦 剑	苏 平	谭茹方	唐咏梅	王 栋	王 珏
王守轼	王思源	伍巧玲	谢伟明	邢云鹏	徐沛丰	杨昊慈	杨鸿辉	袁云霞	张 健	赵修思
周展鸿	欧阳伟斯	AUNG LAI LAI		BOTSHABELO KEALEBOGA TEBOGO				CHOWDHURY MD MASUD		

ISLAM MD SHARIFUL　　KHULUVHE MAMPHOKHU PETRONELLA　　MAHLOMBE LINDELANI
TWALA MICHAEL TOBELA ZENZELE

高级管理人员工商管理硕士

李　群　　肖绍宁　　何翠婷　　姜晓平　　丘智新

公共管理硕士

艾 晶	蔡晓伟	曹广达	曹敏菁	曹之春	陈柏基	陈博帆	陈凤鸾	陈惠娴	陈建勋	陈剑容
陈晶东	陈静雯	陈 龙	陈敏蓉	陈佩欣	陈秋梅	陈儒佳	陈诗源	陈思宇	陈 曦	陈修仪
陈雅雯	陈垾帆	陈怡萍	陈梓昕	程思敏	程远锋	邓焯美	邓敏仪	邓心仪	邓翼龙	邓 勇
邓玉怡	丁惠珊	丁莉佳	丁小昕	董 蕾	董 艺	杜晓滢	方东成	方康舒	方润东	冯柳清
冯路遥	冯文静	冯晓婧	傅文涛	高 驰	龚文涛	顾 睿	郭 庆	何仕贤	何 逸	何志豪
胡 丛	胡峻伟	胡娴清	胡 晓	胡裕婷	华 秋	黄杰文	黄 坤	黄沛佳	黄 珊	黄婉钘
黄玮柔	黄羡君	黄晓纯	黄智贤	蒋王慧	焦 壮	金 鹏	孔庆宁	劳惠霞	雷 茜	黎广超
黎 昕	黎秀玲	黎 洋	李安伦	李泊佳	李冠贤	李丽欣	李品墨	李绮文	利蕴仪	梁启发
梁庆祥	梁 潇	梁 欣	廖艳芳	林恒聪	林敏颖	林雅璐	林义淳	刘 菲	刘浩然	刘 琳
刘瑞华	刘瑞生	刘士豪	刘树养	刘 双	刘硕侠	刘斯琦	刘晓萍	刘 星	刘彦琦	刘雨珊
刘远飞	刘 赟	刘展鹏	刘 振	龙 腾	卢丹青	卢容丽	罗嘉文	罗思敏	骆茂柱	吕家华
马一凡	莫杞艳	慕容健	潘淑莹	彭 晖	綦 慧	邱丽冰	曲 洋	饶培玉	任洁仪	任雪峰
沈嘉敏	沈丽琼	石中玉	苏燕聪	孙 进	谭文婷	唐佳男	唐 伟	唐晓莉	唐晓艳	万 旭
汪 巍	汪文兴	王多鑫	王 斐	王 浩	王 慧	王 爽	王雯倩	王志刚	文炜华	吴佳颖

吴凯伦	吴燕君	吴毅衡	项 项	项宇侠	肖子君	谢 柠	谢斯慧	谢岳睿	徐雪仪	薛 挺
荀瑞贤	杨 静	杨 鹏	杨秋子	杨文佳	姚嘉沂	叶慧冰	叶 思	叶 颖	叶子杨	尹东宇
游波涛	于 彤	于亚杰	于 艺	余 懿	余颖文	袁丽莎	袁 倩	曾 俊	曾诗铭	曾源源
占美婷	张 洪	张秋枫	张 锐	张 昕	张一杰	张 艺	张郁轩	赵依依	赵宇航	郑春阳
郑 浩	郑柳宏	郑伊丹	郑苑钰	钟嘉如	钟 湛	周宝芮	周惠敏	周也歆	周 莹	朱 芳
朱颖森	邹 航	邹雪峰	蔡妙丹	陈 晨	陈各聪	陈泓衡	邓嘉敏	邓晓敏	方康欢	何 皑
何绮玲	何宇骏	胡 怡	赖可妮	黎嘉玲	李计升	李相翰	李章科	梁淑仪	林 霖	林 璇
刘梦诗	刘梓慧	缪兴林	丘 然	汝承毅	阮冰妍	沈琼妹	唐联鹏	王 静	王 莹	吴 娜
吴 伟	吴英华	谢 凡	谢家琪	徐 然	杨 李	叶 勋	余必孝	曾祥晖	张仪柠	张蕴仪
周嘉雯	周颖清	周韵诗	管翔罗娜	曾叶晓雪	欧阳天博					

会计硕士

曹靖伄	岑冬瑜	陈 斌	陈佳琳	陈旻晖	陈绮霞	陈秋萍	崔文浩	戴玲玲	单梓霖	邓舒文
范 喆	方 媛	高梦琦	耿梦雪	古艺鸣	郭金婷	郭子龙	韩文丽	何媛媛	黄琨媛	黄学惠
黄钰洁	黄政烨	江雨杭	乐莹莹	黎 婕	李荟峰	李晶晶	李丽娴	李冉冉	李溦晨	李伟玲
李艳婷	李紫欣	梁钰怡	梁梓榕	林嘉宇	林蔓婷	刘 洁	刘 玮	刘 颖	罗昭金	骆文君
苗译文	莫剑萍	裴彦秋	秦 静	邱莉莉	区晓毅	阮 婷	沈宝维	王丹琪	王可欣	王 音
王圳娴	魏 虹	魏 雪	温馥蔚	温家瑜	吴 菲	吴家惠	吴晓燕	吴梓辉	肖哲维	谢斯跃
谢小萌	徐 梵	杨华清	杨 丽	杨泽达	姚 昊	尹筠雅	余银漩	曾庆溥	曾 媛	张澳松
张 斌	张洪昌	张 琦	张 蓉	张睿童	郑 晨	郑 津	郑小萍	郑晓纯	钟雅诚	周晓萱
周依婧	周咏琪	敖惠敏	李 果	徐 艳	程智亮	李铭浩	刘 念			

工程管理硕士

毕彦杰	卜 祯	常 玲	陈鸿键	陈金星	陈 伟	陈子浙	郝亚坤	胡纯梁	胡海彬	胡 劲
黄琳琳	黄伟良	江志港	赖迎春	劳建斌	李露霄	李铭康	李锐凯	李宇澄	梁振宇	林志斌
刘寒箫	刘金璐	刘茜冰	刘文娟	罗 成	毛罗生	宁 媚	汤璐璐	唐海鹏	涂明晖	王 崇
王 禹	温 健	吴浩珊	吴幼立	夏子立	夏梓洋	向明星	徐理云	徐 扬	许 通	杨之毅
叶茂盛	叶佩雯	于 彤	曾 强	张旭东	张艳敏	张媛凤	赵 斌	周启峰	周楒炀	周惟唯
朱慧媛	陈剑若	陈晶晶	陈秋成	丁志全	龚良元	何广斌	黄可欣	李 超	凌海英	刘仁杰
马榕嵘	宋伟峰	唐程鹏	童建翔	韦一爽	郗若楠	杨建伟	章 磊	赵宇翔	郑力洲	曹文思
曾煜宇	段祖禧	郭子晗	何卫国	黄小龙	贾龙华	李显锋	林 超	林敏燕	秦晓澍	宋 朝
肖 力	谢 奇	谢祥林	叶 桦	张 旭	张宇航	朱星宇				

2022届同等学力硕士学位获得者名单

经济学硕士

金融学

蔡 宇	陈汉成	陈惠嘉	陈凝真	封 飞	刘 威	吴 丹	伍凯麟	夏超雄	姚梓健	卓志林
陈新群	黄飞艳	李钜全	梁德华	林小芳	张 琪	岑文森	陈柏良	陈东华	陈 慧	方玲玲

郭家荣　何浩怡　黄巧慧　黄晓儒　霍　燕　李旻翀　李宗炜　林　瑜　刘树东　罗汉辉　罗思婷
苏海丽　汤淼深　田汉宁　田　杰　肖宏桃　许家华　闫蕴华　于　颖　张秋霞

法学硕士

知识产权

陈志凤　谭英强　邢丹琼　许尤庆　叶文婷　陈从连　李洪濛　刘玉珍　魏毅凡　张彬彬　张海涛
钟　芳

管理学硕士

会计学
严植翠

管理科学与工程
李　唐　卢利强　蒙光伟

企业管理
陈少华　辜艳萍　洪　素　黄彩添　纪　攸　黎茵榆　李炳华　李睿琪　林福斌　刘锦红　潘福球
翁宇璇　吴乐凡　吴志玲　肖婧怡　张　浩　高俊兰　李雨桐　梁诗华　阮玛丽　夏　静　张舜燕
张　裕　陈慧霞　陈家敏　单春梅　郭　竞　何爱军　乐德林　梁瑞霞　凌惠欣　刘丽云　苏媛媛
谭志军　王大超　王　珊　邹爱平　吴敏华　徐嘉昕　许彦君　张靖平　钟安发　邹雪莲

技术经济及管理
陈佳扬　陈小鹿　吴铭臻　杨家文　钟广雄　叶少威　蔡小春　邓旭高　冯景成　林　晨　聂　鑫
苏　弘　张映金　钟娅婷

2022届全日制本科毕(结)业生名单

机械与汽车工程学院

蔡东宏　曾译贤　曾泳锋　陈碧仪　陈楚平　陈　峰　陈海涛　陈佳煊　陈嘉琪　陈俊龙　陈苗暖
陈　铭　陈庆伦　陈荣康　陈思宇　陈信鸿　陈耀荣　陈宇秋　陈泽凯　程石康　仇瑞昊　邓炳阳
冯妙善　冯伟君　高奥祥　高心怡　高子睿　郭彦韬　韩睿骐　何汉彬　何尚宇　何滢政　洪国钊
黄海洋　黄怀宇　黄健洋　黄威远　黄长松　黄子雄　惠榆淞　鞠雨恒　李　昊　李家明　李嘉茵
李林旭　李沐云　李日星　李少武　李晟铭　李顺周　李彦儒　梁敬峰　梁子冲　盛培哲　苏天池　孙浩洋
凌梓茗　刘春远　刘　洋　倪雨晨　欧浩杰　彭　芳　彭昱灏　邵冠文　盛培哲　苏天池　孙浩洋
孙　洋　王淳昱　王泓峻　王霁阳　王凌云　王清清　王思创　王文强　文一帆　翁凯航　吴狄秋
吴思远　吴质彬　邢昕铨　徐之昊　鄢　杰　严洪润　杨　晨　袁浩伦　张　驰　张文远　张　星
赵亚辉　赵意晖　赵英明　郑文亮　郑增锐　郑长旺　钟佰贤　朱冠新　朱绮婷　邹润昌　陈泓浩
陈艺浓　崔　鹏　高婷钰　何青伦　何镇华　黄　煜　蒋洁蔚　孔　淇　李东宇　李　乐　林泽辉
刘　佳　刘月婷　麦诗敏　亓梓阳　唐国梁　唐诗越　田　敏　田胜云　王元鑫　韦苏芸　吴　熠
杨凯龙　叶志成　袁尚科　张新志　邹明佳　补国艺　蔡佳杭　蔡小冉　曹倬华　曾润林　陈博远
陈　功　陈　昊　陈浩森　陈锴杰　陈树鑫　陈　硕　陈　逸　陈泽杰　陈兆铮　程君明　邓力铭
段　凯　冯浩民　付东鑫　付钧钧　高锦成　韩依洋　郝禹渊　何继端　何宗泰　洪家威　洪杰明

洪立铭 侯嘉俊 黄国钊 黄朴 黄谦 嘉博鑫 蒋孟君 康济夫 赖静骅 赖思帆 雷家盛
李琛 李孟丹 李潇逸 李旭豪 李仲平 梁栋 林楚盛 林泓熠 林锐恒 林少鹏 刘锋
刘航宇 刘剑澎 卢鹏飞 罗煜鹏 骆俊宇 马海伟 马文杰 莫涵宇 欧剑雄 潘嘉宝 潘锐豪
潘文龙 盘恩耀 彭志贤 彭子轩 邱海生 阮静怡 苏家靖 覃志嵩 唐铭 田贤鑫 涂承鹭
汪俊杰 王贡贡 王浚铭 王力 韦梦华 魏铭 魏铮 温嘉豪 吴碧瑜 昔富中 夏雨鹏
向霄鹏 谢安泰 徐位垣 闫力 杨超 杨达洲 杨明月 杨显波 杨昕荻 杨煜祺 姚松青
姚元亮 姚岳江 于子博 袁敏德 张春盛 张恒 张炫枫 张钰奇 钟斌 钟江磊 钟俊濠
钟顺江 周豪俊 朱家炜 朱铭伦 朱震 陈智 丁天贶 段渤渤 龚欣然 黄仕平 李乐效
李明 李学龙 刘于富 柳俊晨 覃晓辉 田钊 王国荣 王志翔 徐煜 杨昊伟 岳志华
陈凯鹏 程东东 杜佳豪 郭家豪 贺跃新 蒋承辰 卢霄 卢秀鹏 任志垚 孙雨山 汤振洋
汪乐平 熊一博 张朝 张楚怡 张伟龙 郑靖强 朱梦璋 曾俊峰 曾文海 曾宪漳 曾昕
陈博文 陈楚鑫 陈德才 陈迪江 陈俊颖 陈浚铿 陈凯全 陈亮 陈烁天 陈贤华 陈宇辰
陈张睿 崔钰 邓小泰 邓子灏 杜鹏飞 杜文锦 方程 方道鑫 冯家辉 冯嘉鸿 冯璟玉
冯镜明 冯艺娴 扶永烽 高明灏 葛欣洋 古少宇 郭浩锐 郭华星 郭士赏 郭煜锋 何嘉琪
何梓涵 洪聪 胡文博 黄光辉 黄洪海 黄俊伟 黄凯龙 黄诗婷 黄享豹 黄耀诚 姜书哲
雷晟 李浩然 李嘉怡 李伟鹏 李振东 练庆莹 梁楚明 梁胜龙 梁泽健 林志燃 刘国泉
刘旻 刘衍池 卢佳文 卢鹏 卢瑞文 路正 罗富耀 罗世杰 罗文骏 罗新龙 马卓瀚
牛琰辉 潘祖燊 庞斌文 秦荣希 邱家泳 邱壹铧 宋明静 孙君杰 覃文镖 谭浩鹏 汪子龙
王璟瑶 王沛 王涛 王宇鑫 王子为 王梓年 韦俊平 魏宇昕 温绍钧 翁嘉伟 吴灿锦
吴函 吴泽纪 武泽园 肖徽腾 肖锦钊 肖扬 谢家宝 熊芝 徐士钦 许柏豪 鄢航
杨冠华 杨俊华 杨仁棚 杨泽帆 袁茂森 詹婉婷 张安畅 张斌 张丰翼 张健帆 赵铭轩
赵商羽 赵印财 赵忠源 郑景浩 郑星宇 钟一铭 周思睿 周宇鹏 周志坤 朱恩彤 蔡海金
曾嘉杰 陈际云 丁浩 高睿君 胡若帆 黄华 李兆晟 林峻昊 林育全 刘忠睿 刘梓豪
孟峻霆 孟子博 穆炳宏 史振国 谭静 王鑫 王云天 吴智彬 谢廷博 郑桂泓 钟佰禧
朱泽广 曹馨戈 陈曦 陈新睿 黎启涛 李航宇 梁美昌 梁振邦 刘奥 刘峰 王亚宣
王奕潼 武冠洲 杨凯博 张祖文 赵文誉 赵志峰 郑毅 朱西正 曾赋乾 何金庆 黄泽龙
赖凯霖 李覃昊 梁诗佩 林泽波 田一勋 王灿龙 吴颖彤 向东 邢永恒 徐瑞祥 徐钰峰
余天立 赵铭锐 钟梓玮 周昶圻 陈冠桥 陈永琪 陈智霖 胡丁群 华选 黄狄伟 江镇洪
金梓平 李芳霖 李金南 李泽龙 梁庆铧 刘苑喆 饶伟 王瑞亿 王再驰 吴浩 吴衍侯
张宏彬 张力 张一飞 赵芳怡 郑润霖 钟迪欣 左宸滔 欧阳南希 魏场良源 阿迪拉·图尔迪
吾兰·吾拉孜拜 萨依代·米尔扎提 组农阿吉·苏力坦 木尼热·阿不都热合曼 迪力木热提江·克热木
买买提阿布都拉·买吐尔送

建筑学院

安信儒 白雁驰 蔡霄萌 曾钰峰 陈保特 陈侯宇 陈建铭 陈淇昀 陈雯煜 陈致远 陈澤峰
段钰 高肖帆 高羽纶 郭泳希 韩睿 何可柔 何沛珈 何桐 胡淼 黄浩明 黄峻翔
黄仕涛 黄扬峰 黄兆杰 黄之楠 黄曉怡 季煜博 金天济 鞠力 孔令辉 赖坤锐 兰良建
李赫祺 李泓毅 李慧敏 李建锋 李奕川 李泽如 李政昊 李咨睿 梁今浒 梁远航 廖一凡
林佳欣 林璐 刘安骏 刘安易 刘万宵 刘云杰 刘卓舜 马怡宁 聂子仪 侍瑾 孙雨菲
汤以舟 田雪竹 屠丹薇 汪骁 王家磊 王凯悦 韦宵龄 魏云沁 吴婧琳 席习凤 夏湘宜
夏雨 徐晟昱 徐亦凡 杨鑫睿 杨逸鑫 姚广濠 叶沛兰 余春廷 余经伟 原靖阳 翟新宇
詹鹏飞 张慧 张俊哲 张梦圆 张溪 张轩畅 张亦弛 张媛媛 张振杰 章琴 赵明嫣
赵帅 钟羡颐 周华宝 周雪洁 周梓兆 蔡瑀晗 陈泰霖 陈曦予 陈星言 陈子朗 陈梓宜

甘心阳	古上民	韩艺	胡成霖	黄培倬	黄思思	黄梓峰	黎徽茵	李佳悦	李梦雨	李星
林若彤	林师伊	林伟民	刘晨瑜	刘承智	刘光岳	龙海燕	陆烨贞	罗添毓	邱可盈	时寅雪
苏诚章	孙可意	唐琦婧	汪思淼	王诚浩	王聪明	王媚	王蔚成	王祎铭	温清梅	吴楠
吴佩莹	吴玥玥	伍绮菁	徐嘉敏	杨钦睿	杨亦茜	姚玥希	钟佳烨	钟思琳	朱浩天	庄宝怡
包浩霖	陈安悦	陈翀懿	陈聪	陈颖杰	邓祎琳	董奇祯	何明玥	黄同悦	李琴乐	李雯婷
潘钰婷	邱昕云	邱越	谭凯燊	谭淇尹	王嘉颖	王思扬	王雅杰	吴程琪	杨雨晴	易晓红
余律颖	张家顺	张思羽	张潇方	张紫彤	钟晨鑫	周与非				

土木与交通学院

白业生	曾芊雯	陈啸	陈泳昇	陈之阳	程传玺	邓雯	邓溢豪	冯扶明	冯燕亮	郭泷阳
黄文熙	黄泽元	江泽林	李奔	李可	李文俊	李晓然	李彦博	梁锦贤	林杰	林卓瀚
刘韵程	罗庚鑫	罗仕荣	毛竹	梅梓杰	潘洪健	邱鹏	沈焯悦	谭子鸿	童立	王俊杰
王芊	王睿	王钰	王志承	王子旗	吴建亿	吴堃	谢树鑫	谢梓辉	徐高晨	杨振鑫
余金峰	翟嘉明	张洪宇	张立钿	赵一安	安修德	曾念理	陈俊宏	陈玥霖	陈志学	崔熙
蒋俊坚	梁浩辰	梁泽邦	林锐镇	罗财祥	农伟财	欧俊迪	任志宏	唐杰琛	王澳庆	谢亿
熊浩辰	杨攸	余振宇	袁肖	张海粤	张家华	张嘉讯	周乐天	周越	曾家乐	陈洪洪
陈磊	陈伟文	陈振威	陈子昂	方好	高龙	高泽明	韩煜	何文昕	贺瑞东	贾子义
姜明	孔祥锋	李晨玮	李培杰	李兴盛	林焕哲	凌杨	刘宇铿	罗炼	蒙文江	任静宜
荣俊杰	阮丹妮	时浩南	谭深	唐嘉霖	万杭勇	王敏	魏泽武	温文	吴磊	吴倩彤
赵焘	赵艺泽	郑振宇	周皓轩	周伟康	白英洁	陈海艳	陈龙	鄂相睿	方昊成	韩耀
黄圣文	孔令滨	李琦	李涛	李志威	梁家权	刘宇阳	马肇良	孟浩	裴家雨	石登涌
石文瀚	宋兴发	孙一民	覃铄磊	王蓓	王嘉祺	王荣涛	王雯仪	王翔	韦浩曦	吴贤荣
向嘉文	向勇奇	徐语	叶鸿	殷文烨	余泽龙	张恒康	周宇晴	曾好	陈鹤林	陈森鑫
陈雅辉	房俊梁	傅天俊	黎嘉瑞	黎延鑫	刘秉勋	吕苏磊	庞晓龙	唐龙	王飞扬	王敬谕
伍建斌	夏桂然	谢景昌	许炜烨	张鹏	赵宏博	钟连	钟煜捷	周昊	周明杰	朱励一
诸佳奇	陈道奇	陈凯波	陈梓涵	代清源	丁一飞	段心一	傅晓东	郭恩贝	华嘉皓	黄恒鑫
黄烨华	黄泽	晋举飞	李杨杨	李云龙	梁振宇	林陈可	刘晗	刘施惠	刘昱泽	罗皓旸
潘元鹏	史欣驰	苏国强	孙忠燚	王昌平	王昊翔	王唯一	温礼静	吴志远	武小华	肖一涵
张涵	张赫	张诺豪	张诗洁	郑健	周凌云	陈承	陈吉彬	陈嘉鑫	程宏亮	方锦涛
方凌霄	方思倩	冯佳俊	甘程亮	龚强均	胡昊	黄欣红	黄植程	柯翔	邝启航	李淇
梁尚浩	林颖强	鲁学艺	陆俊安	吕天顺	孟德胜	牛治霖	沙海杰	王龙威	蒽玉千	谢燊
杨智杰	张泽中	陈慧伶	陈吉林	成晔晔	冯镜润	匡婉蓉	赖紫荣	黎可晴	李家昇	李嘉敏
李强	李润森	李烜	梁玉婷	刘显宁	刘学江	卢涛安	骆怡菲	倪导舸	潘婧祺	宋成
苏乐	孙翘楚	唐诗婕	唐泽璇	王炜楠	向如心	肖亿隽	谢函宸	谢嘉康	羊思颖	杨海桢
杨圳	余嘉炜	张晗	张思涵	左莹莹	艾子辰	安琦	卜洪鑫	蔡承远	蔡浩	蔡青鸿
陈冠帆	陈国豪	陈浩龙	陈基思	陈陆岳	陈启	陈启聪	陈涛	陈禹儒	陈钰杭	邓智杰
丁颖文	甘颖通	何海东	何海辉	黄华开	黄小龙	黄煜坚	黄云龙	江英鹏	解晨鲲	赖鹏浩
雷浚	黎倍良	黎健棠	黎廷凯	李学森	李展铨	梁恺	梁书铭	梁韬	刘嘉伟	刘少坤
刘治琅	牟栩麟	牛瀚仪	彭禧	普晗	强永东	强智森	帅少璇	覃樽	汪靖	王启龙
王青	王润瑞	王研妍	王喆	王至爱	魏毓玮	吴岱峰	吴浩然	吴炫锋	吴悦锋	肖成凯
肖慈宇	肖润熙	肖炜民	肖旭琛	谢沛醒	熊嘉珏	许言	许勇佩	杨超	杨皓杰	杨家璇
叶嘉乐	于相武	余健熙	余之豪	张格宁	张俊涛	张凯宗	张念	张声勤	郑智才	钟浩
周德	周国骏	周天	周奕君	朱宏立	曾令益	陈发权	陈海雍	陈鸿飞	陈江烚	陈彦全

郭峻鸣　黄铭仁　黄　正　郎功誉　李金龙　李周锋　李卓渊　廖晶晶　刘劭焜　吕　然　潘炜择
任嵩旭　任宇鹏　王林丰　吴华燊　吴纪东　吴子平　向　淇　熊　沨　严浩荣　叶灏睿　周志勇
邓巴杨培　扎西邓珠　丁康礼玺　周钱子洋　格桑达娃　扎西次仁　欧阳志湘

电子与信息学院

安富通　包汶龙　岑敬伦　曾庆和　曾新媛　曾雨非　陈丹妮　陈丹阳　陈　广　陈皓文　陈泓江
陈鸿杰　陈俊源　陈铭俊　陈瑞源　陈润丰　陈晓琼　陈　昕　陈新烽　陈祎旸　陈永强　陈　煜
陈智炜　程浩宇　程沛权　程玥洁　邓凯伦　邓麟峰　邓　旭　邓云帆　邓志清　丁　捷　丁卓远
董斯馨　董祥俊　樊剑豪　冯嘉亮　冯晓琳　付子越　甘韵琳　高　尚　高奕聪　宫楷宸　龚　喜
顾治鹏　郭嘉濠　郭亚楠　何嘉敏　何木妹　何思源　何蔚筠　何奕文　何奕武　何宇豪　胡锦杰
胡思远　黄安潮　黄晨航　黄嘉毅　黄　凯　黄凯铭　黄凌辉　黄诗全　黄文极　黄文康　黄心怡
黄星皓　黄焱枫　黄奕丰　黄泽豪　霍子恒　贾立博　江健华　江雪莹　赖艾宁　赖志鹏　蓝俊豪
蓝屹林　李承睿　李楚斌　李冠辉　李火琼　李佳淳　李嘉怡　李　乐　李乐民　李临风　李倩莹
李润楷　李诗雯　李仕澄　李卫凡　李翔宇　李小奇　李鑫龙　李佑盛　李　越　李泽楷　李　哲
李志浩　李志鹏　李仲源　梁翠云　梁文楚　梁逸帆　林赋瀚　林瀚铭　林锦文　林荣琛　林树滨
林子瑞　林梓浩　林梓玲　凌志旭　刘　超　刘春龙　刘景城　刘利华　刘庆琛　刘永棋　刘宇轩
刘　源　刘知航　柳　叶　龙诺尔　卢　聪　卢佳炜　卢宣再　罗　皓　罗万相　吕建豪　马俊涛
彭惠韬　钱双熠　秦　鹏　邱文辉　饶　波　容泽森　施永鑫　苏沛烁　孙昊唯　谭羽翅　汤思睿
唐豪育　唐宏成　唐鹏禧　涂维浩　汪圣杰　汪兆文　王　充　王桦霖　王家麒　王思敏　韦　钰
魏诗蕾　魏一凡　温润民　温诗涵　文卓奇　吴　瀚　吴和茂　吴嘉杰　吴坚华　吴　鹏　吴天琪
吴燕玲　吴逸伦　吴宇健　夏　星　谢骏涵　谢晓强　邢荣麟　徐广佑　徐荣光　徐文熙　许柏城
许嘉华　许坚城　许洁琳　许诗悦　许思森　许泽龙　严　金　严琪媛　严咏楠　杨柏新　杨博文
杨东杰　杨　璐　杨远致　杨　真　姚兴晨　叶　雯　鄞蔚瀚　袁晨宇　袁思涵　原暄哲　翟　婷
张　驰　张红豆　张　垦　张其隆　张潇琦　张馨月　张雨梃　张蕴铨　张泽凯　张　振　张正博
张志鸿　赵明了　赵绮琪　赵笑语　郑瀚铄　郑昊天　郑　艺　周家成　周沛恒　周泽霖　周子豪
朱建国　朱峻良　祝晴晴　曹时川　曾广森　陈浩轩　陈可杰　陈孟霞　陈钦阳　陈逸寒　邓家乐
邓昭宇　范家耀　霍正祚　孔令华　李　钧　李泳奇　李政棣　利金浩　林国政　林卓逸　刘嵘彬
龙智浩　卢狄峰　吕玥聪　欧逸怡　陶　亮　王锐淇　王潇宇　王昀炜　肖　睿　许　融　杨　哲
张朝镕　张朝语　张　洋　张中溢　郑佳纯　周海天　周镇峰　艾思远　蔡嘉煜　蔡宇成　陈　栋
陈　福　陈洪勇　陈佳佳　陈澜波　陈奇枫　陈如秋　程昊阳　褚泽晖　崔继耀　崔舒扬　邓世杰
董景尚　方　粤　何锦华　何　颖　何智健　贺之贤　黄海琳　黄俊添　黄　茗　黄启智　贾华钰
贾明鑫　蒋云帆　康唐飞　赖嘉乐　粮其锋　李嘉辉　李来庆　李培玉　李炜瑶　李文锋　李宇翔
梁伟业　梁子涛　林常松　林德臣　林思彤　刘达奇　刘铭东　刘一江　刘永恒　龙昌隆　卢正河
罗广军　马煜祥　莫宏谦　荣思齐　石东子　覃　航　谭清煜　谭新宇　田　胜　王　朝　王朝焱
王一凡　魏纪暄　吴东信　吴海洋　吴　军　向昊晟　向子睿　谢云枫　徐　硕　许博文　杨庆鑫
杨智文　叶鸿生　叶锦锋　游诗慧　袁锐隆　袁逸霄　张黎炳　张睿哲　张天河　张宇廷　张祝潼
赵博辅　赵国庆　郑淦韬　钟宇豪　周　琼　朱昊宸　朱　江　朱　婷　曾纪鼎　陈　凯　陈　明
邓　昊　葛龙飞　蒋　擎　孔嘉伟　兰　煜　李柏霖　李明锴　李铭睿　李　腾　李昱澍　廖文辉
林光正　林佳灵　林胤含　林泽柠　刘　涛　刘振鑫　马　骏　牟　畅　欧灿戈　曲晨帆　盛泊熹
宋　和　苏　颀　谭启恒　谭　濯　王庆丰　王睿璐　吴俊宇　吴文轩　吴晓璇　肖沃城　谢甜甜
杨俊兴　叶弘川　叶明润　叶文康　殷卓文　俞穗圆　翟濮成　张　楚　张　璇　赵思哲　郑冀贤
周品皓　周子博　朱博锐　何　曦　李灵翼　林焕清　林卓瑶　刘永杰　马衔石　唐　克　田庚辰
王可待　王长杰　韦漪紫　肖博文　严建辉　易帼楚　翟子奇　朱晨睿　高烜赫东

315

加衣达曼·阿合勒别克　阿卜杜巴斯提·阿卜杜热西提

材料科学与工程学院

蔡铭雅　陈俊杰　陈思危　陈晓鹏　陈心渝　陈亚欣　陈志坤　陈宗凯　范嘉崴　范　淯　冯海洋
傅育槟　高　瞳　关雅沅　官　航　郭卉瀚　韩晓萌　郝佳伟　何嘉林　侯玉婉　黄东翠　黄家明
黄　祺　黄永华　黄梓俊　江逸枝　姜博儒　黎　琳　李锦东　李锦民　李　鹏　李书侠　李　婷
李禧琳　练　琳　廖瑾琰　廖韵清　林　翰　林家智　林晓彤　刘　璇　刘　源　刘　钊　刘知源
卢增鹏　陆湘文　罗浩扬　吕尚禹　麦敏康　潘建辉　丘昀坤　屈炫彤　茹珂叶　茹思敏　邵楚茵
苏睦泽　谭瀚儒　唐若宸　王艾嘉　王　博　王朝洋　王嘉诚　王树潮　王　译　韦　业　温超煜
吴坤欣　吴　晓　吴钊德　吴振宇　吴政忠　武　啸　香铭聪　谢嘉敏　谢杰承　辛　雨　熊光雨
徐泽彬　许丹琳　薛海杨　姚　顺　易敬霖　于紫芊　余璟雯　袁珂雨　翟鸿宇　詹长椿　张峻哲
张康平　张　垒　张明强　张业新　张哲开　张镇鹏　赵聪慧　郑乔扬　郑天宇　钟韬锐　周晶婷
周天朗　周文坚　周瑜萱　纵李娜　邹　沁　朝韩啸　陈慧铭　陈树海　陈宇涵　戴福亮　冯振华
高利斌　郭丽霞　郭欣萌　何智杰　黄婵琪　黄思瑜　冀　翼　贾博超　贾代真　江耀基　李传龙
李泽其　梁启燊　林　滨　林琼明　林盛钿　刘英创　刘泽琛　刘之沛　卢韵诗　吕名扬　马泽禹
麦文锦　盘子杰　任　宇　苏柏煜　苏　晨　苏海鹏　汪祥瑞　王馨琪　王亚兵　吴可风　吴深腾
夏侯坤　谢　阳　姚文平　赵乐川　朱青梅　祝敏凯　陈浩鹏　陈荣坤　邓海婷　邓绮萍　高崇彦
古冉然　关沛烯　郭晓蓓　郭炎溶　何兆阳　蒋洪俊　黎灏勤　李颂深　李小婧　李玉军　李泽浩
梁嘉辉　廖国豪　林海菁　林美慧　刘泽凯　刘杼秋　卢　丹　罗孚嘉　罗宇恒　吕　翔　马锌宇
莫浩宁　欧阳瀚　秦嘉洋　邵佩珊　沈毅鸿　覃可欣　王龙龙　王升睿　吴家畅　熊　湛　熊喆恺
徐寒露　闫俊宇　颜　鑫　杨傲雪　余卓铭　张庆龙　张文玉　张息赫　张子越　卓楚扬　陈骏均
陈　康　陈　坤　崔博轩　邓泳锐　范亚雯　何梦笛　黄金样　黄俊伟　景　灿　乐　天　李华翰
李立忠　林炜昊　林梓豪　刘俊杰　马国政　秦　诚　苏　彦　泰　戈　汤敬清　王利萍　王智祺
杨昊天　余斌全　张搏宇　张远慰　赵伟鹏　郑昕锐　周嘉睿　朱嘉靖　左双翼　范　烨　郭诗悦
黄汉文　黄苑玲　霍思勇　柯俊华　李玲艳　李梦瑶　李世春　林　瀚　林洛瑶　刘甜甜　刘溢丽
冉茂飞　宋佩茹　苏彦今　吴祖泳　谢永鑫　熊徵言　余静雨　张奚诚　钟穗斌　周　凡　周维怡
白梓嫣　陈国豪　陈翰尧　陈炜熙　陈啸林　陈艺涛　董瀚骏　顾学辉　郭晨潇　郭恺悦　郭子琦
洪逸裕　侯明玥　胡润东　黄健朗　黄启传　黄　晟　赖龙浩　雷　洲　李彭轩　李易凡　林克晟
刘丁荣　罗　佳　罗子龙　闵令祺　沈星星　宋　楠　唐焕松　童逸轩　王婷婷　武文齐　萧克宁
熊粤湘　徐芳麒　许阳杰　杨会云　姚登明　张铭钰　张心怡　张永煌　赵子豪　钟梓炜　周昭桦
邹　楠　邹　鹏　陈卫东　邓亚龙　洪兴沛　胡炜泰　李婧璇　李娜清　李业庆　林　艳　刘纪柯
吕世煊　马东东　苏小斐　覃惠杨　王玲于　文　睿　吴一星　肖　涛　谢冬秀　谢洪伟　谢伟健
谢奕凯　徐千千　杨　健　由津兆　张嘉丰　张　力　郑慧琨　钟韵嫱　周健钧　周　旭　朱明哲
岑文涛　陈　涵　陈俊瑞　陈明庆　陈　思　陈小真　陈子华　迟彦杰　邓　龙　丁　莉　董振川
窦悦嘉　甘小龙　郭兰鑫　何明杰　胡佳佳　黄君瑶　江弘胜　解向仑　李昊洋　李佳坤　李林浩
李悠乐　李子昂　林正梁　刘晶晶　刘　喆　罗凌劲　缪可偏　邱诺玲　曲若文　宋伊霖　孙源洁
汤睿霖　唐乔杨　涂彦之　王东升　王广鹏　王家奕　王任飞　王舒予　文远帆　吴彦震　谢　斌
徐文浩　薛炳辉　杨佳吉　杨睿轩　杨　帅　杨　涛　袁鸿杰　张　琨　张文昺　张亦弛　张　源
郑　重　钟思京　钟子浩　周　琦　朱子赫　朱梓元　邹文昕　曹晓利　曾游冰　陈旺君　冯健政
黄梦茹　黎子滔　李金泽　梁可思　林涵纯　刘彬彬　刘　倩　罗　贸　吴纡蕾　杨凯业　杨欣艺
臧金宇　张丁天　张哲源　赵心怡　郑汉梓　周子煜　杜周云天　欧阳政昊　欧阳慧颖　王杜希平
白玛曲西　仁青卓玛　祖拜代·阿不力孜　古孜努尔·阿巴白克力

化学与化工学院

曹自强　曾文芳　陈皓辉　陈进帆　陈宇轩　邓明慧　邓文康　丁慧敏　范一鸣　方惠琳　方文睿

甘楚楚 郭鸿洲 洪智威 胡慧琳 胡诗洁 黄鸿雁 黄　洁 黄　舜 姬　霄 计深深 黎伟欣
李葱葱 李丹婷 李建成 李　淇 李思迪 李元銮 廉泽群 梁嘉俊 林宏光 刘书宇 刘业晨
刘宇帆 卢伟能 卢熙誉 罗　威 罗　扬 马颖娴 潘　周 秦　弦 丘　悦 邱　洁 苏彦嘉
孙少凡 谭词同 唐彬宏 唐梦婕 唐守舜 唐延明 王楚轩 王梦宇 吴锐照 谢丽君 谢晓晴
熊开友 许　鹏 杨　娴 杨　怡 姚佳汛 尤　钦 余　薇 元　欢 袁　煜 张泰然 张　星
钟浩然 周镜璇 周　琪 周为贯 周　璇 周展君 朱　霖 宗昊明 左建东 蔡镇炼 曾峥盈
陈嘉骏 费宁远 冯丽媛 孔展鹏 赖　祥 黎柔言 李洋起 梁梓浩 刘慧荣 罗小燕 潘佳丽
彭鈊扬 皮天朗 王超宇 王园园 吴　逸 吴颖欣 武庭宇 尹婉婷 于瑞东 张斯玮 赵　恒
郑嘉一 曹前前 曾佳静 陈广兴 陈文浩 陈星霖 陈雅雯 陈振华 陈子廷 樊靖华 樊悦心
冯健宁 冯潇潇 符　广 高逸高 郭子毅 何昌发 何　欣 胡　炜 黄静华 雷方达 黎亮宇
李　瀚 李佳霖 李易东 李振杰 李镇伟 李　洲 梁桂萍 梁梓聪 林锐琦 刘光影 刘泽全
刘子昕 罗天翼 罗　鑫 梅隽彦 聂林煌 农振恒 彭康毅 彭　鑫 秦凯迪 石成灏 苏颖晖
陶弘毅 王冬娥 王　栋 王　樾 王润康 卫晓彤 吴贤昊 夏竣东 夏志颖 肖　宇 谢震霆
薛楚源 杨浩宇 杨　恒 杨淇云 杨长江 袁泽宇 张轩豪 张雪晴 郑志翔 周俊扬 朱韬睿
朱玥希 朱　赟 庄婉瑜 邹梦丹 毕春晖 蔡至憧 陈　佳 陈易恒 程穗宝 付涵勋 郭　平
兰宇昊 黎杏锋 李博浩 李华钊 李健康 林浩江 林泽越 刘时雨 卢晓正 庞雨轩 任继圣
阮洋丰 石志涛 宋玉洁 覃贻金 王胜杰 武唐翰 徐坤健 严恩然 杨佳瑛 杨立功 杨廷芳
杨　颖 杨振忠 尹胜奇 袁　若 张龙飞 张　聿 赵艺杰 郑德强 钟悦康 周俊鹏 邹　杰
蔡锡泰 陈翰灏 陈佳慧 陈晓霏 陈雨弥 褚博瑞 邓萍萍 方学佳 郭丹煜 胡洋明 黄泽琦
蒋天申 廖益秋 林　浩 林智聪 刘浩然 刘思豪 王玉杰 詹君正 张　博 张伟伟 张子露
赵思尧 钟海旭 邹子龙 阿不都拉·艾山 艾麦尔·吾斯曼 阿卜杜热黑木·托合提瓦柯

轻工科学与工程学院

蔡沐祥 陈瑾轩 陈斯喆 崔锦怡 崔　萌 甘志峰 管尤好 郝梦杰 胡云飞 黄　燕 江文轩
康　明 赖斯琦 赖志斌 李康昊 梁栩炤 梁裕岐 廖　昊 林觉甘 刘　熠 刘梓洋 龙　宇
卢艺南 潘思宇 沈嘉辰 石屹东 宋禹澄 苏　杭 汤泽世 唐　昊 唐　涛 童　治 万荣康
王　骞 文存远 吴宏浩 相立静 肖　璐 赵　凯 郑　晨 钟振中 周　朗 邹永盛 蔡茵欣
曹　显 陈振东 董杨瑾 冯僖雯 贾钧皓 李恒彬 李佳奇 梁芷莹 林子路 刘泽昊 卢婧雯
文子烨 谢敏婷 翟君晔 张嘉琪 郑小丹 刘覃哲禹 德吉措姆 尼玛曲珍

食品科学与工程学院

毕丽琴 曹扬建 曾德泉 陈泓林 陈嘉祺 旦　珍 丁思婕 冯泳钰 高方阳 高　璇 胡君瑶
黄周鹏 绞雄彪 赖双琦 赖晓宁 李海珍 李柳婷 李逸书 梁明诚 林　杨 刘严霜 刘智良
刘子扬 罗婧仪 马立群 马筱冉 彭　靖 冉　根 容浩东 苏一玮 塔尼娅 汪　贞 王殿楠
王　露 王梦慧 王奕凯 王子旸 韦惠莹 吴尔文 谢静蓉 谢庆彤 晏佳宁 姚逸然 张　灿
张英静 张羽霏 张　毓 赵彬镓 赵奇绘 周佳慧 周瀑鑫 周旭涛 周　杨 左　洲 蔡碧芳
曹娟玲 陈诗叶 谷宇航 顾芷瑜 桂欣宴 郝丽莎 何　欢 胡治歆 黄本固 康雅娴 李秋紧
林盈心 潘梓垚 史家欣 宋亚欣 王　颖 徐希哲 赵晓彤 郑瀚蔚 周　格 陈　璐 陈心言
丁文文 方天行 冯俊炜 郝欣悦 赖俊汶 李　珊 李雪峰 连沐霖 梁竣杰 刘　星 刘雨齐
芦禧亮 庞雨莹 孙　静 向雯瑜 尹　昱 赵婉辰 郑键欣 钟航宇 钟　俊 旦增央拉
塔斯肯·赛热克汗　阿依米尼沙·喀合尔　麦孜娅·阿布都外力　叶尔肯古丽·叶尔太
叶尔曼·叶尔布拉提

数学学院

曹　忆 曾亚军 陈大龙 陈志豪 邓清洋 范辰熙 付江凌 郭星辰 黄纪元 黄均瑞 黄宇轩

贾正雄	姜昊扬	金　晨	李　想	李子沐	梁光飞	梁锦鸿	林　星	林一鸿	鲁珂言	陆漾骏
马雪驰	毛万杰	莫镇威	欧阳皓	潘晓宇	丘健充	孙晓希	孙一鸣	孙泽龙	王　荻	王芊喜
文怀金	吴海源	吴梓柯	肖云红	谢传龙	谢锴涛	许燕铭	薛博汐	杨嘉豪	杨栩正	于浩元
余正阳	袁　力	张腾文	张栩凌	张钰杰	张智鹏	周　到	周紫芸	蔡嘉瑜	陈婕丹	陈彦文
陈颖怡	崔翔越	杜佳锐	葛胜兰	郭洁宇	黄立宏	矫　健	李　超	李丹芸	李非凡	李经灿
李婉炀	李文韬	梁展瑜	林琬锐	刘文嘉	龙依依	卢鸿威	卢佳佳	马沛钿	毛嘉威	潘瑜欣
史颖明	唐睿枫	汪贝雨	王晓玲	王欣宇	王　元	温念婷	吴国聪	肖伯铧	许锦纯	杨　双
杨玉婷	叶泳锋	殷浩原	余文婷	张槿杭	郑善航	庄晓晴	陈景岩	陈俊安	陈　楷	陈晓彤
陈怡琳	陈志成	冯豫川	冯子宁	符海波	高婷婷	管柏钦	黄翰儒	黄华坚	赖翔楷	李宝莎
李彦澄	李颖君	李应泽	梁昊南	林煜康	鹿　易	罗那尹	莫一凡	潘伟进	钱　途	沈　煜
苏炼栋	孙建航	谭皓禹	王彦博	王哲源	吴家祥	吴洁莹	吴雨俊	吴宗霖	肖龙慧	杨程宇
叶一航	余　玥	郑宇轩	周梦兵	周怡宁	卓思懿	曹廷威	岑启荣	陈诗婷	陈伟泽	陈希敏
陈　翔	陈小倩	陈信宇	陈　莹	邓源远	董洁阳	冯心怡	付韵颐	高雅晴	何韶峰	胡姗姗
胡诗笛	胡雪纯	胡一航	黄　昊	黄锐浩	霍齐轲	康悦琪	赖沛明	李涵雍	李家濠	李文洋
梁骏熙	林可儿	刘仓博	卢　元	陆妍筠	罗新航	骆宇豪	吕国峰	马汉森	马　露	任梓龙
沈茗致	唐薇靖	王宝琪	王海龙	王　琪	吴景萍	吴晓童	肖志鑫	谢容丰	谢煦缜	许智浩
薛佳威	杨　罡	杨耀源	姚静怡	姚增铨	于尔安	张朝翊	张　琛	张泽宇	赵雯君	赵怡舟
钟焕茵	钟　明	朱恒睿	竹泽康	邹　煊	蔡林焰	陈妙娟	丁子毅	何　为	黎楚晖	李凯琛
李熠辉	刘曼妮	刘泽洲	罗泽锋	施伟龙	王继研	王婧怡	吴启扬	吴泳潼	杨　嘉	杨　亮
杨祥瑞	于泽睿	郑　咏	植伟海	夏寒秋雨	彭张惠一					

物理与光电学院

蔡其育	陈柏荣	陈科霖	池铭君	冯帅铧	郭文渊	郭泽文	何润枝	何彦庆	胡　宗	赖一凡
李嘉诚	李俊杰	李宇峰	林　玮	龙振华	罗　灿	罗沛填	罗咏诗	骆湘婷	潘炜进	潘兆泓
区镇皓	沈　一	孙熔达	谭书寻	吴　双	谢立宏	徐　睿	张　琦	张子昊	赵　烺	卞恺然
蔡昊恩	蔡泓涛	曹琬璐	曾国培	曾姜维	陈健洛	陈　丽	陈谦理	陈向弘	陈业佳	陈业伟
陈雨璇	陈正达	杜佳婕	范传灏	高昕悦	龚鸿康	官仕杰	郭美琳	韩广晋	侯盛康	黄景涛
黄偲颖	赖坤瑶	兰毅达	黎倩怡	李　灏	李　婧	李童恺	李文韬	李泽昊	林　坤	凌文政
刘定宝	刘　瑞	刘维汉	刘小阳	刘昕羽	刘　洋	欧阳莎	庞泽伟	彭　佳	朴珠艳	钱文俊
丘维斯	邱子隽	饶雨凡	苏震林	万子航	王天玺	王图南	王颖炫	王展鹏	吴俊达	吴　垠
冼程曦	谢雨汐	邢诒铭	熊昌文	徐　仁	严　超	晏　梓	杨宁宁	张熠辉	赵　容	钟彦延
周思远	朱申奥	朱　越	庄理淇	陈冠华	陈柱石	董润泽	董洋赫	范有铭	付邓炜	黄星照
金圣心	林伟豪	陆厚自	莫天行	欧科均	苏　展	孙弘毅	孙悦怡	万顺东	王冠童	王　浩
王铭龙	王新钢	王泽瑞	巫俊鹏	吴　悠	伍时彰	肖　熠	徐诗涵	杨　杰	俞冠泽	
巴·阿斯尔	迪达尔·肯恩斯江		米尔扎提·阿不力米提							

自动化科学与工程学院

蔡一婷	曾鼎皓	曾伟聪	陈达冠	陈嘉晖	陈建宇	陈俊宇	陈铿文	陈千军	陈锐浩	陈施睿
陈奕璋	陈雨柔	陈语媛	陈源斐	陈泽霖	陈政昊	陈梓伟	陈紫照	邓　勇	董铎钦	董骐彰
段　迪	高向阳	葛　畅	顾泽凯	管仙富	郭二仓	郭婷婷	郭逸豪	何　霖	胡柳琪	胡　杨
虎　骁	黄　琛	黄桂鸿	黄昊睿	黄　宏	黄　杰	黄林仪	黄仕扬	黄　喜	黄翔豪	黄耀斌
黄奕翰	黄永胜	黄媛媛	惠斌科	蒋明俊	焦耀霆	康恩博	兰　涛	蓝美琪	蓝奕东	雷文捷
雷　岩	黎昊麟	李灿桐	李东成	李法增	李冠明	李家乐	李科明	李岚炯	李劭轩	李绍龙
李　帅	李霄龙	李鑫宇	李选平	李泽扬	李志翔	梁达龙	梁光锦	梁浩煦	梁舒婷	梁伟斌
林冰妮	林桂如	林皓艳	林靖枫	林　铠	林益民	林毅龙	林源鑫	林泽封	刘剑豪	刘诗楠

刘诗琪	刘炜斌	刘镇玮	柳逸然	罗秦薇	吕传龙	吕君钰	吕朋汛	梅煜成	门子涵	欧康祺
彭灿奕	咸艺林	齐立军	区显扬	饶润霖	施 唯	宋鸿展	苏铄森	孙嘉川	谭国威	唐 鸣
万宇星	汪 超	王东海	王国强	王嘉乐	王净民	王昕禹	王智豪	韦文欣	韦雅薇	魏敬伦
魏世新	文淅宇	巫海波	吴炳华	吴绿宏	吴 同	吴奕豪	伍炽荣	伍思朗	夏思俊	向广渝
向念一	肖凯元	肖 龙	肖文山	肖智坚	谢凌梓	谢晓莹	徐海鑫	徐浩洋	徐 俊	徐新航
许国彦	许溢鑫	许宗清	薛灿祥	薛俊明	颜洁仪	颜宇康	杨海茵	杨佳龙	杨俊曦	杨莫凡
杨 睿	杨赛赢	杨煜清	杨振华	杨智涵	余政铭	禹昕彤	袁 好	张超炫	张耕晨	张昊宇
张镭耀	张仁恒	张森燊	张 妍	张宜旭	张有为	张子琪	张宗烁	赵飞雨	赵俊杰	赵凯鹏
赵 昕	郑 晨	郑晓燕	郑彦行	郑子祺	钟宇玲	周 禹	周兆祺	卓同星	卓智永	蔡疏雨
陈嘉鹏	葛 任	郭泽鑫	蒋文龙	黎展翔	李 猛	李宁慧	梁铭浩	梁宇琦	林浩衡	林加烁
刘浩然	罗嘉磊	彭雄峰	冉杰龙	谭锦涛	王希特	王馨仪	吴健凯	奚达永	严 久	杨 涛
杨宇强	杨泽楷	张锦泓	张森华	赵宇凯	曹扬涛	陈海坤	陈俊至	陈凯翔	陈 敏	陈琪琪
陈自在	邓小凤	董宇轩	杜大猷	范泽松	冯 智	馮思翀	杭润盛	何昊南	黄 冠	黄静纯
黄奎霖	黄鹏程	黄 锐	兰洋卜	雷乐乐	雷英铁	李承翰	李联炜	李禄达	李烨晨	梁仕哲
廖子璇	林金龙	林 挺	林亿鸿	刘浩洋	刘佳坤	刘俊宏	刘堂伟	罗敬昊	马瑾焜	彭诗颖
田炜滨	王文锋	文竞豪	伍伟枫	谢晓彬	谢勇强	许嘉坤	严梓鸿	颜昌唯	余炜祺	张堡霖
张晨越	张健榆	张科淦	张圆玫	张子杰	钟雨萍	周晓航	朱健锋	司徒立文	周顾文霄	

计算机科学与工程学院

曾 理	陈秉亮	陈骏川	陈品烨	陈泰佑	陈治帆	池慧洋	郭泓树	洪 骏	胡筱曼	黄昆烨
黄子浩	黄梓楷	黄宗达	匡林云	邝涛杰	林师言	罗潇轩	马泽原	潘金星	彭 鹏	任 波
史宣莉	孙 秦	谭经纬	谭宛儿	唐之凡	王 崴	韦泽晟	肖土圣	徐自华	许跃缤	杨丰源
尹燕婷	云 帆	张佳俊	张蓝月	张柳坚	张 洋	张芸辉	郑俊豪	周子阳	贡钦涵	蔡丰干
曾宪周	曾一鸿	陈国语	陈君杰	陈庆龙	陈 锐	陈澍豪	陈思文	陈育铿	陈智宇	迟淙仁
崔晨赫	戴熠华	邓 浩	邓丽丽	邓炜浩	董楚瑜	董妙君	冯肇鹏	桂引暄	郭翔雍	郭彦升
韩刘翔	韩耀华	何嘉祺	何 燐	何熙钒	何宇航	胡程伟	胡 鹏	胡婷婷	胡云灏	黄碧洁
黄浩桐	黄铭绚	黄荣滉	黄世俊	黄斯隆	黄烨明	黄益聪	黄智权	黄子熙	江晓昀	江熠玲
蒋宇涛	黎礼津	黎羿江	黎元灿	李 聪	李泓锦	李家欣	李林文	李晴怡	李 新	李宇洲
李泽宇	李兆泰	李子恺	梁家豪	梁家榕	梁靖欣	梁清源	梁天颖	梁锡豪	梁友辉	林 滨
林海威	林嘉欣	林升升	林炜庭	林宇晨	林泽铭	刘付磊	刘金伟	刘俊龙	刘康杰	刘敏琪
刘诗源	刘世伟	刘 玮	刘赞午	刘展鹏	卢观诚	鲁见熙	罗惠心	罗 岚	麦谟师	麦文俊
麦栩志	莫文仪	潘林榕	丘卓栩	邱睿帆	桑 烨	宋哲明	谭笑衡	唐 健	唐康棣	铁洪瑞
万云威	汪 龙	王锦炫	王若宇	王少帅	王 焱	王远飞	王子齐	王梓泓	韦城志	韦家焕
吴健明	吴炜东	吴 箫	吴晓莉	吴逸龙	徐琬玮	许辉辉	杨鸿申	杨舒深	杨沃龙	杨志豪
姚冠成	姚子鸣	叶劲亨	余宛书	袁志琛	张灿辉	张海佳	张立邦	张培浩	张 瑞	张润钰
张心琦	张羽沛	张云博	赵焕辉	赵天华	郑霖康	郑学细	钟 艺	钟子涵	钟子阳	周辰辉
周俊宇	周 婷	周叶航	蔡启民	陈家祥	陈 平	陈怡霏	陈映衡	陈宇驰	邓玉馨	黄思源
蒋 璐	梁夏雨	廖淑亦	林诗琪	刘胜奇	卢汝诺	罗毅弘	吕永康	马佳煜	彭 麒	苏 仪
田 伟	汪灵浩	王津智	王叶伟	王一帆	吴超亮	萧健鹏	谢泽诚	杨深智	姚靖龙	张向文
张雪蓉	张又男	郑锦龙	郑锐鸿	周智勇	蔡芷琪	曹宇阳	陈捷鹏	陈启鹏	陈晓鹏	杜静仪
杜天赐	何馨誉	黄冠华	黄佳俊	黄思铨	黄怪琛	黄子晋	江宗泽	蒋 乐	柯瑶芸	劳锦伦
李知寒	廖文轩	林佳录	林文俊	刘佳琪	刘 场	欧幸绮	秦浩然	孙 骁	孙雨虹	孙育虹
覃首华	唐婷婷	王晴怡	王旭辉	王宇欣	吴佳欣	吴子龙	肖彭迪	谢 蒂	谢鸿聪	谢 怡
熊晓彤	晏 聪	叶焕文	叶静韵	叶泽森	尤怡璇	张灿锓	张殿青	张锦宇	张雯颖	张渝恒
张雨翔	张贞安	张 卓	章颖瀚	钟隽韬	钟玉豪	周博东	邹 璐	谷奕勋	郭佳鑫	黄 璨

林杰龙 马泽君 邱颖 宋浩瑞 向天翼 杨策皓 欧阳碧聪 徐逸可然 欧阳学强 阿孜古丽·阿布拉

电力学院

白焰 蔡珂可 蔡振东 曹晓均 曾国钧 曾凯乐 曾培杰 曾庆健 曾业成 车靓 陈桉
陈冰然 陈灿勇 陈楚海 陈飞鸿 陈昊延 陈浩泳 陈皓南 陈家雨 陈健涛 陈浪 陈乐柯
陈力为 陈铭诺 陈南星 陈秋灏 陈渠 陈锐泽 陈叶清 陈宜晓 陈益恒 陈逸伦 陈永陶
陈宇棋 陈云汉 陈志威 陈志文 陈子文 陈紫彤 程泽林 崔航 崔嘉雁 崔钦源 邓国丰
邓伟靖 丁言 董俊宏 董笑 董再蔚 杜威 段昊辰 段雨洁 方桢 封金鸿 冯华政
冯景康 冯科政 冯延鑫 符邦红 符方继 甘慧辰 高东照 高嘉乐 高荣聪 高兆基 龚凌锋
顾方圆 关颖聪 郭著 韩冰 郝博文 何启皓 何希然 何政萱 贺健恒 侯东勋 侯雪琪
胡成明 胡卓毅 黄瀚禧 黄厚然 黄嘉骏 黄俊灏 黄康铭 黄康宙 黄林莹 黄秋晏 黄梓焕
姜业基 金浩天 孔德伟 赖林华 赖佩君 赖翔 黎佳龙 黎永泰 黎子豪 李淳 李飞华
李福乾 李江涵 李锦程 李俊辉 李凯旭 李堪朝 李乐迪 李龙霄 李瑞 李尚机 李世雄
李想 李晓东 李晓平 李亦舒 李永祺 李芷晴 李子锋 李梓锋 梁成豪 梁锦辉 梁凯茗
梁敏航 廖海晨 廖祖海 林柏森 林东龙 林浩杰 林佳灿 林靖淳 林奇森 林小柯 林洋
林仲麟 刘尔航 刘婧靓 刘俊涛 刘骐滔 刘帅 刘天畅 刘文昊 刘潇镁 刘小铭 刘鑫源
刘毅凯 刘雨函 刘真锋 柳彦名 卢燕旋 陆林彤 罗庆全 罗涛 罗泽昊 罗子杭 吕乐
吕泽武 马铭宇 马润楷 马源 麦俊源 莫森钧 莫明玮 莫文喆 宁锐 牛雨禾 潘庆标
庞熙聪 秦大林 秦绍基 秦义航 冉旸 任卓麟 阮枫园 沈翔宇 盛煊 石国志 束振晨
孙文皓 孙瑜 谭炳源 谭笑宇 谭泳诗 汤景博 汤礼名 唐宇辰 唐雨萱 田万兴 田智文
涂婧 汪彦丞 王晨希 王丹阳 王法鹏 王洁 王硕 王泰龙 王腾博 王艺涵 王昭然
王正玺 王智贤 隗知初 魏子珩 魏子征 温彬蔚 巫方正 吴承钟 吴其浩 吴锐冰 吴升嘉
吴晓彬 吴晓东 吴烨 吴智佳 冼玮宏 肖扬 肖注丞 谢雪花 谢宇星 辛垦 熊鹰
徐济厚 徐文博 徐真理 许可 许敏琪 许文龙 许正彬 许志炯 薛若漪 薛宇倩 颜胜祥
阳育杰 杨昌昱 杨昊 杨杰豪 杨劲扬 杨军 杨鹏哲 杨斯淇 杨焱森 杨朕 杨铮
杨梓晴 尧欢金 叶柏贤 易昱宏 殷钰杰 俞飞 袁之歌 湛雨铟 张泓俊 张杰宁 张柳健
张其浩 张睿 张邵天 张文龙 张毅恒 张芸烽 赵楚枫 赵一凡 郑迪 郑佳炜 郑清岚
郑斯瀚 郑哲全 钟雯丽 周怀欣 周健龙 周苗苗 周泯辛 周鹏 周伟楠 周子富 朱钊铭
曾家炜 曾衍淇 陈柏熹 陈冠霖 陈文皓 陈一熙 陈毓 陈宗源 丁旺龙 樊浩然 方言
冯淼永 冯裕 甘子瑜 高淇 果义松 何广澳 胡永浩 黄豪江 黄俊杰 黄文涛 黄馨仪
霍富铭 江旭韬 可思为 赖一帆 劳子卿 李丰能 李涵嘉 李加羽 李沐天 李庆健 李思洋
李威 李欣 李彦江 李永哲 李梓轩 梁宇涛 梁泽庭 梁志泓 林冰颖 林子涵 林子翔
刘銮宏 罗毓豪 莫尚铭 莫增雄 任静桐 苏威宇 覃鸿钧 唐溥宏 唐文涛 万思洋 王朝伟
王艺澎 卫子杰 吴限 乡津 萧文聪 徐皓靖 徐兴业 许华健 严颖诗 阳书 杨可
杨联标 叶俊禧 易圣焜 余沛文 袁伟健 张岚 张语涵 张展 钟永鑫 钟卓霖 周星河
朱江豪 朱琼海 曹晟铭 曾松杰 陈博文 陈琦 陈钦鸿 陈庭嵘 陈旭灿 陈永堂 陈卓人
陈梓烽 丁锦堂 豆旭阳 谷荀 郭云龙 韩梦琪 何健和 何钰伦 胡成贤 黄旻杰 黄蕴丛
赖陌皎 黎铭双 李慧军 李沛聪 李至淳 梁蓝逸 林思腾 刘世昊 刘洋 刘志斌 刘卓龙
孟真 牛仕珺 邵一涵 苏健勤 孙子维 覃孝伟 唐自弘 滕新冬 王光亚 王黎 王正阳
卫智中 温福龙 伍昱朋 肖圣宗 谢阳 谢宇恒 熊俊杰 叶科泉 尹宇阳 余若宇 袁振东
张宸熙 张家宝 张徐嘉 张宇帆 张源耕 赵俊凯 郑雪蓉 周经伟 杜宇潇 郭享亨 唐昊
谢彦亨 周钰城 曹文正 车永康 陈东升 陈勇超 黄兆禧 蒋妍怡 刘浩琛 麻晟晨 农戈
任前永 王建树 吴爽 肖千喜 杨锦琛 于晓航 詹佳明 张帆 赵宇洋 郑康斌 郑雯才
周钱雨凡 欧阳文华

生物科学与工程学院

蔡娟云	曾 茜	陈慧洋	陈佳慧	邓怡豪	杜晨烽	侯 强	黄 智	李嘉欣	梁文熙	林 淦
刘 彤	刘鑫宇	罗汉涛	彭剑权	汪胜顶	王 克	王惟嘉	王越舟	魏士元	吴贝滢	吴家顺
邢艺凝	杨 宁	张梦丽	张钰鹏	张泽虹	邹宇扬	陈瀚阳	陈婉鸿	戴展粤	杜可凡	范祖延
方 佳	高 焱	何晨峰	何梓华	胡云霞	黄丝颖	黄思源	黄玉欣	劳嘉文	雷蓬铭	李梦菲
李 淼	李淑桦	李 毅	李雨洁	梁子睿	刘 畅	刘家曦	刘睿敏	刘欣羿	莫国圣	倪浚淇
潘明汐	彭馨娅	王秋献	王妍茹	吴雅韵	伍子君	夏凌华	熊映红	徐子涵	严诗凡	易 莹
张 卦	张顺杰	郑凯玲	钟懿珊	朱英立	蔡富强	蔡豪挺	曾 嫣	陈泉序	冯梓霆	何衍慧
黄宝瑶	黄奂绮	纪 絮	李晨雨	李欣曈	林佳丽	龙晓璇	罗浩麟	马佩瑶	邱 彤	沈泽坤
王 彬	王田田	韦嘉嘉	吴祎炜	肖子乾	熊心仪	许 可	许 欣	杨炳昊	杨菖洋	杨静哲
俞新元	袁子嘉	岳钰淇	张 岚	张晓敏	张云浩	赵嘉睿	郑雨蒙	周海玲	朱恩吉	
吉别克·吾兰		阿特娜依·哈拉木别克								

环境与能源学院

房 瑾	林昭西	蒙怡晨	区卓霏	王翊禧	韦子如	吴 桐	杨钦宇	杨 瑛	易欣源	张 沛
赵广义	蔡东文	蔡立根	陈慧林	陈美君	陈怡君	陈玉婷	董烜伊	贺晓阳	洪思琦	黄皓然
黄杰俊	黄芷珊	赖泽华	冷雅平	李 乐	李晓蕾	李心雨	刘 坚	罗颖鸿	毛昌玉	毛金满
沈 畅	沈欣玲	谭世希	汪钰程	王海燕	王 婧	王凯颖	王欣雨	吴烨杭	伍子玉	熊 懿
褟达龙	叶文桦	叶泽楷	袁颖羿	张杰宇	张书敏	张 婷	张 霄	张宇辰	郑泽铎	陈欣冉
陈梓晴	冯伊键	胡一章	胡泽昆	黄乐盈	金雨昕	李 濠	李瑞霖	梁登敏	廖衍光	牛立山
饶梓远	田煜程	王岑超	王 慧	王玟瑄	王懿宁	王竹婷	谢佩燃	徐芊润	鄢 铭	易琮皓
张弼淳	张驰羽	张华杰	张 哲	郑子昕	周宏恩	周宇捷	毕钰淇	陈炜炜	陈烨龙	戴粤军
邓晚晴	冯晓桐	高良航	古佳华	黄 斌	黄春林	黄芊蕙	黄 唯	黄秀仪	黄逸轩	姜 乐
金腾辉	黎启添	李子豪	刘敏珊	罗晓瑜	孟斯琴	庞梦阳	申家宁	韦经宇	魏楚韵	谢梓郁
熊 涛	许珊榕	杨润祺	杨忠虎	叶浩云	余宝凤	袁 乐	张岱洁	张 旻	赵 鑫	郑茗倍
徐子靖	阿旺加措	边玛江措	格桑贡桑							

软件学院

包峻玮	包钦源	曹海鸣	曹小薇	曾桂涛	曾灏然	曾家旺	曾 祎	常 睿	常为铭	陈 傲
陈 帆	陈家栋	陈嘉俊	陈嘉乐	陈洁琪	陈金鹏	陈靖宇	陈楷准	陈牧妍	陈品烨	陈维聪
陈 熙	陈晓杰	陈 旭	陈妍钿	陈奕宇	陈禹龙	陈月文	陈月晓	陈泽钧	陈卓琨	成伟淦
程晋韧	崔如豪	董沛贤	杜佳润	杜秋言	杜园园	段婷婷	范宇勋	方 慎	傅海彬	高浩裕
高志荣	龚 喜	郭宇轩	郭韵晨	韩博骋	何 恒	何裕明	洪康程	胡剑桥	胡俊诚	胡炜腾
胡 煜	胡子杨	黄 超	黄嘉桐	黄乐聪	黄廉栋	黄瑞斌	黄文奕	黄小聪	黄耀民	黄志颖
江罗倩	江腾浪	金信洲	金 子	孔 清	孔祥康	赖梓铿	蓝浩文	黎伟煊	黎 姿	李 斌
李瑾滢	李丹薇	李海媚	李浩滨	李启良	李沁怡	李思哲	李甦举	李文涛	李汶泽	李兴利
李炫志	李琰朕	李 耀	李玉民	连嘉伟	练哲江	梁浩铭	梁 璐	梁马旺	梁炜瑜	梁沚诺
廖诚希	廖晓晖	廖泽楠	林常青	林冬敏	林 锋	林晋旭	林伟东	林梓塍	刘 怪	刘传荣
刘鹄鸣	刘桦燕	刘洁琼	刘锦锵	刘梦瑶	刘敏婷	刘启熙	刘贤干	刘霄宇	刘奕鑫	刘逸曦
卢钧亮	卢普海	卢麒琦	陆建晖	陆开鑫	罗殿恒	罗林洪	罗旺宗	骆家森	吕颂伦	马纯华
马熙弘	么 远	孟德昱	孟 健	孟宇翔	莫培钊	莫乔凯	聂家文	牛晨旭	欧阳国	潘彦炀
盘世聪	彭曹炜	彭 程	彭伟泽	任晓杨	邵佳辉	沈麒锋	沈旭东	石 玮	时浩晨	宋世仁
苏坤明	苏晓欣	孙嘉雨	孙瑞鹏	孙义馨	谭国威	谭天朗	汤 磊	汤荣来	汤 威	唐颖琛
陶雨薇	田炜旻	涂 刚	涂洁航	万 希	万祉伶	汪 奥	汪丛彪	王春月	王耿辰	王金凌
王凯莹	王 络	王鹏霄	王庆衡	王维锐	王新宇	王宇辰	温滨瑞	温灿雄	吴 凡	吴 昊

吴鸿铭	吴佳奇	吴铭韬	吴沛杰	吴　霆	吴伟松	吴伟涛	吴先浩	吴晓孟	吴绪禹	吴泳娴
伍兴宇	武放舟	夏宇权	冼明浩	项建丰	肖勋龙	谢奥怡	谢佳宏	谢明燊	谢泰安	谢雨萌
谢玉馨	熊　镔	熊依兰	徐秋露	许安璐	许　航	许诗愉	许　宇	严　灏	严天成	颜裕锋
颜泽朋	杨楚炜	杨福龙	杨广宇	杨泓坤	杨济源	杨　健	杨　睿	叶浩旸	叶锦浩	叶劲辉
叶子煦	印昊超	游天舒	张博宁	张　弛	张皓维	张晶洁	张凌寒	张孟航	张以恒	张奕凯
张逸松	张翊雲	张渝湘	张志扬	张紫怡	赵若杉	甄泓忠	甄卓林	郑冰升	郑臣楷	郑福森
郑嘉腾	郑泽康	钟华麟	周乐皓	周瑞龙	周秀俊	周艳玲	周岳衡	朱艾灵	朱鹏辉	朱瑞晨
朱天纯	朱星旗	庄潮丰	庄国瑞	庄佳伦	邹凯韬	陈国昊	陈华纲	陈俊鹏	陈礼枫	陈伟龙
陈宇阳	戴德键	邓景良	邓耀铭	冯博政	付卫航	郭旭洁	何宛睿	洪煜鑫	黄禧龙	黄欣怡
黄翊龙	霍东健	贾涵溪	江恩焯	姜苑彤	金彭德	康智波	赖玮锋	李成耀	李浩然	李纪倡
李　健	李文轩	李晓菲	李泽炜	李长春	李梓锋	梁朝垲	梁华勇	林熙琳	凌泽楷	刘聪平
刘　鼎	刘鸿飞	刘斯韩	刘廷康	刘泽辉	刘志培	柳智烨	龙俊帆	陆梓文	罗飞龙	罗志杰
马永好	毛玺羽	潘宣达	丘玉刚	邱雪凝	宋钧越	苏泓嘉	覃宏铭	谭　跃	谭越声	唐　龙
唐　润	万文泉	王伟能	王　泽	王子成	吴恩雄	吴伟松	伍华明	许尔杰	许　宁	薛朝阳
鄢志豪	严　笑	颜振桓	杨福康	杨锟鸿	杨斯杰	杨文杰	杨晓凯	游晓彤	于也淳	张康勇
张　盛	张泽鸿	张振国	章子寅	赵奥田	周敏珊	周启麟	周晓升	胡辰昕	罗乐轩	吴非凡
熊子豪	张高源	凌斯迪威	欧阳浩原						

工商管理学院

刘虹廷	陈雨露	董逸萱	段泓宇	古雨晴	韩佳芮	韩若曦	靳乐怡	康陌栟	黎桂顺	李楚尧
李　静	李　萍	李苏丽	李盈盈	刘桠灵	刘育林	卢晓雯	陆嘉瑜	罗　姝	邱燕薇	唐敏嘉
陶奕霏	王唯佳	吴嘉惠	吴金燕	吴心兰	向玉洁	肖一明	姚　叶	伊国旺	张晃铭	张又文
赵国行	赵　欣	钟泽航	周思苗	周心怡	周颖琳	朱恺逸	朱祥鑫	白　双	曾沁雯	陈丹琪
陈　俊	崔卓越	杜智炜	方祉祎	郭坤锐	郭镱淇	洪慧茵	胡　鹏	黄采滢	黄家蔚	黄嘉祺
黄　垠	黄紫媚	金　涛	邝钰滢	李佳冰	李宛潼	李　彦	廖晓敏	林　泓	林斯瑶	林婉滢
林晓佳	卢婉媚	罗恺彦	罗少扬	孟晓帆	缪　琳	彭子瑶	齐　悦	全友翠	史昕蕾	谭　丹
王梗润	王天洁	王锡浩	王欣宇	魏晓纯	温桂荣	吴鹏杰	吴倩钰	武广正	武晋芳	冼家民
谢帅克	杨　娜	于昱昊	余　晖	袁乐熙	张沅彤	赵广明	赵梓彤	钟楚儿	钟家雯	朱嘉琪
蔡宇东	陈民浩	陈晴蔚	陈霄洋	杜思颖	黄慧昭	黄致恒	赖洁妍	李炘嵘	刘僖彤	卢辰心
马小婷	马一凡	毛欣雨	孟　元	邵缘圆	唐泽辉	王棣春	王沁雅	王擎熹	王子茵	许鸿禧
许　鑫	于天赐	余昊隆	余冉垒	袁浩韬	张心玥	赵文钰	朱蕴睿	曾心译	陈钊涛	邓惠月
丁　璨	宫嘉禧	管邓平	何国兴	何嘉凝	何湘妮	黄海明	李鑫龙	练晓宁	廖嘉豪	刘慧思
刘俊宸	刘思怡	卢国辉	骆薏晴	马昕骏	麦嘉宝	孟　迪	庞耀彬	彭粤君	孙若宁	王子琪
吴慧華	幸　旭	叶嘉烯	叶芷茵	余　雨	袁郸梦	张皓宇	张振山	张芷君	赵　冬	周百合
朱　琳	曾梓萌	陈博熙	陈佳琪	陈泯霖	陈莎莎	陈骁楠	陈　馨	崔逸萱	戴惠玲	冯　婧
冯颖楠	高　洁	郭倩芬	郝俪凡	胡喻畅	黄敏桐	黄淑娟	黄苏金	江瑞昕	蒋灵思	敬皓翔
赖　蓉	赖盈希	蓝　玥	李丹妮	李鸿浩	李嘉妍	林　涵	林靖媛	刘凡豪	刘　婕	刘力源
刘思捷	罗怡婷	罗　莹	马凯娜	闵思琪	莫沁茹	彭文湘	漆婧媛	区晓琳	任英贤	沈文哲
石丁月	孙皓琪	孙奕杰	谭婷芳	唐睿玲	王鑫鹏	王雨琪	王梓珣	韦蔚聪	魏钰丁	吴佳颖
吴欣燕	伍炜瑜	伍心韵	谢心怡	辛　麒	徐沁园	徐少强	许　璇	颜秋韵	杨馨雅	杨元杰
杨　周	姚文莉	姚欣彤	叶慧怡	易宇丹	张昊哲	张家萁	张小洁	张欣玥	赵　超	郑雯月
郑　怡	郑紫红	周枢晗	周银燕	周雨辰	朱　敏	朱婉如	朱昱潼	朱芷萱	蔡　阳	陈　璐
陈培森	陈泽松	丁　雨	董会昌	杜华盈	段博予	高旌琦	苟永倩	邝惠敏	李海莉	李航宇
李思陈	李　妍	李意璇	林朔源	林宇轩	刘　夏	刘长奋	柳　静	马驰原	马　湛	裴晓阳
邱　翔	全怡展	任宇明	施　敏	田　成	童曦贤	涂益钧	王嘉豪	王凌枫	王彦蓉	冼耀高

肖弼壬　徐润则　徐子涵　张浚哲　张　嫚　敖晓君　毕祐彰　蔡纪瑶　陈伟琪　陈洋湖　陈芷茵
谷雨川　关皓元　郭颖芝　胡　津　霍星宇　井渝涵　李　磊　李　丽　林　婧　林曼茹　刘皓天
刘　洛　罗秋绮　罗怡君　潘孟瑶　戎家臣　沙维曦　苏昊炀　王泉力　王一晗　王钰辰　肖郑南
闫明晴　杨伊凡　叶绎鸿　张博文　欧阳江慈　阿丽努尔·阿力木　司拉吉丁·拜克尔
桃娜尔·赛力克　吾木提江·曼苏尔

公共管理学院
安　可　陈慧琴　崔致超　旦　吉　杜帛桐　房思婷　冯怡硕　高振豪　胡景涵　胡梦菲　黄安然
黄宝珍　黄燕斐　金宇函　李发萍　李　浪　李睿思　李雅轩　李伊玮　梁杰玥　梁秀雯　梁彦恒
刘　海　刘洋希　罗　兰　麻玲凤　莫　婵　莫少卿　潘　安　乔译稼　邱宇垚　尚钧尧　苏天炜
谭泽瑶　汤　沁　万欣怡　王贺祥　王　娇　王　烨　王　玥　向灵妮　谢晨晨　谢媛媛　谢梓沣
徐皓伦　杨舒洁　杨昕辰　尹咏瑜　袁稼敏　张大山　张　涵　张镨月　张淑棋　张芯娜　周琰琪
朱锦龙　朱　丽　次旦卓嘎　阿迪拉·艾肯　沙那尔奇米格　艾则孜·达吾提　排尔哈提·居麦
美合日古丽·艾海提　那尔太·江达吾列提　热孜瓦古丽·尼亚孜热合曼

外国语学院
曹　威　陈露丹　陈正濡　陈子申　李家毅　李龙婧　柳　青　陆江隽　沈纳川　苏韩靖　汤蕴菡
陶海云　肖　璐　邢思慧　余雯欣　张　铮　钟浥仁　陈柄旭　陈　媚　陈睿殷　陈思宇　陈旭光
陈亦涵　陈钰淇　戴广雪　付笑多　郭宇馨　韩泽恺　何佳祺　何嘉轩　何钰洁　何沅瑾　胡婉杨
金　澳　赖安琪　乐亚璐　李丽姝　李沛霖　李泽园　林百川　林美瑶　林庭光　林玮珊　凌驰宇
刘思嘉　刘　杨　刘卓怡　卢俊铭　罗涵予　罗凌梓　罗思慧　吕昕怡　马英超　马　莹　莫道奇
皮佩佩　钱美希　唐弋明　陶诗妍　汪　路　汪盈月　王美茵　王姝霖　王心睿　王奕宸　王雨晴
王玉莹　肖清怡　谢玉洋　徐崇杰　徐　萌　许阳笛　许祯纹　延泽昊　闫秀娟　颜靖瑶　杨艾琳
杨婧琰　杨思滢　杨伊林　叶昳辰　易秋霞　易　彤　尹梓为　余　丹　余思函　岳美汐　张景涵
张润宇　张玮熙　张欣婷　张兴宇　张怡梦　张子豪　赵艺清　甄芸嘉　郑佳悦　郑文欣　周为可
朱博雅　胡安子霖

法学院（知识产权学院）
柴婧钰　车筱玥　陈欢婷　陈　婧　陈婉菁　陈细娇　陈晓滢　陈雪妍　陈绎绎　崔云慧　邓鹏博
丁星博　樊皓凝　范思蔚　方　妍　郭永婷　韩　梅　何天然　何怡佳　贺楚翔　贺　钰　黄　浩
黄家潼　黄烁安　黄雨瑶　黄蕴捷　黄真芳　蒋丽明　黎绮雯　李海伶　李佳澍　李嘉豪　李明熹
李晓丹　李一男　李雨洁　李雨洋　李　悦　利绮琦　林琮皓　林曼婷　林诗晴　林伟斌　刘　昊
刘嘉航　刘金燕　刘明宇　刘淑莹　刘松嘉　刘显平　刘宇婧　陆睿贤　罗　颖　马婉祺　马小婷
莫浣琳　莫翘徽　尼　珍　宁翔宇　裴胤江　钱劢之　秦语悦　邱雅雯　全　茵　石梅君　疏小明
宋卓倩　孙　瑶　王晓敏　王梓伊　韦世充　卫冬悦　魏诗懿　吴庚育　吴　倩　吴清春　向涵仪
谢汝筠　谢愉景　谢子达　徐国林　徐　睿　颜彤玲　杨舒淇　杨　爽　杨斯瑾　于一涵　余　萍
余晓昕　余雪薇　张方敏　张璇婷　张莹璐　张　羽　张悦滢　张子琪　章如歌　章　熠　智　惠
钟先韬　周　毛　周夕柠　周玥伦　朱绮文　邹海蕾　董　斌　何　骁　胡志杰　李浩栋　李健冰
李彦均　李炀睿　李映昕　廉依婷　刘明玥　孟庆元　邱函溥　邱璇宇　童启亮　王婉婷　王晓冬
谢旻晋　谢颖昕　严珞珈　姚家嘉　张　一　张　悦　张致轩　郑阶雄　周星宇　岑东武　曾潞明
曾　震　陈佳敏　崔英杰　高海玲　郭诗妍　洪成霈　黄　璜　黄敏懿　黄若蕙　孔存思　李柯纯
李可昕　李晟榕　李彦霖　卢纪元　施雪佳　王　晨　王诗淇　吴佳娜　肖　婧　徐鸿翔　杨一诺
杨梓瑛　张新元　周敏雷　周昊旻　旦增罗央　林李童欣　魏杨千琳　益西卓玛　嘎玛旦增桑布
阿克特列克·对山　古丽安·阿奴瓦尔　米热依·哈依拉提　努丽夏·沙恩德克　古丽孜来·阿不来提
赛比海·哈力别亚提

新闻与传播学院

蔡紫禧	曹冰凌	常博超	陈美琳	陈琪丹	陈宛彤	陈婉冰	陈月珥	陈玥凝	郭 琼	何璐言
黄 强	黄诗雨	黄晓婧	孔德棣	冷明楠	李慧宁	李柯瑶	李 诗	李梓萌	梁玮滢	梁影霞
梁梓华	廖 炜	林炘铭	刘碧滢	刘慧敏	刘洛冰	刘梓杰	罗铖莉	罗 然	吕雪琦	吕泽芸
马萌雪	马梦娇	莫慧娜	彭铎雯	任澳庆	任逸洁	苏钰清	孙浩延	田圆源	王邦儒	王海洋
王明歌	王 彤	王星语	王梓珩	韦颖洁	魏新颜	吴夏靓	吴小玲	徐晓涵	颜钟荃	杨 黎
杨丽芹	杨添茹	杨 阳	杨钰辰	张瑾娜	张雯婧	张 妍	张 艳	张玉聪	周玫汐	朱婷婷
朱奕锦	庄 婧	宗蔚恩	蔡澍哲	陈博文	陈雨桢	代易丽	李荣康	李 峥	梁悦曈	吕辰妍
王慧敏	王延格	王奕凡	王奕苹	杨应肖	张凤娟	张家聪	张静娴	赵曼宇	郑子楠	周琴雪
周 洋	曾智秀	陈爱媛	戴睿敏	邓 汝	高明月	韩 湘	黄诗淇	黄榆娉	黄子俊	贾灝若
李雨桐	梁泽远	刘释涵	刘天炜	刘子晖	莫旖潼	舒 艺	帅 郭	孙铭怡	孙 妮	汤 晰
唐嘉余	唐茹粤	田沁元	王冀东	王姝懿	许慧凝	杨晓鑫	杨 旭	张俐颖	赵雅靖	周 航
周紫琳	倪嘉屿	徐菁莹	次仁曲吉		旦增措杰					

艺术学院

卜煜娴	曹 宏	常 卓	陈梦妮	陈秋豪	陈仪真	崔亦凡	邓相林	窦婧怡	冯永祺	傅宇尧
高 琪	高清彦	龚 琛	韩 婕	郝晓光	何浩宁	何宇康	胡宜鹏	黄 飚	黄靖渝	黄玮琪
黄欣艺	黄治荃	黄壮海	金炫圻	雷晓晴	李艾玲	李爱芳	李鸿康	李 琪	李易轩	廖云霓
廖忠尧	刘 婧	刘少阳	刘晓露	牛瑶瑶	申 奥	史 源	宋 馨	孙军航	唐海琳	唐靖晰
唐梓欣	王佳佳	吴玲迪	吴伊琳	吴梓熔	谢雯君	谢先儿	邢琳琳	薛林杰	杨建鑫	张敬仪
张竣玮	张力文	张芮琛	张 元	郑婉玲	周智阳	朱宇欣	庄 楠	曹舒婷	陈 歌	陈文杰
陈语怡	符德泰	韩清玥	黄茂豪	黄欣琪	贾 明	柯国汉	柯欣彤	李 钗	李成宝	李梦瑶
李泽馨	刘睿仪	卢津谊	齐盛泽	沈冰玉	苏淑荣	谭芸萱	唐英杰	王一雯	王依婷	肖靖义
肖 璋	谢喜维	邢 鹏	杨丹妮	张惟婷	张晓颖	赵宁远	古巧敏	李 林	刘星言	罗琬宁
马永恒	吴菲菲	吴 娆	谢永祥	高严静乔		李湘蕗嘉		欧阳震宇		王峰吉骏		魏鑫伊蒙

体育学院

陈溢峰	陈佑彤	陈泽同	程基尧	崔文馨	苟鹏杰	郭 霖	贺思龙	贺 禧	胡 萱	黄柏智
黄琮熙	黄俊豪	贾玉安	江陈健	李浩宇	李佳豪	梁衡飞	梁颖欣	林凌锋	林臻毅	刘禹池
卢曦敏	穆宇航	区伟韬	童乐东	汪柳璇	王传奇	王 乐	王铭暄	王 阳	谢 衡	徐志丹
严天时	杨悉妮	杨宇涛	叶 沛	赵天奇	赵天宇	程潇弘	黄卓桦	麦琨豪	王洪汶	许哲嘉
张玲玲										

设计学院

蔡泓泽	曾 瑜	陈林烯	陈 文	程 序	戴学澄	冯凯琳	傅敏诗	郝鲁娜	何伟聪	何子岚
侯襄宁	黄炜淇	黄泳琪	赖汶君	李 彬	李楚萌	李怡琳	梁嘉莹	林佳泽	林小渼	刘 德
刘继成	刘旌海	卢立君	卢一苇	莫星宇	彭浩燊	彭晓君	秦 岭	任倍冉	宋依雯	苏圆圆
苏镇全	苏子霖	王立君	王 颖	王作栋	吴天慧	吴 潼	吴奕非	肖观清	谢 榕	熊婧阳
闫信月	晏孜立	原永盛	张筱乐	郑淇方	周锦汶	周功怡	包 涵	晁颖婷	陈沐阳	董欣怡
郭思纹	韩靖怡	何建霖	何昀睿	侯俊羽	黄晨昕	黄泓彦	黄雅诗	简 菲	蒋洺渝	蒋煜枢
焦萌琳	黎佩仪	李栋强	李泳怡	李宇涵	凌诗语	刘功昊	刘锦育	刘静怡	刘一乐	刘雨琪
卢润妮	罗钰心	宁宝生	牛萱怡	彭其璇	乔一洺	宋徐鹏	谭智文	涂芷岚	王 娇	王约天
王竹玲	王籽洋	武 畅	谢雯茜	邢 洁	熊 壮	许可欣	许 琦	杨浩浩	杨心雨	杨雨欣
尹彤霖	钟 蔚	周彩淳	周齐轩	朱坚淏	庄雨情	曹修恺	曾祥超	陈培满	陈奕帆	陈宇鹏
陈子璇	程予沁	范嘉敏	范岳峰	冯子晴	谷亚楠	洪宏杰	黄 妙	黄敏昕	季明轩	贾宇辰
蒋沛然	蒋妍珂	金 艺	李超凡	李心瑶	李亚飞	李珍妮	林哲戎	刘美雯	刘雯菁	鲁 彤

庞振宇	邱杰爱	邱子祎	孙启涵	童政尚	王靖博	王三一	王一芮	吴安琪	吴　桐	肖必利
许文乐	荀冬睿	颜好倩	杨凌倩	杨望敏	杨一帆	詹少嘉	张浩泽	张　鑫	章晨欣	赵一霖
郑天然	郑雨頔	周家正	邹玮奇	邹元朗	陈群霞	储　越	邓冰蕾	方　欣	高婧怡	胡芳妍
金智豪	李　镂	梁嘉其	马小瑶	秦　悦	沈梦洁	唐玮蔓	童小双	吴　漾	严逸晨	严子一
杨海山	张　粤	赵儒家	赵卓晖	周维清	陈玲娣	成宝祥	崔亚男	巩昕辰	关子熠	胡宇露
籍雨辰	江经明	李可颖	林炜超	刘敏杰	罗　珊	马晨钧	冉　康	孙浩峻	孙千代	王丹祺
王奕霖	吴　琼	谢文超	杨洁琪	张　珂	张龙翔	张　檬	章伟光	赵康宇	朱潇清	章吴佳妮

经济与金融学院

蔡耿伟	蔡婉铭	蔡晓涵	蔡泽铠	曾瑞琳	陈荷雨	陈泓彤	陈　健	陈丽虹	陈婉妮	陈小苗
陈文淇	戴廣琛	杜锦涛	冯国豪	冯俐蓉	傅诗涵	高宇辰	郝帅臣	贺孜怡	胡静怡	黄宝仪
黄　堃	黄乐瑶	黄禹祥	黄玉芬	黄祖瑶	霍颖琪	蒋妮燕	考佳美	赖闽捷	赖明霞	劳宽毅
雷亚星	李　吉	李洁妍	李梦蝶	李婉萍	李影桐	李　源	李宗禧	梁芳怡	林政颖	刘海鹏
刘倩童	刘澍聪	刘琰姝	罗龙燕	罗钲贻	那晓雪	聂慧娟	潘　佳	潘雅诗	庞　聪	钱　敏
丘　烜	丘雨桐	宋申禧	宋兆卿	温　亮	吴辰婧	吴桂浩	吴泽娅	伍家铭	伍颖珊	仵　锴
肖　婷	徐嘉佳	严梦虹	叶思灿	余桂燕	张超杰	张耕毓	张浩宏	张佳惠	张静怡	张　佩
张绪美	张　渝	张芷若	張自在	赵洪杰	甄素婷	钟润平	周迪雅	周欣儿	朱　妙	朱芷君
庄依暖	白龙钦	班海娴	卜凯施	蔡一涵	陈嘉棋	陈令欣	陈美婵	陈箐玥	陈睿璇	陈婉华
陈戊生	陈晓琳	陈　笑	陈卓媛	成雨萱	程　尉	崔歆森	邓冰莹	邓业乐	邓卓颖	方　溢
付森森	付婷婷	高仕鸿	高树根	荀雨欣	古飞龙	韩知成	何欣茹	胡　洋	胡媛芳	胡云鹤
黄海燕	黄家瑶	黄津津	黄佩雯	黄　榕	黄　珊	黄天炯	黄晓涛	黄　妍	黄钰珂	简诗琳
江浩然	蒋森仪	敬小雨	赖羿贝	黎雪怡	李海盈	李　谨	李君怡	李宛澄	李泳珺	李泽涵
梁　爽	梁伟东	梁业荣	廖琼琦	廖在沛	林海威	林佳媛	林楷星	林思宜	林燕铃	林　莹
林泽坤	刘国艳	刘婧涵	刘贶恺	刘倩茹	刘诗禧	刘　彤	刘星语	刘洋林	刘钊宇	龙熙霖
卢咏婷	陆语桐	罗嘉雯	罗　婷	吕　源	麦济源	蒙俊安	莫敏贤	潘红杏	潘善文	潘　钺
彭　露	彭　芸	秦赫阳	丘　怡	邱玲琳	邱雨奇	屈靖翔	任晓敏	阮施霓	盛泽萱	石　波
石晟玥	孙思琪	谭佩佩	谭雨欣	汪宇鹏	王　浩	王嘉熙	王健辰	王经贵	王思畅	王思敬
王湘玲	韦一言	翁升阳	吴　昊	吴静兰	吴雪妮	吴　晔	伍滢婷	肖雯月	谢　婷	谢志成
熊丽萍	熊　琪	徐　欣	徐艺洋	徐　榛	许晓彤	宣奕枫	杨　帆	杨晓彤	杨轩卉	杨焱淇
杨卓然	姚晓铭	蚁　晴	尹倩倩	于沁润	袁　子	张贝贝	张鸣慧	张千慧	张任飞	张　文
张馨予	张雅湉	张怡昕	张奕阳	张真源	赵梦娇	郑景元	郑敏宁	郑明仪	郑仲桂	钟纪鸣
钟英明	钟子琴	周露花	周沁宇	朱筱琬	卜小清	蔡梓妍	常兆聪	陈华婷	陈洁琼	陈骏杰
戴　鑫	范思宜	何海如	洪荣棕	江子娴	黎泳言	李　卉	李　慧	李昱雯	梁沛君	林　玲
林炜皓	刘啟和	刘　垚	刘宇宁	卢雨晴	陆振清	麦泳然	莫枢海	莫卓妍	秦永瑜	宋佳晞
孙泽为	谭天尧	谭雨轩	田　雨	万焱虹	吴令珂	吴雨桐	吴岳鸿	夏靖南	夏彦霖	严陈月
叶　军	余　沁	张　琳	张天怡	赵厚泽	赵亦辰	吴桂园	庄烁华	张浩森	戴鹭丝	辜伟锦
胡文新	李春娴	李京翰	李柯妙	李舒颖	李思昊	李鑫鑫	李　莹	刘一萌	卢欣仪	罗阿滢
孙　宇	王溥宽	王依真	武　双	冼家进	杨奕辰	叶馨蕊	袁秋紫	朱鹤政	朱梦园	曾旭祥
陈广威	邓宏睿	范一迪	胡文斌	黄思源	李采妍	梁锦伦	林铭璐	刘泽军	邱俊源	任昌松
邵　典	沈晓琪	孙智敏	唐浩翔	王帅涛	王馨怡	王志荣	吴泓栎	谢思桦	熊尹芝	徐立兴
薛浩强	杨继超	杨子涵	张　凡	郑鸿涛	朱飞龙	张徐则一				

电子商务系

蔡洁颖	蔡曼娜	蔡思敏	曾艳敏	曾依晴	陈宛丽	陈文渊	陈　莹	陈泽桂	陈志煜	戴奕飞

董雨竹	冯韬源	何泓漫	胡　涛	黄泓雅	黄嘉蔚	姜贺萌	柯俊宇	李　钢	李小龙	梁晓诗
林昱伽	罗正鑫	梅海钒	庞茵茵	彭嘉茵	任紫瑞	阮翠翠	覃大湖	汤　晟	汤　馨	唐东君
唐　帅	王　晶	王垚锋	魏朋朋	吴斌传	吴雨桐	伍志燊	夏伊恩	向雨含	谢冰松	谢海波
谢铭浩	徐静静	杨敏如	杨泽歆	袁韬略	张馨元	张子晴	赵庆霞	郑钘瀚	周嘉琪	周　琦
周天怡	常文鹏	程淮龙	范裕盛	冯　炫	葛欣妍	谷　雷	郭泓璐	郭　汛	韩昆汛	洪媛媛
胡云秀	黄嘉睿	黄　澜	黄雷涛	黄莹莹	姜俊宇	蒋　曼	李立平	梁丽凤	梁　永	林飞鸿
林瑜琳	林钰佳	林治平	刘　昊	刘　勇	刘　豫	柳清扬	罗莹莹	倪乃育	潘翰妤	苏　玲
孙有泽	王子龙	吴宇舟	吴哲晖	吴镇鑫	冼俊杰	谢函瀚	谢艳阳	杨海玲	余宗洋	袁　兵
张玮国	张钰婧	赵明江	郑舒蔚	朱蓉蓉	朱知妍	旦增日珠	欧阳家对	艾合丹·哈哈尔
马依拉·麦麦提	买迪娜·卡拉奴尔	阿依加力合·哈赛因	艾力夏提·努尔买买提

旅游管理系

曾芷璐	陈玉金	程玉如	邓海铅	郭海威	何秀兰	黄健轩	李佳琪	廖睿智	林晓艺	刘呼延
刘燕灵	吕博毅	申亮燕	涂雨昀	王伊安	魏雨欣	张　凌	张龙雨	张宇嘉	张紫瑄	郑梦纯
钟昊彤	白晓欣	曾之懿	陈洁珊	邓景文	董森龙	房　杰	冯杰华	郭聪聪	郭香玲	华碧玉
贾傲雪	李芷滢	梁　韵	廖春莉	林家镟	刘　倩	卢芊含	罗　年	马一涵	马永聪	申　聪
韦鸿雁	肖皓雯	肖可欣	谢茪冉	殷子怡	张佳慧	张小妹	赵　劲	赵琳琳	周思霄	曾颖芊
四郎群措

医学院

陈永豪	陈芷芸	丁　乾	窦倩宜	侯于艺	黄惠贞	黄　婕	黄绮彤	黄旭涛	蒋　琳	邝展域
李舒琪	李松廷	李田香	李小舒	刘丹凤	刘丹妮	刘颖欣	罗宇宇	马宇飞	区楚岚	饶天翔
谭铃裕	万佳语	王笛璇	王梦蝶	谢　开	徐佳媛	许锦鑫	杨响莹	余委玲	张保帅	钟嘉瑞
周淑敏	朱乐怡

2022届辅修学位毕业生名单

计算机科学与工程学院

常博超	陈翰灏	戴奕飞	董　斌	高海玲	何　骁	何嘉轩	胡景涵	黄　强	柯俊宇	李　毅
李健冰	李俊杰	李小舒	李炀睿	李雨洁	李雨桐	廉依婷	林　浩	林炜皓	梅海钒	莫一凡
沈纳川	童启亮	王家磊	王婉婷	王晓冬	王志荣	魏雨欣	巫俊鹏	吴岳鸿	向雨含	许阳笛
延泽昊	严诗凡	姚家嘉	袁稼敏	张　一	张任飞	张致轩	张子豪	郑阶雄	周星宇	朱恒睿
朱锦龙

工商管理学院

安信儒	范泽松	苟鹏杰	赖安琪	李　林	林庭光	朴珠艳	汪盈月	王子旸	闫秀娟	袁敏德
詹佳明	赵婉辰	赵晓彤

法学院

蔡碧芳	曹舒婷	陈洋湖	高明月	黄宝仪	霍颖琪	李　吉	李宇涵	林晓艺	刘倩茹	刘一乐
卢津谊	卢润妮	罗凌梓	莫旖潼	任梓龙	申　奥	史家欣	宋徐鹏	王铭暄	吴安琪	吴倩钰
吴雅韵	颜妤倩	杨　帆	杨晓鑫	杨焱淇	张雅浠	郑智才	朱嘉琪	朱蕴睿	李湘蓓嘉

新闻与传播学院

常　卓	陈　歌	陈洁珊	陈宇鹏	邓相林	贺思龙	黄　妙	黄靖渝	黄雨瑶	霍星宇	蒋沛然
雷晓晴	李　彬	李楚萌	李怡琳	李泽馨	廖忠尧	林佳泽	林哲戎	刘　婧	刘静怡	卢辰心
马小瑶	莫少卿	庞振宇	沈冰玉	苏淑荣	孙军航	汪柳璇	吴　漾	吴玲迪	吴梓熔	谢喜维
薛林杰	杨一帆	张　檬	张浚哲	张龙雨	张惟婷	周昊旻	邹玮奇	邹元朗		

设计学院

曾祥超	房思婷	郭宇馨	何昀睿	黄晨昕	焦萌琳	金　艺	李超凡	李亚飞	王延格	谢颖昕
杨浩浩	詹少嘉	张浩泽	张心玥	钟昊彤	周家正					

经济与金融学院

蔡佳杭	蔡澍哲	陈　莹	陈博文	陈博文	陈晴蔚	陈思宇	陈伟琪	陈细娇	陈晓鹏	陈钰淇
陈正濡	陈芷茵	陈梓涵	戴广雪	丁一飞	董洁阳	董雨竹	樊皓凝	冯华政	冯怡硕	高旌琦
谷宇航	郭永婷	郝丽莎	郝禹渊	何泓漫	何文昕	何秀兰	何钰洁	何沉瑾	贺楚翔	胡　鹏
胡润东	华碧玉	黄　璜	黄　泽	黄琮熙	黄奂绮	黄烁安	黄欣琪	嘉博鑫	蒋　曼	蒋丽明
金炫圻	孔德棣	孔祥锋	黎羿江	李　奔	李　静	李　涛	李　峥	李丹妮	李丰能	李翔宇
李晓然	李一男	李泽园	梁　韵	梁骏熙	梁彦恒	廖　炜	廖晓敏	廖衍光	林　淦	林　婧
林百川	林美瑶	林玮珊	林泽辉	刘　昊	刘　婕	刘　夏	刘　杨	刘　熠	刘家曦	刘思嘉
刘僖彤	刘晓露	刘宇轩	刘宇阳	刘育林	刘子晖	罗　年	罗汉涛	罗少扬	罗怡君	罗怡婷
骆湘婷	马　莹	马婉祺	马小婷	闵思琪	牛治霖	彭嘉茵	齐　悦	钱美希	秦　悦	邱　鹏
邱海生	戎家臣	邵缘圆	苏　玲	苏威宇	孙忠燊	谭　静	谭芸萱	田煜程	王　慧	王　晶
王贺祥	王凌枫	王龙龙	王姝霖	王欣宇	王奕宸	王雨晴	王玉莹	韦鸿雁	温礼静	吴晓童
吴欣燕	吴逸龙	伍炜瑜	伍心韵	武晋芳	夏伊恩	冼家民	肖亿隽	萧克宁	谢帅克	徐　语
徐皓伦	许华健	许慧凝	严浩荣	杨　颖	杨敏如	杨思滢	叶沛兰	叶绎鸿	易秋霞	殷文烨
余雯欣	袁浩韬	袁泽宇	张　星	张瑾娜	张景涵	张黎炳	张芮琛	张润宇	张玮熙	张小洁
张欣婷	张兴宇	张羽霏	张子晴	张紫瑄	赵奇绘	赵艺清	郑佳悦	郑子楠	周　璇	周凌云
周思苗	周旭涛	周雨辰	周玥伦	朱　霖	朱建国	左　洲	吉别克·吾兰			

2022 届成人教育毕业生名单

本科

财务管理

余毅刚	李家雯	毛东燕	高丽霞	潘　怡	罗茵妮	唐金梅	吴琼珠	吴晓娟	陈苏婷	廖丽冰
庞尧丹										

车辆工程

陈健焕	沈炜祺	张超生	黄智安	王荣安	余　晶	陈俊义	牛文轩	刘高峰	李永聪	麦玉腾
李争荣	黄活波	曹玉锟	刘德福							

电气工程及其自动化

谢少洪	董　波	梁嘉豪	范志能	程　曦	黄超英	林洪越	陈金运	涂利宏	徐耀华	周贵宏
熊佳虎	方增锋	陈晓新	张琼杰	黄时略	黄万国	周锐楷	巫家权	郑泽森	吴晓通	黄永达

黄亚辉	包俊桦	张小龙	蔡仕奋	张学良	朱远平	黄家明	李志洺	覃秋益	林　锐	陈立铭
李宏宇	冯文俊	许敏洪	陶　乐	毛俊人	程执全	林　伟	宋志锋	何　佳	张尚福	刘定财
陈星帆	邓辉辉	吴金辉	刘学良	彭丽达	黄志星	彭江斌	王建强	徐行衢	何玉文	刘万炮
朱国华	王　冠	戴颖龙	李思学	何　宋	张国威	李祥雷	陈　力	刘　军	梁泽雄	胡德芳
韦显哲	付元祥	张　银	范仲文	杨振伦	曾日桓	梁浚铭	梁　柱	江铭坚	李志远	李国荣
朱咏豪	郭嘉俊	刘耀佳	何伟麟	简振豪	李钧翔	张荣科	李建辉	陈浩贤	司徒政	黄万君
王启立	殷剑文	钟　行	黎少虎	彭金华	刘达东	李承楷	郑增越	任宏顿	黄　宝	王　瀚
邝利华	冯惠聪	刘梓颖	邓晓菲	李建锋	黄梓原	郑亦亦	钟智威	王定恳	肖楚强	李锦坤
成定彬	张东泉	卓阳旭	江焰均	王亚飞	谭汝成	高梓威	蓝翊桓	张万里	黎均泽	黄忠强
黄春平	李　硕	梁全狮	邵海松	雷全鸣	徐贵春	黄日新	朱　帆	江泽旭	钟健提	王秀君
廖叔共	余厚志	徐建辉	全金龙	朱锦权	许永飞	张　彪	任昭俊	陶　强	彭在军	冯军涛
朱　军	彭彬彬	赖泽洲	范庆亮	王福德	经国鑫	叶铭燃	张丽敏	吴劲锋	林文聪	陈润华
劳开拓	梁　耀	苏小湛	黄柏裳	石秀强	陈利容	陈　耀	龙玉勇	郭子夜	杨健波	梁浩然
陆泉龙	武　熊	赵朝勇	潘志权	余国双	谢绍云	蔡周辉	谭丁伟	蓝一雄	欧福云	李玉章
余　伟	刘　晶	李　强	范莉莉	林永富	老爱姬	黄春平	胡秋凤	陈冬冬	黄贵勇	于光明
崔　禄	郭俊浩	张明达	姚亚磊	曾东辉	彭　帅	李浩贤	张贵荣	李　聪	聂增成	彭锐能
霍　勋	关景恒	徐就盛	范雪锋	谭圣洁	薛泽群	戴楚华	陈洋彬	梁啟锐	梁　静	唐　辉
翁冬荣	欧阳思云									

电子科学与技术

肖思泉

电子商务

何　鸿　陈　平　张　艳　潘惠芳　区国铨

工程管理

郑泽鹏	麦文杰	黄卓贤	赵军杰	雷华林	周运燊	黄晓娟	任佩铭	陈碧淇	杨　栩	韦日辉
陈巍巍	李升宏	陈文亮	郭华亮	陈灿泽	吴宇轩	许　鹏	余结焜	余超锋	谢木尧	丘嘉龙
黄莉婷	刘智文	刘明坚	黄雅玫	潘康时	郑　宁	黎纪欣	梁少丹	李华燊	黄旭威	李树坤
杨世转	何阅军	潘俊辉	张晓丹	刘　申	郑灶雄	郑洪侨	郑丽芸	谢晓镔	赖文娟	蔡煜良
郑建伟	陆奕钢	梁启鸿	陈耀光	吴建鑫	李丹红	梁忠仪	陈佩君	蔡朗微	覃柳娟	梁丽珊
罗　莎	袁跃鹏	纪光霖	陆俊宏	马雯斯	凌　虹	梁恩平	邓家荣	周俊谷	罗嘉恩	欧家敏
黄莹珊	马瑞晓	詹杰雯	庄佳盛	黄彬武	吴思琪	黎志萍	延晓娟	李树明	岑理丽	陈躲朵
赖敏坚	李雪珍	林子绢	刘　茗	李秀兰	张远成	温勇浩	吴龛铸	刘恩成	朱文锋	李丽婵
滕世强	徐伟强	毕绮雯	罗知艺	邹子阳	刘嘉怡	张　聪	陈艳美	宋泽文	梁乐境	张　森
谢展鸿	吴志明	罗志城	陈芷珊	戚广文	谢志翔	黎建秋	谢雨希	黄　垒	黄春梅	谢玲钰
吴美娟	黄军华	林秀璞	邝洁莹	罗　瑶	刘伟良	冯子轩	王仲允	李永阳	郑凯欣	周　钰
黄建禅	郑智烨	姜露滋	曾小青	刘健明	凌征健	张慧瑶	钟可立	简侠峰	陈江涛	叶银华
刘　杰	林钲盛	何福东	王宏奋	王思杰	陈嘉铭	蔡　豪	王健航	漆萌欢	张舒丽	卢伟婵
梁圣聪	李沿攀	谢雪儿	江文杭	万本利	黄麒恺	任梓聪	姚文杰	吴运滨	刘　军	吴晶华
许淑舒	刘　斌	曹　良	汤剑飞	周　洁	何安妮	罗裕华	池　军	罗依丽	许棉州	张国文
黎俊杰	郑林鸿	郑辉杰	杨晓维	田兆文	朱晓璐	江家彬	张美贤	叶庭芳	杜志泳	魏国捷
严子轩	阮永安	李子霞	蒙　旭	黄子杨	崔志彬	黄旭东	林　秋	张建成	周　鑫	董宇桐
胡逸善	李晓煜	蔡文婷	周嘉荣	陈庆勇	孙恕涛	郭小荣	林秋允	丘少文	张雯雯	何金惠
骆俊杰	陈家伟	庄泽彬	毛钦铭	王士全	李志鹏	宫　伟	陈汉锐	罗丽芳	梁翠红	梁荣章

毕业生名单

张小玲	陈铭见	梁旭良	林佳玲	魏旋忠	冯小美	黄冬伟	江健鸿	彭涛	冯霄	江永新
杨逸君	谢春霞	黄艳红	郭诗琪	赵惠嫦	龚堃	杨毅	陈炜健	林铎冰	胡彪	庞博文
黄基炳	钟智恒	施武芬	陈秋俊	吕英华	魏志峰	朱淑娴	郑奕燕	郑梓轩	魏晓芳	谢丽萍
冼康荣	岑国豪	刘浩	黄平利	黄启斌	魏林荣	蔡润民	姚章武	郑伟鹏	姚钦壕	苏伟东
谭建	汤震南	林小婷	詹诗婷	梁羽斐	徐敬英	杜伯坚	孙佳佳	邓晓峰	郭晓玲	王焙桦
林炜渠	杨露丹	欧阳敏	马少洪	李杰	李坤宏	林如佳	赖允诣	陈振国	梁振江	梁君宁
曾展鹏	沈骜	田正稳	苏燕	江泽豪	甘晓婷	方珊珊	赵婷	邓超锐	冼铭新	罗琴
尹苗	陈剑宗	梁广平	刘建国	汤利民	周嘉欣	肖淙隽	丁嘉城	方煜仪	陈如鹏	罗智献
江龙	陈森潮	林炳芳	温纯	黄婷	崔良星	李嘉贤	陈烁璇	李仕霞	陈玉婵	黄燕茹
蔡巨朋	林佳欣	曾炜	苏金国	肖亮畅	李冠裕	林腾炜	李子峰	张南南	符加召	沈纯旭
潘祥添	欧才华	林启填	黄文锐	邱钰尧	石志乐	黄敏	叶山	苏达生	陈育娜	卢映麟
曾斌	余程鹏	葛耀闯	邱映忠	廖新宇	邹美思	蔡俊华	李西	叶小虎	刘镇国	黎燕芬
朱启泉	孔维钊	郭新柱	郑立清	范金友	官耿坤	肖振伟	李春潮	曾右龙	李熠	戴永富
陈亚朋	洪笃嘉	吴语致	杨明银	徐耀政	黄佩玲	赖阳锋	林泽玲	曾裕鑫	伍永智	陈剑华
黎晓驻	袁嘉琪	胡国安	张清华	王娟	吴英武	苏浩铭	谭洁媚	林子超	陈文靖	洪志豪
刘兵杰	梁少君	李诗敏	李婉珊	张忠学	陈家华	张政	郑鑫涛	吴圆圆	蓝超栋	姚文鸿
黎蝉娇	黄晓红	蓝涵恋	王瑞鑫	刘海龙	方连凯	张俊威	樊少波	湛小君	王恒志	黄勇兴
戴志丰	庄泽豪	吴明辉	麦晓东	李令周	林健辉	莫善凯	陈宇庭	刘国斌	杨宝华	单淑敏
苏宁	谭龙娇	李文韬	张志新	陆波	邓海乔	谭嘉裕	李旭灿	郑永锋	梁亚标	江创锋
李桥	张智桢	陈舒婷	吴志豪	翁仕海	陈田贵	张观福	刘金珠	杨伯儒	刘丽君	李玩滨
周海林	李日军	李权	沙菲	霍志鹏	黄智聪	代云梦	伦建辉	钟嘉健	翟文	魏富臻
吴世禄	曾国成	吴炜灏	林玲	李晓茵	温婷婷	甄亚倩	郑羽殷	林瑞	郑华生	陈国剑
翁英华	杨凤燕	崔木权	李焱纯	黄健全	张杏仪	孔慧霞	吕丽君	方晓玲	全丽	李勇胜
何联军	欧丽燕	谢海霞	张愚涵	甘世强	方文杰	周晓君	刘嘉明	余贺明	阳涌	林志侨
彭苗	陈丹琪	夏荣斌	陈建飞	李钏	袁浼泓	吴丹如	卢晓玲	林嘉宝	赖惠婷	谢梦华
陈志雄	伍晓勤	孙钢跃	张明月	朱秋瑜	林少燕	陈增林	周雯雯	彭显存	王帅飞	石春霞
朱锦考	邓绣华	吴耿鸿	陈楚丰	刘萍妹	古森	蒙汝鹏	刘佳闻	徐晓辉	王航	林常基
汤年春	赖礼明	郑树鸿	黎嘉升	张夏玲	杨兰	赖希	林泽君	李金慰	林潮鹏	欧旭炎
石诗卉	李金明	陈建玲	黄波涛	张敏	黄健锋	李青	黄志聪	钟上定	杨玉宜	李思南
杨泽武	郑斌麟	黄振鸿	陈豪龙	黎俊宏	张健鹏	邵培清	张泽	刘倩	飞艳	吕绮君
黄培	梁升	杨树腾	杨振超	王尚智	廖秀云	林泽航	陈秀红	苏小玲	马向华	罗德穗
林晓鹏	史婧	黄日进	林炯升	李瑞风	龙嘉林	张勇辉	徐堡翘	林淑芳	李灏	伍敏静
杨彪	林晓钦	苏雄辉	周瑞龙	陈静文	龙功进	杨燕敏	杨丹华	李瑶	林梓儒	蔡畅
黄俊杰	李惠雯	张小伟	袁健	林狄龙	秦晓婵	曾秀梅	严诗华	姚玉芬	刘辉虎	李予菲
周芳宇	魏广	胡世超	张安彬	吴华炜	林梓恩	黎金姬	李芷玲	王国成	蔡耀毅	林忠义
陈永斌	赵伟鹏	许珊珊	陈永杰	张婉	宋雅婷	曾亮	邹艳姣	郑钦坚	但倩	李雪儿
罗世锋	黎焕芳	黄丽冰	肖高军	梁铭欣	谢文锋	杨文毅	陈燕	李培华	吴文欢	李乐欣
王昕彤	郭春霞	颜莹	王程港	王育源	黄斯泳	杨建宇	李丹	符海生	唐丽华	郑洁
莫国子	范启俊	何家杰	陈华勇	陈秀芳	李安琦	肖书樱	郑镇涛	余秀银	冯铿	范海华
李戴静	谢朝基	林丹	黎映梅	庄佳鑫	翁楚娟	周晓滨	赖君华	张鹏飞	梁燕君	谈玉兰
温广裕	陈忠贤	陈文雯	黄少银	蔡俊康	许擎铿	郭文娟	屠佳慧	吴智达	梁嘉慧	陈子泰
宋坤蔚	陈兰秋	陈洁群	潘才艺	黎宗信	谢瑜	张莹	郭家扬	陈晓玲	郑洁琼	邓巧君
朱海龙	庞宇炎	彭俊明	林琳	黄丽娜	王海新	钟文彬	方仔煜	陈晓华	陈梅香	沈间清

谢利桃 黄燕华 邓志权 熊 丹 李绮年华

工程造价

向鋆飞 黄振宇

工商管理

林颖贤	林 琼	林 婉	叶惠文	彭月怡	卜诗园	刘逸云	黄琪敏	杨 正	但玉玲	王伟婷
李 诗	谭秀媚	胡荆平	陈姚吉	吕 吉	汪泽东	田 雨	杜嘉慧	李坚铭	杨超兰	黄小烽
余晨丽	谢元帅	王 琴	林 雨	范汉锋	蔡沂君	邹光远	郑丽巾	郑洁璇	马 亮	李沁阳
张 成	杨林梅	黄译霆	黄译莹	蔡彦虹	罗成勇	骆仕达	韩遵银	莫柏洎	罗慧怡	李丽梅
李丽华	黄德隆	李籼鋈	易诗婷	李绮琼	吴国华	张舜宇	刘 君	顾欣欣	彭景华	朱静敏
苏美琪	谢从凤	何嘉斌	赵梓健	蔡晓梅	陈小银	甄慧晶	曾美红	黎译文	余雯姗	蓝穗茹
黄诚聪	李俊杰	梁家柱	刘 浩	胡燕茵	罗芷君	董婉斐	袁郑军	张伟洪	檀志浩	梁佩玲
何晓明	杨芝韵	黄珊珊	蔡建昌	郑春格	谢焯彬	徐叶君	李光汉	梁宝欣	陈嘉欣	王月云
陈钦涛	麦晓娜	陈楚欣	杨逸飞	文 婷	彭 珊	陈赵平	张杰梅	彭招娣	陈小藤	黄土鉴
蔡翠玲	黄志雄	陈凌玲	张晓平	袁 真	何妙娟	朱贤毅	陈小兰	岑水鑫	李 信	陈智杰
覃珍远	刘文芳	黄珏宇	高燕珊	潘惠玲	潘立峰	黄小玉	詹竟娜	卢婷婷	何子涵	汤志敏
徐倩云	陆祖林	黄嘉钰	汤志颜	陈 慧	何灿荣	任健军	任 劲	李广愉	杨顺铭	杜夏蓝
苏欣琳	胡明智	黄子健	董庆军	蔡远鹏	卢俊如	严伟晋	谭子华	詹 朋	何泽华	方乐霞
颜敏銮	魏飞鹏	魏飞雄	王春生	吴泳欣	龙玉婷	冯锦波	江俊峰	何敏健	刘嘉麟	陈惠妹
梁爱珠	马秀华	方 思	郭晓玲	马玉虹	丁子健	钟 达	靳呼和	冉秀辉	古韵华	陈雪珍
岳 磊	李秋丽	李 颖	唐丽仪	高 龙	黄丽婷	高杰婵	张奥淇	曹俊豪	蔡继宏	徐洁仪
冯迪潜	温俊祥	曹剑锋	伍智超	陈晓杰	丁 阳	雷韵琪	黄泽伟	温碧儿	胡嘉焕	邓金兰
梁志敏	李华高	杨燕玲	莫炯艳	卢子焰	刘庭萍	林锦龙	冯嘉政	白浩然	李南虹	陈汉文
张君柔	王广明	李俊杰	蒋健科	郑穗玲	曾芷柔	刘嘉莉	赵 刚	孙二国	许俊苑	陈月珍
唐秋圆	林静华	朱曼怡	黎志锋	林莘茗	谢启华	梁海彪	陈惠君	曹燕莉	廖梓珊	吕锦娜
罗胜全	高煦茗	麦诗婷	陈恩桐	郑晓娜	韩曜辉	欧文丽	陈彩珍	黄莉敏	李耀高	李进广
蔡丽莺	郑海滢	马海璇	黄锦涛	肖佳丽	陈建名	周思梅	杨庆坚	方俊泉	唐 娴	黄德伦
谢 盼	陈健明	谭兆麟	王月盈	徐思雅	梁炜玲	谢静芳	林碧丽	林利琴	郭义香	曾德懿
黄丽婷	许俊斌	罗永生	许嘉韵	李 甜	甘承荫	黄璟雄	邓 垚	王 超	黄乙强	毕梦颖
罗伟纯	叶泽宝	张翠敏	王 娜	黄艳华	陈健聪	张恺瑜	李玉萍	朱荫堑	郭雪盈	江焱苓
王纪童	黄丽婷	陈银芳	王国炽	陈锐峰	胡名立	刘朝有	陈永海	朱志贤	詹碧君	刘美兰
刘文亮	彭火秀	林梓健	朱郭彬	黄巨权	王志伟	曾继亮	周爱丽	冯素贞	何韵琴	张 良
郭火文	常欢欢	何佩怡	黄慧珊	彭 巧	纪伟彬	唐思真	刘苑妮	孙家成	李敏仪	钱好溪
张福进	梁冬剑	周 键	庞建军	曾 健	张超杰	李华秋	冯中玲	卢 滨	陈艺超	梁少芳
何倩敏	徐娓娓	吴富雄	林宇佳	彭展初	吴林波	郭守强	张良煌	翁惠安	陈舒婷	麦穗华
黄幼丹	刘洁珊	何火胜	徐会微	何健斌	刘 超	陈宝谊	郑立通	黎凤娟	姜春燕	黎雯婷
林建华	黄 娴	黄焕鹰	曾景燕	曾景英	丁 玲	何遇安	张 珠	林涞涞	李雨莲	李 娜
钟卓林	欧翠玲	祝 君	彭富城	郑创锋	张钠元	杨颖怡	艾晓隆	李 薇	苏 庆	叶淑娟
吴淑娴	蔡东伟	李红军	方 湘	黄晓平	罗璧华	赖远桐	梁锦玲	王思州	曹水生	秦樱华
练敏聪	陈欢仪	谭国栋	吴柳枫	朱燕霞	王 勇	顾兆锋	严险峰	李汉桐	李汉林	何丽珊
邱运莲	李明涛	陈瑞萍	肖 鲲	苏浩威	陆秋玲	林晶晶	林建腾	黎捷婷	杨锐荣	杨 银
吴炜东	李虹枢	黄宏标	赖新伙	陈 欢	阮惠娴	潘观娣	吴洁英	黄恒健	卢展敏	谈 娟
谈 婵	钟其福	赖佰媚	赖小怡	姚衍恒	黄丽钿	张健鹏	刘伟丰	廖日升	邓伟平	陈 斐
谢燕清	喻 丹	黄伟康	李月明	胡桥凤	宁 鑫	张小磊	黄婉雯	戴文静	晏云杉	李 频

李 梅	潘超群	王 寒	廖美霞	胡军辉	曾志琴	温桂花	李锦秀	毛银芳	蒙小贞	李美霞
叶瑞鑫	何柳娟	陈梦儿	邓海坚	黄 剑	尹嘉宝	陈建清	胡志远	陈 君	李 勤	吴万权
鲁彦诚	陈世民	姚 琴	朱心雨	肖建河	朱小军	孙颖欣	王 慧	王添华	郭 杰	林伟明
王文丽	曾淑婷	林仁等	彭 超	谭 庆	陈小敏	黄 颖	魏梦琳	蔡锦鑫	许建中	李海虹
文 成	莫文力	黄林波	刘志芳	庞明鉴	揭金丹	殷惠爱	阮晓琴	莫晓晴	陈增鹏	李敏仙
钟 源	何智兰	卜艳彬	杨梦玲	张贵凤	卢敏华	白帅红	黄剑翔	钟 新	李嘉升	彭雪琴
王振华	叶柱强	卢水根	劳绍辉	高慧莉	陈晓庆	韦能基	黄伟坤	李 娜	詹丽敏	连银杏
程江蓉	莫芷雅	刘全武	张家利	刘武响	杨 福	张建军	许 亮	熊银燕	林胜海	王德旺
范大林	陈巧玲	郑子华	毛煜文	陈雄文	梁水燕	姚敏翊	陈 凤	陈 涛	王肖祎	何东岳
张耀元	陈玉冰	张倩莹	黄楚镖	潘旭升	袁嘉如	杨志武	刘淦娣	阮淑芬	刘彩玲	钟远琴
王秋榆	温 亮	杨泽宏	张勇辉	姚泽坤	文润梅	谢国豪	湛柱峰	王琼英	罗祖深	李增强
宁正源	谢立雄	梁玉婵	钟健敏	刘嘉利	江军军	邱燕华	刘润霞	李秀男	朱益宏	钟林敏
刘施丽	万俊炜	黄国能	姜毅彬	何志成	岑树坤	阮转容	何海珊	郭观妹	邓爱群	朱永健
邓静情	廖东梅	黄秋婷	潘考玉	潘灵坚	江燕霞	卢 唤	罗婉怡	梁凯莹	黄 妹	龚文意
梁锦辉	梁韵妍	赖建东	孙 聪	黄幸林	曾楷贤	李 宁	明 静	钟嘉慧	黄振强	郑浩群
黄育铭	覃巧珠	陆金梦	李 妹	郭佩佩	李雨杨	黄诗欣	方英杰	朱建文	朱舒敏	谭宇晴
李 燕	郑子文	李嘉玲	陈思静	何金华	林泽滨	陈碧静	梁丽芳	程 龙	麦再兴	刘满丽
张文清	温秀壤	张水勤	李梓滢	马伟业	刘子杰	郭展龙	曾丽莎	聂 徐	谭秋英	许伟龙
黎 平	林幸子	林育祈	莫素明	许思想	衡俊陶	梁小燕	郑小锐	谢燕华	董亚伦	冼大其
罗 丹	代飞庆	吴伟华	李基良	朱国洪	寇长源	马 莉	李明才	陈美琪	何棋欣	郭 栋
阮冠鹏	文晓慧	李丽娟	向金健	司徒荣生						

行政管理

邹 雷	罗紫菱	明丽萍	魏 燕	温思媚	秦嘉雯	何映华	蓝智聪	刘 宁	曾妙芬

会计学

张瑞金	何木英	陈剑纯	谭颖欣	李金萍	陈伟婷	杨枝枝	余凤英	占 晗	钟翠芬	陈欣仪
梁丽华	梁子贤	吴晓银	蒋志彬	刘 捷	贾非非	陈萍妹	徐佳丽	欧伟森	张志伦	钟颖婷
刘 力	何佳倩	王金双	郭海兰	梁小娴	林碧华	李正赳	陈体英	卢邓萍	原丽艳	柯桂荣
冼翠微	肖冬枚	罗 玲	李婉仪	连佳灵	林韵晴	管 芊	彭伟杰	廖思琴	林楚铃	胡莉琼
单文君	谢梦思	甘梓宣	王瑞瑞	张婉婷	陈健容	官朵朵	何晓欣	曹翠芬	何秀丽	游林峰
徐玉肖	车海静	赵 丽	李 燕	李碧琴	崔杰雯	熊健榆	陈惠婵	崔 婷	冼杏梅	阮招娣
张育蕾	黄海霞	林奕燕	刘征莹	欧泽丽	冯紫慧	屈卓滢	何文丽	孔家倩	李莉湘	利可盈
姚敏欣	韩炜玮	周凌云	卢婉莹	温耀文	黄咏晖	黄小敏	黄迈莲	胡玉君	罗汝斯	徐思颜
张晓芬	曾凤仪	刘嘉敏	毕晓贤	毕晓文	肖凡玲	邝骥远	周玉玲	黎惠晖	陈佳华	杜冰婷
李家伊	廖 琳	梁楚娴	梁慧婵	陈佳莹	黄美君	巫艳兰	李亚杰	吴安定	卢敏华	黄 兵
杨小清	许宝玲	邓敏华	陈湘湘	郭 微	陈国彬	余惠英	陈嘉宜	莫燕妹	黄彩花	陈超河
林宛君	张丹妮	林 静	郝 静	郑晓敏	邱东华	吴春景	张思云	李诗欣	黎碧莹	叶灿芳
陈 纯	黄 媚	许欢欢	刘 鹏	张 迪	彭 靖	凌秋兰	胡敏纯	莫敏怡	肖鸣谦	苏琼玉
何诗颖	陈淑珍	杨小燕	黄凤霞	何小筠	张洁莹	林峻铭	郑月健	刘杏珍	黄晓东	王亚辉
梁思梅	郑卓勉	庄燕虹	钱宏伟	卢俊华	黄锦波	李敏怡	王家骏	黄丽蓉	付嫦娥	黎海敏
张银平	吴秀文	陈淑玲	杨巧欣	贺悄悄	姜芳兰	方嘉颖	冯熙瑾	刘杰朗	何颖欣	梁欣炜
黄俊旭	叶晓玲	王伙仙	詹友生	朱浩麟	黎 萍	许慧婷	廖 娜	黄丽斯	胡保华	刘 琴
邱 敏	杨雅洁	邓名朗	温海叙	杨锦欣	张洁儿	陈晓敏	冯燕玲	卢蔚城	欧海燕	谢晓玲
罗翠喜	李 敏	成伟玲	陈梅兰	林敏玲	冯晓丽	黄玉梅	柯晓丹	蓝素琴	劳雅滢	陈剑慧

李玲菲	石丽冰	邱黄顺	李乐婷	童云珊	杨红锦	周瑞芹	陈戈碧	陈晓燕	黄中华	黎雪儿
陈小菊	陈叶秀	霍素花	赵小红	艾 俊	肖 敏	李小玲	董 玲	钟兴兰	张美珍	贾月莲
谭巧连	温炜烽	刘雪雯	叶慧君	曾海平	黄 诚	吴秀珍	龙家级	方肖玲	袁晓晴	黄素宁
廖秀梅	彭 婷	程智敏	唐剑平	李思崎	李 秀	李 丹	钟明媚	黄亚娟	陈 陶	杨 兰
梁美莲	胡晓林	刘国营	禹奥丽	林丽容	陈敏珊	何伟杰	王元坚	熊海珊	陈金斯	张丽萍
谢嘉乐	容肖珍	李桂莲	李京蔓	黄海敏	钟锦花	杨 进	曾燕芳	陈秋云	陈丽清	陈秋宇
余海亭	彭小花	何水珠	何远香	邱武兵	杨祖蔚	梁惠红	蔡盈盈	卢顺葵	邓秀金	汤杏甜
郑梦婷	江雪莹	罗 莹	何为洁	朱嫣嫣	唐惠容	李 静	陈伟兰	谭诗欣	李思韵	姚睿娇
王晓云	袁东娴	颜 珍	卢丽英	蔡婷婷	黄 燕	梁绮梅	陈沙沙	胡志勇	梁彩玲	张远华
罗娇媚	郑静童	李静玲	罗燕桦	张艳苗	梁顺珠	吕文玲	伍 青	卓淑香	欧烟群	王牡丽
廖芷楠	李美炎	王 露	黄佩雯	吴二妹	冼雪晶	陈巍勇	吴华成	邓婉君	欧阳翠婵	
欧阳菊兰	欧阳洁谊									

机械电子工程

黄伟军	肖永通	张嘉良	陈嘉明	潘世友	侯竣严	吴科龙	殷伟杰	梁伟强	何志锋	李 健
向 青	罗 西	史月亮	刘 艺	桑培龙	周 波	陈志荣	钟荣侵	龙桂新	梁文斌	张凌云
於 明	刘少丹	金 豪	王龙强	李 泉	陈双权	顾正文	叶永旺	方里元	曾小华	黄燕荣
廖锦文	刘雪平	邓杰豪	曾思霖	赵崇健	黄巧占	刘德庆	欧阳小欢			

机械工程

刘广华	廖颖毫	张希必	陈凯悦	张钦辉	杨 旭	王立军	柯华林	罗冼昭	李东辉

计算机科学与技术

邱思豪	朱恩泽	陈 丹	邓万里	张广文	李炫杉	邱炯填	李惠文	冯家俊	陈柏良	周 彬
吴 阳	王 雄	梁晓俊	李冠卿	陈晓芸	郑燕燕	黄义康	陈伟超	奚浩恒	庄呈浩	陈耿涛
李 成	刘华华	冼国泽	谢永新	钟 文	辛 丽	莫婪秋	刘晓枫	庄秋共	王 鑫	陈沛展
林洛凯	张西就	陈骏鸣	邱荣贵	包宏宇	李顺军	林少雄	詹博文	朱全全	李金铎	谢东平
崔晓虹	罗琪雄	张一鹏	陈 彬	陈嘉俊	景晓华	陈碧燕	张汝良	王金智	周 恒	陈映红
谭华欣	程剑洪	林建辉	张志鹏	罗 斌	劳逸谋	李子恒	陆沛东	刘 敏	李 雍	陈鹏俊
甘银娣	蒙祖健	郑松涛	徐业轩	黄海成	余树洪	张思源	丘经威	白立波	吴泽新	王奕平
冯 威	吴嘉佳	申丽思	余富成	郑镇城	周浩城	梁慧滢	陈伟华	王秋婷	李文杰	叶景伟
周光贤	郑 齐	杨毓强	陈志彬	黄广振	李艺文	程俊杰	肖建华	苏世通	黄 群	黄俊贤
吴海挺	张少谦	曾秋红	郑劭禳	何翠莹	齐 翔	邵立冬	李振超	林进坤	赵 睿	黄晓武
晏伟强	刘志强	陈 剑	陈志洋	熊 政	张嘉玉	蒋 维	黄炫祯	潘华基	黄嘉聪	左 青
李广锋	牛 俊	梁嘉梁	陈倩倩	赵建辉	巴金林	梁浩光	颜 子	蔡治平	招土毫	黄文广
曹斌辉	王 滔	曾培基	陈勇俊	罗远飞	黄凯鸿	丘楚侨	徐民建	吴锦瑜	周科文	庞明锋
张伟楠	陈 瑞	梁超明	邓嘉浩	谢 淮	杨彩华	章飘海	陈忠志	陈荣雁	杨浚锋	郑晓君
周湛文	廖坤辉	秦倩媚	黄好杨	尤思豪	张月英	简振期	杨武清	陈邦颖	卢晓彬	洪植宏
杨 晖	梁 铁	卢斯荣	林汉龙	冯鸿飞	罗奕佳	龙锋华	谢振圣	林进儒	朱晓飞	高 伟
陈望清	练锡然	陆伟邦	林曼浩	黄镇杰	苏子尚	黎嘉竣	陈镇恭	刘影敏	周海燕	吕华皓
吴 彬	黄小龙	王小春	陈启瑞	田汉熠	陈荣涛	冯智坚	玉英凤	刘朝炜	许钊嫣	李任成
许锦运	陈韶维	李泽鹏	郑森海	叶灼烽	莫东宁	马丽君	王宏伟	林良友	周明锋	莫月菊
练国标										

建筑学

林泽昶	卢震鹏	唐诗阳	肖硕明	张 立	梁仲恒	陈浩生	吴晓峰	黄志毅	李富鸿	张 鸣

黄浩强	龚显亮	黄苏茹	周康发	叶海英	黄丽绵	黄晓君	张志权	黎天就	张东辉	吕桂生
喻 铮	钟政豪	李津静	黄泽波	关瑞妍	陈秋进	苏国祥	罗晓丽	赖秋瑞	张小兵	唐焯伦
陈庆浩	吴丹芹	陈斯芸	刘春文	梁燕廷	王春杰	黎嘉伟	徐静雯	张铁雄	罗颖心	刘钰祺
陈灿昌	张其佳	卓佳宝	徐熙男	李灵芝	麦嘉祺	文宇华	杨昱棋	莫志奎	李万兴	王逸宜
张 玲	郭建栋	郎淑迪	刘冰心	陈康娣	蔡迪凯	梁正辉	周永俊	徐文婷	陈嘉杰	林晓雪
刘 峰	蔡秋琴	罗琪君	李金堂	林佳贤	李 斌	吴杨翠	陈志成	陈丽英	张倩欣	张达诚
陈宇航	黎梓钊	金 鹏	李钦钦	李翠琼	王梓健	张艳芬	冯俊朗	封 盈	尚艾文	吴淑华
李诗颖	覃国钊	蒋耀辉	陈俊颖	叶伟强	高佳林	董德智	廖敏富	曹刚杰	萧秋霞	余素晖
余华雄	许思迪	黄晓倩	叶锦华	宋 君	陈钊强	谢秀霞	皮狄陇	高良佑	刘 莉	张雪莹
陈倩华	梁 侃	梁嘉欣	黄隆淮	罗 娟	林锐琼	冯志洲	胡润民	钟宇媛	周炜聪	李 毅
张城兰	钟晓璇	邱 琳	谢永权	梁颖仪	龙耀森	徐龙杰	王金宜	李树荣	谢 杰	吴嘉仪
杨 秋	关小霖	何德团	杨 彩	毛 燕	陈 宁	周 伟	林漫纯	林立健	陈 传	罗宗锐
伍秀浓	黎肇奔	储松林	李奕谨	陈海锋	吴小秋	洪 垚	黄妙兰	侯赋河	杨 琳	杨耀添
张 兰	何锡欢	杨崇媚	刘承亮	张健桦	赵 阳	朱颖妮	邓本坤	林洁玲	庄锐锋	曹凯华
林斯翼	张启文	何智豪	林卓君	陆仁锋	肖贞涛	张嘉华	赵寅涛	张惠能	黄 明	郑旭泉
梁云飞	魏 坚	陈志筠	邓晓微	叶俏妍	王振陈	徐穗鹏	曾钰婵	宋 杰	郑罗彬	李泳杰
许天文	张燕瑞	祝裕轩	陈凯杰	胡泽楷	戚日昌	李彩元	古梓慧	陈 康	谢志浩	黄珊珊
宁子杰	吴 健	汤庆考	李文静	张坤源	戴先勇	黄濠锋	黎英杰	李汝成	高志浩	郑朝祥
曹培勇	郑晓芸									

金融学

廖志深	李钰梅	李冬梅	罗 跃	刘雪玲	曹梦莹	叶艾琳	周海东	张燕丹	黄铀斌	陈石科
周华东	和子越	郑从涛	张清雅	龙嘉琪	白俊彬	陈 慧	许文伟	王怀震	李莎莎	刘新贵
钟清彬	佃银群	唐正平	林天德	阮陈贵	朱海燕	戴 敏	陈致平	黄丹丹	温纪岸	陈善锋
刘付春婷										

人力资源管理

谢梓豪	廖 萍	张家铭	余 婷	张芯瑜	蔡瑶婷	戴晓燕	江海玲	张嘉丽	陈旭霞	陈惠珊
黄晓霞	江丽仪	邱小丽	梁宇萍	黄桂华	史依萍	宋 欣	苏影怡	梁绮梦	魏丽萍	李凤婷
余水香	袁钰淇	沈 彤	曾美华	卢淑敏	叶浩翔	陈欣婷	陈位高	张云子	梁丽华	何永洪
伍林俊	潘丽仪	姚慧萍	陈慧婷	方艺梅	简国坚	王 婷	李巧珍	李婉诗	欧幼璇	陈秀云
王 丹	廖桂红	朱维念	张雪花	华益红	李连娣	梁丽梅	范群美	黄 静	陈玉雪	张汉旧
韦丽芳	罗小婷	卢冬倪	李宇萱	周翠芬	梁婉滢	欧佩珊	邱佩斯	马卓琳	杜少欣	游超峰
梁洁谊	邓 欣	谭彩凤	李嘉琪	甄晓瑜	李 佳	甄浩斌	罗嘉琦	曾宝琪	梁丽芳	曾泳仪
董詠颐	欧顺文	叶静仪	杜雪婷	方玮芝	朱名慧	吴美玲	潘梦菲	李海秋	梁艺欣	冯冬梅
马艳红	黄双月	卢贞芳	吴飞婷	郑丽琼	温丽霞	林迪宇	李雯燕	何文杰	陆慧嫦	张翠玲
彭燕杏	陆康怡	伦婉青	邓雁方	梁宋艺	黄诗慧	李敏家	邹韶芳	陈小兰	何璐妍	李 娟
陈 欣	陈琼姿	田雅丽	何蒙妮	杨楚晴	汤文英	邝芷君	郑钧予	陈燕敏	谢月英	谭嘉瑜
谭淑莹	陈思容	廖丽娜	陈佩莹	曾铭朗	苏嘉瑶	邓桂芳	林伟妮	何金洪	黄 芳	邓燕霞
李丹曼	屈海珊	陈美君	张 浪	陈彩婵	沈怡萍	韦洁珊	李梅英	章柳娴	廖梦娇	符中进
蒋仁良	曾秋香	黄晓轩	陈春桃	何子欣	邬 健	陈倩莹	黄日凤	陈少利	陈晓娜	徐嘉蔚
郑丁豪	简丽容	李慧珍	叶少梅	余晓珊	罗玉娟	任丽丽	李雨珊	谢 勤	陈其诗	林佩娥
廖惠影	邹结雯	许健乔	黄文峰	冯宝欣	郭子琪	陈秋宇	刘关霞	陈岑朱	黄 颖	张倩倩

| 王均琼 | 李锐珠 | 黄贤英 | 谢珍妮 | 苏泽文 | 曾婉华 | 冯斯棋 | 卓巧兰 | 侯文丽 | 黄美燕 | 杨家明 |
| 郭瑞盈 | 马倩霞 | 张加杰 | 邓景云 | 谢晓妍 | 孙嘉惠 | 黎嫦萍 | 许晶晶 | 宣承华 | | |

软件工程

郑志达	李佳林	李　彬	张　冠	江敏华	黄永煜	李茵淇	余　涛	张纪涛	陈俊杰	蔡福田
覃小漫	黄军军	何文豪	郑景辉	刘璐明	郑权胜	余荣锐	蔡燕萍	陈恩生	张素卿	徐　锋
刘　阳	肖锡燕	罗瑞莹	李丽丽	谢　冬	罗方豪	胡健荣	梁国钊	陆俊朗	苏盛仁	刘小亮
蔡首华	谢富勤	李晓峰	冯海璐	李紫艺	古龙飞	胡家伟	刘家伟	翁庆霞		

商务英语

章　娜	郭颖茵	黄均英	王晓宇	华文君	钟文迪	陈怡德	邹代好	温文杰	吴家欣	周彩微
许　玉	郑榕萍	何子珺	何敏琪	何美琪	冯诗茵	潘锶源	龙伟明	黄　露	潘毅锋	肖　梅
杨丽萍	沈泳彤	郑云芸	许春燕	李美虾	吴　冰	容清清	黄雅雯	陈晓佳	李碧柔	李　曼
吴晓东	黄嘉琪	朱尚嘉	胡水莹	杨　琦	潘嘉欣	覃初宇	周晓彤	姚世东	商　燕	刘秋媚
陈曼玲	黄翠婷	吴秋皓	刘淑玲	陈小惠	黄惠敏	黄婉婷	张润林			

食品质量与安全

林碧云	梁绮文	黎水飞	陈雪颖	冯敏聪	蔡立宝	赖永宾	刘志传	巫　鸿	陈鸿彦	罗煜光
程鑫海	林碧蕾	夏志聪	李泽锋	王碧毅	雷　丁	吴健林	龙　云	谢俊龙	邵晓朋	蔡湘钿
张　烜	赖文晓	吴润辉	曾建勇	何　雅	张洁纯	程意棋				

市场营销

邓维克	崔楚翘	徐智珊	林茹娜	黄铭锋	盘思琦	梁康琼	陈泽苗	彭锦峰	陈晓林	郑冠华
梁锦萍	曾坤金	陆宝银	庄　然	吴淑晖	梁泳婉	余世鑫	李月霞	宁英莲	刘瑞彬	江　晓
陈瑞玲	柯高洁	闵　刚	陈思韵	劳珏鑫	黄丽芳	杨　虹	何春燕	黄保德	陈文玲	谢晓君
周志鸿	程绮雯	范申城	黄智宁	杨　诚	郑婷婷	黎学锭	梁静婷	梁志弟	叶子豪	卢绮文
谢典谊	袁明婉	杨恩喆	温绮丽	李　璐	苏　敏	朱　婷	黎欣宜	谭福清	李志娜	卢叶群
刘嘉宝	陈添财	戴美娟	熊　琴	陈锡潮	梁　杰	陈李懿	梁文娟	喻　城	姚兆雪	崔红丽
曾庆麟	陈昌宗	朱美意	骆洁妹	张嘉琦	慕容丽秀					

土木工程

叶辉元	肖增林	芮擎柱	卢嘉伟	崔永恒	柳　杰	关开朝	罗新伟	李克文	陈海艳	方　翔
刘显明	卢毓芳	周诗媚	张松丽	谢学澄	袁传平	陈新干	李灿彬	李敏珊	朱伟文	严素枫
陈国煌	陈丹霞	杨泽平	黄妙武	朱文栋	苏伟源	张岱君	何博为	易万里	李文娟	向清海
吕绮婷	黎梓华	刘杏珍	黄炼杰	梁跃光	刘莹莹	贾伟涵	王靖迎	余桂华	欧俊廷	王绵鑫
王家明	黄颖欣	梁华轩	李燕飞	马鸿坤	孙　博	黄钦钙	李泽藩	谢志彬	陈武钊	刘宇铖
袁梓豪	彭观龙	蔡瑞宇	招海盛	李华态	董康养	李　旺	陆展鹏	何宇晖	梁佩兰	蔡文秀
鲍炽辉	徐晓娟	李国俊	周正一	高　鹏	彭宇佳	唐泽标	刘永光	王金凯	张敬清	吴志锋
林翰炎	黄　鑫	邓丹剑	卢　溪	邵俊英	罗雪冰	林丰泽	刘玉萍	曾　飞	曾　彪	李雪颜
林泽锋	林焯焱	黄聪明	韦海东	洪泽辉	梁伟芳	戴迪敏	尚文超	吴显攀	郑庚伟	何伯荣
傅绍成	黎　静	叶家保	张　勇	刘锦尚	何校泓	黄展彬	黄启华	谭志豪	江建权	江晓辉
陈子立	陈俊杰	江凯杰	王国君	林华昌	萧文楚	叶镇嘉	刘嘉麒	陈大锋	黄穗芽	吴　燕
顾　满	李明明	麦建民	张　远	陈鹏力	何泽荣	韩朝阳	黄志恒	毛开义	刘孙仲	吴建宏
李金石	贺江基	张鸿彬	易　佳	奉三荣	罗素贞	马庆涛	吴立昭	陈华源	杨运汉	石汇锋
党　杰	刘万春	杨碧波	曾向荣	吴晓雷	黄尔青	赖勇强	黎顺财	廖福飞	邱泰佳	李小桑

严嘉丽	冼亦标	冼亦超	曾俊文	杨超懂	唐江仲	颜建斌	骆 健	唐清芳	廖姗妹	罗 凯
杜发琼	肖鑫颖	陈永珍	李雪成	袁泽汉	江 佳	薛大胡	王海勇	张永祥	陈 琪	周建豪
江 鹏	陈福权	钟耀璋	郭义松	陈威达	卢 衍	邹利斌	张伟新	梁晓婵	周紫阳	曹 磊
郭文乐	杨国财	郝天星	胡水文	张 健	周 军	王 璇	易华明	曹晓利	周华川	李文强
黄秀铭	李卫星	何页含	向祥烨	周 福	卢 越	宋光社	林文凯	黎煌辉	彭志康	吴 凯
潘达祥	张伟霖	陈嘉焌	李 深	梁伟俊	罗生辉	巫慧婷	史超荣	戴兵勇	陈粤艺	钟海明
杨 涛	陈兴耀	张 振	徐东行	池海军	卢懋源	邹志洪	黄 霞	诸允若	朱健华	李小华
孙惠欣	李满刚	庄展钊	鲁昌存	田 颖	邓美君	朱晓萍	张静宇	胡宏业	邓玉华	向少芬
崔广德	李锺铃	汪 洋	梁俭荣	郑跃奇	朱兴根	刘蒙娟	盛正旺	林燕群	张晓明	秦嘉敏
陈维鸿	毕兰君	林伊玫	许桔玲	周天泉	张兆轩	蒋学炜	石艳红	罗书婷	张学聪	杨广涛
陈家乐	曹小惠	许真彩	庄嘉豪	李凯妮	李勇华	许 东	欧阳兰	武元康	李炳才	陈三喜
李伟宇	谢夏君	徐嘉锐	李平安	郭志鸿	肖映林	林成粒	颜 影	曾新宇	王 炜	刘丽琴
缪婷婷	张国君	刘泽锋								

专科

电子商务
黄文植

工程造价
赵少坤　柳秋鸿

工商管理
苏　莹

工商行政管理
毛荣昌　严芯茹　阮广俊

工商企业管理
肖 敏	甄泽官	蔡泽强	刘小东	梁敏华	陈绮雯	周嘉丽	周永坤	范秀欧	叶 海	卢凤霞
陈俊宏	朱丽颐									

会计
李苏婷　林美婷　黄树萍　邓燕丽

会计电算化
黄晓虹

机电一体化技术
黎耀新	何炳乾	马健腾	曾维河	罗杰豪	廖 洋	张智杰	黄琪钦	刘祖江	梁华雄	梁晓俊
卓文杰	曾海涛	王 勤	张鉴值	施镜奇	林嘉鸿	熊达伟	谭伟杰	张乐文	周洋洋	蒲仕文
郭源胜	杨佩丰	霍俊宇	李宗委	杨健宇	汪 波	熊 强	李国斌	骆文启	唐振辉	钟霖昊
陈鸿鑫	吴坤星	陈少波	杨焕锋	魏振均	覃庆发	曾俊儒	黄亚亮	邬康焱	刘天有	蒋志强
李国浩	冯丽贞	刘丁政	许田炜	李阳靖	吴吉辉	曾祥江	吕其泽	任荣庭	吴泽豪	黄子文
李国伟	王世松	黄汉勇	孙才仁	刘 强	詹永月	黄耀梽	卢施宁	刘叶龙	刘志斌	陆友亿
罗镜全	谭天佑	李顺帆	高振乾	刘国斌	陈许健	金自闯	王元平	洪炳新	李坊福	韦颖川
余晓龙	邹景芬	黄增坤	刘文广	黄天松	梁泽芬	邹文超	卢钰赟	赵海杰	毛治贤	王 刚
罗显裕	阮海滔	林建华	姚永枝	陈泳添	张继文	阮赵来	陈智强	陈巨威	石卓明	张新昌

| 唐凡杰 | 周林波 | 汤智国 | 黄添福 | 何家泳 | 梁燕平 | 朱裕锋 | 陈坪桂 | 林青华 | 李始灵 | 梁骏杰 |
| 谭龙森 | 罗定文 | 林煌均 | 李 伟 | 冼欣永 | 庄之恒 | 欧阳醒雄 | | | | |

计算机应用技术

温道明	林泽森	梁誉耀	沈映陶	谢佳莉	郭振威	杨远水	吴世培	吴银妹	黄秋艳	郭梓鹏
胡 郁	何卫民	孔银霞	区晓华	陈嘉豪	姚登明	李德勋	陈 超	盘勇达	王铃钰	肖茂栋
赖燕芳	邓嘉文	严俊兵	黄永杰	姚维俊	陈亿辛	樊莎莎	曾源滨	陈 威	陈宾良	刘芳辛
黄元芳	许雪珠	谭锦灵	朱慕贞	李晓玲	温镜南	刘浩然	王有业	黄 兵	叶淋锋	廖阳洋
曾 艳	刘家盛	王桂生	吴水娟	卢家伟	余伟铨	刘玉淇	李龙敏	罗立清	谢永康	钟道圣
关挺强	仲永强	李东盛	方思敲	袁盛武	王 欢	吴晓霞	谭思莉	温杰龙	雷凌康	李海云
曾庆鑫	泮添毅	明少坤	邹淑媚	刘新意	黄丽银	熊 亮	曾凤玉	邓丽华	黄文俊	伍健勇
林远镇	林煜宇	甘福源	黄 彬	王志强	吴理华	钟 霖	李智桦	林镇林	钟秀华	许楚燕
周志刚	陈 杰	邓子方	陈勇宇	邓泳琳	张燕婷	黄治超	刘婷芳	温佳倩	郑颖聪	胡思皓
黄威龙	陈柏任	何健鹏	陈洪波	肖玉娇	陈志涛	叶汝源	杨兴盈	孟艾蔺	邹 丽	林卓雄
卢青然	田紫苑	钟利婷	黄锦桃	吴山山	黄明坚	刘建霖	陈代彪	费玉成	陈 荣	丁秋勇
王 亚	李俊伟	卓少诗	刘上伟	刘隆辉	曾冬美	陈云敏	曾晓宇	陈锦程	陈锦绣	徐 豹
陈俊强	许玉萍	吴家明	叶厚贤	谭伟康	朱桂楷	龚建华	李佩容	黄水坚	李金海	林家鸿
刘梅婷	方冰旋	叶振充	杨小丽	邓韵豪	冯业辉	张 怡	陈俊洪	赖伟龙	司徒文俊	

建筑工程技术

陈正文	郑泽烽	陈桂鹏	陈港壕	雷联欢	陈炜壕	柯秀珠	肖榕榕	林志武	刘志勇	詹观豪
纪业辉	游加钦	吴青霞	黄晓峰	赖美凤	周华冠	温晓丹	范远霞	叶爱鹏	黄林杰	罗颖莹
杨为清	邹君海	尹 科	冯文耀	蔡东晖	林日彪	邓海婷	罗永强	罗思云	麦海洋	黄承华
蔡梓彬	柯志佳	吴晓楠	邓仁朗	符国全	林欣欣	王乾林	赖君君	张颖群	吴创标	蔡志富
徐修飞	林敏华	周业贵	谢科华	彭兴誓	张华峰	黄庭胜	洪岳槟	李 劲	陈 东	覃广锋
王秋杰	黄荣华	杨丽美	屈 江	钟鉴明	邓 威	杨 玲	谭方华	陈 义	杨水桂	卓奕生
李金华	范业荣	蔡勇彬	唐德明	曹坚立	陈维娣	陈 伟	蔡静云	苏立团	蔡明珠	黄昭君
龙美华	陈亚雄	邓毅锋	陆鑫庆	陈嘉斌	林土生	纪楚宏	陈思锦	邓 佳	黄佳汶	余泽辉
刘 佳	王上聪	黄宇涛	黄建新	张金娇	杨紫丹	莫水洁	徐姑喜	苏景发	刘高伟	林诚捷
徐义武	卢发育	叶文锋	黄康胜	张世诚	陈奕儒	郑章卫	唐青竹	蔡瑶珍	蔡 轩	梁有兰
何韵静	洪玮潮	蔡旷怡	陈 荣	黄倩花	翁沛跃	彭梁海	郑峙标	蔡智航	李健强	赖晶晶
黄景生	陈坚珀	温岸辉	李思维	杨宇鹏	柯理明	周英杰	梁 康	陈正钊	郑振鑫	刘付杰
何 文	谢堪端	肖勤辉	陈楷真	黄国健	杨永松	岑健明	谢 湛	陈 乐	陈俊凯	魏沐锴
梁 柱	曾海沛	陈丽梅	梁伟潇	崔晓学	叶盛平	秦如景	姚本芳	杨 梅	赵月养	林美玲
李 祥	林润钰	邓冠良	陈晓君	吕晓彬	陈文超	范育贝	孙美琪	冯文丽	谢宾飞	林泽滨
崔智金	陈丹仪	曾超贤	黄海凤	欧振星	叶海晴	宋志宾	戴宁宁	吴煌鑫	吴华艳	董文博
谢俊杰	陈冠荣	陈彩丽	李翠周	卢伟星	陈金花	刘树荣	郑国英	陈晓红	徐月明	叶泽文
梁 毅	吴金锋	陈中华	胡伟斌	吴美婵	王湛伟	钟伯戢	夏 林	刘星淼	李立新	曾 中
李泓锋	林锦烽	吕宏就	雷 威	刘付志发						

建筑学

林广强　梁诗祺　吴云林　陈朝辉

旅游管理

林润耀

汽车检测与维修技术

何国峰　邓惠煌　林泽群　何泽强　江　勇　陈桓纳　冯钊华　陈开枝　曾志朗　陈柏基

人力资源管理

吕静如　黄紫慧　陈玉梅　龙思琼

2022届网络教育毕业生名单

本科

电气工程及其自动化

马立明	张亚威	王　李	张志强	林　懿	蓝宗明	张作凯	营嘉峻	罗国荣	高南洲	黄天诚
卢顺康	熊兴文	唐发强	韦　富	古世彬	盛旭龙	任　博	马宏明	李豪杰	王志伟	陈锐敏
吴俊生	赵华解	吴兆铠	吴雁文	王晓辉	齐书龙	赵小勇	刘光明	宋朝刚	史国林	程　伟
欧丽丽	梁彬甫	吴文德	黄　平	魏　辉	杨志彬	侯　攀	刘早勇	赖璐璐	李月茹	赖沛坤
陈燕任	郭文发	刘金成	李智国	宋二盟	蔡玉春	马　磊	白　鹏	邱重阳	郑棉泽	杨　磊
李　军	吕　维	刘学成	陈　威	黄漫东	谢少泳	张　跃	魏伟青	林　跃	黄国伟	朱广辉
陈先聪	陈立成	冯敏龄	黄思嘉	吴衍鑫	胡栩丹	苏志伟	程维民	张　莹	叶华杰	董韶峰
张剑聪	张艳林	王思杰	黄　昌	欧旭帆	王麒钦	潘英恒	秦　敏	陈丽梅	陈培芸	何志勇
肖江南	陈　环	陈杰娴	刘佳欢	王　霖	余剑军	卓健康	何明辉	陈李平	田永亮	刘日衡
吴　科	蓝沛沛	李裕林	孙伟科	廖　肯	丘裕新	梁　品	谢嘉杰	符小敏	许迪熙	成志敏
林宏贤	陈嘉伟	刘　杭	陈伟峰	杨柱泓	江泽辉	黄启智	李永华	刘杭天	黄　春	周宝生
杨　芊	张振伟	王　进	索　晨	陈沛杨	孙雷雷	潘敏兴	黄　健	杨少峰	郑仕东	杨佩坤
黎永健	雷　爽	杨　夏	郑洪杰	肖宇坚	运　涛	董疆峰	常生强	苏晓龙	于志杰	谢晓天
江　赞	谷　岩	周荣臻	苏　洋	张生飞	刘　成	刘　炜	董建军	刘　鹏	张福海	潘　勇
丁　静	毛卫珍	吴森卓	钟　兴	袁龙刚	章如强	王亮亮	李碧涛	曾昭划	刘建锋	林良煌
王　科	刘成洪	李凯琳	孔德兴	莫景森	许明阳	罗有锦	谢国锋	黄乐飞	李映群	龚泽标
金洪能	卢啟文	张惠林	党永康	冯善涛	曾繁军	曾浪勇	梅梓贤	劳建瑞	张映明	何伟健
苏少欢	冯肇辉	黄　旋	刘　科	赖文城	刘志慧	王再钦	田方石	李志华	何乃斌	卢志航
张恩全	杨朝浩	黄　卫	蔡嘉朗	叶伟华	蔡少华	何海泉	邓敏红	许金城	黄明家	何照文
李嘉成	钱佳佳	王和平	曹燕平	张文杰	邓可攸	冯海萍	罗海春	赵国超	陈军鑫	邓伟雄
谢岳楼	李思凡	郑中泽	李玉暖	杨月国	江树桃	邹科敏	陈广宁	胡超强	周发祥	黄振宇
冯家杰	陈剑锐	李　峰	高伟光	刘成忠	罗士伟	张申勇	王继丰	雷少坤	欧协奋	简沃华
王　平	莫杰钧	胡伟星	王建茂	杨　冕	朱　飘	陈宇鸣	马俊思	郭文宝	吴卫猎	王　册
谢建伟	杨时勉	李保忠	刘韶辉	陈　浪	庞林杰	张杰明	李　满	巩志强	潘思阳	张海涛
赖华鑫	刘红叶	李书锐	潘杏慧	覃显信	叶铠荣	王　雅	李育铭	李金柱	黄国坚	杨金国
覃平江	李洪广	蒋小华	都旦春	周　肖	徐　鹏	黄子豪	蔡　煜	章舜英	吴　茵	包智文
程　伟	陈宏浩	包剑灵	谢　斐	蒋　玲	幸乐韵	詹曾辉	郭　雷	刘志权	朱志聪	彭嘉伟
吕　溪	成维彬	曾桂城	潘金朝	张耀巍	许香丽	潘　丰	陈家波	蓝　睿	黄安宁	林梓仰
黄祖儿	陈军鸿	尹文豪	吕章维	吴景涛	杨月光	李　隐	严浇宗	徐　栋	许　雁	郑焕豪
梁坤然	张奕耿	喻昂杨	钟家威	梁艺麒	陈晓鹏	莫廷建	黄　涛	张幸福	丁映桐	刘志豪

李晓聪	黎相俊	马 斌	杨 博	李 申	姚 明	马 森	宋宇宇	张 虎	李小龙	林伟周
周嵩山	张国军	郝益钧	刘海青	季 雄	张启辉	张陟杰	张桂笙	冯棋浩	许树生	漆道坤
邓景鹏	许文俊	向 龙	凌权均	赖日元	向玄龙	尹文鹏	杨志成	吴佩恒	谢杰伟	陈奇昌
刘建明	吕家均	姚宏杰	黄伟杰	邓贵康	陈浩宇	孙锦兴	张晓明	黄泽斌	杨红刚	赵 超
郭嘉奇	金宗龙	黄若青	李观日	庞 斌	徐常国	尹 琛	胡山山	马宗平	马永华	瞿伟平
梁晓林	段军林	劳娟萍	黎穗锋	杨晓辉	陈 伟	黎施颖	陈晓凤	林 芬	麦钰英	陈伟斌
黄可平	潘伯鑫	王建国	张国荣	吴海钦	袁思敏	林嘉明	廖德群	周汝宾	伍洛晋	钟健超
杨日辉	彭淮俊	邓舒元	沈小明	陈义杰	李锦光	卢利萍	阮 航	钟国强	张生民	刘天吉
梁 剑	文江华	曾 伟	陈天平	李国荣	付纯良	蔡 才	李群勇	朱咏晖	刘光雄	张林利
戴慧阳	杨炜华	蒋美艳	邓家奎	吴振磊	谢轩浩	张宗进	陈 胜	何春勇	危成灿	杨环宇
蓝致富	杨耿华	张 豪	李家兴	曹海国	任 勇	田广祖	陆佳栋	付 豪	张 恩	牛子炫
王 宁	刘发清	夏 天	邱学华	徐 昊	刘自清	程豪豪	李超彦	廖 磊	王 欢	马俊杰
吴 浩	买买提	库尔班	周贤亮	林楚鸿	李朝露	傅卫卿	谢素云	洪 凯	常守振	张国军
黄国祥	黄焕明	祝燕萍	罗 杨	郑润坚	林宏杰	梁炎德	杨泽纯	黄楷鑫	陈晓琨	黄奇桐
袁琦琪	张培桐	黄奕贤	魏晓玲	江雪玲	林泽丹	郑绎宇	李远峰	王凯敏	黄夏莉	洪卓彬
王斯浩	袁文伟	李思阳	王永寿	谭青梅	彭涣浩	廖海兵	阮志荣	卢道石	宁梓彬	李雪勤
袁艳艳	林荣湛	邓伟文	黄子瑾	曹润红	罗锦汎	赖宁航	马雯霖	何国栋	黄 艺	谢宝勇
杨翼璋	潘嘉瑜	梁孟庄	王德志	李延安	林斯聪	陈金旭	邓海内	黄 涛	周错文	姚炜德
何 勇	何志威	李文健	林长峰	谢 强	赵登高	李雄强	卢国源	陈崇欢	莫健波	张俊杰
李智枫	黄开智	刘观海	沈少清	张伙明	杨 倩	彭世峰	唐龙宾	任华鹏	吴文政	阮锐豪
杨耀华	宋金诚	赵浩扬	何伟鸿	蒲英杰	张昌隆	熊友华	谢敏鑫	黄 军	骆田保	吴振华
陈鸿璇	刘洪华	罗得炫	陈为进	林俊雄	许桂雄	钟永东	张继民	宁学宽	郑 泓	王 正
钟 晓	罗召凯	饶 顺	贾双院	梁亚钊	林智鹏	赖 华	李绍相	钟智源	孙袁凯	蔡德华
樊刚雨	隋建洋	刘霄选	董志江	张天阳	刘 瑞	李 勇	王 非	安春燕	杨炫儒	刘绍杭
马行知	杨小艳	于静超	汪 强	张晓明	栗飞超	冉健宇	宋 程	邓富缤	豆建峰	张文娟
徐杰华	雷 平	李 杨	刘嘉杰	张智伦	张文杰	赖 勇	谢雨田	杜广雨	王金楼	梁德华
刘朋涛	刘 锐	王泽桂	吕东贤	刘成章	任春桥	袁佩良	邓隽亨	李 配	刘 非	李耀坚
郑杰丹	林大川	梁梓烽	曾 涛	汤海伦	余文俊	江健潮	曾镜辉	杨志尚	谢志贤	梁子聪
叶祥文	才 岐	李晓林	曾佳林	冯健进	肖雪峰	黎志良	叶盛勇	麦静雯	李尔东	郑志华
黄颖枫	李焕鑫	罗 磊	罗文华	谢福华	温 阳	吴重豪	麦日泉	苏超杰	杨芳平	廖泽胜
罗伟康	陈 娜	欧婉芳	陈坤强	胡开伟	张晓强	何凯龙	曾 郁	黎宏念	吴志惠	张 拓
王针洪	许金成	黄志锋	陈卫明	倪湘波	曹 弘	邓振财	刘明磊	谢敏文	袁嘉伟	周永城
崔晓明	陈协彬	伽银龙	梁健芬	钟柱健	徐兆良	吕路垒	付世威	尤占山	侯佳汝	胡锦梅
黄海青	刘良骥	黄擎英	梁 明	吴永成	陈宝林	张录平	周万杰	李达感	杨宇恒	刘家昌
陈锦星	岑喜星	陈炜韬	覃启玲	莫均享	杨 焱	张颖松	陈金龙	邓顺华	冯立汉	刘灏文
江顺通	蔡少咏	黄文华	陈健胜	黄小山	马泽贤	胡珊珊	叶嘉乐	曾晓林	李志光	霍桂祥
谭成森	杨 鹏	曾晓梅	唐毓猛	崔琳鹏	高志华	林楚彬	袁 达	宁 婷	何良杰	梁伟流
潘秋叶	庄 鹏	钟家棋	陈昶铭	蓝启威	曾 振	任小鸿	杨嘉俊	田 蕾	卓 魁	陈晋威
廖君龙	李权享	戴 普	彭森华	钟展鹏	高志武	陈艺松	叶福陶	李 清	方耿豪	梁红彬
张 琦	周雪峰	赵景辉	张基炯	肖微强	梁世卫	唐中骏	莫万球	张 赛	叶满鹏	梁锦谕
刘海峰	柴智强	杨帆弘志	欧阳福海	欧阳晖锟	欧阳秀玲	加克斯勒特·奴勒太				
迪力夏提·排尔哈提		依马木·卡迪尔		哈力穆热提·穆沙		努尔夏提·帕尔哈提				

电子科学与技术
张 华

法学

吾司曼·达吾提	周华燕	黎国政	何沃晔	楚亚磊	张秀丽	丁 林	黄映舟	郑 信	朱群英
诸晓晖	宋彦泽	张 涛	钟国鑫	陈静丽	施青青	杨英如	朱天鹅	罗健敏	崔冰冰	宋 娟
罗文琪	杨胜坤	李诗韵	尹 曼	梁敏岚	邱传友	张培群	黄丽君	陈国泰	米永福	黄鑫昌
贾鑫胜	马一斐	康光佳	赖纬国	吕文祖	余海涛	陈亚文	陈业宏	陈 璇	鄞伟康	李 忠
杨金洪	刘琦彬	陈涵梓	许泽荣	陈 瑶	黄波雄	曾 杭	肖大吉	童雅君	李建新	曾巧灵
黄秋君	邱文杰	彭 沁	陈铭俊	邓 伟	卢晓君	陈思铭	黄婕慧	梁嘉伟	邓志谦	郑小敏
李光远	叶龙青	陈雪丽	徐中奇	陈鑫望	徐 晴	杨秀琴	陈 朗	林莉娜	赵思敏	林秋鹏
温小波	叶德秀	周卫国	高小燕	胡傲婕	曹美勤	宋 伟	刘慧娟	高 娜	王 迪	李晓莹
麦麦提·阿西木	谭北平	卢倩雪	沈博耀	沈 勇	田海奎	王玉淑	王伟民	杜 华	严 鹏
韩龙飞	黄敏仪	罗晓薇	余菲菲	吴春莉	叶志飞	何 柠	谢献森	黄福权	范家威	林湧新
陈倩娴	郭文标	古荫方	麦剑钏	李 龙	张云飞	袁旭锐	陈梦琪	热依拉·吾麦尔	何著祚
陈运逸	钟淑欣	王 博	陈玲俐	陈 婕	潘锦华	林 慧	李宇阳	黄楚昭	陈锡奎	张学智
张志钊	陈诗敏	钟彦峰	梁嘉仪	孙晨豪	吴玉燕	王 权	龚伟杰	戴承章	李西鹏	王趁趁
黄丽君	朱红军	邢文舒	林斯韵	唐 伟	冯鹏程	胡洛健	胡琪纯	钟坤荣	徐碧棠	彭琪懿
伍景倩	李富根	陈 盈	梁 灏	林柏康	梁 浩	黄海阳	梁晓莹	丘靖瞻	曹小伦	姚幸君
张玉莹	卢诗晨	杨 铭	伍菊花	魏玉霜	齐 洋	陈 玲	谢美华	邹伟键	郑梓璇	麦显聪
郭夏月	李 瑜	张晓豪	刘紫楚	郑国生	陈威廉	蒋 辉	冯振业	陈敏英	杨瑞坚	邓翌芸
马 乐	陈 荣	周伟樑	赵智敏	魏思敏	李 坤	朱洁心	李丹梅	刘 靖	胡 斌	陈乾治
赵锦笑	陈丽钟	李 莹	黄春娣	吕全伟	莫华娟	黄宇翔	郭莉娜	李军峰	叶南海	卢梓烷
贺智威	高树荣	高婉玲	陆建麟	刘静思	罗永华	张 童	周美琪	江 苗	李玉霞	林海东
何俊鹏	梁汝聪	林凯超	何家仪	郑秋婷	姚宜含	李蓝风	苏米娜	金燕琼	付红秀	胡迎之
邓桢文	罗 政	赵 典	骆玲玉	刘林琪	张永恒	席 梦	唐芳丽	梁凯忠	胡楚涛	丘培钊
周宝知	欧灵桑	黎颖妍	林浩延	王江华	李艳艳	区俊怡	陈传广	王海宇	梁翠玲	熊嘉俊
徐婷婷	马 健	周夏云	杨天恩	李亮亮	李佳乐	李玉明	彭帅帅	柴 勇	王 辉	康树峰
周 雪	李旭平	段星茹	何晓琴	李文俊	柴玉蓉	李海庭	梁植燎	杨佳汝	陈 燕	黄少峰
古崇斌	赵 翀	张巧稚	袁慧豪	何杰能	冯启明	易思琪	成旭霞	刘琼枝	陈 渺	邓瑞容
陈伟强	蔡 旭	曾绮姬	林晓芳	谭海瑜	刘光辉	陈培杏	何润林	刘佳欣	郝首哲	余 滨
赵嘉仪	肖 勇	陈志鹏	袁春花	陆义春	陈满全	陈绮婷	梁铭欣	陈哲浩	麦艳卿	郑三茹
郭淑瑜	钟少华	曹梦娴	罗双沙	苏文可	罗志伟	林 倩	明 婷	张 宁	梁以乐	梁永杰
陈慧芳	王渝杰	姚伯美	马 蕾	蒙占城	庄嘉凌	叶影仪	刘广彬	陈香妹	刘伟江	郑文辉
陈 艳	钟 琪	黄安民	范 皓	邓林辉	简振升	雷丽君	史蓉蓉	黎颢莹	张 亮	杨广星
江丽丽	黄力仁	吴希娜	梁慧奇	何梓豪	郭志城	何炜康	梅兆羡	曾丽娜	黄水娴	薛荣定
黄 韬	徐芳琳	蓝智铭	李施华	罗穗宾	卫浩君	符天航	卓裕霞	刘超平	何燕华	梁健伟
罗业笋	卢 艺	李万婷	杨秋霞	李海燕	马木沙	马亚兰	张明明	蔡 伟	刘 波	高 昊
马小明	陈世锐	李沙沙	张 峰	张 伟	王 星	马 强	翟俊豪	缪林峰	吴海虹	吉米莱
·阿米提	胡佩娴	麦显隆	杨文梅	罗锦健	张文芳	廖志辉	吴建平	吴淑欣	杨 琦	尹小龙
蓝梓恩	胡育君	林见思	周锦邦	陈 萍	唐 柳	王 念	郑瑞娟	李 璐	骆 晨	王思捷
叶海燕	林迪超	李嘉祥	张炜天	何伟富	梁栢苟	冯锐泉	黄志坚	杜汉文	区国新	关新光
赵德正	李永鎣	黄新秋	李仲康	姚本昌	郑洁仪	李锦全	林平满	欧丽冰	吴娟花	梁超能
吴嘉玉	孙浩钧	谭燕萍	麦鹏程	黄丽娟	欧阳佩君	利·塔娜	阿布都帕塔尔·麦合木提

李娜扬子　米热阿依·木合塔尔　吐马尔·托合达尔　阿布都萨拉木·阿布都卡地尔

高分子材料与工程

陈贤运	冯忆柔	张新发	龚锋	梁亮	梁敏霞	吴剑	林圻铖	吴兆启	王玲	王文跃
唐勇	王锋	柯瑞林	吴林荣	靳培培	周希武	陈尚文	曾金辉	李秋泓	王润	刘舞娇
谭耀辉	宋文俊	蒋丽娟	王海	肖时君	覃程江	丁武	周晓锋	陈伟华	邹炳林	肖志辉
陈洪	于东东	吴勇圣	张国辉	陈伟铿	熊君君	陈小叶	王贵	李嘉伟	何乐荣	张育强
韩明华	王京京	韩艳	黄民德	钱志超	张国平	李业荣	王晓克	包爱明	郭堂兰	李融
方伟	王绍雄	凌伟星	廉吉广	朱海兵	赵瑞霞	邓辉强	杨四化	张向南	付启恒	耿利军
邓颖琦	张贤江	陈年花	刘谷奇	赖成斌	王金涛	姚黎辰	杨秀奇	向东	李庆	毛坤玉
蔡忠林										

工程管理

黄佩珊	郑成伟	吴奕彬	丁博	冯俊贤	谢俊鸿	刘婉婷	刘小嵘	杜色铅	陈艳艳	任凯强
谭燕秋	梁凯婷	陆振东	袁钦珉	成应斌	张辉志	陈马鹏	孙杰文	王洪彬	陈宁华	陈羽
黄凯	黄泳欣	游晓宇	袁启乐	朱惠招	廖雯敏	梁敏	郭顺潮	庞康耀	王长春	黄志芬
李康宁	苏淑玲	蔡金源	王芳	张积铺	黎耀邦	严浩南	叶慧萍	林佳平	张京	梁尤云
陈宗安	林少兰	贾雨祥	郑钦城	林壮鑫	杨晓欧	彭玉茹	陈东敬	景献瑶	黄天开	江旭阳
陈毓	黄金锋	冯志斌	何成卿	周永灿	邝燕珊	李洁旋	张婷	彭家坤	王剑梅	李尚锦
洪浩锐	廖小凯	区永恒	叶夏静	李嘉欢	何洁玲	许纬健	郑洁薇	朱聪	许华彪	刘劲洪
曾静康	曾惠纯	卢涛	钟娟庆	王立权	李志辉	李彩连	张建勇	陈怡颖	黄东鑫	潘家栋
陈林华	万建成	闫猛	林常青	赖勋闪	刘伟娟	张园园	朱嘉健	淡锟	刘燕群	余彤彤
邱铭	黄向伟	李蠡	佘桂华	洪剑欣	黄钐潼	杨朋利	朱威霖	高洁玲	洪创锋	徐鹤文
李跃鹏	黎劲	何恒通	邱礼楠	周林	向文武	杨伟江	朱家颖	余志杰	冯伟莲	梁秋香
潘瑞莲	杨云	曹智文	庄晓武	熊思豪	刘思敏	林智恒	谢美华	欧怡	欧志航	黄文立
陈语丹	赵珍珍	高嘉琪	唐文谨	王金绒	莫昔能	卢煜森	冯肖碧	黎君	黄歆	邵毓娴
詹斐	何龄旭	曾月善	廖芳宇	邓色萍	钟巧	黄瑷	刘瑞煌	陈敏燕	任威华	王穗华
李宝怡	陈振翔	梁珊珊	廖惠玲	李国儒	李小翠	符巧玲	叶家暖	李莉雯	李川	陶强
周华	陆文诗	黄俊豪	刘炯涛	赵阳	黄志发	程鑫威	徐瑞敏	廖小玲	韩炜贤	曹亮
王东方	成家文	陆俊杰	何筱慧	曹国斌	蔡永壮	张泽卫	郭湘林	谭永泉	肖纲跃	刘壮锋
张文芳	刘志刚	刘燕雄	何霞欣	邓家盛	高秀慧	刘培娜	马婷婷	马晓红	魏娜	廖峻萍
张凯	单永成	芦永德	刘桂晓	常新帅	杨芳	余显静	王艺斐	杨明潭	魏智林	张云鹏
秦震震	乐宏刚	朱粉萍	孙志豪	罗丽娜	潘国班	彭水华	黄燕娜	陶贝贝	石庭江	吴春媚
谢明杰	刘厚恕	孙连庆	陈启峰	朱晓中	张宛玲	石军	陈秋玲	周龙	韦宗专	李哲荣
黄嘉欣	卢天巧	郭端立	张键锐	刘耀锋	邱海燕	陈铭妍	戴军团	张艳利	关程远	许畅
沈爱婷	刘亮	赵阳	郭嘉裕	莫招烽	尤泉	张莎莉	颜尧聪	黄伟林	赵虎	何明炜
邓勤志	赖玉仁	梁曼锋	邓恺	谢统彬	邓浩泉	朱程文	郑柱锋	崔海东	张跃	魏晓锴
姚永胜	陈少辉	何锐恒	熊伟	吴秋汉	白文彬	陆增贵	曾碧影	李刚	谢锐喜	林泽华
王泓峻	黄敏滢	杨振强	陈桂森	莫婷婷	陆胜樟	刘存其	关晓东	刘嘉浩	谭柏威	刘伟成
戚小洁	刘传	何健冬	杨宣华	陈恩闰	陈雪云	林粉鸟	罗兆怀	朱京辉	杨海	霍艳珊
于宏伟	吴斌	朱朋	胡远刚	郑月	唐雅婷	庄东杰	黄奕滨	费春芳	陈晓玲	张志勇
蒙莲姣	陈康文	叶立铭	江其峰	杨展业	郑智明	陈晓莹	李启明	杨嘉梅	何丽丹	王建财
肖亮	马韬	汤亚军	冼成龙	梁迦业	李嘉生	江思斯	廖婷婷	赵倩荣	巩涛	陈晴晴
符光茂	冯锦添	胡德魁	吴瑶	曾观雄	廖志伟	林伟芳	刘婉铭	郭俊钿	王学敏	叶嘉琪
林棉雄	陈碧梅	吴海花	郑炳辉	范志锋	黄伟聪	陈泽彬	陈雪南	张雅晶	陈坤洪	许可揆

罗林杰	唐望星	容思聪	李　森	徐嘉雯	庄育渲	何　威	黄剑宇	刘世亮	谭展鹏	谭丽霞
蒋子龙	任晓珊	陈仲轩	朱显永	林嫣娴	冯琴英	樊　志	罗玉琴	朱晓泳	江冬珍	马传彬
邱淑辉	郭伟强	何明柳	陈易添	林晓慧	黄　琦	谢思德	郑棉洪	陈雄芳	胡立娟	湛　铖
黄泽伟	刘立军	杨明环	吴盛源	周　凯	张志霖	李嘉宏	蔡如昌	范虎子	陈计洪	李雪莹
洪敏霞	程邵晖	吕宗霖	曹圆圆	后亚红	陈冠荣	叶婵倩	戚春和	岑俊霖	吴瑞康	林銮欣
马柔芳	麦志文	吴彦洲	车玉鹏	陈志敏	李林森	李佳宁	杨　聪	常　超	陈灵骥	张永祥
蒋薇薇	徐丽婷	姚爱萍	杜　娟	朱　纯	王子文	陈永源	李　增	叶杰勤	陈楚钊	王景彬
何君丹	叶林盛	黄光童	曾志航	骆　琦	钟李林	王秋霜	钟　平	汪伟城	黄伟杰	李锦澄
刘桂敏	肖　鑫	张恺凯	李俊龙	廖成莉	陈嘉建	张　俊	吴洪芬	王　刚	贾娟娟	孙庆红
张彩文	廖冠淇	许妃董	黄钟兴	李佰文	梁肇荣	张永录	郑汝齐	李子玉	王　群	麻再琦
况　勇	王　刚	杨　姝	黄美玲	王亚丽	徐爱翔	王小波	王树格	杨冬至	李芳贤	张金宇
杨燕玲	邱晓扬	林　辉	王凤仪	周　丽	陆世木	康　登	周倩男	陈伟财	卢海萍	郭小烁
李映红	易楚雄	周文英	吴松娟	许璐琳	黄安斯	钟思能	陈　敏	梁子清	叶　赋	李俊英
廉　梅	陆俊良	温颖霖	陈佳勇	刘显彦	卿春莲	李应君	彭　典	陈紫欣	关庆林	蔡仕铭
蔡　薇	冯唐鑫	周　涛	蔡伟仁	范洁娜	黄松彬	周童玲	王　岩	陈梓鉴	周　应	洪梓勋
冯礼诺	赖永松	郭邵洁	彭　振	李　蛟	刘秀雯	罗淑珍	王炼华	陈美婷	余海旋	霍艳莉
杨　贵	范俊杰	许达声	周小聪	黄锦升	朱光好	徐浩然	曾瑞洲	郭锦堂	龚玉磊	孟祥波
周美桂	陈　珠	杨　靖	曾芝宇	何健荣	聂晶晶	龙阳明	刘启斌	张国涛	李依遴	孙　娜
张　杰	杨文虾	李元明	马飞飞	刘在凤	龙　珍	王玉祥	张建林	王珍珍	庞永辉	秦　贞
朱文苗	王聪聪	韩　兴	朱姚霞	杨　绮	李潘娜	胡潇懿	陈茹钰	陆　瑶	张智瑾	青钉标
万红霞	林荣铨	林祥程	陈宁杰	黄　华	金　鹏	翁佳洪	邓智敏	陈国超	凌　莉	沈卓葵
王　芳	梁大镇	安晓清	吴宇婷	苏沙沙	李昱成	沈月莲	华有生	袁翠连	李罗玲	莫华平
王小飞	仇文俊	刘　伟	陈珑婷	王亚亚	郭　涛	黄文亮	吴孟孟	温志华	方焕彬	阮惠珍
黄焕柳	古泽旭	秦博文	陆文海	郑　侐	梁洁飞	成智兴	郑玉钗	李思佳	彭剑威	张桂英
阮敏华	黎结静	郑钦雄	林俊雄	李广周	黄小群	蔡铱烙	林健彬	吴淑欣	苏树进	林叶玲
林杏爱	李康新	陈维锋	黄炎辉	李带利	黄树填	林　琪	林燕丽	黄锦川	陈耿楠	袁晓斌
黄恩造	邱伟汉	林得志	杨德密	林泽锋	郑家武	杨桂华	林禹州	陈晓东	曾锦文	倪冰梅
翁奕晓	邓明俊	邹钦文	吴佑仪	谭卓铭	陈雄波	黄思淮	辛　波	潘俊杰	钟　敏	邵良平
欧文健	李　俊	杨卫兵	嵇　亮	何　锋	陈俊健	陈志国	汪新平	何致衡	郑汉清	陈玉远
麦励靖	吴伟平	叶月琴	刘　东	何业雄	陈秀婷	曾子粤	王　莹	郑杏山	叶　慧	邱可欣
杨　斌	郭　婷	黄育清	陈文婷	马忠贞	詹丽姗	陆志雄	邓德荣	黎洪晚	邓结云	植奇杰
林甄仪	李存心	刘　芝	张　云	肖文华	卢凤萍	何瑞愉	谭乐星	刘静汶	陈泽康	赵湘林
杨利平	曾春莲	张　锐	段星月	欧康强	彭杰华	江　薇	杜海华	欧阳义	张奕钦	龙秀丽
袁重阳	王　硕	黄海龙	梁楚烽	林伟鸿	魏柳文	赵芝伟	陈思鼎	谢世英	曾楚波	曹婉华
劳国茂	陈泳霖	简奕迅	黄　翔	张志坚	孙　侠	黄雪婷	陈森凯	李凌锋	黎智安	游顺琴
连浩瀚	邓振明	邱利泽	周志恒	吴瑞鹏	简晓星	刘枭锋	谭德协	冼观俊	钟文怡	陈巧玲
郭志兰	王　立	王晶晶	杨尚松	何婵娥	李逵锋	郭国庆	郑坚州	徐仲新	陈天燊	梁英子
吴　昊	唐　柱	张泰源	罗粤创	郭义佳	林雪妮	徐红梅	邢潇璇	杜泽文	张　芮	郑剑锋
陈晓琳	郑家林	苏灶梅	崔海德	陈天婷	张咏珊	朱春林	陈佳男	廖　琴	彭叶芬	李伯达
毛颖仪	扶启军	黄志强	郑铭潮	毛春燕	宋列珍	黄智奇	林观寿	陈　奇	张嘉琦	余文静
郑晓娜	张浩杰	蒋孝文	黄少娟	练莹雯	王宏毅	叶　梅	龙力虎	王　雷	陈振球	黄丽华
蔡　畅	梁丽芬	谢钰莹	黄翠霞	邹丽仪	赖建明	李晓梅	蔡铁磊	赖舒颖	郑国钊	宋春风
谢智美	苟　斌	何秀琼	管华珍	鲁丽俊	卢磐磐	伏三波	罗　隐	梁海强	黄　政	刘桂雄

田 京	卢世圳	欧阳博	邓泽建	陈思惠	张文彬	黄智贤	李杰峰	张保成	田洪锦	何智聪
肖金勇	刘惠萍	柏景涛	莫铭恒	黄 聪	伍国华	杨枝维	邓其赞	韦家盛	肖 峰	李 阳
杨德森	张梓谦	谭 锐	黄 琴	冼浩伦	江文章	何广鸿	吕日良	苏 毅	邱英媚	冯志通
姜 芳	李炎辉	邹展聪	郑昌裕	张新凤	刘冯敏	彭良江	刘文广	牛秋凌	黄碧龙	文 强
曾梓彦	李文超	黄卓佳	刘智达	刘冯敏	欧枝强	劳文威	龙永忠	陈纬航	邵志超	王 歆
梁群好	王忠富	肖人芳	刘国祥	黄冠锋	吴君煜	胡 杰	叶 雄	吴爱群	冯爱红	郑永辉
廖一博	崔群璨	蒋 梦	丘增元	黄晓君	肖红素	刘国苑	黄志浩	文 乾	吴海生	朱能集
兰桂连	袁 毅	梁发光	关玉英	项昭亮	赵天宝	隆春雄	林雪敏	赖雨娴	宁子娜	洪智浩
李长龙	郑晓彤	陈秀粉	杨 炀	杨 珣	郑泽洪	郑伟丹	何俊宇	许铭涛	吴秋桃	欧遂娇
林敏霜	李书豪	高添傲	王艾玲	郑娅男	赵 伟	陈坦璇	李 林	宋孺昕	来庆强	王愿平
王铁成	朱亭禧	黄中华	孙 婷	郭 香	马 赟	姚博仁	王永胜	陶慧敏	董 辉	张龙龙
金志东	何 倩	朱李娜	李立夫	吴芷欣	李雪颖	卢颖庆	薛 媛	贾旭红	胡 瑶	邹学敏
罗 娜	姚广进	龙仁炉	袁加寨	黄 玲	王 东	陈柱森	梁泽博	陈健忠	钟锦丰	梁莹华
王荣葳	康晴茹	刘恭迎	周文耀	庄世通	彭子豪	莫雪玲	刘 威	林泽鸿	刘志群	伍炜东
朱俊雄	卢信良	林史扬	杨嘉豪	邬艳华	林晓婵	林楚鑫	金小芬	冼秀妹	林深琪	张惠贞
欧阳度	邓淑雯	杨文广	吴一平	田波涛	刘晓刚	付小诚	金 丽	温朗维	覃文华	刘 旭
彭双彦	侯明惠	王琳杰	余陈明	魏 芬	陈华飞	张景文	张 祎	段 伟	李学敏	胡欢明
彭宇珂	杨 威	管 安	郑冰莹	刘薇薇	谢少强	金泽淇	陈 莹	陈佳锋	潘少江	马东伟
陈宇峰	谭伟健	陈陆琼	蔡圭鑫	潘 强	刘贤宝	陈宇艺	梁思琴	潘洪德	何利生	陈凤珍
王红丹	陈素强	莫业华	梁女珠	吴享文	何幸平	陈 妹	万 勇	叶永美	黄丽梅	林國彬
林锭红	陈阳敏	彭丽莉	易国梅	叶思婉	谢艳芳	吴惠婷	李 毅	郑鲁宝	蔡进健	马 飞
曹 达	陈婉珂	肖 培	郑娟娜	廖 东	夏威宁	邓伟栋	刘 强	罗翰林	张 豪	何炳辉
杨荣汉	肖辉洪	陈小明	吴子华	张楚伟	张俊杰	朱俊杰	张嘉俊	林照恒	吴芷滢	唐碧仪
陈思希	何鸿斌	李高瑞	黄锦铭	区泳思	杨远怀	杨秀秀	丁 淮	王 博	黄日进	钟裕玲
王光武	陈娜子	张伟文	赵浩鸣	梁文颖	李明兴	陈丽军	覃先荣	罗家富	刘德荧	李志辉
李长益	潘 华	王利婷	关家荣	农元鑫	黄淑平	曹应元	黄焕星	高振兴	黎观兰	廖晓希
温志勇	刘 军	黄伟建	陈景浩	马睿宏	邱泰霞	谭颂琳	莫承关	汤丽平	陈水生	梁佩佩
陈守乾	李 婉	陈 成	李金艳	何伟斌	白凤祥	邓文昭	郑国东	杨 奕	周美捷	闫仕奎
张 涵	汤俊健	霍嘉勇	刘秋云	黄浩明	杨 俊	卢圳金	张钰婷	李淑霞	曹铭桓	相松亭
李惠爱	林永富	周智谋	陈广章	区锦泉	宋俊华	贺黎训	赵启华	刘升忠	张 露	梁齐珊
刘 超	冼志昶	霍慧翘	李瑞华	廖凯旋	陈嘉骏	谈月琴	廖泳君	林晓创	沈文忠	李景欢
姚泽平	李文浩	徐焕秋	陈丽云	庞皓耀	郑耀生	黎舒琳	陈金霞	胡加滨	陈展锋	叶小青
蔡素玉	罗 飞	贺洁玲	刘付军	黄德源	莫志峰	杨 伟	陈梓建	李丽霞	何 银	辛晓燕
梁惠凯	刘立平	严超华	蒋 航	龚干东	徐思东	侯杰文	许东兴	李运岭	程钊庭	梁杰泳
黄勇达	周诗瑶	徐清平	潘嘉劲	骆应新	宁观荣	雷思睿	李立鼎	叶 辉	郭倚彤	罗嘉欣
庞华勇	赖伙娴	张绍聪	余雪琴	毛春琴	吴燕丽	李燕芳	曾丽君	黄伟强	郑志荣	龙康焕
雷雨淇	周玉峰	林忠明	沈本奖	刘紫霞	黄 乐	庄旭东	俞露安	洪宇岚	陈鹏飞	朱奕慈
文华东	彭伟璋	吕桂英	龙 斌	黄健辉	孔祥新	周诚锋	蔡宏图	高 瑜	陈佳盛	曾颖瑶
陈家裕	陈锡英	许芷维	刘 锋	陈晓泽	叶家成	林永鑫	周虹宇	梁朝勇	王 帅	林永展
庄鹏吉	徐世豪	周育鹏	何永炎	曹 文	杨保隆	吴家发	邓海文	黄明浩	马 超	黄飞雄
许嘉敏	文楚材	谢颖妍	冯客成	罗浚业	刘德瑜	沈杰思	杨 敏	周凤芝	叶伟兰	许统田
卓武腾	阮东区	邹建星	郭嘉楠	杨 坤	邓春霞	郭大鑫	陈荣变	林庆泉	张桃丽	郑梅华
陈嘉欣	李幼文	程芳宁	郑伟东	陈梓峰	申建平	魏赏超	林楚群	梁展铭	林建军	吕贺鹏

王帅锋	康学峰	范文浩	何玉飞	宋 畅	胡楚楚	邵文杰	乔 凯	宋兴民	龙斯明	陆建仁
钟振兴	何伟平	汪华健	王晓辉	刘文宽	殷 奇	毕杞照	汪五海	蔡晓帆	李 猎	任立娟
林伟艳	杨婵挺	林 茹	曹伟国	丁 峰	李凯源	陈浩林	陈新雨	江胡彤彤	夏侯唐国	

工商管理

李 通	刘池勇	方 民	谭远冰	张 盼	黎 勇	郑裕玲	谢敏君	李金峁	杨伟科	林子健
龙治江	冷林浓	陈珍林	何杰豪	陈海勤	梁锦辉	陈文柔	王媛媛	赵凌昌	张慧仪	孙建乡
伦俊文	张 浩	庄国兵	雷龙波	刘卫华	宋茂双	谢秋仪	曾月海	高 锋	李忠强	肖扬旭
江富生	孙江为	刘慧静	苏玲娇	孔凡杰	黄友健	何金超	赖敬方	李舒婷	孙 庆	陈忆璇
邓伟聪	吴国军	杨龙丹	肖奕希	沈桂娜	陈选名	容嘉蔚	李 聪	谭新城	叶浩锋	李兆欣
罗伟豪	林 春	陈节茂	周厚治	史晓鹏	孙海琦	陈 瑜	蒋炳南	莫冬妮	伍嘉莹	王小军
姚利红	杨宝婷	曾丽芳	黄绍煌	王丽玉	黄佳佳	肖梦洁	郑旭楠	钟钱庆	谭帅花	王子纳
曾妙娟	李梅娟	瑜艳虹	陶永耀	陈君奕	郑跃波	周海槟	陈利兵	侯文海	周根水	马松林
刘振源	李 伟	黄雪莹	洪鹏金	陈满兰	孟 元	何少玲	李松涛	李 烨	马 鹰	陈允心
麦观华	钟瑞东	余晓敏	邹 伟	高智彬	曾玉兰	赵善炯	张镇锐	刘红霞	叶弘康	汤宇明
许永发	邱锦帆	黄 伟	曾计满	叶志荣	吴仁生	张光英	朱 耿	张周超	李艳芳	曾景丽
吴林耿	罗 勇	何 兰	何玲玲	朱东华	赖翠云	邓 娟	陈英东	潘锦怡	李超儿	饶宝莲
韦燕萍	潘志勇	杨焕仪	卿 微	陈敏灵	郑东孜	洪忠杰	刘桂萍	林国伟	刘浩丹	吴梓栋
吕 倩	观紫丹	邱敏瑄	冯 宁	李 斯	郑冠群	章明涛	陈晓程	周全辉	潘柏霖	杨小华
蔡俊峰	刘位明	黄 娟	王海伟	胡仕俊	孟祥亭	庞子燕	谢正权	陈佩珊	杨洁杏	叶莉莉
陆嘉欣	岑凯玲	陈小云	方邦举	房桂花	李雄辉	熊 军	薛 桃	何佳嘉	柯康秋	莫汉标
郭小环	林乾炜	郑明明	林菲菲	甘健英	周玉姬	奉东辉	杨清春	梁柱荣	方仲嘉	卢 毅
李旦盛	赵 娜	黄 巧	邹丽莎	陈 诚	林 莹	周 叶	韦 华	孙梓滔	黄咏芝	于金铭
付增翠	杨 洋	黄小军	王树鹏	邵智华	张燕君	王建红	杨苑婷	鞠长勋	张菲菲	倪艺菁
邓利华	黄杏云	林婉华	邓会情	张亦明	杜 勇	龚 丽	何阮清	何钰珊	李增波	刘 越
黄少通	王 璐	陈 莹	李靖超	沈佳佳	何 伟	张 博	林舜晓	刘金蕾	曹 婷	钟 贤
傅佳慧	孙 杰	邝志杰	曹 磊	刘逸南	付 昀	敖小飞	钟洁莹	黄舒婷	黄佳奕	赵金梦
陈朝全	丘娟兰	吕 洁	陈小丽	李 华	陈 亮	郭文龙	陈江江	陈骏林	梁日苏	张婷婷
黄 小	利宝怡	闫树德	陈 聪	林林敏	何雁芳	董观权	汪立冬	吴学军	陈菊珍	岑靖云
谭慧敏	伍向民	卢月霞	黄柳琼	周泽科	任 炜	陈 昊	曾铁军	邱志榴	吴朵萍	方翠翠
吴金金	王柏娟	高晶晶	曾镇城	王海峰	骆浩权	田 凯	张燕红	徐玲玲	潘建敏	隋琼林
徐豪强	王德族	胡 静	苏 榕	彭 琼	张检秀	吴 靓	钟宪威	马 圣	钟伟春	刘 新
叶曼婷	蔡国奇	周明敏	李玉纯	张建华	罗志鸿	林飞华	刘嘉凤	郭华忠	黄志科	陈向晖
黄灿林	吴成平	黄建飞	陈小宝	崔 浩	何仲春	曾飘霞	李培涛	黄岳龙	蔡亚胜	韦永武
陈美香	王 渊	徐梓珩	黄 江	梁嘉颖	刘玉玲	霍振荣	陈瑞云	吴若娇	马 茜	陈嘉意
陈嘉宝	卓松庆	高东星	梁赛腊	郑嘉鑫	张椿林	孙婉茜	吴亚茹	单美琳	梁 键	张可韩
周右琳	区仲熙	简 亨	池丕民	曾春梦	刘可馨	王剑飞	陈柏同	李穗军	沈永津	滕春堂
冯芬芳	李浩源	叶晓殷	林升杨	梁嘉欣	黄钧琳	何诗余	杨小河	凌春兰	李肖欣	王群文
彭宏光	何洁珊	张伟杰	潘明雁	庄姝琳	区沛珊	李嘉欣	查晓红	谢荣钦	杨丽丹	黄嘉荣
许玉丽	邓志强	柳富泉	何杏贞	吴卫军	潘艳清	孙秋妮	蔡伟冰	黄嘉文	李凌峰	袁湘怡
张放群	胡丽斌	伍尚贤	王兴磊	刘利兰	叶瑜晶	陈 婵	骆安晖	魏大会	吴俊成	骆碧娴
何崇彬	杜衍良	黄锡强	黄伟嘉	钟丽沙	杜庆烨	杜婉君	利焰涛	毕绍山	谭建云	方钦杰
刘建文	徐盛铭	冯志杰	吴韵诗	葛 琪	曾淑桦	王 曦	赵宇日	成伟奇	傅灿芬	刘恒东
舒嘉文	郭展鸿	杜昌校	李依玲	蒋新华	吴 蓝	刘军丽	伍根田	符 俊	余 勇	赵山诚

江永镶	李振东	谢美琼	邓向红	胡润方	罗英健	蔡招绪	邓佩仪	徐连欢	李晓锋	邓捷华
刘光红	邓换玲	伍署娟	潘美玲	杨美霞	罗 特	余培珊	赖晓霞	梁巧婴	邹 萍	罗俊杰
杨 鹏	陆艳虹	林进超	王保太	李 力	李燕霞	刘金妹	吴小章	陈演珍	魏海燕	胡晓丽
聂秀红	姜胜家	黄年华	陈沛生	黄郁新	陈 霞	陈小坚	李云菊	郭福英	成玲娟	简建宏
谢清波	刘会琼	蔡玉兰	胡春梅	杨 洋	谭 敏	尹海英	廖 霞	林 莉	袁健豪	单映祈
陈敏霞	邓成章	杨志刚	姜良华	张凤好	李晓刚	刘 飞	严泽承	杨锐斌	巫殷丹	邓永林
尹 凯	刘宗锦	孙金芸	郑 红	陈泳娴	王 琳	张伟展	邓菲菲	赵 凯	吴著权	杨燕杏
黄巧敏	周嘉豪	杨耀坤	陈 洁	李杰云	徐达武	伍嘉俊	柴小同	罗晓峰	容金勇	柯小连
李镇超	谢旭藩	杨奕森	丁 玲	李 冰	杨洁纯	何启宏	梁梓莹	林伯兴	刘桂兴	邓柳源
龚 剑	张孝平	王茗徵	潘 媛	贾庆元	曾小柳	曾小梅	姚冠峰	庞剑辉	郭妙娜	冯伟浩
严瑞杰	陈乐祥	谢明宪	程泰康	文丽仪	李敏婷	李生龙	吴章艳	熊 伟	卢志军	柏林艳
李繁顺	文 芳	方伟琦	徐 蕾	苏小兰	钟良敏	陈 芳	吴晓清	黄沛莹	钟清英	秦冬健
孟秋香	江 敏	黄喜军	邵健安	李丽婵	周铜良	孙美娜	辛奋奇	余少勉	张晓宇	张 浩
陈 松	陈 攀	黎秀婷	谢雪华	黎 英	陈就军	刘春玲	田 波	余柳锋	黄灿琴	陆 辉
刘 燕	张海岩	区凤仪	王意辉	曹 晖	李秀姐	李 红	谭兆棠	梁文基	蔡斐琪	张雯玉
邱淑茹	袁慧枝	曾 亮	林志颖	毕伟江	邹金芳	刘秀东	曾爱停	邹晶晶	刘 鹏	王 旭
刘 锋	陈嘉灵	陈业龙	邱智杰	凌 伟	孙胜军	李 兵	江浩宇	谢灿荣	汤伟杰	黄炜文
陆雪珍	罗祥应	朱焕强	韩泳星	钟健谊	李嘉园	魏燕娜	庄素兰	沈 乔	谭立业	凌勇兴
李世军	李燕霞	易 帅	胡奇牧	黄祺婷	钟远峰	邹斯锐	林晓波	邱巧滢	马丹霞	李泽文
何志亮	丘建军	戴 蓓	荣顺贵	林晓青	谢春虹	甘绍鹏	侯宗进	杨小丹	周雄聪	余志浩
陈连凤	许贤溪	李 哲	董学士	黄德基	马雨晨	廖庆洪	谢凤金	莫 颖	程伟凯	黎文丽
徐玉梅	梁文清	林 炀	邹秋文	林婵锋	曾海芬	肖冬红	雷 娟	李佳芹	潘 涵	唐 比
梅苹英	钟 华	郭海鹏	卢嘉琪	刘德彪	滕景众	刘 锋	杜 娟	黄炜良	林兆伟	林泽永
陈利娟	杨嘉莹	植丽苹	李裕龙	何淑贤	林秋影	苗保军	谭智彬	李环龙	黄启胜	肖本中
林宏野	李金芳	陈勇鑫	陈乔乔	戴荣放	刘海燕	方灿杰	詹冠财	吴柳莹	廖 辉	马美玲
武娟霞	汪立新	李得坤	王 智	任运运	胡楚武	袁铖炜	潘丁华	陈美云	曹 超	韦兰波
林国利	徐 琳	时均禄	陈秋颖	黄成程	田 红	罗漫佳	黄剑锐	何缘武	何娜丽	伍丽云
陈星宏	黄韶升	黎建峰	温 露	彭锡媛	何满棠	肖健勇	李长春	朱 忠	李国玉	郑意生
朱嘉敏	曾丽娜	张思炎	张伟坤	赵 胜	练 裕	罗燕芳	魏永业	张超超	古洪鸣	叶兴顺
汪长芳	邓彦锞	梁子俊	黄川玲	王传华	黄荧钊	夏光龙	陈杰铭	郑楚湖	郑俊城	叶伟棠
吴嘉梨	陈嘉颖	赵贤科	谭冠针	李富源	黄 丽	严志勇	严文军	李淑怡	周 平	周名兵
陈水妹	丘广贤	余 振	周姣莲	张 娟	刘 容	陈炯彬	周懿达	张 会	徐 文	刘惠敏
江志兴	常传聪	毕 超	吴春君	杨晓燕	伍嘉伟	李鸿基	陈俭庭	张妙芬	林杰锋	王莲枝
陈浩明	刘 昊	孙泽民	支荣臻	黎梓懿	高梓涵	张国荣	古舜华	翁楚娟	罗琼瑶	陈纬芳
骆佳圆	胡均萍	杨远豪	李敏驹	李 跃	尹俊杰	梁益源	谭绮华	林丽卿	林运英	张佳昌
梁嘉健	郑青霞	黎美娜	张燕妮	卢嘉伟	江颖欣	汪 赟	刘小庆	罗文仪	李云锋	何炳权
蒲嘉慧	张 琰	李梓健	卢 婷	黄浩林	黄燕琼	肖 军	阮凤娇	程玉婷	梁小玲	郭邦海
孙宝元	牟连芳	秦梓浩	黎宝营	贺丽舟	张伟豪	吴楚莹	张 洋	孙三威	陈汉明	黄世和
梁永怡	邹丽鑫	陈叶君	李国庆	梁锐峰	关子良	梁启文	胡慧仪	谭田洲	邝伟荣	韩晓慧
陈 刚	钟霞武	黄满香	胡 静	陈汕姗	徐宝岚	黄嘉鑫	黄晓云	赖维生	王 强	韦 琳
杨晓琴	詹冠亮	邓韵琳	廖仕红	张文琴	池浩峰	邓子君	黄家亮	任晓霜	郭凌锋	孟 华	钟烁桢
冯秋虹	唐 棠	张 英	韩秋燕	池浩峰	柯晓青	雷文芳	莫筱蓉	黄亚芳	印益波	李舒婷
富琳娜	付 显	黎嘉宜	梁海玲	陈铭铭	梁燕婷	黄思颖	邱 祥	梁天乙	陈浩辉	杨 层

毕业生名单

杜权鑫	魏宜春	潘志豪	王世澤	江鹏杰	梁嘉欣	骆嘉敏	何家赫	黄泳曦	陈佳纯	吴玉茸
吴玲玉	罗发进	王杰山	潘路豹	陈启冰	陈坤	潘文彬	刘欢欢	聂远聪	蔡增苗	陈锐凯
张西凤	陈淑余	容常春	邱慧婕	万小曦	赖国标	詹会面	张强	孔红兰	陈惠英	周展鹏
王怀远	张艳超	温汝九	李宇	陈丽玉	卢明生	黄新维	童漫	朱钦东	崔凤花	覃事亮
刘磊	王结霞	詹燕	彭东进	黄亚丽	许晓玲	晏伟锋	田娟	许琳璘	周炜文	黄丽娟
邓芳琼	贺飞	刘锐群	潘咏琪	关茗尤	张蓉子	王亚丽	罗桌广	赖清泉	蒋镇楚	欧佳丽
莫泳聪	林家威	方妙纯	廖晓达	邓俊飞	曾光	刘炽强	陈建雄	梁大卫	王永生	陈柏青
李文静	赵琼发	林乌记	梁林	肖曙堂	朱立君	王兆颖	郭惠萁	郭泳婷	李裔	刘淑冰
邓坤其	王格格	周晓欣	李聃	买彩霞	陈远浩	黎锦章	叶芳	莫景富	陈思华	许冬婕
周胜雄	莫华文	陈静敏	莫东梅	邓适强	谢昭萍	叶申	陈伟	许春华	何晶晶	赖若希
赖旭辉	刘小丽	王海花	吕绍宝	苏小妹	许荣玉	廖邦雄	罗绮婷	孙义根	陈瑞昧	陈发丁
周资衡	潘唐智	周杰文	刘艳	谢丽婷	钟虎踞	李宏良	龙耀军	王善武	骆敏仪	陈杰宇
范家雄	卓思婷	姚小丽	熊新伟	何嘉熠	林爱萍	罗玉华	莫开平	杨剑华	杨勇辉	陈寒清
尹丹	朱海英	张新	陈贻珍	王啟连	赖剑英	刘德勇	陈爱	彭灼霞	陆欢	王梦诗
曾海威	朱丽嘉	谢维维	庄利鸿	李敏	孔志鹏	黄燕新	谢权	罗志杰	刘丽	吴琼
余林杰	陈怀俊	吴亚健	肖卓	曾文华	邵伟强	申同洋	吴耿蓉	苏敏	马嘉欢	李爱拴
李鹏	陆婷婷	许延润	李丹娜	张军虎	乔瑞端	范董星	唐亚瞳	赵航	杨雄	张劲
严玉燊	李露露	李咏君	陈伟斌	张朝根	黄创协	谢德浩	晏敏	孙倩	李晓敏	钟文璇
李应龙	倪敏	陈利斌	沈家健	崔明霞	郑利冬	马玲芳	刘瑞莹	许花梅	陈嘉惠	温洪飞
周先德	张乐	陈翠芳	胡瑞玲	郭镇益	罗梅莹	曾秀秀	林遇金	舒苗	刘志勇	张亚东
张太凤	袁茶兰	刘春晓	吴艳华	黄铭芬	金爱辉	区洁萍	桂欢	郑举	林德胜	文隆凤
陈云开	郭玉珊	黄韵诗	陈伟培	曾泰	曾小燕	苏雪雄	欧阳文	石鑫锋	张勇	丘占锋
耿娇	李跃荣	魏桂玲	白子欣	李慧彪	彭平大	胡成军	邓海钦	黄秋兰	梁美玲	叶志阳
陈翠	刘红梅	黄若淳	陈苑霞	关云霜	邓盛昌	陈志伟	马巧莹	高松	刘艳萍	张星星
赖学威	邬杏湘	张佩雯	陈芷莹	付册	方铿胜	林若冰	邓运霞	梁惠华	何卓烨	朱汉飘
侯嘉文	卢洪丽	易玲玲	陆芷晴	兰丽	张双雪	吴丹红	吴云珊	李浩明	麦宝琴	谢素丽
洪湖生	黄黛媚	邓瑞维	尹亚辉	梁俊杰	赖俊杰	罗梓阳	刘智涛	郑锦锋	麦志富	庾展宏
余俊锐	方立华	林浩鹏	李勇	黄荣波	莫星赞	戴凤婷	杜卉	陈秋武	冯林钊	王镇屿
李楠	李彬	萧文杰	李嘉晖	谭龙飞	冯爱华	吴晓武	丘群英	李铭聪	黄阶煌	何穗冰
陈国源	徐耿芝	向涛	陈志诚	宋璇	樊嘉俊	胡锡智	陈明星	李希怡	陈彦琦	陈子聪
赖美娴	陈汝梦	李倩文	罗英	邵镜辉	罗智鸿	关俊伟	江鹤明	谭继豪	黄杏燕	李瑞清
柳夏薇	庄雪丘	李浩锋	朱媛媛	林宏炜	傅少连	李妙云	罗彬梦	陈博维	谢展鹏	秦炎霞
何艳梅	刘文宝	温明华	钟柱贤	谢慧欣	林冬露	毕有权	温毅烽	梁佩玲	梁小敏	徐慧敏
李方林	何超娴	袁定林	严文卓	涂特斌	周仕全	朱广友	张桂兴	黄晓吟	何德权	关昊星
庄粉玲	潘嘉怡	陈柱成	刘健文	杨灿杭	李思聪	伍晓磊	钟嘉惠	陈芷茵	朱盼盼	钟志炜
余小亚	莫彬	邹慧	邱婷	徐思玉	何应席	蔡诗敏	谢少群	徐健	林东辉	刘锦涛
谢晓玲	黄秋宇	李中豪	杨正容	林毅	陈健威	张少彬	潘志婷	张彩叶	梁镠	马舒婷
苏晨	何志辉	李璐	暨嘉琳	李志敏	陈晓玲	王晗	杨祖强	潘伙莲	卢金洪	谭敏红
黄细兴	马伟	沈溢豪	张超敏	刘华昌	苏杰伟	许小桔	黄焕志	谢静	陈诗	刘小龙
刘琴	陈霞	徐荣湛	朱敏怡	罗小仔	郑素吟	黎璠琛	洪召奋	陈黎志	谢卿敏	黄耿升
张暖琴	李雪莹	温智君	谢国润	罗韵妍	冯先明	汤俊	朱春英	王全宇	高静	郭君祥
胡敏家	李文勇	宁新华	王丽颖	梁宝德	李淑微	陈礼杰	李春余	田安康	廖振英	赵静
屈铜贵	林露欣	许晓红	张伟文	汪江勇	陈华洪	赵天赐	刘君珉	黄萍	黄磊正	王宏

梁超文	冯宝施	符群辉	唐　柏	董晓凤	胡翠环	孙永辉	刘俊贤	冯艳微	黄志恒	李文韬
胡翠贞	黄泽明	谢　辉	何翠琳	罗少杏	代玉宁	黎燕燕	陈小婷	林柏炼	李俊强	陈雄辉
陈伟文	谭晓妍	滕济全	叶彩娇	林敏仪	席旭峰	许静雅	黄嘉杰	林小强	林浩牛	杨嘉琪
刘玉清	邓　静	沈玉华	杨嘉敏	肖亚玲	刘爱龙	梁凯迅	顾　婕	彭　豪	姚小燕	陈雄艳
刘玲玲	李海利	赖晓漫	俞晃杭	吴世民	许伟杰	欧逸荣	马彩云	骆叶全	赖钰茹	黄志锋
刘间间	何施维	冯秀运	叶小年	龙思敏	陈铭华	黄梓钊	刘玉娇	彭方正	梁伟伙	梁少君
梁亚兰	梁永津	李子颖	魏　磊	钟月有	林志斌	黄炫斌	姚振辉	梁健龙	李腾飞	莫西强
黄倩雯	梁凯文	李伟超	林洁纯	潘　雅	陈国熙	李　波	吴雪纯	何康光	陈倩之	王兴挺
洪雯雯	杜婉琪	莫欣宜	周振镖	赖　婉	钟思慧	张冬梅	叶梓键	黄端醒	蒋嘉颖	陈丽静
李颖欣	王晓萍	胡煜明	叶思考	张雪梅	邱九皇	李慧敏	李碧莹	郭爱桢	刘碧谊	周广辉
李啟捷	苏子龙	袁　颢	邓玲怡	黎子晴	蔡利琴	陈绮琪	陈静霞	黄嘉慧	冯珊珊	黄炎英
曹伟权	单艳仪	刘志睿	谢明晋	刘小慧	莫丽婷	徐欣琳	邓桂凤	王冬双	刘志刚	梁晓婷
刘家辉	田茂茂	戎泽文	谈凯熠	陈佳玲	梁秋莹	黎建杰	苏艳姬	赵　力	陈晓芹	杨玉纯
吴其稠	萧梓豪	李水娟	王嘉颖	陈言之	张蔼欣	李健敏	张永友	陈妍希	陈柏伟	邝龙鑫
徐紫竹	陈明锋	梁炜坚	黄小燕	苏永安	吴子健	李木英	孙斯琴	贺慧华	夏　杰	昝　奎
张毅文	温翠婷	张家权	周金萍	简建聪	黄展文	陈浩森	黄俊杰	陈　勇	甘富雄	麦世豪
李　建	李少茹	曹丽晶	蒲孟良	万　力	欧有根	谢红	池心庆	李文慧	黄惠群	陈广填
马　玲	肖君绅	刘园波	彭党明	杨舒涵	宾永燕	李志钦	姜已明	吴亚静	饶　洪	邓险峰
李贵敏	林俊辉	孙从华	陈艺迪	林雪菲	陈雪梅	邱建英	钟进荣	周晓明	苏淑仪	朱少芬
陈晓东	邓中毅	严伟青	朱丽霞	唐　慧	陈真超	王慧英	王志新	邓小雪	黄嘉媚	倪长友
李学辉	赵薛凤	刘　苗	高建国	吴寸冰	骆星志	王　洪	陈有荣	陈丽诗	赵春秋	齐　轲
罗永其	吴镇明	卢海健	吴利强	吴迎君	卢德文	谢辉丽	杨　红	欧阳建华	欧阳小华	
欧阳兆麒	李阿鹤鹏	刘付思文	欧阳婉葵	张陈昊宽	欧阳泳诗	司徒晓君	欧阳文文			

国际经济与贸易

聂玲玲	邓鹏程	周　瑶	郑日平	陈焕文	郑育华	麦浩鹏	曹彩婷	林亚卿	吴梦娜	邓丽丹
丰　丽	李彩枝	吴志康	梁丽珊	林炎原	吴锦仪	江　卓	黄泽鸿	胡　错	姚泽龙	何骏炜
胡家铭	胡婉君	封海观	胡新会	陈燕萍	关至帷	袁晓芝	罗　欢	陈更勤	王泳欢	方洁纯
赖　迪	侯杨平	钟李平	许常平	何海滨	黄丽婷	朱小霞	周丽红	叶依婷	邓荣彪	凌冬梅
陈丽琼	张勇佳	王平英	彭　卓	刘史渊	彭文文	朱肖婷	李梦怡	丁韧强	徐　霞	周冰虹
覃海团	黄　辉	钱麟鑫	熊铭基	何燕秋	鲍佳璐	郭瑞霞	叶美萍	蒋　运	张家诚	黄深琦
田　华	赵　珍	汪　元	田　明	陈梓郁	肖文瀚	李学中	谭建敏	郑乔木	罗靖康	吴浩能
梁焕燕	叶渊渊	刘玉慧	杨　铎	宋金荣	王　婷	陈　欣	李海眉	岑汝绮	钟亿娜	邓智钊
林妙杏	薛志政	周文浩	李旭晋	陈国宏	钟娜娜	王燕青	苏小婷	刘昶健	杨晓婷	韩秀节
段利红	阳　虹	李伟伟	吴仲斌	黄育新	梅火娣	刘　恋	陈红艳	谢祖冬	徐佩仪	赖燕珍
陈汉霖	陈骥君	李嘉洁	陈　刚	梁芷茵	张志新	王杰伦	李红霞	郑舒婷	金雨枫	郭婷婷
卢影贤	暴亚楠	阳　丽	赖均楠	林晓仰	张　姝	江妙甜	包启霏	陈淑君	叶艳华	张云秀
吴冰冰	陈张燕	黄斯慧	马燕飞	高丽平	沈燕玲	林金玲	陆秋燕	苏杏香	黎文俊	赵　辉
梁彩霞	马秀玲	张玉洪	欧翠娜							

行政管理

陈柏杰	林晓伟	陈　婷	毛志威	李鹏争	付　强	张顺杰	赵志荣	王　谦	黄翠娟	罗敏仪
焦　磊	陈晓丹	陈健雄	余彦嘉	张　跃	刘敬乐	郑明海	胡海君	许大伟	黄小刚	林海琴
董秀婷	邓绮雯	周海涛	蓝　思	张　颖	蒋连英	谢蔚薇	吕郁来	崔家亮	彭岸松	余浩宏
王　凯	周文斌	魏文辉	王雪梅	王克强	马小东	张　贺	陈家淇	冯　尉	潘盈瑜	王　玲

毕业生名单

黎可丰	刘耀发	李 悦	邓志强	刘景记	汪根结	赵丽红	明亚利	谢 聪	胡罗松	梁 浩
李晓丽	梁彭静	张广欣	李春雷	张文瑾	刘 淼	杨树海	杨 嗣	姜 鹏	严 飞	张 洁
关超杰	陈东明	王立志	张坤英	余晓彬	陈伟俊	余宝莲	何焕婷	李灿新	邓家乐	卢彩霞
钟洁敏	黄倩仪	姚晓姗	王亚峰	庄晓婷	黄金增	陈键淮	黄才洋	张可帆	张成杰	罗美珍
袁家栋	蓝思乐	朱映金	李嘉伦	叶定伟	刘伟良	潘志城	曾瑞红	李 琛	谢允仪	谭业亨
曾夏冰	罗嘉媚	葛雪婷	欧毅杨	何丽红	何剑峰	肖建红	李美婷	吴晓云	饶 敏	魏远通
苏 宾	郭舜怡	徐小澎	徐秋玲	李 超	刘燕淳	杨广荣	陈金燕	叶永盛	李泽源	欧筱璇
彭儒枫	温国华	池泽亮	林丽媛	黄玉凤	黄晓岚	刘玲雅	吴思荻	黄月仪	刘如娜	潘会芳
杨炳锋	刘纯云	曾广伟	范军军	彭富荣	毕卓诗	张玙婷	张自帅	李沛清	刘晓莹	陈秋月
许华杰	陈巧慧	王 乔	洪文超	黄利辉	欧晓林	黄炳均	区英琼	许园园	姚佳欣	赵 璇
陈 畅	熊 飞	翁志刚	金 鹏	谢兰花	杨 康	吴文汉	黄嘉雯	杨薇颖	陈燕婷	刘翠萍
罗海娟	肖 莹	吕 佩	肖小花	于 爽	王玉鑫	赛力曼·吐尔逊	张小芳	王新源	赵 云
邹 璇	邓 杰	郭 峰	乔秀侠	李 艳	艾 霞	李 娟	赵 月	辛亚丹	李 磊	左 玲
海 涛	张妤君	高云霞	王 强	陈敦旭	马晶妮	彭秀娟	封 帆	赵 莹	王战洞	时晓曼
雷 鸣	马 欣	黄秀丽	朱柳丝	冯丽婷	贺 进	彭丽纯	李碧萍	王雅阁	罗子添	沈 焕
肖海明	刘伟兰	谢书晨	吴秋红	郑绳东	李慧琳	吴卓佳	彭海佳	张露之	姚丽丽	张家欣
赖彩玲	杨小庆	唐小惠	陈伟杰	肖希杰	冯毅文	梁艺杰	陈佩珊	李瑞桃	曾铭海	陈紫星
麦熙燕	刘 瑞	谢聪聪	严 佳	罗思维	关玉婷	刘春霞	陈冠林	邹超婷	王静仪	王小琴
容俏莹	王卫明	陈惠诗	卓少聪	陈万里	吴嘉仪	陈耀荣	洪铼鑫	蓝雪卿	黎君庆	李惠洁
黄艳红	林靖怡	李欣欣	陆汉杰	郭 雯	刘康华	刘霭凝	关超伟	冯海华	郑敏华	杨美玲
梁家铭	苏淑玲	苏淑仪	潘伟栋	王少武	黄詠诗	梁家骏	丘少林	王 超	王亿潮	彭 建
李静妍	龙 琳	黄雯婷	陈永恒	陈雪亚	程 健	郑韶华	张燕婷	韩定宏	欧娟英	卢 超
郭剑云	张鼎晨	秦 璐	苏明波	黄恒允	罗素柳	叶志成	罗丽莹	郑 霖	赵凯怡	吴俊杰
周 静	范远珍	陈梓键	李浩榆	羊裕发	黄平平	张希仪	孔艳琪	胡海兰	陈伟健	张 雪
侯志豪	冯 晓	陈 刚	聂隆龙	黄小珊	徐 专	徐培培	蔡华昌	邱俊彬	王瑞年	陈 圻
梁靖昕	王利娜	周同同	吴晓冰	张宗桦	陈洁丽	曾伟芬	夏家伶	张宇轩	韩子凌	麦正康
何嘉豪	李晓静	黄 玲	赵妮娜	王祺铭	曾嘉朗	徐朝鑫	张秋容	陈金弟	黄俊鸿	林韶居
冯超杰	陈太丽	黎 瑶	罗立奇	叶汉杰	谢冬梅	王定存	黄皓欣	杨路江	李批璐	覃创运
陈银辉	方泽亮	余招阳	阳安民	邱继强	蒙诗敏	张 梅	王光辉	李翠芬	陈小霞	肖中华
王 奇	陈桂成	张 琴	吴俊锋	聂敏敏	尹华林	徐 阳	刘 召	刘博伟	王彩云	黄宜燕
常鹏涛	梁思咏	严俊杰	唐素梅	李红玲	罗昌玲	赵 稚	李文祝	吕吉强	赵绮颖	曾燕纯
黄 冬	池坍阳	王 博	许德初	申劭琪	董茜丽	詹英丽	何剑明	古莉莉	石丹妮	王 姝
蔡伟孝	戴伟施	袁 静	程海龙	杨少霞	梁丽华	黄 聪	朱考仪	王和森	昌 姣	吕树清
曹 钦	宁利利	梁丽平	杨 君	朱梓杰	廖董敏	陈拓东	陈秀瑜	何世宝	李文琴	郭 丽
谢海江	梁健炜	柳 娜	张宏飞	尹 豫	李思靖	张开强	刘 璇	刘雪静	王 瑞	南 洋
张敏莉	黄冠菁	余晨锋	钟雪建	林明锋	许嘉兴	吴晋江	伍启胜	文 雅	梁华深	蔡建梅
郭美玲	林跃贝	廖海涛	陈琳钰	王宏东	林娉娉	徐 倩	黎国萍	刘良芳	蔡 婷	曾 鑫
陈昱诚	利秋容	张彩媚	方 敏	汪亭梅	李 爱	杨 钢	关嘉文	吴康龙	陈爱红	何惠东
林 萍	简思澄	李 伟	陈婉曼	李 灵	刘承智	谷昕毓	陶 晶	陈慧娥	杨逸晖	彭子源
陈洁萍	卢伦松	叶祖莺	林泅森	戴 丽	赵妍妃	陈 静	刘冬梅	李秋凤	梁金青	张翠芳
黄凤玲	钟蔓怡	席铿颖	李兰英	曹晓瑾	欧火康	古勇辉	游小平	潘智勇	侯庆福	杨浩旭
李龙强	韦 霞	宋钊宇	杨莲桃	高旭佳	李 红	智玲玲	赵 勇	马 燕	刘雪莹	杨亚雄
朱红燕	彭晓飞	勾 美	郑小鹏	杨正林	易悦云	贾培杰	王春娜	吴林儒	彭文鑫	王美灵

孟 静	李 强	李焕洲	邱志林	冯泽健	许佳玲	郑世淡	罗 婷	黄景升	柯镇江	王 将
李 惠	王易泽	何楚悦	李建安	何耿常	王 伟	钱文芬	许炜琳	谭啸雨	黎晶晶	黄志根
严 玲	尹堂波	陈燕珊	郭敏君	陈世运	张科东	蔡 跃	陈 凯	彭嘉盈	陈子欣	王嘉明
陈理铃	陈学威	周 静	刁宇钧	梁文健	黄晓艳	陈晓彤	郭天洋	郭文灿	胡锦星	韩 薇
黄旭斌	夏俊佳	魏佳婷	陈哲纯	梁嘉仪	郑少生	夏小茁	蔡勉蕊	邝俊滔	陈俊廷	闫 杰
黄志乐	范 乐	何 慧	何玮嘉	钟 繁	蓝芳莉	邱海飞	叶沃轩	洪芝钰	江晓珊	杨 颖
侯晓茵	巫文菲	彭静仪	林慧莹	毕婉莹	胡瑜璇	石海媚	陈明慧	杜素贤	王 思	马晓美
郑二彬	吴 耀	关 颖	江嘉宝	周 瑜	谢雨欣	黄巧玲	陈琅杰	田 坤	黎南辉	许翠群
李铭杰	曹宇钊	黄晓梛	吴颖思	周 倩	李秀静	李 丽	张雪玲	林增义	陈瑞谊	黎俊嘉
李卫豪	梁显豪	黄 琳	刘莉娥	余秋平	罗咏珊	杨金凤	李晓红	冯程程	薛 彬	黄 颖
戴丽玲	苏艳婷	王 珍	祁昌萍	何鸿燕	吴惠琳	张裕珠	罗佩君	陈晓娜	郭思琪	刘健豪
马鲜如	刘 裕	李桂梅	罗凯婷	陈毅丰	陈锐娜	林伟彬	赖名玉	曹凌玲	叶晓惠	彭润润
林彩珍	卢观畅	沈 娇	黄蔼欣	徐 姗	石 慧	朱秀梅	郭 芳	彭高敏	袁 满	王 艳
颜美桃	王 苹	周敏玲	张 宁	罗鸿杰	赵春梅	关淑珍	苏程程	杨玉玲	方君仪	雷 丹
陈艳冰	霍元元	曾翠颜	邝志柳	刘秋苑	何 梦	陈景瑜	曾韩冰	崔新桐	李贵林	殷 俊
温舒雅	李震悦	李 旸	陈 希	吴志锦	江石姣	温素香	杨志英	刘 贺	申正楠	季羽佳
吴青青	袁 惠	申静男	刘雪婷	桂 阳	张雪君	孙 欢	秦 迟	蒋美容	冷杉杉	李 玲
康 露	王 治	史钰媛	张 娣	朱 均	李红霞	郭 铨	王婷婷	谢奇良	杨德艳	杨文亮
王 峰	谷俊杰	林雪青	陈发明	周小龙	许文军	王伟景	王彩霞	王 峰	王 洁	高 萍
张 爽	张 健	王乐乐	林君柱	江金霞	文康娣	刘海燕	李思佳	申 祥	甘其华	袁宇玲
彭建强	罗嘉娜	李卓卓	魏 斌	杨 虹	王春华	古紫薇	韦菊红	任晓娅	吴梓裕	古嘉露
蔡丽芬	左 铭	莫惠意	梁宇星	梁颖妍	黄嘉敏	黄育娴	郑建城	蔡嘉慧	陈 龙	王 成
岑慧梅	陈佩玲	李慧明	叶吕珊	郭艳梅	李丽君	高 俊	叶美津	梁小明	钟永珍	高丽丽
董洁好	甘冠杰	钟佩贞	许聪凉	麦翠萍	李慧雅	钟楚营	钟晓瑜	秦显伟	邓耀明	李俊伟
冯慧仪	邓佩娟	刘国庭	谭榕融	梁嘉俊	吴耀伟	刘少娴	周志威	万华好	黄贵好	钟玉仪
汤婷婷	吴惠婵	陈敏玲	黄晓芸	陈炜棠	何世豪	英伟锵	陈咏娴	张钜威	张家伟	邹晶晶
梁珮仪	吴永健	胡静仪	陆慧贤	冯素粉	闫春华	方 圆	栾晓婉	赵显华	林梅婷	苏兆熙
崔展鹏	黄青青	王培强	翁翠依	苏美瑜	李剑伟	吴柳燕	梁妙韻	袁惠玲	黄玉芬	麦家涛
陈思凯	刘思文	张 剑	关丽萍	麦迪文	熊颖璇	郑宝玲	黄晓泳	陈慧敏	蔡惠珊	周铠儒
何国铭	蒋华琼	孔庆珊	石家茵	郑美琪	张迪奇	曾锦莲	梁真梅	吴凤玲	赵 舟	黄泳强
刘润丽	罗树伟	陈世宁	谢荣欣	徐焕明	张志权	张凤鸣	杨思敏	黄彩霞	庄杏榆	邓永南
曹玉玲	黄 煌	何杏媚	尹月婷	李华基	林少秋	马仲辉	张炎源	李杰敏	许颖红	徐桂芳
陈健波	何志文	伍嘉俊	梁炜彤	冯昌明	梁合笑	李嘉豪	蔡伟辉	罗 婷	冼卫安	周伟业

司徒紫微 热汗古丽 艾山江·阿不来提 阿曼姑·亚森 阿热依·再宁 奥布力喀斯木·巴拉提
阿依仙古丽·买买提 热娜古力·买哈买提 布丽得尔根·哈迪尼 艾由尔江·艾尼

化学工程与工艺

陈凤玲	方 然	黄活凤	吴国强	苏洁仪	王锦珍	江明灯	樊为君	叶奕志	邓文开	彭晓丹
彭伟民	廖 韬	彭 玮	谢小康	莫毅均	罗宇斌	杜思禄	陆世伟	罗敏玲	林志峰	邵 举
曾锋平	吴艺华	周 瀚	潘 海	傅 饶	练志森	章列标	潘 鑫	黄素雯	黄健文	徐文达
徐镇东	莫治荣	梁嘉轩	韩鹏飞	徐浩斌	王 赞	黄俊贤	刘 栓	张 雄	黄天伟	苏晓岚
黄敏成	宋东峰	何志飞	彭德敏	黄国庆	徐琨璘	胡卫春	卞国泳	刘 勋	陈照锋	周 雄
邓建辉	雷良记	陶仕远	林少梅	赵世民	关友亮	吴 攀	林呈龙	白科俊	周健涛	蔡眘允
罗国武	许梓阳	刘贤玖	鞠 昊	郑伟荣	薛观强	朱 尚	梁承通	屈 强	周仁锋	朱建豪

潘其兴	王邵林	王胜伟	胡昊	曹成虎	谢神清	赵鑫	高生明	刘巍	汤长弟	缪孝治
牛飞鹏	罗平	周树辉	徐志明	黄鉴辉	吴红	胡曦	刘高	黎干标	张智宏	梁恒昌
熊伟明	钟开锋	林汉君	武勤英	罗美金	曹孝贵	陈伟宇	黎明诗	谭圣荣	冯李秀	杨漩
吴少宣	余绍炳	潘墈芷	李惠贤	林韶彬	杨春元	刘秀娴	杨春才	黄爱珠	黄文丽	谭仲瑜
陈巧花	张靖文	何非凡	陈其玲	陈建兵	杨奕芬	黄家琪	钱建军	罗文诗	古雪霞	冯卓滨
吴有杰	李健华	司徒灿宏								

会计学

梁文浩	杨丰	陆悦	黄敏丽	李彩群	谢嘉怡	尹雪贞	吴晚君	牛鑫滢	张婷	蓝月梅
邱美华	邓小英	吴秀玲	黄维	黄颖欣	余舒静	朱敏婷	刘红艳	杨海燕	靳利佳	樊梦婷
李晴晴	刘曼	陈妹	黄小凤	钟嘉欣	张田田	叶佩仪	黄家敏	王惠莉	苏静宜	陈欣贤
孙雨	钟俏俏	黄丽华	林凤萍	安君容	侯会洁	王洁珊	李丹妮	席阅	朱园园	王艳
施旭珊	林金娜	马婉芝	陈立洁	贾昀丰	王伟娜	李艳萍	曾香林	陈慧	邓桂鸿	俞志强
叶成轩	乔贤	陈燕	陈伟俊	黄艳芳	夏细平	徐珺珺	陈美颜	高纯友	杨晓雪	陈娟
刘艳兰	聂莉	古广倩	黄佩莹	梁运娣	彭晓清	王玉超	林瑞桐	钟利琼	郭对对	侯莹
王格	樊竹可	李晓洁	刘红莲	郭连琴	冉婷	罗文静	李雪玲	王雅轩	林妙婷	黄耿丽
周郁芳	黎小娟	曾丽霞	苏芷婷	曾志红	梁金萍	杨晓楠	陈长旺	梁柳兰	许晓亭	陈晓洲
郑仪琳	陈柱成	林燕玲	梁美华	郭丽芳	林珍珍	叶梦琪	黄韬	梁启燕	张伟东	游梅
凌芳丽	万江丽	朱海燕	徐海霞	符婷	吴玉梅	黄燕	郭怡婷	朱红燕	陈婵玉	廖桂珍
陈海雅	潘筱	陶飞	吴晓婷	黄凤桃	陈晓君	邹娟	何穗茵	关晓云	张丽娜	凌曦
陈瑶	江艳芬	苏飞容	邓柳荣	彭舒敏	唐纯华	肖雅文	赖芳颖	梁曦月	陈昕	简慧怡
官明兰	曾海妹	夏硕	林荣芳	何加娣	谢晶莹	陈结红	钟锦洁	黄婉芳	宁小红	汪莉
蔡佳静	李秋燕	廖惠婵	叶晓娴	王雪梅	黎娟	王瑾婷	钟宝珠	黎杰	罗思汝	刘兰娟
周丽红	张艳玲	樊柳青	刘小娟	王珣	李文玉	丁许平	苏茹茵	何瑞婷	雷湾	黄春玲
陈凤琴	李土琳	廖萍萍	刘玲	赖莎莎	蒋邦强	陈彩明	姚春艳	严翾	孙丽君	张俊双
许丽	涂丹	许素云	窦若旭	孙颖	邓锦秀	韦惠芳	蔡菊	周敏莹	刘翠婷	高汉
陈康妹	刘秀琴	徐海欣	刘霞	林下丹	马志红	杨韵怡	许雪梅	蒋雅君	张怡	袁娜
皇慧娟	涂梅洁	魏晨	王晓玉	陈丽全	孙杰	袁航	王佳	葛东苗	汪丽丽	付佳
王雅男	罗让	李彩玲	李婷婷	郑紫倩	谢志淑	刘淑婷	吴秋云	王洁	黄丽萍	罗小霞
唐彩娟	肖楚琪	邓丽萍	梁刚	陈英	林超英	钟豪强	方日聪	潘子欣	张远媚	白艳
陈秋婷	王宇	陈晓坚	李钧耀	刘嘉玲	梁意	何健泉	陈健穗	陈锡全	李贤芬	李慧
苏敏婷	林泽华	张月	谢慧婷	林晓玲	樊利娟	李淮晓	蔡秀林	杜婉琳	方依萍	张依满
陈亨键	申邵萍	乔雨晴	黎秀荷	项晖	柴丹婷	麦彬彬	黄胜源	刘迪	林晓云	廖燕娣
甘翠莲	钟佩佩	詹雪玲	杨丽贞	庄姝楠	钟春梅	王萍	傅美君	叶汝萍	张凯欣	郑树杰
王金妹	莫昌万	周晓娜	吴子朗	林嘉惠	冯木清	韦欢容	林霞	冯娅菲	谭雷	梁建军
黄玉心	樊桂东	陈诗琪	吴桂珊	陈嘉榆	吴苗蝶	黄结环	李凯怡	董慧	张琳	马小燕
张中辉	卢佩雪	陈丽娜	颜伟君	蔡丽雅	关正儿	郭典艳	邱婷婷	谢文婷	罗燕文	李文花
刘琪敏	周朵朵	张海梅	孟泽诗	张丹	覃小敏	蒋艳红	杨妍	廖娟	莫家伟	毕丽云
徐宇晴	谢培鸿	李静	刘玉	蔡林奋	张春华	陈文杰	张艳艳	张敏	冯艺	万文英
白雪	胡文昌	孔会敏	董丹	赵玉霞	郑思媚	何杰方	黄思情	王华英	江洁莹	陈漫妮
谢艳红	吴思琴	马小群	黄玉莹	陈蓉	汤丽燕	欧恒凤	林卫吟	王雪萍	洪秀琼	何伟顺
刘小彦	李莹	李乐艳	祝丹	史冬梅	陈芝宇	高观子	胡咏芝	吴楚芳	魏汉森	李颖婷
林庚越	陈启东	吴海娟	麦欣谊	邹爱萍	黄芳	王浩贤	陈玉霞	杨金兰	叶兰平	王润莉
朱志美	麦思远	黄小玲	伍嘉怡	张亚亚	吴瑜	王天杰	张雪玲	吴碧璇	温小娟	杨君

曾逸婷	周希晟	杨桃英	张小梅	黄培欣	李凯婷	苏宝莹	吕铭泽	曾怡霖	李方雨	刘润堃
罗丽萍	尤境萍	钟风燕	龙 霞	刘 静	赖丽娟	李晓霞	罗远珍	汤世彬	王妙芬	谢嘉惠
张艳艳	丘文力	钟文静	罗美仪	苏瑞荣	宁春艳	韦丽婷	曾繁玲	李喜君	朱 娟	宋春娜
孔楚红	郭家文	周兆雅	刘 慧	林海华	钟小丽	王清华	晁梦娇	孙金娣	杨思敏	朱燕婷
游 畅	周沛余	周丽霞	葛春兰	杨 建	陈燕芳	杨丽平	沙镇燃	黄艳平	王亚男	王凤鸣
杨秀佳	杨 帆	沈娅芸	董雪梅	杨美岚	袁章平	吴美景	周心意	许文聪	钟燕屏	吴 七
梁燕婷	蔡洁茹	韩 珺	何建乐	郑嫣婷	毛 洁	李燕君	黄小颜	曾乐琪	张 灵	陶娟娟
罗文斌	原秀冰	甘皓文	周阳柳	罗雪丹	陈海珍	陈 莹	叶晓丹	许岱秋	刘姣阳	卢勇锋
肖群艳	丁红玲	李 翠	范宇航	黄 娟	何 通	黄晓芳	郑春莲	陈育龙	梁肖萍	覃秋梅
徐嘉茵	唐颖薇	王丽华	张院云	唐月华	韩虹俞	刘翠珍	杨晓慧	周雪桃	林雅真	王 靖
赖春丽	郑 渺	罗曼芸	张 乐	叶 琴	潘红梅	林露敏	黄丽芬	梁丽薇	廖穗樱	王 丹
杜 双	冯艳丽	陈小莉	林丹娜	陈玥岑	黄宝怡	陈学俭	潘诚怡	董晓晓	杨 迪	周书敏
梁婵萍	黄丽媚	彭锦婵	邱淑娟	匡 芹	林国晶	何红志	黄慧俐	冯汝平	黄纪媛	李铭娜
徐丽洁	吴群香	王 欣	刘远兰	林丽娥	黄秀宜	叶小燕	李安安	李秋香	陈 程	陈海思
黄佳敏	梁静宝	杨羡琴	吴淑铃	陈家艳	刘 艺	卢秋香	刘 晶	谢俊民	黄燕媛	郑泽丽
凌曾伟	潘雅君	刘 漪	徐洁尉	夏 娟	龙素莹	敖园媛	宗慧莹	袁 园	曹会珍	姚敏华
欧海灵	邓翠珍	刘学珍	陈贤贤	余桂玲	萧晓燕	李丽洁	叶文安	陈岚岚	曹桂泉	吴嘉明
梁云燕	岑艳媚	俞建灵	倪康春	张冬梅	倪瑞龙	吴小丹	郭贵红	何月桃	李淑仪	梁梅兰
邓丽宜	章珍珍	关小周	黄绮雯	毛 红	吴婉均	王亚南	刘金亚	吕清芳	李金娣	余良群
吴敏荣	张 奕	范珍珍	吴燕娇	朱曼曼	钱丹微	李艳艳	张丽婷	罗婵媛	吕雪玲	孙永萍
徐文惠	刘 宁	聂晓英	李 颖	邓丽丽	李雪花	陈 荣	霍增芳	李心闯	鄢银平	欧丽芳
郑有花	何晓美	许艺嫦	李玉杰	袁 艳	郑秋娜	赖景利	郭薇燕	王 菲	沈利婷	卢 娟
李 鹏	陈雅珊	姚雪花	寇巧莹	刘坤贤	吴君浩	郭家鸿	朱晓露	梁秀芬	陈旭东	梁蔼莉
冯 磊	曾金枚	胡明君	林舒慧	蔡敏婕	黎艳珍	陈 鑫	黄清如	何漫思	郑欢欢	陈惠仪
梁绮咏	林基良	刘 平	章 娣	何健玲	李 佳	邱新霞	罗 娟	陈淑芬	俞志伟	钟 玲
谢一君	岑 杰	宋晓芬	于 颖	吴泽就	张文婷	陈慧仪	江 淑	罗兆敏	谢颖诗	许萍英
宋顺普	卢智荣	颜亚卉	杨东良	赵俊娟	陈顺婷	程泳宜	杜思敏	刘海珊	黄伟婷	陈丽敏
李 群	廖小艳	唐海宸	谢少娟	陈燕珍	林燕华	梁雨桥	汤玉婷	黄丽婵	李 菲	杨 娟
林寿兰	谭雯怡	肖芳莹	王慧文	王 艳	黄 林	徐仕娟	吕凤丽	陆杏清	董亚清	许晓玲
黄伟纯	黄嘉慧	黎秋萍	范枚华	黄小静	邹 淳	李桂贤	谢银标	邝昭仪	詹云珊	李绿燕
李 艳	钟爱英	况 甜	李 红	吴洁兴	杨海容	陈谷凤	张玉敏	谭桂丽	谢雄英	苏结贞
龙 芳	胡雪清	房池英	徐艳玲	朱海云	刘志琪	莫金顺	张秋雅	卢韵莹	周楚欣	覃 爽
冯小英	黄静妮	钟淑斌	曾佩华	夏应权	杨焕珊	叶丹丽	夏俏云	黄 利	龙梦化	邓婉靖
李绮玲	肖 妮	王燕清	邓奕霞	李俊峰	唐小琴	赵 洁	陈淑仪	李 铭	陈婷玉	罗红艳
蒋 珊	李彩玲	李 雪	林潮峰	高丽娜	周栋婵	李嘉丽	李桂雄	卢霞丽	罗伟枝	邓晓琪
朱秀祝	许金兰	罗柱云	张小现	莫文霞	张晓婷	梁 群	胡 灿	陈 美	温祝荣	郑静华
罗冬妹	张依依	郑秀香	黄景珍	余俊轩	赵 惠	陈 雪	后爱霞	董淑飞	刘慧琴	陈丽梅
刘 欣	王菁菁	王 聪	郭 涛	陈锐锐	于光奇	王双华	吴卫娟	张嘉伟	陈 航	梁金丽
黄秋萍	赖丽芳	何外凤	张邦菊	冯丽芳	吕铭珊	袁三娣	黄 珊	李凤云	郑秋霞	贾李霞
卢 恒	林幼青	黄品英	尹传玲	周云龙	周 济	张维清	黄佩雪	刘捷敏	罗棋尹	何晓彤
陈海琴	梁碧祺	杨 晋	谢立烨	邱越彬	张文苑	黄兴华	刘嘉敏	黄少娜	甘胜林	陈思阳
梁宇萍	王泽源	吴 敏	刘 燕	李吉红	郑泽丽	周 丽	林佳佳	卓锡泰	梁钰欣	薛洁娜
曾月霞	梁欣仪	廖燕琴	郑敏婷	刘红红	刘 秀	许佩玲	黄小丽	林静沂	陈玉嫦	吴淑恩

陈思晓	冼爱玲	杨秋琼	陈彩丽	刘土凤	李杏芬	郑美霞	戴丽斌	陈婉雯	刘伟凯	邓茜媛
郑楚燕	陶梦云	周月辉	吴 琼	陈秀侬	王家美	罗 慧	危利香	林奕欢	何乔莲	冯家宏
张志胜	蔡文粤	徐小文	邹杏翘	张绮婷	黄明哲	刘 丹	容诗婷	周桂园	唐思婷	梁淑仪
莫丽琼	杨燕飞	邓少灵	何绮雯	陈俊芳	陈华琳	陈 文	李艳萍	张静云	何宙穗	李晓华
陈 华	庄丽芬	黄福娣	陈颖峰	李乐彤	何丽敏	吴秀玲	颜雄宾	陈娟英	宋雪连	吴 萍
刘嘉慰	邓宇虹	尤艳芳	冯燕明	谢远虾	陈 滢	关开心	骆银英	叶小梅	布怡静	陈桂娜
郭 凤	肖雨薇	冯浩超	陈健平	刘彩虹	陈小意	范美珍	徐倩雯	徐诗婷	谢丽斌	钟晓桐
陈锦瑜	谢 超	黄玉意	陈泽萍	陈美霞	吴绮晴	秦诗琪	李秋萍	卢娟霞	黄超敏	廖永锋
陈日凤	黄婉慧	曾 明	黄 婷	李怡飞	谭嘉欣	黎沛贤	蒋杏裕	刘伟鸿	邓 艺	陈 燕
周晓君	李燕萍	李玉辉	陈丝雅	朱苑华	黄丽琴	伍世焰	陈水连	黄佩芬	刘秀好	吴雪仪
雷 萍	杨 臻	陈晓妍	叶维斯尼	赛提尼沙·吾甫力			玉苏普江·图拉克			

机械电子工程

张潘科	曹 志	汤丽平	梁富玲	甘大勇	李 坤	马爱平	龙翼驰	周美玲	李 凯	赵勇峰
安 鹏	袁海月	谢其龙	梁 良	黄友祥	宗效正	林跃秒	张家杰	凌华锋	郭亮益	柳 星
刘建昊	张健乐	高 鑫	李显标	谢远东	吉 波	张智伟	李 政	谢济民	何进杰	王 雷
何景棠	赵 帅	陆宏明	刘 燕	苍子健	钟梓杰	张 伟	吕云清	柯俊景	汤国澜	周 展
王衍斌	刘志毅	吴新光	邹光雄	范文中	莫加林	代成林	冯纪丁	宋志勇	钟文杰	陈佳斌
庞修光	王 力	刘 樱	廖新明	高 雄	凌 斌	朱华荣	赵峻松	张仕超	肖春良	何 晴
肜 荣	韦文忠	覃纲固	关恒斌	李会永	何 健	扶 皓	江明高	关聚华	罗经武	陈妙达
马 乐	唐炜尧	黄钜铧	杨操楚	黄平途	徐 澳	刘立洲	卢在枢	付利芬	颜伍龙	黄文建
胡新伟	谭陈铖	刘永煜	陈伟恩	邹嘉荣	李文学	叶伯成	林楚远	许 杰	刘 伟	胡池恒
钱冬冬	潘龙光	何永舜	李 波	黄腾锐	梁佰华	李孔龙	田宏锋	张学文	满乘佐	熊 健
孙博彦	熊煜兰	袁乔军	雷建军	庞明琛	陈 林	林达睿	叶新春	乐长普	陈 放	彭 波
徐益淦	李云峰	陈 嘉	李 良	叶其胜	刘建学	梁定豪	汤新磊	黄冠辉	张镇涛	曾东阳
杜增辉	曹雨生	曾雪茹	黄伟铭	杨志敏	林柱应	包立强	彭健鹏	黄锦河	张 帅	洪光钦
李 誉	张加棋	朱一凡	谢俊南	付成勇	徐梦潺	张大鹏	周 维	冉 帅	林炽仁	黄俊杰
黎永麟	袁 俊	付 昊	王朝洲	刘 进	张英明	刘团辉	杜泽存	林 龙	张 莹	郭富云
陈丁锋	唐华应	廖 亮	车木森	劉永雄	何纯华	潘通文	房小妹	谭铭乐	陆树彬	李福伦
刘会彬	曾景伦	胡年红	曾浩然	杜俊亮	黄 攀	曾国祥	梁炜健	谢水灵	黄永帆	何锦尧
卓锦乐	苏大明	明水根	甘永生	杨钦城	唐志平	江忠毅	舒生涛	王 俊	钟健禧	黄鹏星
张祖军	陈文政	叶子良	马省明	李永超	陈健乐	范瑞林	朱华琦	肖海水	朱茂群	郑宇康
陆海俊	沈春燕	胡新汝	郑星霞	郑 争	朱炬斌	杨红生	李庆豪	张冀阳	姚炳江	何国梁
胡建华	黎文志	袁华枝	姚晨光	陈力更	刘国杰	郑小瀚	陈建波	赵俊阳	刘生运	黄风格
张瑞昊	招泽行	林炜皓	尹晓林	张 玲	李上清	彭 艳	曾润柏	郭 鑫	关宝国	宋星华
蒋相帅										

计算机科学与技术

黄佳森	张明浩	桑占稳	李宗源	唐天龙	许观豪	陈日灿	江其所	陈建贤	何 丽	梁家俊
黄俊兴	肖文杰	何健威	韦 斌	陆士尧	凌上彬	骆传昌	江悦北	董贤春	李 文	谭杰贤
陆嘉骏	孙 珂	赵宇麒	苏志超	龙号友	朱海晨	梁锓平	徐家灿	戴清华	王海锋	邹裕萍
尹广证	陈宏科	林冬娴	姚健艺	冯哲敏	孟云飞	徐顺荣	范惠芬	李瀚铭	刘 伟	邓华康
何雁城	吴晓航	王 颖	李杰辉	陆 健	张梅子	杨其运	陈威龙	林伟龙	刘坤和	唐平勇
高盛曦	刘 旸	许 锐	梁美怡	余汶璀	邱嘉保	舒钰文	罗伟超	黄军浩	梁定超	张强华
余 晚	冯祖琪	郑海金	周淑娟	梁永强	邱逸群	吴协诚	魏志鹏	李荣军	王罗刚	曾 亮

杜焜鹏	杜少鹏	齐　冲	刘小欢	朱健勇	李勇军	蒋志艾	刘　枫	王田磊	潘甫坚	香志华
谢明亮	何瑞菲	陈志玲	陈志桦	黄志荣	梁志超	张权威	游成龙	覃家裕	黄嘉敏	何裕发
张德明	王先丰	陈树宝	谢晓东	黄海婷	李小云	谭新娟	韩　西	陈景标	王　杨	杨海春
徐　明	梁康琪	汪从辉	张志楠	陈　蕙	蔡卫韩	吴　罕	温耀光	陈嘉雄	詹泽青	梁清豪
张　凌	马新明	蒋子寒	李志恒	谭煜榆	卢淑青	易子璞	曾国标	肖　飞	陈　钦	任　江
张国栋	曾燕南	彭　鹏	梁海涛	李碧红	刘立禄	胡志祥	郭利伟	陈　伟	李岭岭	廖孝敏
吴海涛	陈嘉文	黄谊华	吴　明	江海潮	黄锦恒	林　燊	区杰庭	黄五妹	李　志	江秋莹
陆欣豪	陈树增	何瑞祥	罗习飞	张楚玉	高　可	杨宏灿	彭亚仔	陈爱威	梁健文	邱耀峰
肖胜权	许路路	肖　维	伦宝明	冯奕钧	叶兆文	李斌斌	何奇峰	郭宝芹	李兰娟	吴巨华
周　波	袁　满	姜　榆	谢浩仪	戴伟斌	陈振宇	董成益	周学阳	杨雪婷	招国炜	李苏管
张盛堡	余阳舟	陈美旋	谭嘉蔚	李广全	蒋欣睿	陈　凯	丁世杰	吴宏海	武　胜	詹晓童
杨　平	杨晓梅	田存花	刘俊杰	张子豪	马　龙	年　静	於庄延	袁　亮	颜观荣	赵振辉
梁锦雄	李少亿	黄红波	王有军	曾秋娟	黄伟宏	林　胜	张立斌	骆智奇	李志斌	龚伟强
谢声博	孔令漂	李　媛	李　勇	刘计菊	张新平	陈芳芳	李利云	黄文辉	谭瀚涛	陈其瀚
杨国栋	黄　英	郑润彬	张自成	陆仁厚	黄　敏	黄　杰	刘　芳	黄　武	刘少龙	钟灵杰
陈培鸣	邹建军	叶飞云	蔡炳松	刘伟杰	何镇健	袁锦文	吴志平	杨纪尧	邓子君	梁智豪
赵汝华	何　凯	李松松	钟泽枫	朱政平	周晟喆	梁倩茹	林萍芬	彭海峰	李吉成	黄水仙
吴旻波	戴业财	谭文凯	邱诗鹏	关华钦	周　瑞	袁国勇	曹谱秀	郑玉森	曹诚华	郑广照
张婷婷	许俊发	叶智熙	黄晓晖	黄绍文	梁志华	刘敏潘	陈超越	陈新辉	冼世杰	刘　玲
丁昱强	黄子埼	苏志鹏	黄裕明	林鸿坚	易少云	黄远锋	陈先保	范　明	黄奕科	郭子荣
谢玉兵	王　优	杨诗键	梁洁章	温振华	谢　凡	孙志伟	钟志荣	许树文	李智勇	舒云强
林智山	廖亿敏	陈　雷	张　良	邓建安	饶　親	严荣辉	李　可	刘航峰	黄晓斌	钟浩鹏
叶　欣	车新江	陈嘉豪	叶梓豪	黄广南	胡宗财	石博文	巢卓文	李　嘉	邓旨钊	潘朝立
黄宇鹏	孙晓若	马俊华	张俊权	彭建业	蓝景杨	赖　铭	龚伟金	彭　超	宋玉龙	邹　磊
刘芸熙	李文佳	林柏烈	曹晓健	刘振伟	黄怀豪	黄春玲	招剑豪	朱国榕	胡秋煜	李晓莲
黄文阳	杨振斌	刘双发	夏文跃	吴晓晖	罗周胜	程　晴	林　博	吴列荣	刘静波	徐志鹏
余升泽	陈冠聪	易永亮	王晓杰	伍小杰	丁雪峰	秦俊超	黄伟豪	郭　兴	张逸铭	陈宇雄
肖　谅	杨旭彬	陈飞龙	邱森城	胡沛祥	游子健	田　涛	邓　玮	梁梓润	郑锐聪	周小康
袁毅鸣	黄新华	向玉鑫	杨小平	邓晓桢	叶翅宏	蔡明璋	华志云	吴家祺	卢志尧	李　跃
林佳奇	柯展杰	黎裕番	钟　科	关　博	黎祖国	梁　程	朱林义	胡春林	王　宁	罗文标
李海龙	邓路军	唐　根	梁　烨	方炎凯	黄和标	张文龙	黄　瑶	赖俊斌	张旭东	史少菲
龙云涛	李振强	李金平	许耀斌	蔡铭煌	兰　艺	邓泽铭	李声省	郑俊胜	王佳豪	何　鑫
唐卓凯	崔浩明	林群璧	李志华	朱鹏飞	卢超群	古鹏程	黄泽龙	林分明	陈朝辉	蔡卓翰
龚万能	王继云	郑　聪	韩毓林	肖玉婷	肖逸凡	张　恒	王圣玄	叶锦茂	湛凯鸣	梁海峰
莫志军	覃展麒	廖洪林	徐　奇	黄建忠	王家乐	林镇彬	陈　鼎	叶行健	时　萍	李达赞
王坤鹏	陈晓东	梁　灿	李嘉豪	唐凌泖	黄进杰	李颖聪	黄宗宜	何水清	刘小杰	高艺能
肖建武	宋后艺	沈思明	蔡东衡	李呈凯	李　敏	周富银	郑培烁	朱燕婷	列智添	吴炜鸿
赖　剑	李志良	许源森	吕　健	王北永	廖冬豪	黄文学	杨济阳	李惠芳	何逸麟	阚昌发
李　杰	王煜文	陈其辉	刘星雨	郑晓彬	杨　洛	叶泽芳	罗洪兵	刘伟宣	唐世兵	任小楚
陈信年	陈春林	陈　琴	许　曼	李　枫	谭宇健	龚文杰	肖　博	龙义兵	史志强	孙志栋
王　浩	芦成涛	陈积云	王思瑜	刘思杨	王应钰	潘思屹	司圆圆	顾学辉	黄伟健	杨洪倩
周敬二	林　科	滕卅林	冯紫倩	李清伟	陈杰华	林伟业	何俊雄	英煜峥	陈　强	陈　苏
朱　伟	赵彬彬	赖树滔	邓梓豪	黄杰滔	黄振宇	付圣毅	肖　伟	郑真欣	梁淇铭	何　佩

陈思旭	胡泽鹏	郭芳玲	李智烽	何鸿钊	林煜坤	陈浇浇	陈志雄	梁志斌	张国铭	朱重禹
李威龙	赵坤杰	梁 培	赖一戈	黄永冰	李贵平	黄文森	黄 晓	顾晓华	张博现	郑富强
王 林	熊小江	代程宇	郑 业	陆燕琴	谢骏健	曾 楠	谢文锋	宋慧静	陈颖昌	龙旭锋
许开妹	朱志华	刘嘉乐	钟伟浩	王 竞	林建烽	郑晓云	赵令景	陈嘉明	许伟柱	谢奇标
罗龙涛	曾嘉豪	邓丽琼	李浩伟	朱贺贤	杨博浩	邓东清	戴富添	饶祖荣	雷浩铭	郭炜弘
张少聪	杨冬旭	陆金桂	赵志恒	陈秩锐	叶昆泰	李 伟	李桂明	王千芳	苏思男	钟 颖
何 欢	刘贵青	王伟雄	陈焯锴	王晓坤	梁耀桂	凌观艺	李新伟	刘雪莹	卢 平	沈子威
庞 昊	罗 越	刘智敏	李小军	卓君峰	罗永俭	邓英爽	翁献山	林浩佳	姜昀辰	郑浩佳
江梓荣	邓余超	刘小毛	邓颖青	廖保林	李尚清	翟少焜	李惊珂	谭元泽	李文彬	黄锦波
余 丹	钟学文	黄嘉祺	韩耀宁	赖元凤	代思路	王志锋	黄坚桓	钟志坚	朱眺平	陈嘉庚
吴群成	朱文彬	朱建晔	谭 安	谢婉雯	黄嘉衡	谢健聪	邱向阳	陈 锷	梁景泉	杨健英
谭庭俊	谢学礼	徐超文	黎建文	吴学杨	范燕明	蒋忠英	严 思	陈龙城	王 健	汪琰琰
李加杰	秦延鹏	郑许习	盛梅娇	唐志霞	麦健坤	黄 林	孟祥坤	钟兴亮	曾德山	黄毅军
郭晓锋	刘高峰	段孟周	陈嘉俊	陈颖杰	黄金传	刘春明	陈楚煌	赖华杰	肖 敬	黄坤豪
袁俊杰	李孔巡	黄后营	余镇焕	梁泽波	唐 龙	陈湛鸿	罗志华	郑丹丹	刘慕玲	谢明强
阳 玉	刘银川	罗俊智	肖杵坤	陈芯莹	黄 忠	陈文磊	廖新刚	梁伟奇	戴嘉昇	宋益鑫
王梦洁	郝喜乐	王 妍	许 刚	刘 龙	司拉英·司马义		仇思从	尹思晨	谢 强	朱学文
强康宁	林德佳	甄灿亮	唐春华	郑文龙	郑文杰	陈泓坤	康胜程	谢晗清	韦菊芝	曾活生
郭永安	张 俊	马泽宇	李焱辉	陈金龙	刘骄星	何玉伟	张铭伟	林杰辉	陈 凯	潘炜彬
王国新	谭群英	郝玉晓	叶 伟	柯健武	史美美	何清菲	连志坚	袁 意	白万平	刘阿蒙
包 帅	潘锦发	廖辉仁	陈梓豪	邵炜豪	夏晓威	赵经纬	冯咏谊	林 干	吴远杰	王秀焕
冯锦聪	何浩林	叶炜贤	袁滨洋	王 辉	杨学儒	何伊圣	陈楚文	张杰文	欧智明	邓陈貌
谭煜勋	林 琳	张定兴	王 军	李佳辉	邓 杰	曾 从	张 聪	戴华杰	林 达	麦昱尧
陈诗茗	王亚丽	梁福军	张源丰	钱新宇	黄志明	汪秀娟	刘志远	屈学军	郭仲衡	何洁茹
黄锆贤	刘陈林	梁志联	袁世通	陈贵学	刘泽锋	叶有晴	黄伯韬	田小勇	蔡明新	谭 乐
李泉真	文 东	李 鹏	温健伟	谢伟丽	张奕夕	廖雪萍	刘家林	利骞凯	谢天宇	张 恩
叶世红	任 咏	张锦娜	欧阳浩绵	欧阳智诚	阿依努尔·阿布杜热合曼					

建筑学

黄梓键	董 艳	曾解元	麦瑞希	张越碧	杨泽鹏	庄文花	黄子贤	卢仁富	曾智豪	张泽磊
邓 越	李永聪	许小荣	梁俊英	严志德	谢彦峰	陈奕纯	梁建美	徐佩勤	王 丽	黄家培
梁建霞	叶静沛	何思韵	邓治梁	陈 健	戚燕飞					

金融学

李梓锋	许 言	张连山	王 月	莫 雾	李东旭	何家炜	梅允流	袁玉莲	李俊杰	郭姝含
马 丽	陈锦华	陈灶滨	黄录优	杨杰通	万绮婷	丘珍珍	李文洁	黄秀凤	高艺芳	谢梓雯
孙 宁	徐 涛	林少冰	周维铭	龚家顺	尧卫林	范嘉慧	谈嘉欣	吴焕英	林泽娜	王 佩
周 游	李灶葵	张丽容	黄旭兰	李 昊	吴宗鑫	邓立邦	黄绮雯	廖露婷	王芳园	石统富
侯锦燕	杜家辉	李 亮	赵琼英	王梦凤	周胜富	冯肇锋	胡丹丹	魏楷宸	何秀石	谢俊朗
严剑云	蔡剑毅	曹毅峰	邓婉楣	黄礼芬	刘海螺	李雪娇	王雀伟	周婷婷	蒋仕斌	凌咏欣
吴永承	何良鑫	陈新霓	鄢姝文	李乐萍	韩海英	杨 姣	刘梅坤	吴小丽	杨一多	姚燕玲
豆萍萍	张小眠	罗子成	黄 琪	王丹丹	林玉清	罗少红	龙江林	王立星	陈小凤	陈智海
姚立东	齐晶晶	黄燕玲	周水平	陈苑芝	杨雅琛	张幸梅	崔婕妤	向力力	郭锦杭	李景开
何香萍	陈晓琳	岳晓青	曾洪波	林唤鹏	赵美玲	黎杰丹	陆普梁	刘庆玲	黎丽冰	钟飞琼
黎家源	李建强	叶杰英	吴愉文	庞冰琳	梁韵仪	谭勒娥	罗亚勤	白金丽	陈丽华	冯秀芳

吴晓君	劳艳灵	陈淑霞	吴辉丹	刘凤娟	张　芝	李　靖	甘国洪	温巧根	许炳山	杨泽雄
冯嘉靖	黄小芳	李杨芳	肖翠娜	韦飞艺	吴金钢	黄舒坦	段带弟	罗艳平	卢婉科	陈珈玉
李成蹊	吴演凤	梁苗珍	李汉杰	叶健锋	温雪青	李榴红	方淑芬	吴茹婷	向婷婷	刘忠丽
谢　慧	黄永生	吴莉莉	苏楚旋	陈晓燕	崔然怡	卢冬霞	黄晓珊	刘惠芬	唐诗铭	黄位芬
李　婷	秦庆晖	李琼宽	叶玉艳	张焘焜	刘海昕	彭艳姗	刘琛嵘	陈伦富	郑键元	邹伟英
郭敬仪	陈协丰	毕俊铭	王桂芳	何国伟	李　阳	杜柳谚	孟令鹏	邹高飞	梁灏鹏	刘晓连
容颖燕	苏　凯	黄诚晖	苏润森	梁海明	陈淑媛	肖　红	罗思楠	杨靖炜	陈玉霞	郑燕燕
林凯力	骆素芬	罗天力	冼泽文	谢锋宇	谢旭程	杨小红	蔡佩琼	陈佩毓	杨金英	罗卓彬
青其珍	郭培丽	袁木荣	邓望彬	简毅文	胡锐彬	凌　彦	何芝花	郑锦宇	方晓慧	黎中丽
李品品	林　思	陈　乐	李嘉璇	吴佳妮	刘彦博	金庆发	范嘉迪	洪春胜	彭志荣	黄胜选
陈　川	林壁鑫	张永鑫	车信霖	何健健	黄文正	郑伟鸿	潘姗姗	侯智轩	叶颖琪	叶　丰
郭根香	黎小燕	侯敏丹	陈丽娇	吴淑娜	罗敏霞	胡锦图	何宏远	陈香茹	余文敏	潘明轩
林　杰	朱晓莹	张思佩	蒋馨瑶	张峻豪	陈正洋	周晓夏	张丽华	姚志娟	魏嘉荣	杨　盛
姜博文	黄　康	李卓琳	周丽育	黄　靖	姚露滋	王　亮	莫思诗	许俊锋	许丽珊	赖小红
霍绍锵	张广应	戴妍芳	卢瑜华	梁键辉	何尚贤	麦江汉	吴志修	陈献云	邱艳香	汤爱琼
王美玲	杨冠夏	潘文俊	武　鑫	黎萍芳	丁映花	翟妙欣	蔡坤嘉	陈南盛	邓师平	王小兰
杨　雨	程　江	孙雅丽	柳吕片	姚勇辉	胡耀强	钟奇琪	黄　健	刘国贤	杨坚良	吴嘉坤
罗永胜	王思敏	罗卓辉	黄俊仪	林碧媛	曹靖松	夏紫谦	林利穆	徐志新	陈　霆	温馨裕
易胜良	卓晓芬	吴金玲	黄有娟	刘　星	林子还	任田波	任向阳	邓帼婷	胡志远	刘丽香
于　淼	陈明媚	邓　奕	吴　侠	柳　猛	曹红远	胡梦丁	杨云飞	周水凤	罗玉珍	聂金娟
何少艳	陈　亚	唐玉桂	熊　路	李　静	张晓丽	陈丽珍	黄海辉	詹舒灵	江晓梅	郑洪清
许明忠	郑惠娜	陈林梅	高烨韵	邱凤英	何志坚	郑嘉铃	龚德强	华丽媛	罗伊琳	黄敏桦
吴　霞	陈　榕	区玉婷	江海燕	曾丹君	廖重洋	黄　聘	毛　嵩	张　琳	黄文和	陈春玲
陈　娟	陈亚冰	胡志杰	金　黎	余　剑	赖可林	吴兰英	罗惠娴	岳丽丽	丘旭丽	潘　阅
董德云	梁景杰	邓刚泽	邓彩英	谭凤燕	陈瑞云	潘　雷	钟海斌	陈梓惠	刘秀娟	邹怡娴
杨土君	胡皓同	许存伢	吕　涛	袁彩艳	古莉燕	陈涛光	刘　敏	盛赛风	李增城	赖群波
霍凤玲	黎名锦	李林杰	刘小琴	麦文盛	钟振豪	蔡庸宝	黄　丽	高伟英	周嘉成	叶燕琴
黎　明	郭丽娟	俞晃晖	李祖慰	曾路路	邓琼华	邓茂强	徐　丽	黄燕琴	张杰鹏	刘　洋
陈武成	陈运斌	钟艮秋	吉铁玲	王　波	陈　浩	陈丽琴	邱日沛	刘健芝	谭凯燕	罗丽燕
高　尚	杨晓明	莫煦乾	王君珊	李炎球	梁坚胜	黄国芸	耿百杭	胡春平	张　荣	邓雁君
吕珍妮	黄晓霞	黎红燕	翁金河	黎家宽	钟亮锋	陈静莲	何婉贞	吕珍贵	王焱强	邱　婷
张莉娟	林嘉伟	李方超	杨　益	何惠嫦	路伟伟	王冬谊	何润锦	洪建华	周俊杰	胡明文
何舜文	廖钟智	马　丽	刘顺瑜	李嘉琪	莫国钊	罗慧君	朱　凯	黄　辉	侯　尧	陈一霖
郑定威	陈　娟	胡　菲	赵长萌	黄宇星	黄君霞	章艳飞	杨婉芬	黄少敏	甘　丽	李宝珠
袁怀奋	陈世杰	詹惠琴	黄　蕾	刘宇晴	李景培	刘　成	温慧明	周悦辉	叶尚丰	黎志炎
廖海燕	陆木连	陆文婷	吴小兰	李春梅	谭春娇	蒋济民	陈　仲	宋秋丽	张宝辉	温雪花
张婉娜	何小勇	赵　亚	谢　宾	梁艺明	朱惠银	何翔海	钟小蓝	郭俊梅	石星龙	黄　康
谢媛君	黄昱恺	张静怡	熊路路	方永标	裴珊珊	黄培锋	郑蓉华	钟世芳	吴国平	李亚玲
甘　玲	黎彩玲	彭美英	吴丽贞	谢庆勋	谢源凤	郭丹虹	周嘉怡	彭敏英	刘俊杰	蒙葛巾
霍婉莹	唐　军	黄伟杰	霍婉雯	张海清	李燕清	黄　旭	谢秀云	谢翠琴	李　玲	孔夏淼
黄勉熙	詹远志	霍婉庄	陈文青	吴碧瑜	顾美英	肖　玲	肖　侃	周保延	李　宽	喻　锋
李富成	江燕雯	赵雪玲	何　欢	叶　萍	张建红	潘国浩	卢心怡	刘　繁	杨　娇	张　勤
姜　梅	丁李凯涵	欧阳永健								

人力资源管理

姚 芮	郭敏霞	张咏梅	凌 萌	谢晓金	郭新永	柯珊湖	何敏洁	叶 菲	张丹丹	刘方雄
梁 超	何龙辉	曾静凌	陆荟东	贺 峰	周雨轩	陈娇燕	徐 慧	李卫东	何智庆	欧东燕
林海婷	许敏华	谢 婷	梁杰雯	房 越	徐紫珍	何吕桂	赵 琦	许惠芬	戴小明	张桂芬
邓诗恩	何影如	赵少芳	蔡曼莹	王三红	颜晓娴	何转娣	欧佩雯	李铁连	罗俊波	刘振华
叶剑鹏	童中萍	陈晓红	李海强	郑凯华	梁巧璇	叶玉平	汪 莹	吴远航	黄小红	李绮妮
林碧珠	李 聪	林晓微	李 莉	王 康	赵学清	徐晓燕	苑 野	尚 乐	王 星	曹 洁
张雅瑛	向艳琼	李婉冰	郑嘉仪	曹倩雯	向俏丽	黄丹纯	陈海扬	林 淦	祝存伟	何慧芳
谢训铎	廖惠清	刘芮君	蓝利梅	王 卉	何佩雯	李绮雯	卢培翎	周颖红	胡雪桐	张小波
陈彩华	凌秋莹	林玉婵	谭景瑜	赵 琳	刘丽婵	陈小燕	李 野	唐素屏	唐映文	何础略
李 鑫	肖楚莹	谢 淼	张木珍	麦旭娜	林朋波	林 静	严秋香	鲁肖彤	侯金凤	高嘉贤
刘燕娟	李惠雯	林惠娟	陈晓凤	王 红	蔡 渊	邓国凤	段金交	胡良容	李少凡	邝满深
骆婉静	何志敏	史锐芬	张 玉	刘雅禧	郑晓颖	杨 弯	郑英林	余宝霞	谢燕珍	张晓英
何华欣	李美贤	王记梅	王 江	程长兵	刘文静	王平华	文美华	谭国飞	冯美华	龙建华
岑彩玉	胡思惠	曹 波	胡雪芬	盛秋惠	梁焕婷	庄贵声	黎焕红	吴素雄	邱琼萱	张 悦
冯盼盼	曾显萍	关碧华	谭 娜	刘桂红	郭梓坚	李 婷	赵琼玉	王明利	方周君	王 琛
吴兰珠	马 源	马振芳	哈拉木特尔·吾拉热别克		张 瑶	何 娟	潘 兴	江小芸	李珊珊
谢 涛	赵梦莹	何伟亮	万娜娜	唐志婕	邵月波	黄彩霞	吕楚雯	陈俊钦	曹小军	陈春燕
黄俐君	叶敏华	张玮琳	崔燕如	朱秀春	谢和蔼	何伟明	古莉萍	欧嘉丽	邓冬姑	汤 浩
陈玉妍	王娟娟	陈晓君	高晶晶	史晓玲	张惠慈	赖丹虹	何艳艳	闫 路	吴舒婷	黄志恒
冯志勇	潘智莹	梁宝文	程思豪	石凤明	张素素	谢惠莹	黄唯一	何敏旋	张 仪	黄晓苑
陈碧贤	刘怡君	麦嘉欣	谭梓韵	陈诗韵	谭碧瑜	王呈朝	陈宇桦	林喜文	肖 洁	杨雪霏
卢达亨	李乾元	杨尚东	陈惠怡	张伟意	孙永风	王小樱	周敏杰	何松涛	李嘉惠	张王权
郑楠楠	李文冰	彭 军	王芸芸	李宝珍	何玉婷	曾丽琴	贺俊辉	谢福鹤	钟成业	李 蕾
侯婷芬	陈文婧	钟嘉欣	吴一欣	吴淑莹	杨韶迪	钱海婷	丁小珊	全璐璐	徐 慧	李婷婷
林伟丹	黄 琴	娜庆茹	刘柏秀	高 敏	全玉洁	李 佳	毛倩婷	冼海锋	杨 茵	郑楚庄
钟舍花	伍德柱	李金桃	王 敏	汤美嫦	张玲莉	刘嘉凤	邓英错	徐嘉惠	董 强	吴海莉
常秀苓	黄琼慧	何惠敏	陈玉旋	洪秀珠	李彦亮	杨紫妮	罗家敏	杨咏妍	贺 鑫	陈南嘉
李会平	付士宇	官游莉	彭春妹	黄泳翔	王茗雅	刘 玥	刘 倩	苏 智	姚雪妃	谢利平
吴启雄	郑意琼	刘美英	冯燕婷	吴雯倩	邹 帆	陈秋霞	朱雨光	柳 丹	郑晓慧	徐冬梅
邓佩茹	侯国璐	梁宏业	陈志刚	李 湾	彭洁文	邹晓宽	林 萍	陈明秀	吴丽娟	邓春柳
张 桃	杨婧蓉	陈国雄	蒋石羊	王丹敏	韩沐杉	宋青松	叶宸伊	唐 娟	王红岩	叶恩恩
黄翠凤	王燕明	凌 婷	黄小华	李婧妍	王 咪	王丹虹	陈国本	黄建瑜	叶静仪	罗化玉
杨嘉纯	劳海伦	郑碧燕	邱伟燕	刁丽娜	尹明芳	刘德东	吴亚丽	李秋萍	李春敏	王 璐
吴晶晶	杨丽君	施桐宜	刘桂菊	李丽君	谭慧聪	杨大银	夏爱华	刘绵玲	陶婵娟	王国华
林丹林	许镜波	申 琼	陈莹芳	李 慧	彭秀华	黄婴雅	莫益健	张志勇	余冰婷	李 超
万俊成	黎海锋	凌伟红	李日浩	谭韵君	李思婷	梁 彬	骆燕枝	杨 波	何月萍	周 静
陈志君	陈均捷	李榕清	宋 艳	黄 依	黄浩文	陈东梅	李 贞	郭贤慧	孙 蕊	魏彩凤
莫文波	李 敏	陈国均	周俊兰	李思慧	梁洁文	林容倩	赵航永	王晓聪	何 霞	张淑生
陈佳莹	彭莉媛	骆海英	曾婉君	彭晓珊	朱小玲	黄子叶	凌柏群	罗小英	廖紫如	李志豪
许嘉敏	王銮珠	李 秦	柳清榕	莫燕晨	徐玉婷	李 萍	林梦雅	廖高城	付慧丽	姚晓玲
刘珍琼	林依依	韦 佳	姚晓葵	冯玉婷	冯桂梅	林姗钗	王芯怡	李嘉欣	莫秋燕	李 丹
朱佩茹	盛冬梅	邓丽萍	胡丹萍	黄秀成	高玉芳	王子萱	曾欣仪	廖翠环	李 超	郭娟娟

林惠萍	陈燕飞	吴素娴	谷明月	张　银	王　烨	邢　菲	闵　英	宁贤斌	陈珊玲	冼晓霞
詹　耀	肖秋红	张爱媚	伍健雯	张燕茹	郑　琦	林秀莲	张　意	房曼丽	卢惠倾	郑冰冰
邓琪琪	郭晓勇	王伟英	沈晓萍	肖　慧	卢振鸿	钱常荣	刘　杰	邓铭花	黄巧飞	徐静娇
林裕辉	杨心怡	王桂林	梁家宽	管苗苗	朱珊仪	蒋友霞	钟嘉莉	彭　雁	冯伟装	叶颖欣
余志佳	彭凌霞	李　荞	韦元艳	姚文轩	韩　钢	莫秋妍	郭　婷	杨美婷	黄丹娜	王科美
王夏燕	刘丽纯	区嘉荔	李文菊	许晓芹	周　文	方依萍	石江渺	徐艳妹	古海滨	郑嘉莉
李雅云	付　蓉	魏　平	李锦精	李美凤	王桂兰	郭梦霞	庞　伟	王彩洁	韩丽明	廖美嘉
焦丽琴	周泳欣	于雪琴	郑惠如	萧倩英	李红燕	邓志奇	于　雪	黄健彬	张会芹	张金燕
何校斌	吴晓敏	蒋　艳	郑顺花	宁文君	陈平宏	余银凤	程园园	何仲恒	刘连芳	何艳萍
杨燕君	范惠文	张露萍	梁惠卡	杨海珊	刘光祖	李　华	区佩珍	蒙志萍	刘俊杰	陈锈娴
张美琪	夏　婕	蒋　辉	陈梓健	林炜欣	谢丽华	丁　勇	李心怡	肖欢欢	袁　爱	谢秀芬
王艳萍	吴　思	关佩梨	蔡少凡	叶祖谊	刘　蓉	吴洁莹	江丽丽	张　涛	黄艳容	龙思敏
吴春雅	阳　优	胡颖茵	车　萍	马菱梓	吴学强	曾　敏	李香敬	王雪梅	张伟伟	杨冬梅
张婷婷	鲁胜兰	马进萍	闫梦娟	林玲玲	黄桂锋	李星星	熊双桥	陈　晶	黄诗妮	周钰婷
朱　杰	梁碧琴	霍颖妍	吴楚祺	邓佩仪	钟翠文	邱倩雅	温家文	吴瑞珍	黄晓燕	郭晓敏
周恩键	陈显卓	邝妮莎	莫云燕	罗培芬	苏国柱	覃文裕	罗德智	莫玉琴	陈雪苗	张　娜
陈嘉雯	刘家佳	高康丽	李红玉	陈玉珍	刘殷楚	陈芳芳	朱丽娟	林　烨	黄　新	简　烨
汤　梅	吴嘉能	陈绮雯	梁永祥	程斯琪	陈家欣	骆咏志	刘英连	黄敏仪	陈碧莹	徐文龙
莫珏昭	林劲敏	马艳红	李子晴	陆曼曼	张　妍	夏嘉欣	卢韵瑜	郑丽珊	陈易之	梁浩源
黄群英	吴美恩	廖嘉铟	万淳义	黎洁丝	周　宇	梁予晴	王　越	张永杏	郭雨青	冯培杰
林嘉华	黎　丽	汪胜晴	黄晓琳	李　燕	单德欣	周小玲	苏嘉敏	陈玉贤	王丽利	黄莹莹
许曦文	巫奕芬	李梓铭	龚秋怡	何钰莹	林阳君	冯小满	刘思莹	梁杰麟	周惠华	张洁美
杜皓妍	张学婧	李艳红	冯雨晴	陈莹莹	罗倩怡	吴文雅	张倚娴	潘兆宏	冼心萍	郑曼婷
彭宇杰	梁智诚	陈健彬	欧阳静	周桂月	周　洁	王秀芳	郑韵亮	周俊豪	李思敏	林敏仪
杨万伟	伍绍灿	沈晓婷	谢立弘	陈凯宁	吴彩非	欧子强	刘燕霞	黄欣琪	陈韵宁	陈羽婕
林钊智	康　杰	蔡丽菊	庾茜茜	江慧玲	朱乐妍	黄丽旋	黄　超	方　鸣	彭倩萍	廖庭延
邓宇欣	朱佳莉	林淑仪	黄海贤	谭卓滔	沈晓明	杜燕婷	潘敏莹	董凯娇	杨艳芳	林子杰
张颐靖	陈伟铖	黄伟伦	陈柳雁	陈瑞敏	黄昌耀	梁钰妍	叶敏清	尹丹丹	陈　嬋	陈绮桃
林晓谊	郑军梵	黄贝莉	区俊健	宋毅杰	李秋宏	李倩文	杨洁颖	潘强动	汤丽贤	余泳然
何燕姗	王　阁	曾韵恒	陈东梅	陈子瑜	郑芷琼	谢岚娜	唐皖湘	刘嘉欣	陈伊伊	朱彩姣
谢　颖	梁毓健	谭东丽	陆丽因	谢梓丹	黎瑞婷	蔡　愉	杨紫娟	叶　静	李颖欣	张丽萍
邓慧慧	欧阳杏云	美丽·乌斯满								

商务英语

陈俏伶	林银燕	颜幅如	刘　倩	周颖莹	叶欣颖	王锦萍	郭泽健	张璟娱	杨慧欣	谭贞烈

食品科学与工程

梁骏浩	陈枫文	李国健	余健熊	蔡松翰	谢汝劲	潘利嘉	邝芷婷	陈广华	张晓云	刘宝城
冯增诗	林伟俊	刘沛德	姚秋慧	林菱珊	黄亿璇	罗　钦	吴永均	吴琪纯	麦宗文	林冬明
陈光炜	唐炜莹	黄模机	张嘉雯	石汝佳	肖惠清	黄敏华	阮颖红	江秋婵	王少雁	李江霞
邓婷婷	冯浩元	罗学芹	吴冬妮	黄伟军	陈静雯	李超沛	邓粤婷	李丽娜	黄韵静	孔一婷
区小冰	周珊珊	邓立伟	周文静	梁梅芳	敬诗雅					

市场营销

李颖仪	黄嘉灵	林映婷	谈晶晶	麦丽梅	谢天骥	梁芷清	方欣婷	陈亚花	颜智祺	李海宏

毕业生名单

钟鈃欣　周梓泳　区嘉伟　林少珊　邹耀鸿　莫紫晴　王梓雪　杜晓聪　颜邱麟　李惠敏　周燕梅

土木工程

侯羿丞	邓贤挺	赖林茂	郭铭涛	王　佟	黄文刚	王　杰	黄绮玲	强蔚鹏	李全林	张志明
沈　彬	江宇晨	梅少婷	张　军	刘楚凡	白艳珍	胡海兰	张　旭	肖　熊	朱炜民	蔡少媚
吴锦华	刘季鹏	吴学超	苏　维	刘亮杰	刘杜嘉	林灿坚	郑　张	蔡杰文	戚浩岚	甘桂裕
钟旭辉	陈建邦	陈赞旭	骆健平	刘　威	钟子城	王加彬	李　亮	王东海	龚李周	李小伟
王玉耒	黄　靖	陈家城	彭　波	徐丽君	唐　健	李周泽	陈柱鸿	徐　豪	孙玲艳	谢丽芬
罗正俊	刘　力	吴耿宜	尹晓婷	胡隆俊	方名斌	黎银燕	朱倩好	邓海桢	谢健楠	林思宇
郑海鑫	陈浩源	廖碧怡	朱彦晨	陶　泳	谢培法	张翰捷	杨梓敬	秦利南	林廷圭	任鹏飞
盖文博	徐晓勇	梁山波	梁康泽	李和填	陈　胜	郑惠文	汪传珍	康红权	王国红	杜敏仪
陈钜斌	林仕根	邹振宇	梁福可	赖明君	陈学全	吴晓红	黄鸿英	许洁娜	陈宝加	黄晓凯
徐　创	吴　敏	罗海顺	杨仰衡	黄晓茹	谢伟涛	赵志立	麦德彬	黄仕平	甄兆南	钟广辉
曹　勇	赵艳春	温丽珊	王　婕	罗　慧	曾丽丝	刘学文	魏利群	陈智洋	叶舒乔	叶怡君
邓思宇	许洋铭	邓仁君	程楚君	曾维灿	叶梓健	谭甫琳	胡　彬	黄海连	魏心怡	李田华
王顺仪	王远芬	曹　丹	郭泽建	邓浩辉	黄天佑	罗家文	张大伍	罗国林	张　懿	王林洪
叶彤丽	陈兆鑫	黄　凯	张宇帆	黄瑶锋	宋阳平	梁小慧	何大勇	刘　婷	云　龙	郑康才
李子荣	舒　罡	吴锦光	陈真超	刘盛东	黎淑娴	许松明	吴晓君	廖金兆	董桂芳	黄永顺
段能超	苏慧琳	张　丹	胡腾飞	李　畅	黄寿志	梁焕欣	刘新益	杨进凤	陈小姗	许银环
肖正琴	叶煜毅	李艳春	贺洋乐	曹　灿	黄　栋	姚宇鸿	周　影	罗　胜	罗卓衡	陈诗辉
文　舜	朱　超	蔡丽群	易源源	黄凯斌	黄葛晋	李福康	韩其雨	侯文强	刘　慧	贾　玲
张　颐	徐建飞	时林斌	蒙琴琴	丁彦芳	刘　斌	王小鹏	廖俊毅	李金围	陈　荣	李伟业
张亚华	张琼丽	任诗云	林丹宏	余　宁	吴晓宇	黄亿林	王灿标	王　伟	刘健伟	郑康洲
葛　蕊	黄汉斌	余振昆	李灶威	卢文才	李东强	韩宗佑	李　锠	王秋雪	刘辉苑	冼敏华
邝志成	伍志鹏	吕培纯	曾嘉明	颜家海	李敏怡	冉孟晨	黄慧彬	韩可可	赵　帅	张斌祺
吴建中	杨　清	林晓洋	陈承光	梁智颖	郑锐凯	陈加盛	李植峰	黄均宇	刘汉锋	韩　钱
刘飞扬	薛伯秋	唐　旭	梁华殿	袁梓涵	陈重霖	叶健诗	张　阳	冯柏霖	赵丹丽	俞　建
吴　塔	吴永洪	杨　磊	张　超	张骞予	梁家明	陈书聪	林锦彪	李嘉瑜	丘俊鑫	张　耿
卢敏君	邵奇钧	陈伟延	王晓伟	王雅婷	李　颜	张嘉雄	张　路	邓少颜	郭克钢	袁维连
朱达科	吴沿海	吴树根	莫兴明	宋宇皓	雷菲菲	郑文海	李东业	戴国庆	肖文辉	何斌波
张清儒	解梦鑫	黄　欣	张英明	苏剑洪	詹志昂	王声炜	叶炯豪	林丽强	王　浩	侯　磊
吴海燕	张宇阳	胡世平	廖庆增	刘贵壮	杜澄铭	林　鹏	吴宏邦	叶烨中	余泽清	侯佳淑
林竹泉	黄仕光	黄莹莹	李　帅	陈嘉琦	黄梓杰	尹国辉	张　靖	覃壮校	何　勋	黄振辉
邱家华	周文飞	刘远韬	陈思林	杨选兴	骆云山	杨超雄	张聪颖	霍东阁	王新刚	黄雪峰
佘建涛	古　恒	温雄华	黄佳文	李俊逸	陈裕天	吴笑兰	李涛杨	赖高潮	陆　芬	范日中
欧建波	柳旭东	陆桦亨	吴劲威	叶丽靖	谢灿华	朱玉良	马兴胜	曾九水	杨耀婷	叶清华
郑泽彬	周丽燕	梁刚晖	郭思忠	刘　辉	庞嘉民	李　江	杨剑婷	曾吉利	周健钊	练海荣
王文杰	曾贤达	翟耀奇	王　凡	刘安龙	任浩天	邱新玥	王　波	熊　强	曹土勇	陈东昕
严林特	曾祥沐	康迪斌	伍晓燕	谭穗生	林泽淮	许毅豪	冯景灏	黄育腾	莫观林	徐丽萍
刘敏杰	彭　曦	唐　城	赖源龙	丘　凯	潘燕星	黄　毅	周家洲	梁艺聪	邓永豪	许超人
龙　琦	杨常华	罗永锋	罗宇庭	夏喜容	张正浩	钟镇士	张学泞	曹震宇	周子颖	林广明
丁仕荣	陈伟明	黄百滔	黄文佳	乐冯霞	丘创忠	梁秋凤	雷靖枫	王继超	宾　欣	姚宇浩
刘军军	陈　剑	商健荣	刘　星	夏　凌	李洋帆	杨宇锋	黎　朋	潘继盛	杨梓鑫	钟　金
吴绮雯	詹绮君	徐　良	张　靖	高华平	燕永江	王宗艺	马玉琦	黄　磊	田开玉	罗　刚

韩　萌	钟丽新	梁晓萍	钟志溪	陈守启	张宇飞	黄仕权	陈上泉	胡焕辉	徐传诚	肖　薇
李晓炘	熊　佳	彭思远	王　伟	唐　银	柳　辉	卢鸿瑜	林木辉	郑富礼	潘俊招	刘小晖
郑　雷	梁星游	曾月琳	庄冬君	赵亚栋	董大卫	严　浩	陈　冶	蓝启林	陈昊东	陈　俊
王爱民	何炳钦	梁艳婷	张锦华	谢妙兰	陈晓冬	倪俊宇	邹家豪	冯绍良	刘　杨	魏丽蓉
陈文婷	李时就	范正娟	谢　鑫	马建明	周俊杰	梁嫦昆	邓艳婷	董俊强	丁　敏	陈思琪
谢竞辉	张浩松	丁俊濠	陈晓洪	罗黛生	罗烁森	伍华斌	蒋祖杰	汤旺翔	谭醒辉	何慧珍
黄羽鑫	李梓桂	林嘉洪	曾灿业	郑红锐	汪薇薇	魏铭佳	王　乔	王　野	陈晓彬	刘创武
胡锐波	谢伟琦	林旭龙	卢和谦	贾晓东	黄凯鹏	谢少斌	黄涵彬	刘　晓	郑文妮	林泽敏
郭玮琳	陈佳耿	郭梓宏	赵梓樾	林奕斌	林业辉	黄剑勇	李　辉	潘　奇	黄小味	项　蔚
罗　彬	王小云	谢云英	郝　敏	张海宁	琚鸿飞	程明星	周焕华	武翔羽	蓝伟其	诸恺基
刘志锐	叶晓彬	刘　杰	廖才光	陈清娴	黄永明	曾金国	李红万	赖碧茜	姚卉妍	胡劲安
庞志强	李　乾	陈东玲	叶伟标	谭伟雄	赖耀斌	冯健华	李健胜	陈浩峰	周雪梅	王新炜
陈建家	武丽红	黄燕婷	黄逸云	付锡洪	曹　莹	黄　叠	覃振威	陈兆铭	罗嘉健	庄国浩
刘秋萍	佘舜玲	白　宇	方兴东	邹永荣	陈永恩	谢彦明	刘锦超	陈其发	刘楚军	陈宏鑫
黄丽金	廖志文	余嘉钰	陈培旺	林泽孟	骆伟筠	许汉钦	李武伟	赵领帅	朱挺明	庄礼长
林玉琼	陆　云	薛月宏	甘明专	邓敏勇	徐炜森	黄小雨	李土群	刘润娜	吴凯佳	林泽武
林桂槟	林华生	何权鑫	何　翔	林　鑫	黄敏珊	陈柏平	王春华	纪少丽	熊　祥	余春燕
梁　戈	王嘉琪	陶　尧	胡　哲	黎炎森	伍尚智	陈明俭	詹洪坤	陈志清	贾志鹏	尹华飞
蒋萱华	张如行	张金伟	李　琼	罗祺境	冯俊宇	陈伟业	渠玮琛	郑易鑫	郑文奋	许科睿
黄英鹏	何和生	何明枢	梁海林	周光福	杨文杰	徐　东	邓文芝	侯　艳	马阜文	黄　清
林楚杰	汤文娟	唐　标	周东华	全　奕	黄国浩	蔡　春	朱声贵	韦永鼎	曾　亮	汤庆欢
林霆锋	涂利立	何嘉明	陈翀翀	李东龙	何启绿	梁泳祺	黄　熙	周俊森	李英来	严汉鸣
郑观富	孙文龙	李文华	凌旭红	张　敏	陈雪华	胡泽彬	肖汉鑫	邓叶焕	王志杰	黄华明
肖　检	蒋　春	陈华燕	左　勇	陈文辉	郑加涛	赵佳欣	刘小兰	林敏杰	李文瑜	巨丰齐
吕葆华	窦玉荣	刘　健	张　鹏	刘霄泽	孙龙强	吴登银	赵世琴	胡婷婷	付　杰	李　镨
张升杰	钟　林	苏　容	王　蓉	成春兰	马俪芸	韩艳霞	王闪闪	孙玮琛	李　喜	沙长虹
陈兴鲁	邓　欢	李天启	赵新龙	袁　洁	黄晋龙	杨　柳	赵　康	曹　露	张晓芳	孙多亮
李金城	邓　强	李军军	庞逸飞	姚登兴	李金龙	安佩佩	苏雅敏	夏　彬	王黎春	刘　振
柴彦刚	庞少飞	孙学鹏	李　涛	轩　艳	容秀馨	何健文	何嘉丽	吴金辉	张文略	陈　超
周　婷	洪板远	周君古	林宇飞	陈晓鹏	陈伟恒	黄　伟	张康强	钟文武	陶素琴	万兰琴
余世洲	何敦煌	王仕军	杨润科	陈　同	李　顺	陈文思	王　祥	周小娥	何　博	苏锦富
常　华	何卓汶	梁展华	李佩轩	杜建绿	刘正偏	陈鉴泉	蔡大权	钟　屹	刘宇航	钟肇昌
桑科技	苏　梅	邓佩如	杜世帆	杨英金	刘　涛	王　睿	李煜治	蔡丰蔚	吴振华	陈　帆
黄德斌	丘韶英	纪丹权	李创生	何　雄	梁振业	邹道兴	卢文彪	潘秀见	梁杏燕	杨庭波
陈雪梅	刘思远	麥樹麟	唐可为	傅侨聪	黎荣森	罗　粤	黄杰雄	杨亚博	李映泉	黄炜玲
范世杰	姜　娟	郭　蓉	黄东成	邢国强	郭树长	欧伟明	冯海燕	谭梓业	黄建炜	董林华
伍立荣	陈　勇	彭丽欣	罗钊华	吴炜浩	侯祺智	马福平	艾力卡尔·艾尔肯			
阿依古丽·亚库甫江										

物流工程

张俊伟	叶宪枝	王子星	李洪珍	李　战	何　平	黄永阳	潘碧玉	李泽龙	张　琰	黄　慧
陈益强	陈书聪	龙玲凤	涂镜培	吴湖宝	胡新丰	廖捷肖	邓红霞	赵祥宇	谭纪宁	陈俊豪
罗学飞	曾育彬	张文俊	陈燕娜	陈丽兰	袁福号	贺菊香	龚强斌	甘素宇	尹玉胜	王佳佳
龚　波	周　广	梁学文	吴　睿	郑雅芝	张珞斌	廉秋萍	詹建兵	赵立银	杨凯翔	郑兆燊

刘科林	毕志浩	黄文德	李斯欣	张　军	李赟臻	苏社斌	王若莘	陈慧敏	陈灿梅	王　华
陈婷婷	王才沟	潘巍文	钟秀玲	骆树华	张龙瑞	何玉娣	黄雪梅	梁小敏	邓旭明	李敏英
冯燕华	廖友玲	骆香君	区彩欣	马丽诗	林星泉	王大宝	李恢煌	何祖明	龙　蓉	区家明
贺长城	黄耀松	林俊凯	邝子杰	陈凤珍	胡　辰	梁龙华	罗金铃	徐　枫	江永潮	胡子龙
张珈源	肖帅婷	邱志明	胡江啸宇							

专　科

电气自动化技术

邱振煌	张　超	李　晶	辜海生	潘伟聪	邢兆丰	刘秀君	江延君	刘世凯	黄智胜	黄爱科
吴　协	廖茶生	李昊海	许庆华	申加明	柳英海	李成龙	王福德	彭其炳	陈晓金	池永顺
庄志平	黄　璟	张泽烁	李　涛	古剑平	吴奇雷	袁　鹏	董南桥	李王斌	何东兴	黄奕滨
许文杰	肖荣荣	朱德海	王忠楠	潘立生	黄广川	邹家胤	张胜帝	吴威海	古泽善	任茫茫
门　枫	蔡剑彬	肖云鹏	陈世锐	文群佳	任云浪	周玉阶	彭显磷	李　平	黄敏成	邓庆威
欧三鎏	林振波	王玉斌	吴华宗	郭　海	蒲金玉	王俊东	曾晓彬	李云竹	杜　辉	王龙东
吴泽航	黄　波	廖跳佳	宁国平	钟世强	轩子潮	古军明	黄会燕	郭二仔	黎远龙	雷明凡
陈敏强	杨如银	梁文强	张志平	赵　辉	叶信禧	郑　瀚	张育文	廖建丰	靳　伟	梁　峰
邱万生	胡　健	梁达富	陈允荣	张　喜	曾贻雄	郭俊荣	陈荣进	赵杨兴	钟　玲	陈　韬
杨俊鸿	王自涛	马小伟	瞿伟海	田红亮	江泽坤	刘仁堂	莫明梁	杨万隆	季中祥	柳文虎
王小强	王道成	罗健春	杨立可	马晓燕	郑文斌	周　龙	程嘉明	刘　毅	张昌华	林　杰
苏泽虎	亢延德	许　彬	王志川	赵党同	景　诚	谭　聪	周建全	魏振民	蔡青旺	薛　龙
支江华	吴　庆	林伟波	刘瑞炎	黄乐明	谭　汉	汪宽毅	洪艺群	汪　坤	张忠胜	曲　政
陈文锋	梁桂峰	林坤芳	刘　敏	张冠亮	姚兴友	吴中军	罗　兵	时成飞	黄健斌	杨松林
黄文锋	寸凤涛	张义俊	赖家强	阿秋月	谭鉴贤	李儒俊	方开杰	张建荣	赵俊宇	罗　艳
何雄文	段崇贵	张继李	范益铭	冯汉文	罗伟全	陈伟健	涂文峰	黄炜钧	尚兵朋	古建华
幸嘉铭	潘习南	欧丽珍	陈志光	严杰勇	李嘉南	陆浩强	梁秋宇	欧杰铭	丛日东	劳兆添
赵桂雄	冉　立	梁润成	黄小龙	李杰华	梁泳聪	程海民	余兴辉	黄鑫文	黄梓钿	韦忠良
何汉超	苏丽枝	梁卓荣	李宗恩	陈爱华	肖　勇	菅　川	周琳峰	刘国文	邹裕鳗	周宏伟
冶　彬	崔耀峰	唐立鹏	刘　鑫	黄鸿新	欧远光	韩铁军	王前均	查本斌	吴重阳	李继明
翁梓佳	陈尚书	陈　波	梁发武	唐　佩	陈家豪	巫福军	古育明	朱明亮	周海峰	李　华
刘　莹	李奕平	高武喜	胡金廷	何一凡	何　军	李国乾	鹿　麟	范壮壮	马德胜	张晓伟
王四虎	王艳峰	张　静	张　伟	张晋豪	杨忠霖	陈锦鹏	阿布都热合曼·阿巴拜克力			
叶尔波力·赛力克										

法律事务

吉布湖玲　　如克也木·艾买尔　　努尔麦麦提·先木西　　哈力扎提·哈力木拉提

工商企业管理

蔡建华	刘一峰	谭敏婷	陈凌霄	谢有平	冯学亮	谢艳仪	李文斌	刘晏辰	练高文	谢韵华
程　成	杨凯虎	吕镇宇	李英杰	黄星星	辛永波	罗　衡	陈燕弟	潘嘉怡	肖海锋	杨锦烽
林焯君	郝康生	黄月权	许春秀	潘金友	郝丽敏	林晓飞	林晓庆	卢丽君	余昕广	潘思芹
王克丽	彭冬霞	彭少曰	范建国	李思慧	何绮琪	廖嘉欣	张铭杰	陈　瑜	刘祖玲	刘田慧
吴文庆	李孔豪	胡峻滔	杨家潮	莫家杰	苏燕妮	向开月	董富国	黄笃伟	黄裕梅	青雯霞
林　冲	潘唐极	钟　燕	李应钦	邓银玲	钟　丽	朱颖芳	梁华玉	李雅歌	赖日奇	吉　菲

王玉明	凌东文	宋妙炫	李泽铭	陈 冰	陈雨露	易莉苹	周家朗	孙小梅	黎权狄	陈金燕
李春茂	卢贺潮	杨 嫒	谢志辉	程天浩	王 岩	龚佳敏	武 丹	潘金娣	吴小燕	黎运梓
林业忠	陈新宇	叶 欣	江彩玲	林森明	练雅思	尹志彦	李满源	阳 成	夏明辉	谢其涵
李 萍	梁桂坚	卢怡姿	黄焕秋	陈青青	周智源	崔明进	陈剑涛	何桂霞	徐 炜	欧伟彬
黄静敏	吴芷虹	林煌辉	刘 俊	李 美	黄晓佳	郑锦雁	陈晓通	陈南霞	张曼丹	胡婉环
邓兆尚	王 寒	刘雨婧	杨 芳	陈茂海	黄治佳	陈伟波	裴丽莎	王晓萌	王 莹	赵 杰
柯少雅	王美芳	崔艳梅	朱学青	唐 莹	李 娟	于 路	杨 艳	梁梦丝	廖 婷	潘红伟
熊英杰	贺娇娇	谢宏磊	韦名典	宋 磊	汪密菊	伍晓萍	温敏京	王晨曦	王香玉	舒 杰
赵广财	章小琳	杜 强	王文杰	欧小玲	郭丹丹	罗秀清	魏骊翰	钟春燕	李灿丽	李晓梅
曾长春	江 伟	温雄波	高 磊	刘崇芝	申金旗	吴学涵	吴嘉琳	卓金胜	张廷源	袁志军
彭 玲	黎国业	谭梓雯	欧阳斌	谢金红	伍喜珍	谭达锋	吴守磊	吴夏燕	蔡日诚	王泽胜
成燕勤	朱雪仁	苏彩娟	陈崇林	甘德慧	章 霖	蔡智杰	梁积浓	张少红	谭玉婷	陈飞霞
蔡学高	覃俊薛	徐辉煌	梁小茵	徐柳叶	钟斗秋	廖 颖	王钰翔	张江波	陈俊锋	黄林静
卜才斌	冉康康	曹家伟	伍繁立	彭 丹	莫金群	黄丹妮	张 良	邓 奇	赖芳飞	刘志坤
谈志兴	廖伟敏	黄丽凡	林金珠	黄艳婷	林耿标	高俊成	何俊恒	梁齐辉	江 涵	屈巧珍
曹学聪	黄超荣	陈欣欣	张子晴	严雅云	王艳虽	林焙红	陈君均	陈永鹏	覃奇燕	肖 玉
郭志翔	陈意珍	詹云妹	胡 仪	罗 杰	吴李波	何文静	胡 青	彭云健	曹 慧	李杨杨
龙 英	沈东奇	甄晓群	黄 莉	蔡爱玲	杨长春	黄小枚	阳思宇	苏 妹	李珊婷	王 培
刘巧云	黄惠玲	罗妮妮	李燕燕	向十花	刘 婷	朱梦婷	贺安静	黄秀霞	张旦阳	古利容
查玉兰	钟 辉	李灏芳	余 玲	肖 鹏	卢莲莲	杨金妮	陈 梅	蒋 慧	陈 斌	戚宝敏
陈薇伊	罗小燕	李诗运	周昔平	赖红妹	杨智浩	汪增军	梁文福	钟辉良	梁炳昊	王少红
胡爱娣	李 露	李玉霞	何丽敏	罗燕婷	丁继华	刘小燕	汤洁仪	袁金兰	邱瑞城	蔡耀琨
邓洁纯	陈浩华	张惠琼	梁燕玲	张玉芳	陈桦卿	赵 烊	毕丽妍	邓星鸿	刘 芬	郑龙凤
覃新金	刘海全	蒋莉华	钟东霞	胡敏华	叶接龙	苏丹玲	潘冠冲	徐俊豪	谢焕仪	黄丽娟
黄颂雯	李培玲	魏 飞	吴相臻	严浪生	周 栋	黄晓琴	张少萍	潘愈清	于其乐	廖慧娟
司秀梅	郭建红	胡耀晟	周 文	李雅利	涂文龙	张秋虹	郑贵贵	张熔庆	陈小康	汪继文
李贵州	周 洁	吕云聪	严文机	杨 婷	邓舒文	潘苏汝	简照钧	李付冰	罗国珍	胡乐南
黄亚辉	全 洪	曹俏萍	罗水娣	胡静怡	沈秀平	封军波	郑滢滢	梁金拥	周海峰	钟娇蔓
周 萍	戴俊庭	雷 涛	周而友	邓浩源	李文霞	李文斌	叶敏华	王 欢	方少钦	黄奇良
谢 文	梁四喜	聂传荣	罗俊杰	罗人杰	李春华	刘华兵	李志强	谢伟杰	林识武	陈细娣
陈小丽	刘水群	曾小芳	刘昭兴	唐 静	卢伟良	郭永辉	冉桥光	莫玲玲	黄 萍	高嘉琪
马婷婷	魏健文	吴仕荣	刘柳宾	陈文康	谢林峰	林小娟	何春荣	谢鸿宇	黄世澎	邝小艳
符海清	冯 聪	谷亚兰	郑志鹏	黄文莉	周雄娟	张月华	邹丽丽	何志光	吴润城	李 柱
黄友英	况洪炼	卢伟文	石衍常	刘李霞	刘俊伟	杨 瑛	王明煜	罗文龙	潘昌丽	杨 燕
许子祥	李茂练	杨 春	陈云蕊	林佳苑	覃事圣	唐胜强	李浩柱	危纳辉	邱建州	林文丹
吴烨婵	陈蓉蓉	杨寿养	王淑芬	张 蓉	梁永雄	盘睿怡	韩翠平	穆仁梅	曾令会	黄敏华
陈星星	骆焊亨	付跃容	黄小云	游奕丽	许金秀	孙营营	梁万龙	颜慧芳	童运金	陈希子
段红花	赖海云	梁桂春	肖美平	黄芷茵	陈真杰	张子霞	孙本英	黄真梨	钟 莉	王 倩
蒙锡边	田 兵	吴泽想	胡碧华	吴雨聪	刘海燕	张 静	林宗成	朱丽娟	宋福应	刘 冬
谢恩辉	冯家敏	严伟连	徐立鸿	李伟春	邹铖旺	林金泉	潘建辉	奉 府	陈铭勇	李海娟
李菊娣	王丽春	童海成	何宁野	张月园	任艳红	彭志波	陈志文	李 番	曾明燕	郭盛平
罗铭思	毕天臣	唐楚燕	莫妃泽	余晓丹	隆秀丽	尹锐波	肖金军	严雪莹	马丽平	梁荣贤

毕业生名单

余少华	黎少华	王 露	张 婧	代引弟	潘 智	薛伟杰	暨维聪	蔡伟豪	何晓霞	刘伟梅
黄燕薇	黄美晃	张家孟	袁 蕊	黄晓阳	文伟红	邓仕靠	段宁俊	汤丽娣	薛华聪	朱志贺
徐加健	颜永华	吴俊杰	徐思思	郭锐鹏	李月枚	黄 灿	张雯鑫	曾扬平	蓝家威	谭慎谦
秦海燕	黄少菊	江通培	袁 强	张和明	李合丽	韦昌妮	赵有华	朱小维	王 微	陈 佳
蒋娟梅	罗榕媚	师 瑶	赵 艳	张苑珠	吴东菊	廖海林	陈勇彬	乐庭凯	戴文福	简 蕾
麦当红	吴晓文	陈小芳	袁东妮	王冬兰	孔秋燕	潘志杰	朱小青	蒋 英	王 磊	彭艳华
张兰娟	陈小莹	李 静	林树丹	黄浩文	王美玲	辛玉婷	谢春丽	张 波	蒋金涛	方 杰
唐国娟	程超南	占秀梅	钟志梅	刘晓芳	阮彩月	谢月秀	汪世松	张炳城	杨曼茹	陈秀炬
赖金花	郭贤杰	李运清	侯耿斌	赵伟威	辛雄飞	刘 颖	吕志刚	侯 强	刘海莉	梁苗嘉
卢洁谊	杨道红	黄秀梅	李赛兰	赵升良	廖燕群	黄燕飞	白 灵	刘 笑	林松娟	彭丽华
张惠彤	刘冬梅	黄伟亮	明树清	李 丹	刘洪新	李丽玲	张嘉宜	梁慧琴	肖雅萍	戴碧珍
黄燕冰	林庆美	尹振伟	谢丽红	郭秀珍	李 亮	龙 玲	刘英飞	龙 云	郑淑妃	吴焕梅
王沾霞	张宾宾	原 莹	胡文超	刘盈华	李育妹	李大程	陈思宇	邱万娟	练晓红	苏念念
杨 从	冯艳艳	许淑娟	丁丹杰	汤玉华	谭晓茱	李文丽	陈柳宝	曹礼杰	黄 倩	吴家豪
黎伟杏	廖健龙	胡愉婷	温琼琼	林雪冰	林淑贞	于海峰	蒙芸芸	黄永刚	邓旗鑫	张晓文
庞志艳	陈晓华	常鹏鹏	黄子豪	庞志惠	袁贵华	赵晓星	史振强	马建梅	唐 龙	肖佳成
徐春苹	王卫宏	王 丹	向运华	刘小翠	邵金才	张嘉莉	撒占秀	胡雪莲	马莉莉	李小忠
王 鑫	闫 静	程枫超	魏丙霞	濮彩霞	肖 月	杨东来	赵 磊	初雯雯	王金艳	李丽梅
张瑞霞	赵育新	孟 丽	马新慧	陆耀辉	毛 欣	黄金权	梁嘉豪	许 娜	梁青梅	付军霞
郑丽君	赖丽娟	鲁茵茵	陈汉东	梁格格	李秀霞	曾 娥	王海琳	陈晶晶	陈健丽	林宇铎
曾艺叶	罗立霞	钟丽娜	林佳凯	魏周鸿	陈湑淇	冯秀仙	张添恒	汪道明	付 娇	王 容
刘礼彬	杨 凯	陈雪红	何妙娟	蒋松都	董正彬	董 奕	陈琼珍	薛宇嘉	骆雪英	余晓英
蒋 萍	黄奕城	陈艾妮	冯 义	谢松良	吴贻花	曹海周	黄凤丹	郭祖镇	陈 芬	曹锴正
温晓彤	樊格格	马婉铃	柯嘉燕	许建坤	刘康伟	陈元权	王海婷	周广双	全叮咚	彭东恒
张咪媚	朱金水	吴满容	刘烜豪	叶现意	陈泳勤	樊云峰	杨 念	卢羽强	谭春晖	林丽萍
林泽丽	陈世燕	唐绍杨	曾小梅	刘 新	黄抗先	谢勇勇	蔡雪芳	徐永健	曾志衍	林美珠
周 玲	严少凤	梁伟雄	曾凡亦	张利浩	陈明俊	易 美	谢柳娜	钟伟妍	邓小芳	邓丹艳
潘嘉豪	张和平	余革芳	陈洪成	何炽佳	程志标	朱云娟	龚举同	彭 鹏	郭 云	张莉莉
何爱平	施汉平	刘金晶	唐 旭	黄志明	张 云	裴秀梅	葛永红	许社功	廖宜春	钟海芳
谭礼刚	杜昌发	张建敏	唐香香	王玉霞	陈成发	张 铃	卜建军	杨少卿	马少静	卓锡永
罗新辉	马占云	王灿军	马文慧	杨华海	王小芳	胡云峰	盛文蕴	周政艳	罗晴茵	刘 杨
谢晓星	莫海泉	谢沛芬	高雅恬	翁翊超	陈楚江	元晓群	莫嘉骏	吴佳承	蔡应乐	庄安妮
梁晓虹	张舜迎	黄国业	杨 萍	薛佳涵	陈添城	汪燕霞	李 慧	李荣晓	李 颖	李红元
仇志锋	邓育林	姚淑惠	唐 贤	邓 迪	颜尚燕	余 婷	叶剑萍	徐 媛	徐 敏	房美妊
王国成	曾庆惠	何海艳	罗 欢	吴运珍	陆鉴潮	梁思林	林若兰	牛安帮	谢梓龙	邓小丽
李雪玲	魏旭月	陈丹玉	谢敏敏	李红艳	朱 江	许 琪	蔡志桐	陈 卿	黄洁华	麦丽珊
廖小娟	许张英	张璇妹	刘凤梅	刘 艳	凌国祖	樊慧君	张海金	陈苏东	雷 岚	林丽丽
冯健勋	何 露	阮丽琼	姚小梦	郑敬国	郑敬成	张道红	廖佳佳	李琨梅	陈启非	卢水妹
陈观坤	孔凡晓	范运年	陈金振	莫李锦	秦钰文	杨凤玉	陈石燕	徐伟华	马嘉怡	戴金密
陈志恒	骆志坚	张伟锋	范添娣	邓仲美	彭亚琴	梁嘉惠	马树宏	谢志濠	黄佳乐	许珊芝
陈玫伊	高 旭	张美元	陈广进	陈 鑫	黄彩银	邓兴林	王 维	方 洁	邹勇建	谢山丽
鞠文权	卓振民	王欣冉	黄灿基	庞月清	章庆勇	付 烽	曾成敏	叶丽芬	周 宽	王佳杰

谭卉	江营华	李天柱	邹红梅	黄仕华	向波	李静	朱美玲	林兰	张旭亨	马龙悦
毕永钢	杨徐锋	陈双玉	周武奎	何慧欢	范康	邓秀琼	曾雅萍	徐业峰	区卓辉	李科龙
游鑫畅	罗德旺	卓奋志	王志健	许美琦	邓紫敏	崔志良	李冉	王泽成	韦欣淇	李雅
陈彩霞	陆紫莹	李容	梁小倩	张小金	林梓欣	吴勇	黄美倩	陈延旭	杨开晴	饶彬
陈冬凯	谢家叹	张冠钦	李海玉	伍谏枝	颜文丽	李嘉鸿	艾艳	刘嘉燕	周子铭	林杏怡
周雅	王瑞琨	梁惠萍	杨广源	唐海军	陈伟辉	李发源	章鸿甲	王诗祺	甘朝丰	蔡文滔
汤嘉慧	林卓超	江旭琴	曾玉松	陈上扬	周颖杰	罗广浩	温童尧	邓志洲	宋志勇	田广水
陈美娣	胡丽燕	陈焕成	杨红凤	范智毅	胡盼盼	郑伙红	郑铄欣	罗小凡	黄韵婷	刘涛
王庆海	廖琴	刘新帅	熊维瀚	史杨杨	周健城	邬星星	钟汉云	黄伟添	魏莹滢	蔡鑫森
姜沣洺	张泳婷	梁可欣	梁宇航	梁文斌	丁炜恒	余彩霞	吴少萍	伍淑卿	朱浩贤	吴美珊
黄天池	姜婉茹	林良攀	黄宝恩	陈雪峰	张秀燕	梁汉强	李妙间	吴敏愉	萧楚欣	李振华
黄健新	谭家惠	陈健峰	陈嘉伟	陈兆铭	林清沐	林森林	龚焕荣	冯沛如	陈秀娟	谭健辉
林家俊	许心坚	李梅芳	刘富德	邓凯宜	赵心瑜	方俊杰	李玉群	胡忠国	许金燕	郭婷婷
陈茋娣	崔健强	杨文兴	冯庭峰	李佩玲	李丽英	黎凯敏	章剑欢	施冰冰	丁瑞芬	吴嘉辉
章剑梅	欧仲良	黄玉珍	刘映靖	方宇	顾慧君	占晓霞	曾雅丽	黄丹乔	梁芷敏	甘健文
许文亨	曾美仪	汤嘉露	陈雅静	梁志冲	李淑晶	甘美瑜	袁少婷	廖智怡	陈少耗	赵锦燊
黄家球	黄伟伦	梁嘉丽	施良蜜	莫影仪	李健生	陈芬妮	林宝华	黄滨凤	林姿桢	于娜
杨美玲	何庭炽	刘子栋	谢婉萍	关云豪	陈义兰	陈淑儿	郭志强	植嫦嫦	张少娟	梁炎秋
廖思婷	冯镜辉	黄凤娴	李利洪	陈金棠	谭慕欣	廖远林	何镇聪	梅玲	刘娟	曾结仪
林桥艳	马小芳	孔健敏	刘桂花	谢群群	张正	沈金仪	周树荣	何玉堂	梁喆茵	赖冠宏
吴敏仪	黎志文	卢志江	张艳妃	邝健腾	陈婉玲	李嘉怡	何东惠	李文华	赵秀梅	苏剑威
李水霞	蔡景钦	梁振强	衡红博	王薪轲	吴素勤	梁海彬	龙敏图	陆松娣	肖继敏	张美玲
黄嘉辉	邬健明	黄梓龙	何绮君	郑玉华	陈维远	曾繁宇	何柏祥	陈健棠	陈坤玉	李林霞
卓益弟	罗杭业	叶敏莲	彭建华	唐月	吴宗源	李玉娥	伍晓琳	石丽洁	余爱娥	顾海英
何锐强	梁玉敏	张超	廖海波	梁淑堤	张超	饶卫平	黎小婷	方少兰	李允枝	何少东
梁翠欣	林平娣	莫秀霞	伍佩君	伍惠婷	邓婷恩	陈龙	史伟	何燊	何佳妮	罗伟区
陈雪芳	关锦富	林娟	陈荣宇	戚周	莫淇亦	黄惠婷	招玉妍	赵飞虎	庞芷莹	莫洪蓉
陈楚慧	叶欣茵	湛汉铎	何平	郭水沅	田晓红	于静飞	叶仁科	江少青	刘源斌	梁冠碧
周紫诺	董燕婷	陈吴通	石思平	练巧影	吴红梅	罗先玉	卢文甫	耿玉梅	梁颖茵	梁剑美
林飞远	温超锋	罗平	郭福明	张宇	任微	霍定连	陈泽祥	高兴燕	刘永华	冯敏
梁丽燕	黄志炜	欧马仔	吴彩莲	谢丽君	毕燕玲	卢丽平	梁剑霏	江志铭	曹国林	郭建华
王国志	徐宝珍	何志杰	汤家宝	范水秀	刘绿华	关敏仪	徐伟钊	朱雅君	冯小雅	汤宏锋
张海樵	陈紫根	冯东华	侯惠文	黄凤梅	林玉琴	刘带娣	黄炜康	钟惠琼	徐国籽	何利梅
刘丽婵	罗美桃	谭洋	徐燕君	赖文丽	梁永枫	汤青霞	黄艳萍	陈晗辉	汤结冰	刘永康
郑小华	李梦洁	徐正濠	李晓仪	曾锦浩	廖小金	徐嘉渭	区慧慧	徐君	温雪英	许志豪
黄畅	陈荣胜	李新全	潘小明	覃天虹	杨丽芳	温结霞	胡小英	刘东东	邹旭惠	刘肖梅
杨瑞兰	蒋康柳	罗静	汤嘉文	龙丽君	汤永进	张洁怡	仇嘉媚	陈思萍	范秀云	梁叶玲
肖红	胡明湧	骆启成	邱文胜	吴丽	廖秋艳	卢国荣	黄晨锋	汤丽萍	周敏华	杜晓明
黄文睿	黎文宇	黄思敏	许嘉惠	赵享	李语情	姚伟平	姚杰华	江爱娣	侯华女	江晓莹
陈伟仪	江俊潇	何娟	黄思婷	肖桂荣	张永俊	潘演君	彭玉麟	张敏婷	徐燕秋	周嘉琦
高淑媚	黄颖姬	彭丽	褟静坚	农娜	宁碧霞	张柳珍	申建新	刘高满	吕侨	张菲菲
罗伟杰	张俊鹏	郑晓君	郑植华	覃名婕	郑桂梅	余远利	李肖冰	叶静宜	练秀敏	周能

毕业生名单

李湖汉	李彩眉	沙景志	李兰兰	任劲鹏	江泽新	陈燕聪	陈思敏	廖艳卿	文 雯	黄倩敏
沈莹影	聂枝华	程梦诗	张雅怡	李关娇	刘熙缘	谢飞龙	万炜涛	赵贤森	谢志鹏	卢翠銮
樊诗堃	黄若莹	陆华娟	梁峰清	郭燕婷	唐 伟	梁淑欣	伍思浩	苏如权	肖文新	沈潘钟
袁继雄	周嘉梁	黄海雄	黄能燕	谢素娜	覃彦超	王丽君	卢少洁	邹 捷	邱燕燕	黄旖婷
李咏成	邝湘樱	李明红	李朝媛	张 杨	刘 辉	陈新虹	董章鑫	冼金淼	崔富维	黄苑琴
李海鹏	蒋 豪	蔡小群	陈毅勋	戴家鸿	冯铭业	姚琼芳	陈振飞	窦金玲	钟超健	谢兆麟
黄肖妹	邓锦莹	李伟洪	符之敏	王向姣	曾家杰	梁明俊	黄春夏	张燕秋	杜梓杰	张美燕
宋春红	冯明娟	蓝日阳	潘欣媛	胡匡正	曾敏仪	黄家明	莫雪樱	易海鹏	文 娜	谢泽键
梁湛森	周卓君	李敏欢	罗少青	张 红	魏晓莉	石静静	马冰华	屠维强	陈海涛	庞 昕
陈庆晓	李子佳	于 凤	熊章丽	彭丹丹	刘鹤贤	冯建洪	游 利	黄进平	李和林	张永霞
李伊琳	凌文勤	王旭荣	陈永康	李田子	欧 夏	龙海天	李嘉玲	李严伟	周钜鹏	陆清霞
张美华	李远辉	甘晓彤	陈振江	雷桂林	杨 琴	廖志强	梁 香	方少轼	聂威龙	刘梓健
李志锦	谢映妙	莫志康	刘家锐	郑诗慧	周智铭	陈锦英	徐继昌	胡斯锐	黄奇珍	韩文杰
黄嘉俊	邝国浩	张宏市	吴杰基	林曼丽	徐冠华	邱 晓	郭智禄	陈基福	江雪莹	孙汝锦
李岸根	高明仁	陈奕润	李志芳	薛海娟	孔祥家	彭番涛	杨小贞	李少丽	吴 辉	李庆阳
赖少玲	许丽金	卓雨柔	谢伟坚	黄彬贤	周智鹏	麦露菲	张华文	黄海治	梁锦文	李炜莹
吕天乐	林伟镇	冯国栋	成莹慧	李美慧	李桂芳	李家和	林泽豪	彭子峰	梁铭凯	连浩锋
何浚铭	陈超越	黄鑫雄	罗孝懿	黄鸿华	韩旭奇	张舒晴	叶锐彬	吴非凡	刘小进	陈 昇
张正杰	曾思权	陈浩然	李国龙	邹 森	李望龙	钟兆冲	黄俊超	苏兆聪	杨鑫杰	黄坚华
刘文楷	吴海龙	劳礼锐	谢锦河	易晓军	黄展龙	邓天财	田 茜	张 云	李发斌	黄佳秀
李希欢	刘国弘	莫明文	杨 丽	曾 强	贾庆龙	张国波	林美伶	周 凯	王树娟	李森源
赵政航	李小菊	胡颖文	陈裕芝	陈建生	钱远航	李思齐	邓国辉	杨榆樱	崔嘉洪	林晓珠
李 娜	杨桂清	吴柳芳	蔡丽红	段雅鑫	张文豪	何演慧	阳 卉	骆嘉文	林函彤	刘泳桐
黄海玲	黄 力	何万淼	黄海华	张 芃	黄琪伟	李泽同	邵逸芊	王诗琦	韩 宇	张尊莲
梁秀城	李臻贤	蒋欣龙	石珈宁	李孝元	岑铭康	黄景富	李佳豪	夏鹏洋	钟海鹏	陈明珠
邱英峰	王嘉慧	陆芯怡	柏雪婷	田业毅	邓晓发	朱炜彬	方维新	胡梓钧	邹端男	陈慧雅
黄紫咏	周希贤	封业隆	邓雯予	何展豪	骆绮婷	梁永鸿	梅芬颖	李伊琳	刘佳丽	陈语林
李启钦	卢晓晴	梁泽健	陈炬楠	蒙家锦	陈丹虹	万如意	莫铭恩	唐昊成	吴紫东	温斯情
叶润东	曾庆加	李倩童	朱 巍	余晓敏	黎慧斌	李晶晶	柴小强	黄志鹏	刘利超	潘进娟
李 丽	邱金兰	苏铭谦	黄晓曼	修进杰	李亚龙	袁红旗	廖文华	伍雪珍	张嘉威	李运婵
董嘉凤	潘松波	刘成才	陈伟佳	彭艳媛	赵婷婷	吴香华	范思佳	周 静	邓铭洛	肖 晶
周以洪	方腾涌	陈德铭	池欣妍	陈均丽	杨 琴	张文涛	彭天宇	蒲毅文	钟霖鹏	陈学斌
柯宇梦	何梓豪	李 欣	雷能文	赵坚明	刘定伟	贺炼金	黄永志	欧永强	邓显斌	吴丽玲
谢钦俊	陈冬菊	白祺裕	黄悦聪	李佩宏	黄丽霞	黄淑珍	洪伟彬	阮城俊	陈淑芳	黄加海
邓嘉立	洪漫妹	潘梅健	高 敏	毛军帅	黄 科	程时云	刘 彬	付桥桥	王秋君	李家健
杜素敏	夏昌朋	李建雄	曾绍基	温宁钦	杨 静	陈仕坤	何月平	杨贤浩	李永辉	宋昌敏
许建秀	柴丹丹	郭光明	蒋伟杰	杨文丽	杨 健	刘 晓	杨秀堂	杨彤茵	周康剑	张丽满
张 欣	吴 艳	吴胜钢	林仰锋	陈燕君	魏冬冬	李 婕	杨俊豪	奉 林	卢心俊	林玲妹
麦瑞斌	林淑敏	许国锐	黄冬宛	何雅慧	吴嘉俊	谭盛倍	江婉静	沈诗韵	梁皓景	李俊伟
谭兆轩	李秀英	林海怡	郑铭琦	郭汉斌	陈昭钿	谢健安	高炳权	梁峻腾	梁家宜	潘梓健
黄明洋	李杰峰	罗健泉	刘德文	曹佳燕	牟小倩	黄晓玉	何玉萍	欧广钦	陈光普	林思琪
黄辉泽	谢干超	许文基	廖香慧	林佳欣	沈 莉	沈 越	肖路旺	谢浩枫	陈诗曼	朱齐一

梁北海	麦钰莹	阮绍辉	林嘉锐	韦金秀	马春丽	梁泳珊	黄玉冰	陈浩洋	李结勤	马晓青
马晓华	孙 瑞	张丽珍	黄晓棋	钟婉萍	麦俊辉	郭烨伟	杨 婧	陈俊言	曾文耀	李俊曦
刘建江	蔡孝源	卓明杰	李宜洁	杨子毅	石长霖	许永珍	陈清芬	郑雪梅	王文燕	陈啊祥
谭小辉	林善欣	洪龙燕	饶燕祥	黄小瑜	李伟华	李英美	陈永欣	黄佩仪	林晓懿	周健文
林子豪	陈凯恩	陈志豪	黄丹丹	郑羡媚	梁海生	隋 曼	林婉棉	施智杰	黎小玲	许晓梅
黄文伟	梁晓红	王小霞	郑羡虹	陈美仪	陈文钦	李淑儿	张 亮	司徒伟强	欧阳丽姗	
欧阳粤瑶	曾伟怎漫	欧阳笑红	欧阳钦珂	程纪褅娜	孙泓凯特	LAOWANGKENTHONY				
米那吉丁·阿不来克木		麦麦提衣明·阿不拉		买迪娜·艾赛提						

国际经济与贸易

毕景柱	徐 飞	盘玉滟	钟伟健	钟洁苹	徐晓朋	林楚容	杨敏纯	黎进文	陈汉辉	姚 瑶

行政管理

何美瑾	张文杰	王爱群	黄艳洁	郭俏卿	郑楚梵	徐瑞娴	梁俏曼	肖润丰	黄润耿	陈 玲
谭秀笑	陆晓华	黄兆伶	麦锦鹏	郑泽吟	彭威振	熊改艳	李嘉敏	杨培宁	宫清龙	沈贵冬
和喜梅	林啟升	周 鹏	郑建航	魏海燕	鄞立德	肖 宁	刘梓立	严培嘉	王雪梅	何立华
许婷婷	林燕珠	黄桂娇	刘玉安	尤 军	陈 露	陈 蒙	徐国栋	王友山	杨 贵	杨小刚
翟江龙	赖会霞	蓝 俏	李昱良	刘颜青	廖 鹏	陈文锋	周雪瑞	宋泽昆	杨 松	王展锋
何晓怡	黄文静	梁 森	罗颖晶	林卫玲	黄嘉丽	成彩敏	王锐坤	陈光锐	陈佳旋	谢妙萍
李泽吟	陈 斌	杨思广	王大宇	江洁荣	周曼玲	李雪芬	张玉霞	邓玉芳	陈 琳	谭丽文
邓玉文	黄文杰	黄 越	宋明雄	陈雪云	欧阳瑶	江锦标	罗伟丽	罗仕群	袁 芳	段亚琼
刘冠军	王怡弘	方 梅	陈孔燊	徐芷茵	陈汝洪	江志烽	林佳萍	江永栋	赖巧君	黄若云
章 瑞	黄英豪	黄若芬	严兴照	陈新星	陈文卿	陈文婷	朱启东	栾永涛	白星星	何柳婷
谢 姣	史巧梨	廖 辉	方晓丽	肖欣欣	李 霞	马千里	王 帆	张清英	陈 媛	雷海燕
曾丽芳	陈春茹	赖建敏	刘俊鸿	庞嘉丽	唐梦波	陈 浩	黄雪婷	钱小娇	徐筱敏	钟志伟
黎家忠	黄志彬	王珊青	李大旺	蔡秀贤	冯德斌	陆金莲	刘小林	柯 铭	张 改	陈 琳
吴洁亮	王文昊	侯志清	丘美婷	庞明明	陈少康	潘桂红	邓节萍	官柳凤	黄承宗	李双燕
刘凤燕	钟 燕	周万坤	李 优	赵玲玲	姚秋鸿	颜海莲	王 昊	庞秀秀	何铭聪	林海云
朱恩军	蔡镜清	甘文燕	郭志敏	黄文清	魏雪冰	冀荣荣	王 婷	罗晓琳	林灏然	吴辉间
李铭萍	凌君茹	陈丽钧	黎惠莹	庞 卓	黄金玉	曹子谦	黄丽丽	肖志成	黄小结	李冰君
陈志康	肖奕武	黄炜韬	黄玲玲	卢依晴	李艳玲	李晓静	周丽丹	郭泽芹	何灶秀	车珊瑚
陈 维	吴 樊	冯 萍	廖俊杰	刘明辉	周敬碧	谷斌菊	黄文周	彭桂荣	李丽花	鲍安青
邵洁文	华桂亮	杜艳珊	宋振滔	陈 燕	曾谢平	罗翠敏	卢伟焯	冯观怡	周绮娴	徐 欢
李锦成	邝秋仪	朱 曦	戴安妮	李明福	张伟玲	黄万钏	简伟森	曹 颖	袁 静	黄子缘
刘 月	陈志鹏	郭逸舒	杨木星	黄海燕	李 壮	谢善星	李红云	吴培纯	黄周养	曹莹女
罗 莹	董艳艳	曾伟波	陈春婷	符进尤	莫剑国	彭嘉炜	廖水金	汤夏欣	成绍林	陆锦泰
陀梅梅	江宇萍	董必剑	朱灵茹	黄乙文	黄嘉维	何小美	梁 惠	杨映芳	杨焕群	朱树强
苏颖怡	陈李丽	陆晓清	崔恩薇	张卫卫	谢良梅	谢子伦	邹泳仪	卓剑波	周旭华	江振标
林燕欢	黎美钰	李灼忠	易焕婷	李丽娟	肖国康	陈嘉欣	黄声明	钟秋华	秦美华	郑丹凤
冯明雪	李 文	梁莉珊	彭春燕	谭细梅	孙 维	黄蓉怡	刘细妹	林晓霞	刘文涛	黄新朋
陈志光	易美清	冼思敏	王亚洲	卢冠鸿	陈土英	郑丹淑	陈凤珍	黄斌华	龚 沫	吴玉婷
朱灵玑	郭晓强	朱 敏	陈锦鑫	侯俊文	谢武菲	付春艳	樊永军	刘 丽	张国丽	张志君
刘 灿	杨秋茹	周 沁	贾元元	周伟锋	李喜红	刘国超	唐汇华	刘晓梅	朱佩纯	梁秀娴

毕业生名单

邓棣娟	黄镇标	许国元	谢丽芬	黄晓旋	郑楚璇	林海冰	李素兰	周红彬	张葶葶	李 鹏
曾银华	谢林萍	刘东兰	袁 良	周零英	方龙国	马振军	陈 黎	李兰华	黄文辉	李雪丹
王绮文	谢秋珍	李 锰	江丽珠	钟 妮	邓家琪	卢华敬	刘思艳	布欣仪	靳芷君	李雪雅
黎晓晴	张婉婷	曾文苑	潘卫恩	李楚欣	林凯贤	周文彦	陈姿霏	刘永壮	许丝洁	马艳红
汝明明	施丽娜	刘阳成	谢玲蓉	王 亮	周 娟	王 星	卢常兵	李 军	金欢欢	周欣怡
李 刚	刘会娜	王虎霞	杨 娟	杨春燕	熊文坤	高健平	胡莹莹	巩国强	赵士玉	杨晓波
王 丽	汪宜宜	袁小杰	徐进德	刘龙龙	彭明楷	安雅丽	李 强	曾小利	王 冲	巩志豪
薛 斌	赵翊珂	俞美荣	水新福	刘金金	戚如霞	王 芳	王建平	满芙蓉	刚鹏飞	黄 亮
杨冰冰	王 贤	刘青松	徐世刚	李梅霞	李高翔	陈 健	温秀娟	仲月慧	王少波	王小红
孙青兰	何景伦	陈 丹	李文学	付玉涛	白立成	宋万良	韦应博	郭紫君	张 虹	王志雄
杨永红	孙 林	蒋雪平	刘姗姗	杨鹏程	韩 智	赵升平	孙国军	王璐璐	吴 楠	王志刚
胡中华	李小峰	梁 豹	魏莹莹	胡 威	何首伟	于 洋	廉晟浩	铁 旭	王国礼	杨绪虎
卿 芝	汪海冬	李海霞	陈 荣	王海鑫	李 文	单兴龙	张 娟	龚云川	田 明	姚 曦
郭 智	裴芳国	刘丹丹	刘美琴	冯小云	马晓磊	邵思琦	王进前	陈辉洋	唐晟恩	魏春铭
苏金玲	张 旭	于 杰	钟似源	孙金佩	马春兰	边银平	孙春风	陈 强	董 鑫	韦少祥
鲁 娜	华 帅	张露洁	朱咸军	蒋子婷	肖 锐	胡文静	高杨灵	吴燕梅	黄 莉	董慧斌
魏丽娜	张 涛	林思敏	钟小燕	李竟群	盘 珍	蔡位正	刘中华	陈祉吉	张正前	丁 衡
陈小丽	陈 莎	沈 鑫	张忠强	王思瑶	张 帅	崔如平	钟友如	蔡子尧	陈彩绸	池江龙
卢丽珠	黄明燕	陈 刚	傅素勤	卢赛妙	何月明	肖正中	黄乔芳	陈亚叶	陈秋格	陈 玲
魏柳春	颜文婷	陈秋玲	廖江玲	张雅颂	陶员员	周惠娜	黄欣然	梁庆群	何嘉杰	罗美霞
林 帅	梁燕玲	刘敏婷	梁燕红	潘钻妍	杨瀛瀛	蓝秀妃	陈伟松	冯颖怡	李凤萍	洪义军
郑英桂	黎桂颖	胡海聪	何德林	刘广镇	陈泽锋	李丽华	谭晋禹	钟松火	付明海	邓韫瑜
郎业晖	李敏仪	罗雪怡	黎晓莹	汤可欣	孔令斌	罗 静	冼家欣	张汶愈	陈钴燕	曾智杰
王伟山	阮淑敏	黄荣生	王雄敏	卢苑诗	朱美欢	刘景芳	洪丽君	林秋平	陈 英	何 芳
沈华清	梁泳梅	沈何清	杨杰荣	陈小静	刘嘉欣	古育华	张德莹	崔悦然	翟学轩	吴冬丽
吴番谊	龙雪婷	冯金华	吴丹丽	简柏勇	关东梅	陈 银	陈陆辉	魏金凤	吕敏生	戴惠敏
周 善	覃惠菲	张梓良	陈吉文	温德军	姜爱玲	邓 洁	杨晨宇	刘林林	杨燕妮	黎芷妍
冯富嘉	曹俊辉	瞿于星	瞿世香	杨云䂞	罗春增	茶学光	杨 杰	李 莹	饶存丽	白 羽
袁开荣	曹健丰	林海燕	许伟聪	欧嘉丽	王劲秋	曾淑媚	魏碧珊	何秀珊	陈继华	黄叶清
班雅熙	马文俊	梁美颜	吴玉怡	黄慧敏	梁永生	熊利娟	谭惠珍	陈惠真	刘洁霞	陆 燕
谢慈恩	杜双福	郑志辉	黄超凡	高豪源	邹东敏	阳碧荣	张春芬	林玲珊	冼美恩	侯芝兰
陈健忠	石 林	何雪如	刘洁盈	陈 莲	林敏婷	杜宇娴	马永清	林叶菁	单华树	郭诗敏
叶秋狮	黄美琪	王凤儿	苏嘉敏	陈 莲	吴兴祥	吴彩庭	罗坚祺	李希彤	张妙偲	余家俊
林依明	郑丽诗	孙 颖	黄伟培	郑润达	黄志敏	丘福强	褚桂芬	单小钦	林玮乐	何美华
李华就	温翠芳	梁海添	黄张雄	高安琪	黄玉梅	李浩贤	黄非凡	林宏亮	朱立梅	陈豪伟
黄绮琪	吕龙生	黄阿兰	何诗淳	樊卡俊	黄家乐	武雪萍	黄爱玲	潘银娣	伍凤雯	梁毅嵩
罗浩文	陈月娥	卢永康	梁丽英	李维良	翁江枫	杨金乘	江群芳	黄嫦欢	何秋萍	高颖仪
余晓娜	甘翠莹	王婉婷	林智麟	李家华	谈柏强	梁丝敏	邓雅智	黎家好	黄文生	黄小玲
莫锦玲	吴细师	宋秀丽	吴海媚	关 燕	熊 伟	欧家豪	杨志宏	谭永汉	张利平	黄金有
田 芬	陈惜英	陈 凡	余小虹	陈碧莲	左全玲	刘琳汝	董伟平	林奥华	杜凯悦	谈英豪
陈 聪	冼国伟	杜心如	张 恒	郑海龙	李嘉怡	徐嘉文	祝智康	彭冬艳	陈勃宁	黄 彪
幸文乐	王树海	唐一麟	邱华展	李华侦	周颖俊	高琳茜	刘怡琳	胡宜晶	张永军	张少英

何秀娟	杜燕齐	邓燕坤	邓悠君	陆福华	梁 媚	谭 莉	黄丽芬	何宝莹	陈冬雪	关碧琪
霍海康	刘雅琳	丘柳棠	何月明	袁湘悦	李亚琼	张伟琼	曾令华	何苑玲	赵红超	蓝 菲
欧伟健	张晓嫦	王 楠	关灿标	陈美桦	赖洁丽	梁永娜	招月娟	陈锐彬	朱信熙	梁晓瑜
潘晴晴	黄松喜	叶嘉伟	廖卓鹏	关炳林	叶巨恩	吴雪霞	叶嘉欣	贺余香	刘灼佳	钟敏华
徐雪梅	陈少媚	黄翠怡	蓝 亮	黄秀蓉	吴建浩	段圆园	古丽崇	何醒源	冯满姿	黄小玲
陈旭凤	曾玉铖	吴 妹	陈燕媚	陈 颖	梁淑贞	刘芳兰	梁倩仪	温美莹	叶金敏	李淑婷
叶春娟	钟桂玲	卓丽妮	王婉兰	钟 芸	杨宇玲	黄晓新	王善君	韩莹莹	何小勤	刘俊花
谭美婷	周显宗	车嘉丽	田婧岐	陈楚瑜	黎钰娴	汤智棠	吴紫虹	易家其	吴贤婷	缪宇杰
方 丽	肖 磊	欧福新	吴家亮	覃子娟	钟胡媛	黄远芳	李海莹	宁美丽	周 玥	徐丽萍
越秀媚	谷海霞	李坤佑	姚亚丽	陈信华	李凯玲	刁俊健	李振宇	何尚霖	刘永发	沈剑虹
王 宇	郭丙昌	蔡丽文	黄栩辉	陈洁霞	袁炯发	韩梦瑶	宋艳丽	柳汝烟	胡淏杰	王鑫泉
王洪发	姚丹丹	王光奎	徐 浩	蒋 霞	黄 芳	吴志洪	陈苑婷	林彩妮	张国久	杨嘉森
刘 童	赵梓凯	崔志帆	江泽平	欧建幸	庾燕红	杨光略	丘年烙	许仕彦	黎振涛	王雅因
郑水霞	王靖如	黄滢滢	陈 铖	糟 艳	王丽荣	闫 伟	班 超	王雪梅	吴磊刚	马颖柔
黄嘉豪	曾虹燕	蔡凤英	何文杰	陈健怡	何安琪	梁清照	张国进	柳颖诗	吴雪兰	林锦柳
金桂芹	何伟立	吴伟麟	黄原银	李建明	赖希凝	赵营荧	乡乐怡	林雨婷	张昭蓉	陆唯琪
黄嘉健	唐思清	林玲环	王伟才	郑嘉敏	陈卫民	左颖轩	罗嘉俊	王坤亮	黄活霞	吴家侨
卓宇斌	陈振隆	贾 祖	陈炤坚	许奕捷	刘瑞媚	肖秀缘	郭志华	张碧莹	陈美莉	胡玉宝
梁瑞兰	刘 娜	施翙岚	高伟雄	汤丽霞	何继业	谢丽芳	黄 辉	陈云英	张美琪	张伟俊
殷锐涛	陈雅欣	吴玉英	关健财	樊昭容	陈丽云	杜绮婷	林海燕	林莹莹	香基莲	古苑君
吴月现	陈文杰	黎建祥	邱思敏	谭英健	陈转娣	邓小莎	陈子龙	蔡丽珊	黄晓雯	冯玉玲
许子强	周志明	谭家欣	梁佩微	温晓媚	卢春凤	马丽叶	梁佩琼	施养作	梁伟满	陈家鸣
杨琼娜	江惠红	李 丹	邓翼嫦	李素萍	高婷芳	李 伟	杨锦荣	蔡 峰	姚水梅	吴嘉劲
韦柳媛	李维康	高桂媚	樊秋仪	黄雁明	陈惠莹	张锦锋	吴洪珠	郑嘉豪	丁伟平	江耀华
郭少帅	凌可如	冼瑞连	沈耀优	杨琼恩	林颖康	曾恩瑜	周耀文	吴伽进	唐智坚	梁文研
温慧欢	吕嘉盈	刘丽云	王 钊	梅立聪	贾进乐	刘 英	刘家明	叶惠明	林淑婷	梁小玲
陈改转	王月玉	王玲玲	林淑媚	赵嘉诚	黄 畯	梁永新	冯月怡	钟光明	黄艳霞	陈巧英
余伟涛	吴锦诚	任宝丽	赖秀英	林淑娴	郑美秀	郑健明	赖秀珠	孙雅雯	林嘉敏	庄玲玲
黄迎祥	吴志猛	钟志琼	林珠甜	钟伟杰	卢炜铭	吴嘉宝	成 浩	欧阳彩铭	欧阳景辉	

欧阳素梅 司徒丽霞 欧阳志豪 欧阳艳红 欧阳清梅 欧阳伟信 马胡赛林 海热尼萨·努热克 吐送江·阿布都卡地 如则麦麦提·阿卜杜喀迪尔 努尔比亚·叶曼布都拉 麦麦提祖农·库德热提 居马古鲁·代肯 阿力木江·艾孜孜 尼加提·热合曼 阿布都外力·阿布力克木 阿依帕日·阿布来克 伊热夏提·米吉提 米尔扎穆海麦提·安外尔 奴尔帕衣·阚杰汗 阿卜杜艾尼·阿卜迪力木 吐尔洪江·克依木

航空服务

郑佳容	罗嘉楷	董茜怡	张泽雄	丘卓颖	张文康	李丹妮	杨泽虹	朱俊威	陈佳斌	曾 册
植伟活	陈春柳	吴忠超	戴雪菲	温智光	刘家豪	房莎莎	邓成杰	房永锋	张泽祥	

会计

林雅雯	李婷婷	程 苇	梁惠婷	沈铭怡	林翠兰	刘巧玲	梁雅雯	李洁娜	李 蕾	何翠玲
李文静	刘井秀	曹芬芬	文燕琼	尤荣密	邹 艳	周 涵	蔡莹莹	梁小玲	余绍莲	李协宏
赵松秀	刘丽萍	马晓玉	李小玲	曾嘉欣	唐敏芳	廖艳容	黄玉霞	梁秀明	张 莹	钟芳芳

毕业生名单

曾庆英	范炜莹	李又兰	黄翠儿	蔡锐娇	梁焕秋	徐桂华	莫秀华	郑泽惠	郑贵婷	郑佳霓
邹丽冰	林燕玲	卢婉淑	张晓敏	林晓璇	邓珠珍	罗远宜	叶敏龄	何惠梅	邓雪群	郭祐瑜
孙世谦	魏新花	朱惠英	梁 燕	陈慧敏	叶瑞平	叶菊芳	陈伟婷	戴维娜	梁财葱	谢冬梅
梁结莹	李记年	何新华	陈瑞玲	邓丽明	梁嘉玉	邹海燕	邱光洲	周杰丽	刘 晶	张 群
张 颖	刘玉婵	王晓芳	谢育珊	张芳苑	黄四妹	杜敏华	邝羽芥	梁丽丽	黄梅单	汤少玲
谭彩娣	罗业腾	黄镜连	徐婉琦	溫凯婷	温影华	彭双双	洪晓芙	叶新梅	冯 颖	张洁雯
吴卓玲	黄咪咪	蔡齐敏	慕双恩	梁 玲	汤 全	郑方秀	曾 娴	唐纯华	黄月容	杨艳香
罗静敏	李德财	杨翠香	林松英	刘文丽	张晓丽	黎晓婷	黄飘屏	袁丽花	陈 宏	吴文静
朱艳娇	刘礼红	谭芷琳	彭喜菊	雷 青	林来恩	邹卫林	罗美怡	李顺乔	王 辉	郑妙茹
黄有珍	利丽芬	赖诗琴	沈珍玉	利雪娜	王 英	毛秋月	肖丽芳	冯龙珠	曹思敏	农小冬
杨美琳	饶春梅	杨玖琳	姚晓可	谭秀红	徐暖暖	刘红红	苏细凤	陈丽萍	檀斌芳	罗叶英
董海英	孙 敏	徐沙沙	龚若寒	吴嘉文	彭洁梅	李小芬	江玉娟	黎彩转	张芙蓉	谭贵方
向小琼	胡 燕	姚家燕	潘秋平	刘春红	何娅丽	王 妃	赵 赟	张利平	彭立敏	叶建娴
陈玲丽	钟淑珍	李丽萍	韦惠媛	高展红	李佩璇	吴凯芬	陈晓萍	马添娣	钟晓燕	李嘉玲
石燕华	黄月嫦	黄景玲	林 冰	施文静	邹家文	蒙祖霞	殷党玉	龙晓燕	林晓钗	汪丹丹
刘华楠	蔡达丽	任楠楠	谭红娟	罗凯霖	简玩金	罗国金	李肖莹	黄 悦	李 纯	梁冠霞
徐苍翠	唐远青	张蜜桃	李纪玲	冯培灵	刘秀如	李 云	卢俊奇	李小玲	邱英丽	梁燕梅
黄永娣	贝学波	熊 威	谢 庆	谢玉春	甘自杨	李婷婷	张龙丹	刘银英	陈秀花	张连连
卢俭锋	凌 敏	何红玉	胡丽贤	熊芙容	余媛翩	李 月	曾敏儿	许奕贤	胡培培	谢丝玲
林素敏	谭志玲	孔倩雯	廖重阳	赵晓静	王莎莎	顾晓莉	王 浩	宋文慧	韩正罡	王 骞
丁海燕	刘勤英	郭 涛	王 晶	向运芳	黄雪慧	郭棋棋	王永环	武文凤	吴素贞	姜会存
杜 娟	兰 花	帅思云	谢淑娥	曾秋燕	黄 丽	陈建芳	宋江丽	杨楚婷	王小维	张玉芬
韩 平	魏 妍	刘春秀	彭 晶	马 梅	贾舒鹛	肖秋宇	张 军	耿重艳	马心宇	李文琴
韩 蔓	陈雪梅	杨 敏	梁惠慧	罗俭鸿	刘 颖	罗永纯	汤雪莲	毕 华	睢 苇	冯梓茹
王鹏梅	潘美兰	杨 耀	莫文平	刘三秧	韩 玉	郭丽萍	陈小娇	姚海同	邓惠梅	文 喜
李文珍	吴雪芹	罗韶华	卢 缓	郑爱玲	段雁飞	叶秀芳	陈 林	罗春晓	邓 秋	邓华丽
李丽萍	文 敏	于文秀	何静仪	何肖红	李致欣	刘丽虾	唐金连	刘亚萍	何彩连	段胜男
胡云静	张 霞	吴泽珊	王小梅	吴春明	李 敏	朱应娟	吴春燕	王慈兰	肖桂林	方太霞
马燕妮	余 红	曾灵敏	陈海梅	李白丽	梁舒婷	林凤仪	高佩玲	李秀琴	陈冬妹	秦永慧
梁燕红	黄淑君	叶德芳	黄 萍	詹丽丽	姚燕丹	洪 冰	姚晓丽	苏秋丽	谢燕婷	李国芳
陈明芳	黎家怡	庞玉莹	何千惠	卢佳岚	吴小燕	陈玉玲	罗宝仪	李燕童	钟晨娟	吴丹虹
张秋璇	黄旭茹	杨钰娇	陈琼花	张雅琪	胡旭婷	张美兰	秦漫洁	戴佳君	李晶喜	徐珍妮
林宏如	张丽萍	覃木兰	杨勘青	欧 梅	冯子莹	陈 维	巫如琼	邓淑华	李桂明	黄海英
梁嘉杰	李小梅	何梓韵	冯美君	黄焯君	车小莹	郭丽芬	郭焙玲	钟丽娴	李秋燕	程 琼
贺 美	秦 鹏	卢楚玉	皮定雄	杨敏华	杨 萍	袁学文	沈小丽	朱焕溪	练梅香	陈静君
陈雪敏	张彩霞	张晓玲	范秀婷	肖金如	邹永利	钟乐川	刘俊杰	刘雪丽	梁家裕	杨晓佳
游俊辉	薛紫琳	杨晓敏	陈秀凤	邹丽莲	单甘露	龙 丹	彭小倩	林玉珍	陆思琪	刘玉娜
黄 莉	温雪池	戴宝嘉	潘文通	彭丹妮	梁志丽	梁少青	李 玲	林敏萍	郑少端	胡传平
方玉珍	杨飞燕	何汇桥	陈乐燕	曾小玲	王君华	袁雪婷	冷玉霞	朱燕珍	黎学思	徐玲玲
方晓丽	黄 瑶	黄敏珊	胡鸿彬	潘云华	王勤娟	赖冬梅	李金蕊	胡 叶	丘惠英	梁静意
吴丹娜	叶起蓉	杨 婷	江丹玲	沈小花	阳 智	何艳华	马梦婷	刘 洁	刘 娟	曹海勤
黄上凤	卢泽婷	叶紫丹	杨永广	陈金花	钟子贤	张金伟	钟凤琴	吴秋玲	许湘宜	陈慧萍

梁桂芬　谭岳妹　欧阳小丽　买尔丹·买合木提

机电一体化技术

钟俊峰	宗永基	吴锐新	孙　沛	陶中恺	许百凯	周永顺	杨智雁	林振丽	贺跃强	蔡昌忠
何裕佳	钟国智	华大明	李天福	赵　邦	巢艺明	张文青	杨　涛	刘兆金	戚钟亮	蔡炳文
林子钧	何丁桂	曾富忠	易涵林	李　东	陈　培	卢　杰	徐成成	邹初基	刘嘉文	肖桂文
雷　正	张参军	黄　林	宋加生	田荣权	程帆洋	曲　凯	周瑞淑	李　勇	陈春树	伍培锡
黄福胜	陈树洪	黄小华	李志成	袁　俊	廖世涛	朱　磊	段利彪	龚志根	温志彬	董一涛
王　海	陈镇兵	陈福升	柯昌堂	马红阳	吕诏波	陈超勇	马　冲	林新军	李天龙	张圣春
袁培森	苏炜铭	劳盛辉	黄素财	朱世鸿	梁法威	郑小文	陆翰坤	梁国胜	梁建生	李木强
李金华	张建邦	李志全	骆志豪	何小军	余亮华	王　鹏	卢进煊	陈福强	朱友良	毕伟添
李伯根	黄燮华	宋新闻	胡阳军	劳庆栩	黄国樑	何智敏	袁禄生	欧可灯	甘永健	黄汝光
曹学春	姚炳威	卢伟楝	卢宗康	张起忠	李世雷	邱二生	夏月明	邓建军	唐军平	帅永华
陈镜河	沈珊珊	黄振波	周伟辉	华远胜	邹　勇	梁康胜	王　帅	秦灼辉	严成华	傅立军
黄建伟	汪　庆	何田生	王志强	麦冠荣	梁洁丽	陈晓勤	黄品英	曾意明	卢德林	代前波
邱丽香	杨银英	郑书艳	朱国富	黄　军	朱明宽	陈锡权	邓先勇	谭杰龙	潘熙邓	高名礼
刘炜乐	李小衡	任　川	王　鹏	符存庄	李　辉	罗　敏	丁志勇	邓辉瑞	梁志红	罗德全
刘艺航	陈俊全	关嘉枫	汪银平	甘志文	刘国利	刘　斌	蔡　明	唐洪光	张世磊	马　强
侯美玲	熊　新	李　凯	张家华	邱建国	徐　婷	王　涛	邹春霖	文志辉	罗　伟	许茂斌
吕国星	陈火生	冯华东	张兴伟	黄仕麟	赵党旗	任存良	陈永怀	刘会进	刘　斌	潘胜勇
刘世怀	任伟东	程胜清	李洪奎	李杰安	梁兆锦	李杰宏	钟胜朋	张玉龙	梁天银	周启发
蒋　涛	孙永欢	兰　斌	肖清云	刘　军	刘俊峰	侯春怡	徐志光	杨志豪	岑富成	周金磊
卢林飞	陈　丹	白永峰	王全勇	陈敏杰	黄　维	王昌民	杨志宏	王顺平	金继涛	艾德福
陈龙拔	张传锦	曾境爵	巫泳金	徐广流	梁明龙	刘晓杰	梁文广	梁昌情	朱俊铭	黄建平
潘　超	舒雄若	林　顺	黄兵毅	薛　阳	杜卫红	石　峰	黄朝鹏	邱　栋	易志斌	谢　雄
武腾飞	冯建富	梁顺开	黎海标	邹义秋	徐开俭	孙海岗	范雪龙	晏　斌	徐克勇	王勇杰
王贵富	黄　海	刘国成	王润杰	王　瑞	黄建宁	端荣清	王仁昌	陈剑金	肖学志	陈英杰
李小白	黄全兴	易铭朗	邓钊坤	李柏全	徐智杰	王亿彬	郑华梁	黄明江	梁俊威	林泳健
郑仰欣	陈景寿	周伟坚	陈炬龙	危伟平	刘健进	赵　翔	王义杰	张嘉辉	毕国针	曾伟灿
毕永烺	李岭起	张家俊	雷　明	马贵鑫	黄炎钊	李业康	严文豪	胡明杰	何　乐	罗国和
梁炜俊	李嘉健	陈小明	唐明英	李国东	李华兵	丁贯魁	郑　兵	黄安茂	陈培雄	陈鹏飞
田　玉	闫景丰	林秋宏	杨鹏飞	赖均森	刘海峰	张　令	蔡奕春	郭海平	陈志才	黄志斌
冯绍淮	王政鸿	张　骏	张招才	赵兴胜	段德志	黄振华	杨秉昌	周　果		

计算机应用技术

江雄炜	李　斌	张传军	徐燕梅	黄楚豪	谢吉喆	陈　鑫	林乐伦	李昆运	黄荣达	徐　磊
郑海业	何灿辉	侯志康	董艳艳	刘　鑫	姚舜禹	陈水明	丘圣原	徐智勇	谢兆军	孔令麒
肖智兵	陈泽武	武健伟	袁群龙	黄世荣	林炜劲	陈茹成	魏文康	邱启章	李晓慧	欧慧聪
于树森	黄战红	全高峰	杨煜恒	李　聪	罗秋梅	董杏章	凌威权	梁铭俊	黄梓行	高　康
李仲铭	何晨辉	杨　卓	晏　齐	刘睿程	张鹏飞	马　讯	尹宝俊	孔祥鸿	钟丽雪	黄维烈
钟彩红	林锦浩	林宛桦	郑　涌	陈锐沛	黄丹豪	唐靖轩	吴　瀚	温江松	吴宇明	卢俊扬
付月星	张　奇	唐勋俊	梁洪达	凌诗艳	蒋贻银	兰　宁	林明天	卢凤燕	杨德智	李鸿景
林世强	张　军	何伟南	吕梅容	刘小娟	谢泽鑫	王震冬	王　震	庞华如	陈达豪	江卓伟

毕业生名单

林 宇	张海波	刘东艳	刘志勇	梁建明	袁诗丽	郑 钿	赖思城	卢国堡	唐佳妮	张小泽
刘 静	周 静	吕 坤	程芳敏	楚明润	王瑞鑫	刘桂田	梁应鹏	严振杰	庄柳商	方亦鑫
李标杰	李剑灵	刘定鑫	廖津宜	马伟江	吴海杰	邓 飞	黄群媛	简耀萍	陈汉敏	陈铮烁
钟洪欣	彭嘉欣	谢丰明	张阳敏	黄俊发	萧益梅	萧灿炜	金前旺	崔健威	周贤智	何 凤
卢 诚	林晓杰	凌飞云	李 成	周 璨	李才学	陈凤飞	江嘉烨	苏志会	张华英	李日建
张立俊	雷 艳	李有家	张 鸿	林 讼	吕铭浩	盘家华	周华山	郭俊杰	周 斌	吴春满
卢启洲	李 源	毛美萍	林 燊	李健文	黄媚媚	黄礼展	胡洪丽	郭浩贤	李 龙	沈盛鹏
彭嘉霞	范学文	李汶阳	李广川	黎运醒	钟浩荣	张 沛	林腾腾	王 彬	王守林	江红琼
赵亚丽	邓宗明	杨满凤	陈 浩	杨盛烨	卢耿忠	张海迪	刘 硕	李永斌	詹泽锦	许启达
刘丽丽	战 鑫	李丹丹	苏 琪	锁夫燕	托乎提·乃买提		李肖雅	赵 玲	曾雨龙	裴文君
仲昭晨	苏少恒	刘振翔	裴宇明	孙运昌	王培培	王晓航	李菊芳	任自江	刘昱辰	曹晓旭
窦孝鹏	李小丽	铁有刚	许 程	苏 涛	徐紫奇	夏国琦	李开亮	黄 俊	宋 齐	孔令淋
杨 阳	古力米热·肉孜		高子含	蒋立枭	阿吉拜克·木沙		刘 瑞	朱天生	张宏劲	徐巧燕
袁江川	赵勇键	伍 宁	刘 凯	林国颜	胡 利	王 胜	杨巧霞	谭思军	刘华明	李志铭
何伟民	刘白枚	黄怡军	李艳清	摄东升	何佳龙	钟春彬	杜 硕	王俊辉	严 琳	柯嘉鸿
陈安城	王 瑞	赵卜辉	袁柱玉	丁继东	李晓东	林成基	周培东	覃辉容	沈籽安	王皓帆
段丽萍	叶永康	任友亚	李俊沅	陈静芬	陈海杰	张伟江	赖榆中	莫伟荣	王 博	谢荣津
杨 滔	廖进宝	罗康涛	孔令琦	李胜忠	刘招锦	罗旺聪	张雅银	张雅婷	李学军	杨彦梅
王方静	余国鹏	李俭艺	吴建文	徐振涛	陈文勇	房世生	吕 泽	吴先斌	麻 妍	肖金福
李婷欢	林 斌	陈鸣选	郑业柳	庞西花	张永红	张 毅	陈剑勇	谌祖爱	王 婷	陈伟舒
胡廷廷	刘芳威	卢峥辰	梁振帆	邹传亮	周森龙	张 霞	王 浩	李春峰	梁智明	唐小忠
雷语良	刘伟常	刘浩东	林楠宁	杜伟伟	廖凯鑫	谢嘉豪	龙水伟	林依洁	余太旭	岑灿玲
李和昌	胡润东	李浩贤	刘陈伟	李义强	伏志旋	杨 稳	吴榕佳	尹 星	李志兰	兰朴才
郭仁丰	杜广聪	朱浩鹏	卢凤英	邱天朗	王 静	卢 欢	杨海鸥	张国相	梁正祥	罗心如
林 畅	肖寿森	汪书欣	周 霖	刘付雅伦	艾克木江·乌马尔		伊力哈木·赛麦尔			

建设工程管理

林进权	揭育堂	张国炼	林锦辉	游忠辉	贺国雄	何创球	胡剑标	余宽洲	刘桂帅	贾秋萍
谢 斌	何 静	农忠橙	张仕雨	许少洁	阳 平	庄俊业	邱茂珍	戴演林	陈思源	蓝志杨
张 辉	宋艳婷	陈乃飞	刘远雄	王成功	谭灿华	刘 炼	潘兰兰	雷 浩	全锦慧	叶伟雄
黎雪红	林永明	唐正亮	谢奕娜	林泽斌	詹绿辉	刘玉玲	黄冬龙	徐伟波	吴祖培	李美琪
林 晔	林培彬	罗绍新	钟博达	李海洋	周瑞红	茹霭慧	何伟鸿	刘 萍	黄朝燕	贺胜方
李达武	胡勇刚	邓杰梅	许知宁	邓仁泽	文靖宣	廖烨韵	沈茂琴	杨金辉	温冠文	潘厚成
游从业	李华祥	周竹青	涂俊弦	冯长记	梁 智	郑邦民	王俊怡	万金凤	蔡春明	罗 庆
庄楚锋	谢李应	卢杏玫	卢玉玲	林土庆	伍先兰	杨伟华	吴 萍	陈 伟	罗 燕	高 强
王杰阳	陈 林	程肖飞	聂金荣	严忠全	阮伟龙	肖子辛	吴胜文	关东旺	温博范	成 兵
蔡丽丽	黄康子	李小敏	郑耿顺	郑耿森	谭其星	曾仙荣	庞冬婷	曾军全	林梦翔	方永军
寇飚	黄丽君	张云富	魏 民	李泽辉	钟倩丽	李智国	龚才金	付增海	吴小刚	李万辉
邓志伟	梁越秀	纪庆梅	李久平	刘华清	苏丽珍	王佑全	曾 承	刘建国	袁 静	玉智仁
黄丹萍	李 丹	施华进	郭锦全	付全欣	王莉芳	楚 壮	单锦程	王军梁	张翼飞	孙能先
丁建华	赵庆恩	王 靖	赖良勇	张 帅	崔艳珍	王世贤	李 群	李盈盈	赵 艳	谢红梅
陈小琴	叶雪峰	库琦隆	张屹涛	杨 雄	吕 超	谢 伟	刘 睿	王菊英	安 宇	郭 爽
唐静宣	蒋海明	石云和	邵述章	齐春蕾	罗雪燕	朱地红	洪燕瑶	魏楚周	余建梅	林楚鸿

龚 正	宋 楷	黄淑桦	潘少鹏	蒲曹娟	邱子龙	莫小兰	金婷婷	柳泽荣	廖显胜	左瑞瑞
王振兴	李 明	彭一凡	温树昆	姚镇洲	钟思吉	庄逸龙	罗 婵	洪晓彬	陈灏嵘	谢永康
卢镇鑫	李国华	陈佳宏	高毅凡	卢涌镇	徐运强	颜湘仁	吴华俊	陈 楚	杜伟义	李 莉
黄玉铃	陈桂茂	何 霞	杨靳熙	何毅鹏	张 圆	李金梅	布存旭	赵 涛	刘海松	丁碧波
丁文波	树腊梅	蔡霖鹏	方锦涛	梁锟尧	邓程金	梁诗敏	冯宁琪	陈晓珊	马秀丽	刘 华
黄俊凯	郑建阳	曹锦威	郭志灼	史桂州	严浩力	李阳康	黄优俊	黄晓通	杨冬旭	郑榆浠
黄泽森	徐文波	李子庭	李志兵	张红良	杨智坚	吴亚明	吴剑青	庄达文	张宇航	苏培栋
张向阳	梁森寿	倪晓玲	沈文彬	蔡灿基	林建扬	黄志新	温庆麟	杨增均	黄南鸿	肖锦波
庞敬宗	李银权	黄燕鹏	王传勇	蔡 妍	衡 莉	李永伟	肖建伟	张 雷	马龙龙	代传春
马树亮	夏燕思	郑铤坚	张小龙	陈志明	周锦寿	陈同毫	欧阳虹玲	乌兰巴特尔		

建筑工程管理

谢 宇	崔海燕	苗战疆	朱铭豪	陈少艺	郭 冉	欧凯然	邓月云	吕立敏	李广森	何竟霆
刘小兵	窦胜宇	邓 华	丛煜煊	王丽萍	李红喜	李维坚	梁志彪	张云森	陈英豪	刘程辉

建筑工程技术

郑石阳	乔银娥	李灼法	杨康棉	张鸿健	冉孟军	李 虎	李贵柱	曾 威	梁藻猷	陈泓帆
卢嘉伟	金跃曾	张哲昭	肖 川	谢 青	曾志勇	王康栋	夏钦岭	张碧强	朱良程	赵必光
张优盛	谢 明	刘 彬	欧阳翔	杜学明	吴读书	龙国仙	陈木生	周艳霞	方泽丰	林佳禄
严文基	迟得生	郑 强	唐林军	李海山	何 淑	刘 强	任光辉	张晓东	邓 杭	邱国荡
黄家铭	罗 欣	吴海勇	张保密	李 勇	李华林	高 兵	杨 棋	叶绍辉	唐 旭	邓丽园
杨炜杰	刘 智	朱智伟	林俊涛	梁炳辉	梁浩凯	林志荣	许智标	魏桂锋	潘锐新	郑武龙
刘创海	吴梓佳	黄晓彬	郭宏楠	沈美良	陈剑辉	钟咏妍	黄琬淳	钟礼达	邱军卫	邓辉平
蔡韶英	黄 磊	代 朋	王怀东	殷 魏	唐金兵	梁明杰	钟珊珊	徐焕婵	吴建江	林本东
罗龙成	郑荣才	杨细娇	何湘云	严福杜	冼伟婷	刘志荣	章湧龙	孙安益	洪 明	陈东源
梁福湛	刘文杰	吴宏彪	魏 欢	薛乃林	谢云均	崔海文	钟源崇	姚希汶	梁其稳	薛添耀
王玉宝	吴冬辉	庞上龙	张 宁	刘旭东	王卫平	何业飞	杨宏东	唐林山	卜发强	蔡美玲
蔡秀洁	谭俊豪	梁亚华	何焕青	刘永娇	吕增泰	叶东辉	谢碧海	谢伟京	吴洪平	颜夕文
钟伟城	聂传波	麦芸霖	刘国潘	观瑞云	李青松	廖 燊	张 唐	尹 红	简伟稀	李 龙
韦育金	王小尊	邱富华	任 亮	郭亚杰	郑少春	蔡 斌	陈小虎	周亮亮	寇青豪	刘靖泉
牛伯功	远 康	刘铠铭	马旭楠	蔡永强	高 丹	李江伟	杨 波	王红芳	唐旭东	李梁平
唐甜甜	梁竞文	肖有杰	李校军	许风建	蒋 健	谢爱军	李 列	田树仁	金仁鑫	董国强
尹德贤	蒋 军	周 宇	李永清	安全东	姚 锐	李富龙	杨 飞	段宏强	张树桃	贾宝忠
徐志军	王恩梅	张 伟	余江丽	龚碧珍	薛新瑜	王德伟	丁富斌	许 强	史丽莎	冯贵印
胡艳飞	李 彬	叶遵礼	李学珍	肖宗涛	何玉龙	颜 潇	黄 华	赵 磊	朱西德	陈 焘
王志杰	周玉晋	夏玉龙	牛丽丽	陈 丹	李 荣	袁悦景	周壮伟	陈嘉禧	陈伟晋	陈楚珠
周景林	周颖坚	陈佳林	林奕鹏	陈 睿	李棉廷	曾琳惠	张圳壤	骆艺平	文 磊	黄 燕
柯伟武	陈思梅	杨 宏	许立珊	余文亮	曾志杰	郑晓伟	庄冬欣	钟承徽	许永雍	黄俊淇
赵佳鹏	陆栢达	蔡伟豪	邱诗诗	欧绍和	吴亚勇	严家平	姜冠华	霍绍坤	张金泳	何文高
林南生	王学文	杨作秋	刘民贵	郦 平	曾建新	老志荣	李宗霖	胡保乐	王暮都	邓锦涛
曾凯沣	陈盛辉	蓝 杰	丁明德	高 平	林嘉欣	林润丹	屠 鑫	杨娟娟	韩志良	蔡浩鹏
杜靖洪	袁 西	许卫国	侯帅杰	邵世杰	黎乃键	林 业	康慨恒	陈永宙	李 俊	李宏鹏
郑浩文	叶德乐	林晓凯	倪小宝	张炯明	赵 丹	黄镕畴	叶绍云	陈建辉	李静丽	王 拓

卢 彪	钟俊升	游顺平	佘桂立	郑名阳	周秀儿	李庆省	赖洪友	陈梓强	殷德深	毛 杰
张雍贤	谭志伟	朱彦秋	林红香	刘 云	侯思魁	徐建云	张雪玲	王转红	刘 娟	俞柳明
陈创彬	蔡泽斌	迪力沙提·阿部来提								

建筑设计技术

林国权	刘恩恩	符常升	林鸿健	叶伟建	关秋枫	刁展豪

金融管理与实务

罗发生	李子建	冯嘉欣	王 颜	蓝志东	丁礼兰	陈梅娇	郑绪波	晏飞燕	肖 亭	苏进福
宋伍湖	韦龙燕	宋婵娣	李洁芝	张如灿	朱正杰	李小斌	杨育秀	陈俊军	高丽果	李明流
梁智明	罗志勇	符钟设	成 伟	雷智斌	李旭华	李 萍	张再云	张恒莉	赵小青	徐亚茹
王 芳	曹进凤	谭志成								

汽车检测与维修技术

袁梓豪

人力资源管理

邱 俊	杨 勇	薛 淇	曾东芳	丁影月	张伟浩	尹若瑄	绩立凤	李鹏飞	朱 丽	黄文静
郑镇伟	李嘉嘉	陈恺培	冼展鹏	谢雯静	许乐恒	陈金娣	何倩霞	梁俊彦	吴泽柱	杨泳琪
黎宇珊	邓嘉辉	蔡植桁	肖文媛	陈娜英	陈雅贤	田 燕	刘正伟	刘德森	宁文琴	杨楚君
黄苑霞	欧洁贞									

物流工程技术

雷双娟	胡明辉	邓 晓

大事记

2022 年大事记

1月7日 广东省高校教育人才"组团式"帮扶工作总结暨新一轮帮扶工作动员部署会召开。学校获评广东省高等教育人才"组团式"帮扶工作优秀单位，队长张锅红获评优秀队长，队员牛晓君获评优秀队员。

1月10日 学校道明游泳馆举行揭幕仪式。学校党委书记章熙春，为游泳馆捐资助建的1982级校友、广州昊源集团董事长莫道明、林晓红校友伉俪，广州市重点公共建设项目管理中心主任苏彦鸿共同为游泳馆揭幕。

1月10日 比利时王国驻广州总领事馆总领事杜律国、副总领事鲁奔一行来校访问。双方就学科建设、师生交流、基础教学等方面进行深入交流。

1月13日 学校召开党史学习教育总结会议。学校党委书记章熙春对主题教育工作作总结发言。教育部党史学习教育高校第九巡回指导组充分肯定学校主题教育取得的效果。

1月27日 中国智能科学技术最高奖——吴文俊人工智能科学技术奖正式揭晓2021年度评选结果。学校计算机科学与工程学院教授、欧洲科学院外籍院士、欧洲科学与艺术学院院士陈俊龙荣获吴文俊人工智能杰出贡献奖。

2月15日 学校生物科学与工程学院黄黎珍课题组、杜红丽课题组联合广东省疾病预防控制中心、南方医科大学、中山大学等单位的合作学术论文"Rapid and accurate detection of SARS-CoV-2 mutations using a Cas12a-based sensing platform"在检测领域国际权威期刊 Biosensors and Bioelectronics 上发表。学校为论文的第一完成单位，学校硕士研究生何昌生为第一作者，通讯作者为黄黎珍副教授。

2月15日 教育部办公厅发布《关于公布首批虚拟教研室建设试点名单的通知》（教高厅函〔2022〕2号），学校机械设计基础课程虚拟教研室、城市设计课程虚拟教研室和食品科学与工程专业课程群虚拟教研室等3个教研室获批入选。

2月22日 教育部发布《关于公布2021年度普通高等学校本科专业备案和审批结果的通知》（教高函〔2021〕14号），学校新增智能建造、智能车辆工程、马克思主义理论等3个本科专业。

3月4日 学校、人工智能与数字经济广东省实验室（广州）与广东联通全面战略合作协议签署。三方将聚焦人工智能等关键技术研究、各类科研攻关、校企人才培养等方向，努力推动科技成果向产业流动转化，促进创新链产业链深度融合。

3月10日　广东省委常委叶贞琴来校调研学校服务脱贫攻坚与乡村振兴相关工作。叶贞琴对学校的扶贫工作给予充分认可，希望学校在农产品深加工、乡村规划设计、乡村生态环境保护等领域深入发力，进一步发挥学校的特色和优势。

3月10日　教育部办公厅发布《关于公布第三批全国党建工作示范高校、标杆院系、样板支部培育创建单位名单的通知》（教思政厅函〔2022〕4号），学校食品科学与工程学院党委入选"全国党建工作标杆院系"培育创建单位，材料科学与工程学院国重光电系党支部入选"全国党建工作样板支部"培育创建单位。

3月16日　人力资源和社会保障部发布《关于公布数字技术工程师培育项目首批评价机构和培训机构目录的公告》，学校成为国家首批数字技术工程师"智能制造""大数据""区块链"三个新职业方向的培训机构，是广东省唯一入选单位。

3月17日　学校2022年全面从严治党工作会议举行。学校党委书记章熙春总结2021年学校推进全面从严治党工作情况，深入谋划2022年全面从严治党重点工作。学校纪委对学习领会会议精神、推进学校党风廉政建设和反腐败工作提出要求。

3月18日　根据《教育部高等教育司关于印发高校大众创业万众创新示范基地2021年度评估结果的通知》，学校示范基地获评"优秀"。

3月25日　学校生物医学科学与工程学院王均教授和熊梦华教授团队，与中山大学孙逸仙纪念医院鲍燕副研究员、中国科学技术大学肖石燕副教授的合作学术论文"A transistor-like pH-sensitive nanodetergent for selective cancer therapy"在纳米技术领域顶级学术期刊 *Nature Nanotechnology* 上在线发表。学校为论文的第一完成单位，学校刘明冬博士后、黄良琪硕士与张伟男博士为论文的共同第一作者。

3月29日　学校与韩国汉阳大学ERICA校区举行"云签约"，共同签署两校本硕博连读科学与工程全额奖学金项目协议。

3月31日　荷兰王国驻广州总领事毕肯思一行来校调研。双方就中荷城市系统与环境联合研究中心的发展，以及在水管理、建设韧性城市、应对气候变化等领域加强产学研深度融合等方面进行了深入讨论。

4月8日　学校和鹏城实验室签署战略合作框架协议，共建华南理工大学未来技术学院（华鹏未来学院）。

4月13日　根据《共青团中央关于表彰"全国五四红旗团委（团支部）""全国优秀共青团员""全国优秀共青团干部"的决定》（中青发〔2022〕8号），学校获得"全国五四红旗团委"荣誉称号。

4月13日　由深圳华大生命科学研究院联合北京华大生命科学研究院、深圳国家基因库等6个国家的35个科研团队的合作学术论文"Cell transcriptomic atlas of the non-human primate Macaca fascicularis"在国际顶级期刊 *Nature* 在线发表。学校为论文的合作单位，学校研究生庄镇堃为共同第一作者，研究生黄甫保钱为署名作者。

4月15日　全省科技创新大会召开。学校22项成果获2021年度广东省科学技术奖，数量居全省前列；其中，一等奖11项，数量居全省首位。

4月15日　学校与罗格斯大学以线上线下结合的方式举行合作15周年纪念活动。

4月19日 学校与中国印钞造币集团有限公司相聚云端,举行先进造纸联合实验室成立暨揭牌仪式。双方将致力于将联合实验室建设成为国际领先的新一代防伪基材、特种纸张的原始创新高地和高层次科技人才培养基地。

4月28日 广东省庆祝"五一"国际劳动节暨劳模表彰大会举行。学校化学与化工学院李雪辉教授获"广东省五一劳动奖章"。

5月6日 2022年美国大学生数学建模竞赛和交叉学科建模竞赛(MCM/ICM)成绩揭晓,学校学子获竞赛特等奖(Outstanding Winner)2项。

5月8日—6月30日 广东省第十一届大学生运动会顺利举行。学校包揽甲组奖牌榜和团体总分、乙B组奖牌榜和团体总分4项第一,学校作为承办单位获"特别贡献奖"。

5月15日 学校和广州机场建设投资集团签订战略合作协议。双方将围绕集团人才培养需求定制培训课程,支持其高层次人才队伍和科研创新团队建设。

5月19日 教育部办公厅发布《关于公布第二批虚拟教研室建设试点名单的通知》(教高厅函〔2022〕13号),学校轻化工程专业虚拟教研室和"大学化学"课程虚拟教研室两个建设单位入选。

5月30日 广东省、广州市2022年"最美科技工作者"名单相继发布。学校中国工程院院士、国家人体组织功能重建工程技术研究中心主任王迎军,环境与能源学院教授党志当选2022年广东"最美科技工作者";俄罗斯工程院外籍院士刘焕彬当选2022年广州"最美科技工作者"。

6月1日 学校和广东省建筑工程集团有限公司签署战略合作协议。双方将在产学研合作、平台建设、人才培养等领域实现优势互补。

6月2日 学校前沿软物质学院郎超教授和宾夕法尼亚州立大学Robert J. Hickey教授的合作学术论文"Nanostructured block copolymer muscles"在 *Nature Nanotechnology* 上发表,学校为论文的第一完成单位,郎超教授为第一作者。

6月7日 教育部办公厅发布《关于公布2021年度国家级和省级一流本科专业建设点名单的通知》(教高厅函〔2022〕14号),学校20个国家级一流本科专业建设点和5个省级一流本科专业建设点入选,国家级一流本科专业建设点总数达到60个,占学校87个本科招生专业的68.97%。

6月8日 学校举行逸夫科学馆改扩建工程竣工仪式。学校党委书记章熙春,改扩建项目全资捐建者、学校1983级校友、澳门建信工程有限公司总经理刘毅翔,改扩建项目设计总负责人、中国工程院院士何镜堂,广州市教育基金会秘书长华同旭共同为纪念石揭幕。

6月21日 学校召开广州国际校区管委会会议。学校党委书记章熙春强调,各部门要把人才培养放在广州国际校区工作中最核心的位置,以学生为中心,从学生获得感和体验感的角度,全面开展"回头看",总结经验、克服缺点、负重前行、再上台阶。

6月22日 学校和广州南沙经济技术开发区管理委员会签订共建南沙科技创新谷合作框架协议。双方将在高端技术创新、科技成果转化、科技产业创新、产业研发集聚等方面开展合作。

6月22日 学校对广州城市理工学院党建"组团式"帮扶签约仪式举行。双方将进一步加强党建、思政、学科等多方面交流合作。

6月28日 学校党委书记章熙春为青年学生作了题为《以史为鉴 开创未来 努力成为堪当民族复兴重任的时代新人》的"思政第一课",勉励青年学生按照习近平总书记指引的方向,坚定不移听党话、跟党走,努力成长为堪当民族复兴重任的时代新人。

6月30日 学校举行2022届学生毕业典礼暨学位授予仪式。学校党委书记章熙春作了题为《奔赴星辰大海 争做新时代英雄》的毕业致辞,勉励毕业生坚守初心,成为顶天立地的"家国英雄";执着奋斗,成为建功立业的"行业英雄";保持热爱,成为有情有趣的"生活英雄"。同时,为获得"笃行奖"的毕业生代表颁发了奖项,并为毕业生出征授旗。

7月2日 中国博士后科学基金会网发布《全国博士后管委会办公室关于公布2022年度博士后创新人才支持计划获选结果的通知》(博管办〔2022〕63号),学校黄雄健、尹家福等2位流动站博士后入选。

7月3日 华南理工大学湾区校友发展联盟成立大会举行。会议表决通过第一届组织成员名单,审议通过《华南理工大学湾区校友发展联盟章程》。广州市金誉实业投资集团有限公司董事长兼总裁、1982级电机专业校友李永喜当选首任轮值主席。

7月5日 TCL公益基金会捐赠签约仪式举行。学校电子与信息学院无线电专业1977级校友李东生以TCL名义再次向母校捐赠4000万元。李东生校友及TCL公益基金会累计向学校捐赠人民币超1.4亿元,为学校建校以来获得的最大额捐赠。

7月12日 学校举行干部任职宣布会。教育部党组任命徐向民同志、晋刚同志担任学校党委常委、副校长。

7月12日 中国电机工程学会第十一届理事会第八次会议暨2022年工作会议召开,会上宣布2021年度中国电机工程学会会士的遴选结果。学校电力学院唐文虎教授当选中国电机工程学会外籍会士。

7月21日 根据《临沧市驻村工作队日常管理协调小组关于临沧市优秀驻村工作队评选结果的通报》(临驻村发〔2022〕1号),学校对口帮扶云县爱华镇小忙兔村驻村工作队获"优秀驻村工作队"荣誉称号。

7月26日 国家知识产权局公布《关于第二十三届中国专利奖授奖的决定》(国知发运字〔2022〕31号),学校获中国专利优秀奖4项,其中银奖2项、优秀奖2项,获奖数量位居全国高校第三。

7月28日 由学校前沿软物质学院林志伟教授和美国国家标准与技术研究院(NIST)Ming Zheng研究员的合作学术论文"DNA-guided lattice remodeling of carbon nanotubes"发表在国际顶级期刊 *Science* 上。学校为论文的合作单位,学校林志伟教授为第一作者兼通讯作者。

8月2日 中集慈善基金会–华南理工大学"中集助学金"捐赠签约仪式举行。中集慈善基金会将向学校连续捐赠 4 期、每期 200 万元的助学金。

8 月 26 日　学校召开干部教师大会。教育部党组成员、副部长田学军宣布了部党组任免决定：张立群同志任华南理工大学校长、党委副书记，高松同志不再担任华南理工大学校长、党委副书记职务。

8 月 31 日　教育部发布《关于公布国家级创新创业学院、国家级创新创业教育实践基地建设名单的通知》（教高厅函〔2022〕22 号），学校成功入选。

9 月 7 日　由学校发光材料与器件国家重点实验室黄飞教授团队，曹镛院士、马於光院士和南方科技大学张元竹教授、郭旭岗教授和北京大学裴坚教授等的合作学术论文"A solution-processed n-type conducting polymer with ultrahigh conductivity"发表在 *Nature* 上。学校为论文的通讯单位，学校发光材料与器件国家重点实验室唐浩然博士为第一作者，学校黄飞教授为通讯作者。

9 月 13 日　华南理工大学举行 2022 级新生开学典礼。会上，举行了华南理工大学广州国际校区全面建成仪式。学校党委书记章熙春为学生代表佩戴校徽并赠送入学礼。校长张立群发表题为《向新出发、不负韶华，做有志气、有骨气、有底气的强国追梦人》的致辞，希望学生志存高远，心系祖国，胸怀天下，长中华民族"志气"，长华工人"志气"；自立自强，不惧压力，不畏挑战，硬中华民族"骨气"，硬华工人"骨气"；仰望星空，脚踏实地，强基创新，蓄中华民族"底气"，蓄华工人"底气"。

9 月 15 日　学校召开干部任免宣布会。教育部党组任命徐国正同志担任学校党委副书记、纪委书记，由于年龄原因，刘琪瑾同志不再担任学校党委副书记、纪委书记。

9 月 22 日　校友捐赠签约仪式举行。陈丽娜、邢映彪伉俪和冼剑雄、何菁校友伉俪分别向学校捐赠 1000 万元。同时，学校启动"春晖感恩计划"和"珠峰攀登计划"，所筹捐款将用于人才引育、人才培养、科技创新、校园文化环境建设等方面。

9 月 22 日　专网发布会暨广东联通与中国教科网华南地区网络中心合作备忘录签字仪式举行。由学校牵头、省内高校和中国联通广州分公司联合研制的全国首个省级 5G 教育专网启动运行。

9 月 27 日　第二届"最·孔院"全球短视频征集活动圆满落幕。由学校与英国兰卡斯特大学合作共建的孔子学院——兰卡斯特大学孔子学院选送的作品获优秀奖和三等奖各 1 项，在读博士生康可获"孔院达人"称号。

9 月 28 日　第 72 届日本配位化学年会举行。学校化学与化工学院和自旋科技研究院教授蒋尚达获颁 2022 年日本配位化学会"国际创新奖"。

9 月 28 日　博鳌亚洲论坛国际科技与创新论坛第二届大会举行开幕式。作为博鳌亚洲论坛合作伙伴及唯一协办高校，学校党委书记章熙春出席开幕式。

9 月 29 日　由学校材料科学与工程学院、发光材料与器件国家重点实验室吴宏滨教授课题组联合西安近代化学研究所、香港城市大学和北京大学等研究团队的合作学术论文"Bright short-wavelength infrared organic light-emitting devices"在国际著名期刊 *Nature Photonics* 上发表。学校为论文的合作单位，学校谢源博士、博士生刘万胜、邓万源博士为共同第一作者，谢源博士和吴宏滨教授是华南理工大学课题组的通讯作者。

9月29日 华南理工大学建筑设计研究院有限公司、东吴服务产业集团（江苏）有限公司捐赠签约仪式举行。建筑设计研究院有限公司向学校捐赠2000万元，东吴服务产业集团向学校捐赠500万元。

9月30日 IEEE Standards Association（IEEE标准协会）发布了由学校主导编制的IEEE国际标准"IEEE Guide for Load Modeling and Simulations for Power Systems"。学校电力学院朱继忠教授为该标准工作组主席。

10月12日 学校和日本千叶大学进行云交流会谈。双方围绕项目招生、教学以及科研合作的推进和实施开展深入探讨。

10月18日 学校举行捐赠仪式，前沿软物质学院院长向学校捐赠700余万元，助力学校建设和发展。

10月20日 学校举行"红色甲工"校史校情文化座谈会。会上，学校和广东省档案馆进行档案文献互赠。

10月20—22日 学校连续举行学习宣传贯彻党的二十大精神专题微党（团）课暨大型原创多媒体全景式话剧《红色甲工 血色浪漫》专场演出。学校党委书记章熙春、校长张立群在演出前分别讲授"承百年文脉 传红色基因"微党（团）课。

10月25日 科技部、财政部联合发布《关于发布2022年中央级高校和科研院所等单位重大科研基础设施和大型科研仪器开放共享评价考核结果的通知》（国科办基〔2022〕139号），学校再获"良好"等级，得到通报表扬。

10月28日 教育部核准《华南理工大学章程修正案》。修订后的章程紧密结合"三新一高"要求，紧密结合学校中国特色、世界一流大学建设目标和重点任务，紧密结合学校办学历史，总体框架稳定，整体篇幅由原来十章92条变更为十章91条。

10月28日 2022年国际遗传基因工程机器大赛全球决赛闭幕。学校2022 SCUT-China代表队获银奖。

11月1日 学校和新加坡国立大学举行"云会谈"，共同签署校级合作谅解备忘录。双方将以广州国际校区为依托，加强在人工智能、海洋经济、生物医药等新兴交叉学科的合作。

11月3日 学校和英戈尔施塔特工业技术大学举行奥迪孔子学院成立六周年暨英戈尔施塔特工业技术大学蒸汽车模型赠送仪式。双方就加强孔子学院建设，开展师生交流、人才培养、科研互动进行深入交流。

11月6日 由中国工业与应用数学学会主办的2022高教社杯全国大学生数学建模竞赛公布成绩，学校参赛队伍获全国一等奖2项、二等奖10项，另获广东省一等奖36项。

11月7日 学校召开学习宣传贯彻党的二十大精神动员部署会。学校党委书记章熙春就全校深入学习宣传贯彻党的二十大精神进行全面动员部署，校长张立群就学校各级党组织和广大干部师生学习领会会议精神、抓好贯彻落实提出要求。

11月9日 学校举办"名师风范"师生代表座谈会。学校党委书记章熙春强调,要深入学习贯彻党的二十大精神,坚定历史自信,赓续百年文脉,秉承先辈风范,汲取奋进力量,加强有组织科研,加快高层次人才培养,以"双一流"建设和广州国际校区建设为双引擎,奋力谱写中国特色、世界一流大学建设的新篇章。

11月10日 由学校材料科学与工程学院、发光材料与器件国家重点实验室的李宁教授和黄飞教授团队的合作学术论文"Organic solar cells using oligomer acceptors for improved stability and efficiency"在 *Nature Energy* 上在线发表。学校为论文的第一完成单位,学校材料科学与工程学院博士生梁佑才和张荻非为第一作者,李宁教授和黄飞教授为共同通讯作者。

11月10—13日 第八届中国国际"互联网+"大学生创新创业大赛总决赛举行。学校获金奖5项、银奖4项,金奖总数居广东省第一、全国并列第八。

11月17日 学校举行宁一海校友捐赠仪式。宁一海校友以南非能源冶金基地有限公司名义,向母校捐赠750亩(50公顷)位于南非能源冶金经济特区的综合用地,无偿使用期限70年,为学校毕业生提供创业和实习机会、为华工校友企业提供开拓非洲市场的发展机遇。

11月17日 学校举行庆祝华南理工大学组建70周年暨建校105年升旗仪式,以及校庆文丛、纪念邮品发布仪式。学校党委书记章熙春,校长张立群,党委副书记陶韶菁,党委副书记、纪委书记徐国正,党委副书记麦均洪,副校长朱敏、李正、李卫青、徐向民、晋刚以及师生代表分别在三个校区参加仪式。学校党委书记章熙春表示,希望全校师生始终高举理想信念旗帜,进一步厚植家国情怀;始终聚焦大学的根本任务,进一步助力学子成长成才;始终坚持融入发展促发展,进一步服务国家和广东高质量发展。校长张立群表示,华南理工大学将全面贯彻党的教育方针,落实立德树人根本任务,践行为党育人、为国育才的初心使命,传承红色基因,赓续百年文脉,将学校百年办学历程的宝贵经验在实干兴邦的实践和创新中不断丰富发展。

11月25日 简伟文、章印校友伉俪捐赠暨"文印桥"揭幕仪式在五山校区举行。学校党委书记章熙春、校长张立群、学校老领导刘正义与简伟文一起为"文印桥"揭幕。

12月7日 华南理工大学-南特综合理工学院研讨会召开。双方开展相关领域的学术研讨与交流。

12月8日 学校"红色甲工"英雄人物群像揭幕仪式在广州国际校区举行。学校党委书记章熙春、校长张立群等领导班子成员,珠海校友会会长朱江洪校友,"甲工"先贤杨匏安的亲属杨岗等出席仪式并为雕塑揭幕。

12月8日 教育部召开2022年教育部直属高校定点帮扶工作推进视频会,学校党委副书记麦均洪代表学校作经验交流发言。

12月9日 学校研究生宿舍动工仪式在大学城校区举行。学校党委书记章熙春、校长张立群等领导班子成员,广州市重点公共建设项目管理中心等领导和嘉宾共同为大楼培土奠基。大学城校区研究生宿舍主体建筑地上13层、地下1层，总建筑面积79 519平方米，总投资4.6899亿元，可提供1500间房间，容纳学生6000人。项目建成后，将有效解决学生住宿尤其是研究生住宿问题。

12月12日 学校百步梯修缮工程竣工仪式在五山校区举行。学校党委书记章熙春、校长张立群、副校长徐向民、项目设计团队负责人倪阳教授等出席仪式并为百步梯揭幕。

12月12日 学校五山校区南门广场竣工仪式举行。学校党委书记章熙春、校长张立群、党委副书记麦均洪、项目设计团队负责人倪阳教授等出席仪式并揭幕。

12月13日 学校和日本岩手大学举行"云签约"及"云会谈"活动。学校校长张立群和岩手大学校长小川智签署了校级合作协议及交换生项目备忘录。

12月13日 学校举行广州小糊涂仙酒业集团捐赠仪式。广州小糊涂仙酒业集团向学校捐赠1000万元。

12月13日 学校举办两场捐赠仪式，赵谋明、万荣花校友伉俪向学校捐赠1000万元，李宁（中国）体育用品有限公司向学校捐赠价值120万元文化衫。

12月14日 学校举行深圳雷曼光电科技股份有限公司捐赠揭幕仪式。学校1986级无线电技术专业校友、深圳雷曼光电科技股份有限公司董事长兼总裁李漫铁向学校捐赠价值逾100万元的雷曼智慧教室教育显示系统。

12月15日 学校举行集中捐赠座谈会。华运通达科技集团有限公司捐赠价值800万元的道路修缮工程服务，广州市三川田文化科技股份有限公司提供校史馆数字化服务，黄建平校友捐赠人民币200万元，深圳市欣旺达慈善基金会捐赠人民币150万元，广州远正智能科技股份有限公司捐赠人民币100万元等。

12月15日 学校新校史馆开馆仪式在五山校区举行。学校党委书记章熙春、校长张立群等学校领导班子成员，主要承建单位广州市三川田文化科技股份有限公司董事长刘捷校友，捐资单位之一马可波罗控股股份有限公司董事长黄建平校友，共同开启华南理工大学新校史馆。

12月16日 由学校主办的卓越大学联盟第十二次校长联席会举行。校长联席会审议并通过了联盟2021—2022年工作总结和2023年工作计划，举行旗帜传递仪式，推选并通过2024年和2025年卓越大学联盟轮值主席高校。

12月16日 学校第三届校友会理事会会员代表大会和第二届大学理事会会议召开。大会进行新一届理事会换届选举。

12月16日 学校举行捐赠签约仪式。学校1977级铸造专业校友、深圳顺络电子股份有限公司董事长袁金钰向学校捐赠1亿元，刘金成、骆锦红校友伉俪向学校捐赠2000万元，萨驰智能装备股份有限公司向学校捐赠500万元。

12月17日 全球大学校长论坛举行，来自全球17所高校的校长与嘉宾以线上线下的方式出席会议，并围绕"面向未来的高等教育：机遇与挑战"主题，分享大学发展经验，畅谈高等教育未来。会上，发布了《卓越大学联盟2022年广州宣言》。

12月17日 庆祝华南理工大学组建70周年发展大会（第二届全球校友代表大会）在广州国际校区体育馆举行。大会以"七秩芳华育桃李，百年初心创一流"为主题，通过线上线下的方式，云端相聚，共襄盛举。全国人大常委会原副委员长、中国关心下一代工作委员会主任顾秀莲，教育部党组成员、副部长田学军发表视频致辞；广东省委常委、宣传部部长、省委教育工作领导小组组长陈建文，广州市委常委、宣传部部长杜新山出席大会并致辞。学校党委书记章熙春主持大会，校长张立群院士以及兄弟高校代表、校友代表、教师代表、学生代表等分别致辞。现场参会的部省市有关负责人、部分兄弟院校负责人，以及合作单位代表、校友代表、师生代表等共计300余人；海内外直播累计观看人数近50万，点赞数超66万。会上，还举行了战略合作签约仪式和创新发展揭牌仪式。

附 录

华南理工大学 2022 年度十大新闻

1

华南理工大学庆祝组建 70 周年暨建校 105 年

七秩芳华育桃李，百年初心创一流。2022 年，华南理工大学迎来组建 70 周年暨建校 105 年。学校于 12 月 17 日隆重举行了庆祝华南理工大学组建 70 周年发展大会（第二届全球校友代表大会），激发全校师生员工和校友爱校、兴校、荣校的热情。

校庆期间，华南理工大学举办了全球大学校长论坛等一系列学术文化活动。其中，全球大学校长论坛围绕"面向未来的高等教育：机遇与挑战"主题，分享大学发展经验，畅谈高等教育未来。会上，卓越大学联盟九校还共同发布《卓越大学联盟 2022 年广州宣言》。宣言指出，坚定不移推动构建"人类命运共同体"，坚定不移培养造就拔尖创新人才，坚定不移加强科技协同创新，坚定不移深化文化学术交流。

校庆日前夕，教育部核准了《华南理工大学章程修正案》。修订内容主要集中在五个方面：一是深入学习贯彻习近平总书记关于教育的重要论述，二是不断强化党对学校工作的全面领导，三是始终坚守中国特色社会主义大学的使命，四是充分融入学校历史研究和办学发展新成果，五是把法治思想贯穿章程修正案。根据学校历史研究新成果，以最早办学源头的时间起点为依据，第三版华工校徽正式上线，将现有校徽中的"1934"调整为"1918"，保留了寓意学校蓬勃发展的木棉花，以及蕴藏厚重办学历史底蕴的牌坊。

华南理工大学全球校友积极响应、踊跃参与母校校庆，以各种方式表达对母校的关心支持。全球各地校友会纷纷接力，用城市地标亮灯、无人机展演等方式为母校送上祝福。据统计，系列校庆主题视频播放量突破 700 万，在"全国高校视频号影响力周榜"中排名第 1 位；微博话题阅读量突破 1200 万，排名微博热搜第 3 位；学校官微推送居全国高校官微影响力周榜第 3 位；主流媒体报道阅读量突破 1000 万。

2

华南理工大学热学热议党的二十大精神并就学习宣传贯彻进行动员部署

中国共产党第二十次全国代表大会于10月16日上午10时在北京人民大会堂开幕。习近平总书记代表第十九届中央委员会向大会作报告。华南理工大学积极部署，线上线下结合学、领导干部带头学、不同群体专场学、院系师生全面学，通过集中观看以及自学等方式，组织3万余名师生收听收看了大会开幕会。党的二十大胜利闭幕后，华南理工大学召开学习宣传贯彻党的二十大精神动员部署会，就全校深入学习宣传贯彻党的二十大精神进行全面动员部署，统筹推进五大重点任务、110项具体行动。

以实际行动迎接党的二十大，学校党建工作和群团组织建设在2022年再上新台阶：食品科学与工程学院党委入选第三批"全国党建工作标杆院系"培育创建单位；材料科学与工程学院国重光电系党支部入选第三批"全国党建工作样板支部"培育创建单位；华南理工大学团委荣获"全国五四红旗团委"称号，这也是共青团中央授予全国基层团组织的最高荣誉。

3

华南理工大学广州国际校区全面建成

9月13日，华南理工大学2022级新生开学典礼上，学校党委书记章熙春、校长张立群、广州市人民政府副秘书长马曙、广州市番禺区委书记黄彪、校友代表刘毅翔和学生代表李唯一同上台，与现场和云端的各界人士共同见证了华南理工大学广州国际校区全面建成的历史时刻。

由部省市校四方共建的华南理工大学广州国际校区，自2018年5月9日奠基以来，坚持高标准规划、高起点建设、高水平管理，充分体现校区"中西合璧、博雅合璧、传统与现代合璧、科学与人文合璧"的设计理念和"卓尔不凡、臻至一流"的办学理念。经过两期建设，校园整体已全面建成。

4

教育部任命张立群为华南理工大学校长

8月26日下午，华南理工大学召开干部教师大会。教育部党组成员、副部长田学军在会上宣布了部党组任免决定：张立群同志任华南理工大学校长、党委副书记，高松同志不再担任华南理工大学校长、党委副书记职务。

华南理工大学新增两个 ESI 全球前 1%学科　计算机科学跻身前 1‰

ESI 基本科学指标数据库数据显示，华南理工大学数学、药理学与毒理学两个学科已进入 ESI 全球排名前 1%。同时，计算机科学也已跻身全球排名前 1‰，进入国际顶尖学科行列。这些成绩是学校近年来大力加强基础学科建设取得成效的缩影：基础学科布局进一步优化，基础学科拔尖人才培养特色更加鲜明，高层次人才和队伍建设厚积薄发，承接国家重大项目的能力显著增强，基础学科创新平台进一步夯实。

广东省第十一届大学生运动会在华南理工大学举行

6 月 30 日下午，由华南理工大学承办的广东省第十一届大学生运动会（下称"省大运会"）顺利闭幕。该赛事于 5 月 8 日云端开幕，历时 54 天，由华南理工大学独立承办 12 个运动项目，并首次将武术长短兵项目正式列入比赛。全省 155 所高校共派出 1605 支队伍、23600 余人参赛，参赛规模创历史新高。本届省大运会共决出 517 枚金牌、489 枚银牌和 485 枚铜牌，游泳和田径比赛中共有 58 个项目打破省大运会纪录。

本届省大运会中，华南理工大学获"特别贡献奖"，包揽甲组奖牌榜和团体总分、乙 B 组奖牌榜和团体总分四项第一，广州体育学院和深圳职业技术学院分别获得乙 A 组和丙组奖牌榜和团体总分第一名。

华南理工深度参与博鳌亚洲论坛国际科技与创新论坛第二届大会

9 月 28 日，博鳌亚洲论坛国际科技与创新论坛第二届大会开幕式在广州举行。华南理工大学作为博鳌亚洲论坛合作伙伴及唯一协办高校，积极参与各项筹备工作。学校党委书记章熙春专程出席开幕式。

本次国际科技与创新论坛大会是博鳌亚洲论坛框架内重要的专题大会之一，由博鳌亚洲论坛与广东省人民政府联合主办。大会以"创新赋能可持续发展"为主题，围绕基因工程、卫生健康、人工智能、新材料、工业 4.0 等主题，举办了全体大会和 9 场分论坛等线上线下相结合的精彩交流活动。

高峰论道，学术盛宴，华南理工人在论坛上积极发出"华工声音"、输出"华工智慧"。华南理工大学薛泉、陈俊龙、王林格、张广照、胡楠、苏成等教授分别应邀主持分论坛、做主旨报告。50余位来自各行各业的校友企业家代表赴约参会，与科技俊彦共话创新发展。

8

华南理工大学新增3个本科专业以及20个国家级一流本科专业建设点

教育部公布2021年度普通高等学校本科专业备案和审批结果，华南理工大学新增智能建造、智能车辆工程、马克思主义理论等3个本科专业。

6月7日，教育部办公厅公布2021年度国家级和省级一流本科专业建设点名单，华南理工大学新增20个国家级一流本科专业建设点和5个省级一流本科专业建设点，国家级一流本科专业建设点总数达到60个，占学校87个本科招生专业的68.97%。

9

11项一等奖、多篇Science、Nature研究成果 打造国家战略科技力量更显担当

顶天立地，自立自强。2022年，华南理工大学在打造国家战略科技力量上更显担当。4月15日，广东省召开全省科技创新大会，颁发了2021年度广东省科学技术奖，华南理工大学22项成果获奖，数量居全省前列。其中，学校获得一等奖11项，数量居全省首位，且再创新高。

学校科研人员以国家战略需求为导向，集聚力量进行原创性引领性科技攻关，前沿软物质学院林志伟团队、发光材料与器件国家重点实验室最新研究成果先后在Science、Nature等国际顶尖学术杂志上发表。

学校增强创新第一动力，坚持"四个面向"，做强有组织科研，获批国家自然科学基金项目297项；承担各类科技攻关项目、课题460项，经费近6亿元。其中，牵头承担国家重大重点项目共14项、课题43项，获批牵头项目/课题的数量和经费均创历史新高；获高等学校科学研究优秀成果奖一等奖7项（已公示），其中牵头5项；高水平成果转化再获突破，获中国专利奖银奖2项、优秀奖2项，获奖数居全国高校第三，有力赋能国家尤其是大湾区高质量发展。

学校科学回答"四个之问"，获批国家级社科重大重点项目9项；获批国家社科基金年度项目20项，总体立项率达17.2%，居广东首位；多篇决策咨询报告获上级批示，政策影响力显著增强。

10

建设"幸福华工"　合力打造华工人"全球发展共同体"

2022年，学校汇聚资源、发力民生，"一号民生工程"的推进、疫情防控措施的优化、校园环境品质的提升，让师生们有了更多更持续的幸福体验。

学校始终把毕业生就业作为"一号民生工程"，实现了高落实率就业、高质量就业和高满意度就业，得到了中央电视台、《光明日报》、《中国教育报》、人民网、光明网、国家发改委官方网站、广东卫视等主流媒体宣传报道。

学校党委和行政团结带领全校师生员工，统筹推进疫情防控和办学事业发展。从2020年学校第一次疫情防控工作部署会，到2022年广州市出台防控优化措施，学校持续保持校园1048天本土零感染，形成了极具特色的疫情防控"华工模式"。

2022年，学校加大力度拓展资源，全力争取各方支持，一揽子推进系列重大民生工程，学生宿舍、人才公寓等重点项目获突破性进展，南门广场、百步梯等多个地标性建筑焕发新颜，"一轴一带一区"品质提升，校园山水林湖路如诗如画。

反哺感恩，心手相连，合力打造华工人"全球发展共同体"，学校办学事业发展也得到了广大师生、校友、社会各界人士及企业的大力支持。在组建70周年暨建校105年之际，学校启动"春晖感恩计划""珠峰攀登计划"，获各方踊跃捐赠。据统计，2022年共举办各类校级捐赠活动18场，自2021年以来学校累计接受各类捐赠超8亿元，以及南非能源冶金经济特区750亩综合用地的70年无偿使用权。

主题词索引

说明：

一、本索引采用主题分析方法编制，主题词（标引词）以年鉴正文中出现的专业名词、机构名、名词词组等为主，按汉语拼音字母排列。

二、主题词后面的数字表示内容所在的页码，数字后面的拉丁字母a、b分别表示在版面上自左至右的栏别。同一主题的内容在正文中多次出现的，在主题词后面用不同的页码标明。

三、学院类目部分只按各学院分目编制索引，方便读者对其有整体了解。

四、本卷年鉴中的特载、专文、重要文件、表彰与奖励、毕业生名单、统计资料、大事记等内容不在标引范围内。

0～9

2022年学校成立或调整的部分机构	92
2022年学校成立或调整的部分议事协调机构	92

A

安全保卫	179

B

保密工作	198b
本科生教育	111
博士后工作	164b

C

财务工作	176
财务收入	176a
财务支出	176a
财务管理	176a
参政议政与建言献策	99b
产学研合作	145b
出版工作	184
出版业务	184a
采购工作	190
采购业务	190a
采购管理	190b
材料科学与工程学院	204
窗口服务工作	179b

D

党建与思想政治工作	94
党建工作	166a，194a
党风廉政建设	97
党风廉政教育	97a
党委教师工作委员会	93
党校工作	95a
大学城校区管理委员会及下设办公室和负责人	86
大学城校区管理与服务	199a
大学理事会工作	170a
导师队伍建设	125b
队伍建设与人事管理	164

队伍建设与人事管理	164	公文管理与服务	197b
对外交流与合作	168	管理工作	139b
对口支援与合作	170b	管理服务工作	166a
档案与文博管理	185	高等教育及相关领域研究	157b
档案业务	185a	高层次人才队伍建设	164a
定点帮扶工作	95b	广州现代产业技术研究院	162a
党政综合管理	197	**广州国际校区建设**	194
党政综合管理	197	广州国际校区建设	194
电子与信息学院	203	广州国际校区工作机构及负责人	86
电子商务系	212	国际教育	140
电力学院	215	国际交流合作与港澳台工作	168
第十届学位评定委员会	93	国际合作	168a
读者服务	180a	国际交流	195b
		国家大学科技园	161b
		关工委工作	167b

F

		国防教育	110b
发展规划与学科建设	102		
发展规划与学科建设	102	**H**	
发展规划	102a		
法律事务工作	198b	后勤管理与服务工作	187
法学院	224	后勤管理	187a
房产工作与土地管理	177b	化学与化工学院	205
非学历教育管理	199a	环境与能源学院	217
分析测试业务	190a	海洋科学与工程学院	234
副首席信息官	82	华南协同创新研究院	162a
附属实验学校	192a	华南理工大学校长、副校长	82
		会议管理与服务	198a

G

J

干部队伍建设	94b		
港澳台交流与合作	168b	基本建设	194a
共青团工作	106	基层党组织建设	94a
工会工作	105a	基建工作	178
工程审计	176b	基建项目与工程	178a
工商管理学院	219	基建管理	178b
公共管理学院	221	基地建设与学术交流	157a
公共服务平台工作	190	机关党委工作	199a

奖助学工作	109b	**L**	
交通消防管理	179a		
经济责任审计	177a	老教授协会工作	167a
经济与金融学院	210	离退休工作	166
计算机科学与工程学院	214	理论学习与思想教育	93a
计生工作	105b	旅游管理系	211
继续教育	139	留学生管理	141a
监督检查	98b	**M**	
教学改革	111a		
教学管理	112b	马克思主义学院	222
教学工作	140a	民主党派建设	98a
教职工培训与交流	164b	**N**	
教代会、工会和共青团工作	105		
教代会工作	105a	内部建设与管理	180b, 184b, 186b, 187b
教代会与工会工作	105	内部控制审计	177b
教育教学工作	109	**P**	
教育技术条件建设	189b		
教职工思想政治工作和宣传工作	96	培养工作	124a
教育发展基金会工作	169b	培训工作	139a
节能减排工作	188b	**Q**	
精神文明与校园文化建设	97a		
机械与汽车工程学院	200	轻工科学与工程学院	206
建筑学院	201	前沿软物质学院	231
就业工作	142a	院系及负责人	87
K		**R**	
科技产业与成果转化	161	人才培养	194b
科技产业工作	161a	人事管理改革	164a
科技创新活动	107b	人文社会科学研究	156
科研与科技产业工作	144	软件学院	218
科研项目与经费	144a, 156a	**S**	
科研成果与奖励	144a, 157a		
科研交流	145b	实践教学	112a
科研基地建设	145a	实验室建设与设备管理	171
孔子学院建设	140b	实验支撑条件	171a

主题词	页码
实验技术安全管理	172a
审计队伍建设	177b
审计工作	176
审计业务	176a
食品科学与工程学院	207
师资队伍	195a
师德师风建设	97b
水电和基础设备管理维护	188a
数学学院	208
生物科学与工程学院	216
生物医学科学与工程学院	229
设计学院	227
思想和组织建设	106a
思想政治教育	109a
社会实践活动	107a
"双一流"建设	103a

T

主题词	页码
团体与无党派人士工作	99a
统战工作	98
条件建设与后勤保障	171
图书馆建设	180
图书馆舍和文献资源建设	180a
土木与交通学院	202
体育学院	226

W

主题词	页码
物理与光电学院	209
外国语学院	223
吴贤铭智能工程学院	230
网络安全	189a
微电子学院	232
未来技术学院	233

X

主题词	页码
心理咨询与健康教育	110b
宣传工作	96b
学生思想教育与管理	109
学校党政职能部门及负责人	83
学科与学位点建设	102a
学生工作队伍建设	109b
学生宿舍管理	110a
学生档案管理	110b
学位工作	125b
校园安全教育	180a
校园服务	187a
校园管理	187b
校友工作与国内交流合作	169
校友工作	169a
校园文化活动	107b
校长助理	82
信息化建设	188
信息化建设规划与发展	188a
信息网络服务与管理	189a
信访与案件	98b
信访督办和维稳工作	198a
信息报送	198b
信息公开工作	198b
新闻与传播学院	225
学报编辑出版	186
学报编辑出版业务	186a
学科建设	195b
学院	200
巡察工作	97b

Y

主题词	页码
因公派出与外事接待工作	168a
研究生教育	124
亚热带建筑科学国家重点实验室重组工作领导小组	92
医疗保健	191

389

医疗服务	191a	自然科学研究	144
医疗管理	192b	资产管理	177
医疗器械研究检验工作	191a	资产管理工作	177a
疫情防控	192a	自动化科学与工程学院	213
艺术学院	225	中共华南理工大学第十七届委员会	82
医学院	228	中共华南理工大学纪律检查委员会	82
异地科研机构工作领导小组	92	中共华南理工大学机关委员会	83
引智工作与外籍专家工作	168b	中山现代产业技术研究院	163b
仪器设备购置与资产管理	171a	中新国际联合研究院	162b
语言文字工作委员会	92	中小幼教育	192
预算管理一体化实施工作领导小组	93	综合工作	99b
预防保健	192a	综合管理	196a
幼儿园	193a	综合事务管理	198a

Z

		直属单位及其他单位和负责人	90
		作风建设与廉政建设	98a
组织工作	94	重大专项工作	197a
招生与就业	141	治安综合治理	179a
招生工作	140a,141a	珠海现代产业创新研究院	162b
招生与教学	139a